零陵年鉴

（2018）

中共永州市零陵区委
永州市零陵区人民政府 主办

零陵年鉴编纂委员会 编

方志出版社
Publishing House of Local Records

图书在版编目（CIP）数据

零陵年鉴.2018/零陵年鉴编纂委员会编.–北京：方志出版社，2018.12

ISBN 978-7-5144-3521-4

Ⅰ.①零… Ⅱ.①永… Ⅲ.①区（城市）–永州–2018–年鉴 Ⅳ.①Z526.44

中国版本图书馆 CIP 数据核字（2019）第 013494 号

零陵年鉴（2018）

编　　者：零陵年鉴编纂委员会

责任编辑：顾　洁

出 版 人：冀祥德

出 版 者：方志出版社

地址　北京市朝阳区潘家园东里 9 号（国家方志馆 4 层）

邮编　100021

网址　http://www.fzph.org

发　　行：方志出版社发行中心

电话（010）67110500

经　　销：各地新华书店

印　　刷：湖南湘潭霞城社会福利印刷有限公司

开　　本：889×1194　1/16

印　　张：20.5

字　　数：44 万字

版　　次：2018 年 12 月第 1 版　2018 年 12 月第 1 次印刷

印　　数：001~500 册

ISBN 978-7-5144-3521-4　　定价：210.00 元

零陵年鉴编纂委员会

名誉主任　唐　烨　区委书记
主　　任　吴恢才　区委副书记、区人民政府区长
副 主 任　龙　军　区委常委、常务副区长
　　　　　彭江辉　区委常委、区委办主任
委　　员
　　　　　黎忠广　区史志办主任
　　　　　胡旭辉　区委办副主任
　　　　　吕祝庆　区人大常委会办公室主任
　　　　　蒋军民　区政府办主任
　　　　　崔斯文　区政协秘书长
　　　　　黄辉宏　区财政局长
　　　　　王增荣　区档案局长

零陵年鉴编辑部

主　　编　黎忠广
副 主 编　陈顺国
编　　辑　蒋海清　陈　熳
特邀编辑　毛激流

编 辑 说 明

一、《零陵年鉴》以马克思列宁主义、毛泽东思想、邓小平理论、“三个代表”重要思想和科学发展观、习近平新时代中国特色社会主义思想为指导，坚持辩证唯物主义和历史唯物主义的立场、观点和方法。

二、《零陵年鉴（2018）》系统记述2017年1月1日至12月31日零陵区自然、政治、经济、文化、社会、生态等方面的基本面貌和发展情况。为各级领导、决策者和管理者提供准确的参考依据，为社会各界了解、研究零陵提供基本信息，并为编修地方志书积累资料。

三、《零陵年鉴（2018）》主要记载零陵区行政区域内各部门、各行业和各乡、镇、街道一年来的主要工作、重要事件，收录若干文献和统计资料，集中反映零陵区经济发展、社会发展的新成绩、新经验以及存在的问题，所载资料全面、系统、翔实、准确，是最具权威性的工具书。

四、《零陵年鉴（2018）》按分类编辑法，分为特载、大事记、零陵概貌、中共永州市零陵区委员会、永州市零陵区人民代表大会、永州市零陵区人民政府、政协永州市零陵区委员会、人民武装、法治、社会团体、经济建设、农村经济、科技工业、交通邮政通信、国土城乡规划建设、财税金融、文化教育旅游、社会建设、创建与管理、乡镇街道和附录22个部类，并设类目、分目和条目三个层次，以字体字号等版式设计区别不同层次。条目为记述的基本单位，其标记用【 】表示。

五、《零陵年鉴（2018）》资料由各单位撰稿人提供，供稿单位负责人审核，最后由编委会编辑定稿。干部名录由区委组织部提供，原则上以2017年12月31日在职者为准。先进人物、新闻上稿和文明创建由区委宣传部提供，统计资料由统计部门提供。

六、《零陵年鉴（2018）》编辑出版得到各区直单位、部分省市驻零单位和乡镇街道的大力支持。零陵新闻网、区文体新局、区教育局、区卫计委、区史志办提供了部分图片，永州市史志办特别是郑经伟、冯祥定等领导专家对本书的出版，给予了重要的指导。在此，一并致谢！

永州市第三中学新校门（黎忠广摄）

零陵区行

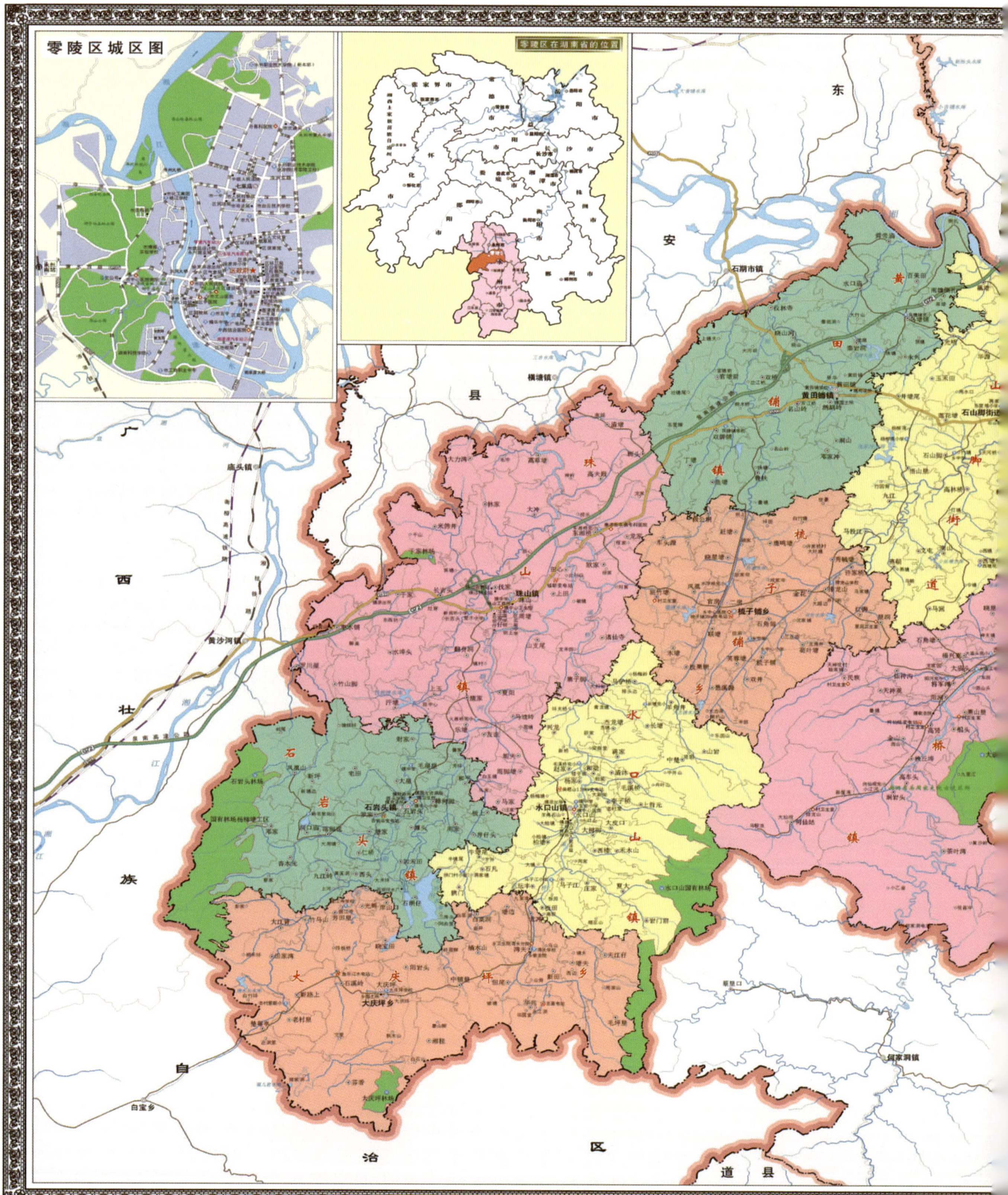

永州市零陵区人民政府编制　湖南省民政厅监制　地图审图号：湘S（2017）149号　书号：　湖南省行政区划系列图编号：

政区划图

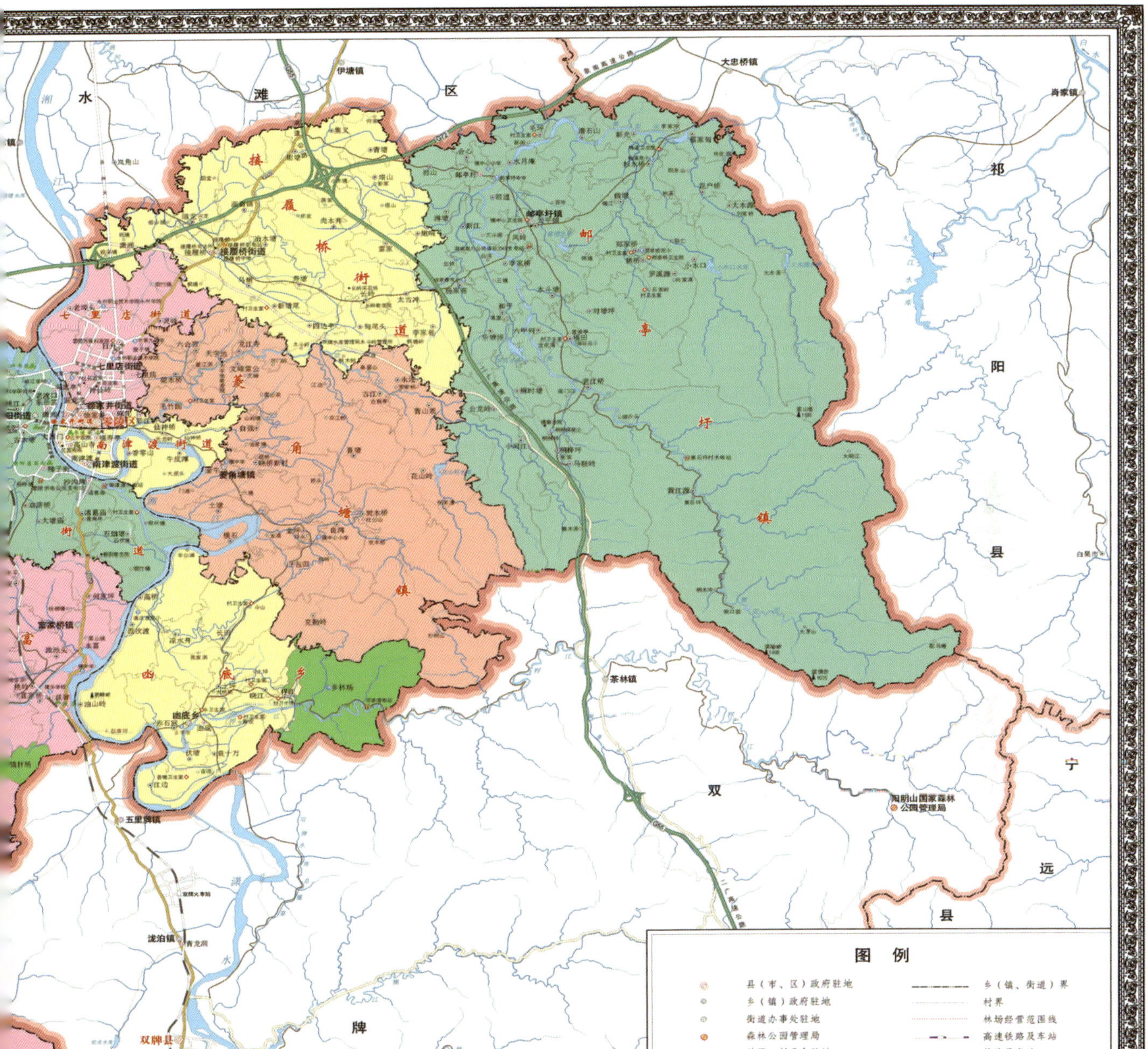

湖南地图出版社制作　二〇一七年十月

学 在 零 陵

零陵区徐家井小学七里店校区（黎忠广摄）

荷叶塘学校教学楼（何慧函摄）

学在零陵

永州市第三中学校园（黎忠广摄）

富家桥镇何仙观完小教师周转房

正在建设中的七里店学校

学 在 零 陵

永州市零陵区君诚学校

健 康 零 陵

永州市第四人民医院外景（黎忠广摄）

永州市第四人民医院门诊综合楼大厅

省专家在基层医院开展义诊活动

健康零陵

市委、区委领导

在七里店社区卫生服务中心调研

中信湘雅生殖与遗传专科医院联盟医院

在永州市第四人民医院挂牌

“空中救援”启动仪式

七里店社区卫生服务中心

尹建荣在表彰大会上

文 化 零 陵

2017 年 1 月 23 日，零陵区春节联欢晚会

2017 年 1 月 25 日，“美丽乡村我的家”2017 年零陵区美丽乡村建设暨乡村旅游精品线路宣传乡村春晚

2017 年 3 月 26 日，在广东佛山举行招商引资重点项目推介会演出

文化零陵

2017 年 6 月 30 日，零陵区庆祝中国共产党成立 96 周年“党旗飘扬”大型合唱比赛

2017 年 4 月 29–5 月 1 日庆“五一”暨“百姓月月乐”走进香零山村文艺演出

2017 年 7 月 28 日，零陵区庆祝中国人民解放军建军 90 周年暨“双拥·百姓月月乐”广场文艺演出

文化零陵

2017年8月15日，零陵区“欢乐潇湘·开放文明富裕幸福新零陵”群众文艺汇演

2017年8月26日，零陵区首届乡村文化旅游节开幕式

2017年12月12日，到七里店社区开展“欢乐一家人，零陵区文艺进社区、校园演出”

文化零陵

2017 年 12 月 31 日，零陵区迎新年暨各界联谊文艺演出

2017 年 12 月 31 日，零陵区迎新年暨各界联谊文艺演出

2017 年 6 月 10 日，开展全国首个
“文化和自然遗产日”系列文化活动

零陵渔鼓演出

红色文化进校园

2017 年 9 月 27 日，零陵区在中山路小学
举行党史知识进校园活动启动仪式（陈顺国摄）

2017 年 12 月 12 日，零陵区在中山路小学
举行《童心向党》小学生读本首发仪式

小学生“童心向党”1–6 年级读本

红色文化进校园

中央党史和文献研究院徐鹏堂处长（前排左一）到零陵区调研红色文化进校园工作

2018 年 10 月 10 日，中央党史和文献研究院宁宇副处长（右四）到零陵区调研红色文化进校园工作

2018 年 2 月 4 日，省政府参事室参事、省关工委副主任张志初（前排右一）到零陵调研红色文化进校园工作

红色文化进校园

2018年4月12日，省委老干部局副巡视员、省关工委秘书记长黄孝亮（右四）到零陵调研红色文化

2018年10月8日，市委领导到中山路小学调研红色文化进校园工作

召开红色文化进校园工作推进会

红色文化进校园课件会审

红色文化进校园

珠山镇小学学生认真学习童心向党小学生读本

中山路小学学生参观中共零陵地委旧址

中山路小学“党在我心中”手抄报

七里店小学红色文化长廊

目　录

零陵年鉴编纂委员会
零陵年鉴编辑说明
零陵区行政区划图

特　载

打赢七大战役　阔步走在前列
全力开创零陵经济社会发展新局面
——在区委经济工作会议暨“七大战役”动员大会上的讲话 …………… 区委书记唐烨（1）
政府工作报告
——在零陵区第十届人民代表大会第二次会议上的讲话 …………………… 区长吴恢才（11）

大　事　记

（2017 年 1–12 月）

大事记 ………………………………………（24）

零　陵　概　貌

概况 ………………………………………（33）
建置沿革 …………………………………（33）
行政区划 …………………………………（33）
气象 ………………………………………（35）

中共永州市零陵区委员会

区委会议

区委常委会会议 ……………………………（36）
区委常委班子专题民主生活会 ……………（39）
区委经济工作会议暨“七大战役”动员大会 ………………………………………………（39）
区委八届四次全体（扩大）会议 …………（41）
区委八届五次全体（扩大）会议 …………（41）

办公室工作

概况 ………………………………………（43）
改革工作 …………………………………（43）
信息工作 …………………………………（44）
政工人事工作 ……………………………（44）
综合政研工作 ……………………………（44）
文秘工作 …………………………………（45）
督查工作 …………………………………（46）
“红色文化进校园”活动 …………………（46）
机关工会活动 ……………………………（47）

中共永州市零陵区纪委（区监察委员会）

概况 ………………………………………（47）
“两个责任”落实 …………………………（47）
廉政教育建设 ……………………………（48）
作风建设 …………………………………（48）
专项整治 …………………………………（48）
纪律审查 …………………………………（48）
派驻机构改革 ……………………………（49）

基层纪委建设 …………………………… (49)
村务监督试点 …………………………… (49)

组织

概况 ………………………………………… (50)
组工队伍建设 …………………………… (50)
党建工作 ………………………………… (50)
干部队伍建设 …………………………… (51)
干部教育培训 …………………………… (51)
干部选拔使用 …………………………… (51)
干部人事制度改革 ……………………… (52)
干部监督新体系构建 …………………… (52)
人才工作 ………………………………… (52)
引才引智 ………………………………… (52)
人才培训 ………………………………… (52)
人才作用发挥较好 ……………………… (53)
实施人才品牌建设 ……………………… (53)

宣传思想

概况 ………………………………………… (53)
理论武装 ………………………………… (53)
意识形态建设 …………………………… (54)
新闻宣传和舆论引导 …………………… (54)
舆论监督 ………………………………… (54)
文明城市创建 …………………………… (55)
文化惠民工程 …………………………… (55)
宣传队伍建设 …………………………… (55)

统一战线

概况 ………………………………………… (55)
统战工作成果 …………………………… (55)
统战特色工作 …………………………… (56)
大部制改革 ……………………………… (56)
统战工作进网格 ………………………… (56)
引导非公经济参与公益事业 …………… (56)
民主党派工作开展 ……………………… (56)
党外代表人士工作 ……………………… (57)
信息调研 ………………………………… (57)
民族宗教 ………………………………… (57)

机构编制

概况 ………………………………………… (57)
机构编制管理 …………………………… (57)
事业单位登记管理 ……………………… (57)
行政管理体制改革 ……………………… (58)
纪委派驻、巡察及监察委履责情况 ……… (58)
体制改革与职能调整 …………………… (58)

党校工作

概况 ………………………………………… (58)
干部教育培训 …………………………… (59)
教学科研 ………………………………… (59)
师资队伍建设 …………………………… (59)

老干部工作

概况 ………………………………………… (59)
老干部工作地位提升 …………………… (60)
老干部生活待遇全面落实 ……………… (60)
老干部活动中心与老年大学建设 ……… (60)
离退休干部党组织建设 ………………… (60)
离退休干部活动 ………………………… (61)

对台工作

概况 ………………………………………… (61)
服务台资企业 …………………………… (61)
对台交往交流 …………………………… (62)
台胞台属合法权益维护 ………………… (62)
台胞台属参政议政 ……………………… (62)
台情普查登记 …………………………… (62)
对台调研与宣传 ………………………… (62)

党史地方志

概况 ………………………………………… (63)
开展党史知识进校园活动 ……………… (63)
开展“弘扬红色文化、传承红色基因”党的知识常态化教育 ……………………………… (63)

完成“中共零陵地委旧址”布展工作 ······ (64)
《零陵年鉴》（2017）编纂培训会议 ········ (64)
《零陵年鉴》（2017）正式出版 ·············· (64)
党史联络工作 ·································· (65)
党史宣传教育 ·································· (65)

档案

概况 ·· (65)
项目建设 ······································ (65)
课题研究项目 ·································· (65)
档案业务指导 ·································· (65)
法治宣传教育 ·································· (66)
档案查阅利用 ·································· (66)
馆藏 ·· (66)

信访

概况 ·· (66)
信访积案化解 ·································· (66)
网上信访办理 ·································· (66)
接访下访制度 ·································· (66)
信访责任落实 ·································· (66)

巡察

概况 ·· (67)
巡察和纪委派驻机构建设 ···················· (67)
市委第四巡察组巡察零陵区筹备工作会议 ·· (67)
建立市委第四巡察组对零陵区巡察工作机制 ·· (67)
党的建设巡察整改 ···························· (67)
扶贫政策措施落实 ···························· (68)
严查扶贫户识别不准问题 ···················· (68)
违反中央“八项规定”的问题整改 ·········· (68)
党风廉政建设和反腐败工作 ·················· (68)

永州市零陵区人民代表大会

概况 ·· (69)
重大决定决议 ·································· (69)
依法人事任免 ·································· (69)
开展工作审议 ·································· (69)
政府工作监督 ·································· (69)
财政预决算审查监督 ·························· (69)
司法工作监督 ·································· (70)
审议专项工作报告 ···························· (70)
专项活动开展 ·································· (70)
组织立法调研 ·································· (70)
督办代表建议 ·································· (71)

永州市零陵区人民政府

概况 ·· (72)
农业产业建设 ·································· (72)
工业经济发展 ·································· (72)
第三产业发展 ·································· (73)
开放承接 ······································ (73)
城乡建设 ······································ (73)
基础设施建设 ·································· (73)
重点改革 ······································ (74)
民生福祉 ······································ (74)
区人民政府常务会议 ·························· (75)

区人民政府办公室

概况 ·· (78)
参谋服务 ······································ (78)
值守应急 ······································ (78)
公文办理 ······································ (79)
政务督查督办 ·································· (79)
机关事务管理 ·································· (79)
党风廉政建设 ·································· (80)
金融管理 ······································ (80)

优化经济发展环境 ……………………………… (80)

政务公开与服务

概况 …………………………………………… (80)
政务服务体系建设 ……………………………… (81)
政务公开服务 ………………………………… (81)
审批项目管理 ………………………………… (82)
社会监督 ……………………………………… (82)
推行量化考核 ………………………………… (82)
队伍建设 ……………………………………… (82)

机关事务管理

概况 …………………………………………… (82)
公共机构节能 ………………………………… (82)
机关大院路面改造 ……………………………… (83)
网格化管理 …………………………………… (83)
食堂建设与管理 ……………………………… (83)
会务保障 ……………………………………… (83)
机关大院安全保卫 ……………………………… (83)
卫生保洁实现社会化服务 ……………………… (83)
公务用车管理 ………………………………… (84)
清理办公用房 ………………………………… (84)

政协永州市零陵区委员会

概况 …………………………………………… (85)
参政议政 ……………………………………… (85)
扶贫攻坚 ……………………………………… (85)
信息化建设 …………………………………… (85)
提案办理 ……………………………………… (86)
民主监督服务生态发展 ………………………… (86)
舆论阵地建设 ………………………………… (86)
开展创建活动 ………………………………… (86)
政协永州市零陵区第十届委员会常务委员会议 ……………………………………… (86)
重要提案办理 ………………………………… (88)
《潇湘源声》出版 ……………………………… (88)
精准扶贫 ……………………………………… (89)

人民武装

概况 …………………………………………… (89)
思想政治建设 ………………………………… (89)
干部队伍建设 ………………………………… (90)
理顺国防动员工作机制 ………………………… (90)
后备力量调整改革 ……………………………… (90)
战备工作落到实处 ……………………………… (90)
兵员征集宣传 ………………………………… (90)
全民国防教育 ………………………………… (91)
军事训练 ……………………………………… (91)
正规化管理建设 ……………………………… (91)
抗洪抢险 ……………………………………… (92)

法　　治

政法委及综治

概况 …………………………………………… (93)
矛盾纠纷化解机制 ……………………………… (93)
涉法涉诉信访改革 ……………………………… (93)
治安防控管理系统 ……………………………… (93)
治安环境整治 ………………………………… (93)
平安创建 ……………………………………… (94)
社区警务网格化管理 …………………………… (94)
校园及周边环境专项整治 ……………………… (94)
“环境整治”战役 ……………………………… (94)
规范寄递物流业 ……………………………… (95)
“万员促和谐”活动 …………………………… (95)
舆论宣传工作 ………………………………… (95)
城市社区网格化建设 …………………………… (95)
农村网格化建设 ……………………………… (95)
农村综合服务平台建设 ………………………… (95)
规范执法 ……………………………………… (96)
见义勇为 ……………………………………… (96)

公安

概况 …………………………………… (96)
队伍素质建设 ……………………………… (96)
警务机制改革与创新 …………………… (97)
维稳安保 …………………………………… (97)
案件侦办 …………………………………… (97)
禁毒惩治和专项整治 …………………… (98)
惩治经济犯罪 ……………………………… (98)
社会治安环境整治 ……………………… (98)
人口管理 …………………………………… (98)
交通、消防和监督安全管理 …………… (98)
治安防控体系建设 ……………………… (99)
抢险救援 …………………………………… (99)
湖南于家公安检查站项目建设 ………… (99)
构建和谐警民关系 ……………………… (99)

公安消防

概况 …………………………………… (100)
履职履能 ………………………………… (100)
政治建警 ………………………………… (100)
推行廉政建设责任制 …………………… (100)
消防安全专项整治 ……………………… (101)
消防法律法规宣传 ……………………… (101)
基础设施建设与后勤保障 ……………… (101)
消防安全隐患监督 ……………………… (101)

检察

概况 …………………………………… (101)
服务地方经济发展 ……………………… (102)
维护社会稳定 …………………………… (102)
严厉惩治腐败 …………………………… (102)
检察官员额制改革 ……………………… (103)
司法责任制改革 ………………………… (103)
监察体制改革 …………………………… (103)
支持非公经济发展 ……………………… (103)
“食安零陵”建设 ……………………… (103)
“绿色零陵”建设 ……………………… (103)
“平安零陵”建设 ……………………… (104)
机关作风建设 …………………………… (104)
党风廉政建设 …………………………… (104)
人才队伍建设 …………………………… (104)
办案业务常态化 ………………………… (104)
接受外部监督 …………………………… (104)

法院

概况 …………………………………… (105)
刑事审判 ………………………………… (105)
民事审判 ………………………………… (105)
行政审判 ………………………………… (105)
执法工作 ………………………………… (106)
司法为民服务 …………………………… (106)
廉洁司法教育 …………………………… (106)
司法体制与机制改革 …………………… (106)
社会监督 ………………………………… (107)

司法行政

概况 …………………………………… (107)
普法教育宣传 …………………………… (107)
青少年法治教育 ………………………… (107)
法治宣传 ………………………………… (108)
创新调解机制 …………………………… (108)
综治民调工作 …………………………… (108)
法律服务援助 …………………………… (109)
社区矫正人员监管 ……………………… (109)
帮教平台信息化建设 …………………… (109)
司法制度改革 …………………………… (109)

法治政府建设

概况 …………………………………… (109)
参与政府重大行政决策指导 …………… (109)
规范性文件管理 ………………………… (109)
行政复议应诉 …………………………… (109)
行政执法监督 …………………………… (109)
政府法律服务 …………………………… (110)

网格化管理

概况 …… (110)
信息化处置升级 …… (110)
农村综合服务管理 …… (110)
网格化服务管理 …… (111)
升级“1+N”组团式服务 …… (111)
信息化业务办理 …… (111)
社会服务 …… (111)

社 会 团 体

区总工会

概况 …… (112)
工会组织建设 …… (112)
劳动技能竞赛 …… (112)
女职工工作 …… (112)
民主管理与维权 …… (113)
双联帮扶工作 …… (113)
医疗互助活动 …… (113)
职工各类活动开展 …… (113)
综合治理 …… (113)
禁毒宣传 …… (113)
精准扶贫 …… (113)

共青团零陵区委

概况 …… (113)
希望工程助爱心活动 …… (114)
青少年思想道德建设 …… (114)
青年志愿者工作 …… (114)
团组织建设 …… (115)
首届青少年说故事大赛 …… (115)
社会扶贫志愿行活动 …… (115)

区妇女联合会

概况 …… (115)
优良家风评选活动 …… (115)
法制宣传与妇女权益维护 …… (115)
城乡妇女就业创业 …… (116)
关心关爱妇女儿童 …… (116)
基层妇联组织改革 …… (116)
巾帼志愿活动 …… (116)
精准扶贫 …… (117)
宣传工作 …… (117)

区文学艺术界联合会

概况 …… (117)
零陵区文学艺术界第三届委员会第三次全体会议 …… (117)
协会会员发展 …… (118)
《零陵文艺》编辑出版 …… (118)
《怀素艺术报》编辑出版 …… (118)
文艺创作与宣传 …… (118)
迎春文艺活动 …… (118)
“零陵古城怀”永州市首届摄影艺术展 …… (118)
“零陵风情”大型摄影作品展 …… (118)
全国第四届草书展举行 …… (118)
培训和创作 …… (119)
职能工作和服务 …… (119)

区归侨侨眷联合会

概况 …… (119)
基层基础工作 …… (119)
华侨联络联谊 …… (119)
维护归侨侨眷权益 …… (120)
侨界示范基地建设 …… (120)
归侨侨眷参政议政 …… (120)

区红十字会

概况 …… (120)
赈灾救灾 …… (120)

无偿献血和造血干细胞捐献工作 …………（120）

经　济　建　设

发展改革和物价管理

概况 ……………………………………………（121）
重点项目建设 ……………………………………（121）
物价管理稳定 ……………………………………（121）
公车改革 …………………………………………（121）
项目建设实现绿色通道制 ………………………（121）

审计

概况 ……………………………………………（122）
财政资金审计 ……………………………………（122）
专项工伤审计 ……………………………………（122）
固定资产投资审计 ………………………………（122）
经济责任审计 ……………………………………（122）
扶贫专项资金审计 ………………………………（122）

统计

概况 ……………………………………………（122）
基层党组织建设 …………………………………（123）
业务培训和基础工作常态化开展 ………………（123）
统计服务工作保障 ………………………………（123）
统计执法 …………………………………………（123）
统计宣传 …………………………………………（123）
开展农业普查 ……………………………………（124）
小康指标动态监测 ………………………………（124）

安监

概况 ……………………………………………（124）
安全生产合力 ……………………………………（124）
推进安全生产责任落实具体化 …………………（124）
实现安全生产“四个签字背书”工作机制标准化 ……………………………………………（124）
规范安全生产秩序 ………………………………（124）
开展安全生产“三大行动”和“打非治违”专项行动 ……………………………………………（125）
安全生产大检查 …………………………………（125）
全民安全生产意识提高 …………………………（125）
安全生产知识培训 ………………………………（125）

工商行政管理

概况 ……………………………………………（125）
商事制度改革 ……………………………………（126）
事中事后监管 ……………………………………（126）
市场经济秩序整治 ………………………………（126）
服务企业创新发展 ………………………………（127）
实施商标品牌战略 ………………………………（127）
构建和谐消费环境 ………………………………（127）
参与驻地中心工作 ………………………………（127）

食品药品监督管理

概况 ……………………………………………（127）
规划建设科学监管 ………………………………（128）
企业主体责任落实 ………………………………（128）
食品药品隐患排查 ………………………………（128）
专项整治行动 ……………………………………（128）
食品安全示范区创建 ……………………………（128）
科普知识宣传 ……………………………………（128）
党建工作 …………………………………………（128）
稽查打假 …………………………………………（129）
依法行政 …………………………………………（129）
应急处置 …………………………………………（129）

质量技术监督

概况 ……………………………………………（129）
实施质量强区战略 ………………………………（129）
特种设备安全监察 ………………………………（130）
质量安全保障 ……………………………………（130）
党风廉政建设 ……………………………………（130）

烟草

概况 …… (130)
服务型党组织建设 …… (130)
卷烟打假及市场监管 …… (131)
卷烟营销 …… (131)
“新商盟”营销 …… (131)
“制度体系建设年”活动 …… (131)
强化廉洁从业意识 …… (131)

商改工作

概况 …… (132)

农村经济

农业

概况 …… (133)
粮食生产 …… (133)
经济作物 …… (133)
农业产业化建设 …… (133)
美丽乡村建设 …… (133)
农产品质量安全 …… (134)
农村产权制度改革 …… (134)

农业综合开发

概况 …… (134)
农田基本建设 …… (134)
农田项目建设 …… (134)
农业产业化项目建设 …… (135)
项目施工管理 …… (135)
扶贫攻坚 …… (135)

商务和粮食

概况 …… (135)
招商引资项目 …… (136)
外贸进出口备案企业登记与管理 …… (136)
内贸工作 …… (136)
粮食收购工作全面完成 …… (137)

林业

概况 …… (137)
基础工程建设 …… (137)
秀美村庄建设 …… (137)
森林资源保护 …… (137)
防火与病虫灾害管理 …… (138)
野生动植物保护 …… (138)
开展名木古树普查 …… (138)
林地清理整治 …… (138)
涉林案件办理 …… (138)
油茶种植与推广 …… (138)
林业改革 …… (138)

何仙姑省级森林公园

概况 …… (138)

大庙头国有林场 …… (138)

水口山国有林场 …… (139)

石岩头国有林场

概况 …… (139)

潇水国家湿地公园

概况 …… (139)
重要批复文件 …… (139)
湿地保护 …… (139)
项目建设 …… (140)
科普宣传教育 …… (140)

畜牧水产

概况 …… (140)
创建国家级出口食品农产品（活大猪）质量安全示范区 …… (140)
病死畜禽无害化处理中心项目启动 …… (141)
重大动物疫病防控 …… (141)
重点安全专项整治活动 …… (141)
养殖污染治理 …… (141)

湘江两岸养殖环境清理 …… (142)
渔政管理与环境整治 …… (142)

水利

概况 …… (142)
应急预案启动 …… (142)
防汛责任工作落实 …… (142)
污水处理 …… (143)
农村安全饮水 …… (143)
水利工程建设 …… (143)
安全生产 …… (143)
规费征收 …… (143)
法律法规宣传 …… (143)
廉政教育建设 …… (144)
推行河长制 …… (144)
考核机制常态化 …… (144)
抢修与维护 …… (144)

移民

概况 …… (144)
移民业务办理 …… (144)
移民维权维稳 …… (145)
移民技术培训 …… (145)
安全生产落实 …… (145)
党风廉政建设 …… (145)
移民项目建设 …… (145)
新农村建设 …… (145)
避险解困试点工作 …… (145)
信访维稳 …… (145)
精准扶贫 …… (146)
计划生育贫困扶助 …… (146)
友好往来 …… (146)

扶贫开发

概况 …… (146)
扶贫责任落实 …… (146)
扶贫宣传 …… (146)
扶贫培训 …… (147)
制订脱贫攻坚整改方案 …… (147)
“五个一批”工作落实 …… (147)
脱贫基础设施建设 …… (149)

气象

概况 …… (149)
地面气象观测 …… (149)
雷达监控系统运行 …… (149)
气象信息网络与装备 …… (150)
气象预报服务 …… (150)
人工影响天气 …… (150)
文明单位创建 …… (150)

防震减灾

政务公开 …… (150)
业务培训 …… (150)
防震减灾宣传教育 …… (150)
地震监测和管理 …… (151)
应对梧州地震有感影响 …… (151)

农业机械化管理

概况 …… (151)
农机购置补贴 …… (151)
水稻机插秧技术推广 …… (151)
农机专业合作社 …… (151)
农机安全监理 …… (152)
“三减量”工作 …… (152)

农业发展建设投资

概况 …… (152)
资产入账情况 …… (152)
项目债券融资 …… (152)
农村综合服务平台 …… (152)
产业扶贫 …… (153)
资产划转 …… (153)
项目开发 …… (153)
党风廉政与警示教育 …… (153)
职工教育培训 …… (153)

附：重点扶贫项目

永州仙姑花海有限公司

概况 …………………………………………… (153)
以股份合作模式帮扶贫困户 ………………… (153)

湖南绿色平方生态科技有限公司

概况 …………………………………………… (156)
经营模式 ……………………………………… (156)
前期产业发展 ………………………………… (156)

湖南天惠油茶开发有限公司

概况 …………………………………………… (156)
股份合作模式 ………………………………… (156)
基地项目建设及帮扶规模 …………………… (156)
社会公益事业 ………………………………… (157)

科技·工业

科经委

概况 …………………………………………… (155)
企业入统有基础 ……………………………… (155)
环境专项整治 ………………………………… (155)
电力执法 ……………………………………… (155)
国企改革及信访维稳 ………………………… (155)
科技创新服务体系提升 ……………………… (155)
知识产权保护 ………………………………… (155)
科技扶贫 ……………………………………… (156)

工业园区

概况 …………………………………………… (156)
“双百亿园区”建设规模化发展 ……………… (156)
“一园两区”管理模式 ………………………… (156)
招商引资打造园中园 ………………………… (156)
“助保贷”融资平台 …………………………… (157)
创业服务中心建设 …………………………… (157)
路网工程建设 ………………………………… (157)
服务平台目标化 ……………………………… (157)

电力

概况 …………………………………………… (157)
安全用电管控 ………………………………… (157)
生产运行维护 ………………………………… (158)
电网建设 ……………………………………… (158)
经营质效 ……………………………………… (158)
监控管理 ……………………………………… (158)
“三个建设”工作 ……………………………… (159)
业务用房新址搬迁 …………………………… (159)
企业文化建设 ………………………………… (159)
党风廉政建设 ………………………………… (159)

交通·邮政·通信

交通运输

概况 …………………………………………… (160)
交通提质提速建设 …………………………… (160)
在建项目工程 ………………………………… (160)
干线公路建设 ………………………………… (160)
工程项目建设 ………………………………… (160)
农村公路提质改造 …………………………… (160)
农村公路日常养护 …………………………… (160)
安保工程建设和危桥改造 …………………… (160)
交通建设质量监督 …………………………… (161)
“平安工地”创建 ……………………………… (161)
运输市场管理 ………………………………… (161)
车辆维修与保障 ……………………………… (161)
驾培市场管理 ………………………………… (161)
安全生产管理 ………………………………… (161)

交通管理

概况 …………………………………………… (161)
交通事故处治 ………………………………… (162)
驾驶证及机动车监管 ………………………… (162)
交通违法查处 ………………………………… (162)

事故隐患排查 …………………………………（162）
交通安全宣传 …………………………………（162）
便民服务 ………………………………………（163）

公路

概况 ……………………………………………（163）
在建项目质量与安全 …………………………（163）
公路日常养护 …………………………………（163）
依法治路 ………………………………………（163）
公路专项治理 …………………………………（163）
安全生产管理 …………………………………（164）
精神文明建设 …………………………………（164）

城市公交

概况 ……………………………………………（164）
城市公共交通监管 ……………………………（164）
线路变更 ………………………………………（164）
快速公交 ………………………………………（165）

水路交通运输

概况 ……………………………………………（165）
水上交通安全监管 ……………………………（165）
全天候安全监管 ………………………………（165）
水上交通安全宣传 ……………………………（165）
船舶和船员管理 ………………………………（165）
水路运输航务管理 ……………………………（165）

交通建设投资

概况 ……………………………………………（165）
交通项目融资 …………………………………（166）
交通工程建设 …………………………………（166）
制订资产储备计划 ……………………………（166）
综合管理 ………………………………………（166）
基层党建 ………………………………………（166）

邮政

概况 ……………………………………………（167）
业务经营与发展 ………………………………（167）
保险业务 ………………………………………（167）
文化传媒转型 …………………………………（167）
专项整治 ………………………………………（167）
基层党组织建设 ………………………………（167）
帮扶活动 ………………………………………（167）

移动

概况 ……………………………………………（167）
业务发展 ………………………………………（168）
市场销售 ………………………………………（168）
4G 客户发展 …………………………………（168）
移动扶贫 ………………………………………（168）
市场营销 ………………………………………（168）
全员营销活动开展 ……………………………（168）
市场促销 ………………………………………（168）
客户服务 ………………………………………（168）
线路运维及隐患整治 …………………………（168）
自维基站动力环境安全保障 …………………（169）
代维管理规程落实 ……………………………（169）
网络服务优化 …………………………………（169）
基站建设和外联工作 …………………………（169）
党风廉政建设 …………………………………（169）

电信

概况 ……………………………………………（169）
业务拓展 ………………………………………（170）
网络建设 ………………………………………（170）

联通

概况 ……………………………………………（170）
网络提速降费 …………………………………（170）
取消国内长途和漫游费 ………………………（170）
中小企业互联网专线接入资费降低 …………（170）

国际长途电话费降低 …………………………… (170)
政企合作 ………………………………………… (170)

国土·城乡规划建设

国土

概况 ………………………………………………… (171)
建设项目用地保障 ……………………………… (171)
土地开发项目管理 ……………………………… (171)
执法监察 ………………………………………… (171)
矿政管理 ………………………………………… (171)
地灾防治群测群防体系健全 ………………… (172)
不动产统一登记 ………………………………… (172)
信访与档案工作 ………………………………… (172)
特色产业发展 …………………………………… (172)

住房和城乡建设

概况 ………………………………………………… (172)
创先争优方案出台 ……………………………… (172)
优惠政策落实 …………………………………… (172)
党风廉政建设 …………………………………… (172)
信访维稳 ………………………………………… (173)
安全生产监管 …………………………………… (173)
城乡规划编制 …………………………………… (173)
城乡建设项目推进 ……………………………… (173)
建筑领域秩序规范 ……………………………… (173)
特色乡镇项目建设 ……………………………… (174)
村庄连片整治 …………………………………… (174)
建筑业产值增长 ………………………………… (174)
建筑节能规范 …………………………………… (174)
绿色建筑建设 …………………………………… (174)
安全生产制度化 ………………………………… (174)

住房公积金管理

概况 ………………………………………………… (175)
住房公积金管理 ………………………………… (175)
归集管理 ………………………………………… (175)
住房公积金贷款发放和风险控制 …………… (175)
住房公积金的缴存、提取 ……………………… (175)
综合服务管理 …………………………………… (176)
精准扶贫 ………………………………………… (176)

房产

概况 ………………………………………………… (176)
保障性住房建设 ………………………………… (176)
房产行政管理 …………………………………… (177)
安全生产专项整治 ……………………………… (177)
房地产市场监管 ………………………………… (177)
小区物业管理 …………………………………… (177)
商品房建设 ……………………………………… (177)
新建商品住房供销 ……………………………… (178)
新建商品住房价格 ……………………………… (178)

房屋征收与补偿

概况 ………………………………………………… (178)
项目征收 ………………………………………… (178)
建章立制，明确责任 …………………………… (178)
政策法规宣传 …………………………………… (178)

历史文化名城建设管理

概况 ………………………………………………… (178)
保护措施落实 …………………………………… (179)
文化研究拓展 …………………………………… (179)
历史建筑保护 …………………………………… (179)

城市执法管理

概况 ………………………………………………… (179)
市容市貌管理 …………………………………… (179)
“禁燃”管理与宣传 ……………………………… (179)
数字城管建设 …………………………………… (180)
城管体制改革 …………………………………… (180)
执法队伍建设 …………………………………… (180)
智慧路灯管控 …………………………………… (180)
舆论宣传 ………………………………………… (180)

园林

概况 …………………………………………… (180)
园林城市创建 ………………………………… (181)
园林绿化养护管理 …………………………… (181)

城市供水

概况 …………………………………………… (181)
供水生产安保防护 …………………………… (182)
汛期供水保障 ………………………………… (182)
管网安全运行 ………………………………… (182)
优质供水服务 ………………………………… (182)
供水设施排查 ………………………………… (182)
信访矛盾化解 ………………………………… (182)
水费“全民付”业务开通 …………………… (182)
零陵供水微信公众号创建 …………………… (183)
用水设施及表务环境管理 …………………… (183)
队伍建设 ……………………………………… (183)

环境保护

概况 …………………………………………… (183)
环保督察整改 ………………………………… (183)
环境保护 ……………………………………… (183)
环境整治 ……………………………………… (184)
湘江流域污染防治 …………………………… (184)
生态文明示范市（区）创建 ………………… (184)
环保责任落实 ………………………………… (184)
重点区域污染防治 …………………………… (184)
监管监测体系 ………………………………… (185)
环境风险防范 ………………………………… (185)
环保法制宣传 ………………………………… (185)
生态优先发展 ………………………………… (185)
环境管理准入制 ……………………………… (185)
监管执法 ……………………………………… (185)

城市建设投资开发

概况 …………………………………………… (185)
项目建设 ……………………………………… (186)
征地拆迁安置 ………………………………… (186)
融资平台建设 ………………………………… (186)
重点项目建设 ………………………………… (186)
站场建设工程启动 …………………………… (187)
朝阳大道建设 ………………………………… (187)
市政广场建设 ………………………………… (187)
黄田铺书香教育小镇项目建设 ……………… (187)
提质改造工程项目 …………………………… (187)

财税·金融

财政

概况 …………………………………………… (188)
收入征管 ……………………………………… (188)
预算支出控制 ………………………………… (188)
民生保障建设 ………………………………… (188)
经济建设与社会事业 ………………………… (188)
财政改革 ……………………………………… (189)
财政监督管理 ………………………………… (189)

国家税务

概况 …………………………………………… (189)
国税税收收入 ………………………………… (189)
税收政策落实 ………………………………… (190)
纳税服务提升 ………………………………… (190)
税收风险管理 ………………………………… (190)
电子税务局管理 ……………………………… (190)
政务管理服务 ………………………………… (190)
绩效管理 ……………………………………… (191)
税务教育培训 ………………………………… (191)
国税地税合作 ………………………………… (191)
机关后勤管理 ………………………………… (191)
纪检监察 ……………………………………… (191)
税收科研信息 ………………………………… (191)

地方税务

概况 …………………………………………… (191)

地税收入征管 …… (192)
税收征管改革 …… (192)
纳税服务提升与宣传 …… (192)
依法治税成效明显 …… (192)

金融工作

信贷投放 …… (193)
政银企合作洽谈会 …… (193)
银行网点建设 …… (193)
惠农普惠金融工程 …… (193)
“助保贷”业务 …… (193)
挂牌上市后备企业培育 …… (194)
小额扶贫贷款实施 …… (194)
金融风险排查和整治 …… (194)

中国农业发展银行永州市零陵支行

概况 …… (194)
贷款余额增长 …… (194)
各类存款增加 …… (194)
中间业务收入 …… (194)
账面利润增长 …… (194)
粮油收购信贷发放 …… (195)
棚户区改造建设 …… (195)
脱贫攻坚 …… (195)
存款组织营销 …… (195)
基金投资 …… (195)
客户信贷维护 …… (195)
“信贷队伍建设年”活动 …… (195)
执行力建设 …… (196)
信息化建设 …… (196)
“党建工作基础建设年”活动 …… (196)
“作风纪律教育整顿” …… (196)
思想宣传 …… (196)
文体活动开展 …… (196)
园林式单位创建 …… (197)
党风廉政建设 …… (197)

中国建设银行零陵支行

概况 …… (197)
金融业务发展 …… (197)
银行资产业务 …… (197)
主要效益指标 …… (197)
普惠金融贷款 …… (197)
承销融资债券发行 …… (197)
金融生态圈建设 …… (197)
品牌形象提升 …… (198)
互联网金融发展转型 …… (198)
信贷风险管理 …… (198)
“三清查”专项活动 …… (198)
舆情应对处置 …… (198)
党建工作 …… (198)

中国农业银行永州零陵支行

概况 …… (198)
服务品质提升 …… (198)
风险防范加强 …… (199)
信贷结构优化 …… (199)
三农经济发展服务 …… (199)
支持地方经济发展 …… (199)
信贷管理 …… (199)
金穗市场营销 …… (199)
安全保卫 …… (200)

工行永州零陵支行

概况 …… (200)
经营指标 …… (200)
员工绩效考核 …… (200)
信贷结构优化 …… (200)
劳动纪律管理 …… (201)
“两个责任制”落实 …… (201)
优质服务 …… (201)

邮政储蓄银行永州市零陵支行

概况 …… (201)
发展转型和业务创新 …… (201)

"三农"金融服务 …… (201)
基础管理 …… (201)

中国人寿财产保险
概况 …… (202)
农业和农村经济服务 …… (202)
特色农业保险保单 …… (202)
自然灾害应急预案 …… (202)
农险理赔工作 …… (202)
企业文化与价值体系 …… (202)

文化·教育·旅游

文化
概况 …… (203)
"文化惠民"服务 …… (203)
非物质文化遗产保护与利用 …… (203)
文化遗产保护宣传 …… (203)
"全民健身"活动 …… (204)
文化体育基础设施建设 …… (204)
"民生实事"办理 …… (204)
艺赛事 …… (204)
"文化市场"环境 …… (204)
"文化零陵"品牌建设 …… (205)
文化设施建设 …… (205)
文化市场管理 …… (205)

群众文化建设
概况 …… (205)
群众文化作品创作 …… (205)
免费开放服务 …… (206)
非物质文化遗产保护 …… (206)
文明志愿服务 …… (206)

文物管理
概况 …… (206)
文物管理 …… (206)
重点文物单位申报 …… (206)
"第十二个文化遗产宣传日"活动 …… (207)
周家大院保护与修缮 …… (207)
"文武双庙"保护规划方案 …… (207)
文庙小型游园建设 …… (207)
第四批区级文物保护单位确认 …… (207)
忠义祠碑保护 …… (207)
确保文物安全 …… (207)
干部队伍素质建设 …… (207)

柳宗元纪念馆
概况 …… (207)
清明祭柳大典 …… (208)
陈列展览改造升级项目建设 …… (208)

全民健身服务
概况 …… (208)
全民健身活动 …… (208)
免费开放服务 …… (208)

青少年儿童业余体育运动
概况 …… (209)
特色项目训练基地 …… (209)

教育
概况 …… (209)
高考工作开展 …… (209)
政府议教落实 …… (209)
职业教育发展 …… (209)
学位项目建设 …… (210)
教育信息化建设 …… (210)
作风建设 …… (210)
教师管理 …… (210)
特色文化进校园 …… (211)
红色文化进校园 …… (211)
教改教研开展 …… (211)
"三名工程"实施 …… (211)

徐家井小学

概况 …… (211)
教师制度化管理 …… (212)
课堂教学改革 …… (212)
教师队伍建设 …… (212)
学校安全管理 …… (212)
校园文化建设 …… (213)
精神文明建设 …… (213)

中山路小学

概况 …… (213)
传统文化弘扬 …… (213)
红色宣传阵地建设 …… (213)
“红色讲堂”教育 …… (213)
“红色艺术”活动 …… (213)
“红色教育实践活动” …… (214)
教育专项课题研究 …… (214)
“红色志愿服务队”成立 …… (214)

永州三中

概况 …… (214)
办学行为规范 …… (214)
办学条件 …… (214)
安全文明校园创建 …… (214)
师资队伍建设 …… (215)
常规教学 …… (215)
校园文化体系建设 …… (215)
特色教育 …… (215)
校园提质改造 …… (215)
廖智慧名师工作室 …… (215)

永州九中

概况 …… (216)
党建引领 …… (216)
领导班子建设 …… (216)
教师师德和从教管理 …… (216)
教学改革 …… (217)
常规教育和养成教育 …… (217)
安全教育落实 …… (217)
综合治理落实 …… (217)
阳光体育项目建设 …… (218)

工商职业中专

概况 …… (218)
基层党建 …… (218)
教育教学 …… (218)
校企合作 …… (219)
管理提升三年行动计划 …… (219)
特色内涵建设工程 …… (219)
“精细化”管理工程 …… (219)
“6S”管理体系建设 …… (219)
职业教育学位攻坚计划 …… (219)

旅游

首届乡村文化旅游节 …… (220)
“旅游升温”战役 …… (220)
系列活动成果 …… (220)
“千车万人游永州” …… (220)
清明祭柳大典 …… (221)
互动体验式蔬菜采摘活动 …… (221)
自行车踏青活动 …… (221)
多样化文化艺术展示 …… (221)
非物质文化遗产展演进景区 …… (221)
特色原味名菜评选 …… (221)
旅游景区、乡村旅游点创建评定 …… (221)

旅游建设投资开发

概况 …… (221)
资金筹集 …… (222)
东山景区 …… (222)
“永州之野”乡村旅游精品线路 …… (222)
张飞公园 …… (222)
双牌灌区百里花果生态观光带 …… (222)
民生微实事 …… (222)

景区常态化管理 …………………………… (222)
文化娱乐活动 ……………………………… (223)
景区运营管理方案 ………………………… (223)
景区和国有资产划转 ……………………… (223)
土地报批和储备 …………………………… (223)
无形资产申报管理 ………………………… (223)
旅游车船管理 ……………………………… (223)
子公司组建 ………………………………… (223)

社 会 建 设

民政

概况 ………………………………………… (224)
社会救助 …………………………………… (224)
防灾减灾救灾 ……………………………… (224)
革命老区建设 ……………………………… (224)
养老服务与福利慈善事业 ………………… (224)
优抚对象安置 ……………………………… (225)
烈士公祭 …………………………………… (225)
基层政权建设 ……………………………… (225)
社会组织管理 ……………………………… (225)
社会专项事务管理 ………………………… (225)
区划地名工作 ……………………………… (225)
地名普查 …………………………………… (225)
自身建设 …………………………………… (226)

人力资源和社会保障

概况 ………………………………………… (226)
劳务协作与就业扶贫 ……………………… (226)
城乡居民养老保险 ………………………… (226)
企业养老保险 ……………………………… (226)
机关事业单位养老保险 …………………… (226)
城乡居民医疗保险和城镇职工医疗保险、生育保险 …………………………………… (226)
工伤和失业保险 …………………………… (227)
人才引进机制 ……………………………… (227)
公务员队伍建设 …………………………… (227)
事业单位管理 ……………………………… (227)
职称评审 …………………………………… (227)
军转安置 …………………………………… (227)
工资政策执行兑现 ………………………… (227)
劳动监察执法 ……………………………… (227)
法律宣传 …………………………………… (227)
劳动仲裁 …………………………………… (227)
信访维稳工作 ……………………………… (227)
民生实事推进 ……………………………… (228)

残疾人事业管理与服务

概况 ………………………………………… (228)
精准康复服务 ……………………………… (228)
教育培训和资助 …………………………… (228)
劳动就业扶持 ……………………………… (228)
扶贫助残 …………………………………… (228)
文明社会环境建设 ………………………… (229)

工商联

概况 ………………………………………… (229)
基层组织建设 ……………………………… (229)
“民企联村”助脱贫 ………………………… (230)
“万企帮万村”工程 ………………………… (230)
就业扶贫 …………………………………… (230)
旅游扶贫 …………………………………… (230)
“光彩事业” ………………………………… (230)
参政议政 …………………………………… (231)
非公有制党建 ……………………………… (231)
队伍建设 …………………………………… (231)

民族宗教

概况 ………………………………………… (231)
宗教工作 …………………………………… (231)
民族宗教领域突出问题解决 ……………… (231)
宗教历史遗留问题解决 …………………… (231)

宗教慈善活动 …………………………………… (231)
城市民族工作 …………………………………… (232)
合法权益维护 …………………………………… (232)
民族考生高考加分资格审核 ……………… (232)
少数民族村扶持和推介 …………………… (232)
宗教管理机制 …………………………………… (232)
宣传教育 ………………………………………… (232)
服务管理 ………………………………………… (232)

卫生

概况 ……………………………………………… (232)
“健康零陵”品牌建设 …………………… (233)
党风廉政建设 …………………………………… (233)
医药卫生体制改革 ………………………… (233)
爱国卫生 ………………………………………… (234)

计划生育

概况 ……………………………………………… (234)
基层业务指导 …………………………………… (234)
流动人口管理 …………………………………… (234)
特殊困难家庭扶助 ………………………… (235)

疾病预防

概况 ……………………………………………… (235)
艾滋病、结核病防治 ……………………… (235)
生活饮用水监测 ……………………………… (236)
基层公共卫生管理 ………………………… (236)
健康扶贫实施 …………………………………… (236)
药政科教 ………………………………………… (237)
健康宣传教育 …………………………………… (237)

计划生育协会

概况 ……………………………………………… (237)
协会活动开展 …………………………………… (237)
“诚信计生”推进 …………………………… (238)
精准扶贫与创先争优 ……………………… (238)

零陵区中医医院

概况 ……………………………………………… (238)
针灸理疗康复 …………………………………… (238)
疼痛康复科筹建 ……………………………… (239)
骨伤科诊疗 ……………………………………… (239)
内科外科 ………………………………………… (239)
医疗质量提高 …………………………………… (239)
综合治疗能力提高 ………………………… (240)
中医护理技术提高 ………………………… (240)
中医药文化建设 ……………………………… (240)
业务用房建设 …………………………………… (240)
中医继续教育 …………………………………… (240)
综合治理 ………………………………………… (240)
医疗卫生行风建设 ………………………… (240)
社会公益服务 …………………………………… (241)

永州市第四人民医院

概况 ……………………………………………… (241)
医德医风教育及医疗救助 ……………… (241)
学科建设和人才建设 ……………………… (241)
医疗质量与医疗安全体系完善 ………… (242)
优质服务医院创建 ………………………… (242)
医院搬迁立项 …………………………………… (242)
党建工作开展 …………………………………… (242)

妇幼保健

概况 ……………………………………………… (242)
中心队伍管理 …………………………………… (242)
学科建设与人才梯队培养 ……………… (243)
两癌检查服务 …………………………………… (243)
妇幼保健基本公共卫生服务 …………… (243)
办公新址建设 …………………………………… (243)

创建与管理

“三创一管”

全国文明城市提名城市创建 …………………… (244)
国家园林城市创建 ………………………… (245)
国家交通管理模范城市创建 ……………… (246)
国家卫生城市管理 ………………………… (247)
属地管理责任落实 ………………………… (248)
重点场所卫生和控烟整治 ………………… (248)
食品安全整治 ……………………………… (248)
病媒生物防制整治 ………………………… (248)
环境卫生整治 ……………………………… (248)
环境污染整治 ……………………………… (248)
城区废品店整治 …………………………… (249)
城区交通秩序整治 ………………………… (249)

环境卫生管理

概况 ………………………………………… (249)
环卫基础设施建设 ………………………… (249)
责任落实与制度考核 ……………………… (249)
国卫复审工作 ……………………………… (249)
垃圾无害化处理 …………………………… (249)

中心城区“禁燃”

概况 ………………………………………… (250)
“禁燃”组织机构成立 …………………… (250)
“禁燃”工作落实 ………………………… (250)
“禁燃”宣传 ……………………………… (250)
燃放烟花爆竹动态信息把控 ……………… (251)
“禁燃”工作实施 ………………………… (251)
“禁燃”成效 ……………………………… (251)

乡镇·街道

大庆坪乡

概况 ………………………………………… (252)
农业生产 …………………………………… (252)
产业扶贫 …………………………………… (252)
经济贸易 …………………………………… (253)
基础设施 …………………………………… (253)
教育事业 …………………………………… (253)
医疗卫生 …………………………………… (253)
文化体育 …………………………………… (253)
乡村旅游 …………………………………… (253)
古村民俗文化晚会 ………………………… (253)
区级文物保护单位 ………………………… (254)
综合治理 …………………………………… (254)
党建工作 …………………………………… (254)
民生保障 …………………………………… (254)
财政金融 …………………………………… (254)
建制合村 …………………………………… (254)
第六届人民代表大会第二次会议 ………… (255)

水口山镇

概况 ………………………………………… (255)
建制村合并 ………………………………… (255)
社会经济 …………………………………… (256)
基础设施 …………………………………… (256)
社会事业 …………………………………… (257)
应急广播系统 ……………………………… (257)
精准扶贫 …………………………………… (257)
区级文物保护单位认定 …………………… (257)
第六届人民代表大会第二次会议 ………… (257)

石岩头镇

概况 ………………………………………… (257)
建制村合并 ………………………………… (258)
农业生产 …………………………………… (258)
畜牧水产 …………………………………… (258)
林业资源 …………………………………… (258)
水利设施 …………………………………… (258)
村办企业 …………………………………… (258)
商贸财政金融 ……………………………… (259)

商业贸易 …… (259)
劳动力转移 …… (259)
邮电通信 …… (259)
教育教学条件提升 …… (259)
文化体育 …… (259)
医疗卫生 …… (259)
民政救助 …… (259)
廉政文化广场 …… (259)

珠山镇

概况 …… (259)
政府重点工作 …… (260)
建制村合并 …… (260)
农业生产 …… (261)
林业面积 …… (261)
水利基础设施 …… (261)
畜牧水产 …… (262)
工业企业 …… (262)
商贸财政金融 …… (262)
劳动力转移 …… (262)
供水系统提质改造 …… (262)
农村电网提质改造 …… (262)
公路交通建设 …… (262)
村镇建设 …… (262)
邮电通信 …… (262)
学位建设项目 …… (262)
猴塘村新建学校 …… (263)
文化体育事业 …… (263)
综合治理 …… (263)
医疗卫生事业 …… (263)
社会生活保障 …… (263)
精准扶贫工作 …… (263)
首届荷花节 …… (264)

梳子铺乡

概况 …… (264)
建制村合并 …… (264)
农业生产 …… (264)
精准扶贫 …… (265)
工商业发展 …… (265)
基础设施 …… (265)
教育教学 …… (265)
医疗卫生 …… (265)
文化体育设施 …… (265)
民生保障 …… (266)
财政金融 …… (266)

黄田铺镇

概况 …… (266)
基础设施 …… (266)
书香教育小镇 …… (266)
脱贫攻坚 …… (266)
建制村合并 …… (267)
信访维稳工作 …… (267)

富家桥镇

概况 …… (267)
农业发展 …… (267)
林业 …… (267)
水利设施 …… (268)
基础设施 …… (268)
文化教育卫生管理 …… (268)
社会保障服务 …… (268)
全域旅游 …… (268)
建制村合并 …… (268)

凼底乡

概况 …… (269)
农业生产 …… (269)
林业生产 …… (269)
畜牧业生产 …… (269)
医疗卫生 …… (269)
文化体育 …… (269)
基础设施 …… (269)
社会生活保障 …… (269)
抗洪救灾 …… (270)

精准扶贫 …………………………………… (270)
村级换届 …………………………………… (270)
第六届人民代表大会第一次会议 ………… (270)
全区“村务监督”月例会现场会 ………… (270)

菱角塘镇

概况 ………………………………………… (270)
脱贫攻坚 …………………………………… (271)
基础设施 …………………………………… (271)
“三农”工作 ……………………………… (271)
生态环境 …………………………………… (271)
服务社会公益事业 ………………………… (271)
行政效能 …………………………………… (272)

邮亭圩镇

概况 ………………………………………… (272)
农业生产 …………………………………… (272)
林业发展 …………………………………… (272)
水利工程 …………………………………… (272)
商贸交易 …………………………………… (273)
基础设施 …………………………………… (273)
精准扶贫 …………………………………… (273)
教育事业 …………………………………… (273)
医疗卫生 …………………………………… (273)
文化建设 …………………………………… (274)
人大工作 …………………………………… (274)
民生保障 …………………………………… (274)
财政金融 …………………………………… (274)
建制村合并 ………………………………… (274)

七里店街道

概况 ………………………………………… (275)
农业生产 …………………………………… (275)
工业产值 …………………………………… (275)
住宿餐饮 …………………………………… (275)
社会消费 …………………………………… (275)
小区集中整治 ……………………………… (275)
管道燃气管理 ……………………………… (275)
教育 ………………………………………… (275)
医疗卫生 …………………………………… (275)
民生保障 …………………………………… (276)
精准扶贫 …………………………………… (276)
财政金融 …………………………………… (276)

南津渡街道

概况 ………………………………………… (276)
农牧业 ……………………………………… (276)
教育 ………………………………………… (276)
医疗卫生服务 ……………………………… (276)
文化体育 …………………………………… (276)
社会保障供给 ……………………………… (276)
精准扶贫 …………………………………… (277)
旅游产业 …………………………………… (277)
建制村合并 ………………………………… (278)

朝阳街道

概况 ………………………………………… (278)
党支部建设 ………………………………… (278)
纪检监察 …………………………………… (278)
统战民宗工作 ……………………………… (278)
农业生产 …………………………………… (278)
工业经济 …………………………………… (278)
基础设施 …………………………………… (279)
旅游升温战役 ……………………………… (279)
学位建设 …………………………………… (279)
精准扶贫 …………………………………… (279)
文化体育 …………………………………… (279)
医疗卫生 …………………………………… (279)
民生保障 …………………………………… (279)

徐家井街道

概况 ………………………………………… (280)
党建工作 …………………………………… (280)
综合治理 …………………………………… (280)
安全生产专项整治 ………………………… (280)
教育 ………………………………………… (280)

计划生育 …………………………………… (280)
民生保障 …………………………………… (281)
“三创一管一禁” ………………………………… (281)
办公条件 …………………………………… (281)

石山脚街道

概况 ……………………………………… (281)
“党建+”思维 ………………………………… (282)
基础设施 …………………………………… (282)
项目建设 …………………………………… (282)
招商引资 …………………………………… (282)
控违拆违专项整治 …………………………… (282)
居民居住环境 ………………………………… (282)
社会保障 …………………………………… (282)
精准扶贫 …………………………………… (283)
农村网格化管理 ……………………………… (283)
建制村合并 ………………………………… (283)
悟山里村获全国文明村 ……………………… (283)

接履桥街道

概况 ……………………………………… (284)
工业 ……………………………………… (284)
农业生产 …………………………………… (284)
林业 ……………………………………… (284)
财政金融 …………………………………… (284)
基础设施 …………………………………… (284)
文化教育 …………………………………… (284)
新型农村合作医疗 …………………………… (285)
劳动力转移 ………………………………… (285)
建制村合并 ………………………………… (285)

附录

一、人物

（一）干部名录 ………………………………… (286)
（二）先进人物 ………………………………… (297)

二、统计资料

（一）永州市零陵区2017年国民经济和社会发展统计公报 ……………………………………… (299)
（二）2017年零陵区经济运行简析 ………… (304)
（三）全区主要经济指标 ……………………… (305)

三、文件选编

中共永州市零陵区委办公室关于区纪委派驻监督改革有关机构编制事项的通知 ……………… (306)
零陵区“旅游升温”战役实施方案 ………… (309)
零陵区全面推行河长制实施方案 …………… (312)
零陵区“脱贫攻坚”战役实施方案 ………… (320)

四、新闻信息

（一）2017年零陵区在中央、省级主要媒体上稿条目表 ……………………………………… (325)
（二）2017年零陵新闻中心中央电视台上稿条目 ……………………………………… (327)

五、文明创建先进集体

（一）2017年首届全国文明校园 …………… (328)
（二）2017年全国文明村 …………………… (328)
（三）2017年区级文明村 …………………… (328)

特　载

打赢七大战役　阔步走在前列
全力开创零陵经济社会发展新局面

——在区委经济工作会议暨“七大战役”动员大会上的讲话

区委书记　唐　烨

（2017 年 2 月 27 日）

全区经济工作会议暨“七大战役”动员大会的主要任务是，全面贯彻落实中央、省委、市委经济工作会议和省、市、区党代会精神，总结 2016 年经济工作，表彰去年各项工作先进集体和先进个人，分析当前经济形势，安排部署 2017 年经济工作，动员全区上下集中力量打赢七大战役、加快发展走在前列，全力开创零陵经济社会发展新局面。

一、立足良好开局，坚定走在前列的自信心

2016 年，面对复杂严峻的经济形势和前所未有的下行压力，我们认真贯彻落实上级决策部署，锐意进取，真抓实干，推动经济社会持续健康发展，实现了“十三五”良好开局。

一是经济发展在产业结构调整中更加协调。全区地方生产总值突破 200 亿大关，达 208.3 亿元；完成财政总收入 14.1 亿元，增加 2.1 亿元；完成全社会固定资产投资 199.3 亿元，实现社会消费品零售总额 87.9 亿元。三次产业协调发展，“零陵古城”项目落地建设，东山景区开园迎客，文化旅游、商务物流等第三产业加速升温。园区经济加快发展，新建标准厂房 17 万平方米，入驻企业达 67 家，零陵工业园成为全市产城融合的典范。基地农业不断壮大，粮食生产稳定发展，农业产业化水平进一步提高，培育新型农业经营主体 37 家，成功创建“省级出口食品农产品质量安全示范区”，荣获“全省粮食生产标兵县”称号，继续保持“全国生猪调出大县”荣誉，全区产业结构不断优化、发展动力加快转化。

二是城乡面貌在城市品牌创建中更加靓丽。积极推进新型城镇化，全面加强城市“三创一管”和“三场四位”建设，如期完成瑞翔大道、潇湘大道等城市主干道绿化提质，南津路提质改造提前 9 个月全线贯通，东山广场成为市民休闲健身的新去处，城市形象和品位明显提升。扎实开展美丽乡村建设，农村环境综合整治、乡村旅游精品线路开发、湘江流域综合治理深入推进，香零山村荣获省“美丽乡村”示范村，芬香村入选中国传统村落名录，广大农村正逐步成为农民创新创业的幸福家园、市民休闲观光的生态乐园。

三是发展动能在深化改革开放中更加强劲。行政管理体制、农村产权制度、社会治理机制、财税金融、投融资体制等重点改革深入推进，城乡网格化管理“1+X”组团式服务经验推广到全

国。政府机构改革、公车改革、建制村合并全面完成。“三去一降一补”五大任务扎实推进，供给侧结构性改革初见成效。招商引资取得重大突破，日升民办学校、永田一新材料等一批重大项目签约落地，全年到位内资20亿元、利用外资1.1亿美元。大力开展向上争资和信贷融资，累计争资27亿元、融资42亿元，有效保障了民生支出和重点项目建设。

四是民生保障在全面小康建设中更加完善。2016年，财政用于民生支出达24.6亿元，较上年度增加3.4亿元；省市分配的19项重点民生实事全部完成，解决了一批事关群众切身利益的热点难点问题；全力打好脱贫攻坚战，8341名贫困人口精准脱贫；就业创业服务不断加强，社会保障水平稳步提升；群众文体活动丰富多彩，文化保护和传承得到加强，教育发展质量更高更加公平，新增城区学位4100个，建设合格教学点9所，高考二本上线人数稳居全市前列。卫生事业不断进步，人口计生工作得到加强；深化社会治安防控，严守安全生产红线，加大矛盾纠纷化解，有效打击违法犯罪，全区总体呈现出治安安定、生产安全、社会安宁的良好局面，群众的安全感、满意度大幅提升，综治民调进入全省第一方阵。

五是干部精气神在全面从严治党中更加高昂。区乡两级换届风清气正、圆满完成，领导班子结构进一步优化，活力进一步增强，精神进一步焕发，为全区新一轮发展提供了坚强的组织保证。特别是区第八次党代会提出了“12345”的总体发展思路，为全区今后一段时期发展描绘了新蓝图，指明了新方向。区委认真履行全面从严治党政治责任，深入开展“两学一做”学习教育，试点农村党组织书记专职化，创新开展“三提升三争当”活动，党的思想建设、组织建设、作风建设、队伍建设和反腐倡廉全面加强，为全区经济社会又好又快发展提供了坚强保障。

过去的一年，是零陵发展极不平凡、富有成效的一年。我们始终保持“勇于创新、敢于争先”的昂扬锐气，把一些偶然变成了必然，成功收获了国家历史文化名城、国家义务教育发展基本均衡县区、全省综治工作先进县区等国家、省、市荣誉40余项；我们始终保持“一事当前、舍我其谁”的责任担当，把一些难点变成了亮点，南津路改造、东山景区建设在一片质疑声中成为靓丽的风景线；我们始终保持“团结一心、激情干事”的强大合力，把一些杂音融入了合音，城区“禁燃”工作得到全民响应，各行各业涌现了一大批奋力争先、勇立潮头的先进典型。成绩的取得，得益于上级党委、政府的正确指导，得益于全区广大干部群众的共同努力，得益于社会各界的大力支持，得益于在座同志们付出的辛勤劳动！这些成绩的取得，也充分说明零陵的党员干部是想干事、能干事、会干事的，零陵的群众是重大局、讲大德、识大体的。有这样的干部和群众，我们完全有信心、有决心、有能力在全市新一轮发展中干在实处、走在前列！

在肯定成绩的同时，我们也要清醒地看到存在的问题和不足。如：经济总量不大、结构不优、动能不强，大企业大项目严重不足；城市规模不大、配套不全、活力不强，与中心城区的地位还不相匹配；不少企业生产经营艰难，部分群众生活比较困难；一些干部的执行力不强，抓发展的能力有待提升等。对于这些，我们一定要高度重视，采取有效措施加以解决。

二、深刻研判形势，明确走在前列的总要求

当前，世界经济处于深度调整阶段，复苏动力不足，增长分化加剧，经济发展面临更为复杂的外部环境，但和平与发展仍是时代的主题，新一轮经济结构调整蕴含历史性机遇。国内经济走势继续分化，地区、产业、行业之间增长情况差异较大，经济运行中的矛盾和问题仍然较多，但仍处于可以大有作为的重要战略机遇期。我们要因势利导，顺势而为，抢抓机遇，加快发展，力争在区域竞争中走在前列。

2017年是全面贯彻落实省第十一次党代会、

市第五次党代会和区第八次党代会精神的开局之年，是实施“十三五”规划的重要一年，也是供给侧结构性改革的深化之年。全力做好今年的工作，要全面贯彻党的十八大和十八届三中、四中、五中、六中全会以及中央、省、市委经济工作会议精神，坚持稳中求进工作总基调，以建成全面小康社会为总揽，以提高发展质量和效益为中心，以推进供给侧结构性改革为主线，深入推进“12345”工作部署，强化创新引领，加快开放崛起，全面做好稳增长、调结构、促改革、惠民生、防风险等各项工作；集中打好“旅游升温、园区升级、脱贫攻坚、城镇提质、交通提速、环境治理、社会事业”七大战役，加快建设开放文明富裕幸福新零陵，力争在创新开放新高地、品质活力新永州的生动实践中走在前列，以优异成绩迎接党的十九大胜利召开。

经济增长预期目标是：地方生产总值增长9%以上，规模工业增加值增长9%以上，固定资产投资增长17%以上，社会消费品零售总额增长12%以上，财政总收入增长15%以上，城乡居民收入增长10%以上，全面小康实现程度提高4个百分点，力争贫困对象全部达到脱贫标准。

总的工作要求是：打赢七大战役，阔步走在前列。确定这个目标和要求，是区委科学分析当前经济形势和零陵实际情况作出的基本判断。

第一、这是贯彻落实中央、省委和市委决策部署的要求。今年经济增长预期目标：中央是6.5%左右，省委是8%左右，市委是8.5%，区委确定的是9%以上，略高于中央、省、市要求，体现零陵担当，切合零陵实际。

第二，这是贯彻落实市委李晖书记对零陵的期望和要求。李晖书记指出：零陵作为中心城区，经济社会发展各项指标必须高于全市其他县区，要在全域旅游等方面当好排头兵、走在前列。据了解，兄弟县区的预期都普遍高于全市目标，我们9%以上的增长，既符合市委对零陵的要求，也是走在全市前列的需要。

第三，这是贯彻落实区党代会精神的要求。区第八次党代会提出，到2020年，地区生产总值达到300亿元，按现行价格指数测算，未来几年GDP年均增速需在8.8%以上。今年增长9%以上，既符合区党代会要求，又能为今后三年的发展留有回旋余地。总之，我们零陵作为后发地区，在充分尊重经济发展规律的同时，要突出把省委“创新引领、开放崛起”战略，作为指导当前经济工作的“试金石”、总方略，加快发展，跨越赶超。

做好今年经济工作，实现预期发展目标，必须按照中央、省委和市委经济工作会议精神，把握好以下几点要求：

一要坚持稳中求进的基本遵循。“稳中求进”已上升为治国理政的重要原则和做好经济工作的方法论。我们要认真贯彻“稳中求进”总基调，结合零陵实际，把“稳中求进”贯穿今年工作的方方面面。稳中求进，稳是主基调，稳是大局，就是要在经济增长、社会大局、民生保障上求“稳”，做到“稳”得牢靠；进是总要求，进是任务，就是在结构调整、产业发展、改革开放、人民生活上求“进”，做到各项工作在全市考核进类进位、创先争优、走在前列。

二要落实省党代会的决策部署。省第十一次党代会立足湖南发展的阶段性特征，提出了“一带一部”定位，实施“创新引领、开放崛起”战略，以“三个着力”“四大体系”“五大基地”为工作抓手，加快建设富饶美丽幸福新湖南的宏伟愿景。我们要结合文化名城、资源富城、旅游新城的区情，加快构建以文化旅游为先导、现代农业为基础、新兴工业为主导的产业体系;加快构建以历史文化为底色的新型城镇体系，加快构建对外大通畅、对内大循环的畅安交通体系，加快构建科技文化创新体系，重点抓好以“锦绣潇湘”为品牌的全域旅游基地建设、以精细农业为特色的优质农副产品供应基地建设，力争在科技创新基地、现代制造业基地、文化创意基地建设中打造“零陵品牌”。

三要坚决打赢“七大战役”。今年市委经济工作会议提出，要突出打好城镇提质、交通提速、园区升级、旅游升温、脱贫攻坚、环境治理“六大战役”，这是今年全市经济工作的总方略，也是零陵工作的主抓手。我们要聚焦主战役，打好攻坚战，并根据我区的工作实际，认真组织开展旅游升温、园区升级、脱贫攻坚、城镇提质、交通提速、环境治理、社会事业“七大战役”，以大会战格局强力推动开放文明富裕幸福新零陵建设，以大会战工作推动全区经济社会发展再上新台阶！

三、聚焦七大战役，吹响走在前列的集结号

2017 年经济工作的主抓手，就是七大战役。各战役指挥部要按照会议下发的作战部署，迅速成立高效运转的“七大会战”指挥系统，制订路线图，排出时间表，下达任务书，动员全区上下快速掀起会战高潮，推动经济加快发展。

（一）打好旅游升温战役，全域旅游走在前列。大力实施“旅游旺区”战略，按照“主动发声、项目发动、融合发酵、促动发展”的工作思路，加快景区景点建设，推进文化旅游融合发展，当好全市全域旅游排头兵。

1.加强顶层设计。坚持全域一体、城乡统筹、区域协调，把零陵作为一个大景区来统筹规划，高水准做好“大零陵古城”旅游规划、“零陵古城”文化旅游项目修建性详规、潇水及愚溪河两岸景观带的规划与设计、潇水国家湿地公园保护与开发规划、“永州之野”精品路线相关规划，着力打造以历史文化体验为主，集休闲度假、滨水观光、禅修养心、民俗体验、乡村旅游等为一体的国家全域旅游示范区、湘粤桂省级区域旅游目的地、湖南文化旅游新标杆、永州高端旅游第一品牌。

2.加快景区建设。以打造“进城、下乡、入水”三种体验为目标，全力做好“点、线、带、面”文章。“点”，就是重点景区。加快零陵古城、东山景区、异蛇科技生态园等核心景区建设，完善柳子 AAAA 景区功能配套，零陵古城项目一期建成开街，周家大院创建 AAA 景区。“线”，就是旅游线路。重点打造“永州之野”乡村旅游线路、双牌灌区百里花果生态观光线及邮亭圩黄江源精品线，完成异蛇山庄养殖体验区、仙姑花海、高贤十里荷海等节点建设。“带”，就是滨水景观带。重点抓好潇水、愚溪两岸绿化、亮化、美化改造提质，完成游客码头、亲水平台建设，打造一条历史与现代相融、山水与人文辉映的滨水景观带。“面”，就是广大城乡。要用景区的建设标准、城区的配套要求来提升城乡旅游服务能力，加强景区配套服务和乡村旅游点建设，推进城乡旅游一体化发展。各乡镇（街道）要立足自身优势，借助特色产业、自然风光和资源禀赋，加快打造一批具有独特魅力的旅游点和景观带。

3.加大宣传营销。紧紧围绕“潇湘之源，诗画零陵”的形象定位，用好国家历史文化名城金字招牌，策划开展系列宣传营销活动，加快零陵文化旅游品牌塑造和推广，提高零陵旅游知名度。认真办好全国第四届草书展、清明祭柳、柳子家宴、龙舟竞赛等节庆活动，打造零陵旅游品牌。加大本地旅行社的培育壮大，加强与外地旅行社的对接合作，充分利用新媒体平台，推介精品旅游线路，全方位展示零陵旅游形象，让越来越多的人知晓零陵、向往零陵、走进零陵。

（二）打好园区升级战役，产城融合走在前列。瞄准“双百亿园区”目标，实施“三年倍增计划”，全面提升园区规划布局、产业发展、基础设施、管理服务水平，加速推进新型工业化。

1.加强招商填空，壮大园区规模。要把招商引资作为经济工作的“第一手段”，作为园区发展的“第一菜单”，作为振兴实体经济的“第一工程”，在全区上下形成“大招商、招大商”的浓厚氛围，推动优势产业、优质企业、优良资源向产业园区集中，充实园区内核。充分利用好园区标准厂房和异地商会等平台，加大产业链招商、专业化招商、领导招商和以商招商，促进产业集聚发展。开展“引老乡、回故乡、建家乡”活动，鼓励更多的零陵籍成功人士回乡创业。全年力争引进投资 5000 万以上企业 10 家，投资过亿元企业 5 家。

2.加速建厂达效，发展实体经济。围绕做大生物医药、电子信息、新能源新材料、农产品加工四大主导产业，对落户企业、优势企业开展“一厂一策、一企一策”对口帮扶，推进在建项目抓投产、投产企业抓达效，提升工业企业生产水平，为工业发展注入新动能。永和一、精信源、美源达和沐邻冷链等企业年内要建成投产，接履桥光伏发电、大庆坪和邮亭圩风电年内实现并网发电，金翼堂医药、远达新材料、德福隆电子等骨干企业要满负荷生产，鑫城、荣华等骨干优势锰产业要抢抓电价下调、市场回升的机遇复工复产。全年新增入统企业10家，实现园区规模工业产值65亿元。

3.优质高效服务，促进内涵发展。要深化“亲”“清”的政商关系，为企业提供全方位的“母亲式”服务，积极对接省、市“新兴优势产业链行动计划”，设立工业发展引导基金，加快推进锰产品、农产品等传统产业转型升级计划，支持时代阳光加快上市，引导异蛇产业企业加快资产重组，实现抱团发展，提高企业核心竞争力。同时，要按照“精简、统一、效能”的要求，加大对园区的放权和授权，进一步理顺行政区划与产业园区、职能部门与产业园区的关系，释放园区发展内生动力。

4.完善基础配套，加速产城融合。按照“工业新城、城市新区、产城融合”的思路，积极探索PPP运行模式，做好园区路网配套、绿化亮化、水电通讯、污水处理、公租房建设等工作，完成五里堆、黄泥桥等9条道路和创新创业大厦建设，新建标准厂房10万平方米，年内扩园1平方公里。要进一步完善园区文化教育、医疗卫生、金融服务、餐饮休闲等生活配套设施，促使产业专业园区向城市综合功能区转变，促进园区、城区、景区、社区融合发展，打造产城融合的永州“样板”。

（三）打好脱贫攻坚战役，三农工作走在前列。小康不小康，关键看老乡。“三农”工作的成效，直接关系到全面建成小康零陵的成色，全区上下要以脱贫攻坚战役为契机，精准扶贫、综合施策，全力补齐三农工作短板，推进城乡协同发展。

1.坚决打赢脱贫攻坚战。按照“五个一批”的要求，继续推进各项扶贫政策的精准落实，确保2.4万贫困人口、36个省级贫困村达到脱贫标准，全面完成年度脱贫任务。

推进产业扶贫，“造好血”。结合当地实际，因地制宜实施特色种植、生猪养殖、农村电商、乡村旅游、光伏发电等重点扶贫项目，壮大村级集体经济，增强贫困村、贫困户的发展“造血能力”，确保贫困人口稳定增收。

加快异地搬迁扶贫，“搬好家”。坚持优化基础设施建设和发展特色优势产业相结合，立足基础设施、服务、产业、环境等发展要素，统筹推进集中安置点水、电、路、气等基础设施建设，全年完成易地扶贫搬迁1250户。同时，结合资源禀赋发展特色产业，实现“挪穷窝”与“换穷业”并举，安居与乐业并重，搬迁与脱贫同步。

强化金融扶贫，“用好钱”。抢抓国家金融扶贫有利政策机遇，积极探索特色产业贷款、农业主体贷款等方式，扩大扶贫信贷规模，全年完成扶贫信贷1.5亿元以上，让贫困户有钱做产业、有产业能赚钱，实现“输血扶贫”到“造血扶贫”的目标。

压实工作责任，“服好务”。严格落实定目标任务、定责任单位、定脱贫对象、定考核奖罚、包如期脱贫的“四定一包”干部联点帮扶责任制，坚决做到群众不脱贫，队伍不撤退，责任不脱钩，干部不调动。

2.加快推进农业现代化。深入推进农业供给侧结构性改革，打造精细特色农业基地，提高农业供给水平。

深化农村改革。加快推进“三块地”试点改革和农村土地承包经营权确权登记颁证，建立完善区、乡、村三级农村土地流转服务网络体系，全年流转耕地3万亩、林地1.5万亩，培育农业新型经营主体120家，释放农业发展内生动力。

发展规模农业。按照市场经济法则和手段把千家万户农民组织起来,实现规模化发展、标准化生产、产业化经营、企业化管理、市场化服务。大力支持四季青苗木、天惠油茶、异蛇科技、温氏养殖等特色基地做大做强，全年落实粮食播种面积97万亩，完成人工造林2万亩，油茶新造低改1万亩，新建花卉苗木基地1万亩，打造一批万字号、国字号基地。

打造农业品牌。健全农产品溯源体系，注重农产品质量，做精、做细、做优农产品供给，形成品牌竞争力。新增市级以上龙头企业4家、全省知名品牌1个，发展农业“三品一标”产品10个，争创“全省农业标准化生产示范县（区）”。

3.大力建设美丽乡村。以打造景点的标准建设美丽乡村，统筹抓好规范农村建房、农村环境整治和新农村建设，打造一批产业强、环境美、生活富、村风好的美丽家园，创建市级以上美丽乡村6个。实施“治气、增绿、净水、洁地”四大工程，整区推进农村环境综合治理和城乡环卫一体化建设，实现卫生保洁、环卫设施、垃圾处理全覆盖，确保农村垃圾处理率达95%以上，生活污水处理率达80%以上。积极开展“星级文明户”“文明村民”及“最美家庭”评选活动，树立先进典型，引领各界“创星争优”，倡导积极优良的村风民俗，推动农村精神文明建设上新台阶。

（四）打好城镇提质战役，城市创建走在前列。坚持以人民为中心的思想，以打造潇湘城市群主中心为目标，深入实施“城市+”工程，深入开展“五创五化”，提升城镇品质活力。

1.加快城市扩容提质。大力实施“中心城区提质改造计划”，持续提升城市建设品质。

加大城市路网建设。抓好朝阳大道、袁家渴路、桃江路等主干道工程，开工新建人和一路、政通二路、政通三路等滨江新城路网，完成潇水西路、萍阳北路延伸段建设，加大背街小巷改造力度，构建“外成环、内成网”的城区交通体系。

加快融城步伐。按照“公共服务连城、基础设施连城、高端产业连城”的思路，加快城北新区文化娱乐、商贸物流和公共服务项目建设进度；完成BRT快速公交、公、检、法、司业务用房建设；推进潇湘汽车城、幼师高等专科学校尽快落地开工；推动城市向北发展，加快零冷两区连城。推进“五化”建设。加强“点、线、面、体”城市综合绿化，大力推进公园、小游园建设，提质改造芝山北路、阳明大道等主干道和城市节点绿化。深入推进“三沿”造绿、拆违透绿、见缝插绿、垂直挂绿工程，增加城市绿量，展现城市绿韵；推进“潇水为轴、道路为带”的景观建设；加强主次街道、桥梁、公园、标志性建筑的亮化设计、改造；完成潇水城区段、愚溪景区段两岸景观建设，打造“潇湘景观带”；推进历史文化名城保护区风貌整治，实施南津中路、潇水中路、古城路立面改造；加大潇水两岸旧城区、棚户区和综合管网改造，提高城市的整体美、协调美；加快“三场四位”为重点的公共服务设施建设；加快市政广场、福寿亭广场建设，火车站广场要年内完工使用；加强公厕、垃圾站的布局建设，新建河西市场、活禽批发、竹木加工、二手车销售等一批农贸市场、专业市场，完成李家塘、阳明大道东侧等7个停车场和日升西路、康济大道等一批公交首末站建设，新增停车位2000个以上；实施“数字惠民”工程，全面启动智慧城管、智能交通、数字防控三大系统建设，提高城市数字化、智能化管理水平，全面营造现代都市新气象。

2.加大城市品牌创建。牢固树立“以人为本、创建为民”的城市理念，按照五大城市品牌创建计划，把握时间节点，加快推进步伐。2017年底，成功创建国家交通管理模范城市、争创全国文明城市提名城市，2019年成功创建国家园林城市和国家旅游休闲示范城市，2020年跻身全国文明城市、国家生态文明建设示范区行列。深化全国文明城市创建，加强公共文化体育设施建设，提升市民文明素质和社会文明程度，加快城市管理立法和制度约束，推动城市管理服务和文明创建迈上新台阶；加快国家交通管理模范城市创建步伐，要对照指标体系认真查找差距，重点完善道路交通设施建设和综合管理工作，确保年内创建成功；开展国家园林城市创建工作，进一步优化园林绿化规划方案，加快公园、小游园、广场、城市道路、生态停车场绿化建设；大力推进旅游休闲示范区、示范镇、示范村、示范景区建设，积极创建国家旅游休闲示范城市；加快全国生态文明建设示范区创建力度，年内创建2个省级生态文明示范乡镇。

3.加强特色城镇建设。坚持因地制宜，分类指导，着力打造一批功能集中、产业繁荣、个性鲜明的特色小镇，形成“一镇一景、一镇一业、一镇一韵”的差异化发展格局。开展扩权强镇示范试点，支持试点乡镇完善基础设施，提高公共服务水平，促进农村居民就地城镇化，重点实施G207、G322富家桥至珠山段生态景观带建设工程，加强公路沿线小城镇和村庄容貌整治，着力打造富家桥特色旅游镇、黄田铺文化教育镇、珠山工业边贸镇、水口山边贸口子镇、邮亭圩生态农业镇等一批特色小城镇。石山脚、接履桥、菱角塘要加快融入中心城区，建设成为中心城区“后花园”。

（五）打好交通提速战役，基础建设走在前列。坚定不移地推进基础先行战略，以交通提速战役为抓手，统筹推进水利、信息、能源等建设，切实破解基础设施建设滞后的瓶颈。

1.着力抓好交通建设。按照“建设大提速、管理大提质、形象大提升”的要求，加快干线交通建设，开工新建人何公路复线、阳明大道延伸段工程，完成G207零陵至双牌一级公路道路建设，启动零陵湘运汽车站搬迁。紧盯永贺铁路扩能改造（零陵火车站）、永道高速、G322复线、零陵千吨级码头等重大交通项目，加大项目前期工作，早日启动建设。加强农村公路建设，实施农村公路窄改宽和通畅工程200公里，完成码头改造3个、危桥改造10座。加大公路治超、公共交通、水上交通、道路养护等交通行业的综合管理，完成农村公路安保工程160公里，完善道路交通标志、标牌建设，全面构建“对外大通畅、对内大循环、内外大平安”的畅安交通体系。

2.大力推进水利建设。全面完成猫儿岩水库和62座小Ⅱ型水库除险加固扫尾工程。力争启动朗江岭水库和花山岭水库改扩建，持续实施灌溉渠道改造、山洪灾害防治、中小河流治理、五小水利建设，实施农村饮水安全巩固提升工程31处，完成邮亭圩镇老江桥、龙皮湾等抗旱应急水源建设，治理潇水河道2.7公里。加强水利工程运行管理，全面推进“河长制”管理模式，让水利更好服务发展、造福百姓。

3.加快完善信息能源基础建设。实施光纤入户和农村宽带进村计划，实现区内重要场所WiFi全覆盖。加快智能化基础设施平台的推广运用，对接智慧永州综合应用平台和华为高标准云平台，促进数字防控、智慧交通、智慧城管、联动指挥中心等应用系统整合提升，提高教育、医疗、文化、公交等领域信息应用水平，让网络信息化更好服务于民。大力发展清洁新能源，推动管道燃气向河西区域延伸，提高中心城区气化率；实施农村电网改造升级工程，年内完成34个行政村农村电网升级改造，构建供给足、结构优、效率高的现代能源体系。

（六）打好环境治理战役，和谐稳定走在前列。贯彻落实创新、协调、绿色、开放、共享“五大”发展理念，以环境治理为抓手，厚植发展优势，优化发展环境，增进群众福祉，构建和谐社会。

1.要守护山清水秀的生态环境。强力推进“生态立区”战略，加大治山、治水、治气力度，探索以生态文明引领经济社会全面发展新途径。积极开展荒山披绿、矿区复绿和防火护绿，加快推进森林公园创建步伐，巩固提升国家森林城市创建成果。深入实施湘江保护和治理第二个“三年行动计划”，统筹推进水生态保护、水环境治理、水安全保障、水经济发展，加大养殖治理，严禁投肥养鱼、电鱼、毒鱼，巩固矿山整治，严禁污水下河、浑水下河。常态开展城区“禁燃”“治气”活动，严防超标排放企业死灰复燃，加快创建大气环境质量优良城市，让青山常在、绿水长流、蓝天常有。

2.要创建优质高效的政务环境。深入推进行政审批制度改革，推行“互联网+”政务服务，抓好便民服务行政审批事项和监督服务事项下沉，最大限度地精简行政审批事项，最大程度精简审批程序，最高效率规范服务流程，提高政务服务效能。要规范政务行为，严格依法行政、依法办事，建立“政务公开负面清单”制度，确保权力公开透明运行。要塑造廉洁的政府形象，秉持“君子之交淡如水”的心态与企业家交朋友，及时帮助企业排忧解难，严厉查处吃拿卡要的行为，营造干部清正、政府清廉、政治清明的发展环境。

3.要构建和谐稳定的社会环境。进一步创新城乡网格化管理模式，全面推行“1+X”组团式服务，强化基础数据库建设和农村综合服务平台建设。加强“平安零陵”建设，持续推进“3+X”信访听证模式，加大矛盾排查化解，加强以网格化、信息化、法治化、实名制为重点的社会治安防控体系建设和虚拟社会管理，持续开展整治“三强三堵”和打击“两抢一盗”、黑恶势力、黄赌毒等专项行动，依法打击和妥善处置非法集资、电信诈骗等涉众型犯罪，全力维护社会安全。加强重点领域、重点行业的安全隐患排查整治，实行党政同责、一岗双责、失职追责，坚决遏制重特大安全事故发生，创建全省安全生产示范区。同时，全面完成好省、市为民办实事任务，加强对困难群众的帮扶力度，让人民群众拥有更多的获得感、幸福感。

（七）打好社会事业战役，文化教育走在前列。文化是城市的灵魂，教育是民族的希望。零陵作为永州的文化教育中心，我们要把资源优势转化为发展优势、竞争优势，推动社会事业全面发展。

1.打响“学在零陵”品牌。大力实施名师、名校、名校长“三名工程”，推进学位建设三年攻坚计划，启动永州七中、民办日升学校、富家桥小学选址新建，完成七里店中学、七里店小学、五里堆小学等学校建设，新增城区学位7500个、农村学位1200个；创新教育发展，加强教师队伍建设，培养一批名师和骨干教师，落实学校和校长办学自主权，创建国学经典教育示范校6所、阳光体育学校2所、书香校园2所，推动城乡教育均衡发展，确保高考人数上线率、学业水平合格率和优秀率走在全市前列，打造一批家长羡慕、学生向往的名校、特校。

2.打造“健康零陵”品牌。大力实施“名医生、名护士、名院长”人才计划，加大人才引进和行业管理，推进院长职业化、专业化建设，提高全行业医疗医治水平。加强卫生设施建设，新建区妇幼保健计生服务中心，启动四医院、中医院搬迁新建，完成七里店、珠山、黄田铺、邮亭圩、水口山等5个乡镇卫生院改扩建，完成标准化村卫生室建设，2017年新增床位1296个。加强公共卫生服务能力建设，深入开展医疗服务品牌创建，加快创建全省儿童保健合格区、全国妇幼健康优质服务示范区、国家级慢病防控示范区。协同发展计生、体育、健康养老事业，加强行政村健身设施和社区健身路径建设，计划生育工作进入全省先进行列。

3.打好“文化零陵”品牌。按照“仰首是历史、俯首是文化”的建设要求，彰显“城市+”文化的特质和魅力，推进文化名城保护、文化事业发展、文化创意产业三大工程。

加强文物古迹保护和修缮。启动法华寺修缮，完成柳子街风貌整治和武庙陈列布展，加大“国保”单位的申报力度，争取“八愚”、“八记”进入国家大遗址保护区名录。

大力实施文化惠民工程。开工新建区档案馆，推进农村（社区）免费书屋等村级综合文化服务中心建设，常态开展“广场月月乐”等丰富多彩的群众文化活动，推行“非遗”进校园、进景区，畅通公共文化服务“最后一公里”。

加大文化创意基地建设。挖掘历史文化元素，推进文化创意产品开发，着力围绕柳文化、书艺文化、民俗文化，大力发展异蛇、雕塑、竹木等工艺产品，支持发展零陵花鼓戏、零陵渔鼓等演艺事业，让零陵处处彰显历史文化名城的特色，唤起文化的记忆，弥漫文化的气息。

四、狠抓执行落实，强化走在前列的总保障

做好经济工作，关键在党，关键在党员干部。要深入实施“党建+”工程，引领全区上下进一步解放思想、提升能力、争先创优，凝心聚力主战场，大干快上走在前，干出零陵的加速度，展现零陵的精气神。

1.解放思想促发展。没有思想的大解放，就没有经济社会的大发展。面临区域发展激烈竞争的态势和考验，我们迫切需要掀起新一轮解放思想的热潮，以开放崛起的活力抢占发展制高点。要切实强化融合思维。全区各级各部门特别是领导干部要善于把工作放在区域经济发展大格局中来考量，积极抢占国家和省市发展战略“风口”，深化“改革+”“互联网+”“城市+”思维，精准把握供给侧结构性改革、“一带一路”和中心城区一体化等政策机遇，大力推进产城融合、文旅融合、城乡融合，带动三次产业融合发展，加快经济转型升级，促进零陵赶超崛起。要切实强化责任落实。各级各部门领导干部要强化“马上办、我来办、要办好”的工作责任感，对各自主管工作、分管工作、领衔项目，都要做到心中有数、责任到肩，担当有为，不推诿、不扯皮，形成齐抓共管的良好工作局面。特别是“七大战役”指挥部要根据工作实际逐年列出工作清单、项目清单、责任清单，实行挂图作战、预案销号。要充分发挥“镜子”“尺子”“鞭子”的重要作用，用好考评、督办、问责、奖惩等措施，对“七大战役”制订路线图，编好任务书，排好时间表，下好督办函，定好奖罚单，让干得好的人有面子、有位子、有票子，对懒政庸政的人抽鞭子、丢面子、挪位子。要切实强化改革创新。当前，零陵发展进入新阶段，全面深化改革迈入攻坚期和深水区，在新的历史方位上，打好“七大战役”，必须要用创新的手段、创新的举措，破解各种难题，加快赶超发展。党政主要负责同志要把改革放在更加突出位置来抓，不仅要亲自抓、带头干，还要勇挑重担、敢啃硬骨头，带动党员干部真正把心思放在谋事业上，把劲头放在抓项目上，把精力放在促发展上，争创一流、永不懈怠。要建立容错纠错机制，严格落实“三个区分开来”，为担当者担当，对负责者负责，为改革创新者撑腰。

2.苦干实干促发展。小康零陵等不来、喊不来、靠不来，唯有苦干实干加油干，才能干出来。要提升能力干。把学习作为增强本领和适应新常态的关键，重点学习习近平总书记系列重要讲话精神，重点研究和把握中央宏观经济政策和省市产业政策走向，同时主动到项目建设和产业培育一线摸爬滚打，在实践中不断提高驾驭市场经济和处理复杂问题的能力。要雷厉风行干。大力提倡立说立行、真抓实干的作风，在狠抓落实中不断提升党员干部的执行力。要严明政治纪律和政治规矩，确保政令畅通，决不允许当面一套、背后一套，阳奉阴违，决不允许上有政策、下有对策，推拖应付，真正做到有令必行、有禁必止。要明确职责，压实责任，将工作任务细化到岗、量化到人，做到每项工作有人干，每个项目有人抓，每个环节有人管。要发扬“不干则已、干则必成”的“禁燃”作风，对区委、区政府作出的决策和工作部署，速决速行，一抓到底。要拉高标杆干。打好七大战役，加快经济发展，我们不仅要有一锤接着一锤敲、一个目标干到底的发展定力，还要有高点定位、高位赶超的目标追求。各条战线、各个领域都要在全市、全省乃至全国找对手、找定位，都要拉高标准，力争一流、勇争第一、敢创唯一。各乡镇街道、各部门都要在脱贫攻坚、项目建设、产业发展等重点工作中，真比实干，比出干劲、拼出激情、干出成效。

3.党建引领促发展。要切实把全面从严治党要求体现在党领导经济工作的全过程，为经济平稳健康发展提供坚强保证。提升党领导经济工作的能力和水平。党的领导是中国特色社会主义制度的最大优势，是实现经济社会持续健康发展的根本政治保证。各级党委（党组）要主动适应新形势下的发展新要求，下大力气完善知识结构，加强经济领域专业知识学习，把握经济规律、社

会规律、自然规律，全面提高抓经济工作的制度化、法治化、专业化水平，不断提高党委领导经济工作的水平。突出凭实绩用干部的鲜明导向。严格落实好干部标准，坚持事业为上、以事择人，大力选拔重用敢于担当、真抓实干、实绩突出的干部。同时，推进干部能上能下，加大调整不适宜担任现职干部力度，对工作没起色、表现不称职、群众不满意、德行表现差的干部，经提醒教育、警告诫勉后没有改正的，坚决予以组织调整或组织处理。筑牢坚强有力的基层堡垒。认真履行基层党建主体责任，扎实开展“基层党建全面提升年”活动，补齐补好基层队伍、基本待遇、基层阵地三大短板，健全村级党组织运行机制，持续加强软弱涣散基层党组织整顿，完善党员积分制管理，努力实现基层党建工作标准化、科学化。扎实开展“三提升三争当”活动，巩固拓展“两学一做”学习教育和责任心教育成果。要坚持以严的标准、实的举措、铁的纪律，认真抓好新一轮并村改革后第一次村(社区)“两委”换届选举工作，深入推进农村党组织书记专职化，选优配强村支两委班子。加大对“村霸”和宗族黑恶势力的整治和打击力度，绝不允许其横行乡里、欺压百姓，侵蚀基层政权。校准清正廉洁的从政标尺。广大党员干部要坚持挺纪在先、律己从严，坚决贯彻落实《关于新形势下党内政治生活的若干准则》《中国共产党党内监督条例》，既要自己不贪不占，还要管好亲朋好友和身边工作人员。纪检监察机关要始终保持惩治腐败的高压态势，深入开展“乡镇纪委在行动”和“雁过拔毛”式腐败整治，着力构建不敢腐、不能腐、不想腐的体制机制，切实解决发生在群众身边的不正之风和腐败问题，不断把党风廉政建设和反腐败斗争引向深入。同时，坚持党委总揽全局、协调各方，切实加强党对人大、政协工作的领导，充分发挥统一战线的政治优势，扎实做好党的群团工作，不断提高党管武装工作水平，更好地凝聚加快零陵发展的强大合力。

事业自古靠实干，未见长城言垒成。让我们紧密团结在以习近平同志为核心的党中央周围，在市委、市政府的坚强领导下，撸起袖子加油干，全力打赢七大战役，加快建设开放文明富裕幸福新零陵，以经济社会发展的新作为、新成就、新站位，向党的十九大献礼！

政府工作报告

——2018年1月2日在零陵区第十届人民代表大会第二次会议上的讲话

区人民政府区长　吴恢才

各位代表：

现在，我代表区人民政府，向大会报告政府工作，请予审议。并请各位政协委员提出意见。

一、攻坚2017年，我们在全力推进“六大战役、三大品牌”建设中迈出新步伐

2017年，面对经济下行的巨大压力和百年不遇的自然灾害,我们在区委的坚强领导下，聚力“12345”部署，聚焦“六大战役”“三大品牌”，攻坚克难、奋发有为，实现了经济社会发展稳中有进、稳中向好、稳中趋优。预计完成地方生产总值232亿元，增长8.5%；固定资产投资231亿元，增长16%；社会消费品零售总额96.7亿元，增长11%；财政总收入16.2亿元，增长15%；城乡居民人均可支配收入分别达到27078元、17478元，增长10.2%和8.8%；金融机构存贷款余额分别为251亿元、136亿元，比年初净增44亿元和26亿元。实现了本届政府工作的良好开局。

（一）抓帮扶、强实体，园区不断升级。实现规模工业增加值46亿元，增长8%。着力帮扶企业发展。扎实开展“企业服务年”和政银企对接，解决12家企业办证遗留问题，设立工业发展基金5000万元、“助保贷”1000万元，企业贷款10亿元，鑫城锰业三条生产线复产达效，精信源、沐林冷链建成投产，德福隆、美源达产销两旺。着力推进产业升级。完成技改投资22亿元、增长49.8%，工业用电量4.2亿度、增长30.5%,新入统企业16家，均居全市前列。关停淘汰企业18家。时代阳光主板上市、异蛇产业整合步伐加快。着力推进招商填空。全年引进过亿元企业14家，新引进入园企业10家，实际利用外资1.1亿美元，到位内资25亿元。着力推进产城融合。河西工业园片区控规得到批复。投入资金5亿元，完成征地1500亩，实施园区路网连通、管网并通、绿网提质、服务提速等基础设施项目15个，新建标准厂房6万平方米，产城融合迈出新的步伐。

（二）抓融合、强基地，脱贫加力攻坚。实现农业总产值75亿元，增长4.5%。脱贫攻坚成效显著。全年脱贫8504人，贫困村出列17个，贫困发生率由年初的5.4%下降到3.6%。完成易地扶贫搬迁集中安置点建设9处，安置贫困群众1017户、3600人。投放扶贫小额信贷2.9亿元，“以奖代扶”2653户。建成村级光伏电站11个。教育扶贫、劳务输出扶贫、社会扶贫网试点、“三走遍三签字”等工作走在全市前列。中央和省市督查问题全部整改销号。在脱贫攻坚带动下，全面小康实现程度达到90%，提升4个百分点。基地农业不断壮大。新建高标准农田1.5万亩，新流转土地5万亩，新增新型农业经营主体75家，新发展“万字号”基地1个、“千字号”基地6个。农业机械化率提高到62%。“永州异蛇”荣获国家农产品地理标志产品。农村集体产权股份制改革试点“金牛社区模式”得到省市推介。

获评国家级出口食品农产品质量安全示范区、全省粮食生产先进县（区）、全省一二三产业融合试点县（区）。抗洪救灾取得重大胜利。7月上旬，我区潇水流域遭遇历史记录最高水位的洪涝灾害，面对严峻的险情灾情，党政领导靠前指挥，干部群众团结一心，武警官兵和民兵预备役冲锋在前，紧急转移安置灾民2.1万人次，抢险修复灾毁工程300多处，确保了全区正常的生产生活秩序，彰显了新时代的零陵精神、零陵力量。

（三）抓景区、强配套，旅游快速升温。投入旅游建设资金23亿元，全面推进“进城、下乡、入水”全域旅游发展。景点景区快速推进。“零陵古城”完成一期主体工程，建成面积10.5万平方米，签约引进旅行社50余家、商铺600余家。东山景区完成法华寺修缮、武庙布展和旅游配套建设。“永州之野”精品线路高标准打造了自在香零、荷塘月色、仙姑花海等景点节点，“百里花果带”建成紫薇景观带和四季花海，乡村旅游精品线路初步成型。周家大院、东山景区成功创建国家3A景区。创建五星级乡村旅游示范点1个、四星级乡村旅游示范点4个。基础配套日臻完善。古城5条配套路网、景区商业街、旅游厕所加速推进，碧桂园成功落地，春天广场、红星美凯龙建成封顶，垠地广场、太谷酒店开张营业。房地产、商贸、物流等行业稳步发展。宣传推介精准发力。旅游升温“十个一”工程亮点凸显，成功举办首届乡村文化旅游节、全国第四届草书展、清明祭柳、夏阳荷花节等系列节会活动，带旺了人气、聚集了财气、提升了名气。

（四）抓统筹、强功能，城镇加速提质。开工建设城镇提质项目123个，完成投资100多亿元，是历年开工项目最多、投入资金最大、覆盖面最广的一年。强化规划引领。完成中心城区建设规划、5个特色小镇规划、141个村庄规划编制，评审通过零陵古城、潇水风光带等专项设计15个。品质不断提升。启动实施火车站广场、阳明大道、黄古山路提质改造，日升西路等4个公交首末站加快推进，南津路、潇水东路、康济大道提质改造全面完成。“三场四位”建设成为城市新亮点，樟树脚党建主题公园建成开放，新建改造小游园5个、农贸市场5个、停车场22个，新增停车位2500个、厕位216个，投放共享单车1000余辆。敢于直面城建突出问题，梳理研究城建突出问题176个（其中历史遗留51个），解决问题129个（其中，历史遗留41个），打通七里店路、荔枝中路等断头路5条，改造背街小巷23条，拆除违法建筑17万平方米，储备土地5000亩。全国文明城市、国家园林城市等创建领跑全市，“国卫”复审通过验收。特色小镇和美丽乡村建设亮点纷呈。21个美丽乡村建设、43个重点村环境整治任务全面完成。何仙姑村成为省级美丽乡村。珠山污水处理厂、黄田铺石棚风貌街开工建设，完成农村公路“三标一改一亮”150公里，黄田铺教育书香小镇、富家桥旅游名镇等特色小镇加快推进。悟山里村荣获全国文明村。

（五）抓基础、强投入，交通加快提速。交通建设如火如荼。投入建设资金6.8亿元，G322复线、4条通乡干线公路的前期工作有序推进，零双一级公路完成全线道路及绿化、亮化建设，朝阳大道拉通路基，建设农村公路窄改宽250公里、安保工程160公里、通村通组公路180公里、乡镇客运招呼站18个。公交体制改革全面完成，公路治超取得较好成效。水利建设势头强劲。全年投入资金2.1亿元，整治加固山塘水库23座、扩容山塘200余口，治理中小河流13公里，清淤疏浚渠道1200公里，更新改造大型泵站7处，实施农村安全饮水工程38处，新解决5.5万人饮水不安全问题。能源信息建设步伐加快。石岩头大唐风电、接履桥华威光伏并网发电。新建城区10kv线路4条，完成农网升级改造70个村。新增通讯基站306个，全区4G网络覆盖率95%以上。

（六）抓生态、强服务，环境有效治理。生态环境更加优美。中央环保督察交办问题全面整改到位。中心城区“禁燃”令行禁止，“双河长制”全面推行。完成污水处理90个村、人工造林2万亩，治理城区黑臭水体10处。关停砖厂22家，淘汰黄标车938台、燃煤小锅炉9台，空气优良率达90%。成功创建何仙姑省级森林公园。政务环境更加高效。“放管服”改革落地见效，并联审批、民生微服务体系成为全市样本。大力推进“互联网+政务监督”，全面推行“政务公开负面清单”，政务中心各窗口平均办结时限为7个工作日，行政审批服务提速70%。建成农村综合服务平台214个。村务监督月例会试点工作全省推介。社会环境更加和谐。强力开展打击“盗枪骗”犯罪、“三强三堵”等专项行动，安装高清探头1500个，“网上追逃”全市第一。全面开展阳光信访、带案下访，信访维稳形势明显好转。城乡网格化管理全域覆盖，为全国“雪亮工程”建设网格化管理提供了零陵方案。安全生产、质量监管、食品药品安全整治成效显著，荣获全省安全生产先进县（区），全区呈现出治安安定、生产安全、社会安宁的良好局面，群众的安全感、幸福感、满意度持续提升，综治民调居全省第35名，荣获全市综治工作先进县（区）。

（七）抓民生、强保障，群众福祉持续增强。全年民生财政支出占比74.5%，11类900余项民生微实事惠及民生。“学在零陵”成效显著。投入建设资金4.9亿元，启动学校新建15所，七里店小学、五里堆小学、荷叶塘学校投入使用，新增城乡学位5100个。全力推进教育“三名工程”和“一校一品”，高考二本以上上线1121人，初中学业水平考试合格率全市第一。工商职业中专成功创建卓越学校。徐家井小学获评全市唯一的全国首届文明校园。“健康零陵”加快推进。全区公立医疗机构“医联体”服务、“药品零差率”全覆盖。中医院扩建、妇保中心新建加快推进，提质改造乡镇卫生院6个、村卫生室136个。创建全省群众满意卫生院4个、市级以上卫生乡镇2个、卫生村50个，荣获全省公共卫生服务先进县（区）。七里店社区卫生服务中心获评“全国百强优质服务中心”。人口计生工作进类进位、进入全省良好行列。“文化零陵”有序开展。全面实施免费阅读、送戏下乡等文化惠民工程，常态开展广场“月月乐”、非遗“四进”等群众喜闻乐见的文艺活动。启动档案馆新建、文化馆、图书馆维修改造，新建农村综合文化服务中心85个、标准化书屋80家、广播村村响294个、公交免费书报刊亭25个、自助图书馆2个。铁腕整治网吧26家，坚决杜绝未成年人进网吧上网。涧岩头村被评为全省经典文化村。社会事业协调发展。社会保障不断完善，新增城镇就业6011人、农村劳动力转移就业5000多人，新建珠山、七里店社区等城乡养老服务示范点6个，新增养老床位562张，改造棚户区7518户、农村危房1900户。城乡低保、养老保险提标扩面，城乡医保整合全面完成，“五项保险”实现法定人群全覆盖。第十届村（社区）换届工作圆满完成。

在努力推进经济社会发展的同时，我们高度注重自身建设。认真贯彻全面从严治党要求，常态推进“两学一做”学习教育和区委“三提升三争当”活动，深入开展“解放思想，实干兴区”大讨论。自觉接受区人大的法律监督、工作监督和区政协的民主监督，全年共办理人大代表建议105件、政协提案117件，办复率100%。切实加强法治建设，不断强化法治监督、审计监督和行政监察，持之以恒开展纠“四风”、治陋习和“雁过拔毛”式腐败专项整治，查处了一批违规违纪违法案件，政府形象和精准执行力、公信力不断提升。统计、审计、移民、史志、档案、供销、气象、残联、老龄等工作取得新成绩。工会、共青团、妇联、工商联的作用进一步发挥。

过去的一年，我们面临经济下行的困难超乎预料，付出的努力非同寻常，取得的成绩有目共睹，干成了一批大事、办好了一批实事、攻克了一批难事，得到了群众的普遍认同、市委市政府的充分肯定。

这些成绩的取得，离不开市委、市政府和区委的正确领导，得益于区人大、区政协的监督支持，凝聚了全区人民的智慧和汗水。在此，我谨代表区人民政府，向全区人民，向人大代表、政协委员，向各民主党派、工商联、无党派人士和人民团体，向驻区部队官兵，向省市驻区单位，向离退休老同志，向所有关心支持零陵发展的各界朋友，表示衷心的感谢，并致以崇高的敬意！

回顾一年的工作，我们深深地感受到，零陵的快速发展，主要在于：始终坚持党建引领、激情干事，有效坚定了全区人民的发展信心；始终坚持解放思想、实干兴区，科学确立了切合实际的发展思路；始终坚持主动作为、创先争优，成功收获了实实在在的发展成效；始终坚持改善民生、增进民利，全面贯彻了以人民为中心的发展要求。对此，我们倍加珍惜，一以贯之坚持下去。成绩令人鼓舞，问题不容忽视。政府工作还存在不少差距和不足，主要是:一是经济下行压力较大，实体经济尤其是企业生产困难仍然较多，财政收支平衡面临压力，加之年初预期较为乐观、相关政策调整、环保力度加大、洪涝灾害影响，部分经济指标没有完全实现预期目标。二是增长动力接续不足，抓项目建设、产业发展、招商引资、新兴增长点培育的成效还不够明显，新旧动能转换还需要一个较长过程。三是环境和要素保障不强，少数干部执行落实不力、服务效率不高、为政不勤不廉的现象仍然存在。资金、土地、人才等发展要素保障还不充分。四是满足人民美好生活需要的条件还不充分，脱贫攻坚任务艰巨，民生保障还不完善，城乡公共服务与人民群众日益增长的美好生活需要还有很大差距。对此，我们一定正视问题，全力整改，不负人民重托!

二、大干2018年，我们要在深入贯彻党的十九大精神，决胜全面建成小康零陵上夺取新突破

2018年是全面贯彻党的十九大精神的开局之年，是改革开放40周年，是推进创新引领、开放崛起的深化之年，是建成全面小康零陵决胜之年，也是大干“六大战役”“三大品牌”的攻坚之年，更是我区在新的发展起点上融入新时代、开启新征程、夺取新突破的起步之年。

新的一年，我们将面临经济下行压力持续加大、要素供应不断趋紧、周边竞争态势日趋激烈、我国社会主要矛盾变化等新情况，必须做好科学应对的充分准备。同时又要看到，党的十九大描绘了决胜全面建成小康社会、夺取新时代中国特色社会主义伟大胜利的宏伟蓝图，必将激发和汇聚起63万零陵儿女奋发图强、奋力前行的磅礴力量；随着“一带一路”、湘南承接产业转移示范区、潇湘城市群主中心等重大战略的全面实施，零陵的区位、资源、生态、人文、环境等优势将更为凸显。尤其是“六大战役”“三大品牌”建设的深入推进，全区积蓄多年的发展动能正有序有效地释放，干事创业的氛围日益浓厚，水到渠成的发展态势已经形成，必将迎来一个大有希望、大有作为的黄金期!

根据区委部署，2018年全区经济社会发展的总体要求是：高举习近平新时代中国特色社会主义思想伟大旗帜，全面贯彻落实党的十九大以及中央、省、市委经济工作会议精神，加强党对经济工作的领导，坚持稳中求进工作总基调，坚持新发展理念，紧扣社会主要矛盾的变化，按照高质量发展要求，统筹推进“五位一体”总体布局，协调推进“四个全面”战略布局，坚持以推进供给侧结构性改革为主线，统筹推进稳增长、促改革、调结构、惠民生、防风险各项工作，深入落实“创新引领、开放崛起”和“开放兴市产业强市”战略，精准执行区委“12345”部署，深化拓展“六大战役”“四个提升”“三大品牌”，加快建设开放文明富裕幸福美丽新零陵。

主要预期目标是：地方生产总值增长8.5%以上，规模工业增加值增长8.5%以上，固定资产投资增长14%左右，社会消费品零售总额增长12%左右，财政总收入增长10%以上，城镇居民人均可支配收入增长9%左右，农村居民人均可支配收入增长10%左右，全面小康实现程度提高3个百分点，打赢脱贫攻坚战，全面建成小康零陵。

实现上述预期目标，必须努力做到“四个坚定不移”：

坚定不移以新发展理念引领开辟发展新境界。更加主动适应把握引领经济发展新常态，以经济建设为中心，自觉把高质量发展作为第一要务，自觉用新发展理念统领发展全局，着力在全面建

成小康零陵的基础上，奋力迈向更高质量、更高水平的发展新时代。

坚定不移强化改革开放创新三大动力支撑。着力推动发展动力转换，坚持问题导向抓重点、关键突破带全局、结果导向求实效，强化“创新引领开放崛起”，突出“开放兴区产业强区”，切实把发展基点建立在改革开放创新之上，加快塑造经济持续稳定增长的强大动能，确保经济在稳中求进中实现精明增长。

坚定不移落实以人民为中心的发展思想。始终把人民对美好生活的向往作为奋斗目标，最大力度汇聚民智、最大限度激发民力、最大程度保障民生，倾心抓好与人民群众生产生活息息相关的“微实事”，倾力打造“三大品牌”，擦亮发展的民生底色。

坚定不移抓重点、补短板、强弱项。瞄准发展不平衡不充分问题， 靶向聚焦、合力攻坚。强力推进“产业项目建设年活动”，突出抓好“六大战役”“三大品牌”的深度拓展，努力在推进脱贫攻坚、城镇提质、园区升级、交通提速、环境治理、旅游升温、创新开放、文化强区、民生保障、乡村振兴等方面取得新突破。具体抓好以下八大工作。

（一）突出创新开放，奋力增强发展动力

深入实施“创新引领开放崛起”战略,以开放的视野谋创新，以创新的思路抓开放，力争一些领域和行业形成领先优势。

1.狠抓招商引资。把招商引资作为经济工作的“第一工程”“第一菜单”，实施“招商引资突破年”行动，以最大的决心、最大的诚意、最优的环境，推进招商引资新突破。在招商方式上争取新突破。出台鼓励投资的政策措施，瞄准国内、行业和民营500强企业，量身定做招商项目，突出领导带头招商、中介招商、商会招商、以商招商，注重引老乡、回故乡、建家乡。引入私募资金，设立产业发展引导基金，支持产业、行业和企业发展。在招商实效上争取新突破。着眼于续链、补链、强链，依托全区优势资源、优势产业，对科技含量高、市场前景广、投资总量大的重大项目，实行“一事一议”“特事特办”。全力提高签约项目的履约率、开工率和资金到位率。全年引进并开工亿元项目10个、5000万元项目20个，其中主导产业项目15个，实际利用资金突破30亿元。在招商环境上争取新突破。全面推进招商引资联席调度制，全面实行“一次性告知、一次性盖章、一次性审批”，全面规范涉企行为，严厉打击“三强三堵”，严肃查处“不作为、慢作为、乱作为”，构建“清亲”政商关系，让所有客商在零陵顺心创业、舒心生活、放心发展！

2.全面深化改革。全面承接、对标中央、省、市部署的改革事项。深化供给侧结构性改革，积极稳妥化解锰、化工等过剩产能，加快补齐招商引资、产业发展、城镇提质等短板。继续深化“放管服”改革，落实园区授权放权清单26项，释放园区活力。推进农村土地“三权分置”改革，完成农村集体土地确权颁证，严格落实“第二轮土地承包到期后再延长30年”的土地政策，全年新流转土地5万亩，促进农村“资源变资产、资金变股金、农民变股民 ”。防范融资债券风险，科学应对融资政策重大变革，创新投融资体制，主攻PPP、EPC等融资模式，引进民营资本，全年融资60亿元，保障重点领域、重大项目建设。

3.推进创新创业。推动以创业带动就业，鼓励引导广大民众积极创新创业、创造幸福生活，全年新增城镇就业6000人以上、农村劳动力转移就业5000人以上。深入实施“人才引进”战略，力争引进一批急缺的专业技术人才、高学历人才和创新创业人才。充分利用区域内丰富的院校资源优势，加强校企合作，实现互助双赢。设立小微企业创新创业资金，依托创新创业大厦，支持大学生、返乡农民工、乡土人才创新创业，全年新设立创业主体5000户，创办双创企业100家以上。

（二）突出脱贫攻坚，奋力推进乡村振兴

以“乡村振兴”战略总揽“三农”工作，大力推进脱贫攻坚，努力建设现代农业农村。

1.抓重点，推进乡村振兴。按照“产业兴旺、生态宜居、乡风文明、治理有效、生活富裕”的总要求，实施“振兴乡村”五大行动计划。一要兴产业。以打造优质农副产品供应基地为目标，全力抓好国家级杂交水稻万亩制种基地和温氏富家桥、邮亭圩种猪基地建设，大力提升优质稻、无公害蔬菜、油茶等七大特色农业产业，落实优质稻97万亩、蔬菜32万亩、油茶2.4万亩。大力推进农业标准化生产，创建农业特色产业园10个，标准化示范基地5个、标准化养殖小区3个，发展“三品一标”产品18个，力争创建省级农产品质量安全县（区）。二要美乡村。深入实施“四清四化”和“五改”行动，大力推进农村“厕所革命”，抓实城乡环卫一体化，完成行政村亮化100个、污水治理90个、重点村整治45个、农村安全饮水工程38处、改厕6000户，实现农村垃圾无害化处理率95%以上，农村生活污水处理率90%以上，农村卫生厕所普及率80%以上，改善农村安全饮水人口2.7万人。建设市级美丽乡村6个、区级美丽乡村15个。三要育乡风。推动社会主义核心价值观落实落细，深入开展“文明示范村、示范组、示范户”评比活动，推进移风易俗，反对大操大办、打牌赌博，引导村民树立文明、勤俭新风尚。四要强治理。完善村规民约，建立健全村民代表会议制度、村务公开制度、村务监督制度，形成自治、法治、德治相结合的乡村治理新体系。五要富民众。强化“三农”支持服务，健全农业社会化服务体系，培育现代职业农民，新发展农业新型经营主体70家，培养造就一批“懂农业、爱农村、爱农民”的“三农”工作队，带动农民增产增效增收。

2.攻难点，打赢脱贫攻坚战。围绕今年全面建成小康社会目标，紧盯“一超过两不愁三保障”和“三率一度”，坚持精准脱贫与巩固成效两手抓，既不降低标准，也不吊高胃口，举全区之力，聚全民之智，下“绣花”功夫，以决战决胜之势，坚决打赢脱贫攻坚与同步小康决定性战役。进一步向特困人口和深度贫困村聚焦发力，突出油茶、水果、光伏、温氏等重点产业扶贫，突出金融、教育、智力、志气扶贫，突出社会扶贫网扶贫，突出基础建设、易地搬迁、危房改造扶贫，实现普惠性与特惠性有机统一，把政策含金量转化为群众获得感。全年完成易地扶贫搬迁305户1066人，脱贫人口16616名，出列贫困村13个，力争易地扶贫搬迁全面完成、省定贫困村全部出列、贫困人口除兜底保障对象外全部脱贫，决不让一名贫困群众在脱贫奔小康中掉队。

3.创亮点，促进三产融合。抢抓国家支持发展田园综合体建设机遇，加大涉农资金整合，打捆投向农业基地、产业园区。加快推进总投资15亿元的“邮亭圩田园综合体”建设，年内建成蒙古大营、草原牧场、四季花海、百果园、生态野生茶基地，打造全省首个集“潇湘文化体验园、草原风情体验园、现代农业观光餐饮园”于一体的田园综合体示范园，力争用2—3年时间打造成国家级示范田园综合体。加快推进“雨田实业”“天惠油茶”等万字号田园综合体建设，促进一二三产业融合发展，力争创建省级农业综合开发优势特色农业产业园。

（三）突出园区升级，奋力振兴实体经济

以打造“双百亿园区”为目标，抓产业、促升级、扶实体，推动新型工业转型发展、提质增效。

1.聚焦产业抓提质。大力开展“产业项目建设年”活动，争取全年投产工业项目10个以上。重振锰产业。依托“湘南锰都”资源优势，积极引进九台集团、中科院过程工程研究所等战略投资者，全力推进锰产业专业园规划提升、设施建设，整合提升园区内符合产业政策的骨干企业，力争荣华、鹏飞等企业尽快复产，鑫城锰业四条生产线全部达效，实现锰产业产值50亿元以上，加快打造绿色锰产业小镇。壮大新兴产业。全面对接“中国制造2025”和“制造强省”，鼓励央企和行业龙头企业采取PPP模式，在现有园区创办全产业链“园中园”和产业联盟。全力支持远达新材料列入国家“一带一路”重大项目，加快与俄罗斯ICT集团合作步伐，打造航天航空新材料生产基地，力争年产值突破5亿元。扶持德福隆、华威光伏满负荷生产，支持时代阳光加快口服液智能制造车间、片剂生产线扩能改造和上市步伐。做大异蛇产业。依托异蛇文化和“国字号”品牌，加大异蛇产业整合力度，完善基础配套，组建异蛇产业集团，打造集“观光表演、科研餐饮、休闲娱乐”为一体的异蛇产业小镇。

2.聚焦园区抓配套。把园区作为产业项目建设的主阵地、壮大实体经济的主平台，全力推进“园区升级”。按照新城区、新园区、新景区、新社区“四位一体”理念，加快河西园区路网、管网、绿网、电网等基础建设，引进商务休闲中心、大型商业超市，完成创新创业大厦、园区广场、智慧园区平台建设，接通工业园至向家亭污水处理厂纳污管网，新建标准厂房25万平方米，新增储备土地1500亩，打造产城融合的永州“样板”。加大招商填空，加强园区存量标准厂房的供给侧改革，清退“僵尸”企业，引进“朝阳”企业，盘活存量标准厂房10万平方米。全年新增入统企业10家以上，工业总产值突破130亿元，工业税金比2017年翻一番。

3.聚焦实体抓帮扶。把振兴实体作为经济发展的根基。强化政策支持，出台支持实体经济发展的政策措施，进一步发挥工业发展基金、助保贷的帮扶作用，着力解决企业最重要的信心问题。强化金融保障，加强政银企协调，拓宽企业融资渠道，着力解决企业最迫切的融资问题。强化企业帮扶，大力开展“实体经济三走遍”活动和“降本减负”专项行动，着力解决企业感受最深切的服务问题，尽心尽力帮扶企业走出困境，共同孕育实体经济的春天。

（四）突出旅游升温，奋力打造全市旅游龙头

坚定不移实施“旅游旺区”战略，深化拓展“进城、下乡、入水”旅游格局，加快推进国家全域旅游示范区创建，全力打造永州旅游龙头和湘粤桂黄金驿站。

1.核心景区大突破。突出抓好“一城、一山、两带、一中心”建设。零陵古城（一期）5月1日前开街运营，完成古城配套路网、停车场建设及柳子街区修缮，启动二期建设，引入各类商家1000家以上、知名旅行社100家以上，接待游客200万人次，提供就业岗位4000个以上，引爆零陵旅游市场。东山景区完成古东门、古城墙等景点修缮和文庙布展，加快商贸街建设，3月1日前盛大开园。愚溪景观带完成景观广场、景观亭、景观桥、景观亮化建设，潇水风光带启动实施沿河（城区段）亲水平台、驿站节点、码头建设，完成南津渡大桥、东风大桥、萍洲大桥、思柳桥亮化，开通“香零山–萍岛”旅游观光航线，打造集光秀、水秀、桥秀、岛秀、岸秀相辉映，水面、桥面、岸面相协调，休闲、观光、娱乐、慢生活于一体的旅游观光体验带。高标准建成集咨询服务、公交换乘、景区展示、商品展销等多功能于一平台的区级游客接待中心，提升旅游接待投放能力。

2.乡村旅游大爆发。按照大田园、大景区的思路，实施乡村旅游“123”计划，构建“春有花、夏有景、秋有果、冬有绿”新格局。“1”，就是打响“永州之野”市级乡村旅游精品线。完成异蛇科普馆、异蛇科技游客接待中心、贤水风光带、周家大院、民俗民宿、停车场、旅游厕所等建设，荷塘月色创建3A景区，年内整线成型，全年接待游客100万人次以上。“2”，就是培育两条区级乡村旅游精品线。即以百里花果带为重点，延伸甸尾头梨园、雨田生态科技园、大木源漂流、邮亭圩田园综合体，培育河东“百里花果”乡村旅游精品线。以潇湘源星级农庄为重点，延伸张家湾生态园、夏阳荷花、观音山、芬香古村，培育河西“休闲旅游”乡村旅游精品线。“3”，就是突出三大融合，一是村景融合，按照一点一景、一村一景的要求，高品质规划建设沿线节点，因地制宜、凸显特色、打造亮点。二是文旅融合，加大对非物质文化遗产、古村古寨及乡风民俗的保护传承，不断丰富乡村旅游内涵。三是农旅融合。支持鼓励群众发展特色种养、特色手工产品等乡村旅游业态，创建星级乡村旅游点10个、特色民宿100家、休闲农庄20家。

3.品牌形象大提升。利用国家历史文化名城的“金字招牌”，加强旅游品牌的策划、宣传、营销，积极拓展多元化客源市场，把文化旅游资源

优势转化经济优势、发展优势。全力引进建设1家5星级酒店。加强特色活动营销，高水平策划“第二届乡村文化旅游节”、零陵首届庙会、“柳子百家宴”等节庆活动。植入舜、柳、理学、女书、渔鼓、祁剧等永州特色文化，通过建筑、展演、商业、山水演绎等形式，丰富古城文化旅游业态。出台“扶优、扶精、扶专”旅行社扶持政策，深化拓展与“湘粤桂旅游圈”的对接合作。完善旅游发展机制，推行核心景区商业化运营体系，狠抓旅游服务管理标准化、诚信化建设，把“潇湘之源，诗画零陵”旅游品牌擦得更亮、叫得更响。

（五）突出城镇提质，奋力提升城市品质

以“潇湘城市群主中心”为目标，按照历史名城特色、全域旅游配套、产城融合功能，大力推进城市创建，深入实施“城市+”工程，补齐城市短板，提升城市形象。

1.实施城市畅通提升计划。拓展路网。重点抓好滨江新城路网、湘江东路路网、潇水西路隧道、阳明大道延伸段等道路建设，拉伸城市骨架。提升循环。重点抓好朝阳大道、“三桥”匝道、日升东路延伸段、香零山路建设，畅通城市外环线。下定决心、奋力攻坚，坚决打通古城路（沿江大道至萍洲大桥段）、萍阳北路延伸段、荔枝路全线、杨万里路东段等断头路，提质改造阳明大道、黄古山路、芝山路，畅通城市内环线。打通堵点。重点抓好学校、医院、市场、老城区周边的断头路、拥堵路、破烂路改造，启动实施东风大桥东桥头地下通道、立交桥北匝道等项目建设，完成徐家井路、东门巷路拓宽整治，新建怀素路，改造背街小巷20条，全力解决群众看得见、感触深、迫切希望解决的各类城市堵点、难点、痛点问题，让城市更舒适、更美好！

2.实施城市内涵提升计划。实施“城市+”景观工程。完成城市节点景观改造，提质主次干道、临街单位、开发小区、标志性建筑的亮化美化，完成潇水风光带城区段、愚溪景观带建设，打造“潇水为轴、道路为带”的城市景观。实施“城市+”生态工程。深入推进“六个绿色”、拆违透绿、见缝插绿工程，提质改造怀素公园，加快推进潇水国家湿地公园、张飞公园建设，新建改造小游园5个，打造“城在林中、路在绿中、房在园中、人在景中”的生态画卷，力争创建国家园林城市。实施“城市+”文化工程。将历史元素、文化元素融入城市规划建设，高标准完成南津路、古城路立面改造，加快潇水两岸棚户区和南津渡、朝阳等城中村改造，整体推进城南古城区风貌整治改造，保留历史的、文化的，拆除破烂的、无用的，凸显有特色的、有特点的建筑，延续历史文脉，彰显文化气息。实施城市+文明工程。加大全国文明城市、国家生态文明建设示范区等创建力度，综合运用教育、经济、行政和法治手段，引导广大市民破除陈规陋俗，提升文明素养。实施城市北联工程。加快推进公检法司业务用房、幼师高专、潇湘汽车城、城北商贸城等融城项目建设，加快构建新的经济圈、生活圈。实施“城市+”民生工程。持续推进“三场四位”建设，抓好活禽批发市场、河西农贸市场、竹木加工市场、汽车美容市场建设，完成火车站公交枢纽工程、康济大道、烈士公园公交首末站建设，全面建好市政广场、火车站广场，新增停车位2000个、厕位120个、公交候车亭56个。抓好“两房两棚”“两供两治”等民生工程，改造棚户区5000套、农村危房1000户，新建纳污管道10公里、供水管网9公里。

3.实施城镇特色提升计划。高标准做好城乡体系规划，特色城镇规划编制。加快推进富家桥镇安置小区、黄田铺石棚大道风貌改造、珠山污水处理厂、石岩头毛江大道等基础建设，集中打造黄田铺教育书香小镇、珠山工业重点镇、邮亭圩生态农业镇、石岩头边贸古镇、富家桥旅游名镇5个特色小城镇，积极扶持一批边贸、旅游、中心镇建设。

4.实施城市经营提升计划。加强城市管理。铁腕整治市容、渣土、交通、环境等乱象；铁腕推进控违拆违攻坚，全年拆除违法建筑25万平方米；铁腕推进小区整治，重点整治老旧小区脏乱差、新建小区不按规划建设，加快碧桂园、苏通国际等高品质房地产项目的引进建设，规范物业管理，提升宜居环境。加强城市经营。全力做好城市土地、旅游、广告、停车场等资源经营，创新多元化融资渠道，全年报批土地2300亩，新征收土地3000亩，出让土地1000亩，实现资源、资产、资本、资金“四资联动”。加快火车站物流中心、工业园区仓储物流中心的引进建设，支持坝地广场、红星美凯龙、春天广场招商入驻、规模营业，建好科技学院文化一条街，策划举办车展节、房交会等活动，打造城市经营新业态。

（六）突出交通提速，奋力推进基础建设

坚定不移地推进基础先行战略，全力推进交通、水利、信息、能源等建设，切实破解基础设施建设滞后瓶颈。

1.健全交通网络。加快推进衡道高速（零陵段）、G322复线、珠水线、康大线、黄太线、麻凼线等前期项目,先期建设毛栗铺至西塘观10公里道路。实施湘运汽车站搬迁、人何复线、黄石公路建设。深入实施农村公路提质改造计划，全力打通合并村“连心路”，完成窄改宽及通组公路200公里、“三标一亮”100公里、生命防护工程60公里，打造“四好农村路”。全面完成零双一级公路准市政道路、朝阳大道建设。加大公路治超、道路养护力度。着力构建对外大畅通、对内大循环、景区大连接、出入大平安的交通格局。

2.完善农田水利设施。完成何仙观水库灌区前期工作，力争启动建设。兴建五小水利工程253处，全面完成灾毁设施重建。推进猫儿岩水库除险加固及灌区配套、邮亭圩镇拱桥村高标准农田、菱角塘镇文雷村等10个行政村土地综合整治，实施节水灌溉工程1.2万亩，完成土地开发整理1.5万亩，新建高标准农田2.8万亩。

3.强化信息能源建设。持续推进光纤入户和农村宽带进村计划，新建通信基站560个。加快“数字公安”“数字城管”“数字防控”建设，打造智慧零陵。推进管道燃气向河西区域延伸，提高城区气化率。强力推进大庆坪、富家桥风力发电工程建设，力争邮亭圩风电并网发电。实施城乡电网改造升级，年内完成城区3条10kv线路、120个行政村电网升级改造。

（七）突出环境治理，奋力建设美丽零陵

统筹推进生态环境、政务环境、社会环境治理，着力构建政通人和、碧水蓝天的发展环境。

1.厚植生态优势。坚决打赢污染防治攻坚战，深入推进大气、水、土壤污染防治行动计划，全面实施“土十条”“水十条”，突出抓好湘江保护治理“一号工程”、石期河重金属污染治理、永州北部（零陵）生物资源科学处理中心等工程，健全完善三级“双河长制”，统筹推进山水林田河综合保护治理，严禁投肥养鱼、电鱼、毒鱼，全面取缔城区排污口，治理城乡黑臭水体20处，坚决堵住污水入河。加强矿山综合治理，完成造林2万亩，力争创建国家级生态文明乡镇2个，建设秀美村庄62个，成功创建“中国天然氧吧”。

2.优化政务环境。全面推行“双随机、一公开”监管，推进“互联网+政务服务”、便民审批“一号申请”“一窗受理”“一网通办”，构建便捷高效的政务环境。全面完成剩余105个农村综合服务平台建设，实现村级服务平台全覆盖。

3.加强社会治理。全面加强反暴恐和国家安全工作，依法严厉打击黑恶势力、涉暴涉枪、“两抢　盗”、黄赌毒、传销、走私、电信诈骗、非法集资等各类违法犯罪，持续开展集中整治“三强三堵”、治安失控村、“村霸”和宗族恶势力等专项行动。大力实施“雪亮工程”，安装高清探头1500个。推行网格“1+N”组团服务，抓好便民服务行政审批事项和监督服务事项下沉，畅通服务群众最后一米。深入开展“信访法治化建设年”活动，大力推进“互联网+信访”，加强“四无乡镇（街道）”“三无村（社区）”创建，强化源头治理。严格落实安全生产“一单四制”和“一票否决”制度，深入开展安全生产打非治违、食品安全专项整治行动，强力推进质量强区建设，坚决遏制重特大安全事故发生，确保社会大局和谐稳定。

（八）突出三大品牌，奋力改善民生福祉

贯彻以人民为中心的发展思想，坚持把“人民对美好生活的向往”作为政府工作的奋斗目标，深化拓展“三大品牌”建设，统筹推进社会事业全面发展。

1.持续打响“学在零陵”品牌。坚持教育优先发展，深入推进学位建设三年攻坚计划，大力实施教育“三名工程”和集团化办学，完成七里店中学、博雅桃江学校等11所学校建设和32所学校维修改造，新增城乡学位1万个，全面消除66人以上的大班额。加强师德师风建设，努力培养一大批爱岗敬业的优秀教师，提高教师队伍整体素质，着力解决中小学生“课外负担重”“择校热”等突出问题。创新教育发展，推进素质教育，实施“一校多品”特色学校创建,建设特色品牌学校10所以上，打造一批家长期望、学生向往、社会认可的名校，推动城乡义务教育一体化发展，确保高考人数万人上线率、初中学业水平合格率、优秀率继续保持全市前列。加强学校周边环境治理，加大有偿家教服务治理，净化育人环境。

2.持续打造“健康零陵”品牌。全面贯彻健康中国战略，大力实施医院“三名工程”和“医联体”建设，提升全行业医疗水平。加强卫生设施建设，启动四医院整体搬迁，完成中医院住院楼、妇保中心、四医院黄田铺分院主体工程，新建富家桥、石山脚卫生院，力争提前完成所有乡镇卫生院和村卫生室标准化建设，新增床位850张。深入开展医疗服务品牌创建，积极创建全国健康促进区、国家级慢性病防控示范区、国家中医药健康旅游示范区。落实人口计生政策，促进人口均衡发展。

3.持续打好“文化零陵”品牌。大力推进文化强区建设，加强文物古迹和非物质文化遗产保护，启动“石棚”遗址保护修缮，做好国家历史文化名村、国保和“八愚八记”遗址的申报工作。推进公共文体设施建设，启动文体艺术中心建设，完成档案馆新建和图书馆、文化馆、体育馆的提质改造，建成村级综合文化服务中心115个、标准化农家书屋100个、社区书屋10个。深入开展非遗“四进”“广场月月乐”等文化惠民工程，加快培育以柳子文化、异蛇文化、永州之野为主题的文化创意基地，创作一批有零陵特色的文创精品，打造一批在全国全省有一定影响的文创品牌。加强公民思想道德建设，强化网络空间治理，净化网络环境。

4.完善社会保障。强化社保扩面，实施全民参保登记，逐步提高人民群众医疗、养老等社会保障水平，今年城乡居民医疗保险财政补助标准提高到人均480元，农村低保标准不低于扶贫标准，建筑行业新开工项目100%参加工伤保险，困难残疾人生活补贴和重度残疾人护理补贴发放标准不低于每人每月50元。切实维护劳动者合法权益，着力治理拖欠克扣农民工工资问题，确保辛苦劳动的农民工们及时拿到汗水钱。支持国防和军队改革，加强国防和后备力量建设。

三、加强政府建设，我们要在解放思想、实干兴区的新征程中展现新作为

政府的工作就是抓执行、抓落实，政府的政绩就是发展的实绩，政府的公信力就是工作的执行力。

1.坚定信念，忠诚作为。坚持党对一切工作的领导，深入学习贯彻十九大和习近平新时代中国特色社会主义思想精神，坚决执行党的路线方针政策。始终保持对党绝对忠诚，牢固树立“四个意识”，坚决维护习近平总书记的核心地位，始终同以习近平同志为核心的党中央保持高度一致。认真落实市委、市政府和区委的决策部署，自觉在区委的统一领导下开展工作，确保政令畅通、令行禁止，建设忠诚政府。

2.践行法治，依法作为。认真履行法治建设第一责任职责，自觉运用法治思维和法治方式推动工作，把政府活动全部纳入法治轨道。坚持科学民主依法决策，严格落实重大决策程序制度。更加自觉接受人大法律监督、工作监督和政协民主监督，推动人大代表建议、议案和政协委员提案办理跃上新水平。加强与民主党派、工商联、

无党派人士和各人民团体的联系，虚心听取意见、建议。全面推进政务公开，打造“阳光权力”，建设法治政府。

3.勇于担当，主动作为。要想干事、会谋事。不忘初心，牢记使命，始终把加快零陵发展作为第一要务，始终做到“真心实意为零陵”，把全部心思和精力放在谋发展、抓项目上。要勇担事、敢干事。做到份内之事不推、调度之事不躲、既定之事不拖，以责无旁贷的政治自觉和夙夜在公的行动自觉，不仅抓具体，更要具体抓，特别是要紧盯重点问题、关键环节和主要矛盾，亲自研究谋划、组织协调、破解难题，争当“推土机”“狮子型”干部。要旗帜鲜明地为敢于担当的干部担当，为敢于负责的干部负责。要勤理事、能成事。凡重大决策一以贯之，坚决精准执行，决不动摇折腾;凡重大项目一抓到底，严格督促督查，决不半途而废;凡重大任务一鼓作气，全程问责问效，决不无果而终，建设作为政府。

4.解放思想，实干作为。着力解决政府工作中“自负多于自信、部署多于落实、做官多于做事”的问题。坚决破除消极的思想障碍，摒弃小富即安的自满、自命不凡的自负、自我膨胀的浮躁，摒弃“伪作为、慢作为、不作为”。坚决破除僵化的思维定势，积极探索新常态下做好经济工作的方法和经验，创新发展路径，完善政策举措，抓好精细管理，着力在优化结构、增强动力、破解瓶颈、补齐短板上取得突破性进展，实现经济高质量发展。坚决破除陈腐的工作惯性，从墨守成规中走出来，从按部就班中走出来，从司空见惯中走出来，提高推动发展、维护稳定、化解矛盾的能力和水平，建设实干政府。

5.坚守底线，廉洁作为。扎实抓好全面从严治党形势下的从严治政，开展“不忘初心、牢记使命”主题教育，坚决贯彻执行《准则》《条例》，严格遵守党风廉洁建设各项规定，始终做到干净用权、干净干事、干净做人。严格执行财政预算法，强化财政预算的刚性约束。加大反腐倡廉，切实加强对权力集中、资金密集、资源富集部门和岗位的监管，全面开展行政监察、审计监督，支持开展巡视巡察，坚决查处扶贫领域等群众身边的违法乱纪行为，建设廉洁政府。

新时代开启新征程，新思想引领新作为。让我们紧密团结在以习近平同志为核心的党中央周围，在市委、市政府和区委的坚强领导下，不忘初心，牢记使命，以永不懈怠的精神状态和一往无前的奋斗姿态，全力推进“六大战役”“三大品牌”，坚决打赢脱贫攻坚战役，决胜全面建成小康社会，为建设开放文明富裕幸福美丽新零陵而努力奋斗！

附：

名词解释

“12345”部署：指区第八次党代会提出的“一个目标”，推进“两个统筹”，强化“三个引领”，实施“四大战略”，遵循“五个坚持”。

“六大战役”：脱贫攻坚战役、城镇提质战役、旅游升温战役、交通提速战役、环境治理战役、园区升级战役。

“四个提升”：提升民生微实事建设速度、提升全面深化改革力度、提升党建工作水平、提升精准执行能力。

“一超过、两不愁、三保障”：“一超过”，指家庭当年农民人均纯收入稳定超过国家现行扶贫标准。“两不愁”，即不愁吃、不愁穿。“三保障”，即基本医疗、义务教育、住房安全有保障。

“三率一度”：漏评率、错退率、综合贫困发生率和群众满意度。按照湖南省脱贫验收标准，漏评率不能超过2%，错退率不能超过2%，综合贫困发生率不能超过2%，群众满意度必须超过90%。

“三走遍三签字”：三走遍，区委书记、区长走遍辖区内所有贫困村，其他区级领导走遍联系乡镇街道所有村，乡镇街道党（工）委书记、乡镇长（主任）走遍辖区内所有贫困户；驻村帮扶后盾单位主要负责人和工作队（包括非贫困村工作队）走遍所驻村内所有农户；贫困村脱贫出列区委书记签字，贫困户脱贫乡镇街道党（工）委书记、村（社区）支部书记和贫困户本人签字。

“三品一标”：指无公害农产品、绿色食品、有机农产品和农产品地理标志。

“村村响”“户户通”：农村广播村村响，基本实现县区有广播中心、乡镇有广播站、村有广播室，农村广播声音全覆盖；广播电视直播卫星户户通，利用直播卫星为有线网络未通达的农村地区提供广播电视公共服务。

“四风”：指形式主义、官僚主义、享乐主义和奢靡之风。

“一带一部”：东部沿海地区和中西部地区过渡带、长江开放经济带和沿海开放经济带结合部。

“五位一体”总体布局：经济建设、政治建设、文化建设、社会建设、生态文明建设。

“四个全面”战略布局”：全面建成小康社会、全面深化改革、全面依法治国、全面从严治党。

“开放兴市产业强市”战略：市委五届四次全会审议通过了《中共永州市委关于深入学习贯彻党的十九大精神，大力实施开放兴市产业强市战略的意见》，包括推动招商引资大突破、推动平台建设大突破、推动优化环境大突破、推动对外经贸大突破、完善产业发展规划、推动工业经济提质增效、做大做强龙头企业、培育壮大特色园区、大力发展数字经济、实施乡村振兴战略、加快发展文化旅游产业等具体措施。

“产业项目建设年”：湖南省委决定，2018年在全省开展“产业项目建设年”活动，重点抓好“5个100”，即抓好100个重大产业建设项目，抓好100个科技创新项目，抓好100个重大产品的创新，引进100个500强企业，引进100个科技创新人才。永州“产业项目建设年”主要抓好“5个10”，即实施10个重大产业项目、10个重大科技创新项目、10个重大产品创新项目，引进10个高科技创新人才，引进10个500强企业。

政务公开负面清单：根据中共中央办公厅国务院办公厅印发《关于全面推进政务公开工作的意见》，将政府信息中不予公开范围，对公开后危及国家安全、经济安全、公共安全、社会稳定等方面的事项纳入负面清单管理，负面清单外的事项原则上都要依法依规予以公开。

“1+N”组团式治理模式：由社区党组织牵头，整合驻区城管、环卫、园林、交警等相关职能部门力量，组成相对固定的服务团队，亮牌承诺、普遍走访，为老百姓解难题、办实事。

PPP模式：Public-Private-Partnership的英文首字母缩写，即政府和社会资本合作，是公共基础设施中的一种项目运作模式，鼓励私营企业、民营资本与政府进行合作，参与公共基础设施的建设。

Epc模式：指工程总承包，是指公司受业主委托，按照合同约定对工程建设项目的设计、采购、施工、试运行等实行全过程或若干阶段的承包，并对其所承包工程的质量、安全、费用和进度进行负责。

“两房两棚”：指公共租赁房、农村危房和城市棚户区、工矿棚户区。

“两供两治”：指城市供水和供气；城市污水治理、垃圾治理。

“三权分置”：指农村土地所有权、承包权、经营权三权分置、经营权流转。

“厕所革命”：2015年4月，习近平总书记曾经就“厕所革命”作出重要指示，强调抓“厕所革命”是提升旅游业品质的务实之举。2017年11月，习近平又提出，厕所问题不是小事情，是城乡文明建设的重要方面，不但景区、城市要抓，农村也要抓，要把这项工作作为乡村振兴战略的一项具体工作来推进，努力补齐这块影响群众生活品质的短板。

“四好农村路”：是习近平总书记提出的，把农村公路建好、管好、护好、运营好。

“三标一改一亮”：指农村公路标志、标牌、标线和窄改宽、亮化。

教育“三名工程”：名师、名校、名校长工程。

医院“三名工程”：名医院、名院长、名护士工程。

“实体经济三走遍”：是市委提出的，要求市县两级党政主要领导要走遍园区所有企业、走遍所有“涉债”项目、走遍所有纳税、规模、就业综合排名前20强企业，帮助解决存在的突出问题。

“四清四化”：指在全区农村开展以清垃圾、清杂物、清残垣断壁和路障、清危房，绿化、美化、亮化、净化为主要内容的农村环境综合整治活动。

“五改”：指改房、改水、改路、改厕、改厨。

“六个绿色”：指绿色社区、绿色机关、绿色学校、绿色企业、绿色医院、绿色家庭。

“土十条”：指国务院颁布的《土壤污染防治行动计划》。

“水十条”：指国务院颁布的《水污染防治行动计划》。

“两抢一盗”：指抢劫、抢夺、盗窃。

“三强三堵”：指强装强卸、强揽工程、强行阻工和堵门、堵路、堵桥。

“四无乡镇”：指乡镇（街道）无进京越级上访、无赴省集访、无到市重复集访、无信访积案。

“一单四制”：指重大隐患清单，实行交办制、台帐制、销号制、通报制。

“四个意识”：指政治意识、大局意识、核心意识、看齐意识。

大 事 记

1月

3日　区委书记唐烨率住建、国土、规划、旅建投等单位主要负责人深入“零陵古城”项目建设现场，就项目建设过程中遇到的问题和困难进行现场办公。

8日　“零陵古城”永州市首届摄影艺术展,在柳子街文化广场举行。

12日　零陵区召开30岁以下年轻干部座谈会。区委书记与全区各条战线的24名年轻干部一起座谈。大家围绕“重品行、讲规矩、强能力、做引领时代潮流的优秀干部”纷纷发言。区领导盘志元、彭江辉、唐清林参加座谈会。

13日　零陵区地方税务局获“全国税务系统先进集体”称号。

16日　市委副书记、市委政法委书记张严率领市安全生产检查组到零陵检查并指导安全生产工作。

16日　2016年度零陵区委常委班子民主生活会召开，市委副书记、市委政法委书记张严出席会议并讲话。区委书记唐烨主持会议并作表态发言，区领导吴恢才、盘志元、唐建明、龙军、周润润、蒋映群、彭江辉、蒋诚、唐清林一一作对照检查发言，大家会上相互开展严肃认真的批评与自我批评。

17日　零陵区地方税务局被中共湖南省委法治湖南建设领导小组办公室命名为“2016—2018年全省依法办事示范窗口单位”。

17日　零陵工业园区供电框架协议签约仪式在区政府会议室举行，国网永州供电公司与零陵区签订工业园区供电框架协议。

17日　2016年度乡镇（街道）党（工）委书记抓基层党建述职评议考核会召开，18个党（工）委书记进行现场述职。

19日　市委副书记、市委政法委书记张严到零陵区走访慰问部分优秀教师代表、困难群众及国家、省、市劳动模范代表。

19日　市委副书记、市委政法委书记张严、区委书记唐烨听取“永州之野”美丽乡村精品线路汇报。

19日　全区2016年度党外科级领导干部述职述廉会议召开。

20日　全区领导干部家属“树清廉家风建幸福家庭”主题座谈会召开。

23日　2017年离退休干部代表迎新春座谈会召开。

23日　区委书记唐烨率民政局、总工会及街道办事处主要负责人，走访慰问劳动模范、老干部、困难党员和部分困难群众。

23日　零陵区2017年春节联欢晚会在工人文化宫上演。

24日　区委书记唐烨，区委副书记、区长吴恢才走访慰问驻区部队和春节期间仍然坚守岗位的一线工作人员。

24日　区委书记唐烨主持召开区委常委会会议，传达学习贯彻中央纪委七次全会、市纪委二次全会精神和省市委会议精神。

2月

6日　市委副书记、市委政法委书记张严率队到零陵调研工业园区“开门红”工作，区领导唐烨、吴恢才、龙军、彭江辉、何锋一同参与调研。

6日　市委副书记、市委政法委书记张严率队调研双牌水库管理局生态风景灌区项目建设工作。市委常委、市委统战部部长石艳萍，区委书记唐烨，区委副书记盘志元陪同调研。

8日　零陵区被评为2016年全省粮食生产先进县、全省粮食生产标兵县。

10日　市政协主席蒋善生一行深入零陵区项目施工现场，察看项目规划用地、资金和施工等情况，并组织相关单位召开现场协调会。

15日　市委常委、市委宣传部部长刘尤碧一行到零陵调研和指导宣传思想文化工作，实地考察零陵区文化旅游项目建设。

15日　区委书记唐烨主持召开区委常委扩大会议，传达贯彻落实市委书记、市人大常委会主任李晖在市委经济工作会议上的讲话精神，特别是市委经济会议暨“六大战役”动员大会精神。

26日　全区组织、宣传、统战、政法、精准扶贫暨村(社区)“两委”换届工作会在工人文化宫召开。

27日　区委经济工作会议暨“七大战役”（旅游升温、园区升级、脱贫攻坚、城镇提质、交通提速、环境治理、社会事业）动员大会在工人文化宫召开。

27日　中共永州市零陵区第八届纪委第二次全体会议在工人文化宫召开。

3月

1日　桂林市委书记、市人大常委会主任赵乐秦率桂林市代表团到零陵区考察。

1日　省新闻出版广电局局长朱建纲一行到零陵调研。

2日　省爱国卫生运动委员会办公室主任倪友新到零陵区，就国家卫生城市复审工作进行指导。

2日　在教育部2016年国防教育特色学校评选活动中，永州市工商职业中等专业学校被评为“2016年国防教育特色学校”。

2日　长沙海关驻永州办事处主任张水隆、市商务和粮食局副局长单春兰带队，组成联合调研组到零陵区调研外贸进出口和农产品出口企业等相关工作。

3日　省文化厅党组成员、副厅长、省文物局局长陈远平率文物考古专家组一行到零陵调研。

17日　区委书记唐烨先后到合并村石山脚街道玉禾田村、贫困村梳子铺乡班竹塘村、软弱涣散村珠山镇田心村现场调研指导村党组织换届工作。

20日　潇水两岸愚溪景观设计和柳子街修缮规划设计方案论证会召开。

25日　零陵区2017年重点项目集中开工仪式举行。市委副书记、市委政法委书记张严出席零陵综合交通枢纽工程开工仪式并宣布开工，市领导刘尤碧、唐定等领导出席。

26日　2017年零陵(广东)招商引资重点客商座谈会在广东佛山召开。

31日　零陵区委中心组在工人文化宫举行2017年第一次集中学习专题辅导报告会。

4月

6日　市政协主席蒋善生一行到零陵区调研“教育扶贫”工作并召开座谈会。

10日　零陵区召开“争当巾帼标兵，助力七大战役”座谈会，各行各界妇女代表围绕推进“七大战役”出谋献计。

18日　市纪委副书记、市监察局局长蒋俊林率调研组到零陵就“为敢于担当的干部担当、为敢于负责的干部负责”等相关工作进行专项调研。

19日　2017年政银企合作洽谈大会召开，区委书记唐烨出席会议并讲话。会上，部分企业与银行就21个项目签署61亿元的合作协议。

19日　湖南省旅游发展委员会党组成员、副主任尚斌一行，到零陵柳宗元文化旅游区检查和指导服务管理工作。

19日　区委常委扩大会议召开，专题研究脱贫攻坚工作。

23日　全区脱贫攻坚工作推进暨突出问题集中整改动员会在工人文化宫会场召开。

23日　区委书记唐烨，区委副书记、区长吴恢才调研部分重点建设项目选址工作，先后察看垠地中山城洗车场、汽车总站、河东客运站选址及部分重点项目意向选址。

25日 区委书记唐烨，区委副书记、区长吴恢才率区教育局、财政局、建设局、规划局、文化局、城建投、南津渡街道办事处等相关单位主要负责人调研永州三中校园提质改造项目。

26日 区委书记唐烨率区民政、住建、财政、扶贫办等单位主要负责人到珠山镇大冲村调研指导精准扶贫工作。

28日 零陵区2017年一季度经济形势分析暨“七大战役”调度会召开，会议总结分析、研判形势、统一思想、找出差距、找准路径，动员全区上下进一步解放思想、加大力度、强化措施、狠抓落实、奋力攻坚，推进各项工作迎头赶超，确保实现时间任务“双过半”。

5月

2日 市人大常委会党组书记、常务副主任高建华带领市交通运输局、公路局等单位主要负责人到零陵区调研指导“交通提速”工作。

3日 区委书记唐烨率区旅游、交通、住建、旅建投等单位主要负责人调研指导“旅游升温”工作。

4日 中共中央组织部副部长齐玉一行，在省委组织部副部长蔡建和，市委书记、市人大常委会主任李晖等省、市领导的陪同下，深入零陵区香零山村调研基层党建工作，听取党员干部及群众意见建议，并看望慰问部分党员和生活困难群众。市委常委、市委组织部部长吴志雄，区领导唐烨、吴恢才、盘志元参加调研。

7日 市委书记、市人大常委会主任李晖带队，对零陵区环境治理和突出问题整改落实情况进行现场督办。

7日 中央环保督察组交办问题整改推进会召开。

8日 市委书记、市人大常委会主任李晖深入零陵区调研湘江河道治理工作。

11日 在中国智慧工程研究院主办 (教育部主管)、国家文学教育委员会承办的第十二届全国青少年冰心文学大赛中，凼底乡中心小学青年教师陈春作创作的长篇小说《为了孩子》获教师组一等奖（永州市群众艺术馆文学创作员韩立军辅导）。

11日 湖南省第三十八届青少年科技创新大赛在衡阳市八中举行，永州职业技术学院附属学校学生参赛作品获金奖1枚，银奖2枚。

13日 零陵区创新创业大厦项目在工业园开工建设。

13日 区委书记唐烨率住建、国土、城建投、教育、文化、房屋征收、规划、供电和朝阳街道办事处等相关部门负责人，深入部分重点项目，就建设进展情况进行实地调研。

22日 零陵区“千名干部下基层，精准帮扶解难题”活动动员会暨启动仪式在区工人文化宫会场举行。

24日 市委书记、市人大常委会主任李晖一行深入零陵区开展宗教工作调研。

26日 全区土地储备及控违拆违工作专题会召开。

27日 区委书记唐烨，区委副书记、区长吴恢才率领区民政、妇联、残联等单位主要负责人到区机关幼儿园和区儿童福利院进行走访慰问。

30日 区委书记唐烨带领区委办、扶贫办、富家桥镇等单位负责人，到何仙姑村督查调研脱贫攻坚工作。

6月

1日 区委书记唐烨率国土、住建、城建投等职能部门负责人深入零陵工业园，就“园区升级战役”工作进行现场办公，专题研究解决项目推进过程中遇到的困难和问题。

2日 零陵区召开全面推行河长制工作动员大会，全区建立三级河长体系，确保全区河库生态安全得到保障，实现河畅、水清、坡绿、岸美的基本目标。

5日 区委书记唐烨深入学校、走进教室，就“怀素书法进校园活动”实地调研“传统文化进校园”工作。

5日 区委书记唐烨带队到永州三中考点实地督查高考考点备考情况，确保高考顺利进行。

5日　民生微实事工作专题会召开，会议对全市民生微实事项目现场会相关工作进行安排部署，区委书记唐烨出席并讲话。

6日　邮亭圩镇2016年度精准扶贫易地搬迁集中安置小区交房仪式启动，首批42户易地扶贫户搬迁入户。

7日　原零陵地委书记唐盛世，中共永州市委原书记邹金鹫等老领导一行，实地考察零陵区经济社会发展情况。

11日　零陵区开展“三走访、三签字”活动。

11日　零陵区2017年度经济工作“双过半”调度会召开，传达贯彻落实市经济工作“双过半”调度会精神，总结分析上半年经济形势，部署安排下一步工作。

12日　“千名青年下基层脱贫宣讲志愿行”活动在零陵区富家桥镇何仙姑村举行。

17日　全区基层党组织书记专题党课开班，区委书记唐烨为全区基层党组织书记上“如何当好支部书记”专题党课。

21日　省水利厅工程管理局局长周新章率队，在市水利局相关负责人的陪同下，对何仙观水库建设推进情况进行调研。

22日　零陵区人民政府与湖南科技学院签署合作共建框架协议。

22日　零陵区举办庆“七一”暨“参与六大战役 争当三个模范”演讲赛决赛。

30日　双牌灌区（零陵境内段）百里花果生态观光带现场办公会议召开。

7月

1至3日　零陵区遭受特大洪灾，7月1日8时至20时，降雨98.9毫米，其中超100毫米的站点15个。全区受灾人口92560人，紧急转移20517人，因灾死亡1人。农作物受灾面积8548公顷，成灾2910公顷，绝收450公顷，倒塌房屋65户182间，造成直接损失14590万元。省、市相关领导及时到零陵区指导灾后抢险、恢复生产生活秩序工作。

5日　“大灾有大爱”赈灾募捐启动仪式举行，区级领导和区委机关大院全体党员、干部参加捐款，募集赈灾捐款2.79万元。

6日　市委副书记、市委政法委书记张严深入零陵区调研脱贫攻坚工作，并深入企业指导灾后自救和恢复重建工作。

8日　广东湖南零陵商会回乡赈灾捐助仪式在区委六楼会议室举行，募集捐款141.65万元，物资价值20余万元。

13日　“中国社会扶贫网”爱心超市在中山城启动。

14日　深圳华侨城文化旅游科技股份有限公司副董事长兼总经理李坚一行，到零陵考察文化产业及旅游产业发展情况。

16日　全区重点项目和民生微实事项目建设调研工作会议举行。

17日　市纪委党风廉政建设督查组深入零陵，就2017年度上半年落实党风廉政建设党委主体责任和纪委监督责任工作开展情况进行督促检查。区委书记唐烨代表区委作落实主体责任情况的汇报，汇报会由区委副书记、区长吴恢才主持。区委常委、区纪委书记周润润就纪委履行监督责任情况作汇报。

18日　市人大常委会党组书记、常务副主任高建华带领市督查室、教育、财政、发改、国土、城投、住建等相关部门负责人和22位市人大常委委员、代表，对零陵区的学位建设项目和潇湘幼师高专项目进行实地调研。

18日　“永州之野”乡村旅游精品线路项目现场办公会召开。

21日　永州市、县、乡三级书记同步信访接待日，区委书记唐烨当天累计接待6批27人次信访群众。

22日　国家质检总局考核组就零陵区创建国家级出口食品农产品质量安全示范区工作进行检查考核。

25日　零陵区2017年创建全国文明城市、创建国家生态文明建设示范区、迎国家卫生城市复审、征地拆迁、控违拆违动员大会暨下半年平安创建、综治民调工作会议在工人文化宫召开。

27日　永州市“六大战役”重点项目建设暨“四个提升”流动现场会走进零陵。

28日　零陵区庆祝中国人们解放军建军90周年暨“双拥·百姓月月乐”广场文艺演出在工人文化宫举行。

29日　区委书记唐烨，区委副书记、区长吴恢才率部分区级领导和相关单位负责人，看望慰问坚守一线的区人武部、民兵应急分队、消防大队、武警中队和武警二队的官兵们，向他们致以节日的祝贺并送上慰问金。

31日　零陵区组织收看中央第六环保督查组督察湖南省情况反馈电视电话会。

8月

2日　市委副书记、市长易佳良率市直相关部门负责人深入零陵区，就零陵文化旅游项目规划进展情况进行现场调研。

2日　湖南省政府参事室四十余名参事及专家到零陵，实地走访零陵古城项目、柳宗元文化旅游区和东山景区，就“国家全域旅游示范市”创建工作进行调研，为永州全域旅游建设把脉。

3日　市委常委、市纪委书记杨永率市纪委调研组深入零陵区调研指导基层纪检工作。

6日　零陵区上半年经济形势分析、“六大战役、三大品牌”项目调度暨精准扶贫、美丽乡村建设推进会召开。

7日　永州市人民政府副市长谢景林率市财政、国土、教育、住建、民政、发改、交通等部门相关负责人，到零陵调研指导黄田铺书香教育小镇建设工作。

7日　区委书记唐烨宣布黄田铺镇易地扶贫搬迁集中安置工程启动，梳子铺、富家桥、邮亭圩、水口山、接履桥5个乡镇街道安置工程同日开工。至此，零陵区2017年易地扶贫搬迁9个集中安置点全面开工建设。

8日　七里店社区卫生服务中心院长尹建荣于8月16日赴北京出席全国卫生计生系统先进集体、先进工作者和劳动模范及“白求恩奖章”获得者表彰大会。

9日　零陵区人民检察院举行“蒋冬林工作室”揭牌仪式。

9日　中共永州市委常委、市委统战部长石艳萍到零陵调研统战工作进网格和同心乡村建设。

10日　区委书记唐烨主持召开区委中心组2017年第四次集中学习，专题传达学习习近平在省部级主要领导干部专题研讨班开班式上的重要讲话精神。

15日　市人大常委会党组书记、副主任高建华率领督查组到零陵督查交通提速战役工作。

17日　市委副书记、市委政法委书记张严带队督察零陵区安全生产大检查。

21日　区委书记唐烨率旅建投、住建局、公路局、文体新局、电力、通信等部门负责人就首届乡村文化旅游节筹备工作进行现场调研。

22日　区委理论学习中心组计划生育政策理论集中学习会在区政府大楼三楼会议室召开。

22日　中共永州市零陵区委深改组2017年第三次会议召开。

22日　中共十九大召开前全区安全生产工作部署会议举行。

22日　萍洲大桥潇水两岸道路工程方案设计汇报会召开。

24日　市委常委、市委组织部部长吴志雄深入到零陵各乡镇现场了解基层党建工作。

26日　“永州之野·古韵零陵”2017湖南省永州市零陵区首届乡村文化旅游节开幕仪式在富家桥镇周家大院举行。

29日　在全市基层卫生技能竞赛中，零陵区代表队5人分别获得“医疗护理”团体一等奖、“护理”和“全科医师”个人二等奖。李谋华、魏佳美、罗湘娇获得“医疗护理”团体一等奖，邮亭圩镇中心卫生院徐凌勤获“全科医师”二等奖，水口山镇中心卫生院李媛获“护理”个人二等奖。

30日至31日 副省长何报翔一行先后深入零陵古城、异蛇山庄、周家大院等地调研全域旅游工作，并听取相关工作情况汇报。

31日 2017年“中国好人榜”8月榜单正式揭晓，零陵区人民检察院检察官蒋冬林上榜。

31日 零陵区召开基层党建半年述职暨“书记面对面”会议。

9月

1日 信访维稳暨安全生产工作会议召开。

4日 2017年“湖南好人榜”8月榜单揭晓，零陵区陈明安榜上有名。

5日 在全国第33个教师节来临之际，市委书记、市人大常委会主任李晖看望和慰问零陵区部分优秀教师代表。

6日 零陵区第33个教师节表彰大会召开，区委书记唐烨出席会议并讲话，区长吴恢才主持会议。会议对全区优秀教师、优秀班主任、师德标兵、优秀校长、教育功臣和先进教育工作者进行表彰。

6日 永州市委讲师团主任周勇带领督查组一行，督查区委中心组学习和意识形态工作情况，并召开汇报会，区委书记唐烨做工作汇报，区委常委、区委组织部部长唐清林参加会议。

9日 市人大常委会党组书记、副主任高建华，市委常委、副市长周荣峰带领市交通运输局主要负责人到零陵区调研指导“交通提速”工作。

11日 零陵区与北京东方园林集团举行项目对接座谈会，双方就零陵区全域旅游综合规划及景观打造进行洽谈。

13日 副市长谢景林带领市国土局、市住建局等部门负责人深入黄田铺镇，就黄田铺书香教育小镇建设现场办公。

14日 全区信访工作调度会召开，会议通报前阶段信访工作情况，分析当前信访工作形势，安排部署下一阶段工作。

20日 幸福运通用航空有限公司董事长武卫一行在零陵考察旅游投资环境。

21日 区委书记唐烨会见深圳市时代伯乐创业投资管理有限公司董事长蒋国云一行，并就合作新建新兴产业园等相关事宜进行深入洽谈。

22日 “湖南政务微信影响力排行榜”8月榜单出炉，区委宣传部官方微信“零陵发布”获8月湖南政务微信县级排行榜第一名、微信热文榜第二名。

24日 零陵区委托上海东方龙商务公司招商启动会在上海举行。双方就零陵区产业规划、重点招商方向进行深度交流，并就如何紧密配合、加强协调、高效对接、务实推进高精尖项目落户园区等进行沟通。

27日 由区史志办和区教育局共同举办的“党史进校园”活动，在中山路小学举行启动仪式。

28日 中共永州市零陵区委巡察机构举行揭牌仪式。

29日 中国共产党永州市零陵区第八届委员会第四次全体（扩大）会议召开。

10月

8日 全省18个县、市、区开展第二批湖南省食品安全示范县（市区）创建工作，零陵区入列创建名单。

10日 永州市委副书记、市长易佳良深入零陵区调度重点项目建设情况。副市长欧阳元初参加，区领导唐烨、吴恢才、姚如男参加。

11日 永州市委、市政府印发《关于表彰2016届文明创建单位的决定》，对全市各级各部门广泛开展群众性精神文明创建活动中涌现出的一批先进典型进行表彰，区气象局获“市级文明单位”称号。

11日 2017年“全国安全用药月”湖南启动仪式在零陵区东山景区广场举行。

12日 副市长、市公安局局长刘新良督导党的十九大会议期间零陵区信访维稳工作。

17日 珠山镇污水处理厂及配套管网建设项目开工仪式在山支尾村举行。

17日 2017年“全国扶贫日”劳务协作就业扶贫专场招聘会在安康广场举行，区委副书记盘志元出席活动并讲话，副区长彭定国参加。共向贫困户捐赠智能手机1818台。

17日　益阳市政协副主席王令波一行调研零陵区文化旅游产业。

18日　中国共产党第十九次全国代表大会在北京开幕，区委、区政府组织全体区级领导及部分机关党员干部在区委六楼会议室集中收看开幕会盛况，并开展《习近平同志在党的十九大上的报告》专题讨论。

22日　零陵区“学位、床位、城区提质改造建设项目”民生项目集中开工，总投资41.64亿元。

24日　市委副书记、市长易佳良深入调研潇湘阁选址及城镇提质工作，副市长欧阳元初、市政府秘书长陈宇荣，区委书记唐烨，区委副书记、区长吴恢才，区领导彭江辉、汤安权参加调研。

25日　由永州市人大常委会主办、区人大常委会承办的永州市人大系统第五届老年门球赛在零陵开赛。

25日　零陵区组织离退休老干部开展调研活动。

25至26日　国家中医药管理局法监司副巡视员刘文武，国家中医药管理局法监司监督处处长张峘宇，湖南卫生和计划生育委员会副主任、党组副书记、湖南省中医药管理局局长黄惠勇一行来零陵调研中医药工作。

26日　中共永州市零陵区委深改组2017年第四次会议召开。

30日　区委常委会传达学习中共十九大精神和省委、市委贯彻落实意见会议召开。

31日　2017年“湖南好人榜”10月榜单揭晓，区信访局李拓宇入选。

31日　中国城市科学规划设计研究院院长方明一行就永州启动编制城市设计导则工作进行调研，区委书记唐烨，区委常委、区委宣传部长唐建明陪同调研。

11月

2至3日　深圳市劲百倍动力科技有限公司顾问傅荣、董事长钟日南一行来零陵考察投资。

5日　香港湖南联谊总会执行常务副会长林德亮一行20余人在零陵开展经贸考察和文化交流活动。市委常委、市委统战部部长石艳萍，市政协副主席吕斌，区委书记唐烨，区领导蒋映群、彭江辉、姚如男陪同。

6日　市委第四巡察组听取扶贫领域专题汇报会召开。同日，市委第四巡察组对零陵开展巡察工作动员会召开。

7日　2017年湘南、大湘西片区省重点项目协调推进会在永州市召开。会前，与会人员参观考察零陵古城项目，巡查柳子街至岚角山段潇水水域及老埠头水文站。

9日　零陵区举行招商引资项目集中签约仪式，博雅教育及畅通电力等4个招商引资项目现场签约，总投资2.4亿元。

9日　全区脱贫退出工作推进会、迎国卫复审工作推进会、社会秩序综合整治“百日行动”动员会在工人文化宫主会场召开。

12日　区委书记、区第一河长唐烨深入贤水河沿线就河长制责任河段开展巡查工作，现场履行河长工作职责。

17日　湖南省浙江总商会会长、湖南远航控股集团有限公司董事长陈旭荣率50余名商会成员到零陵实地考察，参加招商座谈会，寻求合作商机。

21日　摄影家王家能的摄影作品《雨中我美我自拍》入选首届“全球华人旅拍摄影大赛”。

22日　由最高人民法院、中国应用法学研究所联合评选出全国法院系统2017年度优秀案例分析奖，区人民法院刑事庭所选送的案例《徐军委、聂和群非法经营案——想象竞合犯的指控失当及困境消解》获优秀奖。

24日　湖南省2016年度基本公共卫生服务项目考核情况通报，零陵区在考核中获先进单位。

24日　零陵古城项目与湖南康辉国际旅行社、桂林春光国际旅行社、携程、驴妈妈等100余家旅行社、旅游平台举行战略合作签约仪式。

27至28日　省安监局党组

成员、副局长杨国庆带领省政府安全生产第二考核组深入零陵区开展安全生产督查考核工作。市委副书记、常务副市长、市委政法委书记唐湘林陪同，副市长严兴德出席汇报会，区领导唐烨、吴恢才、盘志元、龙军出席汇报会或陪同现场检查。

29日　永州市委宣讲团到零陵区宣讲党的十九大精神，市委宣讲团成员、市委讲师团主任周勇作题为《深入学习贯彻党的十九大精神》的主题宣讲。区委书记唐烨主持宣讲会并讲话。

30日　“四级”书记带案下访口，区委书记唐烨深入七里店街道向家亭社区带案下访，面对面倾听群众呼声。

12月

5日　省人大常委会副主任李友志到零陵调研督查健康永州建设和贯彻执行《湖南省中小学校幼儿园规划建设条例》等工作。永州市委书记、市人大常委会主任李晖，区领导唐烨、吴恢才、盘志元、胡自力陪同。

7日　区委常委会召开，传达学习省委全会、市委常委会议精神及有关文件精神，研究脱贫攻坚等工作。

12日　2017年度集体例行廉政谈话会议召开。

16日　以省政协办公厅机关党委副书记涂世国为组长的省2017年脱贫攻坚实地考核组正式进驻零陵,实地考核验收区脱贫攻坚工作成效。

20日　湖南省公安厅禁毒总队调研员邓远良、预防教育支队副支队长梁建文、省教育厅维稳办谢敏霞等一行到永州市工商职业中专考察学校毒品预防教育省级示范校创建情况。

20日　区科技和经济信息化委员会获“2017年全省经信系统电力依法行政工作先进单位”。

21日　零陵区召开党委办公室工作、深化改革工作、综合督查考核工作和区委政协工作会议，学习贯彻落实中共十九大精神，总结前段工作，表彰先进典型，安排部署下阶段工作。

21日　零陵区召开党委办公室工作座谈会和区“四大家”(区委、人大、政府、政协)办公室主任联席会。

24日　湖南省易地扶贫工作考核组考核2017年度全区异地扶贫工作，区委副书记盘志元，区委常委、常务副区长龙军、副区长彭定国参加汇报会。

25日　全市控违拆违工作现场会在零陵区召开，与会人员实地参观零陵区东山景区、零陵古城等重点项目现场，详细听取零陵区有关控违拆违的情况与经验介绍。

25日　零陵区获评湖南省2017年度动物疫病防控绩效考核先进县区。

25日　零陵区委理论学习中心组(扩大)举行2017年第八次集中学习专题辅导报告会，会议邀请红网新媒体集团党委副书记、董事、总编辑贺弘联作题为《关于网络智媒时代如何提升网络舆情应对能力》的专题辅导报告。区委书记唐烨主持报告会并讲话，区领导吴恢才、李祥军、唐建明、龙军、蒋映群、彭江辉、蒋诚、唐清林等区委中心组成员参加学习。

25日　2017年“湖南好人榜”12月榜单揭晓，零陵区黄春娥入选。

26日　政协永州市零陵区第十届委员会第四次常委会召开。

26日　由村民自编自演自办的庆脱贫“首届乡村元旦晚会”在黄田铺镇官塘前村乡村大舞台上演。

27日　经永州市旅游景区质量等级评定委员会组织评定，东山景区、周家大院景区被评为国家AAA级旅游景区。

27日　零陵区举行招商引资项目集中签约仪式。深圳时代伯乐能源产业园项目、创新科技园项目等现场签约，标志着全市首个产业基金招商引资签约项目落户零陵。

27日　总投资约3.8亿元的黄田铺书香教育小镇城镇提质暨国道322(石棚大道段)提质改造项目开工建设。区委副书记盘志元出席仪式并宣布开工，副区长何锋主持开工仪式。

27日　零陵区召开市、区

两级新任党代表中生产和工作第一线党员代表培训会，全区70多名生产和工作第一线党员代表参加培训。培训会邀请有关专家学者就学习党的十九大精神和提升党代表履职能力对新任党代表进行专题辅导。

29日 2017中国·零陵第三届房地产交易展示会在零陵工人文化宫广场开幕。区领导唐建明、龙军、金长青等出席。

30日 中共零陵区委八届五次全体(扩大)会议召开。

区委书记唐烨向全会报告工作并发表讲话，区委副书记、区长吴恢才作《中共零陵区委关于深入学习贯彻党的十九大精神大力实施开放兴区产业强区战略的意见(讨论稿)》的起草说明。

31日 零陵区首家情景式购物中心——垠地广场开业庆典仪式举行。

零陵概貌

【概况】 零陵区位于湖南省南部，潇、湘二水汇合之处。地处南岭山系北部，零祁丘岗盆地南端，其地势是南高东北低走势。

东靠祁阳，南接双牌，西连东安和广西全州，北邻冷水滩区。介于东经111°11′~111°56，北纬25°50′~25°26′之间。区人民政府驻地徐家井街道办事处，位于零陵区南津中路9号。

辖区东西横跨77千米，南北纵长56.3千米，总面积1959平方千米。其中平原面积404.3平方千米，岗地416.8平方千米，丘陵371.5平方千米，山地625.3平方千米，水域122.3平方千米。耕地面积37.33千公顷，其中水田34.36千公顷，旱土2.97千公顷，人均耕地0.07公顷。人口密度约317人/平方千米。

全区辖大庆坪乡、水口山镇、石岩头镇、珠山镇、梳子铺乡、黄田铺镇、富家桥镇、凼底乡、菱角塘镇、邮亭圩镇、七里店街道、徐家井街道、南津渡街道、朝阳街道、石山脚街道、接履桥街道，计7镇3乡6个街道办事处，507个村，17个社区。辖区内有区属大庙头、水口山、石岩头3个国有林场。

【建置沿革】 司马迁的《史记·五帝本记》载：舜“南巡狩，崩于苍梧之野，葬于江南九疑，是为零陵”。零陵之名始见于典籍。零陵是一座具有两千多年历史的文化古城，是中国夏以前出现的34处重要的古地名之一，已有4000多年历史。夏、商、西周属荆州之域。春秋时属楚国南境。

秦始皇统一中国（前221年）实行郡县制，始置零陵县，属长沙郡。汉武帝元朔五年（前124年）置泉陵候国，汉武帝元鼎六年（前111年），始置零陵郡。东汉光武帝年间（公元25~55年），将零陵郡治移至泉陵。隋开皇九年（589年），改零陵郡为永州总管府，改泉陵县为零陵县，零陵县归永州总管府管辖。唐、宋、元、明、清，零陵县属永州府，府、县治同城。

民国三年（1914），零陵县属衡阳道；民国十一年（1922），撤销道制，仅存省、县级。民国二十七年（1938），湖南分为10个行政督察区，零陵县属第七行政督察区。

1949年10月，中华人民共和国建立，成立永州专区；1950年5月，改称零陵专区，零陵县属之。1979年改为零陵地区行政公署，零陵县属之。1979年，划出1镇2乡，成立永州镇，归零陵地区直辖。

1982年1月23日，国务院批准设立县级永州市，以零陵地区直属的永州镇和零陵县的朝阳、七里店两个公社，以及天字地公社的建设桥大队，零陵县原种场和所属茆江桥大队为永州市的行政区划，永州市属零陵地区。1984年6月22日，国务院批准撤销零陵县恢复冷水滩市，将零陵县的邮亭圩、菱角塘、黄田铺、富家桥、珠山、水口山6个区的40个公社和楚江圩区的接履桥划归永州市管辖。

1995年11月，国务院以国函〔1995〕110号文件批准县级永州市改为芝山区，以原永州市的行政区域为芝山区的行政区域。芝山区属地级永州市。2005年，芝山区更名为零陵区，其行政区域及归属同芝山区。

【行政区划】 唐代，零陵县属永州总管府。宋属永州零陵郡。元、明、清，零陵县属永州府，府、县治同城。

清朝初期，零陵县划分为12乡、25里，后增为49里(附郭4里、崇文乡4里、丰乐乡6里、永泉乡2里、福田乡4里、孝悌乡8里、开善乡2里，东安县2里、兴平乡2里、进贤乡4里、永政乡4里、归德乡4里、兴仁乡3里等)。清朝末年，光绪三十四年（1909)，全县划为10个乡、7个镇、206个团。

民国16年（1927年)，将206个团并为133个团，设屏湘镇、孝悌镇、楚江镇、高溪镇、黄阳镇、永政镇、滩市政、四达乡、邮亭乡、梅杏乡、福田乡、归德乡、辛乐乡、双江乡、淡山乡、进贤乡、永泉乡。

民国38年（1949）春，共设8个区、29个乡镇，第一区火神庙（芝城镇、全忠乡、精忠乡)，第二区杨家巷（纯孝乡、锡孝乡、大孝乡)，第三区茶林寺（兴仁乡)，第四区五里牌（雅爱乡、博爱乡、普爱乡、惠爱乡、汎爱乡)，第五区水字桥（威信乡、辛信乡、隆信乡、共信乡)，第六区冷水滩（滩市镇、尚义乡、集义乡、正义乡)，第七区堡里桥（永和乡、人和乡、保和乡、太和乡、中和乡)，第八区楚江圩（升平乡、隆平乡、庆平乡、公平乡)。

1949年10月，零陵县解放；1950年6月，建立基层政权，全县设11个区、129个乡、2个镇。1956年，撤区并乡，全县设45个乡、2个镇。

1958年，实行政社合一，全县合并为26个人民公社，和平（普里桥)、国际（黄阳司)、黎明（高溪市)、曙光（阳山观)、飞跃（楚江圩)、七一（潮水)、国庆（冷水滩)、幸福（蔡市)、中苏（蔡家)、大同（邮亭圩)、卫星（梅溪)、光明（福田)、红旗（菱角塘)、群英（狮子山)、五一（峦石山)、民主（何仙观)、友谊（水口山)、超美（珠山)、火箭（阳明)、长风（大湾)、八一（水市桥)、上游（黄田铺)、闪电（庙山铺)、东风（双牌)、山峰（何家洞)、朝阳（芝山)。

1964年5月，经国务院批准，将双牌区的尚仁里、盘家洞，双牌、大庙头区的何仙观、何家洞、蔡里口和菱角塘区的茶林寺、麻江8个公社以及大庙头、五星岭、阳明山3个林场划归潇水林区管理局（双牌县)。

城区在1962—1979年，为零陵专区零陵县城关镇、芝城镇、东风镇；1979年4月，成立县级东风镇，后改为永州镇。1982年1月，设立县级永州市，设城南、城北、河西3个街道办事处，朝阳、七里店、南津渡3个人民公社。

1984年3月，改社为乡。同年6月，撤销零陵县，将原零陵县的6个区公所的40个乡和楚江圩的接履桥镇划归永州市管辖，全市设3个办事处、44个乡政府。其中，4个直属乡为南津渡、朝阳、七里店、接履桥；6个区公所为邮亭圩、菱角塘、黄田铺、水口山、富家桥、珠山。

1995年，撤区并乡建镇，撤销6个区公所，建立新的乡镇，全市共设8个镇、4个乡、4个办事处。撤销湾夫乡、大庆坪乡、据江寺乡，合并设立大庆坪乡；撤销西头乡、石岩头乡、新宅里乡，合并设立石岩头镇；撤销马子江乡、水口山镇、毛溪桥乡、长塘乡，合并设立水口山镇；撤销水字桥镇、梳子铺乡、排龙山乡，合并设立梳子铺乡；撤销双牌铺乡、鸟塘铺乡、黄田铺镇，合并设立黄田铺镇；撤销西塘观乡、石山脚乡、华源乡，合并设立石山脚乡；撤销何仙观乡、大庙头乡、富家桥镇、阳河乡，合并设立富家桥镇；撤销喜塘乡、天字地乡、菱角塘镇，合并设立菱角塘镇；撤销集义乡、长岭乡、接履桥乡，合并设立接履桥镇；撤销梅溪乡、杨家巷乡、桐梓坪乡、福田乡、邮亭圩镇、郑家桥乡，合并设立邮亭圩镇；保持凼底乡行政区域不变。城区设4个办事处；撤销朝阳乡、河西街道办事处，合并设立朝阳办事处；撤销南津渡乡、城南街道办事处，合并设立南津渡办事处；撤销城北街道办事处，设立徐家井办事处；撤销七里店乡，设立七里店办事处。

2015年，乡镇行政区划调整、将石山脚乡、接履桥镇改为石山脚街道办事处、接履桥街道办事处，其他乡镇未变。

2016年，全区辖大庆坪乡、水口山镇、石岩头镇、珠山镇、梳子铺乡、黄田铺镇、富家桥镇、凼底乡、菱角塘镇、邮亭圩镇、七里店街道办事处、徐家井街道办事处、南津渡街道事处、朝阳街道办事处、石山脚街道办事处、接履桥街道办事处，计7个镇、3个乡、6个街道办事处、507个村、17个社区。

【气象】 2017年，年平均气温18.8℃，较历年平均值偏高0.8℃；年极端最高气温38.0℃，出现在8月7日；年极端最低气温-0.1℃，出现在12月18日；年降水量1615.7毫米，比历年同期偏多189.3毫米；年暴雨日数5天，日最大降水量118.2毫米，出现在7月1日；年降水日数150天，雾日17天，霾日60天，霜日10天，大风日数1天；年日照时数1239.3小时，比历年同期偏少225.8小时，年日照百分率28%。

1月29—31日，48小时降温12.8℃，且最低气温4.4℃，达到寒潮标准。2月21—25日，受强冷空气影响，有一次降温降水天气过程，其中20—22日48小时降温幅度20.1℃，同时，最低气温2.9℃，达到强寒潮标准，对进入开花期的油菜有一定的影响。3月，受高空槽及地面弱冷空气共同影响，12—25日，连续14天降水大于0.1毫米，且无日照时数，达到重度连阴雨天标准。7月21至8月8日，连续19天日最高气温≥35℃，达重度高温热害标准。8月27日，出现18.6米每秒的大风天气。

6月24日20时至7月2日20时，全区普降大到暴雨，局部大暴雨，累计降水量347.6毫米，连续降强水造成全区16个乡镇街道不同程度的受灾。据统计，全区受灾人口159274人，紧急转移21154人，因灾死亡1人。农作物受灾面积16786公顷，成灾面积8978公顷，绝收面积1951公顷，倒塌房屋70户193间，严重损坏房屋88户245间，一般损坏房屋1318户3694间。造成直接经济损失37120万元，其中农业损失16200万元，基础设施损失9230万元，家庭财产损失7590万元。

全年气温正常略偏高，降水量偏多，日照时数偏少。全年因冷空气影响，先后出现寒潮强降温，低温连阴雨等，但影响较轻；6—7月，发生极端降水事件，全区受灾较重；夏季高温强度强，出现高温热浪，局地夏旱明显，但影响范围小。主汛期内暴雨洪涝是年内主要致灾天气气候事件，其他如寒潮降温、低温连阴雨、高温干旱没有造成大的灾害损失，气候年景总体上属于正常年景。

中共永州市零陵区委员会

区委会议

【区委常委会会议】2017年，区委常委会会议坚持深入贯彻落实党的十九大精神和习近平新时代中国特色社会主义思想，坚持“五大发展理念”，统筹推进“五位一体”总体布局，协调推进“四个全面”战略布局，落实中央、省委、市委各项决策部署，实施创新引领开放崛起战略，突出打好“六大战役”，打造“三大品牌”，加快建设开放文明富裕幸福美丽新零陵。

电子商务“十三五”发展规划（2016—2020）。会议指出，零陵工业园区硬件设施基本完善，但全区的招商引资工作比较落后。2017年，要重点抓好园区招商引资工作，努力提高园区服务水平，强化软实力，花大力气招商引资来“填空”。会议决定，由唐清林、张恒组织区商务粮食局认真研究，年前要出台管用、责任明确、具有实效的招商引资工作方案。区商务粮食局要立即组织召开民主生活会，统一班子成员思想认识，要以更加开阔的视野、更加开放的心境，把招商引资工作作为头等大事抓紧抓好。要突出抓好智慧旅游，推动电子商务与旅游深度融合，实现电子商务发展大突破。

加快医疗卫生事业改革发展实施意见及床位建设三年（2017—2019）行动计划实施工作。要把医疗卫生事业紧抓手里，办好人民满意卫生。要加快推进医疗床位建设，必须完成5所乡镇卫生院建设，推动市第四人民医院整体搬迁，加快推进力度，用两年半的时间完成搬迁。谋划区中医院及区康复医院建设。要高标准、高质量、高品质做好医疗床位建设三年行动计划项目。要提早谋划、加快引进优秀人才，充实医疗卫生队伍。

安全生产工作。会议认为，2016年，全区安全生产存在不少问题，安全生产工作有所滑坡。2017年，要进一步强化组织领导，层层压实责任，狠抓工作落实，努力推动全区安全生产工作上新台阶。会议强调，一要严抓。要把安全生产作为发展的重要保障和最重要的民生工作抓紧抓好，做到一刻不能放松、一个问题也不能放过。要以创建省级安全生产工作先进示范县区为抓手，推进全区安全生产水平大提升，力争全区安全生产工作位于省、市前列，彻底扭转安全生产被动局面。会议决定由区安监局负责，立即拿出创建方案。二要严查。由区安监局牵头，组织严查安全生产隐患和工作漏洞，建立安全隐患和工作漏洞台账。对排查出来的安全隐患，要时刻掌握其真实动态，督促相关单位认真整改落实，消除安全隐患和工作漏洞。三要严管。对安全隐患整改不到位的责任单位，要坚决予以关停。四要严责。对工作不到位或工作不力的，要严格问责，严肃处理。区级领导要带队深入到所联系的乡镇街道和分管领域检查、督促安全生产工作，重点检查道路交通、水上交通、烟花爆竹等行业安全生产隐患，确保万无一失，不发生安全生产事故。区委常委、常务副区长龙军要加强调度，抓好安全生产工作落实。

政法工作。2016年，全区

政法工作取得骄人的成绩，首次进入全市第一方队，同时也要清醒、充分的意识到短板和不足、挑战和问题，不能盲目乐观。要时刻以如履薄冰的危机感来抓政法工作，把问题、结果想的更严重一些，才能从措施上找到应对的方法。2017年的政法工作目标是“一进一保一降”，即综治民调和维稳工作考评进类进位，保持全省综治工作先进县市区，非访集访大幅下降。区委、区政府人力支持政法工作，从政治、组织、财力上予以保障。

村（社区）“两委”换届工作。会议指出，村（社区）换届工作比区、乡换届工作复杂。要充满自信，也不要盲目自信，做好思想准备。一是要提高认识，强化领导。区、乡两级换届工作的圆满完成为村（社区）“两委”换届工作打下很好的基础。村（社区）“两委”换届工作要实现三个确保：确保风清气正，确保圆满成功，确保不出现任何事件。同意成立村（社区）“两委”换届工作领导小组。二是要依法依规完善工作方案。换届工作法律性、政策性、时效性强，要执行法律、政策不走样，严格把握，确保程序合法。村（社区）党组织要在3月底前完成换届工作，村（居）委会5月底前完成换届工作，要把握时间节点，严格执行政策。由村（社区）“两委”换届工作领导小组组织相关部门对《零陵区村（社区）党组织和村（居）民委员会换届选举工作方案》提出意见，修改完善后提交常委会研究。三是要落实责任，顺利推进。在换届工作中，联系和指导乡镇换届工作的区级领导负有领导责任，乡镇党委书记是第一责任人，副书记是直接责任人，组织部长是具体责任人，纪委书记是监督责任人，要压实责任，确保换届工作顺利开展。四是要严肃纪律，强化问责。要严格落实“八严禁”纪律要求，对违法违纪的行为实行“零容忍”“斩立决”，严肃执纪，实现监督全过程、无缝隙、全覆盖。

基层党建工作。会议指出，2016年党建工作抓得实、抓得紧，卓有成效，2017年要再接再励。“三提升三争当”活动是“两学一做”活动的延伸，是加强党的建设的有力举措，要持之以恒的开展下去。要深入推进“三提升三争当”活动，深化活动内容，提升工作水平，再出新经验，再出新成效，要将这项工作贯穿党的建设工作的始终。每个月要召开一次党建工作推进会。区委组织部要抓好区委书记抓基层党建工作问题整改工作。常委们要以身作则，发挥带头示范作用，以上率下，带领各级党组织抓好党建工作。

精准扶贫工作。会议指出，精准扶贫工作十分重要，全党、全员、全社会都要来抓。一是要按照工作思路，明确目标，完成任务。2017年，全区精准扶贫任务是：确保30个贫困村、7508户、24184贫困人口全部达到脱贫标准，至少完成17个贫困村退出，实现“能脱尽脱”；完成小额扶贫信贷1.5亿元，贫困户贷款覆盖率累计达60%以上；完成1250户、4351人异地扶贫搬迁任务，1600户危房改造任务；确保脱贫人口不返贫。二是要进一步加大推进扶贫工作的措施。要“造好血”，抓好产业扶贫。全区的扶贫产业主要是养殖业、乡村旅游业、光伏发电等产业。要“搬好家”，加快异地扶贫搬迁和危房改造工作进度。异地扶贫搬迁工作要加强规划，严格控制，对单独落户和零星户要集中安置，资源整合，基础设施的建设标准要高一些，也有利于产业脱贫工作的开展。要“用好钱”，推进金融扶贫和社会事业发展。要完成小额扶贫信贷1.5亿元，加强卫生脱贫，加强教育脱贫。三是要强化领导，强化责任，强化调度。区级领导每人要联系一个扶贫村，要人人身上有任务，个个肩上有责任。对扶贫工作实行一月小调度，一季大调度。每月调度会由区委书记担任组长，每季调度会区委书记参加，到每个乡镇看现场点。第一季度调度会的主要看产业脱贫工作情况，第二季度调度会看脱贫户的情况。同时，每个季度都要进行考核，考核的结果要按比例列入年终考核结果，每季度倒数三名乡镇要领黄牌并表态发言。

宣传思想、文化工作。会议指出，2016年文化工作做得不错。国家对文化工作看得很高，要结合零陵实际需要，站在战略高度去看。零陵作为旅游城市，必须要文化来发酵。文化要有影响、品牌，出精品、有力作，要下功夫研究，特别是要结合旅游发展工作。文化是要惠民的，要深入人民群众，以人民为中心，开展文化扶贫工作，着力解决“城市+文化”怎么“+”的问题。2017年，要抓好公共文化设施建设、文化宣传中心建设、文化创意方面等工作。

统战工作。会议指出，2016年统战工作开展得不错，2017年，全区统战工作要再创佳绩，继续发扬光大。一是要高度重视统战工作。统战工作是党委工作重要组成部分，要抓紧抓好这项工作。二是要充分发挥统战工作的作用，凝聚力量，围绕核心，服务大局。三是要切实加强队伍建设，对党外干部管理出新招、出实招。

旅游升温和城镇提质“双十”工作。会议认为，“双十”工作取得一定的成绩，特别是“建一个优质医院”“传统文化进课堂”等项目工作来势非常好、抓得很主动，但还要进一步加强组织领导，加大宣传力度，全力铺开影响面，争取“一个优质医院”和“传统文化进课堂”的全市现场办公会在零陵区召开。其余项目要奋力追赶、全力推进，尽快抓到位、出成效，形成零陵区特色，争取全市现场会的承办权。各项目责任人和责任部门要高度重视，进一步解放思想，拿出有力措施，促进全区“双十”工作的落实。

农村综合服务平台建设工作。会议指出，这项工作是基层组织建设的重要工作，必须要抓好。一是要高度重视，明确目标。2017年，完成全区村(社区)65%的任务，走在全市前列。二是落实资金，强化保障。区农建投要尽快完成融资工作。三是标准要高，功能要全。严格按照高标准建好。四是强化领导，强力推进。要依法依规开展农村综合服务平台建设工作。前期工作设计、测量、预算、地探等相关费用以各乡镇、街道为基本单位进行结算。

全面推行河长制工作。会议认为，全面推行河长制工作是全面贯彻十八大和十八届三中、四中、五中、六中全会精神，牢固树立五大发展理念，落实市委第五次党代会、区委第八次党代会精神，紧紧围绕构筑创新开放新高地、建设品质活力新零陵的战略部署需要。区委、区政府应责无旁贷、重点抓好河长制工作在全区的部署实施。

美丽乡村建设工作。会议指出，一是美丽乡村示范点的建设要做到规定动作和自选动作相结合。环境卫生整治、农村改厕、村级道路改造、空心房拆除等工作要作为美丽乡村示范点的“规定动作”，形成统一模板。同时要根据各村的实际情况，制定出美丽乡村示范点建设的“自选动作”。二是美丽乡村示范点的建设要与精准扶贫的已脱贫村相结合。可以促使脱贫村在已完善的基础设施建设基础上，做到进一步巩固和提高。三是示范点建设的后盾单位要与扶贫村后盾单位相结合。对省、市美丽乡村示范点的建设要予以倾斜，重点考虑。对区级美丽乡村示范点的建设要与原扶贫村后盾单位原则上统一。

创建全国文明城市工作。会议认为，创全国文明城市工作是所有创建工作当中层次最高、含金量最高、难度最大的一项创建活动。近几年，市、区通过抓城市创建工作，提升零陵区城市品质、文明程度，也让老百姓的获得感有所提高。所以，创建全国文明城市这项工作一定不能放松，全区各级各部门要广泛开展、积极参与，抓实、抓细、抓好全国文明城市创建工作。

生态文明示范区创建工作。会议认为，国家生态文明示范区的创建是全市生态文明示范市建设工作的重要组成部分。全区要认真贯彻落实好全市创建生态文明建设示范市动员大会会议精神，全区各级各部门要以创建国家生态文明建设示范区为目标，统筹全区经济社会转型发展，进一步凝聚创建全国生态文明建设示范区的合力。

宣传贯彻党的十九大精神。会议认为，学习宣传贯彻中共十九大精神是当前首要的政治任务，要作为零陵区当前工作的第一要务来抓，要用中共十九大精神来统一全区党员干部群众的思想，激发全区干部干事激情，统领全区各项事业的发展。

【区委常委班子专题民主生活会】 1月16日下午，2017年度零陵区委常委班子民主生活会召开。市委副书记、市委政法委书记张严出席会议并讲话，区委书记唐烨主持会议并作表态发言，区领导吴恢才、盘志元、唐建明、龙军、周润润、蒋映群、彭江辉、蒋诚、唐清林（注：唐会国因事请假）逐一作对照检查发言，会上大家开展严肃认真地批评与自我批评。

会议以学习贯彻中共十八届六中全会精神为主题，围绕“两学一做”学习教育要求，结合思想和工作实际，进行党性分析，开展批评和自我批评，不断增强领导班子和领导干部发现和解决自身问题的能力。

会上，唐烨首先代表区委常委班子作对照检查，并带头作个人对照检查发言，主动接受班子成员批评。随后，其他区委常委逐一进行个人对照检查发言，相互间开展严肃认真的批评。大家在发言中紧密结合实际，直面问题，不回避、不遮掩，把班子的问题找得深入、查得具体，为下一步抓好整改奠定基础。

张严指出，零陵区委常委班子“学习贯彻党的十八届六中全会”专题民主生活会坚持高标准严要求,准备充分。大家坚持问题导向，勇于直面问题，深入开展自我批评、相互批评，将问题与不足找出来，达到形成共识、促进团结的目的，为新一年的精准发力打好基础。

张严要求，常委班子要以此次民主生活会为契机，进一步查找问题、发现不足、扎实整改，发挥大家的力量将各项工作做好。总结好2016年的工作，切实将民主生活会的成果同谋划好明年重点工作结合起来，重视民生、扶贫救助工作，有效保障困难群众基本生活，过一个平安幸福的春节。

唐烨代表区委常委班子作表态发言，针对征求意见、谈心谈话和民主生活会开展批评情况，结合“三严三实”专题教育尚未整改到位的问题，研究形成整改清单，明确整改任务，落实整改责任。以实际行动兑现承诺、切实落实销号管理制。注重建章立制，固化“两学一做”学习教育中好的做法、好的经验用制度的形式，结合“三提升，三争当”学习教育，实现改进工作作风、密切联系群众常态化、长效化。坚持群众标准，让群众来监督评判，使群众真切感受到区委解决问题的坚定决心。

【区委经济工作会议暨“七大战役”动员大会】 2月27日上午，区委经济工作会议暨“七大战役”动员大会在工人文化宫会场召开。会议全面贯彻落实中央、省委、市委经济工作会议和省、市、区党代会精神，总结2016年经济工作，表彰2016年各项工作先进集体和先进个人，分析当前经济形势，安排部署2017年经济工作，动员全区上下集中力量打赢七大战役、加快发展走在前列，全力开创零陵经济社会发展新局面。

区委书记唐烨讲话，区委副书记、区长吴恢才主持会议。区领导盘志元、唐荣成、李祥军、唐建明、周润润、蒋映群、彭江辉、蒋诚、唐清林、唐会国出席会议，龙军因事请假。

唐烨指出，2016年，零陵区立足良好开局，坚定走在前列的自信心，贯彻落实上级决策部署，锐意进取，真抓实干。经济发展在产业结构调整中更加协调，城乡面貌在城市品牌创建中更加靓丽，发展动能在深化改革开放中更加强劲，民生保障在全面小康建设中更加完善，干部精气神在全面从严治党中更加高昂，推动经济社会持续健康发展，实现“十三五”良好开局。

唐烨强调，2017年是全面

贯彻落实省第十一次党代会、市第五次党代会和区第八次党代会精神的开局之年，是实施“十三五”规划的重要一年，也是供给侧结构性改革的深化之年。做好2017年的工作，要全面贯彻党的十八大和十八届三中、四中、五中、六中全会以及中央、省、市委经济工作会议精神，坚持稳中求进工作总基调，以全面建成小康社会为总揽，以提高发展质量和效益为中心，以推进供给侧结构性改革为主线，深入推进“12345”工作部署，强化创新引领，加快开放崛起，全面做好稳增长、调结构、促改革、惠民生、防风险各项工作，集中打好“七大战役”（旅游升温、园区升级、脱贫攻坚、城镇提质、交通提速、环境治理、社会事业），加快建设开放文明富裕幸福新零陵，力争在创新开放新高地、品质活力新永州的生动实践中走在前列，以优异成绩迎接党的十九大胜利召开。

经济增长预期目标是：地方生产总值增长9%以上，规模工业增加值增长9%以上，固定资产投资增长17%以上，社会消费品零售总额增长12%以上，财政总收入增长15%以上，城乡居民收入增长10%以上，全面小康实现程度提高4个百分点，力争贫困对象全部达到脱贫标准。总的工作要求是：打赢“七大战役”，阔步走在前列。

唐烨强调，做好2017年经济工作，实现预期发展目标，必须要坚持稳中求进的基本遵循。要落实省党代会的决策部署。要坚决打赢“七大战役”。唐烨指出：2017年经济工作的主抓手，就是七大战役。各战役指挥部要按照会议下发的作战部署，迅速成立高效运转的“七大会战”指挥系统，制订路线图，排出时间表，下达任务书，动员全区上下快速掀起会战高潮，推动经济加快发展。

一是打好旅游升温战役，全域旅游走在前列。大力实施“旅游旺区”战略，按照“主动发声、项目发动、融合发酵、促动发展”的工作思路，加快景区景点建设，推进文化旅游融合发展，当好全市全域旅游排头兵。

二是打好园区升级战役，产城融合走在前列。瞄准“双百亿园区”目标，实施“三年倍增计划”，全面提升园区规划布局、产业发展、基础设施、管理服务水平，加速推进新型工业化。

三是打好脱贫攻坚战役，三农工作走在前列。小康不小康，关键看老乡。“三农”工作的成效，直接关系到全面建成小康零陵的成色，全区上下要以脱贫攻坚战役为契机，精准扶贫、综合施策，全力补齐三农工作短板，推进城乡协同发展。

四是打好城镇提质战役，城市创建走在前列。坚持以人民为中心的思想，以打造潇湘城市群主中心为目标，深入实施“城市+”工程，深入开展“五创五化”，提升城镇品质活力。

五是打好交通提速战役，基础建设走在前列。坚定不移地推进基础先行战略，以交通提速战役为抓手，统筹推进水利、信息、能源等建设，切实破解基础设施建设滞后的瓶颈。六是打好环境治理战役，和谐稳定走在前列。贯彻落实创新、协调、绿色、开放、共享“五大”发展理念，以环境治理为抓手，厚植发展优势，优化发展环境，增进群众福祉，构建和谐社会。

七是打好社会事业战役，文化教育走在前列。文化是城市的灵魂，教育是民族的希望。零陵作为永州的文化教育中心，要把资源优势转化为发展优势、竞争优势，推动社会事业全面发展。

唐烨要求，做好经济工作，关键在党，关键在党员干部。要深入实施“党建+”工程，引领全区上下进一步解放思想、提升能力、争先创优，凝心聚力主战场，大干快上走在前，干出零陵的加速度，展现零陵的精气神。要解放思想促发展。要苦干实干促发展。要党建引领促发展。

区委副书记、区长吴恢才在会上就如何贯彻落实好会议精神强调，各级各部门要自觉把思想统一到报告精神上来，把行动步调统一到区委的重要决策部署上来，坚定信心、真抓实干，努力开创发展新局面。要把思想统一到区委对2016年工作的总体评价上来，统一到区委对目标任务的部署上来，统一到区委对当前形势的研判上来，增强打胜七大战役、阔步走在前列的信心决心。

吴恢才强调，要强化举措，狠抓落实，确保完成全年的目标任务。全区上下要坚定不移地按照“七大战役”路线图，突出重点、狠抓落实，确保各项工作任务落到实处、见到实效。要突出项目带动，重点推进109个重点项目建设，年度投资138亿元，带动固定资产投资250亿元以上；要突出资金、土地、电力、用工、环境等要素保障，实现经济发展“稳中求进、进中求好”。

吴恢才要求，要精心谋划，只争朝夕，努力实现一季度“开门红”。各级各部门要围绕区委、区政府确定的工作目标，早主动、早准备、早谋划、早落实，要迅速投入到招商引资、项目的争取和开工，抓工业促增长、春耕备耕、“五创五化”、税源培植和强化征管、社会大局稳定等工作中去，确保实现全年经济工作开门红。

区委副书记盘志元宣读全区2016年度综合表彰通报。大会对2016年经济社会发展综合考核先进单位和先进个人进行表彰，对社会管理综合治理、基层党建、人口与计划生育黄牌警示单位和“一票否决”单位进行了授牌。会上，各乡镇、街道党（工）委书记和区直各单位党组织主要负责人向书记、区长递交2017年落实党风廉政建设、“七大战役”主体责任书和党建、综治维稳平安创建、计划生育、安全生产工作责任状。

在职区级领导，区委委员、候补委员，区纪委常委，区直单位党政主要负责人，乡镇（街道）办事处主要负责人，各行政村党支部书记，社区党工委书记，省、市驻区单位主要负责人和部分退休老同志等参加会议。

【区委八届四次全体（扩大）会议】 2017年9月29日下午，中国共产党永州市零陵区第八届委员会第四次全体（扩大）会议召开。区委书记唐烨主持会议并讲话，区委副书记、区长吴恢才作《中共永州市零陵区委关于贯彻落实省委创新引领开放崛起战略的实施意见（草案）》的起草情况说明。区领导盘志元、唐荣成、李祥军、唐建明、龙军、周润润、蒋映群、彭江辉、蒋诚、唐清林、唐会国等出席会议。

全会应到区委委员34名，候补委员4名，实到区委委员32名，候补委员3名，因事请假的区委委员2名，符合规定人数。会议讨论并审议表决通过《中共永州市零陵区委关于贯彻落实省委创新引领开放崛起战略的实施意见（草案）》。

唐烨就深入实施创新引领开放崛起战略指出，创新和开放是经济社会发展的基本规律、基本趋势、基本特征、基本经验，也是零陵加快发展的动力所在、希望所在。把创新引领开放崛起作为“第一战略”是贯彻中央、省市决策部署的需要，是把握引领经济发展新常态的需要，是加快转型升级、后发赶超的需要。

唐烨要求，要把创新驱动作为“第一动力”，着重要突出观念创新，文化创新，制度创新；要把开放发展作为“第一路径”，搭建更加开放的平台，培育更加开放的主体，打造更加开放的环境。唐烨强调，要把加强党的建设作为“第一保障”。零陵要在创新引领开放崛起中建树新业绩，在建设“创新开放新高地、品质活力新永州”的生动实践中走在前列，必须要充分发挥党组织统揽全局、协调各方的作用，坚持强化党建引领，强化精准执行，强化智利支撑，积极投身推进“创新引领、开放崛起”战略的伟大实践，履职尽责，真抓实干、发奋图强，为坚决打赢“六大战役”，打造“三大品牌”，建设开放文明富裕幸福新零陵奠定坚实基础，以更加优异的成绩迎接党的十九大胜利召开。

【区委八届五次全体（扩大）会议】 2017年12月30

日，中共零陵区委八届五次全体（扩大）会议召开。会议深入学习贯彻党的十九大精神，听取和讨论区委常委会工作报告，审议通过《中共零陵区委关于深入学习贯彻党的十九大精神大力实施开放兴区产业强区战略的意见（草案）》。出席这次会议的有区委委员、区委候补委员。区领导盘志元、唐荣成、李祥军、唐建明、龙军、周润润、彭江辉、蒋诚、唐清林等出席会议，蒋映群、唐会国因事请假。

列席这次会议的有不是区委委员、区委候补委员的在职党员区级领导，乡镇街道党政主要负责人，区委工作部门主要负责人，区政府工作部门主要负责人，区纪委常委，区人大常委会办公室主任和区委办副主任。

区委书记唐烨受区委常委会委托向全会报告工作并发表讲话，区委副书记、区长吴恢才作《中共零陵区委关于深入学习贯彻党的十九大精神大力实施开放兴区产业强区战略的意见（讨论稿）》的起草说明。

全会充分肯定过去一年区委常委会的工作。全年完成地方生产总值232亿元，增长8.5%；固定资产投资231亿元，增长16%；社会消费品零售总额96.7亿元，增长11%；财政总收入16.2亿元，增长15%；城乡居民人均可支配收入分别达到27078元、17478元，分别增长10.2%、8.8%，多数主要经济指标进入全市先进行列。更加重视民本民生，提升群众幸福指数，2017年涉及民生的财政支出占比达到74.5%，全面小康实现程度达到90.1%。防控各类风险，维护社会安全稳定，“1+N”组团式网格化服务，城乡网格化管理领跑全市，安全生产工作荣获全省先进县区。推进农村综合文化服务中心建设，打通文化惠民最后一公里。办好零陵的事，打造零陵样板，定期听取区人大、区政府、区政协工作汇报。

全会指出，要突出以政治建设为统领推进党的建设，深刻理解政治建设的统领地位，准确把握政治建设的核心要义，全面贯彻政治建设的实践要求。要坚定不移实施开放兴区产业强区战略，统一思想认识，凝聚发展合力；把握工作重点，做到有的放矢，立足本区优势，大力招商引资、夯实开放平台、优化发展环境、扩大对外贸易，坚持质量效益优先，坚持项目带动驱动，坚持创新创业引领，把培育产业、发展产业、壮大产业作为推动经济转型的关键之举，不断提升经济外向度，加速发展更高层次、更高质量、更高水平的开放型经济；创新工作机制，确保落实见效。

全会指出，2018年，全区经济社会发展的预期目标是：地方生产总值增长8.5%以上，规模工业增加值增长8.5%以上，固定资产投资增长14%以上，社会消费品零售总额增长12%左右，财政总收入增长10%以上，城乡居民收入增长10%以上，全面小康实现程度提高3个百分点，打赢脱贫攻坚战，全面建成小康零陵。重点工作和主要措施是：大力实施“生态立区、开放活区、工业强区、旅游旺区”战略，深入推进“12345”工作部署，打造“三大品牌”；抓重点、补短板、强弱项，深入推进脱贫攻坚、城镇提质、旅游升温、交通提速、环境整治、园区升级、乡村振兴战略、改革开放、文化强区建设、民生事业发展等十大重点工作；深入开展“解放思想、实干兴区”大讨论，把资源优势转化为产业优势，把交通比较优势转化为物流优势、开放优势，把区位优势转化为平台优势，把生态优势、后发优势转化为空间优势、竞争优势。

全会强调，要聚焦“两节”（元旦、春节）“两会”（全国人大会议、全国政协会议），切实抓好当前各项工作。时值岁末年初，两节即将来临，区两会即将召开，要切实做好区“两会”工作和经济工作会议筹备工作，统筹做好“两节”期间各项工作。要认真做好脱贫攻坚迎“国考”工作，全力把职责履行好，把工作抓紧抓细抓实。要着力抓好“三冬”（冬种、冬修、冬造）生产，扩大冬季作物种植面积，突出修复水毁、灾损水利工程，认真抓实冬季动物防疫，全面加强森林防火工作。要严格遵守廉洁自律和廉政建设各项规定，严格财经纪律，厉行节约，反对浪费，勤俭过节，文明过节。

办公室工作

【概况】 2017年，零陵区委办公室内设区委值班信息中心、文电法规室、综合政研室、督查室、政工后勤室等6个科室；下设区委办发展研究中心、区委办电子政务内网信息技术中心2个正股级事业单位。归口管理区接待科（正科级）、区史志办（正科级）、区档案局（正科级）、区委深改办（正科级）、区机关事务管理局（正科级）5个办公职能单位。领导职数为：区委常委兼办公室主任1名，副主任4名。现有行政编24名，工勤编8名，事业编10名（含人才引进3名）；在职在岗行政编19人，工勤编8人，事业编10人（含人才引进3人）。

2017年，零陵区委办深入开展“两学一做”学习教育常态化制度化和“三加强三提升，打造‘三手型’干部队伍，确保精准执行”活动，当好区委的“坚强前哨”和“巩固后院”，办公室各项工作快步迈向规范化、标准化、精细化、科学化，开创“三服务”工作的崭新局面。组织开展谋划2018年文化惠民扶贫、乡村旅游等重点课题调研，形成一批高质量的调研报告，发挥参政设谋作用。完成《区委经济工作会议报告》等重要文稿的起草，全年完成各类文字综合材料370多篇130余万字；创新开展“弘扬红色文化、传承红色基因”党的知识进校园工作，编写小学1—6年级《童心向党》红色文化读本，被中央党史研究室称赞为“全国党史宣传教育工作的创新之举”，在中国共产党历史网宣传和推介。“学位、床位、车位、蹲位”建设为主的民生微实事、区委督查考核工作创新等相继得到《人民日报》《湖南工作》《湖南日报》《永州通讯》《永州日报》等中央、省、市党报党刊宣传推介。完成中共零陵地委旧址陈列展览并对外开放。创新督查考核工作机制。整合区委督查室、纪委、组织部、绩效办、重点办、作风办等单位工作力量，组建40余人的区委综合督查考核办公室。全年开展工作调度、督查考核300余次，出动督查考核人员1800余人次,办理省、市领导批示件88件。

【改革工作】 2017年，零陵区坚持向改革要活力、增动力，深入推进重点领域和关键环节改革，建立任务清单、责任清单和考核清单，实现改革工作的透明化、规范化、程序化，完成既定改革事项任务，全面深化改革工作得到省委改革办和市委深改组的充分肯定，全面深化改革工作排全市第一位。

构建“深改组——改革办——专项小组（牵头单位）——责任单位、乡镇街道”四级工作管理体系畅通有效，改革指令响应迅速，牵头单位调度有力，各责任单位、乡镇街道协调配合，形成全区范围内各单位深入研究改革、主动抓实改革的良好氛围，零陵区改革管理经验模式得到省、市委改革办的高度肯定，并在全市复制推广。

承接省委、市委改革工作要点，结合区情实际，拟定全区改革工作要点。供给侧结构性改革、纪检监察体制改革、农村集体产权股份制改革、商事制度改革等方面有力推进，在全区8大类、29大项、110小项改革任务中，完成96项，涌现城乡网格化、农村产权制度改革、民生微实事、大统战格局探索等一大批改革先进经验和典型。

紧密结合全区“六大战役”“三大品牌”等中心工作，稳步推进“X+6+3”改革部署，涌现出一批“叫好又叫座”的典型亮点。

“弘扬红色文化，传承红色基因”党的知识常态教育获得中央党史研究室充分肯定，两次在中国共产党历史网专门推介零陵区的做法。12月20日，《人民日报》内参总第1526期刊登《编写红色读本 开

设红色课程 湖南永州零陵区大力开展“童心向党”教育》一文上报报中央领导。以“学位、床位、车位、蹲位”建设为主的民生微实事获得《人民日报》专文推介。网格化服务管理规范国家标准，吸纳以零陵为基础的“永州元素”。重大项目建设破解拆迁难题、区委综合督查考核工作创新等经验获得省委改革办推介。

【信息工作】 2017年，区委办组织各单位开展基层调研活动，形成各类基层反映类信息126篇，经验信息300余篇，上报紧急信息83篇。

紧急信息报送及时，无迟报、漏报、瞒报等现象。对于全区境内发生的各类重大突发事件、重要社会动态、紧急灾情、疫情以及其他关系人民群众生命财产安全、影响社会稳定的重要紧急情况的信息，切实做到要素齐全、及时上报、跟踪续报。2月发生的一起群体性事件的隐患信息，6月发生的湖南科技学院疑似食物中毒事件信息，信息初报、处置情况续报都做到及时、准确，没有发生一起信息事故。

信息编报高质高效，多篇信息被省、市采用并推介。全年向省委办公厅信息处、市委办信息科上报《零陵信息》836期，主要注重零陵区典型经验、社情民意、基层反映、综合与摘报等方面的信息报送，并高要求、高质量上报省、市预约信息。《零陵区：教育扶贫路上不落一名学生》《警惕当前三大难题致使农村“会荒”严重影响政令畅通亟待重视》《“保姆难请”折射出中国家政服务行业存在三大困境》等300余篇信息被省委办公厅、市委办单条采用并推介，为省委、市委领导决策提供参考。

信息专报快报有特色、有亮点。为更好地宣传2017年防汛救灾和灾后生产自救工作的先进事迹、先进典型，根据相关指示精神，由信息室与应急办合编《零陵防汛抢险救灾信息专报》。7月5—10日，编写《零陵防汛抢险救灾信息专报》4期，编选45篇文稿报送区委常委，区人大常委会主任、政协主席、政府副区长，并发送至各乡镇、街道党（工）委书记、乡镇长（主任）和区直各单位一把手。10月10日，开始编写《要情专报》，入编内容为高层动态、区直单位、乡镇等工作动态。全年编写《要情专报》58期，为领导科学决策提供服务。

【政工人事工作】 2017年，区委办结合“五比五做”和“三提升三争当”活动，以学习型机关创建为抓手，突出问题导向，把握关键节点，采取个人自学、集中讨论、领导讲课等形式，开展专题研讨活动，争当“四讲四有”合格党员。

在浙江大学举办全区党办“执行力+‘三手型’”干部培训班两期，培训党办干部150多名；派出8名干部参加两期市委办在北京大学举办的培训班；分别举办应急值班、信息工作、档案工作、史志工作等业务培训班，邀请知名专家进行专题知识讲座达4次以上；每月定期召开办公室工作例会，及时开展办公室支部活动、主题党日活动、文明科室评选活动、工会活动、读书交流竞赛活动，开展气排球、篮球、征文、演讲、合唱比赛等文体活动。

始终坚持以人为本，推进干部队伍的交流与选拔力度，尽力为区委办解决编制少、人手紧的实际问题。

8月31日，区委常委会专题学习传达全市党办工作会议精神，听取并充分肯定区委办的工作，为区委办系统研究解决一系列问题和困难。

年末，区委办本部干部职工平均年龄由2015年的40.3岁降至33.2岁，本科及以上学历达93.3%，30岁以下干部19人、1990年以后出生的16人，补齐法律、计算机、经济管理、英语等学科专业人才。同时，加大对区委办干部的交流提拔力度，进一步激发干部队伍干事创业活力。

【综合政研工作】 2017年，区委办坚持“围绕中心，服务全局，突出重点，适度超前”的原则，突出调查研究，注重成果转化，致力打造文稿精品，全面完成领导交办的各项工作任务，较好地发挥领导的“智囊团”“参谋部”作用。

出色完成《区委经济工作会议报告》等重要文稿的起草，全年完成全区经济发展、精准扶贫、综治维稳、安全生产等重要工作会议上领导的讲话和各类综合材料370余篇、130余万字，发表领导署名文章27篇。完成30余篇区委领导在各级重要工作会议上汇报材料的起草，包括区委书记向市委书记李晖、副书记张严、副市长刘新良等领导视察零陵的工作情况汇报材料，展示零陵经济社会发展工作中凸显的特色、突出的亮点和活力十足的形象。

围绕“六大战役”“三大品牌”工作推进及重点项目建设、“三农”工作、城建工作、民生事业、基层党建等工作，开展“谋划2018年工作”专题调研，通过走访和座谈等方式积极深入党员干部群众了解情况，完成7篇高质量的调研报告，为领导决策提供重要参考。在《湖南工作》《湖南日报》《工作情况交流》《永州日报》等多个省、市级刊物上，发表《实施城市+工程 提升历史文化名城魅力》《突出融合思维 助推全域旅游》《致力环境治理 打造生态文明零陵样本》等多篇调研报告以及署名文章，有力地展示零陵在经济社会发展中的战略方针、取得的丰硕成果，零陵的经验和做法在全市乃至全省得到有效地推介。下发对区直单位和乡镇街道的综合调研考核细则，加强对区级部门和乡镇的指导，围绕党的建设、全面小康、“三创一管”等重大课题开展大调研活动，形成近20余篇质量较高的调研报告。

按照习近平提出的“五个坚持”要求，把机关作风建设和学习氛围营造贯穿于各项工作开展的全过程，立足“三提升三争当”“三提升三服务”核心内容，坚持甘于奉献、诚实敬业,切实树立干事担当、团结精干、廉政勤政的良好形象。结合工作实际，组织开展中共十九大、省第十一届委员会第四次全体会议、省市委经济工作会议等重要会议、文件和领导讲话精神专题学习，有效提升干部队伍的决策参谋能力、理性思维能力和业务创新能力。严格执行廉洁从政的各项规定，参与各类警示教育、法治教育活动，时刻绷紧廉洁自律这根弦，自觉对照中央“八项规定”及新修订的实施细则、省委“九项规定”、市委“十项规定”和区委“十个严禁”规定，为自己划好“红线”，设定“雷区”，做到严于律己、廉洁奉公。

【文秘工作】 2017年，区委办严格执行首问负责制、限时办结制、24小时值班制和重大节假日及特别防护日领导带班制，优质高效做好上传下达、应急处置等工作。9月7日，成立区委值班信息中心并投入运行，改造一间设施齐全的全天侯值班室。特别是在7月零陵区特大洪灾期间，区委办公室的值班人员始终坚守岗位，进入战备状态，做好通知传达、应急处置协调处理服务，为全区取得抗洪救灾的胜利做出突出贡献。

加强会前、会中、会后服务，没有出现重大纰漏。办文坚持“规范、准确、保密、高效”的原则，严格制发文件、高效处理文件、规范管理文件，准确传达党委的各项指令，协调把关能力不断提高。今年以区委或办公室名义下发各类文件310件，完成重要会议服务80余次。12月7日，经区委常委会研究同意，加大全区无纸化办公协同OA系统建设。

配足配强法规室的工作力量，通过公开招考、人才引进等方式，引进法律专业本科生2人、研究生3人，实现专业的人才干专业的事。12月7日，经区委常委会研究同意，建立区委法律顾问制度，并成立区委法律顾问办公室，与法规室合署办公，根据需求，外聘2名区委法律顾问，充实队伍建设。

坚持围绕中心工作，统筹兼顾、适度均衡、注重实效，规范化、标准化安排区领导公务活动，提高日程安排的高效性。今年接待各类领导公务活动627余批7300余人次，其中省部级20余次，厅局级以上

300余次。

【督查工作】 2017年，区委办全面提升落实效能，确保党委决策落实。

区委统领统揽统管督查考核工作，成立区委综合督查考核工作领导小组，区委书记任组长，区委常委、区委办主任任督查考核办主任。对督查考核工作实行严格的归口管理。整合区委督查室、纪委、组织部、绩效办、重点办、作风办等单位工作力量，组建40余人的区委综合督查考核办公室，并下设综合协调、区委中心工作、专项查办、绩效考核、决策督查、重点项目、党风廉政及作风建设、执行力建设、应急机动8个小组，构建起“区委领导、区委办牵头抓总、部门分工负责、各方面参与”的区委督查考核工作新格局。

按照区委“有安排、有督查、有回应、有落实”的要求，坚持问题导向，突出将重点工作与面上工作、日常督查与突击抽查相结合，围绕区委、区政府重大部署、重要工作、重点项目，实行台账管理、挂图作业、预案销号，既督任务、督进度、督成效，又查认识、查责任、查作风，实现对全区“六大战役”“三大品牌”和各项面上工作督查考核全覆盖、督查督办全天候。全年开展工作调度、督查考核300余次，出动督查考核人员1800余人次，办理省、市领导批示件88件。

发挥督查考核的“尺子、鞭子、位子、面子、票子”作用，区委将督查考核结果纳入全区经济社会发展综合考核和领导干部个人执行力考核，并与个人评先评优、提拔任用直接挂钩，对决策执行不力、工作落实不到位的单位和个人严格追责问责；对通报表扬的单位，在经济社会发展综合考核中给予加分，推动党委决策部署不折不扣贯彻落实。全年下发《区委督查通报》17期、《作风通报》58期，问责追责100余人次。区委综合督查考核工作改革创新获得《省委改革简报》《湖南工作》《决策参考》《永州日报》的积极推介。

【“红色文化进校园”活动】 2016年年底，零陵区探索开展党史知识进中小学校园活动，2017年年初启动。9月27日，零陵区“党史知识进校园”活动启动仪式在中山路小学举行，活动仪式上，区史志办向中山路小学赠送《中国共产党永州市零陵区历史》第一、二卷，《湘潮》《红军长征在零陵的故事》等党史书籍近300余册，并为学生上党史知识辅导课。

10月，“党史知识进校园”活动更改为“党的知识进校园”活动，12月，更改为“红色文化进校园”。成立高规格的区委常态开展“弘扬红色文化、传承红色基因”党的知识教育工作领导小组，区委书记唐烨任顾问，区委常委、区委办主任彭江辉任组长，区委常委、组织部部长和分管教育的副区长任副组长，相关单位主要负责人为成员。区委办为牵头单位区委常委会议多次听取汇报，研究同意拨付130万元经费用于此项教育工作的开展。

推行“十个一”工程，常态开展“红色文化进校园”活动。编写一套红色文化读本。由区委办牵头，史志办、组织部、宣传部、团委、关工委和抽调的十多名优秀中小学教师组成专门班子，根据学生认知水平和理解能力差异，分年级编写红色文化简明读本——《童心向党》。内容包括党的基本知识、党史知识、少先队和共青团知识、革命影视和歌曲等。12月12日，湖南人民出版社正式出版小学生系列读本《童心向党》，首批5.1万册已发放到全区小学生手上，启动初中生读本三册的书稿编写。制作一批红色文化教育课件。根据《童心向党》读本，制作140多个小学党的知识教育标准课件，内容丰富、形式活泼，切合学生兴趣。通过上示范课和办培训班，对授课老师进行培训，确保所有授课老师按统一标准规范授课。组建一支红色文化宣讲队伍。组建一支由小学老师、模范人物、退休老干部、党史专家、团干、党校高级讲师、大学教授和学生等37人组成的红色文化宣讲队伍，同时组织小学生党的知识宣讲志愿者队伍。打造一批红色文化学习阵地。在各试点学校的电子显示屏、宣传栏、班级的黑板报、学校围墙和走廊等公共场所，精心布置党的知识宣传专栏和红色文化走廊；学校广播站每周广播1次党的知识，打造全方位、立体式的永久红色学习阵地。开展一批红色文化主题活动。在各试点学校定期开展“童心向党”合唱比赛、“党在我心中”主题班会、讲红色故事比赛、党的知识竞赛、征文比赛和手抄报比赛等一系列活动试点。建设一批红色文化教育基地。将烈士陵园、中共零陵地委旧址纪念馆、红军无名烈士墓、红六军团临时指挥部等作为弘扬红色文化、传播红色精神的红色教育基地，由各学校组织学生参观体验。组织一次红色文化体验。试点学校已组织学生到红色文化教育基地参观，组织学生观看《小兵张嘎》《闪闪的红星》等红色革命电影，亲身体验红色文化，让党史教育寓教于乐。制作一批红色文化流动展板。区史志办精心制作30多块红色文化流动展板，在5所示范学校流动展出。办好一批红色文化示范学校。第一批示范学校——中山路小学建设完成，第二批示范学校黄古山小学、七里店小学、长岭小学等20所试点学校正在快速推进。开设一批红色文化宣传专栏。

【机关工会活动】 2017年，区委办机关工会开展丰富多彩的活动促进干部职工身心健康发展，取得较好地效果。

坚持每季度举办一次讲座，提升干部职工的学识素养。4月1日上午，举行2017年度第一次专题讲座，湖南科技学院国学院陈薇博士以《走进千年濂溪》为题，为区委办系统各单位人员和国学爱好者等100多人全面阐述濂溪理学和周敦颐的学术贡献。8月18日下午，举办供给侧结构性改革专题讲座，湖南科技学院经济与管理学院院长李清泉教授以“供给侧结构性改革的理论与实践”为题为机关单位职工解读新常态下的供给侧结构性改革。9月22日下午，举行“法治政府建设”系统法律知识讲座，湖南科技学院法学教授钟云萍以《法治政府建设存在的问题与面临的挑战》为题进行授课。

开展户外拓展活动，提升干部职工凝聚力。在邮亭圩镇大木源村和朝阳街道诸葛庙村举办2次户外拓展活动。在邮亭圩镇敬老院开展义工志愿者活动1次，进行文艺演出和爱心捐献。

举行“大灾有大爱”赈灾募捐活动。6月底至7月初，零陵区遭遇历史上罕见的暴雨袭击。全区16个乡镇街道不同程度受灾，受灾人数9.25万人。7月7日下午，区委办系统举行“大灾有大爱”募捐活动，全办干部职工募捐善款9400元。

中共永州市零陵区纪委（区监察委员会）

【概况】 2017年，零陵区各级纪检监察机关聚焦主业主责，强化监督执纪问责，党风廉政建设和反腐败工作取得较好成效，零陵区获2017年度全市党风廉政建设和反腐败工作先进单位。

【“两个责任”落实】 2017年，零陵区委坚决履行主体责任，牢固树立“大党建”思维，将党风廉政建设和反腐败工作纳入经济社会发展和党的建设总体布局，融入融进“六大战役”“三大品牌”等中心工作，始终做到区委工作职责覆盖到哪里，党风廉政建设职责就延伸到哪里。开展“三提升三争当”活动，倡导新风正气；组织开展乡镇街道和区直单位党委（党组）书记基层党建、党风廉政建设、意识形态领域“三合一”述职评议，突出问责问效。大力支持纪委履职履责，有事必到、有求必应、有问必答、有言必果。强化正向激励，严格落实“三个区分开来”，为敢于担当者担当、为敢于负责者负责，支持干事者、保护改革者、追究诬告者、惩处腐败者，在全区营造想干事、会干事、能干事、干成事、不出事的良好社会环境。区纪委履行监督责任，坚持常规工作常态抓、重点工作突出抓、特色工作跟踪抓、改革工作深入抓，推动全区党风廉政建设和反腐败工作不断向纵深开展。

【廉政教育建设】 2017年，零陵区纪委组织开展“廉洁家风”系列活动。1月20日，在区委六楼会议召开以“树清廉家风、建和谐家庭”为主题家庭座谈会，区委书记唐烨出席会议并讲话；4月，在全区组织开展“廉洁家书”征文活动；7月，区纪委组队参加市纪委举办的全国首档莲文化主题活动“爱莲战队”电视竞赛节目，获得全市第三名。

5月12日，“零陵清风”微信公众号开通并正常运行；组织新任村干部600余人次参观省级廉政文化教育基地柳子庙，接受“民本廉政”思想熏陶；组织开展党风廉政建设电视公开承诺活动。7月，制订下发《零陵区党员领导干部党风廉政建设电视公开承诺活动方案》，在全区乡镇街道党（工）委书记、乡镇长（主任）和区直单位主要负责人等81名党员领导干部中，开展党风廉政建设电视公开承诺，群众反响良好。

开展廉政党课活动。6月17日，在全区基层党组织书记培训班上，区委书记唐烨以《知使命、明职责、严要求、树标杆》为题带头上廉政党课。区纪委主要负责人先后到区委党校科干班、区国税局、珠山镇、水口山镇等单位上廉政党课30余次。全区各级党委（党组）书记上廉政党课110节次。

开展谈话警廉活动。开展例行廉政谈话1100余人次，任前廉政谈话183人次，约谈219人次，提醒谈话242人次，诫勉谈话65人次。

【作风建设】 2017年，零陵区贯彻落实中央“八项规定”精神，坚决纠治“四风”突出问题，抓铁有痕、踏石留印，抓在日常、严在经常，作风建设不断向纵深开展。5月，重新修订、出台《零陵区作风建设“十个严禁”》，编印《永州市零陵区党政机关工作人员作风建设行为规范手册》，加强监督检查，严格责任追究。全年区作风办开展作风督查600余次，下发督查通报59期，通报单位119个次，问责156人次；16个乡镇街道下发作风督查通报232期，通报干部职工639人次。重点整治违规饮酒、违规操办婚丧喜庆事宜、违规发放津补贴等行为，排查“四风”问题线索139起，查处85起，给予处理处分80人次，其中查处公职人员参赌涉赌16人、酒驾醉驾11人、吸毒涉毒10人、违规收送礼品礼金3人，其他问题40人次，违规发放津补贴9个单位涉及金额231万元。

【专项整治】 2017年，零陵区坚持问题导向，严肃整治群众反映强烈的突出问题。持续开展“雁过拔毛”式腐败问题专项整治，排查线索382件，处理人数101人，移送司法机关3人。追缴违规违纪资金170.73万元，退还群众30.8万元。下发案件通报9期，通报典型案例29起、31人。在全区组织开展排查扶贫领域、危房改造领域突出问题专项整治，排查问题线索111起，立案42起，给予党纪政纪处分40人，追缴资金61.56万元。9月，在全区组织开展清理国家公职人员违规参与涉砂涉矿等经营性活动专项整治，突出自查自纠，覆盖全区469个单位、12275名公职人员，主动报告参与经营人数50人，整改到位50人。全年在全区开展“互联网+监督”平台建设，落实“区公布到乡、乡公布到村、村公布到户”的要求，公开民生项目98项，涉及民生资金6.3亿元；公开村（居）项目建设1082项，涉及资金19.4亿元。运用监督成果，查处问题5起，涉及资金16.8万元。

【纪律审查】 2017年3月—5月，区纪委加强村级换届纪律监督检查，通过“八联审”，全区取消候选人预备人选提名资格231人次。受理换届信访42件次，办结42件，给予党纪立案2起，行政拘留9人,印发通报3期，通报7人。

加强环保领域突出问题整治责任追究。5月，对中央第六环保督察组交办零陵区整改的环境保护突出问题进行跟踪督查，对区环保局、区国土资源分局等11家单位落实整改责任不力问题给予责任追究，32名相关责任人分别受到纪律处分和组织处理，其中诫勉谈话14人，政纪立案14人，移送上级主管部门追责4人。坚持有案必查、违纪必究，正确运用监督执纪“四种形态”，持续释放越往后执纪越严的强烈信号。全年处理党员干部421人，其中运用第一、第二、第三、第四种形态分别处理260人、132人、24人、5人；党纪政纪立案159件，给予党纪政纪处分161人，其中区管干部35人。支持省、市纪委开展纪律审查，参与查办省住建厅原厅长蒋益民严重违纪案和市经建投公司原党委书记、董事长柏菁夫妇严重违纪案等。

【派驻机构改革】 2017年4月，区委常委会议听取区纪委关于派驻机构改革情况的汇报，同意成立派驻监督全覆盖工作领导小组，由区委书记唐烨任组长，区委常委、区纪委书记周润润任常务副组长，区委常委、区委组织部部长唐清林任副组长，设立专门办公室，正式启动区纪委派驻机构改革工作。9月22日，区委印发《关于加强区纪委派驻机构建设的意见》，撤销区纪委原设立30家派驻纪检组，调整成立13个区纪委派驻纪检组，每个纪检组定行政编制4名，实现向57家区一级党和国家机关派驻监督全覆盖。综合派驻10个，即区纪委派驻区委办纪检组、区政府办纪检组、区委组织部纪检组、区委宣传部纪检组、驻区委统战部纪检组、区委政法委纪检组、区农业委纪检组、区住建局纪检组、区卫计委纪检组、区教育局纪检组；单独派驻3个，即区纪委派驻区公安分局纪检组、区人民检察院纪检组、区人民法院纪检组。9月28日，在区委六楼会议室召开区纪委派驻机构全覆盖工作会议，13名区纪委派驻纪检组长进驻派驻单位开展工作，标志着区纪委派驻机构改革顺利完成。

11月，零陵区启动深化监察体制改革试点工作。区委成立深化国家监察体制改革试点工作小组，区委书记唐烨任组长，区人大常委会主任唐荣成，区委常委、区纪委书记周润润，区委常委、区委政法委书记唐会国，区委常委、区委组织部部长唐清林任副组长，区公安分局、区人民检察院、区人民法院主要负责人为成员，设立办公室，由区纪委副书记、监察局局长欧学钊兼任办公室主任，办公室下设综合指导组、纪法衔接机制组、监司衔接工作组、组织部、宣传组、后勤保障组等6个小组，分工合作，统筹推进监察体制改革工作，区委先后9次召开会议研究部署监察体制改革试点工作。

12月2日，区委印发《永州市零陵区深化国家监察体制改革试点工作实施细则》，（以下简称《细则》）。《细则》明确成立区监察委员会，确定监察委员会领导班子职数9名，其中，主任1名、副主任3名、委员5名。按照“撤一建一”原则，撤销区监察局和区人民检察院反贪污贿赂局、反渎职侵权局和预防职务犯罪室，在纪委监委机关设立第四纪检监察室、第五纪检监察室和信息技术保障室，级别为副科级。

【基层纪委建设】 2017年3月–6月，零陵区组织开展乡镇街道纪（工）委标准化建设，投入专项经费200余万元，乡镇街道纪委全部实现“四个有”：即有人干事，全区16个乡镇街道共配备纪委委员108名，其中，专职委员62名、兼职委员46名；有条件干事，办公办案设备配备到位；有钱干事，乡镇街道纪委每年176万元的办公办案经费纳入区级财政预算。

【村务监督试点】2017年7月，零陵区在凼底乡桴江村启动村务监督月例会试点工作，围绕选配好监督的人、明确好监督的责、组织好监督的会、公开好监督的事，推进监督工作，做到让群众明白、干部清白。8月，在桴江村召开试点工作现场会，要求每个乡镇街道办好党（工）委书记、乡镇长（主任）、纪委书记联系村3个示范点，逐步推开村务监督月例会工作。

组　织

【概况】 零陵区委组织部是主管全区党的建设和组织工作的区委工作部门。区委组织部（直属工委）有11个内设机构，分别为办公室、干部室、干部教育监督室、公务员管理室、党建室、干部档案信息室、党员电化教育工作办公室、党员教育中心、人才室、驻村帮扶办、“两新”工委办公室。有干部职工24人。2017年，全区基层党建工作获全市先进县区，人才工作获全市第一名，并在全市组织部部长会议上作经验交流发言，《干部能上能下机制研究》获全市组织工作“一部一题”重点调研课题三等奖。

【组工队伍建设】 2017年，区委组织部坚持从严治部，继承优良传统，各项工作创先进、争一流。定期组织全体组工干部集中学习党的路线方针政策和组工业务知识，引导组工干部争做党务工作“政策通”“活字典”。在部机关打造“组工智库”平台，倡导“学海无涯、以书会友”，定期分享读书心得，每两个月推荐一本新书。开设“组工讲坛”，部机关干部轮流用普通话讲课，既练口才又练“内功”。全员参加“执行力+”专题培训，拓宽视野，提升素质。每月底召开点评会，总结本月工作，提出下月工作预安排。强化“工作问效”，对预安排中没有完成的工作说明原因。常态化开展评选表彰活动，每月评定1个先进部室、5名优秀个人，并上“光荣榜”公示。高质量运行“零陵组工”微信公众号，加大组织工作宣传力度。举办“党员风采”摄影大赛，选送的作品在全市获得二等奖1名、优胜奖2名、入围奖3名。拍摄的微电影《悟山里》《田埂有梦》，分别获全省组织系统优胜奖、全市组织系统三等奖。

【党建工作】 2017年，零陵区有10个乡镇、6个街道，299个村、35个社区，1076个党支部，25565名党员。以“基层党建全面提升年”为契机，抓基层、强基础，破难题、补短板，抓创新、促提升，全区基层党建工作获得全市第二名。

创新推行“书记面对面，党建月例会”工作法。建立“书记面对面”工作室307个，开展“书记面对面”514次，解决问题2560个。全年召开12次调度会专题研究党建工作，每月围绕重点工作，确定一个主题，三级党组织书记面对面谈党建、找问题、查原因、寻对策，压实党建工作主体责任。建立党建联系点制度和分片包干制度，党政主要领导、党委委员围绕区委中心工作层层办点示范，以点带面，打造党建示范走廊4条，办党建示范点56个。采取“一月一调度、一季一督查、年度考核以平时为主”的形式。除每月召开调度会外；每季度对全区基层党组织进行“全覆盖”式党建督查，全年下发督查通报四次；召开全区基层党建述职会2次，所有乡镇、街道党政第一责任人，区直单位、“两新”党组织负责人向区委进行述职；及时掌握本地各单位部门党建工作情况。同时，以问责促实效，给予党建工作不力的1个镇“黄牌”警告、2人诫勉谈话、2名支书免职处理。

将党建经费列为“第一预算”，全力保证党建工作人、财、物。通过村（社区）“两委”换届，选派41名优秀工作人员担任村党组织专职化书记，156名返乡能人、致富能手担任村党支部书记，村支部书记平均年龄下降7岁，对605名基层党组织书记、党务工作者进行3天集中培训，并组织闭卷结业测试。全年安排基层党建工作经费1.28亿元，同比上年增加40%，村、社区运转经费分别达到16万元、50万元。村党组织书记月基本报酬提升至2600元，社区工作人员月报酬提升至3700元。新建村级综合服务平台214个、党性教育基地4个。打造全市首个党建文化主题公园——樟树脚党建文化公园。突出“一个引领，四个结合”的理念，将党建功能与企业服务、职工之家、创业孵化和产学研结合，打造使用面积达1300平方米，集教育培训、代办服务、创业孵化、商务洽谈、健身休闲于一体的园区党群服务中心1个。七里店社区“党建文化走廊”、区城建投“党建沙龙”、沐林冷链“党建+政校企合作”成为党建工作新“名片”。

区委从党员干部队伍建设实际出发，在全区深入开展“三提升三争当”和“千名干部下基层，精准扶贫解难题”活动，全区党员干部的思想、党性、作风历练提升，涌现出一大批先进典型。93岁老党员黄宏才省下2万元生活费作为“大额党费”上交中央组织部，“中国好人”李拓宇、全省抗洪救灾先进个人周茂云、全市“最美扶贫人”龙华国等成为全区党员学习的榜样。坚持党建从娃娃抓起，开展“党的知识进校园”活动，编印六册《童心向党》小学生读本，得到中央党史研究室的肯定，并写进《人民日报》内参和党史内参。

围绕服务群众抓党建。深入推进城乡网格化和“楼宇”党建工作，在职党员主动亮身份、明职责、领岗位、作表率，引导小区内住户自我教育、自我管理、自我服务。率先将每月10日确定为“党员活动日”，实现服务零距离，4000余名党员认领服务6500余件，共解决具体问题1350件。2017年6月，湖南卫视对零陵区党员进社区活动进行专题报道。坚持党建引领社会基层治理，创新城市党建、楼宇党建新模式，成立网格党支部204个，楼栋党小组805个，省内外60多个县来零陵学习城乡网格化“1+N”组团式服务和在职党员进社区活动经验做法。

围绕加快发展抓党建。将党建与集体经济、精准扶贫、美丽乡村等中心工作相融合、相嫁接、相促进。坚持“党支部+农民专业合作社+农户”“党支部+企业+土地流转+农户”的产业发展路子，选送1200名农村党员、青年农民参加实用技能培训，通过支部引领、党员示范，打造香零山村蔬菜基地、高贤荷花基地、名山岭村潇湘源农村田园综合体等一批产业基地，为带动脱贫攻坚插上腾飞的翅膀。充分发挥“两新”组织中党组织的政治引领、政治核心作用，在2017年特大洪涝灾害中，零陵青年志愿者义工联合会“黄马甲”始终战斗在抗灾救灾一线，广东省湖南零陵商会党组织筹集赈灾款150余万元支持家乡灾后重建。

【干部队伍建设】 2017年，深入贯彻落实党的十八大以来关于选人用人的有关要求和习近平总书记系列重要讲话精神，严格按照《党政领导干部选拔任用工作条例》等有关干部人事政策法规选拔任用干部，干部选拔任用工作的科学化、民主化、制度化水平进一步提高。全年共研究讨论干部7批次，调整437人次，其中提拔51人（正科级28人，副科级23人），交流106人。严格执行干部选拔任用预审制度，通过机构改革、交流调整、“退三进一”、“退多进一”、鼓励干部退出等途径，消化超职数干部100名，提前两个月完成“消超”任务。

【干部教育培训】 零陵区深入开展创建学习型领导班子、学习型领导干部活动，举办科级干部培训班1期，中青年干部培训班1期，与北京大学、中国人民大学、浙江大学等国内知名高校举办“执行力+”培训班，培训各类学员335名。有针对性地通过岗位轮换、参加精准扶贫、信访维稳或到相关部门跟班学习等方式锻炼干部。全年共选派158名优秀干部参加精准扶贫，其中7名优秀干部得到提拔重用。

【干部选拔使用】 零陵区突出以德为先的选人用人制度，让有德有才的人有位置，能干能行的人有舞台，无能无为的人有压力。既看干部的才，更重干部的德，把好干部标准贯彻落实到干部的考察、识别、选用等各环节中。4月，组成7个考察调研组，集中利用20天时间，深入16个乡镇街道和77

个区直单位，开展领导班子和干部队伍建设平时考察和调研。突出“建功基层、关爱基层、倾向基层”的用人导向，有意识地鼓励和引导干部到乡镇、村（社区）一线干事创业。干部调配中，优先考虑有乡镇工作经历的干部，优先从乡镇干部中产生班子副职，优先从现有乡镇班子成员中产生正职。在干部选拔任用工作中，从动议到任职各个环节，都坚持从严把关。严格按照好干部标准，凭德看干部，以能评干部，凭绩用干部，以群众认干部，以廉选干部，不搞简单的唯 GDP、唯票、唯分、唯年龄取人，鼓励干部创先进、争上游。实行干部选拔任用全程纪实制度，对提拔重用的干部，如实记录动议、民主推荐、考察、讨论决定、任职等各个环节的主要工作和重要情况，使干部选拔任用的每个环节都可倒查、可追溯。

【干部人事制度改革】 零陵区结合实际出台《党政领导干部交流工作暂行办法》《零陵区平时考核工作方 案》《零陵区科级后备干部选拔方案》等干部人事规定，形成能者上、平者让、庸者下的选人用人机制。建立健全由区委组织部牵头，区纪委、区委综合督查室、卫计、综治、信访、法院等部门为成员的干部日常管理与监督工作联席会议制度，建立动态的领导干部“功过簿”。不断完善《区直单位、乡镇街道党政主要负责人年度考核实施办法》，建立平时考核、定性与定量考核、组织与社会评价相结合的考核评价体系。

【干部监督新体系构建】 零陵区坚持一手抓导向，一手抓风气，坚决贯彻落实四项监督制度，努力营造风清气正的选人用人环境。严格执行“四个凡提”、四项监督制度、联席会议制度等，及时掌握干部的真实情况，有效防止“带病提拔”“带病上岗”现象的发生。同时，建立信访、电话、网络“三位一体”的举报体系，拓宽监督渠道。

【人才工作】 2017 年，区委牢固树立“人才是第一资源”的理念，大力实施人才立区、人才强区战略，加强顶层设计，加大投入力度，统筹推进各类人才队伍建设，努力营造人才工作良好环境，全区人才工作迈上新的台阶。成立高规格的领导小组，由区委书记任组长，区委组织部牵头抓总，区委宣传部、区委统战部、区编委办等 22 个单位配合，形成党委统一领导，组织部门牵头抓总，职能部门齐抓共管的人才工作新格局。区委设立人才办，配备 2 名专职工作人员。高起点谋划人才工作，先后制定出台《零陵区人才引进实施办法》《零陵区人才工作领导小组运行办法》《零陵区人才工作目标责任制考核办法（试行)》等制度，从人才管理、引进、培育、使用等方面，出台一系列“真金白银”政策，形成较为科学完备的人才工作机制。将人才工作纳入全区党建述职考核内容，纳入有关单位年度绩效考核内容。

【引才引智】 零陵区每年按不低于 1000 万元设立人才发展基金，用于实施区委区政府批准的人才重点项目，解决人才发展中遇到的一些问题。全面启动高学历和急需人才引进工作，在工资待遇、住房保障、公共保障等 8 个方面优惠政策条件下，零陵区每人每月生活补贴标准比市里高出 1000 元。全年投入 300 万元（含工作补贴和住房补贴等）引进高学历和急需紧缺人才 25 名，教育、卫计系统专技人才 455 名。主动“上门”求才，11 月底，派出 3 个引才小组，分别由区委常委带队赴成都、武汉、长沙等地的知名高校招贤揽才，签订意向协议 112 份。永州市第四人民医院邀请 20 余名省市人民医院的专家组团到院座诊和开展讲座，为白内障患者开展“流动手术”服务，受益患者 200 名。

【人才培训】 零陵区投入 500 万元用于各类人才的教育培训。相继邀请省市知名专家举办各类讲座 8 期，培训 1000 余人次；与北京大学、清华大学、复旦大学、浙江大学等名校举办“执行力+”培训11期，培训600余人次。选派900名农村实用技能人才到外地参观学习，选送750名农村党员和青年农民到永州工贸中专参加农村实用技术培训。开展教师队伍全员培训，选送95名校长到广东、山东和湖北等教育发达地区挂职。评选表彰激活力。制定出台《零陵区优秀人才评选表彰办法》《零陵区名院长、名医生、名护士评选及管埋办法》等一系列制度，激发吸引人才的内生动力。

开展教育系统“三名工程”(名学校、名校长、名教师)评选活动，评选区市级名校3所，区级名校8所，市级名校长3名，区级名校长4名，市区级骨干教师和学科带头人152人。充分利用零陵发布、零陵新闻网、零陵组工等区内媒介广泛宣传关于人才工作的方针、政策、思路、举措和优秀人才的典型事迹，营造人才工作“四个尊重”的良好氛围。

【人才作用发挥较好】 零陵区积极为各类人才搭建施展才华的舞台，实现引得进、干得好、留得住。通过自我推荐、单位推荐、组织考察、竞争择优等办法，提拔重用一大批优秀党政人才。重点围绕果、畜、菜等主导产业，继续开展“科技下乡”“学一技、教一人、带一片”、科技特派员等活动，推广新技术、新品种17项，服务农户3600户，有效带动建档立卡贫困户脱贫200户。将人才工作与精准扶贫工作结合起来，培养建立一支能吃苦、善实践、会管理的实用人才队伍，让活跃在田间地头的“土专家”“田秀才”成为乡镇产业建设的“主力军”。邀请零陵籍国际名模刘雯为家乡代言，拍摄零陵首个城市宣传片——《潇湘从这里开始》，宣传推介零陵。

【实施人才品牌建设】 零陵区组织实施“急需紧缺人才聚集工程”“青年人才发展工程”“零陵工匠‘铸造工程’”“基层人才培养工程”“创新创业圆梦工程”“科技创新平台建设工程”六大人才工程。充分发挥地方高等院校的智力支撑作用，与湖南科技学院签订框架协议，每年为本地输送一批高学历人才。着力打造吸引人才的零陵品牌，将永州工商职业中专打造成全市首个服务本土企业的技能人才“孵化园”，投入1.1亿元建设现代职业教育培训基地。

继续深化时代阳光与中国中医科学院中医药研究所之间的合作，发挥企业主体作用，吸引更多的“高尖精”人才为零陵服务。深入推进异蛇山庄与科技学院校企合作平台建设和零陵区企业用工服务平台建设。建立零陵籍“高精尖”人才库。组建零陵文化专家智囊团、旅游发展专家智囊团、健康零陵专家智囊团。

宣传思想

【概况】 2017年，区委宣传部机关有行政编8名，工勤编1名，在职在岗10人，其中部长1名（编制单列），副部长3名，各组（室）负责人和工作人员6名。部务会成员、区纪委派驻区委宣传部纪检组长1人、纪检员2人，区纪委派驻纪检组人员不占用区委宣传部编制。区委宣传部内设区精神文明建设指导委员会办公室、办公室、理论教育与党员教育组、新闻宣传组、网络网评网监管理办公室等五个组(室)。下属全额拨款公益性事业单位3个：永州市零陵区新闻中心、永州市零陵新闻网、中共永州市零陵区委网络安全与信息化领导小组办公室。

年内，推动各项工作创先争优，宣传思想文化工作特色亮点频出，零陵区获2017年度全市意识形态工作先进县区(排第一)。

【理论武装】 零陵区理论普及全覆盖。中共十九大召开后，区委常委会第一时间学习大会报告。区委常委带头开展十九大精神宣讲，区委宣讲团16名成员分成4组深入乡镇、村组、社区、企业、学校宣讲100场次。全区购买有关辅导读物1.2万余套。零陵新闻网、《零陵瞭望》等区级媒体开辟理论宣传专栏，不断推进习近平新时代中国特色社会主义思想和党的十九大精神家喻户晓。理论学习有深度。区委中心组全年开展8次集中学习活动。先后邀请省纪委原常委、正厅级纪检员刘大放，中国社会科学院传媒发展研究中心主任黄楚新，红网总编辑贺弘联等专家到零陵进行专题讲座。认真开展“解放思想，实干兴区”大讨论活动。全区各级党组织结合“两学一做”“三提升三争当”“解放思想大讨论”活动，开展理论学习近万场次。理论研究氛围浓。区委、区政府主要领导带头调查研究、上台讲课、撰写理论文章。其他区级领导主动学、深入学、细致学，在全区上下形成一级带着一级学，一级跟着一级学的浓厚氛围。

【意识形态建设】 牢固树立抓意识形态工作是本职、不抓是失职、抓不好是渎职的理念，把意识形态工作作为党的建设重要内容，认真落实“书记抓”和“抓书记”工程，切实担负起抓意识形态工作的政治责任和领导责任。将意识形态工作纳入重要议事日程，纳入党建工作责任制，与其他工作同研究、同部署、同落实、同检查、同考核。先后15次召开区委常委会议专题研究意识形态工作。调整零陵区意识形态工作领导小组、零陵区网信工作领导小组，均由区委书记唐烨任组长。出台《零陵区意识形态工作责任制实施意见及考核细则》《零陵区乡镇街道党（工）委书记落实意识形态工作述职制度》。在工作中，认真履行班子集体的主体责任，坚持“一把手”带头，切实当好“第一责任人”，分管常委直接负责，班子成员“一岗双责”。召开4次专题会议，传达学习中央、省委、市委关于意识形态工作的有关精神，分析研判意识形态领域情况，辨析思想文化领域突出问题，分清主流支流，对重大事件、重要情况、重要社情民意中的苗头倾向性问题，有针对性地进行引导。

【新闻宣传和舆论引导】 电视零陵新闻提档升级，全年在永州新闻联播上稿排全市第三位。零陵新闻网经过改版后月浏览量8万余次并不断上升，政务微信“零陵发布”得到市委书记、市人大常委会主任李晖的表扬，新零陵客户端在全市率先运行。“红色文化进校园”得到《人民日报内参》《湖南日报》等媒体推介。社会公益宣传实现全覆盖。对外宣传成效显著。重大主题宣传影响广泛。区级媒体先后开设《砥砺奋进的五年》《十九大时光》《读懂·十九大报告》《新时代 新零陵》等专栏，全面报道各地各部门学习贯彻落实党的十九大精神的好做法和具体举措。中央电视台《喜迎十九大特别节目》特别展示零陵区青山绿水环保理念。邀请中央电视台著名导演孙曾田摄制城市形象宣传片《潇湘从这里开始》，国际名模刘雯作形象代言。配合做好全国第四届草书展、“千车万人游永州”、全国电视媒体人采风等系列活动。新闻策划力度不断增强。坚持“每天一安排、每周一点评，每月一调度”，围绕“六大战役”“三大品牌”、基层党建等区委区政府中心工作，组织集中采访。与湖南经视合作举办永州首届乡村文化旅游节，通过人民网、凤凰网等媒体进行广泛传播。新闻上稿成效明显。面对百年一遇的洪灾，全区新闻工作者日夜奋战在一线，采编《众志成城护家园》等一批有份量的稿件，在新华社、中央电视台、《湖南日报》等媒体刊发。全年在市级以上主流媒体发表稿件3264篇，其中《永州零陵瞄准“四位”解忧难》在《人民日报》上刊发，中央电视台6篇，新华网6篇，人民网11篇，中新社7篇，《湖南日报》62篇（头版头条2篇），湖南卫视86条。

【舆论监督】 进一步完善《零陵区舆情快速反应机制》等一系列规章制度，建立预警和应对机制，完善工作流程，准确把握舆论引导的时机、节奏和力度，及时发布权威信息，主动回应社会关切，确保舆论引导的主动权和话语权。共编发《零陵综合信息专报》130多期、《涉零舆情专报》28 期。对于反映民生问题、社情民意的网帖，要求责任单位核实调查，及时发布权威信息，做好正面引导工作。在“问政湖南”“问政永州”回贴 360 多条，回复数量排在全市前列。妥善处置“城管暴力执法”“大庆坪村民饮水纠纷”“温氏集团富家桥项目村民阻工”“零冷公交首末站搬迁”“鑫城锰业污染”等事件的舆论引导。继续管好用好网络同心社区，通过同心社区为群众解决实际问题 80 多件。

【文明城市创建】 零陵区全方位宣传社会主义核心价值观、志愿服务精神、讲文明树新风。注册网络文明传播志愿者 200 多名，发布正能量微博 11.2 万条。开展全国文明城市创建、群众性精神文明创建、文明单位文明村文明小区文明楼栋文明市民评选活动。全区完成网络注册志愿者人数 7.3 万人，有注册团队 329 个。常态化的文明劝导志愿服务活动持续开展，全年有 2 万多人次参与。全区道德讲堂增加到 106 个，全年上“道德讲堂”课 560 余课，受教育人数 6 万多人次。

徐家井小学获“全国首届文明校园”称号，石山脚街道悟山里村入选“全国文明村”；蒋冬林、李拓宇入选“中国好人榜”，陈明安、黄春娥、周茂云入选“湖南好人榜”，孙琬欣、谢丽红 2 人获全市美德少年提名，李拓宇、陈明安、黄春娥 3 人入选永州市第五届道德模范候选人。

【文化惠民工程】 零陵区全面实施免费阅读、送戏下乡等文化惠民工程，常态开展广场“月月乐”“非遗”“四进”等群众喜闻乐见的文艺活动，完成农村综合文化服务中心 85 个、标准化书屋 80 家、广播村村响 294 个、公交免费书报刊亭 25 个、自助图书馆 2 个，实现文体建设城乡全覆盖。涧岩头村被评为全省经典文化村。成功举办永州市零陵区乡村文化旅游节。在“欢乐潇湘”大型群众文艺汇演中，零陵区被评为全省优秀文艺团队。查处违规网吧 30 家、违规经营电子游戏歌舞娱乐场所 7 家、侵权盗版等违规经营单位 4 家，收缴图书、音像制品等非法出版物 680 件。面向全社会征集并评选出城市宣传和旅游宣传口号。“零陵文化旅游”丛书编撰工作正在组稿。

【宣传队伍建设】 2017 年，区委调整充实区委宣传部班子。区委网信办于 12 月正式成立。区新闻中心、零陵新闻网通过事业单位招选 2 人、引进 1 名“双一流”人才。乡镇街道、区直单位均配备一名专职或兼职宣传干事。区委宣传部 6 名干部参加市委宣传部和区委在中国传媒大学、中国人民大学等高校举办的业务培训，组织全区 120 多名通讯员和网评员集中培训。

统一战线

【概况】 2017 年，全区统一战线强化政治引领、巩固团结和谐良好局面，推动工作创新、促进重点难点问题破解，加强教育管理、提高统一战线“两支队伍”素质，进一步开创全区统一战线事业发展新局面。零陵区获评 2017 年度全市统战工作“先进县区”，零陵区委统战部获全市统战信息工作“先进单位”。

区委统战部内设办公室 1 个，下设信息中心 1 个，现有行政编制干部 7 名，事业编制干部 4 名，工勤人员 1 名。其中，部长 1 名，副部长 3 名。2017 年，区纪委派驻统战部纪检组组长 1 名，组员 2 名，纪检组组长为统战部部务会成员。零陵区统战信息中心新招考 2 名事业编制工作人员。

【统战工作成果】 2017 年，《大统战小格局，一网相连推进社区统战工作网格化》获 2017 年度全市统战工作实践创新成果奖，《促进“两个健康”助推经济发展》调研文章获统战理论政策研究优秀成果三等奖；成功创建省级“同心社区”（柳子街社区）1 个、市级“同心乡村”（香零山村）1 个，市级“同心项目”（永州市异蛇科技实业有限公司）1个，区级“四同创建”项目14个；区工商联被评为全国“五好”县级工商联；成功承办全省民族宗教政法业务培训暨“民族团结进步创建”工作现场经验交流会。

【统战特色工作】 零陵区精心打造“同心网络社区”。探索总结出“四个知道，四个跟上”，（知道网络人士基本情况，联谊交友工作要跟上。知道网络人士在想什么，思想引导工作要跟上。知道网络人士需要什么，全面服务工作要跟上。知道网络人士的优势是什么，作用发挥要跟上）工作经验，获得中共中央统战部、省委统战部、市委统战部的充分肯定。开展“四同创建”。建立“四同创建”奖励机制，对2016年成功创建市级“同心乡村”、区级“同心项目”、区级“同心社区”、区级“同心乡村”进行奖励；对2016年省、市、区“同心乡村”进行回访督查和指导。将“四同创建”工作纳入全区统战工作考核，完成创建申报工作。柳子街社区成功创建为省级“同心社区”，香零山村成功创建为市级“同心乡村”、永州异蛇科技有限公司成功创建为市级“同心项目”，创建区级“四同创建”示范点14个。

【大部制改革】 零陵区按照“两不变、四统一”（即现有单位机构人员编制性质不变、经费收支方式不变，统一人员管理调配、统一工作安排部署、统一考核、统一承担中心工作任务）的原则，率先在全市探索开展大部制改革，整合区委统战部、区工商联、区台办、区侨联等统战系统各单位的力量，实行“1+N”合署办公，实现统战资源互通互享，初步形成分工合作、协调有力、科学全面的高效运行机制。

【统战工作进网格】 2017年3月，零陵区在七里店社区、香零山村进行统战工作进网格试点。9月，在全区范围推行统战工作进网格工作，在各乡镇、街道成功建立32个统战工作进网格示范点，建立六项制度（学习制度、活动制度、慰问走访制度、结对交友制度、协调联系制度、双向服务制度）。建立“四簿一册一栏”，即：村（社区）网络统战成员接待登记簿、服务登记簿、统战工作活动记录簿、统战工作会议记录簿、统战对象花名册、统战工作宣传栏。成立同心志愿服务站、同心法律服务站、同心书屋等服务平台，完善五级组织网络架构，形成村（社区）网格统战成员“双向服务”的互动格局。

【引导非公经济参与公益事业】 2017年，零陵区引导非公企业参与公益事业，“光彩事业”的56名非公经济人士捐赠700余万元。6月底至7月初洪灾期间，组织全区统一战线率先为“6·30”洪灾捐款220万元，捐物价值41万元。7—9月，开展“泛海助学行动”，联合区教育局、区扶贫办发放95张泛海助学行动助学金卡（5000元/张）。同时，动员社会力量参与精准扶贫，58名区工商联会员通过中国社会扶贫网结对帮扶贫困户58户。以沐林冷链物流、天惠油茶、异蛇科技等为代表的非公企业，累计投资9000余万元助力扶贫攻坚。全年区工商联新发展会员人数29人，年递增率7%。

创建永州市异蛇科技实业有限公司、永州市永旺爆破工程服务有限公司2个会员企业党建示范点，组织3名优秀非公经济党支部书记参加市、区组织的党建培训。

【民主党派工作开展】 中国农工民主党、中国国民党革命委员会、中国民主促进会、中国民主同盟4个民主党派在零陵区共设立5个支部。

11月2—3日，组织党外代表人士一行25人赴韶山开展“暑期谈心”活动，增强多党合作政治共识。区委研究制订2017年政党协商计划，支持民主党派、工商联、无党派代表人士等统战成员参与人大协商、政府协商、人民团体协商、基层协商、社会组织协商、行风评议、执纪执法活动；完善司法机关、政府有关部门同民主党派的对口联系制度，拓宽聘请特约人员领域，加强对政府部门的监督。组织民主党派各支部、工商联和无党派代表人士围绕打赢“六大战役”、打造“三大品牌”开展调研活动3次，撰写调研文章12篇。

【党外代表人士工作】 1月19月，零陵区组织64名党外科级干部召开全区2016年度党外科级领导干部述职述廉会议。区委书记唐烨出席会议并讲话，市委统战部副部长、市工商联党组书记欧阳树生应邀参加会议并讲话，全区35名党外科级干部进行公开述职述廉，29名党外科级干部递交书面述职述廉报告。通过综合考评报区委、区政府对6名优秀党外干部给予嘉奖。

支持民主党派、无党派人士开展“两学一助”学习教育和“不忘合作初心，继续携手前行”专题教育。9月4—10日，首次组织48名统战干部及党外干部在北京大学举办“统战干部及党外干部执行力提升”专题培训班。11月6—10日，组织43名中青年优秀党外干部在区委党校举办零陵区中青年党外干部培训班，并在中青年党外干部培训班上开展“同心互动交流”座谈会。

【信息调研】 零陵区围绕中心、服务大局、内鼓士气、外树形象的要求，采取“抓组织抓落实抓激励抓调研”措施，制定《区委统战部宣传调研信息工作考评办法》，将工作任务量化分解到各相关单位及部门，坚持每季度一通报，半年一小结，年底进行量化考核。及时将基层统战领域中出现的新情况、新思路、新举措、新经验进行采写。全年全区统战信息被省、市统战部门及各级媒体采用181篇。其中，《湖南省委统战工作周报》5篇、三湘统战网1篇、《湖南日报》2篇、《中国统一战线》杂志1篇，并获2017年度全市统战信息工作“先进单位”。

【民族宗教】 2017年，零陵区排查处置4处宗教场所安全隐患。承办全省民族宗教政法业务培训暨“民族团结进步创建”工作现场经验交流会，落实好市委书记李晖到基督教永州南堂、东山景区法华寺等地现场考察指出的问题。协助实施东山景区法华寺改扩建工程，并进一步巩固民族团结“示范单位”建设成效。

机构编制

【概况】 区编委办下设区事业单位登记管理局，有干部职工4人；2013年，设立永州市零陵区机构编制信息中心（加挂永州市零陵区政务和公益域名注册管理中心牌子）有干部职工3人。2017年，零陵区编委办获全市机构编制统计工作先进单位、全市机构编制工作综合先进单位。

【机构编制管理】 2017年，区编委办严格按照《零陵区关于进一步规范机关事业单位人员编制异动的通知》和《永州市零陵区区直机关事业单位补充工作人员编制使用管理办法》《永州市零陵区机构编制委员会工作规则》《关于在全区机关事业单位实行人员编制与经费预算联合管控的实施意见》进行操作，切实做到坚持机构编制的集中统一管理，坚持从紧从严原则，确保全区机构编制管理工作规范有序，有效控制全区机构编制非正常增长。始终坚持机构编制事项“集体研究，一支笔审批”管理制度，机构调整设置事项一律按制度按程序办理，副科级以上机构严格按程序报批，没有擅自设立副科级以上机构和领导高配的现象。采取严格控制编制总量，加强余编使用管理、规范机构设置、严格规范编制使用等办法，消化超编制进人45人。

【事业单位登记管理】 2017年，零陵区实现全区事业单位法人年审工作早准备、早落实制度。每年1月1日至3月底，集中开展事业单位法人年度报告（年审）。在零陵区人民政府网对429个单位进行公示，其中，办理设立登记2个，变更登记17个，注销登记1个。参加统一社会信用代码更换工作的单位有43个，更换单位43个。

【行政管理体制改革】 零陵区制定发布权力清单，规范行政权力运行。区政府制定印发《关于公布2017年区政府工作部门行政权力的通知》，对全区32个政府工作部门的行政权力进行清理调整，保留行政权力1597项，其中：行政许可139项，行政处罚1020项，行政强制116项、行政征收21项、行政给付8项、行政确认31项、行政奖励19项、行政检查106项、行政裁决5项、其他行政权力132项。清理行政权力53项。全面实施行政许可标准化。保留行政许可139项，比2016年减少2项。制定行政许可程序内容和流程图，实现行政许可标准化建设。同时，出台《零陵区政府工作部门行政许可事前事中事后监管办法》，督促行政审批机关从规范市场主体活动资格为主向规范市场主体行为为主转变，从重审批向重监管转变，实现良好的政务环境。清理规范行政审批中介服务事项。制定《关于第二批清理规范区政府部门行政审批中介服务事项的决定》，清理规范53项行政审批中介服务事项。开展减证便民专项行动。按照"谁设定、谁清理"和"五个一律"的原则，全区全面清理政府机关及所属事业单位在行使行政职权和提供公共服务时要求行政相对人提供的所有证明材料，办证多、办证难现象大为减少。保留证明材料107项，取消证明材料39项。赋予园区行政权力情况。按照"能放则放，应放尽放"的原则，加大简政放权力度，积极推动政府部门审批权限下放，建立健全"权力清单、责任清单和负面清单"，优化办事流程，提高园区服务企业办事时效。下放26项行政权力到工业园区。公布区政府工作部门公共服务事项237项。

【纪委派驻、巡察及监察委履责情况】 零陵区严格落实党的十九大精神，全面推进全区纪委派驻、巡察和监察委组建和调整工作。参照省、市做法，结合零陵区实际，研究纪委派驻、巡察和监察委职责配置等问题，做好制订"三定"等工作。同时，做好涉改单位人员编制和机构转隶工作。

【体制改革与职能调整】 2017年，零陵区由于政府推行简政放权、职能转变和机构改革及相关职责职能的调整，规范和取消房产系统等一批行政事业性收费项目，降低一部分行政事业性收费标准，同时，随着不动产统一登记职责整合的实施，区房产局现有的一部分职能划转到区不动产登记中心，规费收入逐年锐减，收不抵支的问题日益突显。参照上级及周边县区房产机构改革情况，结合全区实际情况，重新制订区房产局及下属事业单位"三定"方案，纳入全额拨款事业单位管理。

参照其他县区经验，结合零陵区实际，重新核定区种子技术服务站编制10名，将剩余46名人员全部分流到区农委下属各事业单位和各乡镇街道的农业、林业、水利服务中心，确保改革工作顺利完成。

党校工作

【概况】 中共永州市零陵区委党校位于零陵区黄泥塘路147号，成立于1981年，1986年迁入现址办学。校园占地面积2.2公顷，建筑面积5500平方米。根据有关文件精神，区委党校于2010年1月18日落实中专体制，设立为副处级全额事业单位。

区委党校承担全区党员领导干部的培训工作，内设办公室、教务科、科研科、后勤科四个职能科室。区委党校全额拨款编制20名，从事党务和行政管理工作的人员，一律参照公务员办法管理，机关后勤服务人员编制2名，区委党校现有教职工19人。

区委党校主要职责是宣传马列主义、毛泽东思想、中国特色社会主义理论体系和党的路线、方针、政策。会同组织部等有关部门，制订党员干部的培训规划。负责落实区委下达的党员干部的培训计划，认真组织实施，并将执行情况向区委汇报。协同组织人事部门，对学员在校期间表现进行考核考察。围绕国际国内出现的新情况、新问题，开展调查研究。承办区委、区政府交办的其他工作。

【干部教育培训】 零陵区坚持以“服务发展，突出发挥好阵地作用、熔炉作用、智囊作用，为经济社会又好又快发展提供理论引领、人才保证和智力支持”为办学指导思想，以“理论基础、世界眼光、战略思维、党性修养”为教学重点，将理论与实际更加紧密地结合起来，不断提高干部教育的质量。全年举办各类培训班9期，其中，主体班次2期，培训2000余人次。4月10日至5月10日，举办“零陵区委党校2017年第一期乡科级干部进修班”，培训学员45人；9月4日至11月3日，举办“零陵区委党校2017年中青年干部培训班”，培训学员45人。5月16—19日，完成区直单位入党积极分子培训班149人的培训任务；6月16—18日，完成全区村（居）党支部书记及委员1271人的培训；7月上旬和下旬，与人社局合作完成教育系统、卫生系统和区直部门事业编制新进人员两个班329人的培训任务；9月8—11日，与市农业发展银行合作，完成全市农业发展银行系统县区党支部书记的培训工作；11月6—10日，与区委统战部合作，举办零陵区党外中青年干部培训，完成对45名党外中青年干部的培训工作；12月，与区妇联合作，完成全区51名妇女干部的培训。

【教学科研】 2017年，零陵区委党校坚持“教学兴校，质量立校”，深化教学改革。创新教学模式。教学布局合理，坚持“三个1/3”原则，即1/3为基础理论课题、1/3为本地实际课题、1/3为岗位职责能力培养课题。主体班教学党的基本理论专题不低于70%、党性教育专题不低于20%。教学方法多样。在教学中，广泛运用研究式、案例式、模拟式、体验式等教学方法，形成具有本校特色的教学方法。在科研方面，区委党校校长王小军主持的《全域旅游视角下零陵区旅游发展研究》，完成在湖南省党校行政学院系统社科规划课题的立项工作；教务科全体工作人员在深入网格办等单位调研后完成《零陵区社会治理网格化管理研究》在省社科联的立项工作。彭薇在国家级刊物《新教育时代》第12期发表《用“智慧”助力零陵全域旅游发展——以富家桥镇乡村旅游为例》，蒋独立、罗利芳在省级刊物《新农村》第9期发表《零陵区农村环境整治存在的问题和治理对策》，唐源在省级刊物《劳动保障世界》第9期发表《关于永州市农产品出口情况的调研报告》。选派5名骨干教师参加区委宣讲团，深入区直各部门、乡镇、学校、社区、村（居）委会等进行理论宣讲，全年宣讲58场次，受众逾10000人次。

【师资队伍建设】 2017年，零陵区委党校有在职教师16人，其中研究生6人，在读研究生2人，本科8人；高级讲师4人，讲师3人，助理讲师2人。制定《中共零陵区委党校教师选聘及竞争上岗制度》，调动和发挥教师的积极性和创造性。优化结构。注重人才引进，公开招考年轻教师1名，通过人才机制，引进一名年轻教师。区党校现有45岁以下教师10名，实现老中青相结合的教师结构。

实行主体班听课制度，要求党校举办的干部培训班，所有教师都要跟班听课。拓展教师培训途径。先后派出5名教师到延安、浙江大学参加学习培训，提高教师的能力，开阔教师的视野。（伍夏廷）

老干部工作

【概况】 零陵区委老干部局由区委组织部管理，是区委管理老干部的工作机构，在编人员4人，下辖老干部活动中心，在编事业单位编制人员8

人。零陵区关心下一代工作委员会办公室（参照公务员管理单位），编制2名，为挂靠单位。2017年，按照“用心用情做离退休老干部工作”的总要求，以“让党委政府放心，让老同志满意”为服务宗旨，进一步加强全区离退休干部管理服务工作。认真贯彻党的老干部工作方针政策，加强离退休干部的“两项建设”和经常性学习教育，充分发挥老干部作用。持续推进老干部学习活动阵地建设，加强离退休干部党组织建设，不断提高老干部工作管理服务水平。

【老干部工作地位提升】 2017年，区委老干部局贯彻党的老干部工作方针政策，创新全区老干部服务管理工作，提升老干部工作地位。以“在老干部活动中心院内修建樟树脚党建文化主题公园，以拓展离退休干部党建阵地，引导广大离退休干部为党和人民的事业增添正能量”的建议，得到区委、区政府的采纳。公园于4月开工，11月完工，历时8个月，并在公园内开辟离退休干部党建园地。落实好副处级以上离退休干部1年2次情况通报会制度，全部落到实处。2017年4月，组织全区副处级以上离退休干部参观“永州市植物园”；重阳节期间，参观“旅游升温”战役建设。在座谈会上，区委书记唐烨通报全区经济社会发展情况。春节前夕，区委、区政府主要领导在慰问离退休干部的同时，通报全区的经济社会发展情况。

组织全区离退休干部开展“红色宣讲”活动，为党的十九大召开营造浓厚的氛围；组织离退休干部开展学习中共十九大精神活动，抓好离退休干部政治理论学习。为离退休干部订阅报刊、杂志，全年征订《老年人》杂志1500份，《老年书画精粹》45份。

【老干部生活待遇全面落实】 2017年，零陵区委老干部局创新工作思路，全面落实生活待遇，服务方式有新突破。动员零陵区义工协会，整合义工志愿服务力量，打造关怀服务老干部“3+x”模式（“3”即固定3名人员具体负责1位老干部或遗孀的服务工作；“x”即不确定服务内容和服务人员，根据实际为老干部所需提供服务。）为全区19名离休干部、56名困难遗孀共75人，提供每月2次上门服务。全年服务离休干部及遗孀75人，上门服务324次、972人次，探视住院老干部28次，为9名老干部送去生日祝福。全年做好全区离退休干部重大节日期间的慰问和走访工作，在“七一”、重阳节、春节期间，走访慰问离退休干部120人次；走访异地安置（居住）离休干部2人；参加离休干部90寿辰祝贺2次。组织离退休干部身体健康检查120人次，为因病瘫痪、生活长期不能自理的离休干部办理增加护理费，为易地居住和异地安置的离休干部办理医药费报销，为离休干部解决医疗费疑难问题。

【老干部活动中心与老年大学建设】 2017年，零陵区老年大学在原有的基础上，本着“政治建校、质量升校、平安立校”办学理念和“增长知识、丰富生活、陶冶情操、促进健康、服务社会”的办学宗旨，不断规范教学管理和课程设置，老年大学的整体办学条件和教学水平走在全省前列。9月，省委组织部副部长、老干部局局长崔永平，市委组织部副部长、市委老干部局局长秦远林等到老年大学调研指导，对全区老年大学的办学宗旨、办学形式和管理模式给予肯定。

是年，零陵区老年大学共招收学员1602人，开办16门学课，22个教学班。坚持走出去，请进来的办学方针，组织学校管理工作者及学生会干部到耒阳、祁阳、江华、蓝山、宁远及广东等地开展联谊活动，扩宽视野，真正实现“老有所学，老有所教、老有所乐、老有所为”，提高老年大学学员们幸福生活指数。

【离退休干部党组织建设】 2017年，离退休干部党工委创新工作思路，加强指导全区离退休干部党建工作。4月，区委任命区委组织部副部长、老干部局局长黄渊辉为区离退休干部工委书记，老干部局副局长邓绍明为专职副书记，其中，另行任命2名兼职副书记和7名兼职委员，5月，区离退休干部工委举行揭牌仪式。全年指导全区53个离退休党支部开展党建工作，落实“三会一课”年度和“两学一做”经常性学习教育活动。帮助区公安分局、区人民检察院、区民政局3个退休干部党支部成功创建全市示范离退休干部党支部。12月，在全市离退休系统党建工作大会上，黄渊辉作题为《创新工作思路，做好新时代离退休干部党建工作》的典型发言。

零陵区老年大学创新学校党建新格局，成立学校党总支、学生会党支部、班级临时党支部三级党组织。

【离退休干部活动】 2017年，区委老干部局以喜迎党的十九大为主题，结合全区工作实际，组织离退休干部开展为党和人民的事业增添正能量活动。区老干局组织区委政法委原书记刘昭德等5位老干部下乡村、进社区、入学校开展讲党史国史、讲零陵故事活动，开展讲座30余次，受课人员5000人次。结合纪念建党96周年庆祝活动，组织区政协原主席陈凤英等7位老干部，在“七一”前夕走访慰问邮亭圩镇省级贫困村毛坪村、滑石山村生活困难的老党员35人，为他们每人送去一袋米，一桶油，花费1万元，让广大老党员感受到党和政府的温暖。为喜迎党的十九大召开，区老干局组织老党员参加全区庆祝建党96周年“党旗飘扬”及全省“喜迎十九大　颂歌献给党”大合唱比赛，取得优异的成绩。组织老年大学老同志下乡村、进社区、入学校采用喜闻乐见的形式宣讲中共十九大报告，宣讲20余次，听课人员3000人次。

联合关工委、老科协等涉老组织在富家桥镇涧岩头村、南津渡办事处香零山村、邮亭圩镇水月庵村等乡镇村开办18所“四点半”学校，为孩子提供学习与活动场所。整合零陵区老年大学、区广场舞协会、区老年书画协会等涉老团体，举办“庆七一·广场舞大赛”、“人民防空杯”书画展、“喜迎党的十九大　翰墨丹青抒情怀”书画展、“喜迎十九大　畅谈新变化”征文比赛等活动，在多个平台、多种形式上展现老年朋友助推“六大战役”“三大品牌”积极向上的精神风貌，热情讴歌零陵区经济社会发展新变化。

（邓绍明　唐战恒）

对台工作

【概况】 中共永州市零陵区委台湾工作办公室（永州市零陵区人民政府台湾事务办公室，以下简称区台办），2009年8月成立，归中共永州市零陵区委统一战线工作部管理，机构级别为正科级，核定行政编制3名。截至2017年年底，有在职工作人员2名。主要职能为宣传及贯彻执行党委、政府对台工作的方针、政策、规定，研究拟定零陵区对台工作的具体政策和措施；协调、指导全区对台经贸工作和零（陵）台（湾）间的经济、文化、体育、科技、卫生等领域的交流与合作；组织、指导到零陵区台胞的接待工作；协调处理零（陵）台（湾）人员交往中所衍生的有关问题；协调处理台胞涉台遗产问题；对到零陵区定居的台湾居民进行团结教育和管理；指导、管理零陵区台胞台属联谊会工作。

【服务台资企业】 2017年，区台办以“提高服务水平，优化服务环境”为目的，强化“亲商、扶商、安商、富商”的理念，主动解决台资企业建设和生产中遇到的实际问题，为台资企业营造良好的发展氛围。会同有关部门先后深入到区内5家台资企业开展调查研究，针对台资企业反映出来的问题和困难，积极主动与相关部门联系，为企业发展排忧解难。确定专人跟踪服务，做好协调工作，进一步密切政府与台企的关系，维护台商的合法权益。7月初，永州台新现代科技农业有限公司6.67公顷水稻和蔬菜受到洪水淹盖，协助区农业委、保险部门深入该公司灾情现场，实地开展查勘定损工作。实行特事特办，简化手续，做到应赔尽赔，最大限度减少台资企业损失。永州杰宝电子有限公司各项拟建手续正在办理，已投资200万元。

【对台交往交流】 2017年，区台办利用中秋、春节等中国传统佳节，通过寄发贺卡、打电话、写书信等多种形式，向零陵籍台胞台属表示慰问，并邀请他们组团回家探亲寻根，共叙乡情、共话零陵新发展。4月3日，台湾地区零陵同乡会会长唐江涛、副理事长陈力生、干事刘治平等回乡祭祖，区台办全程陪同，并动员他们带领二、三代台胞回乡探亲，观光旅游。6月21—23日，唐江涛一行5人到零陵考察文化旅游项目，区台办陪同考察周家大院、蘋洲书院、柳子庙、工业园及东山景区等历史文化景点。唐江涛一行看见家乡的发展变化感到十分高兴，表示将一如既往地关心与支持家乡发展，动员和组织同乡会中的年青一代多联系、多交流、多沟通，为家乡发展做贡献，共同为海峡两岸和平发展出力。10月底，区台办组织开展“台湾永州媳妇娘家行活动”，邀请20名远嫁台湾的零陵姑娘回家乡参观学习，体验家乡变化，该项活动得到上级台办和陆配的一致好评。全年接待台胞台属参观考察20批次、300余人。同时，利用“互联网+”时代，创新发展交流模式。在QQ、微信等交流平台，建立零陵陆配和台湾零陵同乡会QQ群、微信群，创建潇湘两岸情、永州台协、零陵台胞台属联谊会等交流平台，更好地与他们保持日常联系和交流，向他们宣传祖国大陆对台方针政策和家乡发展变化的情况。

【台胞台属合法权益维护】 2017年，区台办始终坚持以服务台胞台属为己任的理念，帮助台胞台属解决实际困难，维护他们的合法权益。全年接待台胞台属来信来访20余件，做到件件有落实，事事有回音。其中突出的有台胞冯某反映其生活比较困难，要求享受城市低保；梳子铺乡台属秦某反映其父亲财产继承问题；台胞樊某反映被骗28万元的问题；单某反映5月7日在接履桥驾照被零陵区交警大队扣押的问题；台属张某、邓某在沿江大道旁房屋拆迁安置问题，均得到妥善处理。

【台胞台属参政议政】 2017年，区台办利用区政协换届之机，创造条件，引导支持台胞台属参政议政。通过调查摸底、实地走访、座谈会等方式，结合平时掌握的台胞台属基本情况，推荐1名综合素质较高、工作协调能力较强、热爱对台工作的台胞台属唐爱萍作为零陵区政协委员的建议人选，并成功当选为零陵区第十届政协委员。

【台情普查登记】 2017年，区台办为全面、准确掌握全区现有台资企业及台胞台属底数，进一步挖掘利用现有对台工作资源，提升对台经贸和对台交流合作水平。按照市台办的统一部署，组织开展台资企业及台胞台属情况普查工作。普查工作从3月中旬开始，至5月中旬结束,普查范围包括台资企业、台胞、台属、涉台婚姻人员及与台湾具有交流往来关系的社会团体、民间组织。与乡镇街道及有关部门加强联动，按照各类普查表格所要求内容，全面系统地对全区涉台资源情况进行调查核实和补充登记，建立完善台资企业和台胞台属信息资料库，为以后更好地服务台商台企、服务台胞台属、服务地方经济社会发展打下坚实基础。通过摸底核查，区内有台资台商企业5家、在区内常驻的台胞台商15户、零陵籍台胞及后裔580多人、台属1.82万余人。

【对台调研与宣传】 2017年，区台办参加各类业务培训，先后到株洲炎陵、永州双牌、宁远等对台交流基地进行学习。4月26日，国台办交流局副局长董碧幽和省台办交流处副处长李瑾瑾等一行在永州市台办主任周生来的陪同下，就零陵古城文化旅游项目进行考察调研。7月初，市、零台办与台商共同抗击洪灾，对受损情况严重的永州台新现代科技农业有限公司进行走访调研。12月，永州市台办到零陵调研对台工作并走访慰问困难台胞、台属，对台资企业进行指导调研。

积极撰写信息，客观反映全区涉台活动和台胞台属生产生活情况，开展台资企业台胞台属普查登记工作，对台胞台属的相关情况进行台账管理，并及时更新。全年在湘台连线和中国台湾网等媒体发表调研文章和信息22篇。

（王梅芳　屈晨华）

党史地方志

【概况】 2017年，永州市零陵区党史地方志编纂办公室（以下简称区史志办）围绕区委、区政府中心工作，按照新时期史志工作要求，创新开展“弘扬红色文化、传承红色基因”党的知识常态化教育活动，完成中共零陵地委旧址陈列布展，编纂出《零陵年鉴（2017）》，全区党史地方志工作有新的突破。区史志办被评为全市史志工作先进单位；获2016年度零陵区经济社会发展综合考核先进单位；获2016年度零陵区经济社会发展突出贡献奖。

【开展党史知识进校园活动】 2017年7月开始，区史志办拟出全区中小学生党史教育工作方案，精心选出党史知识资料，请专人写出党史教育教案，制作出上课用的课件，为活动开展充分作好有关准备。8月16日，区史志办与区教育局联合下发《零陵区中小学校党史知识进校园活动实施方案》，启动在全区中小学校开展党史知识进校园教育活动。活动以开展“爱党、爱国、爱零陵”为主线，重点开展好党史知识教育和地情区情教育两项教育。活动主要运用课堂讲座、开展系列活动和加强环境熏陶等多种形式，加强党史知识教育。9月27日，与区教育局在中山路小学举行党史进校园活动启动仪式，共80多人参加。仪式上，零陵区中山路小学校长何会英代表学校首先致辞；区史志办主任黎忠广宣读《零陵区中小学校党史知识进校园活动实施方案》；区教育局局长唐天光作党史进校园工作有关安排；区史志办为中山路小学送书260多册；活动最后由教师杨荧郁为学生上党史辅导课，整个活动取得初步成效。

【开展“弘扬红色文化、传承红色基因”党的知识常态化教育】 2017年10月初，永州市史志办到零陵指导党史工作，区委常委、区委办主任彭江辉参加。会上，在中央党史研究室学习培训的市史志办周静谈到，当前中央党史研究室一直想在中小学开展党的知识教育，但难度较大，全国目前没有真正开展起来。彭江辉认为开展党史教育这项工作意义重大，初步决定零陵区要全力开展好这项工作。

11月7日，在区委组织部会议室，彭江辉主持召开会议，区委办、组织部、宣传部、史志办、教育局、团区委、区关工委等单位参加。会上，彭江辉就党史进校园工作的初步设想和打算进行安排，决定在全区中小学生中全面深度开展。进一步扩大知识面，以党史知识为主，包括党建、十九大精神、革命影视歌曲等知识，更名为“弘扬红色文化、传承红色基因”党的知识进校园工作简称红色文化进校园。决定分年级编写出小学生读本和中学生读本。11月8日，区史志办、各相关单位和抽调的十多名小学教师，开始启动编写读本。11月17日，彭江辉带领区委办、史志办一行4人到中央党史研究室，向宣教局局长徐贵祥等领导汇报党史进校园工作，得到高度肯定。

区委高度重视此项工作，一是成立中共永州市零陵区委常态开展“弘扬红色文化、传承红色基因”党的知识教育工作领导小组，区委书记唐烨任顾问，区委常委、区委办主任彭江辉任组长，区委常委、区委组织部部长唐清林，副区长姚如男任副组长，区委办、史志办、组织部、宣传部、改革办、教育局、团委、关工委、政研室等单位负责人为成员，高规格、大党建格局下开展宣教工作。以区委办名义下发《关于在全区中小学校开展党史进校园暨党的知识常态化教育活动的实施方案》。二是在宣传教育上，创新推出“十个一”工作目标。编写一套红色文化读本，制作一批红色教育课件，组建一支红色宣传队伍，打造一批红色学习阵地，建设一批红色文化教育基地，制作一批红色流动展板，开展一批红色主题活动，组织一次红色体验，办好一批红色示范学校，开设一批红色宣传专栏。三是编写小学生读本。由区史志办具体负责组织相关部门人员、相关学校教师共同编写读本。经过多次修改、讨论，编写出小学生“童心向党”党的知识简明读本一至六册送审稿，每册40页左右，图文并茂，送至湖南人民出版社审编，于12月中旬出版印刷成书，共5万多册。12月12日，在中山路小学举行首发式，省委党史研究室宣传教育处处长吴义国、市史志办主任李俊江到会参加首发式。此后，全区小学生先后领到读本，全面开展常态化教育。12月20日，开始启动初中生读本编写工作。

中央党史研究室宣教局徐贵祥局长等领导认为零陵区委高度重视党史工作，开展红色文化进校园工作方向很好，出发点很新颖，是全国党史宣传教育工作的一个创新，上通中央精神，下接地气，值得充分肯定。省、市党史部门对零陵区开展此项工作也都给予高度评价。

【完成“中共零陵地委旧址”布展工作】 2016年10月，区委、区政府为发挥中共零陵地委旧址的历史价值，决定充分利用原地委2号办公楼进行布展，以加强党史教育，建成集收藏、研究、陈列展示、宣传教育等功能于一体的纪念馆。项目修缮按照修旧如旧的原则。陈列布展工作由区史志办负责，区委成立以区委常委、区委办主任彭江辉为组长，区史志办主任黎忠广为副组长的项目小组，以区史志办为主体，抽调6名工作人员，全力开展陈列布展工作。2017年5月，陈列布展工作完成，向社会开放。

【《零陵年鉴》(2017)编纂培训会议】 2017年2月23日上午，《零陵年鉴》编纂工作动员会议和业务培训会议召开。全区各乡镇街道、区直单位及省、市驻区单位分管领导和写作人员共260多人参加。区委常委、常务副区长龙军出席并讲话，区委常委、区委办主任彭江辉主持会议。

龙军强调，要正确认识编纂年鉴的重要意义，增强做好《零陵年鉴》编纂工作的使命感和责任感。为贯彻落实国务院《地方志工作条例》精神和《湖南省实施〈地方志工作条例〉办法》，零陵区决定从2017年起每年编纂一部《零陵年鉴》。要坚持质量第一原则，努力打造彰显零陵特色的精品年鉴；要围绕历史文化名城和“零陵古城”建设等特色工作开展资料征集和编写工作；要加强组织领导，明确时间、人员、经费，确保《零陵年鉴》在2017年12月印刷出版。

省地方志年鉴处副处长黄为和市史志办副主任郑经纬分别就年鉴编写作业务知识讲座和工作指导。

【《零陵年鉴(2017)》正式出版】 2017年12月26日，零陵区首部综合年鉴——《零陵年鉴(2017)》由方志出版社出版，全书260页，约40万字。

《零陵年鉴(2017)》是中共永州市零陵区委、永州市零陵区人民政府主办，区史志办主编的首部年鉴，主要记述零陵区2016年1月1日至12月31日全区基本情况、重大事件和主要成绩，突出反映年度内全区政治、经济、文化、社会发展和群众生活等各领域的新成就、新特点。采用分类编辑法，分为特载、大事记、零陵概貌、农业、工业、社会建设和乡镇街道等25个大部类。全书设彩版42个，资料丰富，图文并茂，是积累和保存年度珍贵文字和图片资料的重要载体，是认识零陵、了解零陵的重要窗口。

【党史联络工作】 2017年，区史志办决定编辑零陵城市建设专题，先后召开会议安排，到各单位指导写作、征集资料，继续动员老领导、老同志撰写回忆文章，征集回忆录资料。至2017年年底，征集到回忆录文文章18篇，文字15万字。征集党史专题2个。一个是零陵区工业化进程专题资料，1.8万字；一个是萍州工业园发展史专题资料，1.4万字。

【党史宣传教育】 2017年，区史志办征订2018年度《湘潮》杂志610份，在各党组织中宣传党史知识。11月20日，中央党史研究室主办的中国共产党历史网发表《湖南省永州市零陵区中小学校开展党史知识常态教育》一文，宣传零陵区党史进校园工作。12月12日湖南卫视新闻联播、13日《湖南日报》分别报道零陵区党的知识常态化教育工作。特别是人民日报社湖南分社采写的《编写红色读本开设红色课件 湖南永州市零陵区大力开展"童心向党"教育》稿件，于12月20日在《人民日报内参》(2017年第1526期)上刊发，取得很好的宣传效果。全年党史宣传教育在省、市有关媒体上被报道刊发，新闻12条。

（陈顺国）

档案

【概况】 2017年，区档案局内设办公室、档案馆、业务指导股、法制教育股4个股室（馆），现有工作人员13人。

年内创新工作方式，不断强化档案考核机制，推进零陵区综合档案馆（含城建档案馆）项目建设，实施"数字档案"工程，档案事业取得长足的发展，获"2017年度全省档案宣传工作先进单位""2017年度全市档案工作先进单位"等称号。

【项目建设】 零陵区综合档案馆（含城建档案馆）项目为全区重点项目，由区委常委、区委办主任彭江辉任指挥长。2017年，零陵区综合档案馆（含城建档案馆）项目在已完成选址、立项、环评、初步设计等前期工作的基础上，继续推进。完成规划设计和施工图图审工作和项目用地征地拆迁任务；完成消防报建工作，后续施工报建工作正按程序有序报建；完成项目用地范围内的自来水、污水管和电力设施的改造及部分建筑物的拆除工作；完成项目主体工程的招标、施工合同签订和桩勘等工作，项目进入立桩基础工程；完成监理单位的比选并签订监理合同；完成室内装饰装修工程和智能化工程的招投标工作。截至2017年年底，项目已完成投资额410万余元，约占总投资额的15%。

【课题研究项目】 2017年，零陵区档案局申报的《加强县区档案供给侧结构性改革，提高县区档案管理公共服务水平》课题研究项目作为永州市唯一项目入选全省科技档案课题研究项目库。课题研究小组以全区非物质文化遗产为突破口，初步完成零陵花鼓戏、零陵渔鼓、异蛇王酒、李氏正骨术等非遗项目，零陵老城区和部分乡镇的古街、古道、古井、古寺庙、古村落等物质文化遗产以及现有馆藏档案等进行较为详细的调查摸底工作，获得大量的数据和资料，为课题研究的后续工作打下坚实的基础。

【档案业务指导】 2017年，零陵区档案局围绕土地流转、行政村合并、精准扶贫、乡村振兴等新农村建设工作，开展大量卓有成效的工作。按照省、市档案局要求，在乡镇建设村级档案示范点2个，为全区其他村的档案工作起到示范引路的作用；下乡入村，对土地流转和精准扶贫档案进行积极指导；制定出台《关于零陵区乡镇行政村合并工作中档案管理工作的指导意见》。同时，按照国家档案局第8号令、第10号令的要求，积极推行规范化管理。截至2017年年末，全区有34个机关达到档案工作目标管理省二级以上标准，其中，省特级1家，省一级13家（乡镇1家），省二级20家（乡镇省二级7家）。

【法治宣传教育】 2017年，零陵区档案局采取多项措施，加强档案法治教育工作，提高公众档案法律意识。联合市档案局举办“6·9”国际档案日”宣传活动，首次采取“进机关、入企业、下社区”的流动宣传模式，发放宣传资料4000份，覆盖城区17个社区；举办2017年度全区档案业务培训工作，参训档案员150多人；采取“晒问题、列清单、限期整改”的工作模式，严要求，高标准，对全区所有参与考核单位开展档案行政执法检查。

【档案查阅利用】 2017年，区档案局为精细化管理，规范服务，做好现行文件接收及提供利用，建立健全各项规章制度。严格落实“十防”措施，全年未发生一起档案安全责任事故。全年接待咨询、查阅、利用档案者8000人次，提供档案4000余卷、复印2万余页。另外，接收机构改革完成单位区卫计委和区公共资源交易中心3000余卷档案入馆。

【馆藏】 区档案馆建筑面积1200平方米，馆藏档案13万余卷，2006年成功晋升为省二级档案馆。截至2017年年底，零陵区档案馆馆藏有档案全宗217个、138828卷（件）。

（周　胜）

信　访

【概况】 2017年，零陵区受理群众来信来访1886批、3238人次，领导交办516件、1205人次（含区级领导大接访日385件1207人次）；其中受理信访系统来信146件，信访系统投诉738件，市长信箱150件，市委书记来信交办44件，区长信箱40件。收到上级交办信访事项191件，其中国家部委转交办1件，省交办17件，市交办173件，全部办结，办结率100%。网信比占72.5%，及时受理率、按时办结率均为100%，群众满意率信访部门为99.5%、责任部门为61.3%，网信占比72.4%。全年接待信访事项复查41件、65人次，其中受理29件（出具不予受理告知书21件，出具复查意见3件，正在办理5件），当面解释事项12件。区联席办组织召开疑难积案听证会1次。

【信访积案化解】 2017年，零陵区各包案区级领导及责任单位严格按照省、市及区里关于“积案清零”的要求，积极开展工作，206件信访积案办结42件，其中省、市交办的10件全部办结；区交办的196件办结32件，9月，办结13件（签订息访息诉协议5件），余下的164件中，不能化解但可控的有77件，做到有理诉求解决到位、无理诉求解释到位、生活困难帮扶到位、违法上访处理到位。

【网上信访办理】 2017年，零陵区把网上信访工作的办理情况纳入党委、政府信访工作责任制目标管理体系。通过网络、电话、传真等，开展“阳光办信”，对来信的接收、转交、告知、处理、回复、分析和通报进行公示，并主动约见来信人，将办理结果告知写信人，使整个群众来信的办理过程更加公开、透明、方便和快捷。5月，在全市办信工作会议上并做典型发言。

【接访下访制度】 2017年，零陵区要求各乡镇街道办事处、区直各责任单位主要领导坚持每月5日接访和20日议访制度。加强重点排查，定期研究情况，促使一大批矛盾纠纷和疑难、复杂信访问题得到妥善解决。

【信访责任落实】 2017年，零陵区以执行省、市委“每天安排一名市县党政领导到同级信访接待中心值班接访”工作制为基础，以“四级书记”同步接访为契机，严格落实首办首接、案件督办、定期通报等制度，把矛盾化解在基层，取得较好效果。对因工作不到位、责任不落实，敷衍塞责等失职、失责行为，一律按照中央、省、市信访责任追究等有关规定，严肃追责，严格问责，绝不姑息，绝不手软。

巡　察

【概况】　2017年9月28日，区巡查办成立。区巡查办围绕基层党风廉政建设和反腐败斗争中心，着力发现党风廉政建设、执行纪律规矩和制度等方面存在的突出问题，高悬巡视巡察利剑，保持对惩治腐败的高压态势，形成上下联动的巡视巡察工作新格局。聚焦存在的问题，突出政治巡察，实现精准发力，把纪律和规矩立起来、严起来、硬起来；总结和借鉴巡察工作经验，探索巡察工作新思路、新举措，锻造一支“对党忠诚，业务精湛，作风优良，勇于担当”的巡察“铁军”。

【巡察和纪委派驻机构建设】　2017年3月下旬，零陵区开始部署巡察工作和纪委派驻工作，成立以区委书记、区长为顾问、区纪委书记为组长，区委组织部长和区纪委副书记为副组长的零陵区委巡察工作领导小组。领导小组下设办公室（简称巡察办），从乡镇街道抽调6名党员干部到办公室工作，并组建4个巡察组和13个区纪委派驻区直单位纪检组。

区委巡察办、巡察组和区纪委派驻机构联合办公楼以区委党校一幢3层楼约600平米的闲置住房，严格按照标准化建设的要求进行装修。9月29日举行揭牌授牌仪式。区委巡察办和巡察组成立以来，以全区各乡镇街道的村支两委换届选举和精准扶贫两大领域为重点开展第一轮巡察。4个巡察组走访16个乡镇（街道）的126个村（社区），发现问题和线索135个，核实36个，其中换届选举风气17个、精准扶贫9个、其他问题线索10个，整改问题23个；向乡镇（街道）交办问题线索34个、移交区纪委2个，立案查处4起，涉及问题资金17.18万元。

【市委第四巡察组巡察零陵区筹备工作会议】　2017年10月13日，区委巡察工作领导小组召开市委第四巡察组巡察零陵区筹备工作会议，区委常委、区委组织部部长唐清林主持会议，区扶贫办、区信访局等筹备工作组各成员单位负责人出席会议，会上讨论区委巡察办起草的《2017年市委第四巡察组巡察零陵区有关工作筹备方案》。

【建立市委第四巡察组对零陵区巡察工作机制】　2017年11月6日至12月6日，巡察工作机制。市委第四巡察组对零陵区进行为期1个月的专项巡察。11月7—10日，市委第四巡察组与区委各巡察组建立联动机制，形成合力，紧密配合，分别在零陵区16个乡镇（街道）12家区直单位召开市区联合第二轮巡察动员会，标志着第二轮巡察第二阶段工作开展。

【党的建设巡察整改】　2017年，区委出台《关于进一步加强全区党的建设工作的意见》，规定区委常委班子实行“一岗双责”，对联系乡镇（街道）和区直部门督促指导基层党建工作。区纪委、区委组织部印发《关于召开2017年度党员领导干部民主生活会的通知》，进一步规范民主生活会，明确民主生活会流程、资料要求，并要求在会后10日内报区纪委、区委组织部备案。区委组织部严格把关，对资料不符合的，要求坚决予以退回。区纪委、区委组织部明确联系各单位民主生活会的责任人，加强对党内民主生活会开展情况督查考核，发现问题及时指出并限期整改。区纪委、区委巡察办、区作风办联合印发《零陵区“纠‘四风’、强作风”专项督查巡察活动实施方案》《零陵区“纠‘四风’、强作风”专项督查巡察工作实施细则》等文件，扎实开展“纠‘四风’、强作风”专项督查巡察活动，坚持半月一调度、一月一总结，推动全区作风建设总体持续向好。加强对落实《党委主体责任实施意见》《纪委监督责任实施意见》的督促和检查，确保两个责任落实到位。

组织干部职工认真学习《中国共产党纪律处分条例》、中央八项规定精神、省、市、区作风建设相关规定等政策法规。对全面从严治党方面履职不力的1名党组织负责人，给予撤销党内职务，6名党组织负责人被通报批评。

【扶贫政策措施落实】 2017年，区委巡察办和巡察组组织各单位组织扶贫工作队员加强易地扶贫搬迁、危房改造相关政策学习，明确政策要求，增强执行政策的自觉性。组织区发改委、区扶贫办、区住建局等相关部门、乡镇街道对全区2017年危房改造、易地扶贫搬迁户进行全面核查，对不符合政策的一律追回危房改造资金。严格追究相关人员的责任，给予1人党内严重警告处分、给予3人诫勉谈话处理。

对个别学校建档立卡学生识别不准确的问题进行调查，启动问责程序,并对相关学校校长进行约谈区。教育局组织各学校加强教育扶贫政策学习,严格按政策要求执行到位。组织学杂费退费工作，对226名“四类学生”应免除学杂费资金全部退回。

【严查扶贫户识别不准问题】 零陵区组织全区扶贫干部集中轮训，举办脱贫攻坚政策专题培训班，分期分批对区级领导、区直部门主要负责人、乡镇街道党（工）委书记、乡镇长（主任)、分管领导、驻村工作队长及队员、驻村干部、乡镇扶贫专干、行政村支部书记进行专题培训，进一步提高全区扶贫干部脱贫攻坚工作能力。围绕提高脱贫质量，扎实开展精准识贫专项整治，认真对照标准，全面排查修正贫困户识别、退出、审批等各个环节资料，做到“应进尽进、应清尽清”。

【违反中央“八项规定”的问题整改】 零陵区要求各乡镇街道、各区直单位加强对中央八项规定精神、《中国共产党纪律处分条例》《违规发放津贴补贴行为处分规定》等政策法规学习，增强纪律意识，加强党性教育和群众观念教育，提高为人民服务的意识。对违反中央“八项规定”精神的立案调查2人，其中给予党内严重警告1人处分，正在执纪审查1人。

【党风廉政建设和反腐败工作】 零陵区履行党风廉政建设责任制，强化全区党风廉政制度建设，支持纪委监督执纪问责，全面加强党风廉政建设和反腐败斗争，严格落实“中央八项”规定精神，持之以恒反对“四风”，加大整治群众身边腐败问题力度，坚持无禁区、全覆盖、零容忍，坚持重遏制、强高压、长震慑反腐败斗争态势。

永州市零陵区人民代表大会

【概况】 2017年，零陵区第十届人民代表大会常务委员会内设办公室和5个工作委员会（内司工委、联工委、教科文卫工委、农业农村工委、城环工委）。区十届人民代表大会设2个专门委员会（财政经济委员会、法制委员会），有干部职工35人，区十届人大常委会委员33人。

【重大决定决议】 2017年，区人大常委会围绕全区改革发展的重大问题和人民群众普遍关注的热点问题，加强调查研究，深入审议讨论，集体行使权力，依法作出决议、决定。先后就“十三五”易地扶贫搬迁、学位建设、特色小镇建设等事关全区经济社会发展大局的7件重大事项进行集体审议、讨论，并依法作出决定，赋予其执行效力，促进各项工作的落实。

【依法人事任免】 2017年，区人大常委会坚持党管干部和人大依法行使任免权相统一的原则，严格任免程序，规范权力运行。任前法律知识测试。对拟任人员进行任前调查了解，组织任前法律知识测试，全年组织对提请人大常委会任命人员进行法律知识测试93人次，并将测试成绩作为常委会任命的重要依据。严格按程序任免。严格按照任前表态发言、常委会票决、颁发任命书、举行宪法宣誓仪式等程序依法进行任命。全年常委会依法任免国家机关工作人员153人次，加强任后监督。区人大常委会对被任命人员进行跟踪监督，做到“任前知情、任中知人、任后知行”，有效促进被任命人员严格按照党的要求和法律赋予的职责。

【开展工作审议】 零陵区从园区产业发展、社会事业发展、城镇建设、综合服务平台建设、交通工作、脱贫攻坚、文化旅游及农贸市场建设7个方面开展工作审议。区人大常委会审议后，指出问题38个，提出建议33条，梳理后及时向区委报告，并对整改情况进行督办，推动各项工作落实。审议的最终结果报告区委，并向全体代表和社会各界进行公示。

【政府工作监督】 2017年，区人大常委会结合《政府工作报告》提出的工作目标，不定期组织开展日常监督。区人大常委会就推进新型工业化、加快景区景点建设、推进美丽乡村建设、提升城市品质活力、加强重点财源建设和努力构建和谐社会9个方面的工作，抽调部分代表组成调查组，采取实地调研、考察或听取工作情况汇报等方式，开展日常监督。区十届人大常委会第8次会议专门听取对日常监督工作的情况汇报，指出13个问题，提出16条建议，及时进行反馈并督促整改落实。

【财政预决算审查监督】 2017年，区人大常委会依照《中华人民共和国预算法》的规定，对全区2017年财政总预算和部门预算编制情况进行审查，审查并批准2016年财政总决算草案的报告；对区人民政府提交的财政工作报告、2017年预算草案进行审查；对2017年1—6月财政预算执行情况进行调查，审查并批准2017年预算调整方案。在审查监督过程中，深入各单位广泛征求意见，研判形势，采纳建议，并指出财政预算执行中存在的问题，建议区人民政府和财税部门进一步强化措施，加大财源建设，强化征管手段，提高收入质量，圆满完成财政预算任务。

完善人大预算审查监督与政府审计监督相衔接机制。区十届人大常委会第一次会议审议通过《永州市零陵区人大常委会关于建立和完善审计查出问题整改情况向区人大常委会报告机制的意见》，进一步完善相关制度。区十届人大常委会第6次会议专门听取区人民政府关于2015年审计查出问题整改情况的报告，把脉审计问题，督促相关单位及时整改，有效促进审计发现问题的整改落实。

【司法工作监督】 零陵区开展检察院“除虫护花”行动工作情况调研。区人大常委会配合省市开展“除虫护花”行动专项工作调研，集中了解非公经济发展中存在的困难和问题，建议区人民检察院有针对性开展专项工作，集中力量办理一批侵犯非公有制企业合法权益的典型案件。全年审查处理涉及非公经济案件7件，维护非公经济正常健康发展。

开展法院执法工作调研。督促区人民法院按照上级关于“在两到三年时间内基本解决执行难”的要求，探索和改进执行工作的有效措施，最大限度实现当事人的胜诉权益。全年执结各类案件2389件，执结案件标的2.85亿元，有财产可供执行案件的执行到位率93.15%。

开展人民陪审员工作调研。区人大及其常委会通过调研，清退部分不宜续任的人民陪审员，吸纳部分区人大代表和区政协委员充实到人民陪审员队伍中，进一步优化全区人民陪审员队伍结构。同时建议区人民法院完善相关制度，加大对人民陪审员培训，加大人民陪审员履职保障，拓展人民陪审员使用范围。

推动社区矫正协调联动机制正常化。与有关部门协同配合，通过协调联动，推动社区矫正机构社会调查评估工作制度的落实，推动社区矫正机构与社区联动，推动公安部门对矫正对象脱管网上追逃的支持配合，有效加强对矫正对象的监管。

做好涉法涉诉等信访案件的接访和督办工作。全年接待人民群众涉法涉诉来信来访320余人次，转交司法机关办理17件，跟踪督办6件，有力地维护当事人的合法权益。

【审议专项工作报告】 零陵区听取和审议“一府两院”关于基本公共卫生服务均等化、融资使用管理偿还、“七五”普法、学位建设规划、城乡居民医保资金收支审计、城乡居民医保并轨工作、义务教育均衡发展、深化供销社综合改革等专项工作报告18个，进一步促进依法行政和民生改善。

【专项活动开展】 2017年，零陵区以“健康村镇”建设为主题，举行全市“三湘农民健康行”活动现场观摩会，组织成员单位开展送医送药下乡活动24次，开展巡回义诊18次，免费发放药品6万余元。组织“民族团结进步行”活动，组委会成员单位深入到穆斯林少数民族经营的拉面馆、新疆特产店走访慰问，与他们共度古尔邦节。在“农产品质量安全行”活动中，不断强化工作举措，推进农产品质量安全工作，全区农产品质量安全状况持续改善，农产品农残超标率始终控制在省定范围内，未发生农产品质量安全事故，农产品质量安全水平明显提高。

【组织立法调研】 零陵区根据市人大常委会的立法规划，组织开展《永州市城市市容和环境卫生管理条例（草案）》和《永州市人民代表大会及其常务委员会立法条例（草案）》两部地方性法规的立法调研活动，听取相关部门的情况汇报，并召集相关职能部门负责人及部分社区代表进行座谈，提出30多条有针对性的修改建议，得到市人大立法组的肯定。

【督办代表建议】 零陵区区十届人大一次会议期间及会后共收到代表建议批评和意见 109 件，经大会议案审查委员会审查决定，全部作为建议、批评、意见处理（简称建议），建议全部交由区人民政府办理。

年内议案审查委员会选定 3 件作为重点建议进行督办。对唐琳代表提出的《关于均衡打造优质学位的建议》，组织部分市、区人大代表对提出的学位建设情况进行调研，调研后发现大班额、就近入学难等现象依然存在，针对问题及时对区政府进行交办，区政府相关部门高度重视，成立高规格的学位建设领导小组，领导全区学位建设工作的实施。通过采取过硬措施，确保七里店小学一期和荷叶塘小学二期工程如期交付使用。

永州市零陵区人民政府

【概况】 2017年，区政府办围绕全区经济社会发展等中心工作，准确把握“参谋政务、管理事务、精准服务”的工作方针，发挥参谋助手、督促检查、组织协调等职能，各项工作开展取得可喜成绩。

综合调研优质高效。全年开展综合调研30余次，撰写各类综合性材料250余篇，形成一批有价值、高质量的调研报告，为领导科学决策提供参考。办文办会严谨务实 。全年制发公文1200份，处理各类文件3200余份，完成各类会议会务工作680余次。应急值守规范有序。办公室严格实行24小时值班制，全年处理应急情报信息350余份。全年开展督查活动118次，下发督办函49件，下发《零陵政务督查》29期，办理市政府督查室批示件18件，督办区长批示件284件。是年，获得全市建议提案办理工作先进单位、全区党委办公室工作先进单位、全区意识形态工作先进单位、全区统战工作先进单位等荣誉称号。

全年实现地方生产总值231.1亿元，同比增长8.4%；财政总收入16.2亿元，增长15.2%；规模以上工业增加值45.4亿元，增长8.3%；固定资产投资225.7亿元，增长13.2%；社会消费品零售总额97.4亿元，同比增长10.8%；城乡居民收入分别达到27033元、17497元，分别增长10.0%和8.9%。主要经济指标增速高于全市平均水平，多项工作走在全市前列。

【农业产业建设】 2017年，零陵区完成农业总产值75亿元，增长4.4%，实现农业、牧渔业增加值41.6亿元，增长4.3%。粮食作物总播种面积63.25千公顷，蔬菜种植面积26.52千公顷，粮食总产量37.36万吨，水果总产量20.23万吨。猪、牛、羊出栏分别为92.15万头、1.43万头和3.24万只，家禽出栏1595万羽，水产品总产量2.04万吨。新增市级以上农业龙头企业6家，有省级农业产业化龙头企业4家，市级龙头企业28家，培育新型经营主体75家。拥有全国驰名商标2个，省著名商标7个，市知名商标2个。保持全省粮食生产先进县区、生猪调出大县，省级出口食品农产品质量安全示范区等称号，获“全省农民权益维护和负担监管工作先进单位”，在2017年全市农业农村工作考核中名列第一位。

全区规模农产品加工企业完成产值33.6亿元，增长31.76%。全区有省、市、区现代农业产业园11个，其中，市级农业产业园4个、省级农业产业园4个。

【工业经济发展】 2017年，零陵区新增规模工业企业16家，完成区属规模工业总产值74.12亿元，同比增长18.22%，高于全市5.3个百分点，锰、烟、农产品加工、新能源新材料、电子信息、生物医药六大产业初具规模。烟草制品业总产值37.1亿元，黑色金属冶炼业总产值9.84亿元，医药制造业总产值5.57亿元，计算机、通信和其他电子设备制造业产值增长31.5%，酒、饮料制造业产值增长12.6%，非金属矿物制品业产值增长17.1%，家具制造业产值增长29.7%。推进园区扩园提质，园区面积10.9平方公里，引进产值过亿元企业3家。

【第三产业发展】 2017年，零陵区三次产业分别实现增加值为41.6亿元、99.8亿元、89.6亿元，同比分别增长4.3%、7.1、12.1%，文化旅游、商务物流等第三产业加速升温。投入旅游建设资金23亿元，全面推进“进城、下乡、入水”全域旅游发展。景点景区快速推进，“零陵古城”完成一期主体工程，建成面积10.5万平方米，签约引进旅行社50余家、商铺600余家。东山景区完成法华寺修缮、武庙布展和旅游配套建设。“永州之野”精品线路高标准打造自在香零、荷塘月色、仙姑花海等景点节点；“百里花果带”建成紫薇景观带和四季花海，乡村旅游精品线路初步成型。周家大院、东山景区成功创建国家AAA级旅游景区，创建五星级乡村旅游示范点1个、四星级乡村旅游示范点4个。红星美凯龙、卜蜂莲花等大型商贸物流项目加快建设。“农村淘宝”整区推广，发展农村淘宝等网点200余家，潇湘汽车城年销售额达到15亿元，成为湘南地区规模最大、功能最全的汽车展销中心。

【开放承接】 2017年，零陵区完成外贸进出口额35925万元，同比增长22.2%，完成全年任务33798万元的106.29%。完成加工贸易769.62万美元，同比增长120.84%，完成全年500万美元任务的153.92%。完成对外承包工程和劳务合作营业额3084万美元，同比增长22.12%，完成全年2777.94万美元任务的111.02%。年内，全区企业纷纷瞄准国际市场，新增对外贸易进出口备案企业7家，分别是永州市永靛中药饮片有限公司、永州市永定中药材贸易发展有限公司、永州市零陵晨光树脂有限责任公司、湖南德福隆商贸有限公司、零陵区佳欣源贸易有限公司、永州市零陵易购商务有限公司、湖南鳅祥生物科技实业有限公司。

【城乡建设】 2017年，零陵区开工建设城镇提质项目123个，完成投资100多亿元。完成中心城区建设规划、5个特色小镇规划、141个村庄规划编制，评审通过零陵古城、潇水风光带等专项设计15个。启动实施火车站广场、阳明大道、黄古山路提质改造，日升西路4个公交首末站加快推进，南津路、潇水东路、康济大道提质改造全面完成。

“三场四位”建设成为城市新亮点。樟树脚党建主题公园建成开放，新建改造小游园5个、农贸市场5个、停车场22个，新增停车位2500个、厕位216个，投放共享单车1000余辆。梳理研究城建突出问题176个（其中历史遗留51个），解决问题129个（其中历史遗留41个），打通七里店路、荔枝中路等断头路5条，改造背街小巷23条，拆除违法建筑17万平方米，储备土地333.33公顷。全国文明城市、国家园林城市等创建领跑全市，“创建国家卫生城市”复审通过验收。

【基础设施建设】 2017年，零陵区投入建设资金6.8亿元，国道322复线、4条通乡干线公路的前期工作有序推进，零（零陵）双（双牌）一级公路完成全线道路及绿化、亮化建设，朝阳大道拉通路基，建设农村公路窄改宽250千米、安保工程160千米、通村通组公路180千米、乡镇客运招呼站18个。公交体制改革全面完成，公路治超取得较好成效。

全年投入资金2.1亿元，整治加固山塘水库23座、扩容山塘200余口，治理中小河流13千米，清淤疏浚渠道1200千米，更新改造大型泵站7处，实施农村安全饮水工程38处，新解决5.5万人饮水不安全问题。石岩头大唐风电、接履桥华威光伏并网发电。新建城区10千伏线路4条，完成农网升级改造70个村。新增通讯基站306个，全区4G网络覆盖率95%以上。农村发展活力迸发。实施美丽乡村建设“五大行动计划”，推进农村环境综合治理、乡村旅游精品线路开发，全区299个行政村规划编制100%完成，制定下发《零陵区美丽乡村建设办点示范的实施意见》，重点推进21个省、市、区级美丽乡村建设和“永州之野”精品旅游线路、百里花果生态风光带建设，截至2017年末，完成总投资4.1亿元，完成农村公路建设185千米，安装太阳能路灯90个村，升级农村电网6个，改造房屋建筑风貌545座，新增公路两旁及公共场所绿化美化面积11万平方米，改造旱厕650座，拆除废旧空心房348处8700余平方米，完成农村陈年垃圾清理2.4万吨，新建农村户用沼气池太阳能节柴灶1400口，治理投肥养鱼水库污染53座，关停砖厂22家，农村垃圾无害化处理率达到95%以上。

强势打造“永州之野”乡村旅游精品线路，投资2.2亿元，实行“一村一策”“一村一品”的大旅游格局；贤水河景观通道基本建成，对沿线可视范围内房屋进行立面改造和绿化美化；在高贤村连片种植荷花66.66公顷，何仙姑村种植向日葵66.66公顷和33.33化顷稻田鱼虾养殖，新建高标准农家乐5家等；“百里花果”生态风光带一期全面完工，累计投资3000余万元。成功举办全区首届乡村文化旅游节、珠山镇夏阳荷花节、黄田铺教育书香小镇、富家桥旅游名镇等特色小镇加快推进，何仙姑村成为省级美丽乡村，悟山里村获全国文明村，农村面貌明显改观。

【重点改革】 零陵区行政管理体制、农村产权制度、社会治理机制、财税金融、投融资体制等重点改革深入推进。“放管服”改革落地见效，并联审批、民生微服务体系成为全市样本。推进“互联网+政务监督”，全面推行“政务公开负面清单”，政务中心各窗口平均办结时限为7个工作日，行政审批服务提速70%。建成农村综合服务平台214个。村务监督月例会试点工作全省推介。以网格化为重点的社会治理机制改革创造零陵经验，“1+X”组团式服务打通服务群众“最后一公里”，社区网格化全面覆盖，农村网格化全面推广。闲置土地清理全面完成。全年依法依规征收土140公顷，征收房屋3万余平方米，全年报批项目建设用地88.8公顷。招商引资取得重大突破，全区新引进项目15个，时代伯乐新兴产业园项目、北源光电LED路灯生产项目、汽车零配件生产项目、电力设备生产项目、再生资源加工利用项目，机器人研发、机器人生产项目等一批重大项目签约落地，全区到位内资25.2亿元，利用外资10700万美元。

开展向上争资和信贷融资，累计争资32亿元、融资48亿元，有效保障民生支出和重点项目建设。重点项目建设有序推进，完成投资138亿元。35个重大前期项目按计划推进，其中27个项目基本完成前期工作，潇水湿地公园、民办名校、新材料产业园、四医院搬迁、湘运零陵汽车站搬迁新建等一批投资额度大、带动能力强的优质项目前期工作推进快。

【民生福祉】 2017年，零陵区加大民生投资，全年民生财政支出占比74.5%，11类、900余项民生微实事惠及民生。“学在零陵”成效显著。投入建设资金4.9亿元，启动学校新建15所，七里店小学、五里堆小学、荷叶塘学校投入使用，新增城乡学位5100个。推进教育“三名工程”和“一校一品”，考试合格率排全市第一位。工商职业中专成功创建卓越学校。徐家井小学获评全市唯一的全国首届文明校园。“健康零陵”加快推进。全区公立医疗机构“医联体”服务、“药品零差率”全覆盖。中医院扩建、妇保中心新建加快推进，提质改造乡镇卫生院6个、村卫生室136个。创建全省群众满意卫生院4个、市级以上卫生乡镇2个、卫生村50个，获全省公共卫生服务先进县（区）。七里店社区卫生服务中心获评“全国百强优质服务中心”。人口计生工作进类进位、进入全省良好行列。“文化零陵”有序开展。全面实施免费阅读、送戏下乡等文化惠民工程，常态开展广场“月月乐”“非遗”“四进”

等群众喜闻乐见的文艺活动。启动档案馆新建、文化馆、图书馆维修改造，新建农村综合文化服务中心85个、标准化书屋80家、广播村村响294个、公交免费书报刊亭25个、自助图书馆2个。铁腕整治网吧26家，坚决杜绝未成年人进网吧上网。涧岩头村被评为全省经典文化村。

社会保障不断完善，新增城镇就业6011人、农村劳动力转移就业5000多人，新建珠山、七里店社区等城乡养老服务示范点6个，新增养老床位562张，改造棚户区7518户、农村危房1900户。城乡低保、养老保险提标扩面，城乡医保整合全面完成，“五项保险”实现法定人群全覆盖。第十届村（社区）换届工作完成。社会环境更加和谐。开展惩治“盗枪骗”犯罪、“三强三堵”等零陵区专项行动，安装高清探头1500个，“网上追逃”数排全市第一位。全面开展阳光信访、带案下访，信访维稳形势明显好转。城乡网格化管理全域覆盖，为全国“雪亮工程”建设网格化管理提供零陵方案。安全生产、质量监管、食品药品安全整治成效显著，获评全省安全生产先进县（区），全区呈现出治安安定、生产安全、社会安宁的良好局面，群众的安全感、幸福感、满意度持续提升，综治民调居全省第三十五名，获全市综治工作先进县（区）。

【区人民政府常务会议】 2017年1月16日，区委副书记、区长吴恢才在区政府四楼会议室主持召开区人民政府第一次常务会议。会议传达省委经济工作会议、全省健康与卫生工作会议、市“两会”、全国安全生产电视电话会议和全省安全生产电视电话会议精神，部署安排全区“春节”期间党风廉政建设工作，审议《G322改线工程项目（萍州大桥连接线）集体土地上房屋征收补偿安置方案》，听取关于“零陵古城”项目第一期拆除工程结算、控违拆违、投融资公司经营业绩考核、“永州之野”美丽乡村旅游精品线路建设、香零山美丽乡村建设、城乡环卫一体化、四冬生产、扶贫信贷借款、荣盛公司改制、城区三座大桥管护、安全生产等工作情况汇报。

2月15日，区委常委、常务副区长龙军受区长吴恢才委托，在区政府四楼会议室主持召开区人民政府第二次常务会议。会议传达市委经济工作会议精神，审议《永州市零陵区全民健身实施计划（2016—2020年）》，听取关于工业产业发展专项资金设立和双牌灌区百里花果生态观光带项目合作开发等工作汇报。

2月21日，区委副书记、区长吴恢才在区政府四楼会议室主持召开区人民政府第三次常务会议。会议审议《零陵区水功能区划》，听取环境治理战役、园区升级战役、交通提速战役、城镇提质战役、脱贫攻坚战役、旅游升温战役、社会事业发展战役、重点项目建设、安全生产、校车安全管理、计划生育等工作情况汇报。

3月17日，区委副书记、区长吴恢才在区政府四楼会议室主持召开区人民政府第四次常务会议。会议审议《零陵区关于全面推行河长制的实施方案》《零陵区行政机关负责人参加行政复议和行政应诉工作的规定》《零陵区关于招商引资优惠政策的若干规定》《零陵区关于加强农村留守儿童关爱保护工作实施方案》《零陵区2015—2020年殡葬事业发展规划》《关于党员干部带头推动殡葬改革的实施意见》《零陵区关于稳定发展粮食生产的意见》。听取关于2016年度经济形势分析、小康、农村饮水安全、已竣工无法财政评审工程项目处理、小微企业“助保贷”融资服务平台建设、外来施工企业及外来房地产企业税收征管、公检法业务用房建设、林业、城区10千伏电力线路下地建设、供销社综合改革、特色小镇建设项目融资、石山脚公租房改造项目工程变更、残疾人精准康复服务、领导干部个人房产信息核查和不动产统一登记资料移交、土地开发项目实施、荔枝中路断头路工程量变更、旅建投建设等工作汇报。

3月20日，区委副书记、

区长吴恢才在区政府四楼会议室主持召开区人民政府第五次常务会议。会议听取区商务和粮食局关于新材料产业园项目合同书和高尔夫球具生产基地项目合同书有关情况汇报。

3月30日，区委副书记、区长吴恢才在区政府四楼会议室主持召开区人民政府第六次常务会议。会议听取应急管理、国家级出口食品农产品质量安全示范区创建、农村改厕、萍阳南路纳污管道工程变更、食品安全事故应急、行政处分、环境保护等工作情况汇报。

4月14日，区委副书记、区长吴恢才在区政府四楼会议室主持召开区人民政府第七次常务会议。会议组织学习2017年中央1号文件精神，传达全国危险化学品安全综合治理电视电话专题会议、2017年全国医改工作电视电话会议、全省消防工作会议、全省扶贫工作会议、全市质量工作会议、全市民政工作会议、全市卫生工作暨无偿献血工作会议、全市发展和改革工作暨党风廉政建设会议、全市民族宗教工作会议、市委农村工作会议、全市统计工作会议、全市交通运输工作暨交通提速战役动员大会、全市治超及公路工作会议、全市扶贫工作会议等会议精神。审议《零陵区2017年度计划生育工作考核方案及评分细则》《2017年度零陵区投融资公司经营业绩考核实施方案》《零陵区保障性住房分配和运营管理暂行办法》《关于建立计划生育征信体系的实施意见》。听取关于质量强区、集中并联审批、乡镇总规修编、土地储备、控违拆违、文化旅游、消防、公安、禁毒、交通、国家慢性非传染性疾病综合防控示范区创建、区卫监局业务用房建设债务化解、阳明大道一期工程等项目融资工作、温氏养殖资金拨付方式调整及扶贫借款发放、美丽乡村建设等工作情况汇报。

5月5日，区委副书记、区长吴恢才在区政府四楼会议室主持召开区人民政府第八次常务会议。会议传达全市“园区升级战役”动员会议暨推进新型工业化工作会议、全省农村经营管理暨农村集体产权制度改革工作会议、全市审计工作会议等会议精神，听取园区升级、环保督察、“全面改薄”和教育为民办实事项目建设、旅建投融资及项目建设、朝阳大道工程建设、城建投融资、计划生育特殊困难家庭扶助关怀、文化、柑橘黄龙病防控、公路及治超、人事处分、民生微实事等工作情况汇报。

5月31日，区委副书记、区长吴恢才在区政府四楼会议室主持召开区人民政府第九次常务会议。会议传达全市政务服务工作会议精神，听取关于政务服务、招商引资目标管理考核、新型工业化考核、公务用车平台管理、区委区政府机关大院宿舍区管理、安全生产季度考评、农业农村工作综合考核、农民权益维护和农民负担监管、城乡低保和社会保障兜底脱贫对象认定清理整顿、七里店小学外墙漆装修工程变更、中小河流水能资源开发规划编制、扶贫信贷借款、民族宗教、零陵区城市用地（2015）第二批次项目（地块二、三）集体土地上房屋征收补偿安置、国家历史文化名城保护、大庆坪风电场项目开发、食品药品安全工作考核、“永州之野”美丽乡村精品旅游线路建设、零陵工业园投融资公司组建等工作有关情况汇报。

6月19日，区委副书记、区长吴恢才在区政府四楼会议室主持召开区人民政府第十次常务会议。会议传达全国深化简政放权放管结合优化服务改革电视电话会议精神，听取关于旅游产业发展考核奖励、珠山镇污水处理厂及管网建设、涉农项目资金整合、金融机构支持地方经济发展考核、妇女儿童发展规划编制、扶贫产业项目“以奖代扶”、争取项目资金、政府招商外包服务、法华寺修缮工程设计变更、市第四人民医院整体搬迁选址、雅大公司年产3000套多功能节能蒸馏设备项目建设、永靛公司年产7000万袋中药超微饮片项目建设、崧顺电子（深圳）公司解约、湖南崧顺电子公司续租赁标准厂房等工作汇报。

7月17日，区委副书记、区长吴恢才在区政府四楼会议室主持召开区人民政府第十一次常务会议。会议传达全市上半年安全生产形势分析会议精神，审议《零陵区锰资源开发利用监督管理的实施意见》和《零陵区工业发展专项资金管理暂行办法》，听取安全生产、国家级农村职业教育和成人教育示范县创建、湖南省现代教育技术实验区申报、社会保障兜底家庭学生集中教育、农机、病死畜禽无害化处理中心建设、“八一”走访慰问等工作情况汇报。

8月7日，区委副书记、区长吴恢才在区政府四楼会议室主持召开区人民政府第十二次常务会议。会议审议《零陵区碳酸锰伴生煤矸石出关管理办法》《零陵区“永州之野”精品旅游线路项目集体土地上房屋征收补偿安置方案》《永州七中异地新建项目集体土地上房屋征收补偿安置方案》《零陵区学校（单位）食堂标准化建设工作方案》《2017年零陵区首届乡村文化旅游节活动方案》，听取关于国道207（零陵-双牌）一级公路永富大道段市政化工程地下部分等项目建设、武庙布展、省道236及省道238线安保工程和水毁工程修复、活禽交易市场建设、特色街区项目建设和推行EPCF、EPC、PPP建设方式等工作有关情况汇报。

9月1日，区委副书记、区长吴恢才在区政府四楼会议室主持召开区人民政府第十三次常务会议。会议审议《零陵区项目建设协调小组（指挥部）经费管理暂行办法》《永州市零陵区农村饮水安全巩固提升工程“十三五”规划报告》，听取交通、国道207线（零陵-双牌）一级公路零陵段提质改造、万发商贸城项目房屋征收、黄田铺书香教育小镇建设、国家级农产品质量安全县创建、水毁水利设施灾后重建、永州三中等学校项目立项建设、活禽交易市场建设、基层卫生院实行财政全额拨款、调整重点项目征地拆迁工作经费标准、深度贫困村报送和人事处分等工作情况汇报。

9月17日，区委副书记、区长吴恢才在区政府四楼会议室主持召开区人民政府第十四次常务会议。会议传达2017年全市第二次易地扶贫搬迁工作推进现场会议精神，审议《富家桥风力发电开发协议》《全区地质灾害治理工作实施方案》《零陵区万发广场项目范围内国有土地上房屋征收与补偿方案》《2017年区本级财政预算调整方案（草案）(讨论稿)》《零陵区综合治税工作实施办法（试行)》《2017年零陵区综合治税工作考核办法》，听取历史文化街区规划编制、城投融资、零陵火车站广场公交枢纽站等项目工程变更、沿江大道暨城市防洪堤项目贷款、易地扶贫搬迁、园区升级等工作情况汇报。

9月25日，区委副书记、区长吴恢才在区政府四楼会议室主持召开区人民政府第十五次常务会议。会议听取动物无害化处理中心项目建设、人事处分等工作情况汇报。

10月26日下午、27日上午，区委副书记、区长吴恢才在区政府四楼会议室主持召开区人民政府第十六次常务会议。会议学习传达党的“十九大”会议、全市第二次人防工作会议和省人民政府《关于积极推进招商引资工作的通知》精神，审议《“健康零陵”建设实施方案》《贯彻落实健康中国2030规划纲要的实施意见》《零陵区处置非法集资突发事件应急预案》《永州市零双一级公路富家桥安置小区工程项目（一期）集体土地上房屋征收补偿安置方案》《南津渡街道办事处茆江桥社区一、三、四、五组集体土地上房屋征收补偿安置方案》《七里店街道办事处七里店社区刘家组集体土地上房屋征收补偿安置方案》《零陵区2017年农村危房改造实施方案》《零陵区迎接市绩效考核工作方案》，听取了政务公开负面清单、城乡居民医保、市机关幼儿园二园新建、博雅桃江小学项目建设、博雅接履桥中学托管项目建设、邮亭圩生态科技农业文化（田园综合体）旅游项目建设、四冬生产、黄田铺书香教育小镇提质改造项目建设、康济大道停车场和火车站停车场二期工程项目设计漏项变更、电力设备生产项目建设、园区公交线路和物流补贴、潇湘汽车城项目建设、省级食品安全示范区创建、见义勇为表彰等工作情况汇报。

11月27日，区委副书记、区长吴恢才在区政府四楼会议室主持召开区政府第十七次常务会议。会议传达全省县域内城乡义务教育一体化改革发展现场推进会议、全省高标准农田建设改革工作推进现场会议、2017年湘江第一次省级河长会议、全省脱贫攻坚视频会议、全市政务联动处置工作会议、全市2017年度特护期大气污染防控和饮用水源保护工作会议精神。审议《零陵区城乡建设用地增减挂钩项目工作方案》《永州市工商职业中专学校“现代职业教育培训基地”项目范围内集体土地和国有土地上房屋征收补偿安置方案》《零陵区阳明大道改扩建项目集体土地上房屋征收补偿安置方案》《瑞翔生活区安置小区项目集体土地上房屋征收补偿安置方案》《零陵古城路网二号停车场项目集体土地上房屋征收补偿安置方案》。听取2018年《政府工作报告（初稿）》起草、政务及民生微服务联动处置、大气污染防控和饮用水源保护、城乡环卫治理、脱贫攻坚、“百姓月月乐”广场文化活动开展、专用校车财政补贴提高、萍岛景区建设、河西农贸市场搬迁等工作情况汇报。

12月6日，区委副书记、区长吴恢才在区政府四楼会议室主持召开区人民政府第十八次常务会议。会议审议《零陵区人民政府重大决策公众参与与程序规定》，听取珠山万丰新街广场建设、四星级酒店及城市综合体项目建设、豪捷高尔夫球具项目建设、新能源产业基金项目建设、招商引资合作协议、金茂展项目续约、交通银行学位贷款、零陵绿色锰产业园合作开发、区直单位市内差旅补助标准调整、机关事业单位工作人员节假日值班和加班补助规范等工作情况汇报。

12月8日，区委副书记、区长吴恢才在区政府四楼会议室主持召开区人民政府第十九次常务会议。会议审议《零陵区2017年国民经济和社会发展计划执行情况与2018年计划（草案）的报告》和《零陵区2017年财政预算执行情况及2018年财政预算（草案）的报告》，听取2018年《政府工作报告（征求意见稿）》起草、零陵绿色锰产业园合作开发、经济环境优化和机关效能建设、村务公开栏规范、永州市零陵区潇水两岸（城中村）棚改项目（三期）和永州市零陵区黄田铺镇棚户区改造项目等工作情况汇报。

区人民政府办公室

【概况】 零陵区人民政府办公室是直接为零陵区政府服务的综合办公室机构，内设文秘室、综调室、研究室、应急管理办公室、督查室、政工室、后勤室、金融办、区优化经济发展环境办公室、民族宗教办公室、法制办公室、旅游外事侨务室等12个职能室，行政编制33人，事业编制15人，参照公务员管理6人；在职人员54人，其中副科级以上干部29人。

【参谋服务】 2017年，区人民政府办公室围绕区委区、政府“12345”部署，聚焦“六大战役”“三大品牌”，科学安排全年工作，充分发挥决策参谋作用，真正当好政府的“智囊团”“思想库”“参谋部”。深入各乡镇办事处和区直主要部门针对美丽乡村建设、高质量发展、精准扶贫、文化旅游等方面开展综合调研30余次，形成《关于美丽乡村建设的调查》《关于城区提质的调研》《文旅融合发展的调查和思考》《关于精准扶贫的调查》等一系列有价值的调研报告。全年认真撰写区政府大型会议、区政府向市委、市政府的重要汇报材料、重大的综合性材料250余篇，计150多万字。12月，完成区第十届人民代表大会第二次会议《政府工作报告》。加强经济形势分析工作，主动提出零陵区经济发展的对策与建议，全年完成3次阶段性经济形势分析。

【值守应急】 零陵区发挥承上启下、沟通内外、协调左右的枢纽桥梁作用，做好统筹协调工作，确保政府系统政令畅通、高效运转。在重大活动、重大工作的安排上发挥牵头协调作用，与党委、人大、政协等办公室加强横向沟通联系，及时与上下级部门的纵向联系，使工作安排有条不紊、忙而不乱。严格落实24小时值班制，要求认真、规范填写值班记录，严格规范交接班制度。做好应急值守和信息汇总工作，在重要时段实行区级领导带班与应急分队24小时备勤制度，做到及时、准确、全面地做好上传下达及值守备勤工作，全年值班室接打电话2万多个，处理公安分局和有关单位的上报的情报信息350余份，向市应急办报送突发事件应急信息21篇,无瞒报、谎报、迟报、漏报等情况，每天安排一名班子成员参加区政府信访值班，热情接待人民群众的来信来访。

【公文办理】 全年处理各类文件3200余次，做到“日清日结”，文件接收、处理、传阅及时准确，没有发生任何公文处理不当事件；改进办文工作方法，提高公文校核质量，全年制发各类公文1200余份，没有出现与法律法规政策相违背的或体式错误的文件；起草编发审核会议纪要26期，所有公文处理的按期办结率达到100%，没有出现重大差错，没有出现公文未办或丢失现象。按照“会前准备充分、会中准确服务、会后督查落实”的原则，高质量完成680余次各类会议的会务工作。严格执行《中华人民共和国保密法》，切实加强区人民政府及办公室印章、档案、机要保密和办公网络工作，没有发生任何违规行为或泄密事件。

【政务督查督办】 零陵区制定完善《零陵区政府督查督办工作方案》《区政府督查工作反馈制度》《督查情况日报制》和《督查情况台帐管理制度》等规章制度并及时报告落实进度。年初，零陵区政府办公室与区委办一道，对区委经济工作会议和《政府工作报告》确定的目标任务进行分解，实行“一月一调度、一季一督查通报、半年一小结、年终结总账”工作机制。全年开展督查118次，下发督办函49件，下发《零陵政务督查》29期，办理市政府督查室批示件18件，督办区长批示件284件。明确各乡镇办事处、区直各单位行政负责人为抓落实第一责任人，并明确一名政务督查督办工作联络员，实现督查网络全覆盖。

重大工作全程督办，《政府工作报告》落实情况每月调度、每季督查，政府常务会议定事项、区长办公会确定事项闭合式督查，保障政令畅通。全年围绕重点项目建设、安全生产、防汛、动物疫情防疫、水库投肥养殖等工作，会同区直部门组成联合督查组开展督查。将督查结果纳入全区社会经济综合考核范畴，对落实不力、推动不快、影响全区工作开展的单位和部门，在年度全区经济社会发展综合考核中减扣相应分值，对情节严重的予以取消责任单位评先评优资格和相应的经济处罚。自觉接受区人大的法律监督、工作监督和区政协的民主监督，全年办理人大代表建议105件、政协提案117件，办复率100%。

【机关事务管理】 零陵区按照“节俭、周到、热情”原则，对后勤保障实行规范化、制度化、科学化管理。完善出台车辆出差燃料管理制度、车辆停放制度、车辆维修制度、公务接待制度，做到用制度管人，按制度办事。严格车辆管理，建立驾驶员档案、车辆维修和车辆出差台账，公务车全部张贴标识，实行“一车一卡”限额加油，公务外出一律到后勤室领取派车单，严禁公车私用、严禁车辆到娱乐休闲场所活动。加强车辆维修监督制度，实行工作人员、驾驶员、维修店集中对车辆进行会诊、审批、后维修的程序，在源头上杜绝车辆维修的漏洞。贯彻落实中央“八项规定”精神，不折不扣地执行《党政机关厉行节约反对浪费条例》《党政机关国内公务接待管理规定》及《零陵区人民政府办公室公务接待管理制度》。严格按照规定的接待范围、接待程序、接待方式和接待物资采购与管理。“三单齐全”（单位公函、接待审批单、税务发票）才能报销接待费用，坚决抵制“舌尖上的浪费”。

【党风廉政建设】 2017年，零陵区政府办着力营造“争创学习型办公室，争当学习型秘书”的氛围，提高办公室队伍的综合素质。坚持一个月一次理论学习、业务学习。每次学习，办公室都拟定主题，严格考勤。组织学习中共十九大报告精神，以“两学一做”学习教育及“三提升三争当”活动为契机，逐条逐句通读党章，学习《中国共产党廉洁自律准则》《中国共产党纪律处分条例》等党内法规和《习近平总书记系列讲话》，领会“中国梦”“三个自信”“四个全面”战略布局、五大发展理念、践行社会主义核心价值观、全面从严治党、中共十九大精神等重要思想。同时，实行理论学习与业务学习相结合，集中学习与分散学习相结合，请领导、专家讲课和分散性学习相结合，不断提高学习的自觉性和紧迫性。

【金融管理】 2017年，区人民政府办公室协调和引导全区银行金融机构，为全区地方经济社会发展提供有力的金融保障，金融机构信贷投放大幅增加。年末，金融机构存款余额251亿元，净增额44亿元，增长17.5%；贷款余额136亿元，净增额26亿元，增长19.1%。推进金融体制改革，建立完善政府性债务管理制度，引导各金融机构优化信贷结构，扩大信贷投放，进一步调动各金融机构支持地方经济发展的积极性和创造性。

【优化经济发展环境】 2017年，围绕“环境整治”战役和区委、区政府工作部署，以降低实体经济成本、为企业排忧解困为目标，营造公正的法治环境、良好的诚信环境、规范的制度环境；机关行政行为不断规范，履职能力不断增强，群众满意度不断提高，经济发展环境不断改善。全区42个具有行政审批职能单位入网率100%，全年网上受理审批事项17754件，办结17754件，办结率100%。

深化“放、管、服”改革，对32个部门行政权力进行清理，并将权力清单在零陵区人民政府网发布，区政府32个工作部门保留行政权力1591项，区本级取消行政审批事项39项，承接市政府下放行政审批事项9项，调整区本级行政审批事项1项。全面完成规范性文件清理工作，对不符合法律法规以及与中央、省有关“放管服”、行政审批、商事制度改革等上位规范性文件不一致或已不适应全区经济社会发展要求的文件，分别废止20件，宣布失效57件，重新公布46件，确认继续有效142件。服务实体经济，精准帮扶企业。根据《关于印发《零陵区“千名干部下基层，精准帮扶解难题”活动实施方案》通知》要求，区直各部门建立干部联系服务企业长效机制。

联合区科经委、区发改委、零陵工业园等部门对40余家规模以上企业进行走访，帮助企业解决难题12个。在工作队员帮扶下，“永州异蛇”成功通过国家农业部第三次农产品地理标志专家评审会，成为全国蛇类农产品第一个通过国家农产品地理标志产品，还有3家企业正在申请认定为国家高新技术企业。

政务公开与服务

【概况】 永州市零陵区人民政府政务服务中心（以下简称中心）政务中心办事大厅面积4000平方米，进驻窗口32个，拥有房地产税费一体化系统、网上政务服务和电子监察系统、电子显示屏、监控系统、指纹考勤系统、空调及电梯等现代化办公设施。

截至2017年年末，中心大厅办理各类审批服务事项10万多件，接待500多人次省内外考察团观摩学习。中央电视台做相关报道，得到社会媒体和办事方的高度肯定，取得多项荣誉。

区政务服务中心为区政府直属正科级公益一类事业单位，挂永州市零陵区政务公开领导小组办公室牌子。内设5个内设机构：综合室（政工室）、政务规划管理股、业务指导股、政务信息发布股、监督考核股。区政务服务中心全额拨款事业编制12名，其中主任1名，副主任2名，纪检组长1名，有工作人员10名。

【政务服务体系建设】 2017年，中心落实行政审批制度“两集中、两到位”改革，减少审批环节。成立行政审批制度“两集中、两到位”改革领导小组，制订具体的实施方案。要求凡是入驻政务中心的部门，行政许可和非许可类行政审批事项向行政审批办公室集中，行政审批办公室向政务中心集中；行政审批办公室主任兼任政务中心窗口首席代表，由各部门“一把手”对窗口首席代表进行充分授权。“两集中、两到位”改革工作基本完成。有30个区直行政单位，1个市直部门（市人防办），1个公共企事业单位（区自来水公司），共计200项行政许可、非许可类行政审批和政务服务类事项进驻区政务中心，涵盖全区农林水利、科教文卫、工商民政、房地产等，所有进驻事项基本实现“一窗式”受理、“一站式”服务。全面使用网上政务服务和电子监察系统，提高行政效能。全省网上政务服务和电子监察系统于2011年11月4日启动，区政务服务中心同步接入该系统。有41个区直部门的204项办事事项（行政许可类159项、非行政许可类22项、政务服务类23项）进入网上政务服务系统办理。这一系统的推广应用，实现全区行政部门政务服务项目“一站式服务，一窗式受理，一次性告知，一条龙审批，一单式收费”。通过对政务服务项目的实时监察、预警纠错、信息服务、绩效考核等功能，从技术上规范政府行政行为，提高行政效能，从而进一步强化对网上政务服务全过程的监督，全面提升零陵区电子政务水平。实施“房地产税费一体化”管理。从2010年5月“房地产税费一体化”项目运行以来，坚持规范收费，统一收费标准，一个窗口缴费，“一条龙”服务，群众缴费不再两头跑。针对系统运行中存在机制体制和操作规范等问题，中心通过执行“绿色通道”“全程代办”“并联审批”和多方协调的方式加以解决，确保“房地产税费一体化”系统稳定、高效运转，收费公开、公平、公正。

设置政务服务引导员。针对政务服务工作需要，中心面向社会招聘3名熟悉中心运作和布局、耐心、细致、有责任心的女性担任政务服务引导员，在政务大厅入口处设置政务服务引导台，方便群众咨询业务。在一楼设立便民中心，为群众提供免费照相、打字复印等业务，方便群众办事。

增加公交线路。在现有公交线路的基础上，又增设两路公交车从政务中心经过，将政务中心设置成交通枢纽，让群众办事方便、快捷。通过各项便民举措，各项办理事项的承诺办结时限在法定时限的基础上缩短50%以上。

【政务公开服务】 零陵区坚持把行政审批和办事公开贯穿于中心工作的始终，把政务公开同电子政务相结合，采取上墙、上网、上电子显示屏和印发《办事指南》等多种形式向当事人和社会公开政策依据、申请条件、申报材料、办事程序、办理时限、收费标准、收费依据、审批结果等，保证群众知情权。

涉及收费项目，中心统一将收费标准和政策依据录入电脑，收费票据由财政部门统一提供，中心窗口一律不得收取现金，所有收费由进驻银行代收，实行刷卡缴费，直接进入财政专户，建立一个口子进，一个漏斗出的财政运行体系。

除确需现场踏勘的行政审批办件和联办件、上报件等行政审批办件外，其他办件推行首席代表签字生效制，精简不必要的内部运作环节，尽量压缩办件时间，减少承诺件，提高即办件的比例。

推行“破五难、创四零”服务目标。“破五难”即彻底破除“门难进、人难找、脸难看、话难说、事难办”的行政陋习；“创四零”即服务质量“零差错”，服务管理“零疏漏”，规定之外“零办理”，服务对象“零投诉”，切实做到小事不出窗口、大事不出中心，确保中心全年无机关效能投诉事件。

建立中心与部门、部门与窗口的“双向”联系制度，每月定期召开部门负责人联系窗口工作例会，专题研究解决窗口工作中存在的困难与问题。同时，充分发挥窗口首席代表的智慧，共同管理，努力形成窗口工作齐抓共管的局面。

要求窗口人员增强温情服务意识，以热情的态度和亲切的笑容接待来访或办事人员，在接待工作中坚持文明用语、礼貌待客，切实做到对电话咨询者要解释到位，对前来办事者要程序到位，对委托办事者要代理到位，对办事困难者要帮助到位。

【审批项目管理】 零陵区把在中心办理的所有审批项目分为即办件、承诺件、联办件、补办件、退回件和上报件，分别采取不同的方式进行管理；对一般事项采取直接办理、特殊事项采取承诺办理、重大事项采取联合办理、上报事项采取专责代理、控制事项采取明确答复。

【社会监督】 采取在大厅设置意见簿、意见箱、咨询与现场评议台，在政府门户网“政务公开栏”上设置调查问卷、群众投票栏，向社会公开投诉电话，统一使用“行政审批专用章”等方式，保证群众参与权和监督权。

【推行量化考核】 零陵区对窗口单位和窗口人员推行百分制量化考核，窗口人员的考核结果与中心补贴挂钩，实行周报、月报制；适当提高中心窗口单位在政务中心方面的年终考核分值，中心的年终考核结果将作为窗口单位主要领导的年度评优依据。推行人性化管理，适当考虑窗口工作人员的工作补贴，增加窗口工作人员的年度考核优秀指标，充分调动每一位窗口人员的工作积极性，建立政务服务长效机制和动力机制。

【队伍建设】 零陵区严把进人关。各部门将政治素质高、工作业务熟、服务态度好、责任心强的中层干部和业务骨干及职能部门负责人选派到窗口工作，选派人员原则上在窗口有工作两年以上经验，以保障工作的连续性。对中心管理人员和窗口工作人员开展系统的法律法规知识、业务技能、礼仪、规章制度、计算机操作等系统培训。

开展“创先争优”评比活动，每月评选三个红旗窗口，一个黄牌窗口，加强各窗口的竞争意识。坚持统一着装，挂证上岗，打造一批文明窗口，树立一批服务模范。

(范三林)

机关事务管理

【概况】 2017年，区机关事务管理局围绕区委、区政府工作中心，“科学管理、优质服务、集约节俭、创业奉献”为宗旨，以深入开展“创先争优”和“解放思想、跨越发展”主题实践活动为契机，大胆解放思想，勇于开拓创新，不断提高机关事务管理工作水平和质量。2017年度获评市委机关后勤管理先进单位、创园林城市先进单位。

【公共机构节能】 2017年，区机关事务管理局公共机构节能工作重点突出“节”字，对全区280多个区单位发放《公共机构节能》宣传手册5000多份；在全区20多个单位举办公共机构节能知识讲座，将“2017年度节能考核制度和建议”通过网络发放给各单位，并要求各单位电子显示屏轮流播放节能标语；各单位宣栏上要有专栏宣传阵地，做到及时更新；提倡单位集体化办公，淘汰耗能较高的办公设备，在全区掀起“节约能源，效率办公”的浪潮。全年能源汇总统计：电消耗1708.16万千瓦时、原煤消耗486570千克、天然气消耗 1.1 万立方米、公务车用油总量 102.27 万升、水消耗 160.25 万立方米，同比下降 2%。

【机关大院路面改造】 2017 年，区机关事务管理局向区财政局争取道路改造资金 210 多万元，铺设路面 1.7 万平方米，在新铺路面规划 200 多个停车位，设立交通管制标志 60 多块，铺设路沿石 300 多米。

【网格化管理】 2017 年，区机关事务管理局率先开通电子政务外网，所采集的信息数据直接录入《智慧永州综合服务管理平台》，对办公区、机关大院 6 栋办公楼、40 多个单位，650 多名工作人员和办公房屋场所位置信息进行采集；对居民区 32 幢楼宇、530 户约 2800 名居民信息进行采集、造册和信息录入，为网格化管理打下基础。为居民开具各类证明 230 余份，调解矛盾纠纷和问题 170 多件，方便广大群众办事。

【食堂建设与管理】 2017 年，区财政解决 60 多万元，对机关食堂灶台排烟系统进行升级改造，同时添加熬汤电压锅，储物大冰柜、搅拌机等设备，做到早餐有米粉、面条、包子、馒头、花卷等十几个品种；中餐有五荤三素；晚餐有三荤两素，一周菜单不重复。每月从机关各单位抽出 20 位就餐人员填写就餐意见表，收集意见，调整工作，使广大干职工吃出家的味道。

按照食堂食品采购制度，当天开餐菜品必须是当天早上从菜市场采购自己加工，采购时必须查验商家食品安全证、营业执照等证件并做好登记备案，采购回来的食材第一时间入库保鲜，随用随取。

采用先进的指纹输入结账，大大缩短排队开餐时间，同时用制度规范用餐人员，在机关食堂就餐，必须要各单位上报名册并加盖公章，如遇抽借调人员需要办理就餐手续，必须由用人单位负责人在介绍信上签名才能办理，通过严格的管理制度，共清理出废卡、外借卡 230 张，在源头上实现全把控。开展加强“节俭粮食，反对浪费”的活动宣传，机关食堂菜谱电子显示屏每天轮流播放节俭粮食、健康生活的宣传标语。食堂墙面制作有 20 多块标语牌、60 多件宣传摆台、70 多件健康食品模型，营造节俭、舒适、健康的就餐环境。是年，被区卫生监督局评为“健康食堂”。

【会务保障】 会务保障工作是后勤工作的重要组成部分，对设备和人员有着严格的要求。2017 年，机关事务管理局更换办公楼三楼会议室会务设备，保证会务设备无故障。同时向社会招聘 4 名会务人员，要求会务人员执行会务保障时统一着职业西装，穿皮鞋，讲普通话。每月邀请专门会务管理教师对受聘人员进行培训。每季度组织受聘人员到其他县区交流学习，每次会议前，要对会议设备进行调试，根据会议内容和特点制订《会务突发状况应急方案》，保障全年大小会议 2000 多次的零失误、零差错，多次受区委区政府领导肯定。

【机关大院安全保卫】 2017 年，区机关事务管理局挑选 5 人和聘用的云湖物业公司 35 名专业保安共同组成保卫科，局班子通过研究制订《处理突发事件方案》和《反恐应急方案》，并根据大院安防特点，将保卫科分成两班制，白班执勤 10 余人，晚班执勤 10 余人，由机关事务局保卫科在监控室进行坐阵指挥，保安人员分散在各岗位点上执勤。办公楼执勤对进出人员进行登记管理，没佩戴工作牌的一律不准进入。驻守停车场的安保人员，对不按指示标志停车的，一律不准停放。居民区内，每半个小时巡逻一次，发现可疑人员必须上前盘问登记。上下联动形成监控把控全面，人员到点执勤，立体化安防服务，为机关大院各单位和居民生活创造安全有序的环境，成为创建平安零陵，和谐零陵的示范点。

【卫生保洁实现社会化服务】 2017 年，区机关事务管理局卫生保洁工作已实现社会服务化，通过公开招标的方式选定永州云湖物业公司承包大院卫生保洁工作，由管理局指定卫生负责人进行专门管理。2017年是机关大院创文明、创园林工作的重要阶段，对机关大院的卫生和环境提出更高的要求，物业公司每天投入25名保洁人员，并在机关大院内新增200个垃圾桶，2辆垃圾运输车，管理局卫生负责人对机关大院卫生进行每天检查和登记，要求物业公司清扫人员每天必须在7时30分之前全部完成作业，8时，必须将垃圾全部清除，全天实行24小时机关大院道路、水塘、办公楼、公共厕所进行保洁工作。每个季度对机关大院的树木花草进行修整，卫生负责人对物业公司每个月完成工作情况进行打分，对物业公司没有落实的，进行相应经济处罚。

【公务用车管理】 2017年，区机关事务管理局对全区公务用车进行全面管理，平台公务用车有45辆公车，所有驾驶员通过从各单位报名的80名驾驶员中进行考核。考核场地选在祥和驾校，由区纪委和区人社局监督，对报名人员进行驾照的三个科目考试。按照考试成绩排名录用前36名合格人员为平台公务用车驾驶员。

完善《公务用车管理制度》，打造一流的公务用车驾驶员团队，全年实现派车1.15万多次，无一起事故、无一例违章的发生，保障全区各单位工作的顺利完成，为全区各项工作提供最坚强的后盾力量。

【清理办公用房】 2017年，区机关事务管理局联合区委督查室、区委组织部、区巡查办组成办公用房清查小组，根据《永州市党政机关办公用房业务用房建设用房规定》，对全区105个区直单位和16个乡镇街道办事处办公用房进行清理，按照办公用房进行督查整改。对超出使用面积的单位要求三天整改到位，对整改不到位，违规使用办公用房和虚假整改的单位和部门，将移交纪监部门严肃处理。通过坚持标准，齐抓共管，全区清理公务用房工作走在其他各县区前列。 （黄伟伟）

政协永州市零陵区委员会

【概况】 区政协内设政协办公室、提案委员会、经济科技人口资源环境委员会、学习文史宣教卫体委、民族宗教法制群团三胞联谊委5个委室。2017年年底，区政协机关有干部职工27人。区政协十届委员会有政协委员200名，政协常委35名和17个委员活动组。有朝阳、南津渡、徐家井、七里店、大庆坪、石岩头、水口山、珠山、梳子铺、黄田铺、富家桥、石山脚、凼底、菱角塘、接履桥、邮亭圩16个政协工作委员会。

2017年，全面贯彻执行区第八次党代会的决策部署和省、市、区委政协工作会议精神；履行政治协商、参政议政、民主监督职能；汇聚各方力量，齐心协力服务全区经济社会发展大局，较好地完成区政协确定的各项工作和区委交办的各项任务。

2017年，区政协获省政协“政协云”工作先进单位（全省23个，零陵区第四名）、市政协“三创三争三好”主题活动等综合考核“优秀政协机关”（全市4个，零陵区第二名）。

全年，区政协召开全体会议1次，主席会议12次，常委会议5次，各类专题座谈会20余次。

【参政议政】 零陵区围绕区第八次党代会提出的全面建成小康社会的目标，围绕“六大战役”“三大品牌”的实施和推进，由政协班子成员带头，选择“园区升级”“优化政务环境”“健康零陵”等6个课题开展调研，形成有一定深度和水准的调研报告，供区委、区政府决策参考，助推全区经济社会发展。对全区经济社会发展和党风廉政建设工作进行专题协商，向区政府、区纪委分别提出工作建议，得到区政府和区纪委的重视。

【扶贫攻坚】 2017年，区政协班子成员带头投身扶贫攻坚工作，帮扶鹿鸣塘村、俄塘村、联塘村、燕朝村、芬香村、炭木桥村等脱贫摘帽工作全面顺利推进。同时，组织委员开展“三个一”活动，通过加强对委员帮扶情况的调度和考核力度，推动委员帮扶见成效。年初，开展“三个一”活动进行专门研究和布置，制订工作方案，提出帮扶要求。对换届后新任的133名委员进行重新“结对”，195名区政协委员和20名驻区市政协委员与257名贫困户“结对”。全年走访贫困户1510余人次，解决实际困难450余件。区政协委员蒋宏在全市政协委员“三个一”脱贫帮扶工作推进会上作典型发言；驻区市政协委员伍妍，被市政协文艺界推荐为“三个一”帮扶先进人选。

【信息化建设】 2017年，区政协精心打造“智慧政协”服务平台和“政协云”指挥中心，构建党委、政府、政协、职能部门、政协委员与公众共同参与、优势互补的履职服务新格局。区“政协云”安装率在全市率先达到100%，登录和使用率名列前茅，“政协云”工作被评为全省“政协云”工作先进县区。启用“政协云”平台以来，全区政协委员围绕事关全区经济社会发展和影响群众生产生活的微事件、微建议，深入群众、深入现场开展调查研究，提出微事件29起、微建议76条，通过“政协云”平台反馈到“智慧永州”应用系统平台，得到相关职能部门的高度重视和及时处理。推动政协委员提案信息化系统建设，率先在全市开通网上提案办理系统。

【提案办理】 强化区政协十届一次会议提案办理工作，对119件提案和8件大会发言进行联合交办，所有提案都在规定时限内办结，办复率100%，提案人对承办单位办理态度或结果表示满意。同时，通过领导批办、专项督查、民主测评等方式抓实大会发言意见建议的办理落实。区火柴厂改制工作是一个多年的遗留问题，2017年作为重点提案交办后，一些制约改制的关键问题取得实质性突破。

【民主监督服务生态发展】 2017年，区政协对区环保局开展为期6个月的民主监督工作，民主监督小组成员深入环保工作一线，走访调查企业，掌握第一手资料，形成民主监督工作通报，指出存在的问题，提出可行的工作建议，为促进全区自然环境与生态环境的和谐发展做出贡献。

【舆论阵地建设】 2017年，区政协继续提高《潇湘源声》的办刊质量，全年编辑出版《潇湘源声》4期；开通“零陵政协”公众号、微信群；宣传全区政协工作、政协委员先进事迹，让社会各界了解政协工作情况。同时，积极探索创建“蘋洲论坛”，围绕打好“六大战役”，各界有识之士开展专题研讨，汇聚各方智慧，共谋零陵发展；通过采取论文评选、主题演讲、交流演讲、专家讲座等形式，邀请专家学者、相关区级领导、区直单位和乡镇街道负责人、政协委员等为改革发展献计献策。第一期论坛以助推零陵“旅游开发”为主题，征集“专家见解”“委员建言”“部门思路”3个板块、18篇调研文章，汇编成集供区委、区政府参考。在全市政协宣传工作会议上，零陵区政协代表各县、区政协作典型发言。

【开展创建活动】 区政协将深入开展“三提升三争当”主题活动与“两学一做”学习教育、“三创三争三好”、创建“市级文明单位”相结合，加强政协委员和政协机关管理，履职能力显著增强，在全市县（区）政协工作综合考核中评为先进县区（第二名）。

【政协永州市零陵区第十届委员会常务委员会议】 2017年，1月20日，零陵区政协主席李祥军在区委三楼会议室主持召开区政协十届委员会第一次常委会议。区政协副主席杨时隽、蒋晓娟、周军松、柏文生、欧阳永衡，秘书长崔斯文等出席会议。

会议协商通过《政协永州市零陵区委员会全体会议工作规则（草案)》《政协永州市零陵区委员会常务委员会工作规则（草案)》《政协永州市零陵区委员会专门委员会通则（草案)》《政协永州市零陵区委员会提案工作实施办法（草案)》《零陵区政协委员履职管理办法（草案)》《政协永州市零陵区委员会各专门委员会工作职责（草案）等文件。会议协商讨论《政协永州市零陵区委员会2017年工作要点（草案)》等，协商通过有关人事事项。

李祥军在总结讲话中指出，该次会议是十届区政协的第一次常委会议，也是新一届区政协常委会领导集体谋划新一届工作的动员大会。李祥军要求，新一届区政协常委会要认真加强学习，解决好“为何学、学什么、如何学”的问题；要扎实履职实干，当好表率，积极开展调研，关注民本民生，促进团结民主；要不断锐意进取，探索新思路，构建新机制，注重工作创新。

7月6日，政协永州市零陵区第十届委员会第二次常委会议召开。区政协领导李祥军、杨时隽、蒋晓娟、周军松、柏文生、欧阳永衡，秘书长崔斯文等出席会议。

会议组织观看学习“湖南政协云”相关视频，并通报《关于市委政协工作会议主要精神和我区贯彻落实意见的情况汇报》精神，《关于印发“全面推进全区医卫改革工作”等六个重点调研工作方案的通知》《零陵区政协民主监督区环保局工作实施方案》《2017年重点提案及大会发言督办实施方案》4个文件，协商并通过《零陵区政协深入开展“三创三争三好”主题活动实施方案（草案）》《防汛救灾重建倡议书（草案）》。会上，李祥军强调，区政协应全力投入防汛救灾重建工作中，按照倡议书的要求紧急行动起来，深入一线，参与救灾、劝导和各项服务工作，协助做好灾民安置工作。应积极推广使用“湖南政协云”，跟进“大智慧云”时代，关注“湖南政协云”官方微信公众号，阅读“政协云”操作手册，熟练掌握“政协云”的使用，让“政协云”真正成为大家学习、履职的好帮手。李祥军要求，区政协应认真做好当前政协各项工作，一是开展好课题调研工作，按计划有序组织好调研走访，广泛听取群众意见建议，形成有见地、有分量、高质量的调研材料。二是做好重点提案和大会发言材料的督办工作，规范程序、落实责任，注重解决具体问题，力促工作取得实效。三是认真开展好民主监督工作，要创新思路，不断探索，以新举措、新方法保障民主监督工作取得实效。

10月17日，零陵区政协主席李祥军在区委六楼会议室，主持召开政协永州市零陵区第十届委员会第三次常委会议。区委常委、常务副区长龙军，区政协副主席杨时隽、蒋晓娟，秘书长崔斯文，全体政协常委出席会议。

会议听取区政府关于全区2017年以来经济社会发展情况的通报，听取区纪委关于全区2017年以来党风廉政建设情况的通报，通报《关于全市政协信息化工作会议精神及我区贯彻落实“智慧永州+政协云”试点工作情况汇报》等文件精神，审议通过《政协永州市零陵区第十届委员会常务委员会第三次会议关于同意何天辞去政协委员职务的决定（草案）》。

李祥军在总结讲话中指出，2017年前三季度，政协常委、政协机关干部和政协委员们辛勤工作，区政协的各项工作有条不紊地推进，取得阶段性成效，呈现出“配合调研反响好、服务大局效果好、日常工作推进好”的特点。他要求政协常委和政协机关干部必须增强责任意识，抓好专题调研、提案办理、文史编辑、民主监督等工作落实，勇于探索创新，做好“政协云”和“智慧政协”相关工作，狠抓各项工作落实。下一步工作要以安全信访维稳、精准扶贫和项目建设为重点，支持全区经济社会发展，为促进政协工作又好又快发展做出新的贡献。

12月26日，政协永州市零陵区第十届委员会第四次常委会议在区委六楼会议室召开。区政协领导李祥军、杨时隽、蒋晓娟、周军松、柏文生、欧阳永衡及全体区政协常委出席会议，区级领导龙军、唐清林，乡镇街道联工委主任，各委室副主任等列席会议。

会议学习《中共湖南省委关于深入学习贯彻党的十九大精神加快建设富饶美丽幸福新湖南的意见》，听取、测评2017年民主监督区环保局工作情况和区政协十届一次会议大会发言和重点提案办理情况；协商通过《关于召开政协永州市零陵区第十届委员会第二次会议的决定（草案）》《政协永州市零陵区第十届委员会第二次会议议程（草案）》《政协永州市零陵区第十届委员会第二次会议日程（草案）》《政协永州市零陵区第十届委员会常务委员会工作报告（草案）》《政协永州市零陵区第十届委员会第一次会议以来提案工作情况的报告（草案）》《政协永州市零陵区第十届委员会第二次会议各次大会执行主席名单（草案）》《政协永州市零陵区第十届委员会第二次会议委员活动组分组名单（草案）》《政协永州市零陵区第十届委员会第二次会议委员讨论分组办法和各组召集人名单（草案）》《政协永州市零陵区第十届委员会第二次会议秘书长、副秘书长、秘书处工作机构及负责人名单（草案）》《政协永州市零陵区第十届委员会第二次会议表彰暨“三创三争三好”主题活动表彰建议名单（草案）》，会议协商有关人事事项和其他事项的安排。

【重要提案办理】 区政协十届一次会议以后，各民主党派、各人民团体、政协各专门委员会和全体政协委员，运用提案形式积极履行职能，共提出提案原件128件，参与提案人数210人次。经提案委员会审查，立案119件，意见建议转有关部门作来信处理3件，提案内容相同并案处理6件。其中立案处理的提案，属经济建设方面的有32件，占立案总数的26.89%；属文化建设方面的有26件，占立案总数的21.85%；属社会建设方面的有28件，占立案总数的23.53%；属生态建设方面的有25件，占立案总数的21%；属政治建设方面的有8件，占立案总数的6.73%。2017年4月7日，区委常委、常务副区长龙军主持召开提案交办会，采取集体交办的方式将提案送交到各承办单位办理，办复率达到100%，对于促进全区经济社会发展等方面都发挥积极作用。

通过注重提案选题引导、加强委员培训辅导、严格提案审查把关等方式，既保证提案整体质量，又激发委员撰写提案的积极性。

通过领导领衔督办、联合检查督办、重点提案审查评议等举措，进一步提高提案的办理实效。2017年8月3日，区人民政府副区长汤安权，区政协副主席柏文生、欧阳永衡率队到区住建局对《关于尽快修建直线贯通潇水西路至零陵火车站隧道的建议》《关于我区古民居的保护与利用亟待加强》等提案的办理情况进行督查督办，召开办理协商会，增强办理实效。2017年11月2日，区人民政府副区长张恒，区政协副主席杨时隽带领区政府督查室、区政协提案委、提案人及相关政协委员，对《关于加快推动建设零陵物流园区的建议》的提案进行督办，召开办理协商会，并对物流园选址进行实地考察。对承办不力的个别单位进行第二次督办，并将提案办理工作与单位年度目标责任制考核相结合，促进提案办理落实。

通过严格协商程序、加强沟通协商、坚持办理协商制度等措施，深化提案协商，收到良好效果。为促进《关于加快小学学位建设的建议》提案办理，区政协积极与区政府协商学位建设，抓住义务教育均衡发展迎国检机遇，将学位建设纳入民生实事考核范畴。经协商决定用近三年时间，新增2.8万个学位，有效解决全区城区“就学难”和“大班额”问题。出台《零陵区学位建设三年(2017—2019)攻坚行动方案》，明确实行学位建设“交钥匙”工程，扩大全区优质教育资源覆盖面，以满足人民群众日益增长的对优质教育资源的需求，保障全区教育均衡、优质、健康发展，打造“学在零陵”的品牌。对重点提案，以书面形式函告区政府办及各承办单位，并加强联络、协调和服务工作，共同解决提案办理中出现的新情况、新问题。

【《潇湘源声》出版】 2006年12月，零陵区政协创办《零陵政协》内部刊物，先后编辑出版28期。2013年1月，九届区政协一次会议后，进行第一次改版升级，并成立《零陵政协》编辑委员会，改版后的《零陵政协》发行数量由以往的50份/期，增加到500份/期，以季刊的形式发行。栏目保留原有工作简讯、调研选萃栏目，增设领导要论、书画苑地、议政建言、社情民意、重点提案、委员风采、政协知识等栏目扩充版面，并增加彩印页码，扩大赠阅范围。

11月，经九届区政协两次主席会议协商酝酿，《零陵政协》经省、市文化新闻出版部门批准，更名改版为《潇湘源声》，实现第二次改版升级。更名改版后的《潇湘源声》增设卷首语、名城创建、工作动态、调研选萃、文史长廊、艺术苑地、开心茶馆等栏目，篇幅为48个页码，采用铜版纸附膜彩印与黑白混合印刷方式印刷出版，每季末发行，数量增加到800份/期。

2015年9月，《潇湘源声》迎来第三次改版升级，栏目进一步优化，力求突出特色，努力彰显零陵政协良好形象与风采。《潇湘源声》刊物全部采用铜版纸附膜彩印方式，出版发行，并做到图文并茂，实现内容与形式、色彩的有机结合，坚持每年出版发行4期。截至2017年12月，《潇湘源声》出版发行46期，既扩大政协的影响力，又传播社会正能量，产生良好的社会效益。

【精准扶贫】 2017年，区政协抓住“助力脱贫攻坚，全面建成小康社会”这一工作重点，组织区政协机关驻鹿鸣塘村扶贫工作队，推进精准扶贫工作，得到干部群众一致好评。同时，发动全区政协委员参与“三个一”扶贫行动，影响带动全社会参与脱贫攻坚。全区196名政协委员主动与257名贫困户“结对”，真心关爱贫困群体，为打赢脱贫攻坚战做出积极贡献。主要措施有：一是当好村情民意的调研员。工作队分成3个专班与村干部一起走村串户，对102户、296人贫困户进行全面摸底，充分了解群众疾苦，规范建档信息，确保不落一户、不漏一人。二是当好服务发展的参谋员。工作队积极走访，广泛征求意见建议，制订扶贫方案，挂图作战，做到目标、任务、责任、措施明确，并因地制宜地实行一对一帮扶，按制定的产业发展规划，强力推进各项工作出成效。三是当好争资引项的协调员。工作队主动加强联系协调，在产业发展、设施建设、村容美化等方面取得很大突破。四是当好扶贫政策的讲解员。工作队主动学透扶贫政策，采取发传单、宣讲、开会等形式，积极传达精准扶贫政策，形成政府帮扶、群众大干的生动局面。五是当好上下联络的信息员。工作队积极对接，力促形成村、乡、区三级帮扶合力，争取相关部门的大力支持，做到对症下药、精准施策。六是当好基层党建的指导员。工作队利用村“两委”换届的契机，支持选举出年轻有为的村民担任村干部。协助村支书认真开展党建工作，增强村“两委”的凝聚力和战斗力。七是找准路子，当好致富领跑员。工作队和乡干部深入调研，科学选定产业扶贫项目，大力发展罗汉果种植，积极开展电商扶贫，对贫困户的农产品实施包销，帮助贫困户增收脱贫。八是当好档案资料的管理员。工作队按照要求建立规范的扶贫档案，完善“五个一”标准，将各类名册等资料整理成册。

人民武装

【概况】 2017年，区人武部以党在新形势下的强军目标为引领，全面贯彻政治建军、改革强军、依法治军要求，围绕深化国防和军队改革主线，扭住应急民兵建设试点为抓手，看齐追随听指挥、正风肃纪守规矩，以战领建抓主业、创新履职求作为，从严治军促安全、依法管理保稳定，进一步理顺管理和工作运行机制，抓紧形成与新体制新职能新使命相适应的工作状态和建设局面。

【思想政治建设】 2017年，零陵区坚持常委议题式学习重点抓、党委中心组学习照常抓。以习主席“强军兴军篇”“国防动员篇”为重点，运用理论学习“五步法”，分4个专题抓好党委中心组带机关的理论学习，组织团以上领导干部开展习近平系列重要讲话精神专题学习调研活动，引导官兵在领悟习近平信仰追求、历史担当、为民情怀、务实作风中，追随看齐、维护核心、听党指挥。围绕改革加强思想引领。深入学习习近平、中央军委、国防动员部有关改革强军重大战略思想，跟进上级组织“合编合心合力”学习教育，开展“适应新体制、谋求新作为”大讨论，并贯穿全年开展经常性教育。组织开展“赞颂辉煌成就、赓续红色基因、支持改革强军”主题教育活动，抓好思想调查和调研，及时掌握官兵思想动态，有针对性做好一人一事思想工作，凝聚广大官兵拥护、支持、投身改革的政治热情。从严抓好党内教育活动。贯彻党的十八届六中全会精神，贯彻落实《条例》和《准则》，按照“四个着力”要求，严格落实“三会一课”、组织生活会、民主评议党员、党性分析、党员领导干部双重组织生活等党内生活制度，提高党内政治生活质量。在党委机关开展以“坚持维护核心、严守纪律规矩”为主要内容的党内集中教育。组织维护贯彻军委主席负责制教育，以《军委主席负责制读本》为基本教材，按照中央军委、国防动员部《意见》落实。中共十九大召开后，开展学习宣传贯彻中共十九大精神专题教育。持续推进作风建设。贯彻军委关于全面彻底肃清郭徐流毒影响、推进军队党风廉洁建设和反腐败斗争的部署要求，开展清查整治，坚持不懈纠“四风”改作风，杜绝顶风违纪等问题发生。

【干部队伍建设】 2017年，区人武部学习贯彻新修订的《党委工作条例》和省军区党委关于师团班子建设意见，每季度分析一次班子建设形势，制订加强党委班子建设的措施办法。严格组织生活制度和党内政治生活准则落实，制订党委加强和规范党内政治生活的措施办法。省军区、军分区党委扩大会后，及时传达上级党委扩大会议精神。改革调整落地后，及时调整健全人武部各级党组织。在军分区党委的指导下，召开部党委民主生活会。加强机关党支部和应急民兵营(连)组织建设，规范组织生活的时间和方式方法。坚持集体领导，重大问题集体决策。班子建设按照研究确定的总体思路，对重要工作、重大建设，坚持及时召开党委会或专题研究会，做到工作开展有目标、有安排、有部署、有监督、有总结。

【理顺国防动员工作机制】 2017年，区人武部以编制体制调整改革为契机，健全国防动员组织体系，规范运行机制，进一步理顺工作关系，固化“党委主导、军队主筹、国动委主管、政府主抓、部门(企业)主办”的国防动员工作格局。发挥桥梁纽带作用，主动当好国防动员需求对接的联络员、服务员和推动者，探索健全与军地有关部门动员需求提报、指挥协同、协调对接、任务落实等工作运行机制，确保动员需求对接在零陵落地生效。结合民兵整组，同步指导人防、交战、经动抓好国防动员专业队伍编组和训练。探索建立联合办公制度，抓好《国防动员潜力信息系统》数据采集、录入、核对、更新工作，提高动员潜力数据的时效性和准确度。三季度，参加全省国防动员领导干部集训；四季度，迎接全省动员指挥业务考核，并组织区国防动员系统工作人员训练和本级动员指挥业务考核。

【后备力量调整改革】 2017年，区人武部全面落实后备力量建设“十三五”规划，调整规模、结构和布局，创新和改进编组方法，构建以普通民兵为基础、基干民兵为骨干、单个预编人员为补充的现代后备力量体系。一季度，抓实潜力调查、兵役登记等基础工作，完成应急民兵初步编组，研究民兵专业、特殊力量需求、摸清潜力、做好准备。上半年，依据基干民兵建设任务，按照新的基干民兵编制表，进行民兵组织类型和规模调整，如期完成后备力量规模结构和力量编成调整任务。

【战备工作落到实处】 2017年，区人武部从严从紧抓好战备工作，适应机构调整、人员变动、职能转换带来的新要求、新变化。调整值班模式，完善指挥保障。开展专项培训，组织训练演练，确保值班执勤秩序正规。依据职能任务转换、规模结构调整实际，区分内容、区分时间节点搞好方案预案的修订对接。听令推动人武部战备值班系统建设，全面完成各类信息系统引接，常态化组织指挥信息系统操作训练和通联演练，确保指挥保障到位。以国防光缆保护为重点，全面做好辖区国防设施保护工作。

【兵员征集宣传】 2017年，区人武部以征集高素质兵员为核心，以“五率”量化考评为抓手，以大学生征集为重点，扎实开展征兵宣传教育。结合民兵整组，同步展开适龄青年网上兵役登记，提高网上兵役登记率。发挥教育行政部门和高中学校武装部职能作用，提高应届高中毕业生网上报名率和上站率。协调职能部门开好新兵欢送会和立功受奖士兵家属表彰会，推动拒服兵役处罚措施落地生效，全面推开新兵服役前训练，引导应征青年安心军营、积极服役；严把体检政审关口，降低退兵率。始终保持廉洁征兵的持续高压态势，确保高标准完成年度直招士官、定向培养直招士官、义务兵征集任务。

【全民国防教育】 2017年，区人武部建立军地合署办公机制，突出重点对象，将国防教育纳入党委中心组学习计划，纳入党校、行政学院、各级大中小学校教学计划，纳入民兵整组、民兵训练范畴。强化军地应急信访协作机制，突出敏感时段，主动做好涉军信息掌握、人员稳控和矛盾化解工作。深化“双带双促”、悬挂光荣牌匾、送喜报、典型宣传和走访慰问等活动，营造拥军优属的良好氛围。进一步理顺机制、完善平台，配合做好军队停止对外有偿服务涉法涉诉工作，依法维护国防和军人军属合法权益。

【军事训练】 2017年，区人武部重点抓好军事理论学习，运用学习成果，围绕“5+2”职能、武装工作“两个转变”、理论学习“五步法”等内容，开展个人研究作业，形成2篇研究报告。参照省军区军事训练与考核大纲，结合体制机制和规模结构调整实际，科学设置科目内容，结合省军区统一组织的训练，分3期组织机关进行动员指挥业务训练。6月，以军事理论、基础体能和指挥信息系统操作为主要内容组织半年考核；11月，依照省军区考核内容迎接上级年终考核，成绩优秀。以“懂政治、懂军事、懂经济、懂法律、会做群众工作”为目标，围绕“三个突出”（突出基层武装工作组织实施的学习研究、突出民兵教育训练的示范帮带、突出民兵应急与支援保障行动的组织指挥），科学设置训练内容，确保训用一致。针对撤乡并镇后队伍变动大，不懂不会人员数量多的实际，合理确定参训对象。二季度，选送年纪轻、干劲足、潜力大的新任职人员参加省集训，选派年纪大、兼职多、任务重的新任职人员参加市集训，全区新任职人员年内100%经过市以上培训。结合征兵、整组、兵役登记、遂行任务等日常业务工作，组织经常性、随机性“回炉”“补差”训练，切实提高专武干部履职尽责能力。依据职能任务调整和民兵力量调整改革实新变化，结合辖区实际，科学区分训练任务、设置训练科目、确定参训对象，逐步解决编训脱节、训用脱节等问题。

【正规化管理建设】 2017年，区人武部坚持依法管理，以军队条令条例、军委国动部6个管理法规细则和各类型单位《正规化建设规范和三年达标规划》《军分区正规化管理实施细则》为依据，持续加强人武部正规化管理建设。在人少事多的情况下，党委班子坚持把安全作为人武部建设保底工程来抓，党委常议常抓，组织领导有力，上下齐抓共管，把安全摆上突出位置，精心策划，严密组织，加强检查指导，搞好统筹协调，以干部为重点，涵盖职工、民兵应急分队队员、转业待安置等人员，具体到人、到事。推行“标准化、信息化、量化型、经常性、责任制”五种管理方式，突出人车枪弹和营院管控，常态化抓好安全管理工作落实，确保全年“无事故、无案件、无纠纷、无严重违纪问题”。压实安全管理责任，制订下发《机关安全管理责任分工一览表》，把安全管理工作任务、措施分解细化到末端，落实到每个层级、每个岗位、每个人员，形成覆盖机关和部队的责任网络。强化检查督导，常态化组织不定时间的检查，查找问题和剖析根源，坚持落实“周小结、月分析、季讲评、年总结”制度，固化抓安全工作事前有方案、事中有检查、事后有讲评、跟踪问效和责任追究的工作机制，推动安全管理末端落实，在不断发现和解决问题中保持管理有序和安全稳定。开展“严抓教育整治、严防敏感舆情、严控人员车辆、严管枪支弹药、严保要害目标、严肃追责问责”专项治理，为改革落地实施提供安全保障。按照《安全条例》要求，成立安全委员会，逐级签订《安全管理责任书》。年初，制订《零陵区人武部安全教育实施方案》，采取召开会议、集中授课、专题辅导等方式，打牢安全思想基础。开展“条令月”活动，统一编印《条令须知200问》和《安全常识200题》，组织干部学条令条例和《安全条例》。

完善文印室建设，对军事信息处理、储存、管理进行检查整治，从源头上堵塞失泄密漏洞；开展经常性保密常识教育，对干部和家属使用军网和国际互联网情况进行登记备案；开展手机使用警示教育，按照“七个严禁”加强手机管理。着力解决“四反”和预防犯罪问题，突出抓好“两个经常性工作”的落实。

【抗洪抢险】 2017年6月底，零陵区连日降雨导致城区和多个乡镇受灾，全区紧急启动2级防汛应急响应。区人武部连夜召开抗洪抢险动员大会，迅速启动防汛抢险预案，召回在外干部，收拢队伍，组织全区专武干部带领民兵预备役队伍紧急奔赴抗洪抢险一线。

7月1—3日凌晨，区人武部先后出动民兵360余人次、冲锋舟6艘、皮划艇7艘投入抗洪抢险，在零陵城区及黄田铺镇、邮亭圩镇、珠山镇等地转移被洪水围困群众740余人，抢救贵重物资120余万元。

7月3日，随着连日降雨转弱，零陵区驻地部队和民兵预备役人员陆续投入灾后重建工作。城区4个办事处武装部组织民兵应急排清理沿河街道淤泥垃圾50余吨。12个乡镇武装部组织民兵队伍深入田间地头帮助群众恢复生产生活。在城区退水区，民兵防化分队喷洒消毒药水3吨，协助卫生部门做好疾病预防工作。区民兵应急分队16名党员成立党员突击队，帮助受灾群众重建家园。

法 治

政法委及综治

【概况】 2017年，全区社会治理工作围绕中心、服务大局，创新举措、综合施策，确保全区社会大局持续稳定，公众安全感和满意度继续提升，平安零陵建设成效显著，各项工作基本实现预期目标，综治民调保持全省第一方阵，社会治理改革名列全市第一，零陵区被评为全市社会治安综合治理先进县区。

【矛盾纠纷化解机制】 2017年，零陵区着力推动区、乡、村三级联动综治维稳信访例会制度化，开展矛盾纠纷“大排查、大调处”专项活动，努力使各类矛盾纠纷早发现、早化解。全年排查各类矛盾纠纷2367起，成功调解2251起，调解成功率95.1%；法院审结各类民商事案件3455件，执行案件结案2161件，执结到位标的款3.1亿余元，执行综合考核居全市前列。构建大维稳格局，进一步健全应急处突机制，分别建立一支由区公安局管理指挥的特警大队，一支由区维稳办管理指挥的应急分队，并开展实战演练。加强乡镇、街道的维稳应急处突分队建设，每队选配20~30人，配备好装备，开展好集训演练。全区妥善处理因交通、医疗、安全生产、刑事案件、非正常死亡等引发的重大纠纷矛盾137起，其中非正常死亡事件88起；防止群体性上访50起、769人次，制止群体性械斗29起、696人次，防止民转刑案件14件、48人次；做好“两会”“两节”“一带一路”国际合作高峰论坛、中共十九大和全国“草书”名家展、“千车万人游永州”、零陵区首届乡村文化旅游节等重大节点、活动的安保维稳工作。

【涉法涉诉信访改革】 2017年，零陵区全面推进涉法涉诉信访改革，在区直政法各部门设立专门信访室，坚持班子成员轮流接访；建立涉法涉诉信访工作月报制度，每月一上报，每月一汇总。抓好律师参与化解和代理涉法涉诉信访案件工作，在区直政法各部门、区信访局设置律师值班室，参与信访接待和化解。

【治安防控管理系统】 2017年，不断完善公安巡逻系统，继续开展“白天见警徽、晚上见警灯”和干部夜巡活动，同时，在全区深入实施“百村大联防”“千眼连天网”等工程。开展“百村大联防”活动，在各乡镇、街道配置三台摩托车，按治安巡逻的要求进行喷漆和安装警灯，由乡镇、街道综治办安排巡逻人员，配备好装备，开展好训练，不定期到村组巡逻，每月到各自然村巡逻不少于两次，提高见警率、震慑违法犯罪。开展“千眼连天网”活动，加快城乡电子监控系统的升级改造，完成省、市高清探头安装改造。同时，进一步完善城区重要路口交通电子监控系统，加强对违章车辆的监管和处罚，不断优化交通秩序。不断健全点线面结合、网上网下结合、人防物防技防结合、打防管控结合的立体化社会治安防控体系。

【治安环境整治】 2017

年，零陵区开展社会治安环境整治战役、集中惩治“盗抢骗”、追逃、禁种铲毒、整治“村霸”和宗族恶势力犯罪、“三打击一整治”道路交通秩序集中整治、反恐防恐等工作，始终保持严打高压态势。全年破刑事案件403起，刑事拘留犯罪嫌疑人632人，批捕犯罪嫌疑人171件、223人，起诉犯罪嫌疑人449件、568人，审结550件，判处623人。全区有影响的刑事案件全部侦破，其中现行命案4起，破案4起，连续10年实现命案全破。全年抓获各类逃犯180人，在全市考核排名第二位。禁种铲毒专项行动破获涉毒刑事案件10起，刑事拘留犯罪嫌疑人13人，逮捕和直诉犯罪嫌疑人22人，查处吸毒人员232余人。严惩村霸恶势力，破获涉恶团伙4个，刑事拘留犯罪嫌疑人29人，其中已判决11人。其中查处大庆坪乡岸山口村破坏选举案，抓获团伙成员3名。全年排查重点单位、场所120余家次，整改涉恐隐患220余处。道路交通秩序整治成效明显，查处各类交通违法行为83054起，其中“三超一疲劳”5496起，涉牌涉证3204起，酒醉毒驾571起，违法停车8245起。

【平安创建工作】 2017年，零陵区开展“十创大联动”。在年底评选出平安乡镇(街道)5个、平安社区（17中心城区社区）5个，平安村（农村社区）10个，平安单位（包括区直、省市驻区单位）10个、平安家庭20户、平安小区5个、平安楼栋10栋、平安网格10个、平安校园5所、平安医院5所、平安市场5个，给予表彰奖励。推进各级综治中心建设，全区严格按照《永州市综治中心建设实施方案》的要求，规范推进区、乡镇（街道）、村三级综治中心建设工作，完善软、硬件设施建设。截至2017年末，区综治中心建设完成，各项工作制度上墙，并全面投入使用，乡镇（街道）的综治中心全部挂牌，完善软、硬件设施并投入使用，村级综治中心结合全区农村综合服务平台建设工作正在全面建设中。

【社区警务网格化管理】 推进“三实信息”采集专项行动，将社区警务室打造成“群众家门口的派出所”。5月16日，全市社区警务网格化管理工作现场推进会在零陵召开，面向全市推介零陵区社区警务网格化管理工作经验。公安“4+X”中心建设稳步前进，先后建成指挥情报中心、治安防控中心、侦查实战中心、执法管理中心、新闻舆情中心等“五大中心”，在指挥情报中心接入公安视频探头890个，有效增强社会面实时管控能力。

【校园及周边环境专项整治】 2017年，区综治办组织教育、公安、交警、交通、工商、城管、文化执法局等成员单位开展4次校园周边环境整治工作。9月，开展集中整治月活动，通过部门联合整治，共下整改函69份，经济处罚39家（台），查处取缔门店无照经营18家，取缔非法经营幼儿园2家，清除摊点73个，净化校园及周边环境。

【“环境整治”战役】 2017年，区综治办制定实施方案和考核细则，并将环境整治战役工作开展情况纳入综治考核，组织各成员单位分管领导召开工作部署会，社会环境组各成员单位认真履职，严格执法，各执法单位深入开展严打整治工作，取得显著成效，社会治安环境明显改观。全年查处食品药品案件25件，没收违法所得6.59万元。质监局处理质量投诉8起，取缔2家冒用他人厂名厂址的生产窝点，对质量违法的4起行为进行立案调查。对非法行医立案查处7起，停业整顿7家，刑事拘留16人，治安处罚175人。开展整治矿区、工业园等区域“三强”“三堵”专项行动，刑拘12人，行政拘留42人，调解纠纷70起。对全区78所中小学安全教育、应急演练、校车管理、食品安全等进行全面检查，整改各类安全隐患68处，查处非法营运校车18台次。开展安全生产大检查“大排查大管控大整治”和“打非治违”专项行动工作，现场整改安全隐患

141个，限期整改安全隐患170个，责令停产矿山开采5家。针对建筑施工、危险化学品、职业健康等行业领域开展专项整治，取得较好效果。

【规范寄递物流业】 2017年，区财政投入30万元建成全区安检服务中心，安排民警入驻开展日常监控工作。区综治委不定期组织多部门联合执法，重点检查各寄递企业经营管理、从业人员管理、车辆管理和落实“三个100%”安全管理制度等工作，对登记在册的寄递企业100%进行清理整治。全年下发整改通知书责令整改53家，稽查车辆536台，查处违法违规经营案件39起，要求全部整改到位。

【“万员促和谐”活动】 零陵区开展以精准扶贫、“两学一做”学习教育、“三提升三争当”活动为载体，组织全区所有干部职工和各企业、乡镇（街道）、村（社区）的人民调解员，每月深入村、组、农户等基层一线走访，倾听群众呼声，了解社情民意，理顺百姓情绪，排查和化解矛盾纠纷，发现和解决治安问题，促进社会和谐稳定。

【舆论宣传工作】 2017年，区政法委组织开展平安零陵创建、见义勇为、护路护线、法律法规、三八妇女节、“3·15”消费者权益保护以及综治维稳宣传月等活动，开展各类大型法治宣传活动32场次，法治教育课55场次，举办培训班26场。印发《平安零陵创建手册》《公共服务事项进社区》《平安家庭创建倡议书》《平安家庭创建承诺书》等宣传资料30余万份。在《三湘综治网》上稿86篇，在中央电视台等主流媒体发送新闻稿件21篇，省级媒体发稿127篇，市级媒体发稿260多篇。

【城市社区网格化建设】 2017年9月23—9月24日，在全国治安防控体系建设工作会议上，零陵区作为视频连线现场点给予推介，市委书记、市人大常委会主任李晖在区网格指挥中心通过视频，向全国介绍零陵区网格化服务管理工作。

年内，发现上报各类网格事件7.6万余件，处置归档7.5万余件，处置率98%以上。截至2017年12月底，全区17个社区全部购置高拍仪、针式证件打印机，有69项服务事项由工作人员通过高拍仪和“智慧永州”平台实行社区“一站式受理”，相关职能部门通过信息平台网上审批办理，将老年人优待证、生育服务证等部分证件下放社区直接打印发证，公共服务事项办理逐步由“干部跑腿代办服务”向“数据跑路信息化办理”转变。推进“三创”进社区“1+N”服务管理工作。将21个职能部门近400名责任领导和责任人员下沉到社区、网格，工作重心下移到网格，工作部署落实到网格，工作考核精准到网格，工作责任追究到网格。统一43项“三创”工作服务管理清单进社区，制作网格管理员和“1+N”服务管理公示牌近4000块，在社区、网格公示，方便居民投诉和监督，提高社区服务管理能力和水平。实行精准考核到人，做到“月月有考评，月月有排位，月月有公示”。推动社区发展老年协会、文化团队、志愿者协会、康复协会等社会组织，多元化服务群众。

【农村网格化建设】 2017年，各乡镇（街道）“三个中心”建设到位，完成204个村（农村社区）建设任务，划分农村单元网格922个，每个网格建立党小组，实行村干部兼任网格管理员，由镇干部或村支两委熟练电脑操作的人员兼任信息管理员，配备电脑、高拍仪、打印机等办公设备。建成村医务室90个，民办幼儿园11个，村民活动室62个，安装监控视频346个，安装便民POS机300余个，实现村民在家门口取款、购物，方便群众生产生活，提升农村社会治理水平和群众的满意度。

【农村综合服务平台建设】 2017年，零陵区按照全市农村综合服务平台建设工作的要求，制订出台《实施方案》，明确目标任务，明晰相关单位职能职责，科学规划建筑式样、合理布局功能科室。确定新建村（社区）219个，改扩建村（社区）115个。10月，完成127个，在建村118个，年底完成214个村的建设任务。通过合理布局“八室两中心一广场”等功能科室，建设集党建服务、便民服务、农业服务、综合治理、文体娱乐、医疗保健、养老服务于一体的农村综合服务平台，为村民提供服务、医疗、休闲、娱乐、教育、养老、购物、金融等全方面的服务。

【规范执法】 2017年，零陵区对政法各部门确立工作总目标，将单位总目标分解到科、所、队、庭、室，再细化分解到每个干警，制定好队伍建设考核标准和评分办法，对科、所、队、庭、及干警的量化管理细化到时段，涵盖全年。

建立健全干警执法档案，提升办案质量，并作为干警奖惩任用的重要依据，促进干警规范执法。以涉法涉诉信访案件为重点，由政法委牵头，督促政法各部门自行评查案件，并抽调评查员集中评查。同时，进一步深化警务、检务、院务、政务公开，实行“阳光作业”。每月开展“警营开放日”“检察开放日”“法院巡回办案”“人民调解现场观摩”等活动，让政法走近群众，让群众了解政法。落实好党风廉政建设责任制的“两个责任”“一岗双责”，以及作风建设各级禁令。每月开展警风警纪明查暗访，严格执行“约法三章”（在全区政法队伍中实行“凡群众来信来访诉求一律书面答复，凡群众举报的问题一律查证查实，凡因工作责任缺失引发问题一律停职检查”）。全年书面回复信访人71件次，对28个政法基层单位进行3轮明查暗访，从警风警纪、来信来访、咨询办证、执法办案、环境卫生等方面督查问题15个，截至年底，全部整改到位。

【见义勇为】 2017年，区委、区政府进一步加大对见义勇为工作专项资金的投入，确保全区见义勇为先进个人表彰和对困难户走访慰问工作的有力开展。4月，开展见义勇为专项宣传活动，区综治委组织相关单位和各乡镇（街道）在人员密集区域发放见义勇为相关宣传资料，受到广大群众的一致好评，提高群众对见义勇为行为的支持。自2007年以来涌现出见义勇为先进个人37人，其中3人受省、市、区共同表彰，3人受市级单独表彰，6人受市、区共同表彰，25人受到区级单独表彰。

公安

【概况】 永州市公安局零陵分局核定政法编制341名，现有在编民警322名，工人9名。下设指挥中心、纪委（2017年9月20日撤销）、政工室、警务保障室、法治信访室、国内安全保卫大队、刑事侦查大队、治安管理大队、巡特警大队、禁毒大队、人口与出入境管理大队、网络安全保卫大队、经济犯罪侦查大队、反恐大队（2017年8月1日成立）14个内设机构，设零陵看守所、行政拘留所、消防大队3个下属机构以及徐家井派出所、南津渡派出所、七里店派出所、朝阳派出所、水上派出所、沙沟湾派出所、富家桥派出所、菱角塘派出所、凼底派出所、邮亭圩派出所、接履桥派出所、石山脚派出所、黄田铺派出所、珠山派出所、水口山派出所、梳子铺派出所、石岩头派出所、大庆坪派出所18个派出机构。2017年9月20日，中共永州市公安局零陵分局纪律检查委员会撤销，中共永州市零陵区纪委向分局派驻纪检组。

【队伍素质建设】 2017年，区公安局狠抓政治建警，素质强警。狠抓基层党建工作，发挥基层党支部的战斗堡垒作用和党员民警的先锋模范带头作用。坚持全面从严治警，努力打造一支信念坚定，执法为民，敢于担当，清正廉洁的公安队伍。年内，实现“六零五降四升”即确保影响政治稳定的重大事件、暴力恐怖袭击事件、大规模群体性事件、恶性刑事犯罪案件、重大公共安全事件和重大涉警负面舆情“六个零发生”；做到110接报警数、刑事立案数、治安发案数、交通事故、火灾事故“五个下降”；实现刑事拘留数、批准逮捕数、移送起诉数、主破案件率“四个上升”。全年获省级集体表彰奖项6个、个人奖项9个、市级集体表彰奖项13个、个人奖项36个，区级集体表彰奖项26个、个人奖项183个。

【警务机制改革与创新】 2017年，零陵公安分局整合人才、人力资源和技术、设备资源，严格落实市局党委关于警务机制改革决策部署，先后建成指挥情报中心、治安防控中心、侦查实战中心、执法管理中心和新闻舆情中心“五大中心”；通过融入大数据警务，搭建起协同工作平台，“五大中心”之间实现信息数据互联互通，节省警力。全年通过“警务云”、大情报系统等数据平台进行碰撞、分析、比对，破获各类案件50余起，其中现行命案2起；抓获犯罪嫌疑人100余人，其中逃犯32人。

针对零陵区城乡一体化发展新形势和社区工作新情况，创新思维方式，将网格化理念引入社区警务领域，打通服务群众“最后一米”，将社区警务室打造成“群众家门口的派出所”。通过社区警务网格化管理工作模式，进一步夯实公安基层基础工作，提升社区警务室服务管理工作职能，提高社区民警服务能力和水平，做到“小事不出社区，纠纷就地解决，矛盾不上交”，开创联动融合、开放共治的群防群治新局面；与2016年同期相比，该社区有效报警同比下降14.18%，刑事发案下降35.9%，矛盾纠纷调处成功率达98.3%，治安状况明显好转。5月16日，全市社区警务网格化管理工作现场推进会在零陵召开，面向全市推介分局社区警务网格化管理工作经验。

【维稳安保】 2017年，零陵公安分局始终把维护国家安全、政权安全、社会安全和人民群众生命财产安全置于首位，深入开展情报、侦察、控制和处置工作，提前预警、妥善化解、有效管控各类安全风险。分析研判各类信息数据2万余条，核查维稳数据3000余条，累计搜集上报各类敌政社情信息898条，编辑信息期刊179期，及时预警处置相关事件205起，为全区维稳工作提供情报支撑。成功处置各类突发、群体事件31起，提前介入、有效预防各类民转刑案事件5起；完成首届乡村文化旅游节、春节、国庆、中秋、毛泽东诞辰等重大节日、庆典和“两会”“一带一路”高峰论坛、香港回归20周年、建军90周年、金砖国家领导人峰会、中共十九大等重要会议活动的安全保卫任务100余起，投入安保警力4000余人次，安保处突任务万无一失。

【案件侦办】 2017年，零陵公安分局，开展惩治“盗、抢、骗”，社会治安环境整治，“三打击一整顿”，追逃等专项行动。进一步强化命案侦破工作，年内立现行命案4起，破4起，连续11年实现命案全破。全年立刑事案件1331起，破案685起，破案率51.5%，刑事发案率下降37%；刑事拘留864人，行政拘留2078人，批准逮捕319人，移送起诉820人，收治10人。

开展集中整治“村霸”和宗族恶势力专项行动，对宗族势力、黑恶势力、村痞地霸下重手，出重拳，用重典，坚决打压嚣张气焰，全力维护法制威严。全年破获涉恶团伙4个，刑事拘留29人。其中捣毁一个破坏选举团伙，抓获团伙成员3名。

以“追逃犯、消隐患、保平安”为主线，开展追逃行动，抓获各类逃犯193人，其中历年逃犯63人（2017年5月，追逃民警辗转广东、深圳、海南等六省市，历时18天。），外省逃犯33人，抢骗逃犯49人，位居全市第一位，副区长、公安局局长王小会在全市公安工作会议上作典型发言，向全市公安机关推介追逃工作经验。全年排查涉恐隐患重点单位、场所180余家次，发现整改涉恐隐患236余处，下发责令整改通知书49份，给予单位（场所）警告42家；依据《中华人民共和国反恐法》办理治安案件4起，行政处罚单位2家，处罚责任人4人，督促其他主管部门利用《中华人民共和国反恐法》处罚物流场所5家。

【禁毒惩治和专项整治】 2017年，零陵公安分局坚持日常禁毒惩治和专项行动惩治相结合，始终保持对涉毒犯罪的严打高压态势。破获涉毒刑事案件42起，刑事拘留犯罪嫌疑人48人，逮捕和直诉犯罪嫌疑人51人；查处吸毒人员336人，其中，社区戒毒85人，强制隔离戒毒121人；缴获各类毒品10.53千克，铲除毒品原植物2000余株。

【惩治经济犯罪】 为维护全区经济秩序，零陵公安分局按照“以打带建、以建促打”的方针，坚持统筹指挥、情报先导、协同作战、全面出击、注重实效，严厉惩治各类经济犯罪活动，全力维护市场经济秩序和国家经济安全。全年立案13起，破案10起，总涉案金额1229万元。刑事拘留42人，逮捕18人，移送起诉17人，抓获上网逃犯23人。

2008年4月以后，福田米业有限公司法人代表刘某喜在隐瞒福田茶场股东的情况下，采用虚构事实、隐瞒真相手段，伪造虚假会计报表，将湖南省福田茶场所有的土地抵押给银行，骗取350万元银行贷款。2017年10月，零陵公安分局经侦大队接案后侦破该案，抓获刘某喜，该案进入审判阶段。

2017年，在市公安局的统一指挥下，全市联动，侦破善心会传销案。8月，零陵公安分局经侦大队一举抓获涉案人员卿某莲、李某云、胡某翠、龙某兰、罗某武、李某英，为侦破该案做出重要贡献。

【社会治安环境整治】 2017年，零陵公安分局开展社会环境整治战役，严厉惩治黄赌、危害食品药品和环境安全犯罪，深入开展治爆缉枪和惩治“三强三堵”等专项行动，保证零陵区有一个良好的经济发展环境和风清气正的生活居住环境，坚决捍卫零陵区的青山绿水。全年办理黄赌案件136起，行政拘留336人，刑事拘留64人；办理涉枪涉爆案件30起，行政拘留17人，刑事拘留12人；办理“三强三堵”案件49起，行政拘留126人，刑事拘留39人；办理食药环案件5起，刑事拘留16人。缴获枪支27支，管制刀具62把，会同区环境保护局收缴处理有毒废料150吨。

【人口管理】 2017年，区公安分局各服务窗口累计受理二代身份证49085人，审签490855人，审签异地身份证1380人，办理临时身份证1580个，受理审批签发公民出国（境）证件申请29839人次。核查疑似死亡未注销户口人员9800余人，及时注销已死亡人员户口8723人；核查疑似重户口线索322条，注销重户口54人；主动解决无户口人员的落户问题，办理无户口人员落户34人。持续深化“一标三实”信息采集、录入、维护工作。全年采集录入“三实”信息66763条，其中，实有人口数45721条，实有房屋数15247条，实有单位数2016条，实体3779条，维护各类基础数据50万余条。

【交通、消防和监督安全管理】 零陵区围绕“降事故、保安全、保畅通”的目标，开展道路交通秩序规范管理，重点交通违法行为得到有效遏制，群众交通遵章率全面提高。全年查处各类交通违法行为105911起，其中“三超一疲劳”6770起，涉牌涉证3398起，酒醉毒驾777起，违法停车14250余起；消防部门加强宣传和检查力度，认真组织开展清剿火患行动，火患防控成效明显。全年检查单位2219家，督促整改火灾隐患4704处，临时查封43家，三停28家。排查摸底消火栓251个，重点单位和人员密集场所102家。实战演练85次，接警出动721起，出动车辆1180台次，出动警力8099人次，其中火灾398起，抢险救援221起，社会救助126起，抢救人员204人，疏散群众628人，挽回直接经济损失6048.5

万元，全年因火灾死亡和受伤的均为零；监管场所严格落实监管措施，强化在押人员思想教育，组织安全大检查27次，消除安全隐患13起。全年共收押人员732名，处理出所748名（含部分2016年收押人员）。全年无重大安全事故发生，有效维护监所安全和收押人员身体健康。

【治安防控体系建设】 2017年，零陵公安分局坚持多元共治，以共建共享的理念构建齐抓共管格局。一方面突出党政主导；积极争取区委、区政府重视和支持，将“天网工程”纳入农村网格化管理综合平台建设，在全区城乡新建高清治安探头1500个；全面推行党政干部带队夜巡制度，区级领导亲自轮流带队夜巡，以上率下，层层推动。另一方面构建综合防线，全面落实科技强警战略，在全区布设400个人脸识别系统点位、90套WiFi探针设备、5个智能警务基站、3套虹膜采集识别比对装置。同时，巧借民力，建设一支覆盖16个乡镇、299个村落，配备有手电、警棍、反光衣、防暴头盔、巡逻摩托车等装备，总人数达1214人的义警队伍；发展的士司机、公交司机“蓝背心”437人，利用单位、企业、小区门卫岗亭布建“一呼百应、全民创安”警民联防点79个。

【抢险救援】 2017年7月汛期，零陵公安分局迅速启动自然灾害应急处置预案。副区长、公安局局长王小会带队，开展抢险救援，防汛维稳工作，先后出动警力500余人次，救援转移群众1060余人，排查排除安全隐患200余处，取得6个未发生的显著工作成效（即防汛中未发生一起治安案件，未发生一起刑事案件，未发生一起交通事故，未发生一起次生灾害引发的安全事故，未发生一起负面舆情），切实维护全区社会大局稳定。

【湖南于家公安检查站项目建设】 2016年2月，湖南于家公安检查站项目建设启动。8月破土动工，11月23日竣工并揭牌，省公安厅谭和平副厅长出席揭牌仪式并宣布正式运行。

湖南于家检查站是湖南省第一家省际公安检查站，地处国道322永州零陵区珠山镇于家地段。于家公安检查站占地0.12公顷，建筑面积1900平方米，总投资1300余万元。检查站设为正科级机构，与珠山派出所、珠山交警中队合署办公，配备站长1名，副站长2名，派出所长和交警中队长兼任副站长。该站配备多种高科技检查设备和移动检查、通信设备等，保证检查的准确性和信号的实时传输，实现与周边公安机关的联动联控和快速反应。省公安厅副厅长谭和平在检查站调研时给予充分肯定，称于家公安检查站是全省“功能最齐全、规模最宏大、设计最合理”的“湘南第一站”。

于家公安检查站已成为永州乃至全省公安工作的一个亮点和品牌。国家禁毒委、省厅治安总队、山东淄博市、广西桂林市、钦州市公安局等领导先后带队前到检查站指导、观摩、交流；邵阳市公安局、益阳市公安局、郴州市宜章玉溪公安检查站、岳阳临湘市公安局、衡阳耒阳市公安局等兄弟单位也先后到于家公安检查站考察、学习和交流。2017年6月27日，全省公安机关社会治安防控体系建设现场推进会在永州隆重召开，于家公安检查站视频连线向省委常委、省委政法委书记黄关春报告设卡查缉情况，得到他的充分肯定和高度赞扬。

【构建和谐警民关系】 2017年，区公安局强化民意主导警务理念，在执法上尊重群众，在感情上贴近群众，在生活上帮助群众。年内组织开展110、禁毒、反恐、反邪教等宣传活动。深入企业、学校、社区、乡村，送服务、送温暖，了解群众所需、所求、所急、所盼，及时解决群众困难，全年为残疾人、孤寡老人和留守儿童开展上门采集照片、办理身份证280余人次。多次组织并筹集资金179万元，为扶贫点珠山镇高夫殿村修建基础设施、引进光伏产业等，全年帮助16

户、67 名贫困群众成功脱贫。

（杨　鹏）

公安消防

【概况】 区消防大队隶属永州市消防支队和区公安局双重领导，负责辖区内的消防监督检查、火灾事故调查，新建、改建、扩建工程的消防设计审核和验收。大队为副团职级，下辖 1 个执勤中队，有水罐消防车 5 辆、登高消防车 2 辆、抢险救援车 1 辆、物资运送车（皮卡）1 辆、行政执法车 2 辆。担负全区 1986 平方公里的防火、灭火和各类抢险救援任务以及乡镇和企业专职消防队的业务指导工作。

2017 年，区消防大队围绕中共十九大，以习近平新时代中国特色社会主义思想为指引，围绕服务地方经济建设和社会发展的大局，坚持以科学发展观为统领，按照《中华人民共和国消防法》《国务院关于加强和改进消防工作的意见》和国务院《消防安全责任实施办法》的部署要求，以深化岗位练兵为载体，以提升防控火灾能力和灭火救援能力为目标，排查整治火灾隐患，强化灭火救援能力，有效维护全区消防安全形势的总体稳定，全区消防工作和部队建设呈现出良好的发展态势。是年，大队获全市消防部队政治工作先进大队、全市消防部队军事工作先进大队、全市消防部队后勤工作先进大队；零陵区政府在全市消防工作考核中成绩排第二位，并被市政府评为全市消防工作先进单位。

【履职履能】 2017 年，区消防大队以体能、技能、智能训练和战术合成演练为重点，开展全员练兵、科技练兵、实战练兵活动，强化攻坚组能力建设，开展灭火救援“大练兵、大熟悉、大演练”。同时，大队还以深化执勤岗位练兵为主题，完善液化石油气、毒性气体、爆炸等灾害事故预案 30 余份，并多次组织开展危化品应急救援、反恐应急救援实战演练，部队作战能力明显提高。完成“4·25”富家桥深井救援、“5·3”永连公路油罐车起火扑救、“6·12”诸葛庙木炭粉厂火灾、“7·1”保险公司、霞田公寓养老院、桃江路和杨梓塘路抗洪抢险救援、“9·28”泉南高速货车火灾、“12·16”城南机械厂宿舍火灾等一大批急难险重任务。截至2017 末，大队接警出动 744 次，出动消防车 1171 辆次，出动消防官兵 8036 人次，抢救被困人员 202 人，疏散人员 628 人，抢救财产价值 340 余万元。

【政治建警】 2017 年，区消防大队党委牢牢抓住班子自身建设这个根本，从思想、组织、作风、领导能力和廉政建设着手，打造成想干事、能干事、干成事和做好事的班子。凡是涉及消防工作和部队建设的重大问题，通过党委进行充分讨论，并广泛征求广大官兵的意见和建议，营造和谐创业氛围。大队党委班子重视自身建设，坚持议大事抓大事，自觉维护团结，党委班子的核心作用更加明显，展现出新的活力。同时，大队把政治建警放在首位，坚持不懈地用中国特色社会主义理论体系武装广大官兵的头脑，培育当代革命军人和人民警察核心价值观，教育引导官兵在政治上、思想上、行动上自觉与党中央保持高度一致，永远做党和人民的忠诚卫士。开展“双拥”活动，组织官兵参加学习雷锋活动、青年文明号在行动活动、无偿献血、爱心捐款和结对帮扶等公益活动。

【推行廉政建设责任制】 2017 年，区消防队进一步落实廉政建设责任制，从加强财务监管、预防班子成员干预消防执法等具体问题入手，与党委成员、大、中队干部层层签订党风廉政建设和“五条禁令”责任书，并为大队所有干部建立廉政档案；深入开展消防监督执法突出问题专项整治，组织党员干部开展廉洁执法相关规章制度学习，纠正防火监督干部存在的“吃、拿、卡、要、庸、懒、散”等问题，有效杜绝违法违纪事件的发生。

【消防安全专项整治】 2017年，区委、区政府把消防工作列入重要议事日程，与当地经济社会发展各项事业同研究、同部署。4月14日,区委副书记、区长吴恢才主持召开第七次常务会议，会议明确萍州消防站后续建设、政府专职消防队建设、社会面火灾防控工作、消防考核工作等难题，解决一大批制约消防工作发展的重大问题，并层层签订《消防工作目标责任书》。

年内，围绕“最大限度地减少火灾隐患和火灾危害”的总体目标，先后部署开展冬春专项行动、人员密集场所消防安全专项整治、消防安全大排查大整治大管控活动、高层地下建筑消防安全专项整治、电气火灾专项整治等系列火灾隐患排查整治活动，形成严厉惩治、查处消防违法行为的高压态势，整改消除一大批火灾隐患。联合民政部门在全区所有的乡镇养老院安装独立烟感报警器，筑牢养老院安全防火墙。全年检查社会单位2221家，发现火灾隐患或违法行为4704处，督促整改火灾隐患或违法行为4692处，下发责令整改通知书1918份，责令“三停”单位28家，下发行政处罚决定书44份，临时查封决定书43份，有效净化全区消防安全环境，全年未发生一起亡人火灾，火灾形势保持总体平稳。

【消防法律法规宣传】 2017年，区消防大队从提高全区火灾防范意识和遵守消防法律法规意识入手，开展消防安全培训，进一步提高全民消防安全素质。搭建飞信消防宣传平台，共向手机用户发送消防短信累计5000余人次，以110宣传、安全生产月宣传、中小学生安全教育日、消防进军训、全民消防我代言、示范社区消防宣传教育创建、119消防宣传月等活动为契机，组织开展系列大型消防宣传活动，发放消防宣传资料和书籍1.5万余份；开放消防站20余场次，受教育学生3000余人；深入校园、社会单位、社区开展消防知识培训20余场次、1万余人接受消防知识普及。全年在中共电视台、《人民公安报》《中国消防》、中国消防网等中央级媒体发稿14篇；在湖南卫视、湖南教育、湖南都市一时间、《湖南日报》等省级媒体发稿20余篇；在《永州日报》、永州电视台、“直通119”等市级媒体发稿30余篇。

【基础设施建设与后勤保障】 2017年，区消防大队争取各级党委、政府加大消防经费投入力度。在经济不景气、财政收入紧张，地方其他部门经费普遍削减的情况下，大队本级争取正常业务经费600余万元。争取党委政府支持，解决零陵消防站和萍州消防站等基础设施建设，其中，占地1公顷，投入3000余万元的萍州消防站投入执勤使用。同时，造价800余万元的美国大力龙压缩空气泡沫车和54米举高消防车也相继落户并投入执勤备战。

【消防安全隐患监督】 为努力实现近水救近火、救早灭小、扑救初期火灾的目标，结合辖区实际，依托社区微型消防站，在七里店社区成立全区首支社区义务消防队。义务消防队以社区微型消防站为基础，以社区民警、社区消防负责人为主体，通过组织社区网格员、物业管理员、单位保安人员、社区消防宣传大使担负起社区日常的消防执勤、灭火、监督和宣传教育工作，成为社区消防安全工作的生力军。自组建以来，义务消防队已参与扑救社区火灾6次，开展消防安全隐患监督检查80余次，开展消防安全宣传50多次。

（邓 微）

检 察

【概况】 2017年,区检察院有干警68人，其中检察员42人，书记员10人，司法警察10人；工勤人员6人；共产党员43人；研究生学历5人，本科学历52人，大专学历11人。设检察长1名，副检察长4名，纪检组长1名，政治部主任1名，联合工会主席1名，检察委员会专职委员2名。院内设政治部、反贪污贿赂局、反渎职侵权局、侦查监督科、公诉科、监所检察科、控告申诉检察科（举报中心）、林业检察科、民事行政检察科、办公室、监察室、检察技术科、法警大队、职务犯罪预防室、法律政策研究室、案件管理办公室等16个部门机构。全年有15个集体、30余人受到全国、省、市表彰，综合考核名列全市先进，继续保持省文明单位、省检察文化活动先进单位、全国检察机关“文明接待室”及“二级规范化驻所检察室”等称号，全国模范检察官蒋冬林被评为全国“敬业奉献中国好人”。

【服务地方经济发展】 2017年，区检察院把检察工作置于全区经济工作大局中来谋划和推进，主动对接区委“六大战役，三大品牌”，部署开展惠农扶贫领域专项活动，创新服务发展的方式方法，在服务经济发展中展现检察担当。全年批准逮捕强行阻工、强买强卖、强揽工程等侵犯非公经济案件16件、29人，提起公诉26件、45人；查处利用行政审批权“吃拿卡要”等影响投资环境的职务犯罪7人；与区药监、环保局衔接，率先在全市设立检察联络室，拓宽监督领域，增强监督实效；积极构建民行检察多元化监督格局，办理督促行政履职案件94件，向行政机关提出检察建议94件；受理各类来信来访238件，其中来信62件，来访176件。妥善办理集体访、告急访16件，办理刑事申诉案1件、国家赔偿案3件，全年未发生缠访、闹访和涉检进省赴京上访事件。

【维护社会稳定】 2017年，区检察院着力维护社会稳定，参与“平安零陵”“法治零陵”建设，受理提请逮捕案件372件、480人，依法批准逮捕268件、351人，不批准逮捕104件、129人；受理审查起诉案件605件、865人，审结685件、929人，提起公诉576件、764人，不起诉116件、161人，改变管辖2件、4人，清理积案232件、312人，刑事和解65件、68人；办理未成年人犯罪案件19件、36人，依法对4名未成年人作出不予起诉处理，切实维护涉罪未成年人合法权益，全年未出现法院判决无罪的情况。

着力维护正义，强化诉讼监督。全年共立案监督13件、14人，监督撤案7件、8人；追加漏捕11人,其中6人已追捕到案并被判处有期徒刑，开展捕后羁押必要性审查15件、15人；追诉漏犯20人，追诉漏罪9件、10人；纠正侦查违法行为31件次；提出抗诉1件。

加强刑事执行监督，开展执法安全检察、惩治牢头狱霸活动12次，消除安全隐患30起，发出纠正违法通知书3份，检察建议书20份。协助市人民检察院办理死刑临场监督案件2件，办理收监执行审查案件4件、4人。开展在押人员羁押情况、社区矫正人员脱管、漏管、社区矫正人员定期点名等专项检察活动，对全区508名社区矫正对象进行动态检察，建议撤销缓刑4件、4人，继续加强全方位、规范化监督，推动全区社区矫正工作有序开展，铸就“检察之眼”守护大墙内外的公平正义。

【严厉惩治腐败】 2017年，区检察院立案查处各类职务犯罪案件12件、18人，其中，贪贿犯罪案件立案6件、6人，侦查终结贪贿案件9件、11人，移送审查起诉9件、10人，判决6件7人，挽回经济损失500余万元；查办渎职侵权案件6件12人，移送起诉6件12人，提起公诉5件11人，介入安全事故调查5起。查办新宁县原规划局局长郭某涉嫌受贿、滥用职权案；永州市农开办副主任（正处级）何某滥用职权、受贿案；冷水滩区农开办6名工作人员涉嫌滥用职权案；配合市人民检察院查办市教育局原副局长腾某受贿系列案。坚持惩防并举，开展预防调查12件，发出检察建议8份，有效堵塞制度漏洞，防患未然；开展警示教育、预防职务犯罪讲座17次，运用庭审观摩、检察开放日活动等载体，结合查办的典型案件进行预防宣传；加大对行贿犯罪的惩防力度，向社会提供行贿犯罪档案查询服务835人次，同比上升45%。

【检察官员额制改革】零陵区严格执行员额检察官遴选标准和程序，保证入额检察官有过硬的政治素养、专业素养、办案能力和职业操守。全年有31名检察人员报名参加员额检察官遴选；经过民主推荐、业绩考核、遴选考试等程序，并报省法官检察官遴选委员会严格审核，确定24名员额检察官，圆满完成遴选工作任务。同时，做好未入额检察官的思想疏导和分流安置工作，积极稳妥地推进人员分类定岗、人员身份确认，坚持定量、定岗、定人、定标的“四定”绩效管理模式。2017年，顺利完成检察官等级套改工作，为检察官单独序列管理奠定扎实基础。

【司法责任制改革】零陵区全面落实员额检察官权力清单，明确责任主体和权力边界，严格做到谁办案谁负责，谁决定谁负责，强化员额检察官的责任，提高办案效率。检察长和员额检察官全部到办案一线，明确规定入额院领导办案数不低于检察官的30%，入额科长办案数不低于检察官的70%。鼓励院领导、科长带头办理复杂疑难新类型案件，发挥“名医把脉”的作用。

【监察体制改革】零陵区做好反贪污贿赂、反渎职侵权、职务犯罪预防等部门的机构、编制、人员、装备、案件线索、档案资料等情况的调查摸底工作；做好、做实涉改人员的思想政治工作，确保思想不乱、队伍不散、工作不断；参与区监察委员会的筹备工作，研究检察机关与监察委员会案件移送衔接机制，为完成监察体制改革试点任务做出应有奉献。

【支持非公经济发展】2017年，区检察院全面推进“‘除虫护花’永州行动”，服务非公企业。认真学习省、市检察机关相关文件精神，制订出台《零陵区检察院关于开展“‘除虫护花’永州行动”工作实施方案》，着力构建“亲”“清”新型检商关系，与区工商联、区内非公有制法人代表召开联席会，组织开展“检企互动”“检企联动”活动；开辟非公企业绿色信访维权通道，着力为非公经济健康发展保驾护航。把司法办案作为最有效的服务手段，努力营造有利于非公有制发展的法治环境，致力于“法治零陵”的建设。坚决惩治强行阻工、强买强卖、强揽工程等侵犯非公经济犯罪，依法对阻扰大唐能源公司在石岩头镇风电施工的5名犯罪嫌疑人作出批准逮捕决定，其中提起公诉3人，均被判处有期徒刑。全面加强对涉及非公企业的刑事、民事、行政诉讼活动的法律监督，依法监督纠正执法不严、司法不公的各种问题，审查处理涉及非公经济案件7件。坚持“五个慎重”查办涉企案件，在不影响企业的声誉、维护企业的正常运行并帮助企业尽可能挽回损失的基础上进行执法办案，坚决防止“案子办了，企业垮了”。

【“食安零陵”建设】2017年，区检察院开展“食品安全护苗行动”守护孩子们舌尖上的安全，重点对城区及周边中小学食堂及小卖部开展安全检察，向监管职责的单位提出检察建议，促成整改，规范管理，切实杜绝安全隐患，让孩子们吃得安心、吃得放心；支持河长制工作，联合环保、水利等部门，集中开展饮用水源督查专项行动，对城区取水口污染情况全面督查，发出检察建议7份，督促整改到位。如永州市工商职业中专生活污水直接通过朝阳公园人工湖排入潇水，为此，向环保、建设、水利等五个行政管理单位发出检察建议；开展危害食品药品安全犯罪专项立案监督，监督公安机关立案2人，进一步健全和完善“两法衔接”信息共享平台，理顺行刑衔接工作机制，切实开展联合执法协作，形成惩治合力，共同惩治食品药品违法犯罪行为，保障公众饮食用药安全。

【“绿色零陵”建设】2017年，区检察院林业检察科更名为生态环境资源检察科，发挥“检察蓝”的履职作用，坚持以公益诉讼为抓手，守护秀美山川，助推生态零陵。主动配合中央环保督查行动，部署开展环境整治、土壤污染防治专项督查活动，立案5件，发出诉前检察建议4份。督促有关部门加强对生态环境破坏行为的监督，如外省运输来的150余吨固体垃圾非法“入侵”零陵大庆坪乡案发生后，区检察院全面介入、引导取证，并启动立案监督程序，从严从快批准逮捕3名犯罪嫌疑人，并追加漏捕1人。

【“平安零陵”建设】 严厉惩治侵犯民生的各类刑事犯罪，依法严惩群众反映强烈的制售伪劣产品、电信网络诈骗、非法集资等犯罪，批捕生产、销售伪劣产品、有毒有害食品等犯罪26人，起诉45人；批捕电信网络诈骗犯罪16人，起诉21人；批捕非法吸收公众存款、集资诈骗、合同诈骗等犯罪33人，起诉42人。积极开展雁过拔毛式专项整治，开展危房改造资金、脱贫攻坚等专项监督行动，立案查处发生在群众身边、群众反映强烈的贪污贿赂案件3件、3人，查办水口山镇楚阳村村主任唐某非法获取国家扶贫专项资金供个人使用涉嫌贪污案，查办珠山镇马迹岭村秘书陈某侵吞群众低保款涉嫌贪污案。

【机关作风建设】 零陵区扎实开展“两学一做”“三提升三争当”等专题活动，加强干警的政治思想教育，补足精神之钙。切实抓好纪律作风建设和党风廉政建设，每周院领导带班，由纪检、政工等部门人员组成的督查组认真对全院干警日常纪律作风进行定期督查和不定期抽查，开展各类督察50余次，发出通报30期，做到主动发现问题，及时督促整改，防范于未然。

【党风廉政建设】 零陵区坚持“治检先治长”机制，领导班子带头落实党中央关于建设过硬检察队伍的要求，修订完善党组中心组、检委会等学习制度，抓好中心组学习，以党组会、检察长办公会、检委会为平台，充分落实对全院重大事项的民主决策机制。从严开展党内政治生活，用好批评和自我批评武器。建立多层面谈心谈话制度，大力落实党风廉政建设“两个责任”，推进廉洁从检。

【人才队伍建设】 2017年，区检察院招录6名优秀人才，充实检察队伍。着眼提升队伍专业化、职业化水平，广泛开展业务培训、岗位练兵和业务技能竞赛，定期举办“零检讲坛”，邀请检察业务专家、法学教授授课，共组织干警参加业务培训和岗位练兵30余人次。建立和完善教育奖励机制，鼓励、支持在职干警参加高层次学历教育，目前已有研究生学历干警8人。

【办案业务常态化】 加强科技强检，积极为办案业务提供常态化技术支持，全年办理技术性证据审查188件，为办案提供技术协助21件次，提供同步录音录像107人次。强化警务保障，履行司法警察职责200余人次。抓好后勤服务，积极为办公、办案提供可靠经费保障，“两房”建设进展顺利，主体工程已完成60%。配齐配足执法办案设备，确保业务工作安全有序运行。

【接受外部监督】 增强“四个意识”，自觉把检察工作置于党的绝对领导，坚持执行重要决策、重大事项、重点工作，及时向区委请示、报告制度，坚决贯彻落实区委的决策部署，确保检察工作的正确政治方向。强化主动向区人大及其常委会报告工作，认真执行人大及其常委会决议、决定，真诚接受监督。及时办理人大、政协的议案与提案，认真配合开展人大代表专题调研和执法检查。完善代表联络制，邀请人大代表参加“检察开放日”“民主生活会”等活动，认真听取他们对检察工作的意见和建议。

主动向政协通报检察工作情况，加强与政协委员的联系、沟通，听取对检察工作的意见和建议。邀请政协委员视察服务非公经济等工作，参加听庭评议、公开听证等活动，加强与区工商联的协作配合，共同保障和促进非公有制经济健康发展。加强多形式多渠道公开检务信息，以公开促公正，以公正赢公信。通过案件集中管理平台公开案件信息情况861条、法律文书173份，主动接受外部监督。

切实保障律师在检察环节执业权利，努力构建检察官与律师相互尊重、相互依存、相互促进的良性互动关系。建立健全新媒体传播平台，组织开展举报宣传周、送法上街下乡、“检民恳谈”等活动，提高群众参与度。全年在各类新闻媒体发表理论文章、宣传稿件160余篇，宣传和展示区检查院工作情况，提升检察工作知晓度。

法 院

【概况】 区人民法院在编干警112人，其中，党员69人，员额法官40人，司法警察10人，其他工作人员62人。内设办公室、政治部、研究室、监察室、审判管理办公室、司法技术室、司法警察大队、书记官管理办公室、立案庭、执行局、刑事庭、民一庭、民二庭、行政一庭、行政二庭、林业庭、审判监督庭17个部门及1个事业机构诉讼和信访事务服务中心，辖珠山、水口山、邮亭圩3个人民法庭。2017年，区法院发挥审判职能作用，牢牢把握“司法为民、公正司法”工作主线，围绕“努力让人民群众在每一个司法案件中感受公平正义”目标，全力为经济社会发展提供良好的司法环境。

全年受理各类案件7415件，审结、执结6834件，结案数排全省法院第二十七名，结案率92.16%，排全省法院第二十名，公众测评排全省法院第十一名；年度综合考评排全市法院第三名，首次进入全市优秀法院行业，并获得“优秀基层人民法院”“党风廉政建设先进单位”“执行工作先进单位”“涉诉信访工作先进单位”等7项集体荣誉。案例、信息工作评为全省成绩突出单位，宣传工作受到最高院通报表扬，有12个部门、52人被省高级人民法院、市中级人民法院和零陵区评为先进集体和个人。

【刑事审判】 2017年，区人民法院审结刑事案件633件，判处被告人785人，结案数同比上升44.85%。严惩影响群众安全感犯罪，审结强奸、杀人、“两抢一盗”犯罪案件115件、污染环境犯罪案件4件、7人、生产销售有毒、有害食品罪14件、15人；严厉惩治涉众财产犯罪，审结非法吸收公众存款案6件，取得较好的社会效果；严惩毒品犯罪，审结毒品犯罪案件34件、38人，全部判处徒刑以上刑罚；严厉惩治网络新型犯罪，审结公安部、中宣部挂牌督办的网上传播淫秽物品、网上介绍卖淫案件13件、22人；严惩人民群众痛恨的职务犯罪，审结贪污、贿赂、滥用职权案件10件、12人，其中，副处级以上5件、6人。

【民事审判】 2017年，区人民法院审结民事案件3629件，同比上升30.54%。依法办理机动车交通事故责任、医疗事故责任、工伤责任、劳动争议等案件432件，有效维护人民群众合法权益；履行司法审判对修复家庭关系、维护社会和谐的重要职能，审结婚姻家庭、继承等纠纷492件，保护妇女、儿童的合法权益；倡导诚实守信的社会风尚，审结涉及香樟绿城、苹果社区、万通西苑、品天下等10余个小区发生的房屋买卖合同纠纷案件800余件，保护房屋购买人的合法权益；坚持平等保护原则，妥善审理民间借贷、金融借款案件860余件，标的额12亿余元，维护融资安全；推进供给侧结构性改革，审结股权转让、合伙纠纷、企业破产案件31件，帮助困难企业恢复生产；开辟绿色通道，审结种子购销合同纠纷案件280余件，促进农村经济发展。

【行政审判】 2017年，区人民法院审结东安、双牌、冷水滩区域内行政诉讼案件183

件，同比上升45.24%，其中，判决撤销行政行为5件、确认行政行为违法24件、判决驳回诉讼请求43件。对于行政机关败诉的29起案件，逐一发出司法建议，助推依法行政；注重实质性化解行政争议，行政诉讼协调处理108件，成功化解永州招银地产公司诉东安县环保局环境保护行政决定案，得到东安县委、县政府的充分肯定；办结非诉行政执行案件64件，其中，计生非诉案件36件，维护行政机关的执法权威。

【执法工作】 区人民法院探索执行团队建设，激化执行活力，这一做法先后在《人民法院报》《法制日报》予以推介；推动网络查控与公安、银行、工商、国土、房产等部门信息互联共享，在强化查找财产问题上取得重大突破；完善失信被执行人名单库，扩大信用惩戒范围，构建“一处失信，处处受限”新机制；严厉惩治“拒执”行为，与公安、检察机关建立联动机制，切实维护司法权威。将1330名被执行人列入失信黑名单，对91名被执行人实施拘留，对154名被执行人采取边控、限制出境等措施；移送公安机关追究刑事责任23人，6人被判处拒不执行判决、裁定罪。全年执结各类案件2389件，执结案件标的2.85亿元，有财产可供执行案件的执行到位率达到93.15%；推行网络司法拍卖工作，在网上拍卖财产104笔，标的物成交率达到50%，平均溢价16.73%。

【司法为民服务】 区人民法院完善诉讼服务中心建设，打造一站式服务平台，全年接待当事人1000余人次；开通“12368”服务热线，提供咨询200余人次，开展网上立案10件，有效拓展诉讼服务时空;推动建立在线调解、电子送达等信息平台，促进司法服务的信息化发展。全年在线调解100余人次，电子送达120次。利用司法公开三大平台，网上公布裁判文书6834份，法律文书网上公布率达到100%；创新庭审公开方式，开展庭审直播、微博直播、视频直播等13次；践行普法主体责任，抓好官方网站、微博、微信等新媒体建设，在各类媒体发表以案说法稿件230余篇；开展“法官进学校、进社区、进企业”活动120人次，开展法院开放日活动2次，召开新闻发布会4场次；坚持院领导轮流接访工作机制，全年接待信访群众2100人次，初信初访得到有效遏制；借助社会力量，推动第三方参与信访案件化解机制，邀请代表委员、律师代表等参与化解5起信访积案；坚持信访案件分类处理，解决诉求合理案件14起，教育无理缠访人员60人次，向34名生活确有困难的信访人发放救助金67.45万元。

【廉洁司法教育】 区人民法院学习贯彻习近平新时代中国特色社会主义思想，毫不动摇坚持党的领导，严格执行重大工作部署、重要人事安排、重大改革事项向党委报告制度，严守政治纪律和政治规矩。抓好“三提升三争当”教育活动，提升学习教育的渗透度、影响力。参与党建扶贫工作，不断加大对扶贫联系点的帮扶力度，确保扶贫工作精准实施，切实增强干警的群众观念。开展坚定理想信念、坚守法治信仰主题教育，牢固树立“四个意识”，担负起新时期法院干警的责任使命。狠抓以党建带队建促审判工作方针，严格党内政治生活，强化“三会一课”，开展星级党支部创建工作。开展廉洁司法集中教育活动，开展岗前廉政培训，坚持把纪律挺在前面，增强干警的纪律自觉，实现零违纪、零查处的可喜局面。

【司法体制与机制改革】 区人民法院根据中央关于司法体制和机制改革的精神，开展法官员额制改革，从符合条件的审判人员中遴选出40名员额法官，占全院政法编制的40%，逐步落实人员分类、司法责任制改革等任务；完善相关配套机制改革，推进轻微刑事案件速裁改革、审判为中心的刑事诉讼制度改革、裁判文书改革等。

【社会监督】 区人民法院严格执行报告制度，向区人大常委会专题汇报人民陪审员工作情况；建立人大代表联络工作长效机制，加强沟通联系，主动征询意见；邀请人大代表参加重大案件执行、重大信访案件听证20人次；主动向区政协通报法院情况，邀请政协委员参加法院活动，增进政协委员对法院工作的理解和认同；拓宽群众监督渠道，自觉接受舆论监督，及时回应社会关切；落实司法民主，人民陪审员参审率100%。

司法行政

【概况】 区司法局是零陵区人民政府的重要组成局，位于零陵区南津南路549号。贯彻执行国家和省、市有关司法行政工作的方针、政策和法律、规章，编制全区司法行政发展规划和年度计划并监督实施。组织实施司法行政方面的法律、法规和规章。指导全区普法依法理工作；参与社区治安综合治理工作。指导全区公共法律服务工作，即指导全区律师、公证、基层法律服务、司法鉴定等工作。监督管理全区法律援助工作。指导管理全区社区矫正工作。指导监督全区基层司法所建设和人民调解工作。指导管理全区司法行政系统的计划财务及枪支、弹药、服装和警车管理工作。指导全区司法行政系统队伍建设和思想政治工作；指导管理全区司法行政系统的教育培训和警务工作。承办区人民政府交办的其他事项。

内设8个机构和政治部（警务部）：办公室、法制宣教股、法律服务管理股、基层工作股、社区矫正办公室（零陵区社区矫正管理局）、政策法规股、法律援助工作股、计财装备股。机关党组织、纪检（监察）机构和群团组织按有关规定及章程设置。

区司法局机关司法行政专项编制为23名，其中，局长1名，副局长2名，工会主席1名，政治部主任1名。机关党组织、纪检（监察）机构和群团组织负责人职数按有关规定及章程核定。区司法局归口管理全区各乡镇（街道）司法所、公证处等单位，全区司法所核定编制76名，其中省专项编制45名，事业编制31名；零陵区公证处为正科级单位，核定司法专项编制5名，设主任1名，副主任1名。2017年，梳子铺乡获中华全国人民调解宣传工作先进集体、第二批全省“法治县（市、区）创建工作先进单位”、省司法厅司法行政工作“双先”先进单位，永州市司法行政系统精细考核第二名。

【普法教育宣传】 区司法局以“三项重点工程”建设为突破口，丰富普法形式和载体。按照省厅、市局的要求和时间节点，高标准规划、设计、建设好法治街道、法治广场、法治公园。初步形成法治宣传阵地全覆盖，让市民在娱乐休闲中接受法治教育。

2017年，进一步健全落实领导干部法律知识和依法办事能力考试考核、法律素质考察、法律知识任职资格等“三项制度”，建立领导干部学法用法长效机制，不断提高各级领导干部依法决策、依法行政和依法管理水平，促进全区领导干部学法用法工作制度化、规范化。

【青少年法治教育】 零陵区打好青少年普法攻坚战，区委相关领导多次召开会议，研究加强青少年法治宣传教育工作，并成立青少年法治宣传教育领导小组，将综治、公安、法院、检察院、司法、教育、宣传、文化、妇联、共青团等部门纳入领导小组成员单位，根据人事变动情况对成员进行及时更新，确保青少年法治宣传教育工作的组织领导，明确各部门的相关责任。

区综治办每年把青少年法治教育纳入综治考核，作为评价党政领导工作政绩的重要指标；区人大、政协经常性对青少年法治教育工作进行检查督促；全区的普法依法治理工作要点中，对青少年法治宣传教育工作作出安排布署。通过一系列制度措施，有力推动全区青少年法治教育工作的深入开展。

【法治宣传】 区司法局围绕中心工作，加大对部门法、专业法的宣传力度。全年协助政法委、公安、税务、民政、农业、劳动、工商、林业、计生、妇联、质监、烟草等部门和单位开展《中华人民共和国治安管理处罚法》《中华人民共和国税务法》《中华人民共和国婚姻法》《中华人民共和国农民专业合作社法》《中华人民共和国农产品质量安全法》《中华人民共和国动物防疫法》《中华人民共和国信访条例》等法律法规的宣传活动；参与组织开展三八妇女节宣传活动、“3·15”消费者权益保护活动以及5月和9月全区综治维稳宣传月活动，在全区上下形成“谁执法，谁普法”的大格局。

全年以各乡镇司法所为单位，开展各类大型法治宣传活动68场次，上法治教育课142场次，举办培训班32场，书写、张贴、悬挂宣传标语500余条，出黑板报50余期，印发宣传资料20万余份，提供法律咨询9000余人次。同时，围绕“六大战役”等区委、区政府的中心工作，开展相关的法律法规宣传教育，营造良好的法治氛围。成功组织全区干部开展2017年度全区公职人员学法无纸化考试。全区1万余名公职人员参加集中统一学法考试。

【创新调解机制】 区司法局坚持用发展的观念创新调解机制，做足人民调解文章，拓宽人民调解渠道，加大人民调解力度，充分发挥村级调委会与群众离得近，叫得应，信得过，谈得拢的优势，将矛盾纠纷化解在基层，消灭在萌芽状态。

每月定期组织司法所人员开展逐乡、逐村、逐组、逐户的矛盾纠纷排查工作，建立民间纠纷台账、“双月报”台账、重大矛盾纠纷调处台账和“三调联动”管理台账，并形成制度。对排查出的特重大纠纷实行“五个一”调处机制，即：一起纠纷、一名局领导、一套班子、一个方案，一调到底。为开展好矛盾纠纷排查调处活动，构建“大排查、大调处”工作平台，着力提高矛盾纠纷化解的前瞻性。全年受理各类矛盾纠纷2015件，成功调解1991件，其中，乡镇（办事处）人民调解委员会受理751件，成功调处728件，其中，处理好88件非正常死亡案件，防止群众性上访50起、769人次，制止群众性械斗29起、696人次，防止民转刑案件14件、48人次，实现全区连续25年无清明械斗，较好地发挥第一道防线的作用。

建立律师义务信访接待值班和参与信访各案化解制度，规定律师定期到区信访接待室轮流值班，参与区领导大接访。同时，组织“3+X”信访案件听证会，每次至少指派1—2名律师参加。全年组织律师累计参与“3+X”信访听证案23场次，成功化解陈年涉法涉诉信访案件16件。

全年投入50余万元，在卫生、妇联、交警、工商、商业城等部门，建成各类专业性和行业性的调委会7个，调解各类案件近700余起。

【综治民调工作】2017年，区司法局突出矛盾化解和法治宣传等职能作用，开展综治民调工作。落实班子成员与乡镇办事处联系点制度，组织开展“十个一”活动，即：悬挂一幅宣传标语；搞好一次巡回宣传；在各乡镇办事处开展一次法律咨询活动；搞好一场大型法治宣传教育咨询活动；上好一堂法治课；办好一期法制宣传橱窗；开展一次大走访活动；开展一次矛盾纠纷积案集中排查化解活动；开展一次模拟民调；印发一些宣传资料，提高人民群众对司法行政工作的知晓率和满意度。

3月，综治民调会议召开，发放宣传资料130余份，积极引导干部职工参与公众测评提问。局领导深入联系的乡镇办事处认真开展“十个一”活动。为配合省、市民调工作，筹集近20万元资金，自编《公民法制教育漫画手册》和《以案说法》4万册、一次性宣传纸杯30万只，以及法治宣传围裙2万条。重点对全区固定电话用户进行地毯式走谈，群众反映良好。4月20日前，组织30名干部职工下到朝阳办事处，对区委政法委分配的430个固定电话进行一对一的大走访，共收集各类问题11条。

【法律服务援助】 2017年，区司法局为近50个企事业单位提供无偿法律服务。全年受理各类法律援助案件251件，办结225件。积极服务社会民生问题的保障与改善，维护社会和谐稳定，通过与社区结对子等形式，关注社会弱势群体，主动为农民工和妇女儿童提供法律咨询和法律帮助。通过参与重大刑事案件的审理和辩护、参与政府解决涉法信访问题等，在解决事关全市社会和谐稳定的热点难点问题中发挥积极作用。推进公共法律服务便民服务窗口建设，建成全区16个乡镇（街道）公共法律服务站和334个公共法律服务点，方便全区群众的法律诉求。

【社区矫正人员监管】 2017年，区司法局以案件评查、规范执法档案为抓手，督促各司法所强化社区矫正人员的监管。重点狠抓全区社区矫正人员的正档和各所社区矫正人员的副档的规范建立。通过自查自纠和督查各所整改，所有档案基本达到案件评查要求。开展社区矫正审前社会调查，严把社区矫正人员“入口关”，全年接收社区服刑人员421人，管理523人。

【帮教平台信息化建设】 2017年，区司法局抓好各所安置帮教信息平台建设，强化工作措施，防止帮教对象重新犯罪。通过下到各所督查，抽查各所负责安置帮教的干警是否熟练登陆安帮信息平台并及时核查，新增对象是否及时规范建档。开展安置帮教工作，有效防止安置帮教对象的重新犯罪。落实刑释解教人员“重点帮教对象”必接制度，对刑释解教人员、“三无人员”和未成年刑释解教人员情况的，所在地的党委、政府和安帮工作机构，要安排专门人员接回，并妥善安排，接回率100%。全年投入20余万元，与市司法局在邮亭圩镇合建1家安置帮教温馨家园，已经投入使用，起到安置帮教对象过渡性就业作用。

【司法制度改革】 2017年，区司法局全面完成公证改革任务。4月28日，区公证处公章上交市司法局，相关业务工作至此停止。公证员除1名安置到永州市潇湘公证处上班外，其他人员就地安置在区司法局，编制没有更变。

法治政府建设

【概况】 区政府法制办为区政府办内设机构，加挂永州市零陵区人民政府法制办公室牌子。主要承担政府重大行政决策指导、规范性文件管理、行政复议应诉、行政执法监督、政府法律服务等职责。

【参与政府重大行政决策指导】 2017年，区政府法制办指导举行《永州市零陵区电子商务规划（2016—2020）》《零陵潇水国家湿地公园保护管理办法》等重大行政决策听证会，保障公众参与政府决策的权利。10月，零陵区面向社会公开征集政府重大行政决策咨询专家，为政府决策提供智力保障和专业支持。

【规范性文件管理】 2017年，区政府法制办审查政府规范性文件71件（其中，年内发布56件），备案部门规范性文件11件。10月，对全区2017年8月31日以前的政府规范性文件进行全面清理，清理规范性文件265件，其中，废止20件，宣布失效57件，重新公布46件，确认继续有效142件。

【行政复议应诉】 2017年，区政府法制办办理行政复议申请13件，其中，维持3件、撤回1件、其他处理9件。2017年3月，制定《零陵区行政机关负责人参加行政复议和行政应诉暂行规定》，此规定实施后，区政府领导带头出庭应诉，受到广大群众好评。

【行政执法监督】 区政府法制办对政府工作部门权力清单、责任清单、负面清单、行政审批中介服务事项、行政事业单位收费项目等事项全面实行目录化、动态化管理。区政府对外公布行政权力1597项，其中：行政许可139项、行政处罚1020项、行政强制116项、行政征收21项、行政给付8项、行政确认31项、行政奖励19项、行政检查106项、行政裁决5项、其他行政权力132项；公布行政责任1136项，其中主要职责474项、与相关部门有职责分工和交叉的职能236项、建立事中事后监管制度238项、公共服务事项188项;公布企业投资负面清单164类，其中限制投资类83类、禁止投资类81类；公布行政审批中介服务事项49项；行政事业单位收费项目24项；政府性基金7项；涉企行政事业性收费项目12项。10月，开展行政执法案卷评查和指导案例评选活动，评选出6个优秀案卷单位，发布3个指导案例。

【政府法律服务】 2017年，区政府法制办为政府投资、产业规划、招商引资、合同签订履行等重大经济社会活动提供法律服务，参与区内重大法律服务事项67件、审查非政府规范性文件9件。

（李金平）

网格化管理

【概况】 2017年，依托村（社区）换届之际，全面完善社区“一委一会一办三中心”（社区党委、居委会、综合办公室，便民服务中心、网格管理中心、综治中心）和村“一委两会两中心”（村党支部，村民委员会、村务监督委员会，网格管理便民服务中心、综治中心）组织机构。在社区，把党支部建在网格上，党小组设在楼栋里；在农村，把党小组建在网格上。全区成立网格党支部188个，业主委员会36个，选配居民小组长153名，建立城区楼栋党小组612个，农村网格党小组919个，初步构建“全覆盖、无缝隙”的党建引领网格化服务管理体系。同时，创新网格管理，实行“单位型”网“自我管理”，“小区型”网格“一部一委一会”（党支部、业主委员会、联席会议）管理，“街巷型”网格“一部一组一会”（党支部、居民小组长、联席会议）管理的新型党组织管理模式。以社区党委牵头开展1+N组团式服务，以网格党支部牵头召开联席会议，联合处置或协调解决网格内各类问题事件和矛盾纠纷，党的基层治理得到进一步提升。

【信息化处置升级】 2017年5月，零陵区对各社区的视频和通话系统进行升级改造，实现指挥中心与单个社区语音对话、17个社区语音广播、互相对话的功能，更快捷地部署工作，获得信息，有效地改变由原来只能通过打电话或发邮件的传统方式，提高工作效率。8月，将系统中的平面电子地图升级为3维电子地图，使房、路、公共设施显示更为清晰；将人口、房屋、法人、城市部件等数据与地图进行关联，实现“以地找房，以房找人，以人查房，以房查人”的目标，实现区指挥中心与各社区实时通话，达到调度指挥精准快速的目标，

【农村综合服务管理】 2017年，永州市出台规范性文件，要求各县（区）全面推进农村综合服务平台建设，区委、区政府高度重视，将农村综合服务平台建设列入全区重点项目建设和“六大战役”的“环境治理”战役内容，统一规划，建设集党建服务、便民服务、农业服务、综合治理、文体娱乐、医疗保健、养老服务于一体的农村综合服务平台。在统一遵照市里要求设置的“八室两中心一广场”外，还设立电子商务室、警务室、村务监督室和村民活动室等功能科室，拓展服务功能。新建试点村全部建设篮球场、文化大舞台、体育健身器材、宣传阵地等附属设施，满足干部办公、村民娱乐休闲的需要。实行村干部坐班制、政法干部固定日进村值班制，网格管理员进网格巡查走访，提供代办服务，解决村民各类问题，农村服务管理

水平得到进一步提升。

【网格化服务管理】 2017年，零陵区按照街道下沉社区人员不低于2/3的标准，全年下沉人员全部到位，并作为网格化建设的重要考核机内容纳入考核范围。按照“一格一员”的标准，城区配备专职网格管理员194名，单位兼职网格管理员16名，实行规范化进出机制。2017年递补人员6名，招聘13名，有效保障网格正常运行。按照“1+N”工作机制，区级领导、相关区直单位领导、责任人员按要求联系社区、下沉到网格。2017年，按照“费随事转”的要求，将下沉到社区的工作人员经费和事项经费下拨到社区，进一步增加社区（村）工作经费，社区经费70万元，村级经费10万元，保障社区（村）工作正常运转。为提高工作人员的积极性，将网格管理员的工资标准提高至3694元，达到全市在职事业单位平均工资水平。建立健全多层次考核体系，将社区工作纳入全区经济社会发展综合考核，完善“逆向”考核机制，细化对街道、社区以及网格管理员考核细则，明确考核内容，规范考核方式，突出结果运用，着力解决群众办事在部门中“打圈圈”的现象。

【升级“1+N”组团式服务】 零陵区网格化服务管理实施以来，通过网格管理员发现上报问题，采取“1+N”组团式服务工作方式，有效解决城市中大部分问题事件。为全方位、24小时收集群众反映的问题事件，及时解决群众反映的问题，提供更全面的便民服务，依托“12345”公共服务热线，整合各职能部门的投诉、举报电话，通过“我的永州”APP、“网格零陵”公众号、红网百姓呼声等媒介，实现24小时“多渠道、无缝隙”搜集群众反映的各类网格事件。为进一步提高处置能力和服务范围，在区、乡镇（街道）、村建立三级民生微服务团队571个，及时解决群众最关心、最直接、最现实的困难和问题，实现群众诉求“一网打尽”。解决问题“快速及时”的民生微服务新模式，把问题和矛盾化解在一线，全年通过微服务新模式处理各类问题事件达到3万余件。

【信息化业务办理】 零陵区按照简政放权的要求，规范公共管理事项和公共服务事项，在社区（村）进行公示，并纳入管理考核范围。结合基础建设改造达标的契机，配齐信息化办理的办公设备。通过对工作人员的培训，公共管理事项按照“六步闭环”的工作机制，城区社区逐步规范，农村逐渐推行。公共服务按照社区（村）“一口受理、网上办理”的要求，城区社区69项公共服务事项基本上通过“智慧永州”系统得到信息化办理。在农村大力开展培训，工作人员逐步掌握信息化办理能力，部分村已开始为村民提供服务。同时，要求网格管理员为群众提供代办服务，针对残疾人、孤老寡人等特殊人群，提供上门服务。全年网格管理员提供代办服务、上门服务达到上万次。

【社会服务】 2017年，零陵区在乡镇、街道，社区（村）积极培育和发展义工、志愿者、书法协会、文艺会演、法律服务等社会组织。组织村（居）民在社区（村）开展义诊、文艺会演、知识讲座等不同形式的活动，丰富群众精神文化生活。同时，积极引进银行服务进乡镇、村，设置便民POS代办点500余个，实现村级全覆盖，有效解决群众存取款、购物、交费等问题。建立农业、农机、淘宝等合作社或商业服务站200余个。

社会团体

区总工会

【概况】 区总工会设综合办公室、组织宣教部、女工财务部3个内设机构，定编6人（机关行政编制3名，事业编制3名），其中主席1名，副主席2名。下属单位两个：困难职工帮扶中心及工人文化宫。困难职工帮扶中心编制3人，2017年，工人文化宫增编为8人。2017年，区总工会被评为市“四星级工会”。

【工会组织建设】 2017年，区总工会按照“广普查、深组建、全覆盖”的工作要求，始终把“党建带工建、工建促党建”作为加强工会组织建设的长效机制。区总工会从年初开始，把开展组建工会和发展会作为一项重要工作来抓，切实加强组织领导，积极进行安排部署，注重平常组建。全年新组建基层工会组织49家，新发展工会会员3527人，实现女职工组织与工会组织同步组建，基层工会的指导服务得到加强。对照《企业工会工作条例》和《永州市非公有制企业工会组织规范化建设三年实施计划》的要求，采取“四抓”的措施。即抓认识、抓源头、抓典型、抓制度建设，狠抓非公企业工会的规范化工作。以时代阳光、金鸥包装等非公企业为典范，带动非公企业建立健全劳动关系协调机制。同时，经常组织工会活动，为职工办实事，为企业排忧解难，让非公企业工会组织真正活起来。加强乡镇街道工会规范化建设，指导区直工会依法开展工会工作，对新建工会组织及干部进行培训，全面加强工会干部队伍建设。根据市总工会有关文件精神，积极推动“模范职工之家”的创建。2017年，七里店街道工会成功创建为省级“六好”乡镇工会、大庆坪乡工会成功创建为市级“六好”乡镇工会称号，神仙岭小学工会成功创建为市级“模范职工之家”。

【劳动技能竞赛】 2017年6—10月，区总工会组织开展全区职工职业技能竞赛活动。优胜队参与全市比赛，其中卫生系统的医疗护理及交通系统的公路养护项目均获得团体第一的好成绩。

【女职工工作】 2017年，全面开展女职工“关爱行动”和健康行动，全年完成女职工特殊疾病保险2580人，免费赠送保险400人；组织女职工开展第九轮“芙蓉杯”技能竞赛年活动，全区有2000余名女职工投身素质达标，1500名女职工实现达标计划；以女职工建功成才为主题，以“百项创新成果、千个小发明、万条合理化建议”为载体，在全区广大女职工中开展以“创新出成果、创效促发展”为主题的创新创效竞赛活动，举办女职工双创活动成果发布，充分调动广大女职工岗位成才、岗位创新、岗位建功的积极性，着力提升女职工自身素质和职业技能。

【民主管理与维权】 2017年，区总工会推动已建工会的企业工资集体协商建制率达到91%，其中50人以上已建工会的企业单独开展工资集体协商；国有、集体及其控股企业、事业单位厂务公开和职代会达到全覆盖，并不断巩固深化；50人以上已建工会的非公有制企业厂务公开民主管理和职代会建制率达到84%。推动非公有制企业实现“两建六有六公开”，指导企业建立劳动争议调解组织，建立健全法律援助队伍机构，全年提供法律援助案件4件。

【双联帮扶工作】 2017年，帮扶中心设生活（大病、助学）救助室、就（创）业援助室、法律援助室、信访接待室等。有专兼职工作人员4人，其中专职3人、兼职律师1人。区总工会女工主任兼任帮扶中心主任；设帮扶中心服务网点64个，联络员87人，数据录入处理员64人。2017年春节前，区总工会从中央和省财政争取专项走访慰问资金30余万元，自筹资金20余万元，走访慰问困难职工300余户。

【医疗互助活动】 2017年，零陵区有8917人参与职工医疗互助，全年有581名干部职工享受工会医疗互助惠民政策，全年报账445121元。

【职工各类活动开展】 2017年8月，区工人文化宫维护修缮工程全部通过验收，并成为全区大型会议中心及职工文化娱乐中心。

2月，协助区委、区政府举办庆元宵活动；3月，与区卫计委、“三创办”联合举办主题为“万步有约、健走零陵”的全国第二届、全区首届职业人群健走活动；4月，与区文体新局成功举办迎“五一”全区职工气排球比赛活动；5月，开展工人阶级宣传月活动和筹资18万元承办百姓月月乐广场活动；6月，承办2017年零陵区“欢乐潇湘 开放文明富裕新零陵”大型歌舞演出，并筹资45万元聘请市音乐协会编排一个以“精准扶贫”为主要内容的节目参与全省歌舞比赛；同时，与区卫计委共同开展全区卫生医护职工职业技能竞赛活动并参与全市比赛，医疗护理获得团体第一的好成绩；7月，与区妇联、团区委及富家桥镇政府承办零陵区首届乡村文化旅游节活动之“仙姑故里·浪漫七夕”大型相亲活动；8月，开展“金秋助学”活动，筹资10余万元资助32名贫困生圆大学梦；9月底，承办全区职工庆“十一”大型篮球比赛；10月，举办全区重阳节文艺晚会，并与区环保局一起组织全区环境监测分析竞赛活动，优胜队参与全市环境监测分析竞赛；12月，与文体新局一起，在美丽乡村香零山村主办全区首届“美丽乡村·全民健身”杯自行车公开赛。

【综合治理】 2017年，区总工会开展“平安单位”创建工作和“零发案”竞赛活动，加强巡逻和内保等工作，年内没有发生一起治安刑事案件；主要领导高度重视绩效评估和社会治安民调工作，全体干部职工落实到位，尽力为他们排忧解难，认真处理上级批转的各种信访件，全年本系统未发生一起到市赴省进京上访事件。中共十九大期间，根据区综治委安排，挂点朝阳街道沙沟湾社区，资助该社区维稳经费2万元，同时，深入社区值守，没发生一起赴省进京信访事件。

【禁毒宣传】 2017年，区总工会成立禁毒工作领导小组，开展禁毒宣传进企业活动，组织数十家上万名企业员工观看禁毒宣传片，被区禁毒办评为“禁毒工作先进单位”。

【精准扶贫】 2017年，区总工会为省级贫困村大庆坪乡芳香村的扶贫后盾单位，修筑通村公路10千米，引进致富项目4个，拨付扶贫资金40余万元。在一般贫困村华兆村，结对帮扶对象8户、脱贫2户。

（彭剑锋　康怀宇）

共青团零陵区委

【概况】 1980年1月，

中国共产主义青年团永州镇委员会设立，有工作人员2名，仅设副书记一名。1982年，成立中国共产党青年团永州市委员会，内设办公室、青少部。1996年，改名为中国共产主义青年团芝山区委员会，内设机构有青农部、组宣部、办公室、学少部、青工部。2003年，共青团芝山区委员会定编4人，其中机关行政编制核定为3名，内设青工部、青农部、组宣部、办公室。2005年，更名为中国共产主义青年团零陵区委员会，内设办公室，为正科级群团组织单位。

【希望工程助爱心活动】 2017年3月，团区委开展希望工程一元捐活动，筹集爱心捐款7万余元，年终对110名贫困学生进行资助。6月，与湖南科技学院电信学院开展“助力扶贫关爱贫困学生”毕业生捐赠活动，捐赠学习类、体育类、生活用品类600余件，价值2000余元。7月，组织团干部为灾后重建爱心捐款，共筹到6730元爱心捐款。8月，参与部署开展永州青年社会扶贫教育圆梦计划募捐和资助活动，据统计，募捐活动中，全区参与人数达5000余人，全区筹集线上线下爱心善款20万余元，是全市唯一获得募捐证书的县(区)团委。募捐活动后，开展推报审核工作，推报319名贫困学生，全部获得资助。在社会招募爱心人士与贫困学生进行长期一对一帮扶，全年结对10名贫困学生，在学习生活中，爱心人士将长期对贫困学生进行身心健康和功课辅导，并按照小学生1000元、初中生2000元、高中生5000元的标准对贫困学生进行资助。

【青少年思想道德建设】 2017年5月4日，团区委在全区范围内要求共青团员观看《入团第一课》；联合区人民法院拍摄青春励志片《我们正青春》，为社会公平正义铸就最后一道防线。组织全区各级团组织开展“青春喜迎十九大，不忘初心跟党走”主题团队日活动，引导青少年奋发向上，坚定理想信念不忘初心跟党走。在清明节、国庆节开展爱国主义主题教育活动，教育青少年从自身做起，从现在做起，不懈奋斗。联合区史志办开展弘扬红色文化，传承红色基因系列活动，参与编写《童心向党》红色文化简明读本，让党史知识进校园成为工作常态。

推进网上共青团工作，安排专人负责《青年之声》平台和微信公众号的运行，积极向各界团员青年宣传青春正能量，引导青少年向上向善，全年微信公众号推送微信图文消息30余篇、在《青年之声》跟青年互动700多次。深入推进“1+100”团干部直接联系青年工作，组织全区各级团干采取线上交流线下活动的方式做好直接联系服务青年工作，全区专兼职团干部联系青年2783人，开展线下活动858次，线上互动161次，参与评论563次，团干部联系服务青年工作已经成为工作生活的常态。

推进从严治团。年初召开共青团工作会议，部署开展“从严治团”和共青团“学习总书记讲话 做合格共青团员”教育实践活动，坚持把学讲话、强意识贯穿活动始终，抓住团委书记这一关键少数，带领全区各级团组织围绕十项具体活动开展教育实践、从严治团。

【青年志愿者工作】 2017年，团区委成功指导永州市零陵区义工协会完成协会成立工作，壮大区志愿者服务队伍。截至2017年末，全区有2个协会志愿者协会，注册志愿者人数达1000人以上。联合开展以“抗洪救灾”“文明劝导”“爱心助力”“爱心助考”等为主题系列公益活动：3月，联合开展“关爱孤寡老人”“保护母亲河”“关爱留守儿童”等志愿服务活动，在全区掀起志愿服务热潮；6月，联合开展“爱心助考”行动，在全区三个考点设立青年志愿者爱心助考服务站，为考生和家长提供便捷助考服务；7月，联合开展“抗洪抢险”“灾后重建”活动，产生较好的社会效果；8月，联合开展2期精准扶贫希望工程助学金发放活动，助推一批贫困学子，解决后顾之忧。

【团组织建设】 团区委按照中央、省、市委关于加强和改进党的群团工作的实施意见，联合区委组织部下发“党建带团建”考核细则，强化基层团组织的组织保障，确保党建带团建促实效。抓好中学共青团源头性战略地位，按照团中央《中学共青团改革实施方案》要求，联合区教育局下发学校团组织考核细则，将学校团组织推进《中学共青团改革实施方案》作为考核的重点，学校团组织在引导和帮助学生健康成长、进步成才等方面的作用不断增强。

加强对青年之家的指导，给予青年之家适当的工作经费支持，整合区青年社会组织、青年志愿者队伍，充实“青年之家”的服务力量，进一步提升服务青少年工作水平，竭力将青年之家打造成全区共青团组织联系服务青少年的实体门店。目前，潇湘门社区在原有省级“青年之家”的基础上，年底成功获评全国示范性“青年之家”，是全市仅有的全国示范性“青年之家”；建设成立零陵区首家共青团影院，团员青年凭有效团员证到共青团影院观看电影可享受票价优惠活动；每个月组织开展一期留守儿童专场、寒门学子专场等公益观影活动，教育引导青少年向上向善，增强共青团组织对青少年的影响力。

【首届青少年说故事大赛】 2017年3月30日，“古城故事多 我来说一说”永州市首届青少年说故事初赛在湖南科技学院音乐演播厅举行。全市各行各业的60余名青少年参加该次比赛，他们当中年龄最大的30岁，最小的12岁。经过紧张的角逐，评选出青年组15名，少年组15名参赛选手晋级决赛。

4月12日，决赛在零陵区工人文化宫落下帷幕，分别产生一等奖2名：少年组刘源，青年组隆婷。二等奖4名：少年组周婷、杨子萱，青年组刘芸菲、李婷婷。三等奖6名：少年组雷定寰、蒋昕妍、王婧纯，青年组徐涛、和静、屈学文。大赛由共青团永州市委、永州市零陵区人民政府主办，零陵团区委、零陵区史志办、零陵区旅游局、永州市零陵区旅游建设投资有限责任公司、零陵区文体新局、零陵区财政局承办。团市委书记龙亮、区领导唐建明、唐清林观看比赛。

【社会扶贫志愿行活动】 2017年7月中旬，团区委联合区扶贫办开展 “千名青年下基层，社会扶贫志愿行”活动。推广社会扶贫网，宣传扶贫政策，得到广大群众积极参与，活动覆盖全区21个贫困村，受惠群众5000余人。是年，团区委联系的精准扶贫村是水口山镇羊角井村，结对帮扶4名贫困户均已脱贫。

（毛岭峰）

区妇女联合会

【概况】 区妇女联合会是党和政府联系妇女群众的桥梁和纽带，是国家政权的重要社会支柱。2017年年底，有干部职工7人。其中，主席1名、副主席2名、主任科员1名、工作人员3名。有乡镇（街道）主席16名，副主席84名，执委400名。

【优良家风评选活动】 2017年，区妇联为充分发挥领导干部家属弘扬和传递好家风的重要作用，联合区纪委举办领导干部家属倡廉座谈会，有86人参加。区委书记唐烨在会上讲话。开展“廉政家书”主题征文活动，征集作品75篇，评选出优秀作品15篇，特等奖李拓宇给妻子的一封信《其实我俩最会赚钱》，得到省、市妇联的赞扬，各大报刊相继刊登。在全区范围内评选“平安家庭”，共评选区级平安家庭64户，推荐9户参加市级“平安家庭”评选。

【法治宣传与妇女权益维护】 2017年，区妇联为加强妇女儿童维权意识，深化妇女法治宣传教育。妇联机关组织工作人员学习各项法律法规知识，对每一位来访者坚持做到“三个一”（一张笑脸，一杯热茶，一个解决办法）。全年接待来信来访97起，转办“12338”

热线62件，法律援助25人次，办结率均为98%，得到广大妇女群众的一致好评。

开展“三八”维权周便民咨询服务活动，进一步深化妇女法治宣传教育，强化妇女维权意识，提升知法、懂法、用法的能力。9月，联合公、法、司等单位成立“婚调委”，自11月正式运行以来，调解离婚夫妻90对，调节成功率98%，参与调解的离婚财产权益、抚养等各类婚姻家庭纠纷20起，调解成功率83%以上。

【城乡妇女就业创业】 2017年，区妇联响应“大众创业、万众创新”的号召,组织动员广大妇女群众立足岗位、创业建功。搭建服务平台,增加妇女就业创业机会。联合区人力资源和社会保障局、零陵工业园实施“春风行动”，组织专场招聘活动3次，发放宣传资料份数3500份，成功介绍女性就业280人，跨地区有组织劳务输出女性197人，组织参加职业技能培训女性91人，扶持带动660多名妇女创业就业。提供资金支持，妇女创业热情持续高涨；做好妇女小额担保贷款工作，积极为妇女小微企业提供资金；发放妇女小额担保贷款159笔，共1590万元，其中扶持自主创业者59人，带动就业163人。着力培育接履桥街道“李小花农场”，帮助客商唐梅仙的“永州巾帼园艺公司”项目在富家桥镇落地开工。

【关心关爱妇女儿童】 2017年，六一儿童节，区妇联陪同区委书记唐烨、区长吴恢才、区委副书记盘志元、市关工委主任谢朝月等领导以及相关单位主要负责人到区机关幼儿园、区儿童福利院、凼底乡桴江村幼儿园、凼底乡中小学进行走访慰问孩子们的生活、学习情况，为他们送去书包、水杯、水果及慰问金并致以节日的问候。制定零陵区“十三五”妇女儿童发展规划，颁布并大力宣传和扎实推动新一轮两个规划的实施，进一步优化妇女儿童发展环境，“十三五”两个规划于6月23日出台。

9月2日，组织开展全区妇女儿童工作会议。成立完善和规划各成员单位分管妇女儿童工作的领导和女工委主任的信息；在零陵区各机关事业单位成立妇委会；在老年大学、义工协会等社会组织成立妇联。以农村贫困妇女为重点，做好乳腺癌、宫颈癌筛查筛查工作，截至2017年10月，全区有15103位农村妇女参加免费筛查，超额完成筛查任务。联合区扶贫办，在全区范围收集贫困两癌妇女信息表，收到两癌求助信息42例，符合条件13人。年初，发放“贫困母亲两癌救助”公益金1万元。2016年，安康保险工作完成保费4万元；2017年，主动跟人寿及人财保险合作，完成2803份，保费140150元，增长251%。

【基层妇联组织改革】 2017年年初，零陵区全面完成乡镇、街道妇联改革。按照一正、四副、25名执委的要求，改革后有乡镇（街道）主席16名，副主席64名，完成全区299个村、35个社区改联；按照一正、两副、15名执委的要求，改革后共有村（社区）主席334名，副主席668名。积极选派妇女干部参加培训，推荐37名农村女党员、女青年参加市委组织部组织的技能培训；推荐选送65名妇女干部参加培训。

【巾帼志愿活动】 2017年，区妇联通过组织庆“三八”国际劳动妇女节广场舞比赛、女领导干部座谈会，围绕中心工作，号召全区妇女为打好“六大战役”、创建“三大品牌”贡献巾帼力量。发出“知我零陵，做勇于进取的巾帼表率”“爱我零陵，做建设家园的巾帼典型”“兴我零陵，做勇挑重担的巾帼标兵”倡议书6000份。2017年6月，全区持续降暴雨导致洪灾严重，在完成好富家桥镇、接履桥街道办事处救灾工作的同时，组织号召全区各级妇联组织、女干部职工及妇女姐妹积极投身到抗洪救灾工作中去，涌现出一批以凼底乡袁十万村妇联主席唐婷为代表的抗洪救灾先进女性。在原有的“巾帼志愿者服务队”的基础上，新增成立“巾帼扶贫志愿队”“妈妈禁毒联盟”

"巾帼宣讲队"，现有注册巾帼志愿者500余名，全年活动参与人数达4000多人次。组织近100余名志愿者在东山广场开展"弘扬雷锋精神 共建文明零陵"学雷锋巾帼志愿者服务活动；在完成好单位扶贫点工作同时，组织带领区巾帼扶贫志愿队到镇、村宣传扶贫政策16次，看望贫困妇女122次；开展"妈妈禁毒联盟"妇女干部禁毒知识讲座，发放宣传资料1500余份。党的十九大召开以后，组织6000多名妇女代表加入巾帼宣讲队，深入到镇、村、社区、田间地头宣讲党的十九大。区妇联主席周艳玉在零陵区黄田铺镇官塘前村的宣讲，作为典型推介到湖南卫视新闻联播。

【精准扶贫】 2017年，区妇联拨付炮响村帮扶资金2万元，捐献贫困户手机筹款2000元，走访慰问帮扶对象慰问金、物资11732元，免费赠送《今日女报》40份。完成筹资18万元的亮化工程建设；筹措资金45万元解决4千米的进组入户公路；完成村级活动服务平台主体工程；投资12万元新建电排1座，灌溉面积13.33公顷，同时对4口骨干山塘进行防渗和清淤。

【宣传工作】 2017年，区妇联开通零陵妇联微信公众号、零陵娘家人微信号，全年发文54篇，区妇联干部职工向《潇湘女性网》累计投稿86篇，审核通过70篇，基层妇联干部投稿踊跃，全年区级129篇、市级89篇、省级31篇、国家级3篇。完成2017年报刊征订，其中，《今日女报》1305份。组织全区妇女参加"身边最美女性"摄影大赛，共收到80多幅作品，向市妇联推荐"晒晒我们的节日"25幅，"身边最美女性"照片23幅。联合工会、团委承办"仙姑故里，浪漫七夕"活动，湖南经济电视台现场连线直播，活动结对成功19对。

区文学艺术界联合会

【概况】 零陵区文学艺术界联合会为区委、区政府的组成部门，由区委宣传部主管的正科级参照公务员管理的群团组织，现有行政编制2名，实有人员3名，其中主席1名，副主席1名。2017年，区文联引导全区各文艺家协会深入贯彻落实中共十八大、十八届五中、六中全会和习总书记在文艺工作座谈会上的讲话精神，牢牢把握"围绕大局、服务人民"的要求，坚持"二为"方向和"双百"方针，认真履行团结引导、联络协调、服务管理、自律维权等16字文联基本职能。围绕区委、区政府工作大局，开展"写零陵、画零陵、摄零陵、唱零陵"系列文艺采风创作交流培训等活动，以"抓活动、重创新、出精品、聚人才"为目标，在繁荣零陵文艺、激励文艺创作等方面取得可喜成绩。2017年，获"湖南省文联系统先进单位"称号，市文联系统先进县区一等奖(全市第1)。

【零陵区文学艺术界第三届委员会第三次全体会议】 11月30日上午，零陵区文学艺术界第三届委员会第三次全体会议在柳子大酒店召开，市文联党组成员、副主席李科，区委常委、宣传部部长唐建明出席大会并讲话。会议选举产生新一届文联主席团成员和新任文联主席，安排和部署相关工作，大会组织学习贯彻党的十九大会议精神。

会议通过举手表决选举方式，选举杨清波为区文联主席，选举和产生新一届区文联主席团成员。新当选的区文联主席杨清波在会上表示，在今后的工作中，要认真履职，秉承全区文艺工作的好方法、好传统，锐意进取、开拓创新，力争将全区文艺工作迈上新的台阶。

市文联党组成员、副主席李科代表市文联充分肯定区文联近年来的工作，并希望新一任区文联领导班子在新起点、新征程上勇于挑战，化压力为动力，团结各个协会，繁荣文艺创作，出人才，出精品。

区委常委、区委宣传部部长唐建明对区文联的工作成绩给予充分肯定，同时，对全区文艺工作者寄予希望，对新当选的区文联主席和主席团成员提出更高要求。唐建明要求区文联和区文艺工作者们做到：要把坚持正确的创作导向作为文艺事业发展的生命线，必须坚持以人民为中心的创作导向，创作出更多作品讴歌党、讴歌祖国、讴歌人民、讴歌英雄。要把多出精品作为繁荣文艺事业的根本，文艺工作者要坚持“三贴近”，自觉为人民抒写放歌、为发展加油鼓劲，要围绕“六大战役”“三大品牌”，集聚资源和优势，努力创作出更多讴歌时代发展、反映现实生活、展示人民良好精神风貌的优秀作品。要把培养人才作为发展艺术事业的根本保障，要请进来多交流，要走出去多学习。区文联要注重培养本土人才，多想办法、措施将零陵文艺家队伍做大做强。

【协会会员发展】 2017年，区文联有所属协会7个，辖区作家协会、区美术家协会、区书法家协会、区摄影家协会、区舞蹈家协会、区音乐家协会、区诗社7个文艺协会。截至2017年年底，共有会员582人，其中省级会员112人,国家级会员33人，近5年来，加入各省级协会会员70人,国家级会员27人，2017年，共发展区、市、省、国家级会员68人。

【《零陵文艺》编辑出版】 截至2017年年底，《零陵文艺》编辑出版12期，主编由区文联主席兼任，副主编由区作协副主席袁忠民、成少华兼任，在短短几年内，迅速建立起一支能写、能编的编辑队伍，为宣传和引领零陵文化，做出一定的贡献。

【《怀素艺术报》编辑出版】 2017年，第四届全国草书展在零陵举行，为配合草书展，区文联组织人员写稿、约稿，精心编排版面，于3月下旬出版第三期《怀素艺术报》5000份。

【文艺创作与宣传】 2017年，区文联为宣传零陵古城，充分利用零陵发布零陵新闻网《零陵瞭望》《潇湘源声》《永州日报》永州新闻网《一脉湘水》等杂志、网络、微信平台推出一大批新、老作者及精品力作，并积极向全国、省级报纸杂志推荐本土文艺人才和文艺精品。截至2017年年底，区文联向省、市、区各级报纸杂志及新媒体上报各类文艺作品1000余篇（件），省、市报刊杂志采用200余篇（件），新媒体采用500余篇（件）。

【迎春文艺活动】 2017年1–2月，区文联分6个地点8个场次，在城区柳子街、东山广场、前进街广场、区委、区政府大院及珠山镇等地开展迎春文艺活动暨百名书法家免费赠送万副春联、年画活动。免费为群众书写春联1万副，赠送年画8000张。

【“零陵古城怀”永州市首届摄影艺术展】 2017年1月，区政府、区文联与市摄影家协会联合举办“零陵古城怀”永州市首届摄影艺术展，征集摄影作品1000余幅，筛选出200余幅优秀摄影作品在全国历史文化名街柳子街开展为期3天的展出。

【“零陵风情”大型摄影作品展】 2017年5月4—5日，区文联、团区委联合在工人文化宫广场举行“零陵风情”大型摄影作品展，收集作品200余幅，通过专家评审，展出零陵山水、人文名胜及风土人情摄影作品40幅。

【全国第四届草书展举行】 2017年3月28日上午，由中国书法家协会、湖南省文化厅、湖南省文联与中共永州市委、永州市人民政府联合主办的全国第四届草书展、全国草书名家邀请展、首届怀素草书学术论坛在国家历史文化名城零陵开幕。草书展共收到书法作品10707件，最终评出参展作品221件。作品来自全国各省、市、自治区及特别行政区，和美籍、澳籍华人报送的作品。全国草书名家邀请展，展出来自全国草书名家作品127件，其中中书协副主席、理事、草书委员会委员和知名书家以个人草书风格书写的与怀素相关的诗词歌赋；历届获奖作者临写的怀素遗存墨迹及刻帖，以及当代书家的理解再现怀素草书遗风等方面的作品。同时，还展出永州当地有较大影响的25名书法家的25件草书作品。28日上午，举行首届怀素草书学术论坛，学术专家围绕入选的19篇论文进行交流，并从怀素生平考究、草书艺术特色、文化价值、美学特征、怀素草书与历代草书发展流变、唐代草书、怀素草书与当代草书创作、当代草书的继承与发展等内容进行研讨。

【培训和创作】 2017年，零陵诗社坚持每月在文艺之家开展培训古体诗词2次，邀请有影响的诗词作家讲课，并现场讲授创作知识，参加学习的人员平均在50人以上；区书协副主席、秘书长唐柱生利用业余时间免费教授小学和初中生书法500人场次；在“零陵文艺家”工作室开展全市冲刺省第六届新人新作展作品看稿点评会；开展“写零陵画零陵”创作笔会；特邀罗峰林、欧阳维忠等10多位书画家在工作室开展“写零陵、画零陵”系列创作笔会交流10多场次。

【职能工作和服务】 2017年，区文联完成区委、区政府交办“三创一管”工作的文明劝导、社区帮扶、单位卫生等工作。配合区委、区政府开展东山景区内武庙、法华寺楹联和匾额征集工作。邀请湖南省楹联协会创作武庙对联34副；邀请全国知名书法家书写部分楹联和匾额。12月，区文联组织本地专家创作法华寺楹联，同时在全国楹联网“联都”挂网征集法华寺楹联，共创作和征集楹联3000余副，通过无计名投票采用17副楹联作品。12月16日，在东莞举办广东省湖南永州商会十周年庆典，零陵区文联推选歌曲《我的零陵我的根》参加慰问演出。

（杨清波）

区归侨侨眷联合会

【概况】 区侨联主要职能是组织、引导归侨侨眷努力学习，团结带领归侨侨眷为全面建设小康社会贡献力量；围绕经济建设这一中心，团结和动员归侨侨眷和海外侨胞为零陵经济社会发展献计献策；引导归侨侨眷积极参政议政，反映归侨侨眷和海外侨胞的意见和要求，参与政治协商，发挥民主监督作用；宣传贯彻党和国家关于侨务工作的方针政策和法律法规，为和平统一事业做出贡献；为归侨和侨眷提供其他方面的服务。2017年，区侨联以党的十九大和中央统战工作会议精神为指导，坚持“两个并重”和“两个拓展”，紧紧围绕区委、区政府的中心工作，以开展精准扶贫、“千侨帮千户”活动为契机，发挥侨联工作的特点和优势，履行工作职责，团结和引领全区归侨侨眷为全面建设开放文明富裕幸福新零陵贡献力量。截至年底，有在职干部4人。

【基层基础工作】 2017年，配合区委统战部开展统战工作进社区、进网络，并以此为契机，对城区和各乡镇侨情普查数据进行校对核实，摸清底子，了解侨情，对全区侨情数据实行动态化管理。开展南侨机工遗孀遗属调查。按照省、市侨联的统一安排，开展全区南侨机工遗孀遗属基本情况调查。4月，开展贫困归侨侨眷侨属调查。据统计，全区现有特别贫困归侨侨眷侨属10户，区侨联逐户进行走访调查，并结合每户实际情况制定帮扶措施，确定帮扶责任人。

【华侨联络联谊】 2017年，每逢海外社团到访或归国华侨回乡探亲，区侨联认真做好接待工作，适时邀请开展交流活动，互相增进感情。4月10日下午，应永州市侨联和零陵区侨联“海外人才智力援乡工程”活动邀请，美国旧金山湾区湖南同乡会华人科学家黄厚斌一行到永州一中萍洲讲坛礼堂为600余名学生代表举行一场精彩的励志演讲，深受学生欢迎。4月11日，马来西亚归侨李体坚到接履桥镇翊翔侨心小学，资助10名贫困女童，每人每学期200元，并捐资1.5万元为侨心小学童声合唱团购买演出站台和100套演出文化衫。12月15日，美洲湖南永州同乡会会长聂社春一行参观考察侨界示范基地永州市潇湘源生态科技发展有限公司，市侨联党组书记、副主席柏继平，区委常委、区委统战部部长蒋映群陪同考察。全年接待海外华人华侨及归侨侨眷到零陵参观考察16批次、200余人。

【维护归侨侨眷权益】 2017年，区侨联主动与湖南宗元律师事务所合作，发挥归侨侨眷法律顾问处的积极作用，为广大归侨侨眷维护合法权益提供法律咨询和服务。全年区侨联提供涉侨法律服务2件。区侨联坚持以侨为本、为侨服务，开展归侨侨眷和侨属走访慰问活动，帮助生活困难人员解决实际问题。全年走访慰问困难归侨侨眷和侨属20余人，送去慰问金和物资2万余元。

【侨界示范基地建设】 2017年12月5日下午，市委常委、市委统战部部长石艳萍率队到侨界示范基地永州市潇湘源生态科技发展有限公司调研并召开座谈会协调解决企业发展存在的问题，助力企业发展。区委常委、区委统战部部长蒋映群率区侨联、农委、旅游等部门先后2次到侨界示范基地潇湘源农庄现场办公解决具体问题，并协助潇湘源农庄成功申报为湖南省五星级乡村旅游示范点。

【归侨侨眷参政议政】 2017年，区侨联发挥侨界代表、委员身处基层、熟悉侨情、视野开阔的优势，参政议政，提出建设性意见、建议，不断提高侨联的影响力和号召力。区侨联组织委员、代表们开展专题调研，书写调研报告4篇，提出侨务、城市建设、文化旅游、乡村振兴等重点领域的提案建议10余篇。

（杨祝群）

区红十字会

【概况】 2017年，零陵区红十字会发挥“人道、博爱、奉献”的红十字精神，积极开展“博爱送万家”活动，春节前夕走访并慰问社区10多户贫困户和五保户老人，给他们送去了棉被、米、油等物资价值4000元。

【赈灾救灾】 2017年7月，零陵区遭受特大暴雨袭击，红十字会在全区范围内发布募捐倡议书，在安康广场进行社会募捐，筹得捐款68338元；从市红十字会申请下拨100床棉被，200个家庭包，价值53984元，及时将救灾物资发放到柳子街社区和富家桥镇的251户灾民手中。为石岩头镇10个村的贫困户发放棉被189床，价值12285元。

【无偿献血和造血干细胞捐献工作】 2017年，全区无偿献血1405人次，献血480400毫升，实现全区临床用血100%来源于无偿献血的目标。全年近10名造血干细胞捐献自愿者提交申请书及血样。是年，零陵区被评为全市无偿献血先进县区。

经济建设

发展改革和物价管理

【概况】 2017年,区发改委开展计划预测分析，完成半年计划执行报告及年度计划执行报告，及时提交区人代会讨论并通过。跟踪主要经济指标，上报经济分析材料。坚持每月跟踪经济社会发展重点指标进展情况，开展经济和社会运行情况分析。抓好规划调研。根据国家的产业政策和投资方向，协助相关部门编制项目规划。做好调查研究，每年对全区经济和社会发展中出现的重点、难点、热点问题开展调查研究。完成“十三五”规划的编制。年初联合统计、商务、财政等部门及时印发下达CGDP、工业产销、全社会固定资产投资等各类指导性计划。全区各项经济指标日益趋好。全年主要目标完成固定资产投资完成133.7亿元，增长15.6%，在全市排第三位。

【重点项目建设】 2017年，区发改委争取政策财源，包装一批项目向国家和省、市申报，全年争取上级项目资金18.2亿元以上。严格按照《重点项目目标管理考核办法》对重点项目的建设内容、投资进度税收入库等情况进行督查考核，实行“重点督，督重点”“领导督，督领导”“督进度，督管理”，由区委、区政府督查室会同有关部门开展重点项目专项督查调度，实行“一周一督查、一月一调度、一季一评比、半年一小结、年终总考核”。将每次督查情况及时予以通报，表扬先进、鞭策后进，推动落实。坚持重点项目重点抓、重点项目重点保。成立由书记、区长负总责，区四大家班子领导为成员的工作班子，采取“五个一”（即：每名区级领导带头联系一个在建项目、一个续建项目、一个前期项目、一个生产项目、一个招商项目工作模式），统筹协调抓推进。严格落实“定项目、定任务、定措施、定时限、包发展环境”的“四定一包”责任制。区委、区政府主要领导坚持每周到项目、到园区、进企业1次以上，线协调解决重点项目建设中的重大问题。

【物价管理稳定】 2017年，零陵区物价工作以保持市场价格总水平稳定为目标，注重日常检查与重大节日检查相结合，督促经营者全部实行明码标价，运用提醒、告诫、教育和处罚等行之有效的手段，严厉查处价格违法、欺诈行为，维护老百姓的切身利益。

【公车改革】 2017年，零陵区取消一般公务用车，成立区公务用车管理平台，统一管理办法，定向保障更加有力，基本实现公车改革不影响工作的目标。年内，零陵区公务用车制度改革基本完成，收缴车辆全部封存到位，保留用车全部统一喷涂公务用车标识，并移交至区公务用车管理平台，改革目标基本实现。改革后公务交通节支率13.62%，符合省定一般车辆保留比例30%和节支率大于7%比例的要求，实现改革与保障并重。

【项目建设实现绿色通道制】 2017年，零陵区全面落实项目建设绿色通道制、全程代办制并联审批制、跟踪督办制，发挥“经济110”和“12345”政府热线作用，严厉打击“三强”行为，帮助项目破解征拆难、用地难、融融资难等问题。

审 计

【概况】 2017年，区审计局人员编制33人，在编30人，设办公室、经济责任审计室、财政金融审计股、行政事业审计股，社会保障审计股、经贸投资审计股、法规审理股，下属二级机构为零陵区审计服务中心。全区审计机关审计（调查）单位44个，依法追缴违规资金314万元，促进增收节支427万元，移送纪检部门立案查处8人。是年，在全市、县（区）审计机关工作目标管理考核中获一等奖。

【财政资金审计】 2017年，区级预算执行审计紧扣科学发展主题和转变经济发展方式主线，以推动财政政策贯穿落实、促进盘活财政存量资金、提高财政资金使用绩效、维护公共资金安全、推进财税体制改革为目的，重点关注财税政策执行、财政预算体系完善、财政支出结构优化、财政存量资金使用和重要预算执行部门及重大民生资金项目，关注政府预算执行、体制改革和法制建设情况。全年完成预算执行审计项目7个，依法收缴违规资金162.24万元。

【专项工伤审计】 2017年，区审计局对双牌县的城镇保障性安居工程的投资、建设、分配、后续管理及相关政策执行情况进行跟踪审计，同时，对2015—2016年农村饮水安全项目资金、2016年度城乡居民医疗保险基金、2016年点亮乡村项目资金三项重点专项资金进行审计，揭示相关政策执行当中存在的问题提出审计整改意见和建议。

【固定资产投资审计】 2017年，区审计局以促进提高投资效益为目标，重点选择投资规模大、党委政府和群众关注的民生项目进行审计，加强对财政性资金投入的审计监督，做到投资、审计同步跟进，有效发挥审计在规范投资管理和遏制损失浪费上的重要作用。全年开展项目跟踪审计2个、专项审计调查8个，项目预决（结）算审计22个，核减投资额209.18万元。

【经济责任审计】 2017年，区审计局注重对主要领导干部的经济决策权、经济管理监督权、经济政策法纪执行权和党风廉政建设规定落实情况进行审计监督，提升审计评价水平，指出领导干部任期内存在的问题和应承担的责任，分析存在的问题的主客观原因并提出改进意见，督促被审计单位及时制定、落实整改措施，发挥经济责任审计的惩治和防范作用。全年对10名领导干部进行经济责任审计，依法收缴违规资金18.43万元。

【扶贫专项资金审计】 2017年，区审计局对全区2016年度精准扶贫资金使用情况进行审计，针对扶贫项目资金使用效率不佳、扶贫项目建设管理不规范等突出问题，深入分析体制、制度层面的原因，提出有针对性、操作性强的意见和建议。

（周进程）

统 计

【概况】 区统计局为区人民政府工作部门，内设机构3个：办公室、综合业务股、法规督查股。下属事业单位3个：永州市零陵区城乡社会经济调查队（副科级参照公务员管理）、永州市零陵区普查办公室（参照公务员管理）、永州市零陵区电子计算站。全局编制20人，2017年年底，在职人员20人，离休1人，退休5人。

根据机构改革“三定”方案规定，统计局局机关核定编制数为6人（其中，工勤编制1人），实有人员6人；城乡调查队核定编制数为7人，实有人员8人；普查办核定编制4人，实有人员3人；计算站核定编制3人，实有人员3人。编制核定领导职数为：局长1人，副局长2人，总统计师1人。

【基层党组织建设】 2017年，区统计局以开展“两学一做”学习教育和“三提升三争当”活动为契机，加强理想信念教育，严明党的政治纪律和政治规矩，引导广大党员自觉把党员意识内化于心、外化于行，做合格共产党员。进一步推动全面从严治党向基层延伸，建立党建工作责任清单，把注意力和着力点聚焦到党建工作上来，着力提升基层党组织的创造力、凝聚力和战斗力。积极开展道德讲堂、专题党课、平安单位等宣讲，创建市文明标兵单位、综治民调平安单位。

【业务培训和基础工作常态化开展】 2017年，区统计局加强统计业务培训：培训乡镇（街道）统计员5次、120余人次，培训规模工业企业统计员1次、90余人次，培训限额以上批发零售住宿餐饮业企业统计员3次、140余人次，通过培训提高统计从业人员业务水平，为全区经济社会运行提供统计技术支撑。

筹集资金16万元为16个乡镇办事处统计站分别配置计算机、A4传真打印复印描一体机、文件柜、办公桌椅及文件盒等，改善乡镇办事处统计工作条件。进一步加强对乡镇统计工作的考核，对成效明显的给予奖励。

针对全区近年来入统难、难入统的困境，推进2017年的入统入库工作。协同发改、财政、商粮、税务、质监、工商、公安、消防、住建、食药等部门强化“升规”（规下升规上，限下升限上，个体升法人）工作，加强与大个体、外地在零法人企业的协调，取得很好的成效；家家旺超市、香府酒店等40余家批发零售住宿餐饮业个体户转为法人单位；公园大地、创发零陵郡等外地在零法人企业已转为零陵本地法人。

加强企业入统指导：全年新增入统入库企业100家，数量及规模都列全市第1位，列全省同类县区前列，其中工业16家，贸易业47家、房地产7家、建筑业6家、服务业10家、投资14家。10月，全区“四上”企业总规模已达258家，其中工业92家、贸易业71家、房地产28家、建筑业14家、服务业21家、投资32家。

【统计服务工作保障】 2017年，区统计局围绕全区经济社会发展大局，把握经济社会运行特点，不断加强统计监测、分析，及时为党政领导、政府机关、企业和社会各界提供优质统计服务。按月编印《零陵区经济形势分析》和《零陵经济信息月报》，分送区领导和相关部门，让领导在第一时间掌握经济运行情况；强化统计数据监测预警分析，总结亮点，查找短板，针对全区经济运行过程中存在的问题，及时提出相应意见建议，以便区委、区政府作出科学决策，为完成全年经济工作任务提供有力的统计保障。按照“快、精、准”的要求，及时发布统计公报和月度、季度数据，做好数据解读，满足社会公众日益增长的数据需求。

【统计执法】 2017年，区统计局持续加强《中华人民共和国统计法》的执行，加大统计执法力度，高频次开展对重点领域、重点单位的《中华人民共和国统计法》履职执行和统计数据质量检查，坚决反对、严肃查处统计上弄虚作假等违法行为，全年依法检查统计对象单位15家。

【统计宣传】 2017年9月22日，区统计局在区工人文化宫组织开展“中国统计开放日”大型专题宣传活动，制作大型宣传横幅，在区工人文化宫和区人民医院电子显示屏上滚动宣传《中华人民共和国统计法》《中华人民共和国统计法实施细则》和统计法规政策。现场向群众发放《中华人民共和国统计法》《中华人民共和国统计法实施细则》和零陵区城乡住户调查告知书等宣传资料2.2万余份。利用宪法日、统计法颁纪念日等契机，组织宣传车到各乡镇(街道)进行统计法律、法规和统计方法的宣传，构建依法治统良好氛围。

【开展农业普查】 2017年，区统计局严格按照上级普查办的各阶段工作要求和规定时间节点，搞好零陵区第三次全国农业普查入户登记、PDA录入、上报工作。组织开展普查数据的审核、评估以及改错，对普查数据进行汇总和数据开发。

【小康指标动态监测】 2017年，区统计局严格按照全面建设小康社会监测指标体系和标准，及时、准确收集数据资料，科学反映零陵全面建设小康社会的现状和进程，确保全区建设全面小康社会目标按序时实现。

严格按照建设全面小康社会监测指标体系要求，把好各项数据的质量关，做到“基础扎实、来源规范、数据准确、各方认可”，实事求是地反映小康社会建设状况。加强与各相关部门联系，对指标数据进行实时跟踪监测，及时分析小康建设进展、成效和薄弱环节，为区委区政府领导决策提供可靠依据。加大全面小康社会实现进展状况的宣传力度，让广大城乡居民详细了解小康、感知小康、感受小康、参与小康，助推零陵全面建设小康社会的目标如期实现。

安监

【概况】 2017年，区安监局以创建省级安全生产示范县(区)为主线，以落实企业安全生产主体责任为抓手，开展安全生产大检查，狠抓安全隐患排查治理。1—12月，全区发生生产经营性事故4起，经济损失比2016年减少130万元。连续5年未发生较大及以上生产经营性安全事故，安全生产各项指标均在市安委会下达的控制指标范围内。

【安全生产合力】 2017年，区委、区政府高度重视安全生产工作，春节、清明节、“两会”、国庆中秋“双节”及中共十九大召开期间，先后11次召开区委常委会、区政府常务会议研究部署安全生产工作，确保全区安全稳定大局。

建立区“四大家”班子带队检查联系安全生产工作制度，落实领导带队检查包干负责制。全年开展区级领导带队检查安全生产工作4次，排查整治安全隐患157个，其中，现场整治45个。

【推进安全生产责任落实具体化】 2017年，零陵区按照“杜绝较大以上事故，严格控制一般事故”的工作目标，严格实行党政同责，明确党政班子安全生产分工职责，将安全生产控制指标、监管责任分解落实到各乡镇(街道)和有关部门。结合实际，将安全生产责任状内容具体化，并与乡镇(街道)、区安委会成员单位和区属重点企业分项签订，确保责任目标落实到企业、落实到具体责任人。

【实现安全生产“四个签字背书”工作机制标准化】 2017年，零陵区出台《零陵区安全生产“四个签字背书”工作机制》，各乡镇(街道)、监管职能部门上下联动、齐抓共管，全区所有生产经营单位排查签字率100%。三季度“四个签字背书”排查生产经营单位5435家，实现全覆盖。

【规范安全生产秩序】 2017年，区安监局严把高危企业复产复工安全关。春节过后，建筑施工、非煤矿山、危化品生产企业陆续恢复生产。为全面加强监管，区安委会及时制定《高危企业复工复产验收工作方案》，成立高危企业复工复产验收领导小组，做到成熟一个、验收一个、合格一个、复产一个。狠抓道路交通“百日会战”专项整治行动。2月24日，全市安全生产暨道路交通集中整治“百日大会战”工作电视电话会议后，全区召开安全生产工作紧急会议，迅速展开安全生产百日会战和安全专项整治，加大对营运客车、农用车、校车、三轮车非法载客等专项整治。整治期间，在高危路段增设永久性安全警示牌21块，查处校车超载65起，劝导非法载客行为140次，收缴非法三轮车13辆。

【开展安全生产“三大行动”和“打非治违”专项行动】 2017年，零陵区以交通运输部门为牵头单位，组织开展道路和水上交通安全专项整治，查处非法违法行为632起。以消防部门为牵头单位，组织开展劳动密集型企业及人员密集场所消防安全专项整治，查处安全隐患516处，并全部责令整改到位。以区校车办为牵头单位，组织开展校车安全专项整治，查处非法违规运营校车32辆。安监、公安、质监、工商等部门开展烟花爆竹“打非治违”专项行动，重点对烟花爆竹储存、运输、经营和燃放各环节的安全检查，收缴烟花爆竹3200件，取缔非法经营137起。

【安全生产大检查】 2017年，零陵区深入开展安全生产大检查，狠抓安全隐患排查整治，对排查出的重大安全隐患，实施“一单四制”。区安监局对全区57家非煤矿山、81家烟花爆竹批发零售经营户、35家危险化学品和24家规模以上企业展开全面检查，对6家存在隐患问题的企业进行交办。协同区教育局对全区16个乡镇（街道）78所中小学安全教育、应急预案演练、上下学交通、接送车管理、校舍安全、教学设施安全、消防通道、食堂食品安全、校园周边治安等10个方面进行全面检查河责令整改。协同区住建局、区畜牧水产局、区水利局、区林业局、区国土局、区环保局对全区711处农村在建项目开展安全生产大检查，并建立信息台账，明确监管责任人。

【全民安全生产意识提高】 2017年，零陵区全面启动省级安全生产示范县（区）创建工作。为争创“省级安全生产示范区”，成立由区长任组长，区委副书记和分管副区长任副组长的创建领导小组，区直部门和乡镇（街道）主要负责人为成员，负责协调解决创建中存在的问题，将创建工作纳入对各单位的安全生产目标管理考核。出台激励政策，对创建省、市级示范乡镇的，区财政给予一定奖励。组织5个创建指导小组，分别到各乡镇（街道）、区直有关单位进行指导。目前，全区有5个乡镇（街道）被省政府授予“省级安全生产示范乡镇”称号，15个乡镇（街道）被市政府授予市级“安全生产示范乡镇”称号。

【安全生产知识培训】 2017年，零陵区开展“安全生产月”活动，强化安全生产教育培训，加大安全生产知识的宣传力度。6月16日，区委副书记、区长吴恢才在安康广场宣布全区“安全生产月”活动启动，全区33家单位、300多人参加，1000多名居民参与咨询。现场发放宣传资料4000多份，安全宣传纪念品200余件，极大地提升居民安全意识。组织开展安全文化联合下乡、应急演练、安全第一课、安全专题培训等活动。全年开展安全宣传活动20次，发放宣传资料2万份，培训从业人员3000人，培训中小学生7万人，从业人员和广大群众的安全防范意识和自救能力进一步增强。

工商行政管理

【概况】 永州市工商行政管理局零陵分局作为政府监督管理市场和行政执法的重要职能部门，依法承担着确认市场主休资格，规范市场主休经营行为，维护公平竞争环境，保护消费者合法权益等重要职责。现有公务员（职工）145人，内设24个职能部门，包括办公室、工会、政工股、财务股、纪检监察室、企业个体私营经济监管股、消费者权益保护股（“12315”申诉举报中心）、注册登记股、经检大队、市场规范网络交易监督管理股、政策法规股、商标广告股、分局党总支等14个内设股室；徐家井、七里店、南津渡、朝阳、珠山、水口山、富家桥、邮亭圩8个工商所；信息中心、个体私营经济发展指导中心、零陵区消费者委员会办公室3个直属事业单位。

2017年，永州市工商行政管理局零陵分局发挥工商行政管理职能，服务大局，关注民生，为建设开放文明幸福富裕新零陵做出积极贡献，得到区委、区政府和市工商局的充分肯定，被授予“创建全国文明城市先进单位”“市场主体公示工作先进单位”“无证无照综合治理工作先进单位”“消费维权先进单位”等称号。

【商事制度改革】 2017年，零陵区围绕简政放权、放管结合、优化服务主线，以消除百姓经商兴业障碍为重点，持续巩固和扩大“先照后证”“五证合一”“两证整合”改革成果，整合20个部门、40项涉企登记证照事项，全面实施“40证合一、一照一码”改革，全面推行企业名称自主申报登记管理、企业登记全程电子化登记管理和电子营业执照，简化市场主体简易退出机制，不断提升工商注册制度便利化水平，节省投资创业时间成本，真正做到“让数据多跑路、让群众少跑路”，顺应市场经济发展的需求和广大市场主体的期盼，并与“大众创新、万众创业”政策形成叠加效应，掀起持续的创业创新热潮。全区全年新增市场主体4736个，同比增长52.18%，其中，内资企业41户，私营企业485户，农民专业合作社112家，个体工商户4098个。平均每天新设立企业1.75家，个体工商户11.23个，同比分别增长14.38%、48.35%。在新增企业中，私营企业占比76.85%，公司制企业占比76.18%，第三产业企业占比57.52%，全区产业结构调整优化升级取得新进展。新增市场主体累计吸纳近2万名从业人员，有效地缓解当前的就业压力。截至2017年年底，全区实有市场主体18299户，注册资本金总额74.87亿元。其中内资企业256户，私营企业1848户，农民专业合作社580户，个体工商户15615户，较2016年年底分别增长24.27%、33.14%、33.02%、16.56%。

【事中事后监管】 2017年，零陵区坚持严管与宽进同步谋划，强化市场主体信息公示，探索新形势下基层工商部门监管新模式。全面实施“双随机、一公开”监管，落实“双告知、一承诺”制度，完善“一单两库一细则”，稳步推进经营异常名录库、严重违法失信企业名单库建设，建立跨部门信息交换机制。将企业登记信息、年报信息及行政处罚、行政许可、经营异常名录、严重违法企业名单等信息，进行关联整合、统一公示，实施联合惩戒和信用修复。进一步加大“僵尸企业”清理力度，推动化解过剩产能，支持政府供给侧结构性改革。截至2017年6月30日，零陵区2016年度企业、个体工商户和农民专业合作社的年报公示率分别达到93.85%、97%和90.6%，均超过国家工商总局和省工商局明确的85%的目标任务。截至2017年年底，分局行政许可、行政处罚信息公示率均达到100%，累计公开各类市场主体违法行为记录149条，经营异常名录信息142条，清理“僵尸企业”45户。

【市场经济秩序整治】 2017年，市工商行政管理局零陵分局履行市场监管第一职责，将民生安全作为检验监管执法效果的重要考量，对事关稳定的问题严防严控，对事关民生的投诉快查快办，对涉及安全的案件重惩重处。重点部署开展网络市场监管专项整治、虚假违法广告专项整治、合同市场专项整治、无照经营专项整治、红盾质量维权专项行动、惩治传销专项行动、红盾护农专项行动、惩治商标侵权专项行动等八大专项整治行动，切实解决扰乱市场秩序的突出问题。同时，强化反垄断和反不正当竞争执法，以供水、供电、供气、交通、电信等行业为重点，开展公用行业集中整治，严查协议垄断和滥用市场支配地位行为；以通信、汽车检测、教材发行、土地和资产评估等行业为重点，开展独占地位企业集中整治，严查滥用行政权力限制排除竞争行为；以医药购销、专项保险、工程建设等行业为重点，开展商业贿赂集中整治，严查商业贿赂违法行为，坚决阻击劣币驱逐良币行为。全年累计开展专项整治50余次，检查各类市场26个，检查各类市场主体4万余户次，查处各类经济违法案件149起，案值1010万元。

【服务企业创新发展】 市工商行政管理局零陵分局发挥党建在非公企业发展中的政治引领作用，突出抓好“小个专”党建工作，扩大小微企业、个体工商户、专业市场党的组织覆盖，提升非公党建工作水平，推动个体私营企业在新旧动能转换中顺应大势、积极作为、加快发展。同时，积极引导市场主体用好、用活、用足股权质押、动产抵押等相关优惠政策，拓宽融资渠道，最大限度扩大受益群体。全年累计办理股权出质11件，担保债权金额4023万元，动产抵押3起，融通资金6684万元。

【实施商标品牌战略】 市工商行政管理局零陵分局将实施商标品牌战略作为服务地方经济加快发展的重要突破口，一方面加强对企业商标品牌运用的指导服务，引导企业培育著名、驰名商标品牌，并深入挖掘零陵地方特色商品纳入地理证明商标培育计划，同时以培育为契机，带动企业改进管理，提升经营水平，实现品牌建设与企业发展的双向互动；另一方面强化对商标行为的日常监管巡查，及时发现、纠正和查处商标违法行为，切实保护注册商标持有人的合法利益。全年新增注册商标193个，截至2017年年底，全区实有注册商标1213件，其中，中国驰名商标2件、省著名商标9件、市知名商标2件。

【构建和谐消费环境】 市工商行政管理局零陵分局以群众日常生活必需品和汽车、建材、成品油等重要商品为重点，全面开展市场检查和质量抽查，依法惩处违法经营者。持续加大对网购七日无理由退货、售后维修等服务领域侵权行为的惩治力度，做好服务领域消费维权工作。规范消费维权执法信息公开，依法及时公布抽检信息和相关处罚案件信息，回应消费者关注。强化对“12315”诉求筛查，排查重大案件违法线索，推进“诉转案”工作，切实保障消费者合法权益。全年累计组织经营户约谈9次，抽检重点商品139批次，受理消费者投诉273起、举报23起，查处消费侵权案件11起，为消费者挽回经济损失125.66万元。

【参与驻地中心工作】 市工商行政管理局零陵分局大力投入、全力支持中心城区的国家卫生城市复审、创建交通模范城市、创建国家园林城市及禁止燃放烟花爆竹工作，积极参与全国文明城市创建、社会管理综合治理、精准扶贫等地方党委政府分配的中心工作。

（周　丹）

食品药品监督管理

【概况】 区食品药品监督管理局为区人民政府工作部门，正科级行政单位。内设综合办、餐饮监管股、药械监管股、食品生产流通股、保化监管股、法规股、综合协调应急管理股7个股室及5个食品药品监管所，下辖两个副科级（酒管办、稽查大队）及一个正股级（快检中心）3个全额拨款事业单位。2017年，有干部职工115人，其中本科以上学历46人，中共党员58人。主要负责全区食品、保健品、化妆品、药品、医疗器械（“四品一械”）的监督管理工作。全区有食品、药品企业4779家，其中餐饮企业870家、中小学校食堂98家、托幼机构食堂105家、副食店1800家，小食品小摊贩1561家，小作坊53家，药品经营和零售企业168家、医疗机构45家、医疗器械经营00企业15家、医疗器械生产企业2家、药品生产企业2家、药品批发企业3家、保化品店21家、农贸市场36个。

2017年，零陵区食品药品监管工作取得骄人的成绩，成功申报省级食品安全示范区，被省、市人民政府被授予先进县区称号；零陵区食品药品监督管理局被省局授予全省食品药品监管系统先进集体称号；在全市食品药品绩效评估考核排第一名，被市局评为“标准化单位食堂创建”先进单位；被区委、区政府评为党风廉政建设先进单位、“学在零陵”品牌建设先进单位。

【规划建设 科学监管】 2017年，区委、区政府落实党政同责，加大食品安全工作推进和考核力度，将食品安全工作纳入全区国民经济和社会发展规划。成立食品药品安全工作领导小组，强化食品药品安全委员会综合协调职能，实现从更高层面来谋划、部署、推进全区食品安全监管工作。充实监管所力量并进行规范化建设，构筑起区—镇—村（社区）三级食品药品监管网络。

【企业主体责任落实】 2017年，区政府与食安委成员单位、各镇人民政府签订《食品安全责任书》。区食品药品监管局与食品经营企业、餐饮服务单位签订《食品安全责任书》，与药品生产、经营企业签订《药品质量安全承诺书》，严格落实企业主体责任，强化第一责任人意识。

【食品药品隐患排查】 2017年，区食品药品监督管理局针对集体食堂、年夜饭供餐单位、农村大规模集体聚餐、食品批发及集贸市场、药品经营使用单位、小作坊等加大监管工作力度。同时，要求全区所有村级食品药品协管员及时报告所在地集体大规模聚餐情况，严控食品药品安全风险；针对学校、工厂、托养机构以及食品药品生产、流通、消费等重点领域和关键环节，深挖风险隐患，严处食品药品违法行为。排查相关单位2300多家，排查出风险隐患98个，发出责令整改通知书115份，约谈相关单位35家。

【专项整治行动】 2017年，区食品药品监督管理局开展桶装饮用水生产行业专项整治、食品生产加工小作坊专项整治、农村食品安全专项整治、春季学校食堂专项整治、区城夜宵档专项整治、厂矿企业食堂专项整治、托养机构专项检查、网络订餐专项检查、化妆品“四打一规范”和非法添加专项行动、保健食品非法会议营销专项治理工作以及存在风险隐患酒类清查行动等多达22项专项监管任务，有效规范食药市场秩序。

【食品安全示范区创建】 2017年，零陵区制订省级食品安全示范区创建方案并通过省局评定，成为全市第一个开展省级食品安全示范区创建工作的县区；认真核查群众投诉举报，不放过任何有用的案源线索，全年共受理群众举报投诉65宗，均予以核查和回复；开展单位（学校）食堂标准化创建工作，全年完成15家学校（单位）食堂创建任务。

【科普知识宣传】 2017年，零陵区大力报道食品药品监管工作，营造全社会关注食药安全和良好氛围。全年在国家、省、市、区各类媒体上发表信息文章186篇（条）；组织开展“3·15”“12331”“食品安全法律法规”等宣传活动。成功承办“全国安全用药月湖南启动仪式”，让省级启动仪式第一次走出省会城市长沙到零陵举行，展现零陵食药监管新形象和良好的监管秩序。开展“进机关、进农村、进社区、进学校、进企业、进单位”等“六进”宣传活动，利用多样化的宣传载体，集中灌注式地宣传国家食品安全法律法规，制作宣传栏80个、悬挂宣传条幅220条、印制宣传册2万册、举办培训班12期，现场受理咨询群众3000余人次，发放食品科普知识宣传资料6万余份。组织召开食品药品安全新闻发布会1次，通报食品药品案件查办、食品药品抽检、农村食品安全治理工作等情况，增强公众对食品药品安全的认知度，并将食品安全科普知识制成光盘在全区进行流动宣传。

【党建工作】 2017年，区食品药品监督管理局把党建工作作为统领食品药品工作的

"导航仪"，实现党建工作与本部门工作同频共振。通过抓班子、带队伍，抓基层、强基础，不断创新思路、积极探索，持续提升食品药品监管工作能力，有力地推动各项工作良性开展。在脱贫攻坚工作中，共联系梳子铺乡6个村，结对帮扶97户贫困户，成功脱贫45户。典型示范效应明显，徐家井所伍端林成功入选全市"最美食药监卫士"，带动大批干部职工争先创优、无私奉献。参与文明城市创建工作，组织开展文明餐桌活动，向全体消费者发出"文明餐桌"倡议书，通过公开承诺、宣传倡议、温馨提示等多种形式，营造文明用餐、理性消费、厉行节约的良好社会风尚。评选文明餐饮店100家并授予授牌，形成良好的示范效应。

【稽查打假】 2017年，区食品药品监管局加大稽查打假力度，严厉惩治食品药品违法犯罪行为。截至12月30日，办理食品药品案件165宗，作出行政处罚150万元，将涉嫌违法使用国家禁用农药、违法添加国家禁用药品的7宗案件通过两法衔接途径移送司法机关，全市执法打假考核名列第二名。全区食品药品安全形势总体情况稳中向好，未发生较大以上食品药品安全事故。

【依法行政】 区食品药品监督管理局推进食品药品决策法治化。把合法性作为食品药品监管决策的基本要求，认真做好重大行政决策的合法性审查和重大行政决策听证等制度落实，保证重大决策公开透明，合法有效。规范审批程序，深化审批改革。对照国务院第三批取消行政许可事项目录进行全面清理，审批事项全部入驻区政务中心窗口，推行"限时办结制""一次性告知制"等制度，强化行政审批项目规范运行；探索建立网上审批制，实现提速增效。规范执法程序，严格自由裁量。严格执行行政执法人员持证上岗制度。执行行政执法全过程记录制度，严格按照《食品药品行政处罚程序规定》行使行政处罚权，加强对《永州市本级行政裁量权和行政处罚自由裁量权标准清单》落实情况审核，避免执法随意和裁量不公。全年高质量办结行政审批事项1280件。

【应急处置】 为全面锤炼、检验新体制下食品药品监管队伍的应急处置能力、各部门之间的协调配合能力和食品药品安全综合保障能力，2017年9月13日，在湖南科技学院体育馆举行食物中毒事故应急演练。演练模拟科技学院30名学生在午餐后陆续出现头晕、头痛、恶心、呕吐、多汗等症状，零陵区政府结合前期核实情况，立即启动食品安全事故四级响应，零陵区食安委成员单位严格按照应急预案要求，开展应对处置工作。演练内容包含自救与报告、先期核查与报告、应急响应启动、事故调查与原因分析、现场控制与环节追溯、舆情监控与信息发布、应急响应终止、善后处置、事故总结评估9个环节，共用时60余分钟。整个演练过程指挥调度有序、重点突出、简洁紧凑，各参演人员处置得当，达到预期目的。

质量技术监督

【概况】 永州市质量技术监督局零陵分局内设4个股室、1个稽查大队，有干部职工10人。

2017年，区质监分局以创建"全国质量示范城市"为契机，大力推动实施党中央"质量发展"战略，工作亮点频出：零陵区在2017年全市政府质量考核中排第二位。获全市质监系统先进集体、零陵区经济社会发展综合考核单位先进单位、全市党支部规范化建设优秀单位、零陵区"消防工作先进单位"等多项荣誉。

【实施质量强区战略】 2017年，区质监分局指导5家企业完善质量管理体系认证；加强生产许可证、国家强制性认证产品的生产许可条件检查，为3家获证企业完善获证生产条件；强化企业质量安全主体意识，推行名牌战略，推荐湖南金鸥医药包装有限公司创建湖南名牌；推荐永州市零陵家家纸塑制品厂创建永州名牌。推行企业标准公示制度，引导企业依法按标生产，确保产品质量。帮助指导6家企业制定企业标准8项，推行国家标准7项，为32家企业公示企业生产标准102项。

【特种设备安全监察】 2017年，区质监分局制订《2017年零陵区特种设备日常监督检查计划》，与全区48家特种设备使用单位签订特种设备使用单位安全责任承诺书。对全区特种设备使用单位进行周密细致的调查摸底，并建立“永州市零陵区在用特种设备台账”“永州市零陵区在用电梯台账”“永州市零陵区重点特种设备台账”等台账，其中登记在册电梯738台，锅炉62台，压力容器76台，叉车50辆，起重机145台。

开展“零陵区特种设备打非治违专项行动”“零陵区住宅小区电梯安全专项整治工作”“零陵区特种设备安全生产大排查大管控大整治集中行动工作”“零陵区气瓶充装、检验单位安全大检查”“零陵区锅炉安全大检查”“零陵区特种设备安全生产大检查工作”以及两节和中共十九大期间特种设备安全检查等特种设备大检查活动，共出动执法人员190人次，重点对各使用单位是否办理《特种设备使用登记证》、特种设备是否按期检定；工作人员是否持证上岗、企业安全管理制度和责任制是否落实、是否建立事故应急救援措施等方面进行检查；对检查中出现的问题，下达责令改正通知书，责令企业立即整改。全年共下发《特种设备安全监察指令书》48份。落实特种设备四个“签字背书”工作，开展“一企一档一清单”“一单四制”等监管工作。排查出的隐患，建立专门台账，并跟踪整改落实到位。

【质量安全保障】 2017年，区质监分局出动执法人员310人次对辖区内获证的危化品、食品相关产品生产企业进行不定期检查和每月一次常规巡查，严格要求企业采用国家标准组织生产，严格产品的检查检验，确保产品合格方能出厂销售。先后开展危化品、建材产品、低压配电产品、食品相关产品、电线电缆、电信终端产品、车检机构的专项整治工作以及“两会期间”专项行动、“两节期间”专项行动、电线电缆生产企业“回头看”专项行动、“环境整治”战役专项行动、质量安全隐患排查和整治专项行动等整治行动。通过整治，有力的消除质量安全隐患。

【党风廉政建设】 2017年,区质监分局贯彻落实中共十九大及十九届三中全会精神,着力建立健全惩治和预防腐败体系,加强党风廉政建设工作。按照中央提出的“落实党风廉政建设责任制,党组织负主体责任,纪检监察负监督责任”的要求,切实将党风廉政建设融入到质监业务工作中,形成强大合力,确保党风廉政建设责任制落实到位。

年初,层层签订党风廉政建设主体责任书和监督责任书,打造齐抓共管、层层抓落实的工作格局。坚持两手抓两手硬,在抓好质监业务工作的同时抓好党风廉政建设和反腐败工作,做到同部署、同落实、同检查。全年出台党风廉政规范性文件30个，组织廉政谈话20人次，开展“雁过拔毛”“纠四风、治陋习 树新风专项整治”的专项整治。

烟　草

【概况】 2017年，零陵烟草以建设“实力、活力、魅力”零烟为主线，主动作为，迎难而上，全年销售卷烟2.0284万箱，增长0.29%；实现销售收入5.4亿元，增长6.02%，实现税利1.295亿元，增长7.7%。通过实行管理服务双结合，坚持为民办事、依法行政的优良传统，良好保持“湖南省依法办事示范窗口单位”和零陵区“依法行政示范单位”的称号。

【服务型党组织建设】 公

司全面深化从严治党，突出党组主体责任。将从严治党写进公司章程，压实责任、抓实考核，为建设“实力、活力、魅力”零烟提供坚强的纪律保障。学习宣传贯彻中共十九大精神，组织干部员工、离退休员工观看开幕会，邀请市委十九大宣讲团成员解读十九大报告精神，开展十九大知识测试，制作宣传栏、电子屏宣传语，掀起学习十九大精神热潮。突出抓好基层党建工作，开展“基层党建全面提升年”活动，抓好机关党建示范点工作，推进服务型党组织建设，多种形式开展“636”公益事业活动。对石岩头镇开展精准扶贫，扶贫工作开展两年来，帮助250名贫困户摘帽。

【卷烟打假及市场监管】 全年查处各类涉烟违法案件146起，其中，查处5万元以上案件12起；查获各类违法卷烟344.864支，其中，假冒卷烟115.204支、走私卷烟18.28万支、真品卷烟211.38万支；破获国家局标准销售假冒卷烟网络案1起，案值120万余元，批捕3人，刑拘2人。将卷烟打假纳入政府“平安零陵”建设体系，形成“六线合围”的打假机制。建立“互联网—快递”跟踪策略，与高速和边界检查站联查联办，实现高速案件“零”的突破。

推进“双随机一公开”监管，坚持全面监管与重点监管相结合，按照“一访、一查、一签、一贴、一帮”五个一的规定动作，施行管理服务双结合。开展“潇湘金剑5号”“违法违规大户专项治理”等行动，被上级部门评为“潇湘金剑”先进集体。开展许可证后续监管的回头看，与工商部门联合开展“清无”行动4次，保证卷烟市场和谐稳定。办证时间从7个工作日缩短至5个工作日。开展“3·15”“6·29”“12·4”3场次法制宣传活动，为依法行政创造良好的外部环境

【卷烟营销】 2017年，销售卷烟2.0284万箱，增长0.29%；实现销售收入5.4亿元，增长6.02%；实现税利1.295亿元，增长7.7%。严格落实“4211”工作法，党组成员带头落实每月4次市场走访，做到“走访有日志、指导有预测、需求有回应”，提高营销人员工作的积极性。通过紧盯品牌“铺货率、上柜率、重购率”，提结构、挖潜力，促进量价齐升。严格落实“一规划三方案”，因地制宜开展自律互助小组建设，先后在城区和乡镇7个片区推动18个自律互助小组的建设，覆盖总客户数25%以上。

【“新商盟”营销】 实现每一名客户经理至少建立一个自律互助小组的目标，全年召开会议20余场次，市场风气得到根本改善；同时，把新品培育作为客户盈利的增长点，把结构合理作为主要攻关。抓住珠山镇“三月三”赶社契机，开展品牌宣讲会5场、宣传促销活动39场，助购卷烟3159条。推进行业信息化建设，通过科学谋划、细致推行，物流工作取得新突破，大幅减少送货成本，全年为1600余户卷烟零售户提供系统培训，并对偏远地区客户提供上门指导，兑现“一个都不能少”的服务承诺，促使“新商盟”营销系统转接顺利。

【“制度体系建设年”活动】 2017年，公司结合“制度体系建设年”开展活动，持续推进精益管理，形成新的制度体系。对公司所有闲置门面进行挂网招租，确保闲置资产得到利用、企业资产产权明晰；按照上级“三供一业”分离的要求，耐心细致地对办公区及物流中转站的各项情况进行逐一摸查，通过多次前期研讨和积极协调，所有住户水、电、气全部分离完毕。安全方面，以“二级达标”复评工作为契机，引导全员参与，成功搭建起“管理无盲点、沟通有重点、信息无断点”的良好安全保障模式，复评工作受到高度评价。

【强化廉洁从业意识】 公司注重从领导班子、领导干部自身建设抓起，不断提升领导干部政治素质、强化廉洁从

业意识。坚持中心组集中学习制度，着力提升领导干部表率作用。高度重视员工业务素养的培养和提高，为生产管理稳步提高“聚力”。开展“提高自律小组参会率”QC课题研究，为保持卷烟市场价格稳定献计献策。通过讲座、研讨学习等活动，开展“永烟建设大讨论”。

商改工作

【概况】 区商改办前身为区商业事务办。2015年，与原物资事务办合并成立区商改办，全称为零陵区商业企业改制服务办公室，有9名工作人员。承担商务系统企业改制的相关事务离退休人员管理服务工作，待企业改制工作完成后予以撤销。区肉食品公司改制后，屠宰场由商改办兼管。由于屠宰场地处居民稠密区，对环境污染较大。当地居民反响强烈，曾多次向政府等有关部门投诉。经区委、区政府研究同意，以融资招标的方式，将屠宰场迁往河西工业园内。经过3年多的努力，屠宰场顺利搬迁。2016年7月9日，正式交付正源肉食品有限公司投产，并建成为三星级屠宰场，为全区民用肉类食品安全有力保障。

农村经济

农 业

【概况】 零陵区农业委员会为区人民政府工作部门,挂中共永州市零陵区委农村工作办公室牌子。零陵区农业委员会机关设9个内设机构，16个下属事业单位，行政编制为22名，事业编制143名，在职干部职工169人。其中，零陵区种子技术服务站目前改革未彻底，现有工作人员60人，编制30个。

2017年，获全省粮食生产先进县区，市级农业农村工作先进县区，市级发展粮食生产工作标兵县区，市级“菜篮子”县（区）长负责制先进单位，市级农业标准化建设先进县区，市级农村产权制度改革先进县区。

【粮食生产】 2017年，零陵区落实粮食播种面积6528公顷，总产可达38.1万吨，同比分别增加400公顷、0.1万吨。推进“单改双”成效明显，落实双季稻面积5744.66公顷；推广优质稻面积5330.6公顷；种植水稻为主的专业合作社78家，家庭农场186户，承包耕地面积2公顷以上的种粮大户3236户，承包耕地面积1926公顷；杂交水稻制种面积2520公顷；油菜播种面积达11333.33公顷。

【经济作物】 2017年，零陵区完成蔬菜播种面积22446.6公顷，实现总产60.34万吨，新建蔬菜基地200公顷，提质改造城镇专业蔬菜基地133.33公顷。水果种植面积达9380公顷，完成水果扩园253.33公顷，低产园提质改造184公顷，培育优质苗木30万株，发展罗汉果、水晶梨等特色经济作物种植面积253.33公顷，完成茶叶扩园6.6公顷和低产茶园改造33.33公顷。

【农业产业化建设】 2017年，零陵区农业园区和基地在加快发展优质稻、制种等传统优势产业外，以香零山设施蔬菜为核心的田园综合体初现雏形，以特种养殖为主的异蛇产业正在整合资源升级改造，以时鲜水果为主的接履桥镇金鸿四季水果产业园、雨田生态农业科技园和百里花果带初具规模。以高贤荷花、夏阳荷花种植为主的“荷塘月色”已成为乡村旅游一道亮丽的风景；永州市潇湘源休闲农业园在2017年9月，被省农委认定为“湖南省休闲农业示范点”，正在力争省现代农业特色产业园省级示范园。全区休闲农业经营主体发展到58家，其中，省星级休闲农庄9家。全区有农产品加工企业292家，总产值35亿元；有市级以上农业产业化龙头企业30家，联动基地18133.33公顷。

【美丽乡村建设】 2017年，零陵区299个行政村规划编制100%完成，制订下发《零陵区美丽乡村建设办点示范的实施意见》，重点推进21个省、市、区级美丽乡村建设和“永州之野”精品旅游线路、百里花果生态风光带建设。截至2017年年底，完成总投资4.1亿元，完成农村公路建设185千米，安装太阳能路灯90个村，升级农村电网6个，改造房屋建筑风貌545座，新增公路两旁及公共场所绿化美化面积11万平方米，改造旱厕650座，拆除废旧空心房348处、

8700余平方米。

打造“永州之野”乡村旅游精品线路强势推进，投资2.2亿元，实行“一村一策”“一村一品”，沿线207国道改造；贤水河景观通道基本建成，对沿线可视范围内房屋进行立面改造和绿化美化。在高贤村连片种植荷花666.66公顷，何仙姑村种植向日葵666.66公顷和333.33公顷稻田鱼虾养殖，新建高标准农家乐5家等；“百里花果”生态风光带一期全面完工，累计投资3000余万元。8月，成功举办全区首届乡村文化旅游节、珠山镇夏阳荷花节，美丽零陵开始进入湖南、全国人民视野。

【农产品质量安全】 2017年，零陵区在全区市场和主要超市设立例行监测点30多个，检测蔬菜和水果样品1840个，检出农残超标农产品1个，抽检合格率99.9%，合格率创历年最高水平，全年没发生一起农产品质量安全事故。出动农业执法人员820人次，全面清理整顿无证无照和不合格的农资生产经营主体，核查农资经营门点200多个，查处证照不齐全的经营门店2个，抽检农资品种52个，立案查处农资违法案件5起，有力净化农资市场，为全区农业生产保驾护航。

【农村产权制度改革】 2017年，零陵区完成299个建制村、17个涉农社区勘误修正工作。选择菱角塘镇金牛社区作为农村集体产权股份制改革试点单位，完成股民身份界定、股权量化和建立各类台账等工作程序，该社区创办股份制企业8家。全区共流转土地面积3.08万公顷，其中，耕地流转1.8万公顷，林地流转1.28万公顷，新增流转面积3266.67公顷。村级财务管理和减负工作全区村级换届清理审计率100%(清理审计299个村)，查处扶贫领域“雁过拔毛”式腐败问题13起。全面推行“一卡通”保障惠农补贴100%发放到户，农发维权监管“五项制度”执行到位，清退村级集体组织报刊费142563元。

农业综合开发

【概况】 2017年，区农业综合开发办围绕深入推进农业供给侧结构性改革，准确把握并创造性地执行好国家、省、市制定的农业综合开发政策，结合全区农业“十三五”规划的战略部署，以推进现代农业建设为抓手，以加强农业农村基础设施建设，改善生态环境，促进农业结构调整和提升农业产业化发展水平为工作重点，以项目建设和资金管理为工作主线，以高标准农田建设和农业产业化发展项目建设为平台，助力打赢脱贫攻坚战为重要着力点，着力提升农业综合生产能力，提高农业经营效益，促进现代农业发展和农业科技进步，为全区农业发展奠定基础。

【农田基本建设】 2017年，零陵区全面高标准完成农田建设目标任务。在省办月督查通报中，位居前列。全年完成项目投入资金992万元，集中实施440公顷高标准农田建设，维修骨干山塘8座；修建拦河坝1座；衬砌渠道20条，达19.71千米。其中，骨干灌渠16条，长达17.26千米；骨干排渠1条，长1.17千米；田间渠道3条，长1.28千米；新建田间道路15条，长11.14千米，成为全省高标准农田建设的“排头兵”。

【农田项目建设】 2017年1月，区农开办项目股，会同镇村干部项目设计师等人冒雨进入邮亭圩镇拱桥、郑家桥、石家岭、小木口、联仁、向家湾村进行实地勘察，按照高标准农田建设要求，确保粮食安全和重要农产品有效供给。

区农开办以重质量、重标准为抓手，推进高标准农田建设。以机耕路为骨架，合理布局新修机耕路，建成与乡村道路相连接的“有序配套、方便实用”路网格局。建成“灌渠布局合理，断面设计科学，配套设施齐全”的水系网络，使项目区内“田成块、路成行、渠通水畅”。建成“旱能灌、涝能排、土壤肥、无污染、旱涝保收”的高产农田，耕地综合生产能力得到提升，农业生产条件极为改善，满足农业规模化经营的要求，促进农业增效。在拱桥高标准农田建设，在项目区召开项目立项会议8次，与农户讨论规划布局60多人次，广泛征求农户的意见，减少实施过程中的阻力，为项目的顺利实施奠定基础。

【农业产业化项目建设】 2017年，零陵区争取并获得永州市龙山农业综合开发有限公司实施的《永州市零陵区66.66公顷油茶种植基地改建项目》及永州市阳明生态农业发展有限公司实施的《永州市零陵区280头肉牛养殖基地改建项目》两个产业化项目批复，争取财政补助资金140万元。完成66.66油茶种植基地改建项目完成，280头肉牛养殖基地改建项目，并通过省、市验收。申报《永州市零陵区金瑞农业开发有限公司73.33公顷油茶基地改扩建项目》和《永州市零陵区福鸿农业开发有限公司106.6公顷优质稻基地改建项目》两个产业化项目，争取财政补助资金168万元，实施建设进度70%。

【项目施工管理】 零陵区按照《湖南省农业综合开发土地治理项目施工管理办法》要求，层层签订责任书。组建以分管农业的副区长为组长，区农开办、区审计局、区财政局等单位为成员的领导小组，负责项目实施质量指导，以及项目实施过程中出现的矛盾纠纷问题的处理。

项目指挥部立三组两部，即项目实施组、工作督查组、工程协调组，工程技术部、工程监理部。项目实施组负责具体项目实施，包括进度、质量等方面；督查组负责日常工作的巡察、项目进度和质量，发现问题直接向总负责人汇报，并提出限期整改意见；工程协调组由镇一名副镇长负责，镇村干部负责协调处理施工过程中出现的矛盾纠纷和协助监督工程质量，防止出现阻工、强行损工、刁难、勒索施工单位等行为。工程技术部由2名水利专业技术人员组成，负责项目区渠道、机耕道工程的技术指导；工程监理部由3名监理员和每村2名群众代表监理员组成，负责技术文件的审核、审批、原材料购买、工程设备的检验、工程质量的监督、付款签字、工程验收等工作。10月26日，督察组发现第四标段的QG08存在T50垫层只有3厘米，与设计的10厘米严重不符，迅速组织项目实施组、监理组、村民监督员和项目区各施工队负责人召开现场解剖会，用挖机对完工的T50渠道进行开挖，核实垫层厚度，通过核实，垫层厚度确实与督察组核查的数据相符，现场开出整改方案和处理意见，并限期在5个工作日完成整改。

【扶贫攻坚】 2017年，区农开办与石山脚街道光明村19户贫困村进行“一对一”帮扶，将党的各项精准扶贫政策宣传到户到人，动员贫困户放下包袱，坚定信心，找准自己的发展定位，落实产业脱贫思路。全年投入50万元，帮扶贫困户加强基础设施建设和产业项目扶持，在扶贫后盾单位的共同努力下，利用本村山地资源优势，发展268亩优质砂糖柑水果基地，山主、贫困户、村集体按3:3:4的比例对纯收入进行分红，其中山主以山地入股占股30%、79户贫困户占股30%、村集体占股40%。区农开办结对帮扶19户，其中以奖代扶发展产业9户、小额扶贫信贷6户、教育助学扶贫15人、健康扶贫5户、易地扶贫搬迁3户、危房改造2户、劳务输出28人。年末，19个贫困户全部脱贫，全村整体摘帽。

商务和粮食

【概况】 2016年5月，原零陵区商务局与原零陵区粮食局合并，组建永州市零陵区商务和粮食局，为区人民政府工作部门。

将原区商务局承担的生猪定点屠宰监督管理职责划入区农业委员会（区委农村工作办公室）；将原区商务局承担的酒类食品安全监督管理职责划入区食品药品监督管理局。增加的职责：将原区商务局除生猪定点屠宰监督管理职责和酒类食品安全监督管理职责以外的其他职责，原区粮食局的职责并入区商务和粮食局；划入原区商业事务管理办公室、原区物资事务管理办公室承担的国有资产管理和行业管理职责。

区商务和粮食局归口管理区商业企业改制服务办公室及下列公益一类事业单位：区市场服务中心、区投资促进事务局、区对外劳务服务中心、区粮食执法大队。2017年，区商务和粮食局内设办公室、投资招商管理室、外经外贸室、电子商务室、调控与统计室等11个股室，有干部职工66人。

2017年，零陵区商务和粮食局被评为“湖南省市场秩序工作先进单位”。2017年，成功创建国家级出口食品农产品质量安全示范区。

【招商引资项目】 2017年，零陵区签约项目47个，合同资金总额约32亿元。在新引进的项目中，工业类项目17个，其中，5000万元以上的14个，分别是年产1亿只毛绒玩具生产基地项目、豪捷高尔夫球具生产项目、时代伯乐新兴产业园项目、北源光电LED路灯生产项目、再生资源加工利用项目，机器人研发、机器人生产项目，潇湘船舶制造项目、新时代锰业项目、良平鞋子加工项目、年产3000套多功能高效节能蒸馏设备项目、7000万袋超微中药饮片项目、汽车零配件生产项目、电力设备生产项目、九晨塑业项目；农业及农副产品加工类项目19个，分别是荣昌益盛农业开发项目、凼底乡种植项目、汇金农业开发项目、社会资本造林项目、生态农业科技园项目，油茶、中药材种植基地项目、恒盛生态农业项目、动物无害化处理项目、现代农业生产服务项目、永州市巾帼园艺项目、清水塘特色休闲观光农业基地建设项目、和源农业项目、移民梦想生态园项目，赛城里养殖、种植项目，春满潇湘农林项目、永州市合民农资项目、陈兰农业项目、大仙观农耕文化园项目、幸福农业开发项目；商贸物流类项目3个，分别是永福生活超市项目、大地柏尔影院项目、垠地广场综合体项目；社会事业类项目4个，分别是博雅接履桥中学托管项目、博雅桃江小学项目、湘桂医院项目、佑专精神康复医院项目；文化旅游类项目4个，分别为佳友演艺传媒项目、各旅游开发项目、荷塘月色荷花营养基地及旅游开发项目、渔家乐山庄酒店项目；创新创业类项目2个，分别是湖南鳅祥生物科技项目、圆梦铝材加工项目；其中，有10个项目投资过亿，一批重点项目落户，并相继开工建设。

【外贸进出口备案企业登记与管理】 2017年，全区新增外贸进出口备案登记企业7家，即永州市永靛中药饮片有限公司、永州市永定中药材贸易发展有限公司、永州市零陵晨光树脂有限责任公司、湖南德福隆商贸有限公司、零陵区佳欣源贸易有限公司、永州市零陵易购商务有限公司、湖南鳅祥生物科技实业有限公司。

【内贸工作】 2017年，全区完成社会消费品零售总额97.42亿元，增长10.8%。全年新增入统商贸企业47家，是历年来入统企业最多的一年，排全市第一位。开展家电、建材、汽车等各类行业促销活动10余次。举办2017年零陵家装节暨建材家居展销会；举办零陵首届乡村旅游暨第二届美食节；在餐饮行业中开展“三个十”的评选活动，对促进整个餐饮行业的发展意义深远；举办永州首届美食食材博览会；举办零陵家电联盟大型促销活动；利用春节、国庆、元旦、“双十一”等消费黄金时期，组织相关企业开展促销让利活动等。全年全区实现电子商务销售额20亿元以上，增长97.5%，网络销售额6.2亿元，增长105.6%。全区有“触电”企业400家，占全区企业总数的28.9%，“触电”个体工商户780个，创建电商集聚区2个(零陵区电子商务中心、零陵电子商务产业园)，引进阿里巴巴农村淘宝、今日农产、京东、广东思埠集团、永州零陵易购等知名电商企业30多家，电商从业人员7000余人。

【粮食收购工作全面完成】 2017年，零陵区检修梅溪、天字地、于家3个一线收储点和邮亭圩省级骨干粮库。根据省粮食局、省财政厅对轮换的5000吨省级储备粮于6月进行公开拍卖，以0.58元/公斤拍卖成功，并按计划轮换出库。在中储粮永州直属库零陵分库(本库点)和区粮油购销有限责任公司梅溪收储点、邮亭圩收储点、天字地收储点、集义收储点腾并仓容1.5万多吨，敞开收购农民余粮，完成全年收购任务。

林　业

【概况】 2017年，零陵区完成造林1403公顷，其中石漠化综合治理工程人工造林266.67公顷，油茶造林500公顷，面上造林629.33公顷；完成义务植树100万株；完成通道绿化489千米；完成森林经营6400公顷，其中，中幼林抚育2466.66公顷，封山育林1866.67公顷，毛竹低改1400公顷，油茶低改1666.67公顷。

有花卉苗木基地建设105.93公顷，其中常规苗木完成111.26公顷，绿化苗木完成93.07公顷。全区有苗木花卉品种广，数量多，绿化大苗主要品种有樟树、桂花、红豆杉、红叶石楠、罗汉松、竹柳、柏木等；常规苗木主要有湿地松、杉木、马尾松、枫香、桤木、木荷、栾树等；绿化花卉品种主要有红叶石楠、红檵木、黄杨、紫薇、古桩茶花、彩叶树、银杏、红豆杉、红枫迷迭香、杨梅、桃花、东北大皂角等。全区出圃一级、二级苗木452.9万株，其中杉木119.8万株，湿地松91.7万株，枫香29万株，柏木4.2万株，栾树、樟木、桂花等其他230万株，投入资金3000余万元。

【基础工程建设】 2017年，零陵区通道绿化工作，以点、线、面全面铺开，以零城区为中心，国道、省道、县乡道为主，轴辐射到各乡镇办事处所在地，绿化里程481千米；通道绿化以樟木、桂花和一年生檵木为主，调运檵木68.98万株，樟木大苗3152株，银杏大苗1020株，桂花大苗1790株，红豆杉大苗423株，罗汉松大苗454株，垂柳大苗400株，桃花、栾树大苗各150株。重点打造人民桥至周家大院17千米绿化风光带建设，种植桂花、紫薇、黄金槐、红叶石楠、金丝垂柳大苗3271株，珠山国道322新改线5.5千米种植樟树、檵木。

【秀美村庄建设】 2017年，零陵区完成182个行政村的秀美村庄建设任务，其中秀美村庄建设示范村35个，达标村139个。完成美丽乡村示范村10个。结合美丽乡村建设、精准扶贫等工作，各秀美村庄绿化美化工作坚持高规格设计，高标准建设；坚持种大树、种好树原则，完成种植各类苗木90万余株。完成种植桂花树、红叶石楠、楠木、红豆杉、罗汉松、银杏等绿化大苗1.2万株，其中种植精品桂花树、红叶石楠、黄金槐等绿化大苗0.4万株。高标准完成南津渡办事处香零山村、朝阳办事处青角井村、富家桥镇涧岩头村和何仙姑村、邮亭圩镇新街村、珠山大冲村的美丽乡村示范村绿化美化建设。

【森林资源保护】 2017年，零陵区制订《零陵区森林禁伐减伐三年行动实施方案》，从2016年开始，在全区范围内实施森林禁伐减伐3年行动，禁伐范围为全区范围内的国家级公益林、省级公益林，洛湛铁路、二广高速、泉南高速、国道322、国道207、省道216、省道217两旁第一层山脊以内的商品林，有效地保护现有森林资源。天然林一直以来都是零陵区森林资源的主体，更是实施森林资源保护的主要对象。自“十五”以来，由于大面积实施封山育林，使得天然林面积大幅增长。“十二五”期间，全面禁止采伐天然林，尤其是随着近些年生态公益林补偿和天然商品林管护补助等项目的实施，使天然林资源保护力度得到提高，林分质量提升，补偿资金也让老百姓得到实惠，生态保护意识不断加强。有天然林总面积73300公顷，占林地总面积的62%，主要包括天然乔木林、竹林、灌木林三大资源类型，其中天然乔木林35360公顷，占天然林总面积的48.2%；天然竹林面积13760公顷，占天然林总面积的18.8%；天然灌木林24180公顷，占天然林总面积的33%。

【防火与病虫灾害管理】 2017年，区林业局加强森林防火工作，加大宣传力度，落实防火责任，强化督查考核，确保全区不出现大的森林火灾；做好松毛虫虫情监测和防治工作，防治马尾松毛虫总面积93.33公顷；森林火灾发生率、受害率和林业有害生物成灾率均控制在省控指标以下。

【野生动植物保护】 2017年，区林业局加强野生动植物保护，开展“世界湿地日”“爱鸟周”等宣传活动，每周不定时到市场检查，全年收缴鸟网450张、500余米，收缴蛙类120公斤，蛇类100多条，鸟类100只。

【开展名木古树普查】 2017年，区林业局对全区古树名木资源进行普查。根据普查成果资料，全区现有建档立卡古树名木1215株，古树群9个，散生1055株，群状160株。全区古树名木共计33科、51属、65种。

【林地清理整治】 2017年，区林业局审批征占用林业用地63.66公顷，征缴植被恢复费966.5万元；开展城区内红砖厂“林地清理整顿”专项活动，查处12起征占用林地案件，行政处罚10余人，罚款1.5万余元。

【涉林案件办理】 2017年，区林业局加大林业执法力度，惩治各类涉林案件，共立林业刑事案件32起，侦破25起，移送起诉16起，批捕4人，查处林业行政案件52起，治安案件8起，调处各类矛盾纠纷40起。

【油茶种植与推广】 2017年，零陵区有油茶林面积19666.67公顷，培植油茶生产专业户96户，成立油茶合作社14家，油茶经营专业公司8家，创造油茶现代农业高产示范基地11个，其中新造6个，低产林改造5个，有效地推动全区油茶产业的顺利发展。

【林业改革】 2017年，零陵区委、区政府把国有林场改革工作列为政府工作重点。制订《零陵区国有林场改革实施方案》报省改革领导小组审批，并严格按照省国有林场改革领导小组批复落实，全面完成国有林场改革任务，通过省改革领导小组的检查验收。全区国有林场改革工作资料完善齐全、改革成效显著，达到妥善安置职工、保护森林资源、促进林场发展的预期目标。

（杨丽君）

何仙姑省级森林公园

【概况】 何仙姑省级森林公园土地总面积1089公顷，森林面积934.23公顷，森林覆盖率85.79%，气候属中亚热带季风温润气候。负氧离子普遍达到每立方厘米10000个以上，最高处的白弦瀑布负离子达每立方厘米24000个。境内野生动植物资源丰富，有植物种类176科、580属、885种。其中国家重点保护植物有银杏、樟木、楠木等10余种，有1280余年的古罗汉松一株，胸径达110厘米，高16米。有陆生脊椎动物20目、62科、148种，其中属重点保护野生动物有穿山甲、虎纹蛙和麂子等10余种。区域内现有已记录鱼类4目、7科、19种。分布有甜槠林、樟树林、山乌柏林等植物群落。

大庙头国有林场

大庙头国有林场始建于1958年3月，位于富家桥镇栗山里村。林场土地总面积1955.6公顷，其中国有1847.6公顷，集体113.4公顷,林业用地面积1928.5公顷,森林面积1236.9公顷，生态公益林1356.3公顷，森林覆盖率94.06%，活立木总蓄积量103533立方米。辖区内有杉木、柳杉、国外松、毛竹、桂花树、樟木、楠木、香椿等32种树种，主要以杉木人工林和毛竹为主。

水口山国有林场

水口山国有林场为公益Ⅰ类正科级全额拨款的事业单位，场址设都庞岭支脉的柴君山上。森林经营总面积为2038.8公顷。其中界定生态公益林面积1386.9公顷，商品林640.5公顷。海拔在千米以上的山峰有8个，800米以上山峰43个；最高海拔在林场南部的狗婆岭上天，海拔高度1279.4米。最低海拔在桐木塘工区，海拔300米。区域内植被主要有天然林和人工林，天然林以混交林为主，其组成树种为枫杨、栎类、青冈、马尾松、茅栗、木荷、杜鹃及层外植物和药用的厚朴、五倍子等。人工林以纯林为主，主要树种杉木、国外松、毛竹等。区域内野生动物主要有 五步蛇、眼睛蛇、野猪、果子狸等。

石岩头国有林场

【概况】石岩头国有林场林场属公益Ⅰ类正科级全额拨款事业单位。建场于1958年，地处都庞岭余脉，属亚热带季风湿润气候。林场范围内用材林主要树种为杉木、马尾松、国外松等。经济林树种有板栗、奈李、梨等。灌木有杜鹃、继木、盐肤木、茅栗等。草本主要有五节芒、冬茅、铁芒萁、蕨类等。2017年，林场有经营面积2103.3公顷，有林地面积2097.7公顷。其中，生态公益林1363.2公顷,活立木蓄积量13.2万立方米,森林覆盖率96.7%。林场以横岭工区为中心。

潇水国家湿地公园

【概况】 零陵潇水国家湿地公园位于永州市零陵区中部，湿地公园范围包括潇水、贤水零陵段及周边部分山地等。湿地公园为南北走向的肠形水域廊道，规划区内的潇水最南端为零陵区与双牌县交界处，由南向北贯穿零陵区，在蘋洲汇入湘江，南北长25.8千米，公园总面积1549.5公顷，其中湿地面积1376.2公顷，湿地率为88.82%。规划建设湿地保育区、恢复重建区、宣教展示区、合理利用区和管理服务区5个功能区。

零陵潇水国家湿地公园是一个河流型湿地公园，公园湿地生物资源丰富，有种子植物115科、382属、555种。其中典型的湿地植物有235种，属国家Ⅱ级重点保护植物6种。湿地公园及周边已知野生脊椎动物5纲、27目、76科、204种，其中属国家Ⅱ级保护动物13种，列入《濒危动植物种国际贸易公约》的物种有19种，列入《国家保护的有益的或者有重要经济、科学研究价值的陆生野生动物名录》保护动物126种，中国特有物种17种。零陵潇水国家湿地公园建设遵循“保护优先、科学恢复、合理利用、持续发展”的基本原则，将公园建设集湿地生态保护、湿地文化展示、湿地观光休闲于一体的国家级湿地公园。

【重要批复文件】 2017年8月23日，在2016年12月30日国家林业局正式批复同意零陵潇水国家湿地公园开展试点建设后。永州市机构编制委员会办公室下发《关于设立零陵潇水国家湿地公园管理局的批复》，同意设立零陵潇水国家湿地公园管理局，归口零陵区人民政府管理，为正科级事业单位。12月8日，永州市零陵区机构编制委员会下发《关于印发湖南零陵潇水国家湿地公园管理局主要职责内设机构和人员编制规定的通知》（简称“三定”规定)，明确管理局的职责，业务范围和人员编制，为管理和保护湿地公园提供组织保障。

【湿地保护】 潇水国家湿地公园管理局按照国家湿地公

园试点要求，推动各项建章立制工作。制订《零陵潇水国家湿地公园建设实施方案》，明确建设任务、部门职责和完成时间表，依据《总体规划》统筹推进湿地公园五大功能区建设。出台湿地公园管理办法，根据“一园一法”规定，推动湿地公园保护法制建设，起草《湖南潇水国家湿地公园保护管理办法》，9月28日，举行听证会，经区政府常务会议研究通过对外正式发布。

【项目建设】 2017年，潇水国家湿地公园管理局围绕零陵古城大旅游圈建设修订规划。通过政府招投标程序，选定委托湖南中技项目管理有限公司为采购招标代理机构，对湖南零陵潇水国家湿地公园科技咨询服务项目、科研监测及湿地公园Logo标识设计进行公开招标采购，完成规划方案设计招标。潇水国家湿地公园被确定为区前期重点项目，投资主体为区农建投有限公司，总投资3214.95万元。

【科普宣传教育】 2017年2月2日，潇水国家湿地公园管理局在安康广场开展“世界湿地日”主题活动；3月，开展人工增殖放流活动；4月，开展保护湘江母亲河行动；5月，开展湿地知识讲座；6月，开展湿地野外观测；7月，省林业厅考察区湿地生态文明基地建设，确定蘋岛为示范基地；8月，参加零陵乡村文化旅游节，推介湿地公园；9月，举办《零陵潇水国家湿地公园管理办法》听证会；10月，开展湿地公园Logo标识征集活动。与永州电视台、零陵红网、零陵手机报等媒体联合发布湿地公园LOGO征集公告，向广大设计爱好者征集设计创意，提升湿地公园的品牌形象和社会影响力。联系湖南科技学院美术系、零陵区文联，征集LOGO设计，宣传湿地相关知识。12月25日，通过湖南省林业厅、省教育厅、共青团省委联合评审，被授予“湖南省生态文明教育基地”称号。 (谢红娟)

畜牧水产

【概况】 2017年，区畜牧水产局为区农业委员会所属正科级公益一类事业单位。主要职责是受区农业委员会的委托，负责全区有关畜牧业、渔业、兽医医政、兽药药政、饲料管理行政审批和监督管理，负责生猪定点屠宰监督管理；承担动物和动物产品检疫和动物防疫及监督、监测、预报、发布动物疫情，组织实施动物疫情的控制与扑灭，负责畜禽养殖废弃物的综合利用和无害化处理；负责动物疫情监督、检验、诊断、风险评估和重大动物疫情预警预报，承担人畜共患病防治和兽医卫生工作。内设办公室、政工人事股、计财股、饲料工业办公室、生猪定点屠宰管理办公室，归口管理区水产示范场及区动物疫病预防控制中心、区水生动物防检站、区水产渔政监督站、区药政监督站、区动物卫生监督所5个公益一类事业单位。局机关在职干部职工49人，退休人员35人。

2017年，零陵区连续10年获得“全国生猪调出大县”称号；成功创建国家级出口食品农产品（活大猪）质量安全示范区；获全省动物疫病防控绩效考核先进县区。

【创建国家级出口食品农产品（活大猪）质量安全示范区】 2017年，零陵区在成功创建省级出口食品农产品（活大猪）质量安全示范区的基础上，全面提升监管水平，出台《零陵区国家级出口食品农产品质量安全示范区创建实施方案》，对创建工作的各项指标进行逐项分解，明确各部门职责，签定目标管理责任书，列入2017年度经济社会发展综合考核的重要内容。始终坚持“政府主导、部门联动、企业主体、市场运作”的工作机制，全面推行以“标准为核心、基地为依托、企业为龙头、品牌为引领、市场为导向”的质量安全发展模式，按照“源头无隐患、投入无违禁、管理无盲区、出口无障碍”的创建的要求，着力构建标准化的质量安全体系、最严格的农业化学投入品控制体系、最专业的疫情疫病监测体系、最全面的质量安全追溯体系、最常态的预警通报和应急管理体系、最实用的宣传培训诚信管理体系六大体系，为创建工作奠定机制保障，成功创建国家级出口食品农产品(活大猪）质量安全示范区。

【病死畜禽无害化处理中心项目启动】 2017 年 10 月 19 日上午，零陵区病死畜禽无害化处理中心举行开工仪式，区委副书记、区长吴恢才出席并宣布开工。区委副书记盘志元主持仪式，区领导邓建国、彭定国参加仪式。零陵区病死畜禽无害化处理中心座落在零陵区接履桥镇办事处坦塘村九组（永州市静脉产业园内)，根据永州市委、市政府规划，中心主要负责处理冷水滩区、零陵区、祁阳县、东安县、双牌县、金洞管理区、永州经开区等七县区的病死畜禽，总投资 4000 万元，年处理能力约 1 万吨。该项目的处理工艺采用国内最高标准的高温高压干化制法，项目的建成将极大提升永州北片 7 个县区的食品安全和生态环境安全保障能力，有利于从根本上杜绝病害动物疫病传染，解决病害动物对环境的污染问题。

【重大动物疫病防控】 2017 年，全区 15 个涉农乡镇办事处 313 个行政村免疫工作实现全覆盖，共免疫生猪口蹄疫 92.96 万头，常年免疫密度为 94.87%；免疫猪瘟 92.85 万头，免疫密度 94.95%；免疫高致病性蓝耳病 42.59 万头，免疫密度为 43.45%；免疫牛羊口蹄疫 12.6 万头，免疫密度为 92.74%；免疫牛羊小反刍兽疫 2.73 万头，免疫密度为 93.89%；免疫高致病性禽流感 331.47 万羽，免疫密度 97.86%。全年全区没有发生重大动物疫情，获全省动物疫病防控绩效考核先进县区称号。

【重点安全专项整治活动】 2017 年，零陵区开展整治“瘦肉精”等违禁药物为重点的安全专项整治。检查 150 个养殖场和 1 个屠宰点，424 头生猪尿样，结果均显示阴性。在对养殖场投入品监管中，出动执法人员 944 人（次)，检查养殖场 236 个，查扣不合格兽约 50 盒，并对违法违规的养殖场进行批评、警告。在对投入品经营环节监管中，出动执法人员 181 人（次)，检查兽药经营户 16 家，兽药品种有 120 多种，对其中 6 个经营户提出整改意见。全区动物检疫工作开展面 100%，动物卫生监督工作开展面 100%。全区产地检疫生猪 635300 头，家禽 85 万羽，分别检出不合格生猪 29 头、家禽 11062 羽；屠宰检疫生猪 53760 头，牛 3381 头，未检出不合格动物及肉品；消毒动物运输车辆 3743 辆，无害化处理规模养殖场病死猪10845 头，执法查处逃避检疫等动物卫生监督执法案件 4 起，全年没有发生畜禽水产品质量安全事故。

【养殖污染治理】 2017 年，通过引进温氏、正大、唐人神等战略龙头企业，加强畜禽粪污资源化综合利用，取得一定的成效。对种苗基地，采用“干清粪模式+大型覆膜沼气池+两级 A0 工艺”，实行雨污分流，固液分离，有效处理养殖废水，终端废水用来浇灌喷淋灌木和青绿饲料植被，形成高效循环的生态模式。对于合作的养殖户，严格要求养户按照公司的相关建设标准进行环保设施配套，完善相关环保备案手续，并大力推广发酵床零排放的一体化家庭农场的养殖模式，取得较好的成效。对于其他自繁自养的规模养殖场，重点推行三种养殖场粪污治理模式：一是对年出栏 1 万头以上的大型养殖场推行工业化治污模与种植结合，实行资源化利用，如永州美神育种有限公司、永州温氏畜牧有限公司、永州市天顺畜牧科技有限责任公司部和永州明明畜牧科技有限公司等；二是对年出栏在 1000 头~9999 头的中型养殖场推行种养结合模式，根据生产规模，建设发酵大棚，同时发展种植业，合理消纳养殖粪污，如零陵区天天顺养猪场，永顺牧业有限公司等；三是对年出栏在 1000 头以下的小型规模场，推行“四池一机”建设，即建设沼气池、无害化处理池和沉淀池、干粪收集池，安装干湿分离机。同时鼓励发展种植业，合理消纳养殖粪污。

【湘江两岸养殖环境清理】 2017年5月，中央环保第六督查组交办零陵区的涉及畜禽污染督办件6件，经核查，属实交办件4件，涉及养殖场116家、4.32万头生猪。截至2017年5月31日，零陵区搬迁生猪3.5万头，清理陈年粪污1000立方米，养殖环境得到较大改善，中央第六环境督查组交办的6件督办件全部办结，办结率100%。全区禁养区规模场退出任务37家，通过省级考核验收组考核验收（查看资料、实地察看检查24家），37家规模养殖场实施停养转产，完成退养任务。规模养殖场粪污资源化利用达到省级要求。全区禁养区以外规模畜禽养殖场共497户，2017年，申请验收397户，通过省级考核验收（查看资料、实地察看检查119户）。零陵区申请考核验收的397户规模养殖场基本配套粪污处理设施设备，完成总任务的77.43%。

【渔政管理与环境整治】 7月14日，区高牧水产局在香零山浮桥放流鱼苗200万尾，改善天然水域生态环境，保护生物的多样性。加强渔政管理，联合公安部门开展综合治理电炸毒鱼专项行动，全年出动执法船艇105艘次、执法车辆98车次、执法人员326人次，查处渔业违法案件6起，收缴电鱼工具6台套。

（唐亚亮）

水　利

【概况】 2017年,围绕建设“开放、文明、富裕、幸福新零陵”和打胜“六大战役”等工作目标，按照“抓机遇、抓项目、抓建设、抓管理”的工作思路，一步一步向年初制订目标迈进，各项工作有条不紊有序推进。全区水利系统共有在职人员233人、退休129人，其中局机关102人、退休54人，下属六个水管单位在职131人、退休75人。

是年，河长制工作位列全市第三名，河长办获全市河长制办公室工作先进集体荣誉称号；区河道保洁工作获2017年度全市河道保洁工作先进单位称号；区水行政执法责任制建设工作荣获省级优秀单位称号。

【应急预案启动】 2017年1—9月，全区降雨总量较历年均值1237.6毫米，偏多238.7毫米；6月底7月初，全区连续强降雨，导致潇水超警戒水位55个小时，超历史最高洪水位（107.18米）6个小时，出现特大洪灾，面对险情，紧急启动防汛Ⅰ级响应。全区受损小型水库17座、山塘94处、堤防39处2.02千米、护岸116处、水闸25座、灌溉设施375处、机电泵站25座、水源36处、饮水管道2500余米，水利直接经济损失3420万元。

【防汛责任工作落实】 2017年，零陵区在防汛责任落实、防汛物资及抢险队伍准备、隐患排查处置、预案修订完善、值班值守等方面做出大量的工作。洪灾来临后，及时组织会商，区四大家班子领导，第一时间深入到联系乡镇街道，组织指挥抗洪抢险工作。启动防汛Ⅰ级响应，区委、区政府组织安排4000余名党员、干部奔赴抗洪一线。做为防汛主力军，区水利局领导带班，人员在岗，各司其职，协同作战，全力以赴防汛救灾。被困群众及时得到转移，山塘、水库、尾砂库、地质灾害隐患点等多处险情得到及时排除；因水毁的水、电、路、通信等设施抢修工作及时展开；做到受灾群众有房住、有饭吃、有衣穿、有干净水喝、有医看。派出医疗队开展救援，在安置点设立临时医疗点，备足常用救灾药品，及时发放消毒药品和注射防疫疫苗，全区共派出医疗防疫队54批次、163人，发放药物折款5.39万元；对灾区、灾民安置点等区域进行消毒，全区消毒19.1万平方米。全区未出现群死群伤，未垮塌一座中、小型水库，未出现疫情，社会秩序稳定。涌现一大批区级、市级、省级抗洪救灾先进集体和先进个人。

【污水处理】 2017年，全区小型以上水库无投肥养殖现象，水质明显改善；辖区内企业污水排放稳定达标，无重大及以上水环境污染事故发生。珠山污水处理厂建设项目完成前期工作，正在开工建设中，工程进度60%。

对城区7处黑臭水体进行大力整治，全面完成整治任务。全年市管水功能区水质达标率100%；市级重要饮用水水源地水质合格率100%；湘江干流和主要支流县、区交界断面流量，符合最小控制流量要求。

【农村安全饮水】 2017年，农村饮水安全巩固提升贫困人口0.8万人。全年计划投资3881万元，兴建饮水项目60处，受益人口8.58万人，其中，新增自来水人口3.57万人，包括18个省级贫困村和0.88万贫困人口，累计完成任务占年初目标比例达110%，农村自来水普及率达78.79%。

【水利工程建设】 2017年，区水利局争取中央和省级资金投入4000多万元，区本级投入3000余万元。潇水富家桥段治理工程　争取中央资金370万元，治理长度1.9千米。潇水羊公滩段治理工程　争取中央资金150万元，治理长度0.8千米。农村小水电增效扩容项目争取中央财政奖励资金525万元，实施鱼乐江一级水电站和五星电站改造。抗旱应急水源项目　为东风水库引水工程，争取中央资金500万元。水毁水利修复工程　主要有4个区级示范点、1个水库项目、五大灌区及3个乡镇示范点，投入区财政资金、上级专项资金471万元国营泵站更新改造项目争取中央资金550万元、省配套资金185万元；实施胡家一级站一、三、四、五机房和田心站的和家、三坛峰、晓宝田泵房。农田水利项目县工程争取中央财政资金750万元、省财政资金150万元；主要对接履桥和邮亭圩、富家桥等3个乡镇街道14个村（社区）的部分山塘、河坝、灌排机埠、灌溉渠等小型水源工程进行改造，新建高效节水（管道输水）示范片200.33公顷。石岩头风电场配套水利工程投入资金400万元，资金来源为区财政资金和风电场发电税收等。富家桥项目区国家水土保持重点工程争取中央资金440万元，对富家桥的高贤村等22个行政村进行水土流失治理，包括山塘整修、建小蓄水汇水池、河道整治等。冬修“五小水利”项目投入财政奖补资500万元，冬修全区五小水利项目，所有工程均在上级要求的时间内完工。

【安全生产】 2017年，区水利局按照省、市、区要求，全力抓安全生产月、安全生产监管执法、安全生产大检查、隐患排查治理、安全生产主体责任落实、安全生产隐患排查治理、安全生产示范点建设等工作的落实，全年检查企业和场所79个，排查出安全隐患25个，整改到位25个。

【规费征收】 2017年，区水利局累计征收规费超过400万元。全年查处7起涉及水电站、河道采砂、水工程保护等方面的水事案件，结案5起罚款11万元。落实执法单元和装备费以及水政监察协管员年度补助费等33万元，修改完善水政执法工作各项制度，省厅分别于8月、10月二次对本项工作的推进进行督查，均达到省、市要求。评审并通过14个水土保持方案报告书（表），对没按照“三同时”进行的施工项目及欠缴规费的项目提出整改意见，并进行水土保持补偿费追缴。

【法律法规宣传】 2017年，区水利局在安康广场电子显示屏滚动播放水土保持法律法规及图片30天；制作宣传纸杯并向群众和16个乡镇办事处发放12万个；3月23日，全区水利系统干部职工和志愿者80余人组成自行车队宣传水土保持法律法规。利用政府门户网站、微信、单位电子显示屏、户外广告牌等各种媒介，开展河长制宣传，将河库生态保护纳入领导干部党校学习课程，向群众发放“保护母亲河倡议书”“致沿河居民的一封信”，引导群众积极关注并参与其中。

【廉政教育建设】 2017年，区水利系统立案查处违纪违法案件5件，作风督查查处28人次，从严惩处一批违规违纪者。在清理公职人员及其近亲属享受低保、公职人员违规参与涉矿等经营性活动专项整治等工作中，水利系统有14名职工主动要求近亲退出享受低保；有13名涉小水电类职工、1名涉矿类职工主动要求退出。

在拒收拒送红包礼金活动中，局领导班子带头，全体职工258人作出公开承诺，并签订承诺书。同时，开展形式多样的廉政教育活动，进一步营造风清气正的水利从业环境。

【推行河长制】 2017年2月，零陵区启动河长制工作。全区有河长643名，其中，区级河长20名、乡级河长176名，村级河长447名。出台《零陵区关于全面推行河长制工作实施方案》，将全区所有河流、水库和骨干山塘细化分解到各河段长（库长）、专管员，明确总体要求、工作目标、职责分工、工作措施、进度安排、督察督办、考核监督等内容。全年关闭零陵区杨梓塘码头等入河排污口4个，完成黑臭水体整治7处；完成农业专业化统防统治建设13666.66公顷，完成农业测土配方施肥建设93333.33公顷；完成全区90个村的生活污水治理。

【考核机制常态化】 2017年，零陵区及时制定并印发《河长制会议制度》《信息共享信息报送制度》《河长巡查工作制度》《河长制工作考核办法》《河长制工作验收制度》7项规章制度。建立日常化、网格化巡查机制以及“月巡查、季督查、年考核”等考核机制，以制度促规范、促落实、促长效，着力给河长“配上鞭子”。采取“三级提醒”(河长办首先给河长电话提醒、专职区级领导见面提醒、区副河长再次督办）工作法，提高河长巡河频次。

【抢修与维护】 2017年，零陵区安排区交通、通讯、电力、广播等部门组织抢险突击队，安排交通、公路等部门迅速组织人员对全区塌方和因地势低洼被倒灌洪水淹没的公路，对电信光缆、供电、广播中断的乡镇村，及时进行抢修。塌方的省道216线K25+680及K24+500路段全面完成清障，国道322线173千米100处路段、178千米600米双江桥路段及县道033线K11路段等交通中断路段全部通行，各乡镇供电、供水正常，通信及广播电视信号畅通。

（钱典鸿）

移 民

【概况】 2016年11月7日，永州市零陵区机构编制委员会批复零陵区移民开发办公室为行政类事业单位，同年12月5日，批复同意将零陵区移民开发办公室更名为永州市零陵区移民开发局，机构规格由副科级调整为正科级，领导职数3名，局长1名，副局长2名，2017年1月24日，经中共永州市零陵区委研究同意，正式成立零陵区移民开发局党组。年内，以移民产业开发为抓手，认真落实各项移民后期扶持政策，移民后扶直补资金发放、基础设施建设、移民产业开发、移民培训、示范点建设、移民信访维稳等工作开展有序，工作稳步推进，达到预期目标；库区基础设施得到进一步完善，再上新台阶；移民产业开发有新突破，取得新成效；移民经济发展稳步推进，库区社会和谐稳定。2017年，被市移民局评为全市移民系统优秀单位。

【移民业务办理】 2017年，区移民局完成移民产业基地提质改造任务，其中油茶3.33公顷、水果33.33公顷；扶贫攻坚与新农村建设整村推进移民村3个，解决贫困移民人口脱贫解困62人；完成避险解困（其中省政府绩效考核指标数为218人）任务和计划生育综合治理工作；开展移民资金管理自查自纠，与区财政局联合制定印发《零陵区水库移民资金管理暂行办法》的通知，加强移民资金监管和整改工作，对前年度发现的一般性审计问题按要求整改到位。

【移民维权维稳】 认真做好移民维权维稳工作，落实信访维稳工作责任，妥善处理信访案件，维护移民安置区和库区社会稳定，及时协助乡镇办事处到省移民局接劝非正常上访移民。

【移民技术培训】 2017年，区移民局完成移民后扶稽查和市局布置的按稽查内容开展自查自纠工作；配合省、市移民局开展本辖区内后扶政策实施情况监测评估工作；完成移民培训任务195人次，其中，实用技术培训163人次、转移就业技能培训32人次，获证率95%，就业率90%以上。

【安全生产落实】 2017年，区移民局落实安全生产责任制，制订“打非治违”工作方案和“落实企业安全生产主体责任年”活动方案，制订移民在建工程防汛度汛方案，定期开展日常安全隐患排查。

【党风廉政建设】 2017年，区移民局完成向区委办和市移民局办公室报送政务信息任务；配合省、市移民局完成湖南移民信息系统建设和数据采集工作；持续开展“两学一做”学习教育和作风建设，自查自纠改正移民资金安排到非移民村使用问题；“四风”问题没有被区政府或省、市区纪委通报；廉政建设严格遵守廉政制度，继续开展“雁过拔毛”式腐败整治和拒收拒送红包礼金承诺活动，全年无移民干部发生违纪违规行为或被市、区政府网、省、市区纪委网站通报。

【移民项目建设】 2017年，区移民局把项目建设作为移民工作的第一抓手，改善移民基础设施，壮大特色产业。全年完成项目投资110个计1123.36万元，其中，农田水利投资340.6万元，修建渠道10千米，维修山塘4座，修建码头1处，修建堤坝0.4千米，改善灌溉面积66.66公顷；新农村建设投资420.61万元，为18个移民村安装太阳能路灯1000余盏，改善移民生活环境1万平方米；安全饮水投资72万元，解决1550余人的饮水问题；道路交通投资316.85万元，修建道路15千米，修建机耕道2千米；产业开发投资33.3万元，提质改造油茶基地3.33公顷，修建娃娃鱼养殖场所2000平方米，新建红心蜜柚基地33.33公顷。

【新农村建设】 2017年，区移民局根据年初整村推进工作安排部署，结合扶贫攻坚工作的开展，移民局将芬香村(由两个省级贫困村芬香村与排家洞村合并)、潇湘社区、晓宝田村确定为整体推进重点移民村，全年安排项目资金381.68万元(芬香村165.3万元、潇湘社区100万元、晓宝田村116.38万元)，各村的各个项目建设正在有条不紊的进行。在晓宝田村成功引进湖南绿色平方生态科技有限公司，公司采用“公司+贫困户+示范基地+专业合作社+个体承包小户”的灵活多样的特色企业运营模式，第一期种植三红蜜柚33.33公顷、沃柑33.33公顷、糖橙33.33公顷，安排120多个贫困人员就业。

【避险解困试点工作】 2017年，零陵区移民避险解困试点工作，完成全年避险解困指标，完成签订避险解困安置协议118户、309人，办理购房手续15户、56人；分散安置建房95户、309人，在省移民局和市委、市政府检查验收时间内，完成上级分配78户、218人的避险解困搬迁任务。

【信访维稳】 2017年，区移民局对信访群众做好政策宣讲和思想工作。建立信访维稳工作预案，落实责任，做到“件件有着落、事事有回音”，及时上报信访维稳工作月报表，全年移民局接待来信来访10余次、70余人，全年未发生一起上访事件。

【精准扶贫】 2017年，区移民局按照全区精准扶贫“1+X+部门”的方案要求，结合区移民工作实际，制定精准扶贫实施规划和2017年度实施工作计划。将全年项目资金安排重点倾向贫困移民多的移民村组，移民扶持项目收益初见成效，罗汉果种植、土猪养殖、光伏发电等产业已产生利润，贫困移民获得丰收。

【计划生育贫困扶助】 2017年，区移民局落实中央、省、市、区计划生育相关政策，奖励、扶助考上高中、大学、计生困难家庭9户、1.6万元；计划生育综合治理工作排位在全市移民系统第一方阵。

【友好往来】 2017年8月22日，重庆市忠县移民局一行7人到零陵考察移民工作，先后走访调研邮亭圩镇前进村、朝阳办事处纳福村两个三峡移民安置点，与搬迁来的三峡移民代表进行座谈交流。9月6日，邵东县县委办、邵东县移民局及三峡移民代表一行17人考察三峡移民生产生活现状及交流移民工作经验。深入到邮亭圩镇前进村、朝阳办事处纳福村三峡移民集中安置点参观移民生产、生活场地和走访、了解移民生活现状与思想动态。

扶贫开发

【概况】 零陵区辖16个乡镇街道，299个行政村，35个社区（其中涉农社区15个），总人口63万人，其中，省定贫困村41个，建档立卡对象12599户、44759人。截至2017年年底，全区累计脱贫出列贫困村27个，累计减少贫困人口7051户、26731人，贫困发生率下降到3.7%。

【扶贫责任落实】 2017年，零陵区贯彻落实党中央、国务院、省委、省政府和市委、市政府关于坚决打赢脱贫攻坚战的系列决策部署。一是突出高位推动。成立以区委书记为组长，区长为第一副组长，区委副书记为常务副组长，其他常委为成员的高规格领导小组。区委主要领导对脱贫攻坚工作，坚持做到重要工作亲自部署、重大问题亲自研究、重点环节亲自协调、重大事项亲自督办，实行高规格推动。坚持“五个一”常抓不懈。每月区委常委会听取一次脱贫攻坚工作汇报、每月开展一次专项督查；每个季度召开一次流动现场会、进行一次考核排位、召开一次全区脱贫攻坚推进会，实行高密度调度，始终保持全年密度不减、力度不减，每次排位靠前在推进会上作典型发言，排位靠后在推进会上作表态发言，有力地推动脱贫攻坚主体意识、责任意识、工作意识深植脑海。区委主要领导率先垂范，带头联村联户，带头践行“三走访三签字”活动，带领带动其他区级领导和部门乡镇主要领导深入贫困村、组、户走访调研，破解难题，形成强大高位推力。全年区委书记、区长走访41个贫困村425户贫困户，乡镇街道党（工）委书记、乡镇长（主任）走访辖区内所有贫困户。各乡镇街道相应成立领导班子和工作机构，形成“党委书记负总责、分管领导亲自抓、班子成员共同抓、有关部门具体抓、村党组织一线抓”的良好工作局面。全年确保“三个全覆盖”工作的顺利开展，314个行政村选优配强村支部书记，选派优秀干部到41个贫困村任支部第一书记，派驻41个贫困村驻村帮扶工作队，实现支部带头人和驻村工作队贫困村全覆盖；选派819名干部组成273支工作队到非贫困村或涉农社区做好驻村帮扶工作，实现工作队对所有行政村的全覆盖；组织7520名党员干部与贫困户开展结对帮扶，实现贫困户结对帮扶全覆盖。

【扶贫宣传】 2017年，区扶贫办围绕做浓宣传氛围，提升帮扶干部业务水平，提高群众知晓率和支持率，开展“五个一”宣传活动，即开一次群众会，组织召开村民组全体会议，宣传扶贫和脱贫攻坚政策，截至2017年年底，组织入村政策宣传4800多场（次）；编印《零陵区脱贫攻坚工作手册》《零陵区惠民政策办理流程》和《零陵区脱贫攻坚政策口袋书》等政策宣传资料，各印制6.8万余份，确保帮扶一线干部人手一册，做到对政策熟记于心、了然于胸；印一张明白纸，将扶贫政策中与贫困群众密切相关、核心重点部分进行摘编，印制5.9万余份精准扶贫到户政策告知书发放至全区所有建档立卡贫困户和帮扶责任人；树一个公示栏，由区财政出资180多万，统一标准、式样、内容，在全区314个村（涉农社区）设立脱贫攻坚公示栏，在公示栏内宣传扶贫政策，公示扶贫信息，营造脱贫攻坚浓厚氛围；办一轮培训班，落实习近平“组织干部培训”的要求，制订脱贫攻坚业务轮训工作方案，对在职区级领导、乡镇街道主要负责人、分管领导、区直部门主要部门负责人、扶贫专干和驻村工作队、村干部等各级各部门扶贫工作人员分批进行专题业务培训，并组织考试，参训人员做到人人过关，考试不合格者参加下一轮培训直至合格。

【扶贫培训】 2017年，开展全区集中培训7期，培训人员4200余人次。各级各单位自行组织培训830余场次，培训人员1.56万余人次。2017年，区扶贫办落实“一月一督查，一月一通报”工作制度，采取“四不两直”的方法，对行业部门履职尽责情况、乡镇街道工作推进落实情况、扶贫工作队驻村帮扶情况及区级领导办点示范情况开展日常督查巡查。对工作不达标、作风不过硬的帮扶工作队员，给予纪律处分，通报派出单位，并在个人人事档案中予以记录；对未能按要求完成脱贫攻坚突出问题集中整改工作的单位和主要责任人，一律按照“六个凡是”从严处理。全年开展脱贫攻坚专项督查13次，通报批评单位17个次、扶贫队员26人次，给予党政纪处分2人次，诫免谈话1人次，约谈8人次。

【制订脱贫攻坚整改方案】 2017年，区扶贫办科学制定《零陵区脱贫攻坚突出问题集中整改方案》，在全市10个问题的基础上，增加“非贫困村工作推进不平衡”问题进行集中排查和整改，确保工作不留死角。严格按照“四清五进八不退”原则，开展“回头看”工作，开展贫困对象商品房、小车、个体工商、财政供养等信息比对。全年对全区贫困对象重新识别、重新认定、重新纳入，清理“四类人员”1253户、4054人，清理拆分户486户、790人，拆分户补录贫困人口1928户、3336人，新识别贫困户757户、2005人，做到“应进尽进、应清尽清”。

在精准识贫的基础上，查漏补缺，采取“四个一”的方式（即做好一轮信息系统知识培训、开好一次建档立卡观摩现场会、精选一批业务工作人员、开展一次“全覆盖、拉网式、进村入户”交叉检查），通过学习提高、现场观摩、交叉检查、问题整改，确保信息录入“零差错”，做到贫困户档案、系统、手册与实际信息“四个一致”。

按照教育助学、医疗救助、危房改造、易地搬迁、以奖代扶、劳务输出、健康扶贫等帮扶措施，逐村逐户逐人核查，分门别类，建立“一户一档”台账，做到脱贫有据，扶贫有痕，动态管理。

【“五个一批”工作落实】 2017年，零陵区坚持因户施策、靶向治疗，推进“五个一批”政策措施精准落地。发展生产和就业脱贫一批，坚持“四跟四走”产业扶贫模式，建立利益联结机制。通过直接帮扶、委托帮扶、股份合作等方式，盘活贫困村资源，让“资源变资产、资金变股金、村民变股民”，创新推出“以奖代扶”措施，对自主发展产业的贫困户给予奖励，带动2800户贫困户均增收3000元以上，发放奖励358.2万元。

抓实“公司+农户”产业扶贫，全年发展罗汉果种植233.33公顷，新造油茶533.33公顷，带动980多户，每年增收3000元以上；发展温氏合作养殖农户99户，带动17个贫困村集体经济每年收入增长5万元以上，带动602户贫困户每年增收5000元以上。

抓实旅游扶贫。引进“十里花谷”、万亩荷花、“大木源漂流”等乡村旅游项目5个，带动400余户、1000余人每年增收4000元以上；推进“仙姑花海”“龙山农业”“天惠油茶”等重点产业项目建设，带动11个村、280户增收2800元/年/户。

抓实光伏产业扶贫。全区建好的34个村级光伏扶贫电站全部并网发电，截至年末，发电115万余度；实施劳务协作脱贫和“一户一产业工人”工程，组织开展“春风行动”，积极开展技能培训36期，培训贫困人口4500余人次；累计实现贫困劳动力转移就业1.8万余人次。易地扶贫搬迁脱贫一批，坚持“以产定搬，以富促迁”，按照“搬得出、稳得住、能发展、可致富”的总体要求，推行“就业+创业”的模式，推进贫困户住房保障。年末，累计完成易地搬迁5233人，全面实施贫困户危房改造1949户。

生态补偿脱贫一批。支持贫困户发展林下经济和特色优质林果产业，全区生态补偿1638户、5047人，年补偿金额41.3万元。

发展教育脱贫一批。实施学生精准资助八大工程，全面落实“一提高、两降低、三全面、四保障、六倾斜、八免费”政策，扩大助学资助政策覆盖面，实现建档立卡家庭子女不同学段全覆盖，做到“应助尽助”。严格落实贫困家庭子女就学资助和优惠政策，实现全区建档立卡贫困生资助全覆盖，春季资助贫困学生5842人次，资助金额422.4万元；秋季，资助贫困学生9879人次，资助金额636.3万元。实施雨露计划821人次，发放补助110万元。

社会保障兜底一批。全面开展城乡低保和社会保障兜底脱贫对象认定清理整顿。提高保障标准，农村兜底保障标准提高到3200元/年，实现农村低保标准与扶贫标准“两线合一”。开展临时救助，截至2017年年末，全区救助困难群众3.1万人次，发放救助资金940万元；发放孤儿基本生活费121万元；发放重度残疾人护理补贴7903人232.47万元，困难残疾人生活补贴5456人161.03万元。

实施“扶贫特惠保”。区财政投入267万元对所有贫困户实施贫困家庭综合保障保险，全面覆盖贫困人口。为贫困人口提供基本医疗保障、大病保险、医疗救助、扶贫特惠保“四重医疗保障”，有效防止因病致贫、因病返贫。

推进健康扶贫。全面落实“三提高、两补贴、一减免、一兜底”健康扶贫综合保障政策，推行贫困人口患者住院先诊疗后付费“一站式”综合服务；落实“三个一批”，截至2017年年末，大病集中救治一批，救治人数1477人，累计救治人次2156人次，救治率85%；慢病签约服务一批，签约人数2165人，慢病签约率100%；重病兜底保障一批，救治82人，兜底救治率84%。实行新农合参保补贴，财政给予建档立卡贫困人口每人30元的参合补助；农村低保对象每人60元的补助；特困供养人员每人150元的补助，特困供养人员每人180元的补助，全区贫困人口居民医保参合率为100%。

对参加城乡居民医保的建档立卡贫困人口住院费用报销比例提高10%，大病保险补偿起付线降低50%（含门特费用)。强力推进社会扶贫，广泛动员全社会力量共同参与扶贫开发工作，建立10余支综合能力较强、诚信度较高、作用发挥较好、社会影响力较大的“三社”帮扶队伍，结对帮扶贫困对象117户、206人。

组织开展“金秋助学”“献爱心 送温暖”等慈善活动，全年资助贫困学生130人，发放救助金19.34万元；开展社会扶贫日活动，发起贫困户手机众筹，筹集手机话费43.68万元，移动、联通、电信三大通信公司捐赠智能手机1818台。

开展“我想有个家”安居工程公益募捐活动，募集资金25万元。突出抓好中国社会扶贫网建设，截至2017年年末，全区爱心人士注册49480人,贫困户注册达到15699人，实现贫困户100%注册；发布贫困需求信息 1.5 万条，对接成功 1.2 万条，对接成功率 80%；爱心人士捐赠 4383 例，对接成功 3507 条，对接成功率 80%。同时推进“万企帮万村”帮扶行动，100 多家非公企业与贫困村开展联姻帮扶活动，29 家非公企业投入资金近 1.9 亿元参与脱贫攻坚和新农村建设。

【脱贫基础设施建设】 2017 年，零陵区农村公路窄改宽完成 290 余千米、贫困村通组公路 640 余千米，危桥改造项目完工 36 座。建成农村客运招呼站 216 个，299 个行政村通车率达到 100%，有效解决贫困地区百姓出行难的问题。推进农村饮水巩固提升计划。实施项目 130 余处，解决 41 个省级贫困村、3.6 万贫困人口的饮水问题。完成 214 个村农村综合服务平台建设任务，其中，贫困村 36 个。加快农网改造升级，完成所有贫困村农网改造升级，新建改造 10 千伏线路 12 千米，新建、改造 220 伏~380 伏线路 72.1 千米，新建、改造配电变压器 41 台/总容量 3550 千瓦。建立各级金融服务站 48 家，全区发放扶贫小额信贷 2.886 亿元，其中，全年投放扶贫小额信贷 4702.7 万元，完成省下达任务（2463 万元）的190.93%，带动5800 多户贫困户年均增收 5000 元以上。清理回收原建档立卡贫困系统中“四类对象”所借贷款 442 户、2149.378 万元。引进电子商务平台企业 20 家，建立村级服务站 79 家，电子商务销售额突破 3 亿元。注重培育科技型扶贫示范企业，培育湖南天惠油茶开发有限公司、温氏集团、永州市异蛇科技实业有限公司等科技型扶贫示范企业。其中，天惠油茶通过流转土地带动 127 户农户脱贫。异蛇科技带动周边 3 个乡镇、10 个自然村涉及 660 多农户脱贫致富。新建 2 个乡镇级科技信息服务站点及 3 个村级科技信息服务站点，16 个乡镇（街道）均建立科普活动室，组成一支 42 名科技人员的专家队伍进驻贫困村，确保 41 个贫困村每村进驻一名科技人员，开展各类技术培训和服务近 1.2 万余人次。

气　象

【概况】 区气象局始建于 1950 年，座落在零陵古城东山之巅。现有在职干部职工 11 人，其中党员干部 7 人；本科学历 10 人，大专学历 1 人；副高 1 人，工程师 7 人，助工 3 人。设有综合办公室、防灾减灾办、气象台、雷达站、人影办 5 个股室。承担全区行政管理、气象测报、天气预报、气象服务、防雷减灾、人工影响天气等多项工作。

【地面气象观测】 区气象局下辖永州国家基本气象站，业务工作由气象台负责。建有双套自动气象站，以新型自动站数据为主，备份自动站数据为辅。使用地面气象观测 ISOS 软件进行数据的采集、处理和上传。负责区域内闪电定位仪和 CNSS/NET 设备的维护维修工作。主要观测项目有：云、能见度、天气现象、空气的温度和湿度、降水、风向风速、蒸发、日照、气压、地面温度、曲管地温、电线积冰、雪深等。

2017 年，永州国家基本气象站设备稳定运行率 100%，到报率 99.98%，数据可用率 100%，报文有效率 99.83%。区域自动站数据传输及时率 97.85%，平均业务可用性 98.25%。闪电定位仪业务可用性 99.75%，CNSS/MET 设备到报及时率 99.8%。

【雷达监控系统运行】 2006 年，零陵雷达站新一代天气雷达系统（CINRAD/SB）投入使用。2017 年，雷达运行 5036 小时，业务可用性 99.62%，维护时间 98 小时，故障次数为 2 次。在天气预报业务、决策气象服务、人工影响天气、重大活动气象保障服务、气象保障服务中发挥重要作用，促进本地中小尺度灾害性天气的预警能力，较大地提升零陵气象灾害应急保障能力。监测预警系统运行以来，为零陵及周边区域在气象服务和防灾减灾工作中做出突出的贡献。区气象局发挥新一代多普勒雷达优势，把雷达应用和做好地方气象预报服务紧密结合，加强雷达产品应用、开发和研究，不断拓宽气象服务领域取得较好成效。

【气象信息网络与装备】 2017年，区气象局通过光纤传送各类气象数据，采取电信、联通双套备份网络，保证气象数据传输及时率。零陵区的天气预报自动咨询电话、手机短信及电视天气预报制作等均统一由永州市气象局集约经营。与电信公司合作开展“96121”声讯电话业务；与移动、联通、电信三家公司合作开通手机短信天气预报；与广播电视局合作，制作天气预报节目；由永州市气象局制作的天气预报节目，在市、区电视台播出。

截至2017年年末，区域范围内建有31个区域自动站，分布区内各个乡镇及地质灾害易发点，其中，5要素站1个，4要素站3个，2要素站13个，单要素站14个。完成公龙岭骨干气象站的升级改造及六合宫站的搬迁工作。

全年在邮亭圩、富家桥、石岩头、水口山4个乡镇的林场布设大气负氧离子固定监测站，设备能自动监测环境空气中负氧离子、温度、湿度及PM2.5实时浓度及变化。

【气象预报服务】 2017年，区气象台依托市、县一体化业务平台，开展预测预报业务。短期天气预报：建立基本气象资料、基本图表、基本档案，使用高清视频会商系统与市气象台会商，作出3天内的短期天气预报。中期天气预报：通过县级综合气象业务平台接收省气象台和市气象台的旬、月天气预报，结合本地天气气候特点及气象资料，制作旬天气预报。长期天气预报：主要依托省气象台和市气象台的指导预报，结合本地天气气候特点制作长期天气预报，并运用数理统计方法制作长期天气预报。主要有春播预报、汛期预报、秋季低温预报和冰冻预报等种类。

【人工影响天气】 2017年，零陵区人影办负责拟定全区人工影响天气发展规划并组织实施；负责全区人工影响天气工作的组织、协调、管理和技术指导；负责全区人工影响天气作业的指挥、协调、组织实施和效益评估；承办区委、区政府和区气象局交办的其他工作，并在邮亭圩镇小河江村设有一个标准化作业炮点。

年内，受台风外围云系影响，于8月11日13时，在邮亭圩镇小河江村开展人工增雨作业，作业影响区域45平方千米，作业区域内普降小到中雨，作业效果良好，为缓解旱情、增加土壤墒情起到积极作用。

【文明单位创建】 2017年，区气象局以培育和践行社会主义核心价值观为主线，以提升公民文明素质和社会文明程度为目标，开展各种类型的文明创建活动。着重推进全体干部职工的社会公德、职业道德、家庭美德、个人品德建设，以培育和践行社会主义核心价值观为根本，开展道德讲堂活动,并将文明单位创建工作贯彻于气象服务工作的全过程，做到与气象服务工作同部署、同落实；坚持政治文明、物质文明、精神文明一起抓，牢固树立为人民服务宗旨，履行工作职责，不断提升气象防灾减灾能力，零陵区气象局获评“市级文明单位”称号。

防震减灾

【政务公开】 2017年，区地震局主动公开办理事项名称、设立依据、办理时限、收费标准及依据、申报条件、申报材料、窗口权限。同时，完善《首问负责制》《限时办结制》《责任追究制》；公开办事程序，做到廉洁奉公、公正办事。机关服务窗口，配备有熟悉业务、责任心强的工作人员佩证上岗。

【业务培训】 2017年，区地震局派员参加由国家地震局、省地震局和市地震局举办的业务培训10次。

【防震减灾宣传教育】

2017年，区地震局到学校、社区、机关、企业、进行防震减灾法律法规和科普知识宣传15次。5月12日上午，为纪念“5·12”防震减灾日，联合区教育、消防、交警等部门在区黄古山小学开展应急疏散演练、消防灭火演示观摩暨安全工作培训活动。9月至11月，到学校、社区、机关、企业发放《地震防震避震知识》宣传读本和《家庭防震减灾知识小读本》等宣传材料。结合学校、社区、机关、企业的特点，有针对性地讲解地震的应急防护和自救互救知识。

【地震监测和管理】 2017年，区地震局建立和完善宏观观测点5个，组织宏观观测点联络员进行培训，落实专人值守，建立健全档案、观察日志，落实值班电话。

【应对梧州地震有感影响】 2017年7月31日17时18分（北京时间），在广西梧州市苍梧区（震中位于北纬24.08度,东经111.56度）发生5.4级地震，震源深度10千米。震中位于苍梧区沙头镇与贺州市仁义镇交界。零陵区部分区域有震感，且造成居民惊慌和打电话询问相关情况。区地震局了解震情后，快速开展应急处置工作。迅速将震情向区委办、区政府办报告。值班人员立即启动地震异常零报告制度，通过电话联系各乡镇“三网一员”询问异常情况，做好震情调查、震情速报工作。密切关注地震后续情况，加强与梧州市地震局台网中心密切联系，做好震情跟踪，加强值班，干部职工24小时手机保持通畅，做好群众来访的解释疑惑工作。

农业机械化管理

【概况】 零陵区农业机械化管理局原属零陵区人民政府直属正科级行政类事业单位，2016年调整为零陵区农业委员会所属副科级公益一类事业单位，下设办公室、产业指导和培训股、技术指导股3个内设机构，下属单位零陵区农机推广站（加挂零陵区农机学校牌子），全额拨款事业编制49名，局长1名，副局长2名。截至2017年年末，全局在编在岗职工人数49人。全区农机总动力59万千瓦，农业机械拥有量11万台套；其中有拖拉机及配套机具3063台，水稻机插秧机368台，联合收割机1544台，耕作机械13162台；全年完成农机作业服务总面积22万公顷；全区水稻耕、种、收机械化综合服务水平达62%，比2016年增长2个百分点。

【农机购置补贴】 2017年，零陵区完成中央农机购置补贴资金414.45万元，补贴机具793台（套）。其中，旋耕机105台（套），补贴资金22.69万元；插秧机16台，补贴资金17.45万元；秧盘播种成套设备1台，补贴资金0.34万元；收获机械55台，补贴资金131.8万元；粮食烘干机33台，补贴资金115.59万元；碾米机482台,补贴资金19.59万元；轮式拖拉机40台，补贴资金101.48万元；增氧机55台，补贴资金1.65万元；遥控飞行喷雾机3台（省补产品），补贴资金4.8万元；履带式拖拉机3台（中央创新产品），补贴资金4.8万元，受益农户640余户。

【水稻机插秧技术推广】 2017年，零陵区成立由区人民政府分管领导任组长，区政府办、区农业委、区农机局、区财政局等相关部门主要负责人和各乡镇办事处分管领导为成员的水稻育插秧机械化技术推广工作领导小组。建立水稻育插秧核心示范点。在邮亭圩、富家桥、石山脚3个乡镇建立66.66公顷以上的水稻育插秧机械化核心示范点；在菱角塘、接履桥、黄田铺、梳子铺、朝阳5个乡镇各建立面积33.33公顷以上的连片示范区，各示范区带动全区完成早、中、晚育插秧面积14666.66公顷，新增插秧机18台；全年开展农机化技术培训1387人次。

【农机专业合作社】 2017年，零陵区区有培育现代农机专业合作社15家，发展农机大户11家，新增省扶持的农机专业合作社7家，零陵区张家冲农机专业合作社成为省现代农机合作社示范社，全年农机合作社总数达33家；农机合作社流转土地面积累计2533公顷，推广插秧机18台，其中，高速插秧机6台、拖拉机及旋耕机40台、收获机械52台、粮食烘干机33台，农机合作社作业量占全区农机总作业量75%以上。现代农机专业合作社，在全区各乡镇完成2016年度深松整地任务333.33公顷。

【农机安全监理】 2017年，零陵区石山脚办事处创建为省级“平安农机”示范乡镇。截至2017年年末，全区有运输型拖拉机2056台，其中，定期检审、参与保险且手续齐全的拖拉机646台，80%集中在矿区。全区开展农机安全生产大检查56次，参与检查人员236人次，检审拖拉机476台次，纠正拖拉机等农机乱停乱放、违章载人、超限超载等行为68起，回访正常运营拖拉机565台次，排查一般安全隐患102处。

【“三减量”工作】 2017年4月12日，区农机“三减量行动”现场会在石山脚乡悟山里村召开。全区各乡镇农机员、农机合作社负责人、农机（种粮）大户、农机企业代表参加。全年完成推广飞防减药植保飞机6架，试点面积133.33公顷，飞防作业面积2066.66公顷，减少农药使用总量72吨；精施减肥机1组，节约化肥2余吨。

农业发展建设投资

【概况】 永州市零陵农业发展建设投资有限责任公司是经区委、区人民政府批准、由区人民政府出资组建的国有独资公司。公司于2016年11月28日注册成立，注册资本为5000万元。公司按照有关法律法规规定：从事招商引资或争取政策性资金为全区农业产业发展筹集资金；从事农业基础设施（路网、水网）投资、建设、经营；从事农业产业发展投资、建设、经营；从事扶贫项目投资、建设、经营；受区人民政府委托为全区农村土地承包经营权流转提供服务；从事经区人民政府批准或允许的其他业务。

按《关于印发〈永州市零陵农业发展建设投资有限责任公司组建方案〉的通知》文件要求，根据《中国人民共和国公司法》，公司不设股东会，由区政府授权董事会行使股东职权。公司依法设立董事会、监事会，实行董事会领导下的经理层负责制。董事会由5人组成，设董事长1人，董事长为公司法定代表人兼总经理。监事会由5人组成，设主席1人。公司有总经理1名，副总经理2名，设四部一室，即投融资部、计划财务部、工程管理部、项目开发部和综合办公室。下辖两个子公司——永州市零陵扶贫开发投资有限公司、湖南富农建筑工程有限公司。

【资产入账情况】 2017年，零陵区根据区委、区政府关于向新组建区级投融资公司进行正常划转工作方案，完成所有乡镇资产、水库资产、石岩头林场资产的资产核查、测绘、评估工作，签订资产划转协议，并于3月底办理资产入账手续，价值11亿元。

【项目债券融资】 2017年，零陵区农业发展建设投资有限责任公司组织人员设计和深度包装一批收益性好的优质项目，通过发行项目债券、资产证券化等多种方式，与国内外金融机构、证券机构等筹集项目建设资金，保证融资渠道的顺利畅通。全年完成融资4.62亿元；易地扶贫搬迁资金1.24亿元；农村综合服务平台项目融资1亿元；小额信贷累计转借2.38亿元。省财政补助资金730.7万元，其中，农村综合服务平台90万元、农村基础设施建设140.7万元、农村安全饮水500万元。

【农村综合服务平台】 2017年，零陵区农业发展建设投资有限责任公司成功打造第一批农村综合服务平台示范村9个、第二批14个、第三批118个。截至2017年年末，全区农村综合服务平台改扩建项目全部完成并交付使用。

【产业扶贫】 2017年，零陵区农业发展建设投资有限责任公司易地扶贫搬迁，分散安置320户、1137人，投资2842.5万元，拨付2581.77万元。项目建设按年初计划全部完工，部分贫困户搬迁入住。其中，9个集中安置项目计划投资10193.2万元，拨付使用资金8510.96万元，项目建设全部主体完工。全年发放小额信贷资金14405万元，支持温氏生猪养殖项目、工业园产业项目、社会事业发展项目等，年回收借款本息1047.2万元，为5426户贫困户分红2640.47万元。是年，被评为“零陵区脱贫攻坚先进后盾单位”，2人被评为“零陵区脱贫攻坚先进个人”。

【资产划转】 2017年3月，零陵区农业发展建设投资有限责任公司完成涉农资产划转，评估价值12亿元。7月，完成66宗资产的权属登记及变更工作。

【项目开发】 2017年，零陵区农业发展建设投资有限责任公司注册成立湖南富农建筑工程有限公司，完成施工建筑总承包三级资质，正在办理安全许可证。参与城乡环卫一体化建设工作，做好动物无害化处理项目、前期征地及青苗补偿工作。

【党风廉政与警示教育】 2017年，零陵区农业发展建设投资有限责任公司完善以公司党支部书记为组长的党风廉政建设工作领导小组，制订《2017年度党风廉政建设工作计划》。落实“一岗双责”制度。制订《党风廉政建设责任书》，层层签订落实，将监督责任落到实处。定期召开党风廉政工作会议和政治学习会议，建立常态化督查机制。加强对党员干部职工警示教育及执纪问责。年内，集体廉政谈话一次，个人廉政谈话16次，全年提醒谈话20人次，通报批评5人次，辞退5人。

【职工教育培训】 2017年，零陵区农业发展建设投资有限责任公司对新招聘的14名员工在区委党校开展为期一天的入职培训，请专家开展业务、政治、廉政知识的授课，进一步加强职工的作风建设及政治思想工作。

附：

重点扶贫项目

永州仙姑花海有限公司

【概况】 永州仙姑花海有限公司于2015年11月落户零陵，注册资金6000万元。公司主要经营花卉、草皮、苗木、盆景的种植及销售；提供园林绿化、亮化、园林装饰的规划、设施与施工。根据省、市产业扶贫“四跟四走”帮扶模式，充分利用富家桥镇何仙观村山水等丰富自然资源，带动当地农民脱贫致富，公司在富家桥镇何仙观村投资新建133.33公顷花海及产业综合建设项目，是零陵区2016年、2017年重点产业扶贫项目。

【以股份合作模式帮扶贫困户】 公司主要采取股份合作的模式对贫困户进行帮扶。公司与贫困户签订帮扶协议，并明确分红比例按投资1:1的比例建设苗圃基地，103户、382名贫困户投资500万元（其中，申请扶贫贷款400万元），占50%股份；基地建设，采取统一集中育苗、统一培训、统一提供技术指导，贫困户参与田间管理务工增收；花卉育苗基地建成后，苗木销售由双方根据市场商定价格，公司负责销售，贫困户按股份进行分红。项目投入正常运营后，入股贫困户每人每年增收2950元以上。同时，明确入股贫困户年保底增收标准，即每年人均增收达不到1800元由公司负责补贴。

通过“公司+基地+农户”的模式，带动周边农民共同发展生态旅游经济，逐步建立起从基地建设、花海效益及周边农户农家乐完整的产业发展模式。项目实施以来，有农家乐20余家，每年前来观光游客达40万人次以上。

湖南绿色平方生态科技有限公司

【概况】 湖南绿色平方生态科技有限公司成立于2015年，公司基本思路及发展目标是："前期以科学种植、养殖效益为基础带动当地贫困户，中期以销售、服务、开发农产品市场、农产品加工；后期以休闲度假、观光旅游、打造品牌为终极目标"的综合性现代化农业龙头企业。公司将始终坚持以"生态型、效益型、山地特色型"的现代农业示范企业为战略定位，打造发展具有"山地特色品牌"的生态农业龙头企业。

【经营模式】 2017年，公司采用"公司+贫困户+示范基地+专业合作社+个体承包小户"的灵活多样的特色企业运营模式，科学管理，规范运行，稳步推进。经过近三年的运营，公司拥有成熟的技术管理团队，并且有湖南农大、桂林市农科所、永州市农科所专家作首席顾问和技术指导。

【前期产业发展】 公司第一期种植三红蜜柚33.33公顷，沃柑33.33公顷，糖橙33.33公顷，安排120多个贫困人口就业。

湖南天惠油茶开发有限公司

【概况】 湖南天惠油茶开发有限公司，成立于2012年4月，注册资金500万元，主要经营新造高产油茶林，油茶低产林改造，油茶加工、茶油精加工，油茶副产品精加工，茶油产品销售等。采取"公司+基地+合作社+农户（贫困户）"的模式，成立专业合作社2个，发展社员187户，生产基地分布在零陵区石山脚街道办事处乌鸦庙、塔仪、天河桥、灯塘、大夫庙、藕塘、光明、华源、黄田铺镇南雄等9个行政村，已流转土地806.67公顷，先后投资4000余万元，新造高产油茶林种植面积426.66公顷，低产油茶林改造112公顷，发展优质油茶苗圃3.33公顷。2014年9月，注册"飞凤山茶油"商标获准国家商标局授权。2015年9月，在海南股权交易中心挂牌。2015年12月，被评为永州市农业产业化龙头企业。2016年11月22日，被评定为湖南省林业产业龙头企业、湖南省级林下经济示范基地、永州市油茶种植"标准化示范基地"、永州市油茶林下经济种植先进示范基地、零陵区油茶种植"标准化示范基地"。

【股份合作模式】 2017年，天惠公司付给农民土地流转租金（前8年），待土地有收益按纯利润的15%分红给农户；贫困户以小额信贷资金入股分红。年内，天惠公司与45户贫困户签订小额扶贫信贷资金入股分红协议，每户贫困户拿出3万元小额扶贫信贷资金入股天惠公司发展油茶产业，每年按15%进行分红，每户贫困户每年可享受4500元分红。

【基地项目建设及帮扶规模】 截止2017年底，公司累计流转土地80.66公顷，投入成本约3300元/公顷，累计投入4000万元。全年帮扶贫困户160户。以农户土地入股，按土地收益纯利润15%分红；以小额信贷资金入股，每户每年分红4500元。

【社会公益事业】 2017年，天惠油茶公司筹集资金30万元修缮荒废多年（1962年修建水库）的秦岩井水库，用于改善乌鸦庙村和塔仪村农户（内包括45户贫困户）生产灌溉条件。投入资金35万元建设大夫庙村通往石山脚街道藕塘的道路。投入资金30万元建设乌鸦庙村通往石山脚街道办事处的道路，改善和谐村全村农户（贫困户）出行条件。

科技 工业

科 经 委

【概况】 2017年，零陵区实施“科技兴区”“工业强区”意识战略和可持续发展战略，大力推进科技项目建设、打造科技创新平台，加大科普宣传力度，进一步服务好重点企业的生产经营，强化生产要素保障，协调好工业经济发展的速度与质量，各项工作取得一定成绩。全年累计实现工业增加值47.29亿元，增长8.3%。全区规模工业企业实现产值113.6亿元，增长14.7%。央省企业实现产值39.49亿元，增长8.61%，其中烟厂实现产值37亿元，增长8.13%；区属企业实现产值74.11亿元，增长18.22%。全年累计用电量43773万度，增长30.1%。

【企业入统有基础】 2017年1—12月，零陵区入统企业16家，分别是：德鑫沥青、巴佛莱特、金通水泥、鸿茂建材、兴泰包装、中达建材、远鸿农林科技、永盛玻璃、浙南竹木、香零山食品、华威光伏、金阳印刷厂、精信源弹簧、鑫宇竹木、彩虹燃气、金森农业，为全区工业企业打下基础。

【环境专项整治】 2017年，零陵区实现中心城区红砖厂全面关停，新厂选址工作基本完成，基本建设有序推进。全年列入冶炼行业淘汰落后产能的企业35家，拆除4家（珠山宝丰、泰山、联发，黄田铺湘南），转产2家（七里店光明、黄田铺富华），其他29家全部封存设备、断电、断水，并签订承诺书。城区重污染企业海宁化工已搬迁至工业园；全区锅炉改造项目完成；永达锰业因资金问题一直处于停产阶段，锅炉基本报废。

【电力执法】 2017年，零陵区科经委电力执法大队联合公安、供电公司于8月9日成立反窃电专案组。通过排查，有嫌疑用电户100户，查处窃电户13家，依法追缴电费6万余元，处罚3万多元。配合环保部门落实关停措施，依法对冶炼、砖厂、养猪场等行业环保不达标企业下达停电通知49份，并及时组织供电部门实施停电。配合省经信委、省林业厅的砍青扫障专项行为，组织人员实地排查，查处线路安全隐患75处。截至2017年9月底，砍树3600棵，消除线长安全360余千米，确保全区境内线路运行安全，全年零跳闸事故。

【国企改革及信访维稳】 2017年，零陵区科经委协助区工改办做好改制企业的处置工作，加强对改制企业职工的稳控。

【科技创新服务体系提升】 2017年，零陵区科经委组织申报省、市科技计划项目12个；合理谋划区级项目，安排项目5项。

4月20—26日，组织开展以“创新创造改变生活，知识产权竞争未来”为主题的知识产权宣传周活动；5月20—27日，举办以“科技强国 创新圆梦”为主题科技周活动；开展防震减灾宣传活动，发放各类科普资料近2万余份。

【知识产权保护】 截至2017年年末，零陵区科经委开展专利执法5次，调处专利侵权案件 4 件，假冒专利案件 30 件，有效惩治侵犯知识产权行为。全区专利申请量达 345 件，增长 29.21%。

【科技扶贫】 2017 年，零陵区安排科技扶贫项目 3 个；安排科技扶贫资金 10 万元，分别拨付到接履桥办事处的尚木井村、珠山镇的大冲村、黄田铺镇的黄铺村。强化产业扶贫在精准扶贫村接里桥办事处尚木井村种植黄秋葵 13.33 公顷。完成全区 42 个贫困村实现宽带全覆盖。组建一支 42 人的科技专家队伍，进驻全区 42 个贫困村开展科技服务。同时，联合相关部门开展技术培训。开展集中育秧、病虫害防治、水果种植、牲猪疾病防治等相关培训 2000 人次，其中贫困农民 500 余人。

工业园区

【概况】 零陵工业园区成立于 1997 年；2006 年，经国家发改委批准为省级工业园区。采用“一园两区”管理模式，下辖河西工业区和珠山锰产业专业园区。园区规划面积 33.08 平方千米，建设面积 10 平方千米，累计完成投资 52.1 亿元，入驻规模以上工业企业 72 家。已形成生物制药、新能源新材料、农副产品加工、电子信息等支柱产业。先后被评为“湖南最具投资潜力园区”“湖南省推进新型工业化示范基地”“湖南省经济技术开发区先进单位”“永州市推进新型工业化先进园区”。

【“双百亿园区”建设规模化发展】 2017 年，零陵工业园以“双百亿园区”建设和“四个翻番”为目标，以“招商填空、建厂达效、优化服务、完善配套”为导向，围绕“园区升级战役”工作，在园区经济总量、招商形势、设施建设、企业服务及要素保障各方面均取得新的突破。截至 2017 年年末，园区完成规模工业生产总值 65.3 亿元，增长 21.7%；规模工业增加值 12.78 亿元，增长 8.5%；实缴税金总量 1.18 亿元，增长 45%；新增入园 5000 万元以上工业项目 13 个，新完成 5000 万元以上工业项目竣工投产 10 个。进出口额 4.02 亿元，增长 20%。

【“一园两区”管理模式】 2017 年，零陵工业园采用“一园两区”管理模式，下辖河西工业区和珠山锰产业专业园区。河西工业园区规划面积 3.32 平方千米，常住人口规模 0.9 万人，工作人口 2.85 万人。作为园区产业升级转型的主战场，走跨越式精细发展道路，目标发展为定位清晰、特色鲜明、质量优秀的产业园区。产业园区按照“两心、一带、两轴、三区”模式布局。“两心”：在铁路零陵站西侧布置综合服务极核，在工业大道与瑞翔大道的交叉口处布置一处为园区产业服务的创业服务中心。“一带”：沿桃江渠形成沿河景观带。“两轴”：沿工业大道的纵轴，以及铁路零陵站西部的横轴，形成 T 字型城市公共轴。“三区”：“互联网+”电商物流产业区，电子信息产业区，小微创业实验区模式布局。

珠山锰产业专业园东至县道 X030，北至国道 322 改线，西至泉南高速 G72，南至岔江塘村，总用地规模 295.84 公顷，容纳就业人口 5000 人。通过专业产业园区的开发建设，打造成锰高端产业基地、锰加工高新技术区和高端企业集群，力求成为零陵区建设“百亿绿色锰产业示范基地”主要载体，国内具有较强竞争力和话语权的锰产业基地。规划为“一心、三轴、四区”。（“一心”：锰业园区主入口核心空间节点。“三轴”：国道 322 改线以及和工业园大道、长吉头路三条主干道形成的空间发展轴线。“四区”：指构成锰业园的 4 个不同的功能区组合，包括商贸物流区、西部生产区、东部生产区、生态绿心的功能布局结构。）

【招商引资打造园中园】 2017 年 9 月 24 日，零陵区工业园委托上海东方龙商务公司招商启动会在上海举行，双方就零陵区产业规划、重点招商方向进行深度交流，并就如何紧密配合、加强协调、高效对接、务实推进高精尖项目落户园区等进行充分沟通。12月27日，与深圳市时代伯乐创业投资管理有限公司签订深圳时代伯乐能源产业园项目协议，采用“产业+基金+平台”新型招商模式，由政府提供土地资源和政策优惠，基金募资，企业投资，共同打造产业园区和运作招商项目。由时代伯乐与零陵区共同发起设立20亿元永州零陵时代伯乐新兴产业聚集基金，旨在通过资本并购，在新能源、大健康等领域布局，实现“产业跨越、科技引领、人才集聚”战略，共同打造零陵区园中园。

【“助保贷”融资平台】 2017年7月21日，零陵工业园区“助保贷”管理中心挂牌，同时下发《关于零陵区小微工业企业助保贷金贷款管理办法(试行)》《零陵区小微工业企业“助保贷”业务风险补偿暂行办法》。融资平台与建行合作建立，首期“助保金池”计划筹措资金1000万元，可发放贷款1亿元~1.5亿元，并可根据后期规模增加贷款额度，使企业部分融资需求得以满足。

【创业服务中心建设】 2017年5月13日，创新创业服务中心启动建设，项目占地面积为1.88公顷，总投资约1.08亿元；总建筑面积27775.36平方米，层高16层（其中，主楼建筑面积22004.05平方米，地下停车场面积约5771.31平方米），市民中心1万平方米的广场。建成后的创新创业服务中心集政务中心、会展中心、商务中心、市民中心于一体，并引入互联网+综合服务平台，全方位、多功能服务入园企业。

【路网工程建设】 2015年年底，九条路网建设工程招投标，2016年5月4日开工建设，2017年底全部完工建设。该工程继零陵工业园河西工业区一纵四横道路框架后的又一重大基础设施路改工程，含五里堆路西延伸段，长度2000米。桃河塘路1240米、西爽亭路460米、沙叶塘路920米、泉井路880米、黄泥桥路730米、华源路700米、永洛路460米、桐子坝路960米，总计8.35千米，总投资2.8亿元。

【服务平台目标化】 2017年，围绕“建中心，筑家园，心连心”的目标，突出“一个引领，四个结合”的理念。将党建功能与企业服务、职工之家、创业孵化和产学研结合，打造集教育培训、代办服务、创业孵化、商务洽谈、健身休闲于一体的党群服务工作平台。中心按照三区一厅九室标准设置，设有全程代办微服务大厅，并开通服务专线，投诉专线直联政府“12345”平台，为企业提供政策咨询、代办服务、员工招聘、投诉处理等服务。同时，中心还设有党建沙龙，为创业孵化及商务洽谈提供方便。

电　力

【概况】 2017年，国网零陵区供电公司下设综合管理部、客户服务中心、运维检修部、安全质量监察部、发展建设部、财务资产部、党建工作部、集体企业劳动服务公司。有主业人员108人，集体工25人，农电员314人。所辖220千伏变电站2座，主变4台/600兆伏安；110千伏变电站6座，主变10台/336兆伏安；35千伏变电站9座，主变12台/60兆伏安。110千伏输电线路15条/258.155千米；35千伏输电线路13条/197.968千米。10千伏城区配电线路36条/292.203千米；配电变压器407台/197.225兆伏安。10千伏农网配电线路46条/1576.22千米，配电变压器1667台/198.02兆伏安。全年完成售电量7.62亿千瓦时，比2016年增加1.57亿千瓦时，增长25.98%；城市综合供电电压合格率99.98%，农村综合供电电压合格率99.93%，供电可靠率99.83%；完成累计综合线损率6.45%；最大负荷15.74万千瓦，最大日供电量256.45万千瓦时，公司获得“全国工人先锋号”“全国实施用户满意工程先进单位”等称号。

【安全用电管控】 2017

年，国网零陵区供电公司开展“本质安全实践”活动，实行全面、全员、全过程、全方位的安全管理。对作业现场采取不定时、超定量的稽查方式，由规律式转向为无规律式稽查方法，高压态势严厉惩治违章行为，按要求对528个作业现场100%稽查到位，及时下发处理通报，查处严重违章现场5处，累计罚款金额5.56万元。先后获省公司标准化作业现场2个、市公司标准化作业现场8个。

开展输配电线路“三跨”隐患排查摸底；将排查出的251处配电“两跨”（跨铁路和高速）安全隐患全部以开断、电缆入地、顶管穿越等方式制定整改计划。对城区242台箱变进行“地毯式”隐患排查，并张贴安全警示牌；对63台公用美变全部加装安全围栏，22台人口密集区的美变全部加装封闭式围栏，严防意外事故发生。截至2017年年末，完成总保安装1576台，安装率100%，连续5年没有发生责任人身触电伤亡事件。

【生产运行维护】 2017年国网零陵区供电公司落实省、市公司10千伏配网精益化评价工作部署，组织“七所一中心”技术骨干开展配网精益交叉评价，确保精益化评价真实可靠，得到省公司高度肯定。利用计划检修停电，对城区密集区22台美变进行电气检查；将位于人口密集区、运行年限超过十年的43台美变，全部报送省公司立项更换，批复更换19台。截至2017年12月31日，完成白云箱变等8台美式箱变更换；完成85台录波型故障指示器安装，在全市率先实现配网架空线路自动化100%覆盖。通过对拱北I线等5条10千伏线路进行负荷分割和智能分段改造，基本实现城网和农网线路的有效隔离。自实施以来，该5条线路跳闸率下降76%，运检类投诉下降86%，增加售电量110万千瓦时，直接增加经济收益74.8万元。

应对自然灾害，以最快的速度完成24条线路、90余次高压开关、500余个水淹台区、拉合闸送电操作，有效确保零陵区2017年防洪抗灾期间的稳定有序供电。

【电网建设】 2017年，国网零陵区供电公司督促地方政府部门完成2015—2017年城网项目电缆通道建设工作，同时联合各级政府全力扫清阻工问题，完成贫困村、中心村、重点民生实事项目以及光伏扶贫项目并网工程年度电网改造工作，在脱贫攻坚省检评比中，贫困村农网改造升级工作未失分。新建、改造10千伏线路2条，增强河西、河东互联以及河东区域南北互联，实现河东古城区域以及廻龙塔路沿线负荷的合理供带、促进萍洲变与拱桥变负荷的均衡分配，提升河东区域的供电能力。新建、改造配变台区67个，增加配变容量14.36兆瓦，解决重过载台区13个、低电压台区30个。

【经营质效】 2017年，国网零陵区供电公司围绕“强基础、降线损、控投诉”专项活动，加强营配、采集、计量、用检等专业协同，在全市范围内首次开展“台区降损PK”大竞赛，开展3次全区范围内的政企协调、警电联合反窃电专项行动，高负损台区数量同比减少401个，台区同期线损合格率提升到88.6%，同时，反窃电专项行动共计查处窃电93起，追补电费及违约金50万元。

【监控管理】 2017年国网零陵区供电公司全年实现电能表日均采集成功率99.8%以上，加快电费智能结算等新技术推广应用，截至2017年12月31日，公变客户费控率100%，预收电费客户占比90%，预收电费比重154%，公变用户城区结零时间稳定在每月25日之前，供电所在每月20日即可完成结零，线上缴费率61%。

严格计量装置现场安装管理，提高高低压计量装置现场安装工艺，实现一日接电率100%。推进电能替代，累计完成11家企事业单位电能替代，新增3万千伏替代容量，替代电量累计达到3351.7万千瓦时。依托政府“社区网格化管理”基础，完成城区16个“社区电力服务网格”建设，实现城区网格全覆盖。

【“三个建设”工作】 2017年，国网零陵区供电公司制订出台党建工作清单、党建基础建设年任务分解表，结合“两学一做”学习教育，开展支部书记谈心谈话22次。开展精准扶贫，组织党员干部完成珠山大冲扶贫村115户的走访建档。督促农电党总支完成103名党员组织关系接转工作。常态开展“三会一课”，通过创造性开展民主评议党员，解决工作中的重大问题5起，发展党员1名；完成2017年党费缴纳工作，组织在职党员补交2008—2016年党费；结合“三亮三比三无”，陆续开展“党员挂台区降损”“安全警示日”等系列主题党日及共产党员服务队活动。督促农电各支部132名党员开展党建知识竞赛；筹备参加市公司大学生活动周，获得市公司团青安全知识竞赛第三名。

【业务用房新址搬迁】 2017年6月29日，国网零陵区供电公司办公业务搬迁至新办公地址，新址位于永州职业技术学院本部对面。国网湖南永州零陵区供电公司生产综合楼项目工程项目总建筑面积约6112平方米，建筑高度22.2米，主体采用现浇钢筋混凝土框架结构。主要包括主体建筑及基础、室内给排水、电气、弱电及室内外装修、建筑防雷接地、室外配套工程以及配合其他专业施工等,投入配套资金6000余万元。

【企业文化建设】 2017年，国网陵零区供电公司完成新办公大楼入本部楼道建设、党员活动室和职工书屋建设。制订详细的企业展厅、企业文化主题公园,建设方案和预算明细表。

【党风廉政建设】 2017年，国网零陵区供电公司更新领导班子党风廉政“一岗双责”责任清单，结合党员身边“无违纪”活动，制订有效措施，将3处岗位廉政风险点防控到位。完成物资招投标和劳务分包资格会审工作，实现主材料零库存。并以“清正廉洁”为准则，执行“三重一大”制度，保证各项工作顺利实施。

（夏宝钢）

交通·邮政·通信

交通运输

【概况】 零陵区交通运输局是全区交通行政主管部门，为区人民政府工作部门。主要负责全区公路建设、公路养护管理、客货运输市场管理、水上交通、汽车维修、驾驶员培训等工作。全局设7个股室，5个下属企事业单位，行政编制为20名，事业编制166名，在职职工186人。获“2017年度全市交通行业综合统计先进单位”“2017年度‘交通提速’战役目标管理考核二等奖”“2017年度全市重点民生实事农村公路建设优胜奖”称号。

【交通提质提速建设】 2017年，区交通运输局打好“交通提速”战役，围绕建设提速、管理提质、形象提升的总体思路，全年计划完成投资6.5亿元，实际完成交通建设投资7.75亿元，为全年任务的119.6%。

【在建项目工程】 2017年，零陵区干线公路完成投资6.25亿，其中，国道207线零(零陵）双（双牌）一级公路完成投资2.7亿元，朝阳大道项目完成投资2.6亿元，人何复线完成投资5000万元，港口连接线完成投资4500万元。农村公路建设完成投资15030万元，完成农村公路窄改宽170.919千米，完成通组公路159.513千米，完成安保工程151千米；完成危桥改造16座，完成渡改桥4座。

【干线公路建设】 2017年，零陵区完成投资6.25亿元。国道207线零陵至双牌一级公路，一标完成沥青砼中面层13831平方米，沥青砼上面层2052平方米，级配碎石垫层1964平方米，水稳底基层18696平方米，水稳下基层17784平方米，水稳上基层16568平方米，圆管涵36平方米，土石方4500立方米。

【工程项目建设】 零陵区人民桥—涧岩头（周家大院），正在进行路基施工和征地拆迁。永州港零陵作业区至东安港区石期市作业区连接线，完成工可评审，正在进行其他专项报告的办理。

【农村公路提质改造】 2017年，零陵区推动农村公路提质改造工作的实施，建设计划和资金重点对贫困村倾斜，优先启动25户、100人居民及以上贫困地区重要通组公路建设，为全区精准扶贫工作提供坚强的交通保障。全年完成农村公路提质改造170.919千米，完成农村公路通组路建设159.513千米。

【农村公路日常养护】 截至2017年年底，在省、市统计口径内零陵区农村公路管养里程2045.792千米，其中，省道61.805千米，县道238.329千米，乡道473.069千米，村道1272.179千米，专用道0.41千米。全区16个乡镇街道,299个行政村全部实现100%通水泥路，全区农村公路列养率等指标都达到100%。县、乡、村道绿化率分别达到92.15%、91.22%、91.12%,综合绿化率达到91.71%。

【安保工程建设和危桥改造】 2017年，零陵区加强养护巡查，投入资金1300多万元，完成C010、C012、C085等线路安保设施建设188千米，安装减速带957米，警示标志牌508块，有效提高农村公路安全通行能力。其中，C105零陵段获2017年全省“最美农村公路”最美公路称号。全年完成危桥改造16座，渡改桥4座，占计划数的100%。

【交通建设质量监督】 2017年，零陵区交通运输局严格审查规范参建单位的质量保证体系，制订各项目的监督工作计划，采取常规与突击、明查与暗访相结合的多种检查方式，落实质量要求，开展工程质量“打非治违”和“安全生产宣传月”安全宣传整治行动。

【“平安工地”创建】 2017年，零陵区推动“平安工地”创建活动，全年举办重点项目从业单位安全员培训4次，安全教育培训300人次，开展安全检查62次，出动执法人员430人次，执法车辆86台次，下发监理整改通知书28份，限期监理单位整改项目16个，全区交通建设项目纳入监督管理率100%。全年完成农村公路建设交竣工验收159.513千米，完成农村公路提质改造交竣工验收170.92千米。

【运输市场管理】 截至2017年年末，零陵区有汽车客运站场3个（其中，一级站1个，三级站1个，四级站1个）。道路旅客运输企业17家（其中，农村客运公司15家）、客运车辆551辆（其中，农村班车323辆）、客运班线189条，其中，省际23条，辐射广东、广西、上海、福建及浙江五省；市际13条，辐射省内各市州；县际12条，区内141条，辐射全区299各行政村，农村客运班线实现“横向到边、纵向到底”的全覆盖和通达率100%的目标。继续加大农村招呼站建设的力度，全年建成农村招呼站18个，累计建成农村招呼站134个。拥有汽车货运站场1个，道路货物运输企业34家、注册登记货运车辆2259辆；总吨位11295吨。全年完成公路货运量2108.9万吨，完成公路货运周转量57.3亿吨千米。

【车辆维修与保障】 2017年，零陵区严格把好营运车辆技术管理，全区所有危货、客运、教练车辆的综合性能检测、二级维护作业过程、二级维护竣工检验，全部实行实车现场拍照留存备查制度，从源头上杜绝虚假检测和不进行二级维护作业签发出厂合格证的违法行为。不断加强维修从业人员管理，提升维修行业的服务保障能力和服务水平，截至2017年年末，全区有机动车维修企业232家（其中，一类维修企业5家、二类维修企业26家、三类维修企业201家），汽车综合性能检测站3家。全年机动车维修企业完成主要工作量9560辆次，营运汽车综合性能检测站完成检测量1736辆次。

【驾培市场管理】 2017年，零陵区进一步加强全区驾培市场的管理，不断提升驾培行业的培训能力和服务水平，推进从业人员继续教育工作，提高从业人员素质。组织开展全区教练员教学技能比武竞赛，不断提升教练员队伍素质，同时，加大对驾校、教练员的投诉处理力度，规范教学行为。截至2017年年末，全区有机动车驾驶员培训机构16个（其中，一类2个、二类1个、三类13个）、教练车900台、教练员1000人，年培训能力约2.5万人。

【安全生产管理】 2017年，零陵区道路运输系统广大干部职工落实安全生产两个责任和“一岗双责”，严格督促运输企业和汽车客运站场落实安全生产管理措施，通过开展“百日安全生产大检查”“道路运输安全生产年”“打非治违”“隐患清零”等一系列活动，消除安全隐患。同时，开展“平安交通”“平安车站”“安全生产月”宣传创建工作，加大安全生产宣传力度，营造“以人为本、安全第一”的安全生产氛围，确保全区道路运输安全生产形势平稳。

交通管理

【概况】 永州市公安局

交警支队零陵大队（简称零陵交警大队）是道路交通安全管理部门，受永州市公安局交警支队和区公安局双重领导。2017年年底，零陵交警大队共有在职交通民警87人，所属股、室、所、中队13个，设办公室、人事监察室、法制宣传股、车辆管理所、巡逻中队、事故处理中队、珠山中队、黄田铺中队、接履桥中队、富家桥中队、水口山中队、河东中队、河西中队。2017年,大队围绕保安全、保畅通、保稳定工作中心,以“控大”（防控重大特大交通事故的发生)、强管理为工作重点,以“零增长”“保畅通”为基本目标,稳步推进重点违法行为查处常态化、执勤执法规范化、警民关系和谐化、队伍建设正规化。

【交通事故处治】 2017年,零陵交警大队接处警9742起,受理道路交通事故案件7451起,其中，上报事故24起,减少29.41%；死亡6人，减少57.14%；受伤18人,减少10%；直接财产损失7.28万元,减少16.8%，其中，破获重大交通肇事逃逸案4起。以上四项指标与2016年相比分别下降29.41%、57.14%、10%和16.8%。调研交通事故处理的突出问题及对策，坚持“有效预防，积极化解”的原则，制订恶劣天气条件下辖区道路交通管制预案、恶劣天气条件下交通管理应急处置预案、重特大交通事故处置预案、道路交通逃逸事故处置预案和危险化学品事故应急救援预案，加强事故信息系统的录入管理，健全交通事故研判机制，完善社会救助管理办法。

【驾驶证及机动车监管】 2017年，零陵交警大队办理机动车业务38386起,其中，注册登记7942起,转移登记3521起,变更登记1427起,补换牌证合格标志1750起,补换登记证书812起,档案更正10起,申请合格标志16741起,初次申领2158起，增驾申领1138起,转出348起,转入86起，补证换证10609起,满分学习1361起,注销登记297起,档案更正零起。

【交通违法查处】 2017年，零陵交警大队查处交通违法行为12246起，其中醉酒驾驶208起、酒后驾驶517起、无证驾驶955起、违反号牌规定16起、违反车检规定354起、违反车道规定544起,行政拘留468人次，同时，依法对交通轻微违法行为教育放行1800人次。在行政处罚中，增强程序意识、证据意识和服务意识，实行案前、案中、案后全程监管，坚持从程序、实体、文书、卷宗、流程等环节入手，对每个案件全面进行评查。全年召开执法监管例会12次，印发案件质量评查通报15期，通报并整改存在问题的案件56件。

【事故隐患排查】 2017年,零陵交警大队在道路交通安全隐患排查中,发现国道207线2780千米连续急弯，国道207线2780千米+700米无安全护墩，国道207线2781千米加100米路段下坡急弯，县道030线8千米（即石岩头镇石江江急弯处）弯坡路段，南津渡至凼底乡公路，高桥往凉水井方向水渠两侧两侧临水、临崖，国道322线177千米新改建通往衡枣高速黄田铺出口道路平面交叉口视线不良、弯道下坡等道路交通安全隐患，即向区政府提交《关于要求尽快治理交通事故隐患路段的报告》,并抄送区公路局、区交通局、建设局,隐患路段得到及时治理。全年向区政府及乡镇(街道)政府和相关职能部门提交、抄告各类隐患治理公文46余份。

【交通安全宣传】 2017年，零陵交警大队结合“醉驾、飚车入刑”“文明礼让斑马线”等活动，创新宣传方式、借力主要媒体，推进文明交通行动计划,强化交通参与者文明交通意识。开展各类主题宣传活动38次,结合“五进”(进学校、进社区、进单位、进农村、进家庭）工作开展安全教育学习115次，发放宣传资料3.6万余份；与媒体联动38次，通过各主要媒体报道信息245则，其中，省级媒体报道信息82则。开辟微博、QQ群、短信告知等新兴媒体，宣传途径，发挥新兴媒体在交通安全宣传方面的作用。

【便民服务】 2017年，零陵交警大队根据市公安局行政审批服务“三项制度”要求，制定行政审批服务《首问责任制》《便民承诺、限时办结制》《责任追究制》，从方便群众、提高审批效能，对剧毒化学品公路运输通行证、道路占用、挖掘许可证、客运车辆登记办法等流程进行再造，剧毒化学品公路运输通行证实行网上审批。同时，《值日警官制度》《大队指纹考勤制度》和《车辆停放制度》，进一步明确大队民警的分工和职责。（杨文韬）

公　　路

【概况】 2017年，零陵区公路局全面落实省、市公路工作会议精神，以开展正风肃纪反“四风”为载体，实施“养护竞赛”和“路政示范路”等创建活动，打造“畅、安、舒、美”公路服务环境，完成全年各项工作任务。

【在建项目质量与安全】 2017年，国道207线零陵双牌一级公路零陵段改造工程开工。截至2017年年末，该工程完成投资约1.3亿元，其中，零陵段12.071千米路基全线拉通，桥梁桩基完成82根，征地拆迁已完成。由区交建投负责投资约2000万元的永富大道市政化建设正在加紧施工，年底按原设计建成一级公路路面12.072千米（人民桥除外），完成投资1.83亿元；瑞祥大道西延伸段完成投资约4100万元，完成路基、路面、绿化、亮化及给水等附属工程并通车。

【公路日常养护】 2017年，零陵区公路局以“四大专项行动”和雨季养护竞赛为契机，以提高好路率，建设“美丽公路”为目标，开展干线公路“水沟大清理、涵洞大疏通、路容路貌大提升、安全隐患大消除”四大专项行动，为公路“美容”，极大改善路容路貌，取得明显成效。全年清理水沟3.65万米，修补沥青砼路面1200平方米，修补坑凼200余方，清洗钢护栏11千米，粉刷防撞墙150米，桥梁1座，在国道322线、省道216线砍伐安全隐患行道树74棵。养护桥梁44座，隧道1座，清理疏通涵洞126处，完成水泥路面清、灌缝10万米。投入资金33万元，完成国道322线两处新建水沟315米。投入资金97.4元万，完成国道322线、国道207线、省道216线和县道033线钢护栏修复372线，设置标志标牌650块，施划标线4500平方米。按照省、市局要求，在国道322线K140-148和省道216线K21-25路段打造国、省道规划绿化亮点两个。其中，国道322线K140-141路段路肩完成整平和边坡修整。对管养的所有干、支线17处公路安全隐患进行全面排查、整改和处治。

【依法治路】 2017年，零陵区公路局围绕“依法治路，保障畅通”工作目标，开展“路政管理示范路”“美丽公路”创建活动。深入60余家厂矿企业宣传有关公路法律、法规。多渠道深入沿线群众讲解道路安全的重要意义，增强群众爱路、护路及安全意识。加大路巡路查力度，实行分线包段目标责任制，严格控制建筑红线，确保干支线公路无新违章建筑出现。对所辖干线公路非法棚屋、非公标志、违法接道等违规行为进行集中整治。截至2017年年末，巡查公路24360千米，散发传单6000份，张贴通告5000份，悬挂横幅160条，书写宣传标语18条,拆除非公路标志201块，拆除非法棚屋28座，制止违法行为74起，办理行政许可4起，处罚案件3起，公路补偿案件6起，处理案件17起。

【公路专项治理】 2017年，零陵区公路局围绕交通部、公安部联合下发的《整治公路货车违法超限超载行为专项行动方案》和省人民政府《关于进一步加强货运车辆超限超载治理工作的通告》等文件精神，与交通、交警、公安等部门联合在全区范围内开展专项治理行动。对违法车辆依法按照“七个一律”和“一超四罚”进行处理，同时，加大科技化、信息化治超力度。对黄田铺治超站全面提质改造，安装全自动智能检测系统、网络监控设备，增设卸载保管仓库，硬化卸货场地，公路沿线安装监控镜头，建成的莲花塘不停车检测系统按省、市要求完成升级并网工作。东风大桥和南津渡大桥的货车超限超载不停车检测系统，于11底建成并投入使用。全年查处违法超限车辆2000余台次，卸载超限货物6000余吨，签订合法装载承诺书2000余份，抄告违法行为单2000余份，查处超载车辆200余台次、驾驶证记分50余人次，切割马槽车50余台次。货运车辆超限率在省、市多次抽检中均低于2%的标准。

【安全生产管理】 2017年，零陵区公路局按照“谁主管、谁负责”和“管生产必须管安全”的工作要求，落实安全生产责任制和安全生产目的考核制。年初，与局属各部门签订安全生产目的责任书，明确安全管理各项要求，创立健全横向到边，纵向到底的安全目标管理体系，促成安全生产工作齐抓共管。每月召开安全生产办公会，分析安全生产形势，加强安全生产工作措施。组织全局干部职工开展学习和“四个一”活动，悬挂宣传横幅50处，在治超站、养护站、公路工程施工现场等场所发放宣传手册2000余份。定期加强对公路一线、施工项目、治超站等重点部门的安全检查30余次，排查整改安全隐患18处。加强重大节假日的值勤巡逻，确保安全稳定，全年未发生一起安全责任事故。

【精神文明建设】 2017年，零陵区公路局在保持创建市级文明单位、星级道班单位荣誉的前提下，组织创建星级道班、劳动竞赛先进单位，以开展“学先进人物、树文明新风、建和谐公路”为主要内容的活动，全面推进政治文明、物质文明、精神文明向前发展。持续开展“文明单位”“文明示范窗口”等文明创建活动以来，不断加强公路文化建设，培育公路文化，争创“五十佳”先进，涌现出一批艰苦奋斗、开拓创新、无私奉献的先进集体和个人，形成学先进、争当先进、赶超先进的良好风尚。全年出刊公路简报50余期，在各级报纸、书刊、网络等新闻媒体刊稿420余篇。

城市公交

【概况】 2017年，永州市第一公交分公司有正式职工73名，合同制员工264名，营运车辆232台。其中，LNG天然气车辆104台，混合动力车辆2台，新能源汽车10台，清洁能源车辆占比50%。驾驶员229名，营运线路16条，在城区邻近10千米范围内的接履桥街道、富家桥镇、石山脚街道、黄田铺镇、菱角塘镇、凼底乡全部开通公交客运班车。全区有万众、新兰天、三维、永成四家出租车公司（注册地为冷水滩），营运车辆约80台。

【城市公共交通监管】 2017年，零陵区持续加大行业监管力度，组织开展“强素质、正行风、优服务、树形象”和“文明示范车”“文明示范岗”等争创评比活动，始终以最严格的管理手段保持对城市公共客运秩序整治的高压态势，集中力量深入开展惩治非法营运“摩的”集中整治和公交车、出租车专项整治行动。全年劝离涉嫌非法营运的摩托车13172台次，依法查扣“摩的”1218台，其中，非法营运摩托车382台，查处“黑的”75台。查处公交车拒载、服务态度恶劣、公交车不进港湾等违规行为156台次。查处出租车不打表、拒载、服务态度恶劣等违规行为168台次，处理投诉25起，城市公共客运秩序持续好转。

【线路变更】 2017年3月1日起，零陵区人民政府将零陵至冷水滩23路公交车零陵首末站从零陵区全民健身服务中心（原零陵体育馆）搬迁至虎啸花坛左侧的金水湾停车场（市交通运输局对面），沿途设有7、

9、19、25路等多趟公交车前往新站点。

【快速公交】 2017年，零陵区首期BRT快速公交南起于潇水路与阳明大道交叉口，北至谷源路交叉口，全长约32.51千米。设零陵南津渡、冷水滩谷源两个首末站，近期停靠站16个，远期停靠站23个，城区段停靠站采用中央岛式站台，设置在中央绿化带内，联城段采用左侧侧式站台，设置在两侧5米主辅道绿化隔离带内，主线车辆采用左开门方式布置。全线有26个站台（其中，九嶷大道段3个、城区段3个、联城段20个）。城区段完成3个站台的土建施工、钢结构、铝板、广告箱安装。联城段完成20个站台的土建施工、16个站台钢结构安装、14个站台的铝挡板、16个站台的广告箱安装。九嶷大道段因不具备施工场地，暂未施工。快速公交零陵站正在进行土石方、排水工程施工。

水路交通运输

【概况】 2017年，零陵区地方海事局坚持安全第一、预防为主，牢固树立“以人为本、安全发展”的理念，继续以水上交通安全整治为突破口，全面加强水上交通安全综合治理。

【水上交通安全监管】 2017年，零陵区地方海事局开展专项检查行动20余次，联合水利、采砂办、公安、安监开展联合执法40余次，出动海事执法人员1500余人次、执法车辆460余车次、执法船舶60艘次，检查渡口码头1226处、采砂点113处，检查船舶2000余艘次，排除安全隐患56处，下达处罚文书6份，跟踪整改56处，整改率100%，全年未发生一起一般及以上等级水上交通上报事故。

【全天候安全监管】 2017年，零陵区地方海事局采取专项检查与日常巡查相结合的方式，不定期对各有船乡、镇街道进行督察，加强对重点水域、重点时段的现场安全值守。特别是春运、“汛期”“五一”“安全生产月”“十一”黄金周及有关特别防护期等重要时段的监管力度，做到全天候、全方位安全监管。

【水上交通安全宣传】 2017年，零陵区地方海事局深入重点渡口、码头、学校等人口密集区，宣传水上交通安全知识。全年开展宣传教育活动5次，播发电子显示屏宣传标语365天，悬挂安全生产横幅20幅，发放宣传单5000余份，组织水上交通突发事件应急预案演练1次。发挥水上交通视频监控系统的监督作用，对全区14个重点渡口、码头进行全时段、全天候监控。

【船舶和船员管理】 2017年，零陵区地方海事局办理船舶变更登记3艘次、初次登记1艘次、注销登记3艘、到期换证32艘、开展船员培训40人次，换发船员适任证书24本。组织开展客渡船船员安全知识培训，参加船员235人次。全年办理通航手续15份，发布禁航公告1次。

【水路运输航务管理】 2017年，零陵区投入客渡船32艘，客位1442座，运送旅客31.51万人次，没有发生一例旅客滞留现象。完成2016年岛际和农村水路客运用油量统计上报及燃油补贴发放工作，全区客渡船合计34艘，客位1548座，发放燃油补贴962623.8元。加强航道维护，以湘江主航道为重点开展航道巡查24次，出动巡逻艇30艘次，制止航道内乱采滥挖行为18起。

交通建设投资

【概况】 永州市零陵交通建设投资有限责任公司是零陵区国资办于2016年出资组建的国有独资企业，注册资本5亿元，归口零陵区人民政府管理。公司班子成员由区委、区政府按程序任免，依法设立董事会、监事会，实行董事会领导下的经理负责制，董事长兼总经理。内设五部一室，即融资部、计划财务部、工程部、资产拓展部、人力资源部和综合办公室。公司主要职能是从事零陵区交通基础设施建设的融资、建设、经营、管理等。以“创新、开放、文明、绿色、共享”的理念为引领，与社会各界通力合作。用一流的热情，一流的质量，一流的效益服务于零陵交通事业，促进零陵社会发展。

2017年，为打赢“交通提速”战役，筹措交通基础设施建设资金，加快在建项目推进工作，全年融资额5.71亿元。

【交通项目融资】 2017年，国道207线零陵段改造项目以政府购买服务资金质押方式向华融湘江银行申请贷款2.3亿元，实际到位2.3亿元；国道322改线（城区扩宽）项目，以政府购买服务资金质押方式向农业银行申请贷款2亿元，授信2亿元，实际到位700万元；人民桥至涧岩头（周家大院）公路工程项目，以政府购买服务资金质押方式向永州农商银行申请贷款1亿元，实际到位1亿元；湖南省国开行拨付道路水毁贷款资金2000万元；道路省补资金2100万元。融资成本控制在6.5%以内，投资完成额、融资成本、投资完成额等各项经济指标平稳可控。

【交通工程建设】 2017年，萍洲大桥潇水两岸道路工程立项批复、征地、测量、地勘设计招标、初步设计均已完成，并完成80%的征地拆迁；完成投资约1.1亿元；阳明大道一期（萍洲东路至政通四路）完成立项、设计、部分征地拆迁，完成投资约4000万元；国道207线零双一级公路零陵段基本建成通车；永富大道市政化建设基本完工，绿化工程完成70%，照明工程基本完成，提质工程挂网；零陵汽车东站综合搬迁工程完成初步选址，工可完成批复；人何复线完成规划设计、行业意见、地灾、压矿、环评等专项报告，测量、地勘已经完成；EPC打捆项目(萍洲大桥潇水两岸道路工程、阳明大道一期（萍洲东路至政通四路）、零陵汽车东站综合搬迁工程、人何复线）招标代理挂网；通乡干道提质改造工程的工可已完成；零陵区虎子岭至西塘观公路工程、省道339毛里铺至珠山公路工程、零陵水口山至近洞里（湘桂界）公路工程（322复线）工可完成；千吨级码头工可需要重新编制，与编制工可的单位联系好，正在进行工可编制；省道228永州港零陵作业区至东安港石期市作业区连接线公路工程完成工可，方案已经交通厅批复，设计预评会已通过，工可正在市发改委批复；国道207线零陵区黄田铺高速出口连接线至石山脚公路工可已完成，正在跟相关部门对接，争取列入省“十三五”交通规划。

【制订资产储备计划】 2017年年初，零陵交通建设投资有限责任公司制订全年科学、详尽的土地储备计划（包括3号地块、19号地块、22号地块、26号地块），拟储备计划达到储备价值高、地段好等要素。全年完成33.8公顷的土地征收，报批8.73公顷；原区公路局、交通运输局、国道322改线公司等26处资产均已划入公司。

【综合管理】 2017年，零陵交通建设投资有限责任公司围绕项目抓融资，围绕发展抓经营，围绕经营抓管理。建立健全各项规章制度，构建人事管理、工程质量管理、成本管理、资产管理、财务管理、绩效管理体系，用制度管人、管事、管项目。落实“一岗双责、齐抓共管”责任，实现“安全生产零事故”；强化重点工程管理与服务，达到“安全质量零发生”的目标；加强综合管理，开创“薪酬预算方案、财务报表、统计数据等零延误”；依法依规经营管理，促进《中华人民共和国公司法》《中华人民共和国会计法》《中华人民共和国劳动合同法》等零违法行为；改善用工及薪酬管理，达到“劳动关系和谐零申诉”的预期目的。

【基层党建】 2017年，零陵交通建设投资有限责任公司贯彻落实党建引领一切，落实党建工作目标任务，学习贯彻中共十九大精神和习近平新时代中国特色社会主义思想。

以“两学一做”“三提升三争当”学习教育为契机，开展基层帮扶工作，支部成员模范带头，认真履行岗位职责，深入精准扶贫结对帮扶户石山脚街道办事处燕朝村开展帮扶工作，采用因户施策精准帮扶，既扶贫又扶志，使贫困户树立信心，早日摆脱贫困。同时建立和完善“三会一课”、民主生活会、党员评议、中心组学习、例行廉政谈话等制度，积极开展支部成员和党员、党员和党员之间的谈心活动，沟通思想，加深感情，增强党的向心力、凝聚力。全年组织干部职工观看警示教育影片87人次，撰写观后感30余篇。（龙小刚）

邮　政

【概况】 零陵区邮政分公司1997年8月挂牌成立，初步形成市场化、商业化运作的邮政网络，打造物流渠道、资金流通渠道、传媒信息渠道，保障党、政、军、企事业单位、个体工商户以及人民群众的邮政通信任务。2017年，主要业务有报刊发行、邮政储蓄、函件、特快专递等。内设6部2班，即市场营销部、金融业务部、集邮与文化传媒部、包裹快递部、渠道平台部、综合办公室（安全保卫部），发行投递班、邮件处理班（含机要业务）。有在职职工229人，其中，合同用工120人、劳务用工27人、劳务承揽用工74人、非全日制用工8人，退休职工101人。

【业务经营与发展】 2017年，零陵区邮政分公司累计实现业务收入3893.28万元，完成预算进度的100.71%，累计增幅13.87%。

【保险业务】 2017年，零陵区邮政分公司利用产品的优势，完成新单保费4705.2万元，为首日计划任务的144.33%；完成保险新单6796.81万元，较2016年同期多增2894.98万元，增幅74%。

【文化传媒转型】 2017年，零陵区邮政分公司在重点业务转型过程中加强校园邮局的建设力度，展现邮政多元化。校园邮局涵盖函件、集邮等传统业务，拓展扫码拍照、网购平台等新生业务，同时推行“全民阅读”活动，为师生提供阅读、休闲场地。建立在校学生代理制度，增加校园邮局的亲和力，树立互联网+时代邮政新面貌。

【专项整治】 2017年，零陵区邮政分公司重点对各网点支局的线路开展专项整治检查，对发现的问题全部整改到位，加大对网点检查和夜查的力度，不定期的开展检查工作，做到每月必查，节假日必查。加强车辆管控力度，杜绝酒后驾车，疲劳驾车。综治管理工作在全区排名不断提升。

【基层党组织建设】 2017年，零陵区邮政分公司按照上级要求推进基层党组织建设。规范党内政治生活，落实管党责任，持续整顿软弱涣散基层党组织。规范党组织民主生活会、组织生活会等党内生活制度。完善“两学一做”、民主评议党员、党员党性分析、领导干部双重组织生活会等制度。做好发展党员工作、党员教育管理工作，提高党内生活的政治性、原则性、战斗性。

【帮扶活动】 2017年，零陵区邮政分公司开展困难员工帮扶和送温暖活动，全年走访慰问困难员工27人，发放慰问金2.4万元，让员工感受企业的温暖。加大对农村支局星级小家的建设和生活条件的改善，为支局小家添置餐桌、衣柜、彩电、办公桌椅等。

移　动

【概况】 2017年，中国移动零陵分公司以中共十九大精神为指导，贯彻落实省、市公司2017年工作会议精神，领会“大连接”战略，推进科学发展，加强对标管理，结合分公司实际，理清发展思路，明确目标任务，抓住关键环节，强化重点工作，重视发展质量，突出发展效益，完成各项工作指标。实施“战略转型能力打造”工程，以客户为中心，以市场为导向，以执行力提升为保障，面向流量经营时代转型，打造可持续发展新能力，推动公司可持续健康发展。

【业务发展】 截至2017年年末，中国移动零陵分公司净增通话用户1万户，期末通话用户27万户；宽带全年累计净增9854户，达到全年计划任务的111.63%；期末4G套餐客户数17.5万户，累计净增1万户；魔百和业务用户全年净增9824户，完成年度任务的111.63%，排全市第一位。

【市场销售】 2017年，中国移动零陵分公司每季度组织全区渠道开展实名卡的预定工作，为加大市场销售面积，将实名卡渗透进异网渠道，采取铺放的形式先销后结，降低异网渠道垫付资金的困扰。同时，对实名制进行严格的要求，将暗查暗访作为常态化工作，对每一次的检查做通报。

【4G客户发展】 2017年，中国移动零陵分公司开展5场现场订货会，完成市公司下发的任务数；定期开展渠道非4G+终端下柜工作，每月进行暗查检访并通报考核。

【移动扶贫】 2017年一季度，中国移动零陵分公司各乡镇营业部联合渠道下乡赠送4G手机4000余台；二季度，助力共青团永州市委开展“千名青年下基层脱贫宣讲志愿行”下乡扶贫，赠送小康卡1000余张；三季度，联合区扶贫办，对各乡镇贫困户送爱心智能手机900余台。

【市场营销】 2017年，中国移动零陵分公司新增一级网点20个（其中，新增自控渠道9个），二级网点50个，回归异网渠道5家，其中，2家为核心商圈渠道；对全区渠道资料及渠道资产全部重新清理并录入系统，同时，对全区自控渠道门面租赁合同及合作协议整理，为后期把控门面是否到期及网点任务完成进度做好支撑。对全区共计97家一级渠道网点进行整改（全渠道海报框、灯箱等制作上墙），对部分一级渠道网点重新制作门头、背景墙、宽带体验区及营业前台必备物品等。

【全员营销活动开展】 2017年，中国移动零陵分公司每季度针对渠道制订相应的竞赛方案，将任务分解至渠道，每周至少一次通报，每季度一次表彰大会，促进渠道工作开展。每季度开展全员营销活动，每个员工的营销能力与绩效、奖励等挂钩，让每位员工体会竞争压力。

【市场促销】 2017年，中国移动零陵分公司以KPI目标为准绳，抓份额提收入，在低份额及ABC类目标单位完成现场促销场次150余次。2016年12月，集团成员三方市场份额值为60.77%；2017年12月，集团成员三方市场份额值为68.26%，较2016年提升7.49%。签订10万元信息化大单7家，与120余家单位签订信息化合作协议，回收项目款约466万。

【客户服务】 2017年，开展移动满意度全员包保、社会渠道常客满意度包保、进集团单位满意度宣传等系列的工作，提升客户满意度，提升服务意识，控制投诉风险。

【线路运维及隐患整治】 2017年，中国移动零陵分公司建设任务为232个基站，基站开通总数为228个；其中，LTE宏站76个、微站25个、室分6个、NB实验网49个、NB基站35个、2G拆闲补忙21个、、D+F基站16个；欠产4个基站因阻工问题耽搁进度。全年新建传输线路286千米，全市排名第六；开通PTN40个，新建管道4.4千米，全市排名第3。在综合业务传输建设中，计划建管道26段，完成8段，未施工6段，取消9段；全年计划建设线路60段，完成39段，未施工13段，取消8段。传输大会战摸家底完成基站清查394个、光交箱38个、汇聚机房14

个；省公司交叉检查任务、传输网优化网元总数450个，标准双归网元数量408个，标准物理双归率90.67%，实现市公司要求的全年指标。注重传输线路隐患整治，截至2017年年末，统计上报220段，完成整治28段。

【自维基站动力环境安全保障】 2017年，中国移动零陵分公司对电信局核心机房华为老旧开关电源完成更换；对东风大桥、电信局、阳河、工行、石山脚汇聚机房完成电池更换；完成东风大桥机房空调更换，部分机房门锁更换，自维护基站和汇聚机房均更换新电池动力，环境安全性得到保障。

【代维管理规程落实】 2017年，中国移动零陵分公司每月对铁通、美联通代维，按照维护规程，严格要求执行各项维护作业计划。结合内控，并通过代维打分，加大对作业计划、按次派单、故障报告、周报月报、安检记录等各项维护作业计划和巡检检查力度，并提高故障抢修速度，确保通信质量的完好性；根据实际工作需要不断完善和更新相应的表格，加强对代维工作的基础管理以及线路维护管理。

【网络服务优化】 2017年，中国移动零陵分公司秉承“夯实网络基础、提升性能指标、攻克网络短板、强化用户感知”的理念，多方协同，齐抓并举，针对城区、农村、高校、景区制订专项优化方案，制定行动考核指标12项、高校考核指标2项、景区考核指标1项、15项指标均达到挑战值。

【基站建设和外联工作】 2017年，中国移动零陵分公司在对零陵区网络覆盖进行测试的同时，联合市场部及时上报信号盲区；明确基站建设进度与质量，完善共址站建设工作，并提高网络质量。成立县（区）值班室，加强管理代维公司以及铁塔公司的共同调度，保障发电。取得区政府的支持，通过区政府下文，要求全区各单位配合通信基站建设工作。

【党风廉政建设】 2017年，中国移动零陵分公司在重大节日期间，提前下发做好廉政工作的通知，禁止节日期间利用公款请客送礼、大吃大喝、观光旅游，不准用公款购买月饼、贺卡、烟花爆竹、土特产品。按照规定，除保留值班车辆外，封存其他公车，禁止领导干部公车私用。落实领导干部廉洁自律各项规定，执行《廉政准则》，落实8个禁止、52个不准的规定，禁止领导干部利用职务上的便利谋取不正当利益。全年没有发生违反廉政准则的案例。

加强责任追究，分公司同各部室主要负责人及重要岗位责任人签订《党风廉政建设责任书》，强化公司领导及部门负责人的责任意识。强化公务用车、业务招待、办公用房、异地领导周转用房管理，杜绝超标现象。完善公务用车制度和流程，定期抽查公务用车使用情况；调整、改造办公场地，坚持所有领导及全体员工办公用房全部达标。

电　信

【概况】 中国电信股份有限公司零陵分公司（简称中国电信零陵分公司）成立于2001年5月，隶属中国电信股份有限公司永州分公司，是中国电信股份有限公司在零陵区行政区域内设立的分公司，是零陵区内重要的基础网络运营商和综合信息服务提供商。依托于中国电信的全程全网，中国电信零陵分公司向客户提供固定和移动电话业务、互联网接入及应用、数据灾备、视讯服务、国际及港澳台通信、IPTV传输服务等多种类综合信息服务。公司设3个部室、6个中心班组和6个农村支局，有干部职工116人(含业务外包人员)，服务网点遍布零陵区城乡。

中国电信零陵分公司坚持“用户至上、用心服务”的服务理念，以“让客户尽情享受信息新生活”为企业使命，以改革创新为动力，加快推进网络智能化、业务生态化和运营智慧化，推进4G业务和光宽带业务的发展，构建“智能连接、智慧家庭、互联网金融、新兴ICT、物联网”五大业务生态圈，为国民经济发展和网络强国建设做出贡献。

【业务拓展】 2017年，中国电信零陵分公司完成收入6477万元，完成年度预算的103.75%，较2016年完成数增幅14.44%；全年净增移动用户22609户，期末数达到87729户；全年净增ITV用户7846户，期末数达到30194户；全年净增宽带用户6214户，期末出账用户数达到32884户。

【网络建设】 2017年，中国电信零陵分公司完成建设投资1120万元。新增移动基站48个，移动基站总数达到306个，C网信号覆盖率达到98.9%以上；4G站点完成新建41个，累计达到216个；新增光缆856皮长千米，累计达到3113皮长千米；新建FTTH端口11890个，FTTH端口总容量达到67738个。

联　通

【概况】 中国联合网络通信有限公司零陵区分公司成立于2001年10月，是中国联合网络通信有限公司在零陵区的分支机构，承接在零陵的基础通信建设、运营和业务发展及服务工作。经营业务有：移动通信业务（包括130/131/132/155/156/166/176/185/186）、固话业务、互联网接入及应用、数据通信、国际及港澳台通信等多种综合信息服务。现有正式员工18人，其他员工35人，合作代理渠道达到100家以上。2017年，中国联通零陵分公司用户规模超过12万，收入规模达到5800万元。公司获评中国联通永州市分公司先进集体荣誉称号。

【网络提速降费】 2017年，中国联通零陵分公司启动大规模的宽带“提速降费”工作，对存量宽带用户10兆以下速率用户免速提速至10兆，12兆免费提速至24兆；12兆799元/包年直接“提速降费”至20M兆650元；推广100兆60元/月；为达到提速的要求，公司宽带网络的建设模式也发生变化，陆续对较落后的模式FTTB和FTTX+LAN进行计划网改，全年FTTH光纤到户的用户近90%。

【取消国内长途和漫游费】 2017年9月1日，中国联通零陵分公司取消手机国内长途和漫游费。

【中小企业互联网专线接入资费降低】 2017年，中国联通零陵分公司不断降低中小企业互联网专线接入，正在投入使用100兆专线，最低年资费仅12000元，相比2016年以前的标准资费，降低20000元。

【国际长途电话费降低】 2017年，中国联通零陵分公司从6月1日开始降低国际长途、港澳台长途电话业务资费水平。公司加大基础设施建设，进一步提速降费，使老百姓得到更多的实惠。

【政企合作】 2017年4月，中国联通零陵分公司在太古酒店举办大型互联网+智慧教育峰会，与区教育局签订大型DIA专线，涵盖89所中小学校，为搭建互联网+教育平台提供强力支持，地完善区教育信息化建设，为教育数字化建设提供优良保障。作为水口山羊角井村“美丽乡村”建设后盾单位，为建好村级服务平台中心各项配套设施，多次到所属乡村进行实地调研，筹款数万元给羊角井村。响应区委、区政府号召，关爱贫困人口、关心扶贫工作，参与各项扶贫工作。全年为贫困户众筹759台智能手机，10月，将手机发放到贫困户手里。分别与零陵区地方税务局、零陵工业园区管理委员会、零陵区旅游建设投资有限责任公司、零陵区湘特燃气公司、潇湘汽车城等单位签约DIA专线业务。

国土·城乡规划建设

国　土

【概况】 永州市国土资源局零陵分局系永州市国土资源局派出机构，实行市局、区政府双重管理。现有干部职工280人，内设14个股室，下设7个二级机构，辖15个乡镇（办事处）国土资源所。负责全区土地、矿产等自然资源的规划、管理、保护、合理利用，测绘行业管理和地质灾害防治等职能。

2017年，全区国土资源工作坚持围绕中心、服务大局，守土尽责，实干担当，全面完成年度目标任务，基本农田划定、信访维稳工作获省级先进单位称号；国土管理、党风廉政建设工作获全市国土资源系统先进单位称号。

【建设项目用地保障】 2017年，永州市国土资源局零陵分局把保障“六大战役”等重点项目用地作为中心工作，为全区建设项目用地提供坚实保障。签批项目18个，审批土地总面积214.9公顷。完成征地214公顷，征收房屋3万余平方米，发放征地补偿款9600余万元，拆迁安置补偿款2.7亿元。储备土地25宗，面积154.6公顷。出让国有土地使用权15宗，成交金额2.02亿元。争取专项资金2175万元，其中，土地整理资金1800万元，矿山及地灾治理资金375万元。

【土地开发项目管理】 2017年，永州市国土资源局零陵分局落实耕地保护政府责任，层层签订耕地保护责任状。严把占用耕地审批关，全区占用耕地建设项目11个，占用耕地面积66.82公顷，连续17年实现耕地占补平衡，确保全区耕地保有量34989公顷不减少。

规范农村村民建房管理，全区审批农村建房1145宗，无乱占滥用耕地行为。全区落实土地开发项目2批次、29个，总投资5500余万元，新增耕地170.3公顷。将引入社会资本与政府监管相结合，在全市形成以土地开发项目助推耕地占补平衡的“零陵模式”。

实施土地综合整治项目8个，投资1846.41万元，建设高标准农田733.3公顷。完成新一轮永久基本农田划定，全域落实基本农田保护区面积30943.7公顷，保护率77.38%，获全省永久基本农田划定工作先进单位。

【执法监察】 2017年，永州市国土资源局零陵分局加大土地违法案件查处力度，立案查处土地违法案件22宗，收缴罚没款100余万元，确保新的违法建筑“零增长”。重点加强对中心城区集体土地上控违拆违监管，全年累计巡查310余次，发现在建、拟建违章建筑112宗，面积约1.28万平方米，依法下达《责令停止国土资源违法行为通知书》109份，拆除违法建筑面积1.28万平方米。省、市下发零陵区2016年度土地卫片涉嫌违法图斑5个，实现卫片执法“零问责”。

【矿政管理】 2017年，永州市国土资源局零陵分局加大对区级发证的采石场、红砖厂的日常监管力度，完成对中心城区440平方千米范围内20家红砖厂的关停。出让采矿权15个，成交价款99.7万元。清理规范全区公职人员涉矿经营性活动，整顿维护矿业发展秩序。区财家锰矿、塘家锰矿“矿山复绿”工程投入资金400万元。完成项目15个、面积45.8公顷，种植树木13万棵，矿区生态环境有所改善，顺利通过省级验收。启动零陵区锰矿区丁塘锰矿地质环境综合治理一期工程，项目总投资300万元。完成零陵区锰矿区丁塘锰矿地质环境综合治理二期工程设计预算评审，预计项目总投资240万元。

【地灾防治群测群防体系健全】 2017年，永州市国土资源局零陵分局建立健全地灾防治群测群防体系，发放避险明白卡300余张，建立和完善警示标志21个，落实监测责任人110个，落实排险处置措施30处，排查地质灾害隐患点131处，发现达到地质灾害统计标准的地质灾害90起，下发乡镇督办通知34个，成功应对罕见洪涝灾害，连续10年实现地质灾害“零伤亡”。争取地灾治理和地灾防治体系建设项目2个，争取到位资金235万元。

【不动产统一登记】 2017年，永州市国土资源局零陵分局继续推进不动产统一登记工作，整合国土、房产、林业等部门职能，基本完成房产与林业历史业务登记数据、测绘数据以及电子档案扫描数据移交工作，林权登记窗口基本实现业务受理能力。9月2日，颁发第一本林权证。办理各类不动产登记业务19030宗，发放不动产权证书10451本、不动产登记证明8579本，在全市名列前茅。

【信访与档案工作】 2017年，永州市国土资源局零陵分局落实领导包案及信访值班制度，受理信访案件92件，答复或处理到位92件，及时回复率100%，获全省国土资源信访先进单位。加强档案管理，完成文书档案整理7盒、地籍档案整理429盒、其他档案整理50余盒。

【特色产业发展】 2017年，永州市国土资源局零陵分局落实易地扶贫搬迁用地保障，惠及贫困户855户、3036人。为全区所有扶贫项目实施灵活用地政策，为农户发展特色产业、节约投资成本创造便利。通过小额贷款、教育助学、易地搬迁、危房改造、产业扶持、社会扶贫网网络扶贫等方式，定点扶贫村黄田铺镇官塘前村实现整体脱贫目标，脱贫84户、318人。 （蒋敏）

住房和城乡建设

【概况】 2017年，零陵区住房和城乡建设局有内设机构6个，即办公室、总工室、城市建设股、村镇建设股、历史文化名城保护股、房产园林绿化股；归口管理5个公益一类事业单位，即区城乡规划办公室、区建筑工程事物管理办公室、区建设工程质量安全监督站、区市政设施维护站、区建设工程招标投标管理办公室。

【创先争优方案出台】 2017年，零陵区住房和城乡建设局成立区住房和城乡建设局绩效考核暨创先争优考核领导小组。由党委书记、局长任领导小组组长，班子成员任副组长，相关股室负责人为成员。领导小组下设办公室，负责推动创先争优实施方案的落实。

【优惠政策落实】 2017年，对4户独生子女户、3户两女户和2户计生特扶户实施农村危改优惠政策，9户实际扶助资金13.35万元，比普惠标准多扶助5.95万元。

【党风廉政建设】 2017年，按市局下发的《2017年度落实党风廉政建设责任制检查考核实施方案》执行党风廉政建设，全年未发生违反党风廉政纪律的事件，提升执行力和服务层次。

将“两学一做”学习教育常态化制度化建设作为一项重点工作进行安排部署，以集中学习十八届六中全会精神、《中国共产党党内监督条例》等文件，到联系的支部讲党课等形式带头进行推进。根据推行“两学一做”学习教育常态化制度化建设的指导意见，制定具体的推行措施：将每月 10 日确定为支部主题党日，组织党员以党小组为单位开展主题活动、集中学习十八届六中全会精神和党的十九大精神，集中缴纳党费，巩固“两学一做”学习教育成果。将支部党员纳入积分管理，针对党员在政治合格、执行纪律合格、品德合格、发挥作用合格 4 个方面的表现建立积分台账，每月进行积分登记、每季度进行公示、年底进行综合评定，警醒党员牢固树立“四个意识”，时刻保持党员的先进性。进行支部工作纪实管理，要求支部的各项工作在《党支部工作手册》内规范填写，党员参加组织生活的情况在《党员手册》内规范记录。进行规范化党支部的申报、建设，以规范化党支部的标准严格要求各项工作。

【信访维稳】 2017 年，零陵区住房和建设局承办上级部门交办件信访 80 余件，接待群众来信来访 170 余起，均按时回复，办结率达 100%，未出现因信访问题处置不当而造成重大群体性事件或恶性事件。

【安全生产监管】 2017 年，零陵区住房和建设局按照《关于 2017 年全市建筑工程安全生产目标管理考核工作的通知》要求，全年巡查检查 1000 余人次，下发督办通知 300 余件次，督促做好 40 余个受监工地的安全生产监管工作，未出现一起伤亡事故。

【城乡规划编制】 2017 年，零陵区住房和建设局完成中心城区总规局部修改，并报省政府审批，完成城区六大片区的总规审批。全年所有建设项目按“一书三证”制度执行，没有出现违法违纪行为，其中，42 个《建设工程规划许可》全都做好批前公示、批后公告等相关管理工作。在小城镇规划方面，全年完成 9 个乡镇总规修编、2 个特色小镇规划。299 个村庄规划，实现规划全面覆盖。

【城乡建设项目推进】 2017 年，零陵区住房和建设局完成永州市中心城区总体规划局部修编，并报省政府审批。历史文化名村《芬香村传统村落保护规划》和《干岩头历史文化名村保护规划》通过市政府审批。城乡居民养老保险已实现参保人员全覆盖，完成年度城乡居民养老保险任务。完成两所学校（天字地小学、凤岭小学）、三所幼儿园（邮亭圩滑石山幼儿园、悟山里幼儿园、接履桥中心幼儿园）的项目建设。全年城镇化率比 2016 年提高 2.2%，农村污水处理率达到 72%。城市污水处理率达到 92%。危房改造超额完成 2017 年度危房改造工作任务，峻工 1949 户，竣工率为 102.4%，其中，完成 4 类对象 1216 户（贫困户 911 户），4 类对象竣工率为 100%。

新开工建筑面积 65 万平方米，竣工面积 13 万平方米；城区规划范围内全部推行新建建筑节能强制性标准，全区城镇新建民用建筑节能强制性标准设计阶段执行率达 100%，施工阶段节能达标率达到 98%以上，镇规划区范围内节能达标率达到 85%以上；建筑节能改造达 5000 平方米以上的居住建筑，全年落实项目 3 个（永州新商城、苏通国际、公园大地），正在施工项目 1 个（永州幼师中专）。

【建筑领域秩序规范】 2017 年，零陵区住房和建设局贯彻落实国家、省关于加强建筑领域节能减排工作的总体部署，根据市局责任书要求，制订和完善新建建筑节能、建筑节能改造、新型墙体材料推广、绿色建筑推广、装配式建筑推广、法律法规宣传等具体工作方案和计划，明确具体内容和措施，促进建设工程领域的健康发展。全年组织 3 次相关法律法规宣传；开展 1 次建设工程质量安全业务培训，1 次装配式建筑与建筑工程技术博览会学习；推广培育绿色建筑和 4 个标准化工地建设；所有建设项目实施无障碍建设、光纤到户率达 100%。8 月，完成初步设计审批项目，要求由政府投资的机场、车站、影剧院、体育馆、展览馆等大空间大跨度公共建筑、工业厂房和市政桥梁等，均应采用装配式钢结构建筑；社会投资单体建筑面积超过2万平方米，适合采用装配式的文化、体育、教育、医疗等公共建筑以及100米以上的超高层建筑，均应优先采用装配式钢结构。

清理无资质企业家、分站、“黑站”，加强建设工程质量监督管理，提高混凝土质量，实施对商品混凝土生产企业质量行为的有效监管，营造混凝土行业健康有序发展。全年对全区7家混凝土企业进行专项检查，下发通报8次。

【特色乡镇项目建设】 2017年，零陵区住房和建设局打造“黄田铺书香小镇、邮亭圩农业生态镇、富家桥旅游名镇、珠山工业重镇、石岩头边贸口子镇”。其中，黄田铺镇书香小镇获市局审批，并获PPP项目投资额达3.8亿元。富家桥镇乡村旅游建设投入约2.7亿元，完成16个节点、景点改造建设。邮亭圩农业观光项目计划投资50亿元，一期项目基本完成。珠山镇投入约1.2亿元，风情一条街、污水处理厂等项目开工建设。

【村庄连片整治】 2017年，零陵区住房和建设局加大村庄连片整治力度，投入约1.2亿元，对富家桥高贤村、大庙头村、秧秋埠村和南津渡街道香零山村等26个村庄进行示范性连片整治。其中，南津渡办事处香零山村、富家桥镇涧岩头村、朝阳办事处青角井村3个村为省级美丽乡村建设示范村。香零山村被列为省级重点民生项目建设示范村，全年香零山村投入5000多万元，完成村庄内通户道路改造4500米；完成通村公路维修加固5000米；完成环村道路提质改造6000米。新建面积为13.33公顷的高标准蔬菜生产示范园，累计高标准蔬菜基地面积达到66.66公顷；新建1个水域面积32公顷，集休闲养殖、水上娱乐于一体的水上休闲公园；新建三星级农家乐10家；新建村民活动休闲广场及健身场所5处；新建自行车俱乐部1家。全年完成香零烟雨带绿化工程、完成国家电气化示范村建设、完成村容村貌改造。富家桥镇干岩头村全年投资1.6亿余元，其中，新村建设拆迁178户，整体规划新建房屋178栋、7.12万平方米，保护清代古建筑群2.1万平方米；修建道路3千米；改造自来水130户；修建广场占地0.67公顷；架设新村路灯300盏。朝阳办事处青角井村全年投入5000多万元，完成全村2千米道路绿化、亮化，安装路灯40盏；建成农家乐示范户100户，建成休闲观光设施栽培蔬菜面积6.67公顷，建成特色养殖基地9.33公顷。

【建筑业产值增长】 2017年，零陵区住房和建设局搭建合作平台，引导开发企业与本地建筑企业合作，当好企业“红娘”。全年新入统5家，总入统建筑企业15家，年度建筑业总产值完成30.8亿元，同比2016年增长超过30.2%，超额完成任务。

【建筑节能规范】 2017年，零陵区新开工项目设计均能严格执行建筑节能相关设计规范，建设、设计、施工、监理等单位均能自觉地执行建筑节能相关标准、规范。2017年，全面落实新建居住建筑和公共建筑设计阶段强制性标准65%，施工执行率均达100%。

【绿色建筑建设】 2017年，零陵区住房和建设局完成装配式建筑2.61万平方米。其中，由永州市零陵旅游建设投资有限责任公司建设的周家大院西区游客服务中心，是永州市第一栋高规格、高质量绿色（装配式）建筑，建筑面积1536平方米，项目建设约200万元。

【安全生产制度化】 2017年，零陵区实现年度全区住房城乡建设系统安全生产零事故，在迎接省、市检查考核组对全区安全生产年度考核时，被评为全省安全生产工作优秀单位。健全落实安全生产责任制，明确乡镇党委、政府和行业部门责任，进一步明确农村建设项目（含农村私人建房）监督责任单位，与乡镇政府签订执法委托书，落实属地监管责任。年底，制订《关于建立建筑工程严重违规行为责任人约谈制度的通知》，根据相关依据，明确约谈对象、范围、内容和程序，并提出处罚办法。结合市委、市政府、区委区、区政府“六大战役”环境整治工作，开展对全区建筑工地环境整治工作，并协助市质安站组织两次大型“负面观摩”活动。对全区建筑工地围挡、冲洗平台、道路硬化、材料堆放、现场环境以及扬尘防治等开展集中整治，提升全区文明施工水平。

住房公积金管理

【概况】 永州市住房公积金管理中心零陵区管理部负责零陵区域内住房公积金的缴存、提取、个贷等工作。内设管理部主任、业务主管、办公综合岗、档案管理员、综合业务岗、归集业务岗、业务咨询岗等。区管理部坚持“以人为本、关注民生、服务社会、造福百姓”的宗旨，以满足职工群众日益增长的住房需求和实现广大人民群众的住房利益为出发点，按照“取之于民、用之于民”和“严格管理、规范运作、防范风险、确保安全”的原则运作，高起点定位、高标准要求、高质量营运、高效益推进。全区住房公积金归集和贷款从无到有、由小到大、快速发展，管理工作实现从粗放型、经验型向科学化、规范化的转轨；资金运营实现良性循环和持续、健康发展，实现经济效益和社会效益双丰收。

【住房公积金管理】 2017年，永州市住房公积金管理中心零陵区管理部为零陵区的经济建设、市民居住条件的改善和提高、房改事业和房地产市场的发展做出一定贡献。截至2017年年末，全年新增开户48个缴存单位，计划新增归集人数900人，实际完成归集人数1045人（含财政新参加工作人员），超额完成16.1%；计划归集任务24000万元，实际完成归集25760万元(含公积金利息收入1093万元)，超额完成7.3%；提取公积金16595万元，归集余额83794万元；计划发放贷款24500万元，实际发放公积金贷款37062万元，超额完成51%；收回贷款利息2727万元，收回贷款本金9174万元，贷款余额98147万元，实现增值收益1641万元。各项业务指标均超额完成年度计划，资金运营安全。

【归集管理】 2017年，永州市住房公积金中心零陵区管理部加强日常归集管理工作，健全住房公积金归集工作责任制度，加大公积金催缴清收力度，督促缴存单位按时、足额为职工缴存住房公积金；注重加强与财政、缴存单位、银行等单位的协调和联系，理顺缴存秩序，及时发现和解决住房公积金归集工作中存在的问题，规范缴存行为；到各个企业单位，做非公有制企业扩面工作，为抓好非公企业建立住房公积金制度工作，坚持上门宣传，督促非公企业为职工建立住房公积金制度。

【住房公积金贷款发放和风险控制】 2017年，永州市住房公积金管理中心零陵区管理部支持职工贷款购建住房，提高资金使用效益。加大住房公积金贷款发放力度，不断扩大贷款规模，支持广大中低收入职工贷款购建住房，改善居住条件，保证职工的购房贷款需求；按程序审核、审批贷款，坚持依法、公正、公平发放贷款，杜绝违规贷款行为。加大贷款风险防控力度，完善贷款风险防范机制和催收办法，落实贷款回收责任制，及时处理和化解贷款风险，防止逾期贷款的发生，确保贷款资产质量。截至2017年年末，全区住房公积金贷款逾期率为0.003‰，贷款资金安全。

【住房公积金的缴存、提取】 2017年，永州市住房公积金管理中心零陵区管理部业务部门实行“购房支取合同查询单”问责制，对外地购房采取网上发票查询、与开发商电话联系等多种形式确定购房真实性，并由初审人签字，复审人定期“回头查”。对自建房、翻建、大修自住房支取实行“上门看”。创新提取方式，提高公积金使用率，对管委会作出的政策调整及时予以公布并执行，重大疾病支取、支付房租支取等一系列惠民政策的实施得到广大公积金缴存户的好评。

发挥公积金贷款“低利率”政策优势，加大公积金贷款发放力度，满足零陵区房地产市场贷款资金的需求。结合管理部的实际情况，改变贷款受理模式，将贷款材料受理工作前移至房地产开发企业。多次组织对房地产开发企业的销售人员进行业务培训，指导贷款意向表的填写、贷款材料的收集等工作，从而提高贷款工作效率。为600余名职工解决实际性住房问题。

规范办贷流程，防范贷款风险。建立“贷前严审、贷中规范、贷后跟进”贷款风险管理机制。所有按揭楼盘都到现场核查，已发放的按揭贷款，督促开发企业及时办结他项权证，强化日常监控，通过电话、短信、实地催收等多种方式，对可能发生逾期的贷款及时进行催收。加强资金管理，确保资金运行安全。进一步加强防范风险意识，加大骗支骗贷打击力度，落实业务办理回访制度，堵塞漏洞，保证资金安全。

【综合服务管理】 2017年，永州市住房公积金管理中心零陵区管理部实行政务公开和办事公开，推行服务承诺制度，落实“一站式”服务、一次性告知、首问负责制和限时办结制等制度，推行文明用语服务。

管理部在职人员自觉投入到文明创建活动中，文明劝导、夜巡、创建国家交通管理模范城市等活动，形成人人了解、关心、参与的氛围。积极参与全国文明城市、园林城市创建活动，配合潇湘门社区及牵头单位做好包干区域的创建工作，全员投入“文明劝导“志愿服务活动。

【精准扶贫】 2017年，永州市住房公积金管理中心零陵区管理部积极参与定点扶贫工作，按照区委、区政府的统一安排部署，结合 “三走访三签字”活动和千名干部下基层活动，定点帮扶零陵区邮亭圩镇毛坪村。根据要求，驻村人员全面掌握结对贫困户的家庭基本情况，并整理核对贫困户档案资料和核对“一牌一册”，即贫困户公示牌和《扶贫手册》中的各项内容，制订贫困户帮扶计划。驻村人员根据贫困户致贫原因，因地制宜，因户施策，科学制订贫困户帮扶计划，精准落实帮扶措施，提高贫困户收入。引导贫困户转变思想观念，提高自我脱贫意识。截至2017年年末，9名扶贫对象脱贫。全年帮助扶贫户和困难群众解决实际问题27件，向毛坪村捐赠现金4.27万元，支持扶贫资金4万元、扶贫慰问金2700元。

房　产

【概况】 零陵区房产局组建于2002年6月，隶属于区住房和城乡建设局的正科级全额拨款事业单位，并受区住房和城乡建设局委托，承担全区住宅与房产行业管理的行政职能。现有干部职工199人，其中在职职工108人、退休职工91人。内设办公室、政工股、财务室、监察室、业务股、安鉴办、收费审核室7个内设股室和区房产直管公房管理所、房产测绘事务所、房产交易管理所、房产执法监察大队、房产档案室、房产评估管理所、白蚁防治所、区物业管理办公室（加挂区房屋维修资金管理中心牌子）、区房产信息管理中心9个下属单位。

【保障性住房建设】 2017年，零陵区实施棚户区改造项目7个，改造房屋7518户；其中，货币安置7378户、新建棚改安置房140套。项目分别为潇水两岸棚改（二期）2600户、南津渡及朝阳片区城中村棚改（一期）1000户、南津路棚改（一期）2800户、市中心医院南院棚改140户、黄田铺镇棚改450户、石岩头镇棚改300户、富家桥镇周家大院新建村棚改228户。全区为城区低收入住房困难家庭发放廉租住房租赁补贴资金74.06万元，保障家庭725户、5455人，通过货币补贴与实物配租相结合，实现城区低收入住房困难家庭“应保尽保”。

【房产行政管理】 2017年，零陵区房产局完善局务会议会审制度，将全局重大业务和重要事项纳入会审范围。将每周五定为常规例会日，对疑难业务和重要问题进行研究，提出处理建议，提升全局民主决策能力。

将住房保障之外的所有对外业务均放在区政务中心办理，设置10个政务窗口，由一名班子副职专门负责，所有办证业务均实现窗口“一站式”办结；坚持实现首问责任制、一次性告知制、限时办结制等服务制度，完善办事流程，及时更新办事服务指南，设立服务公示牌以方便群众办事，接受群众监督。大宗业务回访率100%，总回访率80%以上，开展业务回访6000起，办事群众满意率98%，发挥群众监督作用，促进机关作风好转。

【安全生产专项整治】 2017年，零陵区房产局坚持“安全第一、预防为主、综合治理”的方针，围绕安全生产工作总目标，开展安全生产大检查及安全专项整治活动。对全区保障性住房项目建设加强安全管理，落实安全生产责任制和各项安全措施，开展安全排查，及时整改巩固。每月对直管公房进行安全检查，建立工作台账，防范于未然。全年出动检查人员220人次，检查企业21家，排查安全隐患8处。对城区及各乡镇危旧房屋进行加固维修或对存在安全隐患的房屋派专人定时巡查并做好记录。对生活在危险房屋内的住户认真做好劝离工作，确保不发生重大房屋安全生产事故。全年督促危房户进行危房鉴定6宗，发放危房整改通知书23份，联系各类房屋进行白蚁预防面积20.7平方米。

【房地产市场监管】 2017年，零陵区房产局集中开展地毯式的房地产开发清理整顿活动，对无资质开发和违规预售商品房等行为进行重点查处。全年，查处1处无资质开发建设商品房项目的违法行为，处罚金5万元；查处违规交房2起，下达整改通知书，并督促整改到位。组织2次房产执法检查，查验房地产开发企业办理有关手续以及相关文件上墙公示情况，建立房地产开发项目管理台账。参与控违拆违行动，维护房地产市场发展秩序，惩治房地产领域违规违法行为。编印《购房须知》《商品房销售合同（范本）》和《购买商品房风险提示牌》等，加大房地产政策宣传，引导购房群众购买商品房，维护购房者的合法权益，优化房地产市场环境。

【小区物业管理】 2017年，零陵区房产局实现新建商品房前期物业管理招投标全覆盖，对不实行前期物业管理招投标项目不予发放商品房预（销）售许可证。组织对香零公馆、翰林阁、紫荆苑等10个小区开展前期物业招投标工作。指导组织成立业主委员会，由办事处、社区牵头。指导垠地中山城等54个小区成立业主委员会，并制定《小区公约》和《业委会章程》，为小区后期管理打下基础。组织办事处、社区、开发企业、物业公司及业主代表，对海湘东郡等20个小区开展物业承接查验，减少由开发商因历史遗留问题影响物业服务的行为。引导小区引进合适的物业管理模式，全区累计有实施物业管理的小区达58家，另有20余家不具备条件开展物业管理工作的小区，区房产局联合各办事处和社区，引导小区业主采取自治模式，聘请人员自行搞好物业服务和管理居民事务。化解小区存在的矛盾纠纷，化解香樟绿城、汇金中央、海湘东郡等32个小区各类矛盾纠纷70起，维护小区稳定平安。加大房屋维修资金的征缴力度，设立“零陵区房屋维修资金专户”，对资金实行“专户储存、专账管理、专款专用”，截至2017年年末，全区累计归集房屋维修资金8222万元。

【商品房建设】 2017年，零陵区有在建上规模的房地产开发项目29个，其中零陵古城项目1个，续建鑫龙城上城、苏通国际等项目28个，全年新增建成面积56.86万平方米，比2016年同期增长27.58%。区房产局为垠地广场等29个项目、133栋楼宇，颁发商品房预售许可证133本，预售商品房面积86.96万平方米。全区新建商品房销售面积达80.93万平方米，成交额约为32.89亿元，两项指标比2016年分别增长87.23%、132.11%。

【新建商品住房供销】 2017年，零陵区上规模在建在售房地产开发项目有可售房源7491套、82.38万平方米，比2016年下降33.93%。全年销售商品住房6506套，80.93万平方米，比2016年增长87.23%。截至2017年年末。

【新建商品住房价格】 2017年，零陵区商品住房均价为3782元/平方米，比2016年上涨15.36%。房价较高的小区有零陵古城,均价在6800元/平方米,古城香桂园，均价在6100元/平方米,公园大地、苏通国际、仙域华庭等，均价约4256元/平方米，房价较低的小区有萍洲文化广场等，均价约3287元/平方米。

房屋征收与补偿

【概况】 2017年9月，永州市零陵区国有土地上房屋征收与补偿办公室成立，为归口零陵区人民政府管理的正科级事业单位，负责零陵区国有土地上房屋的征收与补偿工作。内设办公室、法制股、征收股、安置股、财务审计股5个股室。按照“以征保建、以征促变”的工作思路，坚持“以人为本、和谐征收、依法征收”的原则，按要求完成全区房屋征收与补偿各项工作，房屋征收工作有序推进。

【项目征收】 2017，永州市零陵区国有土地上房屋征收与补偿办公室负责实施征收项目8个，涉及征收户数385户，总面积约55712平方米，金额约24961万元。其中，包括东山景区文化广场项目、市政文化广场项目、“零陵古城”路网建设项目、国道322线改线连接线（萍洲大桥）项目、国道207改线项目、“永州精品之野”项目、万发广场项目、工商职业中等专业学校“现代职业教育培训基地”项目和历史遗留的“零陵古城”建设项目等市、区重点项目。全年完成369户的签约工作，新签约面积约54084平方米。

【建章立制，明确责任】 2017年，永州市零陵区国有土地上房屋片收与补偿办公室明确责任分工，成立征收工作小组，将人员进行优化整合分配，做到责任清晰、任务明确；制订《零陵区房屋征收办年度工作方案》《零陵区房屋征收办年度工作计划》和规章制度，约束、规范工作人员的警觉性和自觉性，发挥个人的能动性；制订培训学习计划，从政策文件、专业知识、法律法规条文等方面进行培训学习，提升工作人员的责任意识、业务能力和团队精神，不断落实依法征收、和谐征收、阳光征收。

【政策法规宣传】 2017年，永州市零陵区国有土地上房屋片收与补偿办公室加强与各街道、社区的紧密联系，协调配合街道、社区的工作人员以入户调查、发放宣传手册、制作宣传栏、设现场办公点等各种方式对征收范围内的群众进行政策宣传，普及房屋征收与补偿的相关政策法规，做好群众的思想工作。每月按时参加全区大接访活动，与对房屋征收工作有意见或疑惑的群众进行解答。按市、区相关部门的要求，及时办理市政府热线转办件、区信访件，服务全区发展和谐稳定。

历史文化名城建设管理

【概况】 永州市零陵历史文化名城建设管理处成立于2013年，为正科级全额拨款事业单位。内设5个股室：办公室、规划申报室、文物保护室、景区开发室和管理监督室，核定编制30名。2016年，永州市国家历史文化名城申报成功，2017年的主要任务是负责名城保护与管理。

【保护措施落实】 2017年，永州市零陵历史文化名城建设管理处编制完善保护规划方案，根据评估考察组专家的意见，启动中心城区省级文物保护规划的编制工作；保护柳子街打铁铺等民俗文化生活方案完成编制；制定老埠头历史文化街区修缮工作计划；解放南路历史文化街区基础设施改造计划纳入零陵古城建设计划；制定解放南路历史文化街区历史建筑保护修缮方案。加快申报永州古城墙遗址为省级文物保护单位，准备资料向省文物局申报第八批省级文物单位。开展文物修缮工作；周家大院古建筑群的修缮工程正在紧张施工，子岩府完成修缮，四大家院、老院子的修缮工程已经启动；廻龙塔修缮工程完工；制定香零山观音庙修缮方案；对画眉山村红色革命遗址进行抢救性修缮；张浚故居对外开放。

【文化研究拓展】 2017年，永州市零陵历史文化名城建设管理处组织专家对永州历史文化进行深度研究、挖掘和整理。邀请清华大学建筑学院专家开展“零陵古城营建历史及特色价值研究”的课题研究，课题研究基本完成，为永州古城保护提供科学依据，丰富永州历史文化名城的内涵。

【历史建筑保护】 2017年，永州市零陵历史文化名城建设管理处对大西门社区17网格关于城南路70号房屋存在安全隐患的事件，经现场勘察，确定城南路70号房屋为永州市第一批历史建筑。房屋年久失修，屋顶破损漏水，状况较差，主要是临街屋檐处的横梁已经腐朽倾斜，存在坠落砸伤过往行人的危险，存在安全隐患。根据《永州市历史建筑保护管理办法》《永州市中心城区历史文化街区　历史建筑保护修缮管理办法》文件精神，督促房屋产权人及时进行修缮。

城市执法管理

【概况】 2017年，零陵区城管执法局围绕“三创一管”和“六大战役”重点项目建设总体目标，开展市容秩序大整治，建设长效管理机制，提升公共服务水平，市容面貌进一步改善，城市品质进一步提升。

【市容市貌管理】 2017年，零陵区城管执法局在市容市貌管理上，对城区占道经营的马路市场、修车点、洗车场所、流动摊点和临街店外经营行为予以劝导和取缔，整治流动摊贩2万余起、取缔占道马路市场8处、规范修车和洗车场所20处。加强巡查，对存在安全隐患、影响市容市貌的临街店牌和大型户外广告进行清查处理，对中山路、羊角山路的破损广告牌和杂乱管线进行集中清理。安排专项经费，将城区主次街道“牛皮癣”小广告治理工作承包给专业的保洁公司进行清理，加强对非法广告的打击治理力度，对“牛皮癣”治理，做到“日产日清”。全年组织开展拆违行动40余次，拆除新违章建筑面积6000余平方米，实现违章新建“零增长”。对主次干道占用道路的各类亭子和棚屋进行整治，拆除城区主次街道、人行道乱搭乱建棚子30多处。对校园周边占道经营摊点及时劝导制止，对破损店牌广告进行全面整改或拆除，劝导占道摊点300余处，拆除破损店牌广告12处。

【“禁燃”管理与宣传】 2017年，零陵区城管执法局为全面贯彻落实《永州市中心城区全面禁止燃放烟花爆竹管理规定》，开展惩治违规燃放烟花爆竹行为。出动宣传车辆300多台次，租用3处大型电子显示屏，组织280多块临街电子屏滚动播放禁燃通告及标语，并在主要街道、重要区域制作摆放宣传牌200多块。各执法大队加强巡查力度，排查烟花爆竹燃放隐患，对婚嫁、丧葬、开业庆典等活动，做到早发现、早宣传，对燃放行为及时进行劝导和思想教育。全年劝导、制止燃放行为620余起，其中4起私人违规燃放，均得到及时处理。

【数字城管建设】 2017年，零陵区城管执法局依托数字城管系统的智慧平台和网格化管理，提高对城市基础设施和公共设施的管理密度，加大对市容秩序的管控力度，加快对突发事件的处置速度。数字城管系统平台受理的城市管理案件涉及专业部门20家，涵盖城市基础设施、市容秩序、园林绿化等。开通零陵城管微信公众号等网络政务交流平台，让群众直接参与城市管理和文明创建工作。平均每月通过社会公众平台、微博和微信等平台上报到数字城管指挥中心的事件有150余件，民众自主参与程度得到提高。

【城管体制改革】 2017年，零陵区城管执法局根据《永州市城市管理行政执法局关于开展城管执法全过程记录试点工作的通知》《永州市城管执法局关于城市管理执法服装和标志标识配备工作的通知》等文件要求，推进城管体制改革。推行执法过程全记录试点工作以来，区城管执法局对已有的执法记录仪进行摸底登记。采购130台执法记录仪，全局一线执法工作人员均配备执法记录仪，并在执法过程中开启全程记录。通过规范流程完成城管统一制式制服的采购，并在规定时限内完成制服制作和换装。策划以“新形象，新使命，新征程”为主题的换装宣传日活动，通过队列展示、发放宣传资料、宣誓表态等方式向社会各界和广大市民展示城管新形象，宣传城管新法规提升城管形象。

【执法队伍建设】 2017年，零陵区城管执法局组织中心组学习12次以上，会议学习8次以上。提高马克思主义理论修养，坚定理想信念，提升班子决策能力，明确城管工作发展的定位和思路。每月至少组织执法队员开展执法业务培训1次以上。定期邀请党校教师、专家讲课，提高干部职工业务能力水平。区城管执法局针对城管队伍人多，面广的现象，制订日常工作督查考核和奖惩方案，内容以市容市貌管理、违章建筑管理、队伍执法管理等为主。每周由局班子成员轮流带队，对各大队采取日督查、周通报、月评比措施，月月奖励兑现。

区城管执法局开展为期40天的作风建设活动，制订详细的活动方案，明确人员分工和督查计划，重点对规范着装、全程执法记录、文明用语等规范性执法行为进行督查，实行每天督查通报的工作机制，增强全体干部职工的宗旨意识和法纪观念，抓牢作风建设。

【智慧路灯管控】 2017年，零陵区城管执法局安装路灯管线8000多米，维修路灯1600余盏，更换各类光源、驱动1200余件套，维修电缆线路故障100余处。零陵区智慧照明控制系统安装单灯控制器3200个，集中控制器200个，新建控制中心1处，对城区各主要路段照明路灯实施智能化管控。

【舆论宣传】 2017年，零陵区城管执法局成立综合信息室，配备电脑、摄像机等必要设备，加大信息采集和宣传力度，及时报道城管工作动态，传递城管政策信息，让社会各界了解城管、理解城管、支持城管。全年在省、市、区杂志、报刊、微博等媒体发表报道600余篇，其中，《创特色党建+树品质城管》《“粽”情端午　服务古城》《智慧路灯　点亮古城》等信息作为长篇宣传报道发表在《法制周报》《永州日报》等媒体。自制城管宣传片《我们的青春在路上》，与区新闻中心联合拍摄《零陵城管为古城代言》宣传片，“党建+”工作模式得到湖南卫视的宣传推广。

园　林

【概况】 2017年，零陵区城市园林局机关内设机构为5个，即办公室，财务室、政工室、园林绿化建设股、园林绿化管理股，下辖零陵区园林绿化一大队、零陵区园林绿化二大队、永州市朝阳岩公园管理所、永州市怀素公园管理所。

是年，区园林局按要求推进零陵区国家园林创建工作，增绿提质零陵城区绿化景观建设；规划改造怀素公园、朝阳岩公园，新建张飞公园及樟树脚党建主题公园；按永州市绿地规划因地制宜新增城区街角小游园3个；2014—2017连续4年在全区经济社会发展综合考核中获“红旗单位”称号。

【园林城市创建】 2017年，零陵区城市园林局按照创建国家园林城市总体布局，继续坚持规划引领，坚持增绿提质，坚持建管并举，打造城市绿化景观带，推进国家园林城市创建。

增绿添景扩充城市绿量。新增日升西路西端、瑞翔大道、五里堆路、工业大道北段、德榜路及工业园路网等道路绿化网络；布局建成河西工业园小游园、七里店小学小游园，新增城区游园绿地绿化面积1260平方米；重点打造铸魂红色文化基调的樟树脚党建主题公园，为该区域提供29400平方米宜居宜游生态绿地；以人文历史为依托，规划建设17.33公顷娱乐休闲观光的张飞主题公园。

实施城区绿化提质提档改造。以“零陵古城”项目建设为蓝图，规划设计朝阳岩公园提质改造；围绕怀素人文事迹，以现有怀素公园为基础规划设计怀素公园提质改造方案。对潇湘大道南段、康济大道、阳明大道、光明新路、湘口馆路、黄盖路等道路进行全面提质提档改造，潇湘大道南段采用组织地形的绿化方式沿线植入天竺桂、加拿利海枣、百慕大黑麦冬、杜鹃等绿化乔灌木，高矮错落，协调配置绿化景观带，光明新路、湘口馆路、黄盖路等道路统一植入标准格式精品香樟树，城市道路绿化品质获得综合提升。

城市绿地靓化、美化。按照“见缝插绿”的思路，在虎啸交通岛、黄古山交通岛、南津渡小游园、一中交通岛等城区道路节点、十字路口实施6次覆盖式摆花造景，以鲜花绿植错落搭配持续绿化靓化节点面积5925平方米；在东山广场、萍洲大桥桥头、安康广场、怀素公园侧旁等广场节点实施以节日为主题的特色立体景观。

【园林绿化养护管理】 2017年，零陵区城市园林局按照《城市园林绿地养护管理标准》，做好城区605585平方米公共绿地，41676棵行道树及城区两所公园园林绿化养护工作。春季，先后组织5个站点对城区绿化绿地进行整形修剪，组织技术人员对城区公共绿化绿地的绿化植物病虫害进行6次化学防治，防治蚜虫、尺蠖、蚧壳虫、蚊子等病虫害；夏季，出动洒水车辆180余次，历时3个月不间断实施抗旱保苗；冬季根据气候特点对城区加盖隔离保温膜实施绿化苗木防冻护苗工作，对道路绿化乔木实施标准涂白作业，确保绿地绿化成果得到全面保护巩固。

做好古树名木保护工作，建立古树名木定期巡查制度和动态管理监测长效机制。6月，邀请湖南省林科院的专家，按照“因树而异、预防为主、科学养护”的原则，对散生在东山公园的103株古树进行会诊，并实施复壮工作，对东山景区所有古树进行二次根外追肥，65株古树安装通气孔和施薄肥，17株古树进行白蚁防治；首次采用树龄检测仪（生长锥）、GPS定位仪、测高仪、单反相机等专用器材，对散生在零陵城区古树名木逐株进行留影普查建档，完成336株古树名木建档立卡工作，巡查建档古树名木336株，复壮修剪古树名木111株，治理病虫害17株。

城市供水

【概况】 2017年，零陵区自来水公司以“保供水、供好水”为中心，强化目标管理考核，完善社会服务机制，推进供水提质改造，保持“内部稳定、外部满意”的发展态势。全年设备检修、维护和改造173处（次）、运行完好率100%，供水水质合格率100%；检测管网暗漏162处，抢修管网故障3768处，维护阀门137个，维修更换表前设施1444处，群众来电回访1316次，市民满意率98%；配合道路提质改造，新建DN200以上主管网10.3千米，改造DN200至DN50管网7.9千米；全年完成年度总产值7430万元，增长1.2%。区自来水公司有干部职工442人，其中退休人员144人，党员104人。

【供水生产安保防护】 2017年国庆、中共十九大期间，零陵区自来水公司安排专职人员对娘子岭水厂和南津渡水厂安保防护设施进行排查，完成娘子岭水厂围墙整体加固加高改造工作，在水池前设立标准防护栅栏，确保供水安全。

【汛期供水保障】 2017年7月初，针对百年不遇的特大洪水，零陵区自来水公司强化供水应急机制、值班调度、排查抢险等举措，面对源水水质浑浊度超标的情况，安排水质监测站和水厂跟踪监测，加大水质检测频次，增加净水处理成本，液氯、聚合氯化铝日均投放量分别比平时增加80%和60%，确保市民生活饮用水质达标，确保城区安全正常供水。

【管网安全运行】 2017年，零陵区自来水公司加强管网巡检排查力度，组织供水服务中心每月对管网分片分区进行一次局部检查，每半年对管网开展一次全面勘查检测，对排查出的问题或隐患及时调度相关部门维修、改造；同时，畅通供水“110”抢修服务热线，规范供水调度处理机制，对群众来电诉求及时登记受理、勘查调度、反馈回访和督查考核，增强管网故障抢修时效。在重大故障抢修上，各部门坚持关口前移、重心下沉，到基层一线，研究施工方案，协调矛盾问题，并适时启动应急预案，将停水影响降至最低程度。

【优质供水服务】 2017年年初，零陵区自来水公司成立6个工作小组，开展为期2个月的供水市场普查、优质服务活动。通过集中清查整改，排查水表59377块，理顺表卡建档48张，修复表前设施漏水故障276处，更换死表坏表196块，核实水价123户，收回多年欠缴水费33万元。

【供水设施排查】 2017年，零陵区城上城小区供水减压阀及配套设施在长期使用后，因水垢等自然因素影响水路通畅，出现高层水压不足、管道压力不均衡、水表爆裂等现象。区自来水公司及时召开调度会，对出现的情况进行分析讨论，议定整改方案。更换DN100供水主管的2套减压阀组，对主管过滤网进行清洗，确保主管运行通畅。同时，对各楼栋的每个加压阀逐一拆下检查、清洗，对有问题的加压阀全部更换，并安排人员上门走访、排查核实，确认供水是否正常。

【信访矛盾化解】 原河西塑料厂自建房为改制企业职工安置房，2014年申请自来水开户，由于存在超规划建设等问题，属于违章建筑，未能通过城管执法局审查，也未进行整改补办手续，群众多次上访请求解决。为妥善处理民生用水问题与违规建房二者的矛盾冲突，化解信访矛盾，零陵区自来水公司多次向小区整治办汇报。2017年3月，经市、区两级协调，将该房列为历史遗留问题特事特办事项，5月中旬，职工安置房139户全部安装通水。

日升小区有住户328户，没有物业管理。长期以来，实行总表供水和计量，住户反映总表计量损耗较大、实行分摊制，导致水费偏高与分配不公等问题，以此为由拒缴水费和设备加压电费。住户要求实行“一户一表、抄表到户”的管理模式，开发商不愿承担分户改造资金，造成住户不断上访。2017年，零陵区自来水公司经请示区政府同意后，拿出分户改造设计方案和工程预算，报区政府会议研究审定后，于8月中旬实施分户改造管道安装，11月，小区主管改造及到户管道碰接全部完工通水。

【水费“全民付”业务开通】 2017年，零陵区自来水公司与银联合作，借助网格化大平台、大数据，以社区便民服务站为枢纽，打造水费“全民付”的便民服务业务。年初，完成系统调试、对接和信息数据库建设等基础工作，各社区便民网点逐步上线。截至6月1日，城区17个社区便民服务站全部开通上线并正常稳定运行。

【零陵供水微信公众号创建】 2017年年初，零陵区自来水公司建立零陵供水微信公众号；8月，供水微信公众号正式创建并导入相关数据。其主要功能是方便群众微信缴纳水费，弥补窗口排队、现金支付等缴费方式的不足。截至2017年年末，关注量达2万人次。

【用水设施及表务环境管理】 2017年，零陵区自来水公司按照“城镇提质”战役部署，将用水设施及表务环境提质改造纳入年度供水城建计划。以住宅小区为主，对内部管网和水表及附属设施进行集中改造更新，改善运行环境，解决设施老化漏损、水压不足的供水瓶颈，增强群众用水保障，推动构建和谐幸福小区。该项工作由技术科具体组织落实，通过现场核定项目、制订方案，按“轻重缓急”原则，逐个突破、整体推进，3月正式启动，分别完成零山小区、萍阳小区、怡景小区、芝城花园、玫瑰花园、湘桂名苑等小区及风荷路、黄盖路、光明新路、神仙岭沿线的提质改造，该项目全年改造管网4000米，表务设施改造1005户。

【队伍建设】 2017年，零陵区自来水公司以“能进能出、能上能下、优胜劣汰”的用人机制导向，激发队伍发展活力，发挥中层干部在城市供水工作中的先锋模范作用。2月10日，制订并下发中层干部竞聘上岗实施方案，经组织审查，有68名报名人员符合条件，竞聘43个中层正、副职岗位，体现职工广泛参与的民主性，达到科学合理、客观公正、择优选聘的预期效果。

环境保护

【概况】 2017年，零陵区环境保护局围绕全区经济发展大局，以污染减排为重点，强化环境监察，坚持监管与服务并重，环境质量稳中有升。潇湘流域断面水质保持在Ⅱ类标准，石期河流域断面水质保持在Ⅲ类标准，城区集中式饮用水取水口水质保持在Ⅰ类标准，河流出境水质Ⅲ类标准达标率100%；城区空气质量优良率为84.9%，其中6月—8月空气优良率连续3个月100%。

【环保督察整改】 2017年，零陵区环境保护局中央环保督察组交办信访件39.5件，所有交办件如期办结和整改到位，办结率和整改完成率均为100%。全区对中央环保督察交办问题问责31人，立案处罚企业20家，罚款金额193万元，行政拘留4人，中共零陵区委书记唐烨在祁阳召开的永州市中央环保督察整改推进会议上作典型发言。

9月14日—16日，省委、省政府督查组现场督查永州市21个问题清单，涉及零陵区的问题1个，即湖南华浦饲料有限公司遗留废渣问题。截至2017年年末，区财政投入整改资金300余万元，华浦公司遗留废渣已有2万吨送至九嶷骄阳水泥有限责任公司进行再利用，剩余废渣按照综合利用方案，全部转移至华浦公司新渣场暂存。

【环境保护】 2017年，零陵区的环境状况主要表现为“三降三升”。“三降”即能耗量下降，全区单位GDP能耗累计下降12.5%，单位GDP建设用地消耗量下降10.2%。排放量下降，化学需氧量削减3%、氨氮削减2.98%、二氧化硫削减5%、氮氧化物保持不增不减，全面完成减排任务。存量问题下降，一批环保遗留问题等到有效解决，投入治理资金4亿元，规范矿山开采整治；中心城区44平方千米范围内的22家砖厂全部关停；10处黑臭水体得到有效治理；城区纳污管网建设有序推进；畜禽养殖污染治理成效明显。“三升”即绿化量上升，全区完成绿化建设面积8526公顷，全区森林覆盖率55.7%，城区绿化覆盖率41.7%，分别增长5.4%、4.9%。优良率提升，空气质量优良率从2015年的81%提高到84.9%；城镇集中式饮用水源地水质达标率、区级交界断面水质达标率均为100%，湘江、潇水零陵段出境断面水质常年稳定达到II类以上。城乡品质提升，成功创建国家卫生城市、国家森林城市、国家历史文化名城、省级文明城区、省级园林城市，城乡面貌焕然一新，公众对环境质量满意率达到96.5%。

【环境整治】 2017年，零陵区增绿工程完成造林1353.3公顷、通道绿化220千米、封山育林1333.3公顷，完成全年工作任务。潇水国家湿地公园管理机构获得批复；申报设立何仙姑省级森林公园，完成森林公园规划设计招投标工作、规划、可行性研究报告编制和相关申报工作；城区重要节点摆花8次，累计完成投资800万元。

推进实施城乡环卫一体化建设，投入2000多万元，完成废弃矿山三期项目和氧化锌厂重金属污染治理项目；加强农业面源污染治理，完成绿色防控面积5333.3公顷，化肥农药零增长5666.6公顷，推广低毒低残农药12000公顷。

净水工程主要有南门口、思柳桥、杨梓塘入河排污口接入纳污管道；全区144座中小型水库全面禁止投肥养鱼；56条河流全面推行“河长制”。截至2017年年末，全区90个村的污水治理任务全面完成。

治气工程主要开展“水气同治”专项行动，完成2017年零陵区计划淘汰燃煤小锅炉9台、17蒸吨任务；全区62处在建施工现场维修、翻新围挡4100余米；新增施工道路、场地硬化5600余平方米；新增冲洗设备16台，挥发性有机物综合治理率达到80%以上；全面禁止烟花爆竹燃放；完成938辆黄标车的淘汰任务；城区6个灶头以上餐饮企业100%安装油烟净化器，其他小型酒店、饮食店30%以上安装油烟净化装置。

【湘江流域污染防治】 2017年，零陵区搬迁退出在潇水河两岸500米范围内的养猪场25家，“五小”企业7家。向家亭污水处理厂提升改造项目正在实施，工业园污水收集管网改造项目动工建设。珠山镇污水处理厂正在建设，完成工程量的70%。投入2000万元完成中心城区7个排污口截污工程，投资6000万元的南门口纳污管网建设获区政府常务会议通过，同时完成饮用水水源保护区宣传牌、界牌及交通警示牌的制作及安装，准备实施城市一级饮用水水源保护区隔离护栏等安全防护设施的建设。生态保护红线区面积559.63平方千米，占国土面积比例28.5%；

【生态文明示范市（区）创建】 2017年，零陵区成立零陵区争创国家生态文明建设示范市（区）工作领导小组，印发《零陵区创建国家生态文明建设示范市（区）实施方案》，明确指导思想、工作目标、组织机构和重点工作任务。规划编制《零陵区国家生态文明建设示范市（区）创建规划》，于2017年年底完成编制任务。

【环保责任落实】 2017年，零陵区环境保护局编制《零陵区“十三五”生态文明建设与环境保护规划》，印发《关于进一步加强生态环境保护工作的意见》，把“党政同责”“一岗双责”具体化。邀请区人大代表、区政协委员参与环境保护工作，成立零陵区公安分局驻零陵区环保局联络室和零陵区人民检察院驻区环保局检察联络室，建立环保与公安、检察的联络联动机制。将生态环境保护责任落实情况纳入全区年度绩效考核重要内容，制定实施《零陵区较大环境问题（事件）责任追究办法（试行）》，初步构建分解明责、监督履责、追责问责的责任体系。

【重点区域污染防治】 2017年，零陵区推进农环治理、农村公路提质、农村电商、点亮乡村、农村网格化等为重点的美丽乡村“五大行动计划”，垃圾无害化处理率达到95%以上，划定养殖禁养区、限养区、适养区，标准化改造规模化养殖场60家，农村人居环境明显改善。全力推进矿山整治，将2320个锰矿开采点整合为35个规模化开采工区，非法采洗矿得到有效遏制。加快矿区生态治理，填埋废渣100多万吨，恢复植被666.66公顷，回填采坑2000多个，平整、复垦土地66.66公顷，清淤石期河道30千米。

【监管监测体系】 2017年，零陵区环境保护局出台《零陵区环境监管网格化实施方案》，强化监管法律制度保障。加强环境监测网络体系建设，形成覆盖大气、水等主要环境要素的自动监测网络。

【环境风险防范】 2017年，零陵区环境保护局出台《零陵区突发环境事件应急预案》，解决群众反映强烈的环境信访问题，区本级累计接到信访和举报投诉案件300余起，案件办结率100%，未发生较大及以上环境污染事件。

【环保法制宣传】 2017年，零陵区环境保护局坚持把环保宣传工作作为安全防线的核心来抓，周密部署环境日宣传工作，宣传经费逐年增加，印发环境保护宣传资料10000余份，订阅资料、海报200余份。

【生态优先发展】 2017年，零陵区环境保护局树立“绿水青山就是金山银山”理念，不断提高生态文明建设和环境保护工作水平。加强经济转型升级，以文化旅游产业深度融合、培育发展战略性新兴产业和现代服务业为主线，加快构建绿色环保低碳发展产业体系，提升发展的质量和效益，加强社会治理转型升级，以绿色发展牵引社会治理现代化，建立科学和严格的社会治理体系，发展绿色技术，构建起人与自然和谐发展的良好生态。

【环境管理准入制】 2017年，零陵区环境保护局推进“三线一单”工作方式，通过生态保护红线、环境质量底线、资源利用上线和环境准入负面清单，强化空间、总量、准入环境管理，实行源头严控。执行“四个不批”和环保“三同时”制度，把环保举措落实到企业引进、项目建设、城市绿化等具体环节上，实现在发展中保护、在保护中发展，提升发展品质。

【监管执法】 2017年，零陵区环境保护局健全完善“党委领导、政府负责、部门协同、公众参与、上下联动”的“大环保”格局。落实属地管理、部门责任，强化法治思维和法治方式，形成协同推进建设发展的合力，贯彻落实环境保护法和大气污染防治行动计划、水污染防治行动计划、土壤污染防治行动计划，加强环保宣传，把环保的重要理念深入人心，对污染环境、损害生态的行为始终保持严管、严查、严处的高压态势，让污染环境、损害生态者付出沉重代价。理顺管理体制，针对环保工作管理监督体制不顺、机制不畅等突出问题，坚持从实际出发，组建农村环保队伍，把环保工作拿入网格化管理，并纳入年终考核指标，理顺管理体制机制。（何江）

城市建设投资开发

【概况】 永州市零陵城建投资有限公司（以下简称公司）成立于2003年3月，是永州市国有资产监督管理委员会出资的国有独资企业和零陵区城市建设的主要投融资平台，主要负责筹措、管理、营运零陵区城建资金，招商引资、物资贸易、引进外资、物业管理、土地整理与开发、国有资产经营管理、政策性住房建设、环境污染防治、城市基础设施项目的投资及开发建设。注册资本20亿元，总资产206.15亿元，负债总额80.13亿元，净资产126.02亿元。公司作为区政府的国有独资企业和城市建设的主要投融资平台，实行董事会领导下的总经理负责制，下设七部一室，直属项目部1个，辖子公司4个（永州市零陵区社会事业发展有限公司，永州市零陵资产经营有限责任公司，永州市城鑫保障性安居工程投资建设开发有限公司，永州市鸿达工程建设有限公司）。2017年，公司有员工87人，其中研究生学历9人、大学本科以上学历37人，大学专科学历34人。连续4年被评为省级重合同守信用单位、永州市文明单位、全区经济社会发展综合考核先进单位、社会管理综合治理平安单位、人口和计划生育工作先进单位、创交模工作先进单位、永州市创建省文明城市工作先进单位等。

【项目建设】 2017年，永州市零陵城建投资有限公司负责项目142个，总投资1075007.63万元。全年建设项目68个，完工项目21个（续建5个），完成投资17335.8万元；在建项目47个，完成投资额76465.51万元；续建项目15个，新建项目53个；完成招投标、未开工项目44个，完成投资额5952万元；完成前期工作，准备招投标项目5个，完成投资额1100万元；正在进行前期工作的项目17个，完成投资额6349万元；取消或暂缓项目8个。

【征地拆迁安置】 2017年，永州市零陵城建投资有限公司以工作目标任务抓统筹、抓布置、抓落实，与国土、林业、规划、环保等部门衔接，推动土地报批工作。在土地报批指标紧张的形势下，向省市相关部门争取报批指标，全年组卷报批土地89.99公顷，其中，已拿到批文土地25.85公顷，送省厅窗口待批土地34.3公顷，市国土局通过并出具用地预审意见土地29.83公顷，新征土地71.06公顷。从土地测绘、踏界、召开群众动员会、签订协议、资料审核、资金申报、签批等系列程序全程参与把关。全年征收土地136公顷，征收房屋276户，拨付征地拆迁、青苗及附属设施补偿款约2235笔、3.84亿元。

【融资平台建设】 2017年，永州市零陵城建投资有限公司通过政府购买服务方式包装棚改、旧城改造、文化旅游、路网建设、学位床位等15个项目申请银行贷款和发行中票、企业债券以及融资租赁等多种方式融资。与国开行、农发行、工行等20多家金融机构长期保持良好关系和不间断的业务沟通、信息交流，及时掌握新的融资渠道和方式，迅速包装项目，中票、PPN、融资租赁、产业基金、流贷等新业务实现零的突破。提升直接融资的比例，引进融资租赁、流贷等多种融资形式，将低成本、资金使用困难的融资方式与高成本、资金使用灵活的的融资方式相结合，在资金总成本可控的情况，实现融资结构不断优化，融资额度实现新增长。

【重点项目建设】 2017年，永州市零陵城建投资有限公司狠抓项目建设质量、安全、进度管理，对古城配套路网工程（桃江路、袁家渴路、旭日路、柳子街路、西山路）、工业园九条路项目工程、创新创业大厦项目工程、站场建设、朝阳大道、市政广场、黄田铺书香教育小镇、学位、床位建设等重点项目加强组织协调，推动项目建设。

古城配套路网工程全面开工。桃江路长2984米，宽42米，工程总投资2.1亿元，工程建设投资8900万元，合同工期18个月，建设内容包括土石方、道路、桥涵、给排水、景观绿化、照明、交通设施等。袁家渴路长2477.36米，宽36米，一期建设1680米，项目总投资1.4亿元，工程建设投资3409.03万元，工期18个月，建设内容包括土石方工程、道路工程、给排水工程、桥涵工程、绿化工程、亮化工程、交通标志等。旭日路长1334.09米，宽36米，工程预算造价2019.45万元，土石方工程、道路工程、给排水工程、桥涵工程、绿化工程、亮化工程、交通标志等。柳子街路西起于桃江路，东接柳子古街，全长731.687米，宽6.19米，双向2车道，包括道路路面改造工程、排水工程、照明工程、绿化工程及交通标志等。西山路起于桃江路，沿愚溪南岸往东，止于萍阳南路，全长1.48千米，路幅宽度16米、7米及5米。包括道路、桥梁、排水、绿化、亮化、交通标志等。

创新创业大厦项目工程开工。项目主要建设内容包括土石方、桩基础、主体工程、安装工程、装饰工程等，总建筑面积2.7万平方米，其中，地上16层，地下1层，总投资约6000万元。

【站场建设工程启动】 2017年，零陵区先后启动零陵火车站工程公交枢纽站、停车场、客运站及物流中心建设工程；日升西路公交首末站、停车场建设工程；李家塘停车场、阳明大道东侧停车场（中山城停车场）、萍洲西路烈士公园公交首末站、康济大道公交首末站停车场、东风大桥南匝道停车场等境内站场建设项目。

【朝阳大道建设】 2017年，永州市零陵城建投资有限公司启动朝阳大道建设。朝阳大道全长5.1千米，路幅宽60米，占地约33.33公顷，工期18个月，分两个标段施工。建设内容包括土石方、道路、桥涵、给排水、景观绿化、照明、交通设施等。

【市政广场建设】 2017年，永州市零陵城建投资有限公司启动市政广场建设。规划用地4.66公顷，总建筑面积约为11.5万平方米，规划建设一个市民休闲广场、地下停车场、综合楼及安置房。

【黄田铺书香教育小镇项目建设】 2017年，永州市零陵城建投资有限公司启动黄田铺书香教育小镇项目建设。黄田铺书香小镇项目包含镇区主要道路提质改造、老322国道镇区段建筑立面改造、黄田铺学校提质改造项目、污水处理厂、黄田铺卫生院提质改造等项目。

【提质改造工程项目】 2017年，零陵区境内学位建设项目包括永州五中、永州九中、永州柳子中学、富家桥镇中心小学、荷叶塘学校等15所学校的新建、扩建及提质改造。床位建设包括零陵区妇幼保健和计划生育服务中心新建工程，邮亭圩镇中心卫生院、水口山镇中心卫生院、梳子铺乡中心卫生院、黄田铺镇中心卫生院扩建改造等工程。

财税·金融

财　政

【概况】 2017年，零陵区财政局有干部职工107人，内设股室16个，下属二级机构10个；归口管理单位2个；辖乡镇财政所10个、街道办事处财政所6个，财政所干部职工人数164人。

全区全年一般公共预算收入完成11.28亿元，比2016年增加1.01亿元，增长9.9%。其中，税收收入完成6.49亿元，比2016年增加1.01亿元；非税收入完成4.79亿元，比2016年减少0.69亿元，下降12.6%。全区一般公共预算收入支出完成37.4亿元，比2016年增加5.67亿元，增长17.8%。

【收入征管】 2017年，零陵区财政部门履行牵头组织收入职能，支持税务部门依法征管，大力挖掘增收潜力，合理收入调度，促进全区收入总量和质量稳步提升。全区财政收入完成16.24亿元，为预算的101.5%，增长15.2%。其中，区财政一般预算收入完成11.28亿元。国税完成5.7亿元，增长19.2%；地税完成6.01亿元，增长46.7%；财政完成4.53亿元，下降13%。全年向上争取各类转移支付资金21亿元，增加1.17亿元。

【预算支出控制】 2017年，零陵区财政局坚持民生优先导向，调整优化支出结构，控制“三公”经费等一般性支出，严格预算约束，把资金向民生领域倾斜。全年一般公共预算支出37.4亿元，比2016年增加5.67亿元，增长17.8%，其中民生支出29.07亿元，同比增加4.58亿元，增长18.7%，地方政府一般债券还本支出2850万元。年度评审项目预决算1427个，审减5.86亿元，审减率22.6%，较2016年提高2.6个百分点。全年完成政府采购总额1.98亿元，节约资金850万元。

【民生保障建设】 2017年，零陵区财政局采取压减一般性支出、整合专项资金、盘活财政存量资金等方式，合理统筹财力，着重民生事业投入，增进民生福祉。教育支出6.97亿元，比2016年增长6.9%。全年落实资金4300余万元，新建、改扩建城乡中小学校7所，新增学位5100多个。筹措资金1807万元，对12所农村义务教育簿弱学校进行改造。安排资金185万元，配备校车运营实时监控系统，确保校车安全。安排资金189万元推进教育“三名工程”，提高教育质量。社会保障方面，全年财政安排企业、社会养老保险2.6亿元，安排城乡居民养老补贴7701万元，城乡居民医保2.47亿元，机关社保1.5亿元，失地农民缴费及养老8745万元。探索公立医院改革，落实财政补贴资金897万元；筹措保障性安居工程资金1.7亿元，建成并分配入住公共租赁住房897套，全年发放706户城市低收入家庭廉租住房补助74万元。

【经济建设与社会事业】 2017年，零陵区财政局发挥财政职能作用，支持经济发展。区财政落实涉及中小微型企业、文化科技创新、工商个体等行业企业的6项减税优惠政策，取消15项行政事业性收费，为企业减免税费6000余万元。预算安排工业发展专项资金5000

万元，推进新型工业化建设。安排招商引资专项资金5000万元，支持招商引资；安排专项资金1598万元，支持周家大院古建筑群保护规划、“八愚”遗址景观群保护规划审批、廻龙塔修缮加固；配套资金348万元推进农村“村村响”项目；安排冬修水利资金500万元，“以奖代补”支持建设小型农田水利设施项目。安排资金2140万元，整合各类资金3700万元，投入精准扶贫工作；落实农业生产补贴3.8亿元，打卡发放91项惠农补贴。投入“一事一议”奖补资金1459万元，完成村内道路、水渠维修、山塘维修、安全饮水工程、公共环卫、绿化项目等180个，163个村、20多万农村人口受益。村干部工资及时足额发放，全年支出村级组织运转经费4844万元，保障村级组织的正常运转。争取省级财政奖补资金300万元，开展扶持村级集体经济发展工作试点。

【财政改革】 2017年，零陵区财政局按中共零陵区委、区人民政府改革总体部署,围绕提高资金效益，推进财税体制改革，完善财政运行机制，推行依法科学理财，预决算体制做到全面公开，全区一、二、三级预算单位265个全部纳入国库集中支付改革范围。在全市率先实行非税收入移动缴费试点，迈入移动缴费新时代。全区200人以上的公办学校实现POS机刷卡缴费,非税收入票据电子化率（机打率）近100%。出台《零陵区综合治税工作实施办法（试行）》《2017年零陵区综合治税工作考核办法》，综合治税各软硬件设施建设完成，实现税收保障措施电子化改革要求。规范政府购买服务，制订零陵区政府购买服务工作联席会议制度，下发零陵区《政府购买服务工作基本流程（试行）》，将机关单位政府购买服务支出纳入部门预算编制工作。绩效管理范围实现全覆盖，突出专项与重点评价相结合,将政府购买服务项目纳入重点绩效范围，引入第三方机构对13个重点项目进行绩效评价，评价总金额1.64亿元。

【财政监督管理】 2017年，零陵区财政局排查13起“雁过拔毛”式腐败问题线索，涉及金额44.8万元。财政预决算、部门预决算以及“三公”经费预决算实行全面公开，推进“互联网+监督”平台建设、涉农惠民项目资金实行区、乡、村三级公开公示，保障群众知情权。严肃财政纪律，加强财政资金安全检查，不定期抽查财政与银行对账情况,保障财政资金安全。对城区22个社区开展财务大检查，确保民生资金专款专用。 （毛晓平）

国家税务

【概况】 2017年，零陵区国税局设有办公室、财务管理科、监察室、信息管理中心、机关党委办公室、征收管理科、收入核算科、税政法规科、纳税服务科、税源管理一科、税源管理二科、税源管理三科、人事教育科及城区税务分局、珠山税务分局等15个职能科室和分局。全年有在职干部、职工127人，离退休39人。

主要职责是负责所辖区内税源调查测算、税收计划分解、收入任务完成；税务登记、增值税一般纳税人认定管理、纳税评估、发票管理、减免抵缓退税审核；辖区内企业和个体税收管理；辖区内纳税企业的日常检查及一般性的行政处罚；金税工程系统的管理工作。负责城区6个办事处。10个乡镇的税收工作。全年有国税纳税人7271户。征收的主要税种是国内增值税、国内消费税、企业所得税、个人所得税等。全年税收过1000万元的12户，500万元以上至1000万元的7户，100万元以上至500万元的56户， 50万元至100万元的45户。继续保持省级文明单位荣誉,获全区2017年度平安单位、全区2017年先进基层党组织，所属珠山税务分局被评为全省国税系统2016—2017年度先进集体。3人被市局记三等功、15人被市局嘉奖、14人被市局评为优秀国税工作者。

【国税税收收入】 2017年，零陵区国税局组织各项税收收入60229万元(不含车购税),比2016年增收2.66亿元,增长79.1%。实现区级税收57015万元,比2016年增收26719万元,增长88.19%。税收增减额排全市11个县区第三位,增减幅度排全市第一位。其中:国内增值税5.53亿元,比2016年增收2.6亿元,增长86.44%,点税收收入比重91.82%;国内消费税60万元,比2016年增收15万元,增长33.33%;企业所得税4853万元,比2016年增收400万元,增长8.98%。

【税收政策落实】 2017年,零陵区国税局开办纳税人培训班,培训纳税人600余户次;举办税收管理员政策培训2场;举办房地产建筑业专题培训2场。全区享受个体工商业户起征点增值税减免4771户,占开业总户数的95.08%,减免个体工商户增值税1366.65万元。281户小规模纳税人享受增值税优惠减免88.65万元,占开业小规模企业总户数的13.62%。48户小微企业享受所得税小微企业优惠30.5万元,优惠面100%。

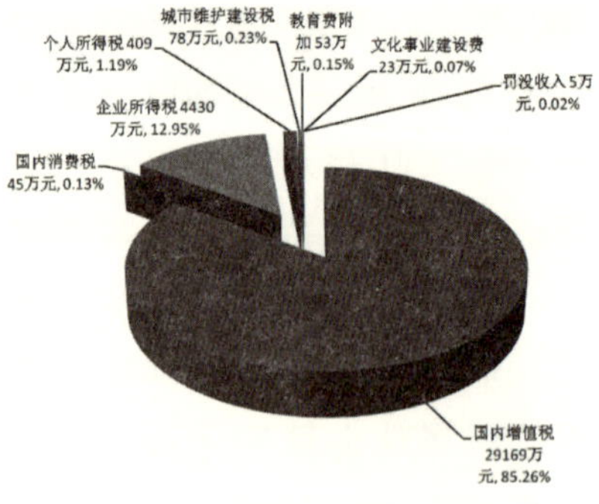

图1 国税税收分税种结构示意图

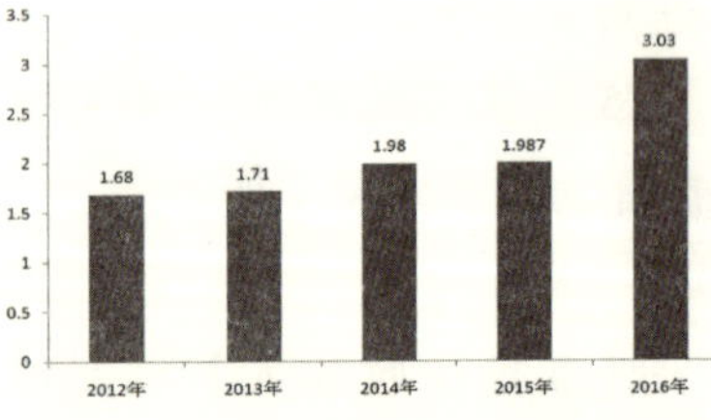

图2 国税区级税收收入情况示意图

【纳税服务提升】 2017年,零陵区国税局基本建成"进一家门,办两家事"办税格局。开展"问需求 优服务 促改革"专项活动和"出发在春风里"便民办税春风行动。全年开办纳税人学校6期;举办"深化税收改革、助力企业发展"税企主题座谈会2次。积极推进纳税信用体系建设,对2016年度纳入纳税信用管理范围的1163户纳税人进行信用等级评价。评定A级纳税人15户。对联合激励名单实施动态调整,及时在门户网站和办税大厅公开。

【税收风险管理】 2017年,零陵区国税局重点关注营改增后的房地产企业、建筑安装企业、饮食宾馆服务行业、竹木制品行业、重点税源行业的纳税评估工作。完成税收风险评估任务31户,其中税收风险核查10户。风险提示3户,实际风险评估18户,查补评估增值税并入库237.2万元,抵减留抵税款4.3万元,查补企业所得税13.5万元,加收滞纳金5.6万元。向市稽查局移送4户企业,查补入库税款337万元,加收滞纳金3万元,罚款1000元。风险分析识别命中率100%。

【电子税务局管理】 2017年,零陵区国税局推广"互联网+政务服务"。全年通过电子税务局受理税务事项499户次,通过电子税务局受理申报264户次,对2169户纳税人进行实名认证。

推行综合治税平台建设,7月初,按照"快速见效、挖掘税源、助力财税收入"思路,初步建成全区综合治税平台,强化涉税数据资源的采集、查询,实现外部信息的共享应用。年末,利用平台对环卫保洁资金拨付、房土交易、酒店住宿、河道采砂、建安项目和地税附加税等行业税收征缴情况进行分析评估,取得实际成效。综合治税平台,促进税收征管模式管理,成为全市国税系统工作亮点。

【政务管理服务】 2017年,零陵区国税局修改和完善政务公开制度、实施方案、考核及责任追究办法。严格审批程序,增加"保密审查"栏,增加《2017年政务公开考核内容及标准》和《外网信息采集及栏目管理责任单位一览表》。建立督查督办管理台账、政务公开和网站建设管理台账。全年下发44个督办单、29个政务公开审批单,让政务公开和网站操作更方便、审核更慎重、渠道更规范、报送更标准。规范舆情处置流程，及时化解负面舆情。开展网站普查，保障网络信息安全。加强保密意识教育和专项管理，未发生失泄密事件。

【绩效管理】 2017年，零陵区国税局通过公文处理系统下发《2017年区局绩效管理实施细则及考评规则指标的通知》、区国家税务局党组关于印发《绩效考评结果运用办法(试行)》，确定2017年绩效考核办法和个性共性指标。下发《2017年市国税局对区局绩效考评特殊指标责任分解表》，对5个税源管理部门首次采取由区局税政、征管和纳税服务科考核的方式。

【税务教育培训】 2017年，零陵区国税局通过永税在线、如法网等平台，增强教育培训工作的实效性、趣味性和广泛性。1名工作人员进入市局“素质提升‘115’工程—岗位能手项目”选拔。全局116人参加“七五”普法考试，报名率、参考率、合格率均为100%。与地税局联合开展汇算清缴事前辅导培训、事中审核整改、事后纳税评估，联合为319户纳税人提供培训辅导，避免纳税人重复培训，降低培训成本，提高培训师资利用率。

【国税地税合作】 2017年，零陵区国税局探索建立科学、稳定、务实、长效的国地税合作工作机制，通过推动服务深度融合、执法适度整合、信息高度聚合，构建科学、稳定、务实、长效的国、地税合作工作机制。联合办理税务登记427户、联合办理变更登记2237户，注销登记487户，联合采集财务报表9356份。联合评定429户2016年度纳税信用等级，信息集中分析，共同协商评定等级，其中A级纳税人15户、D级纳税人108户。联合开展金三数据清理。清理数据5701笔，完成率99.91%，位于全市第三。

【机关后勤管理】 2017年，零陵区国税局办公大楼维修改造项目经省局审批通过，老办公大楼被拆除。局机关大院内生态停车场重新改造，给、排水工程及消防管道得到修复。完成办税服务厅维修改造的设计及工程招标工作。开展文明劝导、夜巡、创交模突击月等工作1300余人次；与物业公司重新签订合同。全年没有发生盗窃事件、失火、吸毒、上访等重大事件，实现全年平安无事故。

【纪检监察】 2017年，零陵区国税局按照“谁主管、谁负责”的原则，制订下发《中共永州市零陵区国家税务局党组关于贯彻落实党风廉政建设党组主体责任和纪检监察部门监督责任的通知》。专题学习研究和部署党风廉政建设和反腐败工作3次，对2013年以来的政治生态情况开展专项自查，整改到位。开展家属助廉活动。每季向干部职工家属发放家庭廉情反馈卡，并随机电话回访不少于30%的家属，征求家属对区局党风廉政建设和作风建设的意见和建议。针对市局巡察反馈的问题清单，制定整改措施，明确责任领导、责任科室和责任人，年底均整改到位。严抓家风家教建设。在市局开展的“传承好家风”活动中，2名干部职工家庭被市局表彰、1名干部家庭被省局表彰，2人获主题征文和主题演讲二等奖。

【税收科研信息】 2017年，零陵区国税局在《湖南国税通讯》上发表信息3篇；在《永州国税通讯》发表信息19篇；在永州税务学会主刊《潇湘税韵》上发表小说5篇、图片1幅；国税工作会、税收宣传被市电视台、永州都市频道播出3次；在《零陵新闻网》上发表信息1篇；在举行的全市国税系统晚会上，参赛剧本《国税礼赞》获得很好的演出效果。形成报纸上有文章、电视上有图像、广播里有声音、网络上有信息、闹市区有广告、纳税人手上有资料的全方位立体宣传网络。 (鲁铭成)

地方税务

【概况】 2017年，零陵

区地方税务局有在职工作人员104人，内设7个行政科（室）、下设3个直属机构、1个税源管理科、4个税务分局，担负全区12个乡镇、4个办事处的地税征管工作。区地方税务局围绕“三个地税”目标愿景，落实“一稳两全”工作思路，瞄准“六大战役”工作目标，地税收入增量提质，征管转型务实推进，纳税服务持续优化，依法治税稳步推进，队伍建设大为加强，政务服务保障有力，先后获得全国税务系统先进单位、2016—2018年全省依法办事示范窗口单位、湖南省地税系统文化建设先进单位和湖南省地税系统首批法治建设示范基地等称号。

【地税收入征管】 2017年，零陵区地税局面对经济形势变化、主体税种缺失和结构性减免面广量大等多重考验，贯彻组织收入原则，坚持形势早研判、预案早研究、措施早部署、责任早落实，保持地税收入的稳健增长。全年完成区政府口径各项收入60105万元，同比增收16752万元，增长38.64%，占年初计划57300万元的104.9%。

【税收征管改革】 2017年，零陵区地税局积极探索征管转型模式，立足金三系统、国、地税信息共享和综合治税三个数据平台，把握数据录入、监控、考核三个关口，建立组织保障、团队应对、预警联动三个机制，形成数据管理模式。全年完成市局风险应对任务8批、441户，推送特殊风险任务3批、13户，经评估自查补缴税款1653万元。夯实征管基础，全局准期申报率提高至83%，催报率100%，税费种登记率达100%；清理虚假欠税35户、22.5万元；发布欠税公告4批17户，涉税金额达983.4万元。强化信息管税机制，及时完成省、市局集中推送问题数据清理，推动政府开启涉税信息共享平台。深化国、地税合作，实行联合定税、联合巡查、联合核实数据。全年联合定税4821户，占定期定额户的86.7%。核实纳税人信息6410条次，核实修改国、地税信息不一致484户次，将未办理登记的2810户纳税人纳入正常管理，堵塞征管漏洞，征管转型工作得到市局和其他县区局的肯定，并在全市地税系统征管转型工作推进会上作典型发言。

【纳税服务提升与宣传】 2017年，国、地税共建办税厅，双方互派办税员，实现“一窗一人”式办税，缩短纳税人办税时间。推行二维码一次告知、实名制办税，优化推出网厅二期、湖南地税“智慧税务”手机客户端等信息系统，提高办税便捷度。零陵区地税局与国税联合开展“问需求、优服务、促改革”大走访专项活动，开展税收宣传培训工作，组织税收宣传月、纳税服务日等活动，与国税联合举办4期“纳税人学堂”业务培训班，培训企业财务人员1287人次。在商业城、工人文化宫等人流集中场所多次开展税法宣传活动，为纳税人答疑173人次，发放税法宣传资料2000份，并邀请永州电视台做现场专题报道。加强纳税信用管理，联合国税对全区420户纳税人进行纳税信用等级评定，评定A级纳税企业11户，激励纳税人依法诚信纳税，营造和谐良好的纳税环境。落实国务院6项税收减免新政策，进一步激发“双创”活力，依法减免小微企业等各项税收12445.26元。

【依法治税成效明显】 2017年，零陵区地税局持续巩固全省地税系统首批法治税务基地创建成果，进一步规范执法行为，依法行政，创建全国法治税务基地。加大普法学法考法、执法案卷评查、税收执法督查和规范性文件清理等工作力度，促进依法治税工作再上新台阶。做好环保税开征准备，创新土地增值税管理，坚持协同管理、征管互助、动态监控，全年完成土地增值税清算项目18个，涉税金额5057万元，得到省局督查组的肯定。开展行政事业单位税收清查，查补税款500余万元。发挥稽查的职能作用，加大稽查力度，惩治偷逃骗抗等税收违法行为，

全年立案检查17户，结案12户，查补入库税款1971.4万元，加收滞纳金237.5万元，罚款16.3万元。（罗湘娟）

金融工作

【信贷投放】 截至2017年12月31日，零陵区金融机构各项存款余额248.76亿元(包括市本级及市辖区财政性存款19.9亿元）比年初增加41.81亿元，增长20.20%，增长20.20%；各项贷款余额137.37亿元，较年初增加29.25亿元，增长27.05%，新增贷款占任务26.8亿元的109.13%，完成全年的新增贷款任务。各项贷款中，中长期贷款余额112.45亿元，短期贷款余额24.92亿元。从贷款额比较多的金融机构看，农业银行贷款3.15亿元，其中，潇水路、南津路、阳明大道路网改造3亿元，永州市零陵旅游建设投资有限责任公司2.9亿元，永州市零陵交通建设投资有限责任公司1.93亿元审核通过，由于公司资本金没有到位尚未放款；永州市零陵城建投资有限公司2017年PPN项目8亿元资料通过，尚在审批中；黄古山建行净增贷款3亿元，其中，潇水河治理2亿元；华融湘江银行净增10.30亿元，其中，国道207线2.3亿元，潇水两岸河道改造1.786亿元，零陵古城3亿元，房地产贷款1.2亿元，保障性安居工程1.7亿元；交通银行净增6.55亿元；农发行净增贷款3.56亿元；建行零陵支行净增4.15亿元，其中，城建投中票3亿元；建行红太阳支行净增1.6亿元，其中，零陵区阳明大道片区路网理财产品1亿元；区农商行净增7.09亿元，其中，农建投1亿元，交建投1亿元，三农贷款2.1亿元，精准扶贫贷款1.5亿元，核销不良贷款2.16亿元。全年永州市外银行融资90.02亿元人民币（到位31.92亿元)。其中，国家开发银行授信额度45.22亿元（到位12.12亿元)；华夏银行长沙分行授信4亿元（到位1亿元)；长沙银行永州支行授信4.8亿元基金；建设银行零陵支行中票10亿元（到位3亿元)；交通银行PPN 15亿元（到位3亿元)；华融金融租赁股份公司融资租赁3亿元；远东宏信融资租赁公司融资租赁1亿元；华融湘江银行零陵古城项目授信6亿元（到位3亿元)；中国银行南津渡支行融资租赁1亿元。各金融机构核销贷款2.34亿元，承兑汇票0.76亿元，租金质押0.24亿元，信用卡分期0.17亿元，计3.51亿元。

【政银企合作洽谈会】 2017年，零陵区通过政银企合作洽谈会议签约意向项目21个，参与签约的金融机构9个，拟贷金额约62亿元，授信59亿元，1—12月，到位贷款48亿元，到位率77.42%。

【银行网点建设】 2017年，零陵区农商行在迴龙塔路、市博物馆、徐家井农贸市场新增3个网点，提高金融服务的覆盖面;增设新的金融机构长沙银行零陵支行于2017年12月5日开业。

【惠农普惠金融工程】 2017年，中国农业银行零陵支行在零陵区实施惠农普惠金融工程，有“惠农通机具”330台，其中，助农取款143台。在全区设立惠农通“助农服务点”146家，其中，金融扶贫站7个，分布在全区12个乡镇，“惠农通”工程覆盖全市90%以上行政村。在普惠金融服务中，推广加载有诸多服务功能并且免卡费、免年费、免收账户管理费的“惠农卡”。

【“助保贷”业务】 2017年，零陵区金融工作领导小组办公室对建设银行芝城支行助保贷管理中心推荐的永州市仟家商贸有限公司和永州市精信源科技有限公司进行实地考察，分别给予两家企业500万元贷款支持，期限一年。其中，仟家商贸于10月22日获得审批通过，11月3日办理抵押登记，11月6日，500万元贷款投放到位。精信源因公司法人代表尹修良在深圳开有两家企业，同时名下有7家企业，既涉及制造业又涉及电商行业，由湖南建行向广东建行发函查询企业及企业主征信，于10月31日获得查询回函，贷款申报材料报至湖南建行小企业部进行审批，11月28日，债项审批批复480万元。

【挂牌上市后备企业培育】 2017年，零陵区金融工作领导小组办公室培育挂牌上市后备企业，加快推进企业挂牌上市。在永州市异蛇科技有限公司和湖南时代阳光药业有限公司为省后备上市企业的基础上，申报远达新材料、湘科软磁、零陵区旅游投资建设公司3家公司进入市2017年重点企业上市后备库。先后3次到企业调研，了解企业上市筹备情况。湖南时代阳光药业有限公司已经与深圳证券交易所衔接，深交所派人进行一系列的上市筹备工作。

【小额扶贫贷款实施】 2017年，零陵区实施小额扶贫贷款，截至2017年11月31日，有建档立卡贫困农户12644户，发放贷款6040户，金额28860万元。其中，非在档贷款580户，本金2791.2万元；在档贷款5460户，本金26068.798万元。

【金融风险排查和整治】 2017年，零陵区出台《零陵区开展防范非法集资宣传月活动实施方案》《关于深入组织开展涉嫌非法集资风险专项排查活动的通知》《零陵区严厉打击恶意逃废银行债务优化金融生态环境专项活动实施方案》《零陵区政府性债务风险预警化解和应急处置方案》《零陵区处置非法集资事件应急预案》等文件。开展非法集资风险专项排查、互联网金融风险整治、七类地方金融类企业排查、惩治恶意逃废银行债务等活动。截至11月底，惩治恶意逃废银行债务收回各项不良贷款5803.9万元，加强对幸福园敬老山庄的涉嫌非法集资案件的处置协调力度，全区金融风险总体可控。 (祝立群)

中国农业发展银行永州市零陵支行

【概况】 2017年，中国农业发展银行永州市零陵支行贯彻落实省市分支行行长会议精神，落实“两个从严”，围绕“六大战役”，加快业务有效发展，夯实经营管理基础，提升改革发展品质，提高员工队伍素质，开展“信贷队伍建设年”“党建基础工作建设年”“两学一做”常态化、制度化活动，开展“作风纪律教育整顿”活动，抢抓发展机遇，依法合规经营，业务运行平稳，各项工作稳步推进。5月，王霖被授予2016年度中国农业发展银行“五一劳动奖章”。

【贷款余额增长】 截至2017年12月底，中国农业发展银行永州市零陵支行各项贷款余额119644万元，比年初84049万元增加35595万元，增幅为42%。1—12月，累计发放各项贷款71180万元，比2016年32861万元增长38319万元，增幅为117%。

【各类存款增加】 截至2017年12月末，中国农业发展银行永州市零陵支行各项存款余额123190万元，比年初57147万元净增65773万元，增幅115%，完成市分行下达年度任务68414万元的180%；各项存款日均余额77908万元，比年初58290万元净增19618万元，增幅33%。完成市分行下达年度任务65036万元的120%。

【中间业务收入】 载运2017年12月末，中国农业发展银行永州市零陵支行实现中间业务收入 2.25万元。

【账面利润增长】 载至2017年12月末，中国农业发展银行永州市零陵支行实现各项收入4324万元，同比2016年4558万元，减少238万元，减幅5%；各项支出1434万元，比2016年2467万元减少1034万元，减幅42%；实现账面利润2890万元，同比去2016年2091万元，增长800万元，增幅38%，完成市分行下达年度任务2410万元的120%。继续保持不良贷款、逾期贷款为零，按CM2006系统贷款十二级分类口径统计，全行不良贷款余额、不良贷款占比为零。

【粮油收购信贷发放】 2017年，中国农业发展银行永州市零陵支行坚持在不打“白条”的情况下防控风险的指导思想，立足用政策性收购解决粮食收购问题，坚持粮油传统业务基础地位不动摇。贯彻落实国家粮油收储政策，倾力支持最低价粮食收购，全年累计发放县级储备粮贷款130万元，收购粮食50万公斤,收购值130万元；发放省级储备粮贷款1050万元，收购粮食500万公斤，收购值1050万元。

【棚户区改造建设】 2017年，中国农业发展银行永州市零陵支行研究国家宏观经济政策，抢抓历史发展机遇，以全市农村基础设施建设中长期信贷项目对接和金融支持永州市经济发展政银企会商会为契机，营销棚户区改造、水利、易地扶贫搬迁、县域公共设施等领域项目贷款。1—12月，营销棚改项目3个，审批项目2个，计8.9亿元。以棚户区改造建设为重点，获批零陵区城鑫安居投资开发有限公司棚户区（城中村）改造PSL项目贷款5亿元，并发放到位。支持零陵区日升等棚户区（城中村）改造工程建设，贷款期限25年。

【脱贫攻坚】 2017年，中国农业发展银行永州市零陵支行按照精准扶贫的要求，采取“5+2”“白+黑”工作方式，以零陵区、双牌县建档立卡贫困人口数据为基础，将项目营销与服务脱贫攻坚挂钩。发放教育扶贫贷款2亿元支持双牌县学位建设项目。拨付易地扶贫搬迁贷款7480万元（其中：零陵5377万元、双牌2103万元）、基金1040.5万元（其中：零陵827.5万元、双牌213万元）、拨付零陵扶贫债券1102万元。

【存款组织营销】 2017年，中国农业发展银行永州市零陵支行通过开展存款组织“百日竞赛”活动，树立“存款增效”“存款兴行”的经营理念。及时分解目标任务，并制订考核办法，按季考核并兑现，同时明确全员考核，形成全员抓存款的局面，存款组织工作取得突破。利用政府平台贷款营销之际抓存款组织，要求企业贷款资本金、约期还款资金、还本付息资金等配套资金提前到位，企业财政及闲置周转资金全部通过农发行帐户存入、结算。营销同业存款，做好高端营销，将营销同业存款作为存款组织工作的一个主要突破口和重要着力点，调整同业存款营销策略，积极探索同业合作模式。与永州农商行合作，累计营销同业存款金额5000万元，完成市分行下达年度任务2000万元的250%。

【基金投资】 2017年，中国农业发展银行永州市零陵支行按照“稳字当头、严控风险”的原则，严把基金申报审核关，对行政审批手续不全、条件不成熟的项目坚决不报。全年加大基金的支付力度，累计支付1040.5万元，发挥基金的促投资稳增长的作用。

【客户信贷维护】 2017年，中国农业发展银行永州市零陵支行通过制定到期贷款监测台账，根据企业实际和需求“量体裁衣”，合理安排人员，及时启动续贷（展期），确保贷款受理、调查在规定时间内完成。支持天顺公司等一批产业化龙头企业做强做大，实现客户资金供应的“无缝对接”。

【“信贷队伍建设年”活动】 2017年，中国农业发展银行永州市零陵支行成立由行长牵头的活动领导小组，制订“信贷队伍建设年”活动实施细则，明确活动组织机构、任务书和时间表。召开专题会议，系统学习文件，领会精神，研究贯彻措施，把活动作为全行工作的重中之重，各部门互相联动、配合，扎实推进。进行自查，迎接市分行、省分行及总行的检查，开展贷后管理年回头看等。重点对中长期贷款和基金业务进行全流程排查。完成客户抵押担保物风险排查。组织客户经理成立专项检查小组到房产局、国土局等查询权证，并聘邀请法律顾问逐笔审查。排查涉及贷款客户8家，贷款金额11.9亿元。及时掌握风险信号，保障贷款资金安全。

【执行力建设】 2017年，中国农业发展银行永州市零陵支行制订《零陵支行部门考核实施意见》等制度，修改完善《零陵支行劳动考勤管理办法》等制度办法，加强对基础工作的管理。抓好财务会计对接检查和“信贷队伍建设年”发现问题的整改落实，增强执行力，提升信贷和财会基础管理质量。开展档案达标升级活动，抓好文书、信贷、财会档案收集、整理、归档工作。档案实现二级达标，被省分行验收通过，并获好评。

【信息化建设】 2017年，中国农业发展银行永州市零陵支行继续推进综合办公平台全面应用，全面实现无纸化办公；开展信息系统突发事件应急演练；开展信息科技操作业务培训，保障系统安全生产，并对机房线路进行检查、整理。

【“党建工作基础建设年”活动】 2017年，中国农业发展银行永州市零陵支行召开动员大会，成立领导小组，制订“党建工作基础建设年”活动方案和教育计划。组织全体党员听总行、省、市分行党课，并由支行支部书记上党课。编印学习“党言党语”学习手册，全体党员开展“党言党语”学习，新装修党建活动室一个，充实活动室内容。学习党章党规、习近平总书记系列重要讲话精神，引导全体党员读原著、学原文、悟原理，查找不足，争做合格党员。学习贯彻落实中共十九大会议精神。要求每个党员学有心得、有认识、有交流，宣传栏宣传心得体会。党支部书记带头与班子成员到企业、客户调研20多次，解决业务发展、客户维护具体问题10余件。

【“作风纪律教育整顿”】 2017年7月中旬至11月，中国农业发展银行永州市零陵支行开展作风纪律教育整顿活动。活动中，广泛征求意见，剖析整改存在的突出问题。采取一系列措施，做到精心酝酿，充分准备，确保作风纪律教育整顿活动落到实处。做好组织准备、方案准备、思想准备。成立作风纪律整顿活动小组。按照市分行“一把手要亲自抓的要求”，成立由支行党支部书记、行长任组长，其他支部成员任副组长，以各部室负责人为成员的作风纪律教育整顿活动工作领导小组，确保对整顿活动的组织领导。设立活动办，由各部室负责人担任作风纪律教育整顿活动的联络员。为确保作风纪律教育整顿扎实开展并取得实效，结合实际制订《零陵支行作风纪律教育整顿活动实施方案》。从时间到内容，从方法到步骤都进一步予以细化、量化，力求做到具有很强的可操作性。为确保方案安排科学、部署周密，支行党支部先后召开两次党支部会议，专门研究活动实施方案，并根据市分行要求的学习内容制订详细的“作风纪律教育整顿活动计划安排表。召开作风纪律教育整顿活动动员会，提高思想认识，消除厌烦情绪，增强搞好作风教育纪律整顿的热情与信心，营造良好的氛围，使全行员工以饱满的精神状态，投身到作风纪律教育整顿活动当中去。结合工作实际，按照市分行的工作部署，分为学习动员、自查自纠、督查整改和总结提高四个阶段扎实开展。开展作风纪律教育整顿活动，锻炼员工队伍，加强作风纪律，教育整顿工作初见成效。

【思想宣传】 2017年，中国农业发展银行永州市零陵支行以《金融时报》《农村金融时报》、新华网、人民网、经济网等中央主流媒体为平台，及时反映新思路、新举措、新发展。全年在《金融时报》《农村金融时报》《粮油市场报》、人民网、新华网、中国经济网等中央和省级主流媒体、总行网站、省、市分行《农业政策金融参考》和地方主流媒体发表各类通讯报道、调研、信息等199篇（条）。

【文体活动开展】 2017年，中国农业发展银行永州市零陵支行开展“迎新春乒乓球比赛”、与零陵交建投“篮球联谊比赛”和“迎端午气排球比赛”。参加市分行“感党恩 迎七一”合唱比赛，获一等奖。吕远鸣书法作品分别获省、市农发行系统“喜迎十九大”书法类比赛一等奖。

【园林式单位创建】 2017年，中国农业发展银行永州市零陵支行加大创园林式单位创建力度，全年投入2万多元，对支行园林绿化进行整理改善。对桂花树、杨梅树、樱花树、红木石楠等进行剪枝、修型，根部除草和嵌卵石，新种植樟树2棵。被永州市政府授予“园林式单位”称号。

【党风廉政建设】 2017年，中国农业发展银行永州市零陵支行组织全体党员学习《中国共产党廉洁自律准则》《中国共产党党内监督条例》《中国共产党问责条例》和《中国共产党政治生活若干准则》，认真执行中央“六个严禁”“八项规定”和市分行制定的实施细则。落实《廉洁办贷监督管理办法》等七个制度办法，与所辖企业全部签订《银企廉政共建协议书》8份，组织召开银企廉政共建座谈会1次。做好回访客户工作，对本行8家贷款企业进行回访。检查员工落实总行《廉洁办贷十不准》、市分行“七个严禁”、《廉洁履职承诺书》及《银企廉政共建协议书》情况，及时发现和解决苗头性问题，化解风险隐患，确保银企廉政共建工作落实到位。 (王霖)

中国建设银行零陵支行

【概况】 2017年，中国建设银行永州零陵支行按照上级行的战略部署和转型发展要求，围绕新的发展理念，实现主要业务指标市场份额领先，各项业务平稳健康发展；实现内控和案防管理的“无重大违规、无重大安全责任事故、无重大客户投诉和舆情、无案件”的管理目标。年底，零陵区建行员工总数64人，全行党员23人，占比35.94%。辖4个支行，有5个网点，4个离行式自助银行；ATM自助设备39台，智慧柜员机21台。

【金融业务发展】 2017年，中国建设银行永州零陵支行一般性存款余额38.66亿元，新增4.66亿元，同比多增5.3亿元，同业排名第一位。其中对公存款余额9.11亿元，新增2.52亿元，同比多增6.72亿元，同业排名第一位。个人存款余额29.55亿元，新增2.14亿元，同业排名第一位。

【银行资产业务】 截至2017年年末，中国建设银行永州零陵支行各项贷款余额25.31亿元，新增6.05亿元，同业排名第二位。其中公司贷款余额10.61亿元，新增0.53亿元，同业排名第四位。个人贷款余额14.7亿元，新增5.52亿元,同业排名第一位。

【主要效益指标】 2017年，中国建设银行永州零陵支行跟进全区战略部署，履行大行责任，发挥重点项目建设传统优势，拓宽融资渠道，对接项目落地。全年实现账面利润1.03亿元，同业排名第一位。

【普惠金融贷款】 2017年，中国建设银行永州零陵支行普惠金融贷款新增0.25亿元。在全省“拓客户 稳存量 控风险 增收益”小微企业业务竞赛活动中，获“综合一等奖”“资产质量专项奖一等奖”。

【承销融资债券发行】 2017年，中国建设银行永州零陵支行承销零陵城建投公司10亿元中期票据，成功发行3亿元，实现债务融资工具承销发行零的突破，成为永州四大行承销发行债务融资工具的第一家银行。

【金融生态圈建设】 2017年，中国建设银行永州零陵支行根据上级行转型发展要求，围绕新的发展理念，坚持做品质，树品牌，改革创新形成新动力。全年金融生态圈建设立项项目累计立项10个，其中做深做透4个，平均获客量8870个，对私、对公客户产品平均覆盖度分别达10个、7.6个，存贷款等金融总量平均达到2.1亿元以上，与1个客户建立银企直联等系统对接。

【品牌形象提升】 2017年，中国建设银行永州零陵支行在市人行银行业金融机构综合评价工作中，连续两年被评为A类行；在永州市银行业协会“五星级网点”复查中，通过1个网点。

【互联网金融发展转型】 2017年，中国建设银行永州零陵支行金湘通商户新增115户，善融商务有效买家0.16万户，手机银行客户新增2.15万户，个人网银客户新增1.86万户；悦生活交易量达到35.08万笔，POS收单交易额18.26亿元，移动金融柜面替代率达到85.21%。

【信贷风险管理】 2017年，中国建设银行永州零陵支行把“风险管理职责”纳入支部工作的重要议事日程，实行“一把手”负责制和领导班子岗位责任，形成齐抓共管协同防范的效果。制订《永州零陵支行信贷管理“315工程”实施方案》，将信贷风险管理列入领导班子主体责任，实现各层级领导班子对辖内信贷客户管理全面覆盖，同时制订信贷管理方案，落实“一户一策”压缩措施。

【“三清查”专项活动】 2017年，中国建设银行永州零陵支行在全辖范围内组织开展“三清查”自查自纠专项活动，全行64人填写“三清查”自查自纠情况申报表和“三清查”活动承诺书，对省行下发的“三清查”共3批、125笔疑点账户进行深入核查。

【舆情应对处置】 2017年，中国建设银行永州零陵支行建立由5名员工组成的舆情监测网评员队伍，除及时发现舆情外，还利用微信群平台，组织对舆情进行研判，全年成功处置负面舆情2起，化解潜在舆情5起，实现“无重大客户投诉和舆情”的目标。

【党建工作】 2017年，中国建设银行永州零陵支行认真学习贯彻中共十九大精神，通过举办党支部集中学习中共十九大精神专题培训班、组织学习新党章总则等多种活动，同时在一楼文化展示厅制作学习十九大精神文化墙，确保学习宣传贯彻工作全覆盖、真落地，引导全行广大党员干部进一步增强“四个意识”。开展“两准则四条例一办法”学习宣传活动和“两学一做”学习教育活动，在全行开展“守规矩，知敬畏”内控合规整治年活动，层层签订《全面从严治党责任书》，制订《基层党支部班子成员全面从严治党责任清单》，全面推进落实“两个责任”，履行“一岗双责”。全年召开党支部会议12次，纪检监察员上讲堂4次。对支行开展“两个责任”落实现场督导检查2次，公开约谈“两个责任”落实不力主要负责人1人，提醒谈话18人次。（谭倩照）

中国农业银行永州零陵支行

【概况】 中国农业银行永州零陵支行是农行设立在永州市零陵区的一级支行，隶属于中国农业银行永州分行，是零陵区面向三农，服务城乡的综合金融服务商。2017年，零陵支行有在职员工95人，下辖营业网点7个，其中城区网点5个，农村网点2个。

截至2017年年末，各项存款余额25.12亿元，比年初净增5.14亿元。其中个人储蓄存款余额为18.35亿元，较年初净增0.77亿元；对公存款余额为6.75亿元，较年初净增4.37亿元。各项贷款余额8.99亿元，较年初净增2.58亿元。其中，个人贷款余额4.54亿元，较年初净增0.68亿元；公司类贷款余额4.45亿元，较年初增加1.90亿元。

【服务品质提升】 2017年，中国农业银行永州零陵支行以深化网点转型为抓手，提升服务水平，实现网点功能、人员配置、服务质量的提升，树立零陵农行良好社会形象。在各网点设立“党员示范岗”，以标杆做示范，提升服务品质，树立以党员为代表的优质服务形象。支行在营业部设立新农保业务专柜为全区广大人民提供优质、高效的新农保专业金融服务；支行成立“三农”团队和社保团队，践行服务“三农”，面向城乡的企业愿景。

【风险防范加强】 2017年，中国农业银行永州零陵支行加大不良贷款清收、处置以及委托资产清零工作的力度，非农个贷不良贷款年末余额173万元，较年初完成清收450.8万元；从严治党、从严治行，从管理上出效益，执行内控合规管理考核办法，提升全行内控合规管理水平，促进全行依法合规经营，防范和化解经营、操作风险。

【信贷结构优化】 2017年，中国农业银行永州零陵支行坚持落实上级行业务经营方针，在全行业务发展谋划上强调突出重点，支持实体经济和金融扶贫，保当前、强化基础利长远、保证质量不混乱。加大小微企业和农户贷款的发放力度、多措施投放个人住房按揭贷款等消费类贷款、不断提高固定资产贷款的占比，进一步优化信贷结构。全年发放小微企业贷款66999万元、农户贷款余额为1989万元，农户贷款不良率比年初下降4.87%。

【三农经济发展服务】 截至2017年年末，中国农业银行永州零陵支行通过“代理服务点”代理金融性交易530697笔，交易总金额为8454.15万元，其中代理助农取款71702笔，金额为3932.40万元；通过服务点代理交费业务126996笔，代缴费金额1310万元；通过惠农通机具代理电力缴费24267笔，金额274.17万元。推进惠农工程，做实代理服务点的代理服务，改善零陵区农村金融支付环境，解决广大的农村居民基本金融服务不出村的问题，打通支行惠农服务的“最后一公里”，实现区域内的普惠金融。

【支持地方经济发展】 2017年，中国农业银行永州零陵支行围绕中共零陵区委、区人民政府“六大战役”重点目标，支行以政府购买服务贷款和中期票据为着力点，支持零陵区地方经济发展。2107年年底，永州市零陵城建投资有限公司20亿中期票据项目已报总行审批，为零陵区地方基础设施发展注入新的活力。全年发放永州市香零山路桥开发有限公司南津路、潇水路、阳明大道地下管网及配套设施建设3亿元项目，剩余1.8亿元；完成对永州市零陵交通建设投资有限责任公司贤水河流域综合治理项目贷款3亿元项目和永州市零陵交通建设投资有限责任公司国道322线改线工程项目贷款2亿元项目的贷款整改工作。

【信贷管理】 完善管理细则，做到有章可循。以上级行规章制度为指导，出台不良贷款管理等系列管理细则，形成比较完善的管理制度体系和事事有规则的管理局面；以预防为主强化制度执行，按季组织内控案防和贷后管理例会及安全检查等，对风险隐患和苗头不遮掩不姑息，制度落实的保障监督落到实处；开展风险排查活动，利用“三线一网格”管理在全行提高内部管理质量活动中树立样板、查找漏洞；举全行之力全力化解风险，针对信用卡和农户小额贷款不良问题，实行责任认定与责任清收；支行专职清收与责任清收；自主清收与司法清收三同步。

【金穗市场营销】 2017年，中国农业银行永州零陵支行以面向三农、服务城乡为导向扩展金穗市场营销。依托社会保障卡增加金穗市场“广度”，农业银行社保卡覆盖城乡居民和城镇职工，全年发放社会保障卡近9千张。通过惠农贷款加深金穗市场“深度”。截至2017年年末，零陵支行农业专业大户贷款余额1503万元，净增721万元。

【安全保卫】 2017年，中国农业银行永州零陵支行建立健全安全保卫制度，把安全保卫与业绩考核挂钩，确保零陵支行安全保卫工作长期平稳发展。年初，与各部室、网点签订安全保卫工作责任书、消防安全责任书、消防预案、安全安防视察责任书，细分安全责任区及责任人。对各网点的防爆、消防器材进行更换；每月对营业网点的安全防卫工作进行督导；对报警、监控设备进行核查，对于发现的问题及时整改，确保设备的正常使用。每季末组织网点责任人进行全行安全保卫工作分析会，把安全意识渗透到每一位员工的思想意识、每一个工作环节。

（成丽娟）

工行永州零陵支行

【概况】 2017年，工行永州零陵支行贯彻落实全省行长会议精神，按照市分行“七个聚焦”（即聚焦资产质量，强力化解信贷风险；聚焦“大小新优”，拓展优质信贷市场；聚焦源头市场，推动存款快速增长；聚焦客户体验，着力培植客户基础；聚焦转型发展，提升创收增收能力；聚焦队伍建设，不断激发内生活力；聚焦内控外防，努力提高管理水平）的总要求，强化资产质量管理、内控管理和风险控制，坚实信心，振作精神，突破资产质量关、经营转型关、改革创新关，提升市场占比和系统贡献水平。

【经营指标】 2017年10月、11月，二级支行徐家井支行、烟厂支行并入零陵支行。截至2017年12月31日，全行各项存款余额为138647万元，其中储蓄存款余额101119万元，较年初增加1472 万元 ；公司存款余额15874万元，较年初减少6784万元；机构存款余额21653万元，较年初增加229 万元。（其中，支行营业部储蓄存款余额为39865万元，较年初增加458万元；公司存款余额为11395万元，较年初减少8075万元；机构存款余额为19921万余，较年初增加1274万元。烟厂支行储蓄存款余额为32431万元，较年初减少687万元；公司存款、机构存款余额分别为3812万元、302万元，分别较年初增加944万元、减少42万元。徐家井支行储蓄存款余额为28823万元，较年初增加1701万元；公司存款、机构存款余额分别为667万元、1430万元，分别较年初增加347万元、减少1003万元）。各项贷款余额为65817万元，较年初减少27430万元。其中公司贷款余额 42292万元，较年初减少22785万元，个人贷款余额23523万元，较年初减少4645万元。全年累计发放贷款15650万元，其中公司贷款10850万元，个人贷款4800万元。全年完成利息收入、中间业务收入分别为4147万元、444.4万元，实现营业利润4727万元，税后利润为 3524.3万元，人均利润83.91万元。

【员工绩效考核】 2017年，工行永州零陵支行进一步完善员工绩效工作考核办法等措施，调动员工的工作积极性。要求全体员工切实转变观念，以创新为抓手，拓展工作思路，开阔眼界，面向市场搞营销，走向市场谋发展，整合全行资源，上下联动，着重抓好中高端客户的营销。在公司存款营销上，以营销贷款为抓手，做好贷款项目的精准营销，促进派生存款的稳定增长。在机构存款营销方面，加大与相关单位的联系和交流力度，用自身发优质文明高效服务稳住机构存款户的信任。

【信贷结构优化】 2017年，工行零陵支行按照国家产业政策及信贷政策，先后营销南岭民爆公司8000万元、南津渡电站700万元、永州市第四人民医院750万元、红太阳大酒店有限公司1400万元，全年累计发放贷款15650万元，其中公司贷款10850万元，个人贷款4800万元。强化风险意识，重点对雨奇公司2.4亿元贷款的风险进行监控和处置，于9月底收回雨奇公司不良贷款13000万元，打包处置不良资产6600万元,不良贷款基本控制在上级行核定的范围之内。针对信用卡不良透支增加的情况下，采取行级领导分组包干联系到人的措施，实施上门催收、电话催收、信函催收，加强与公安机关的联系与协调，降低信用卡不良透支风险。

【劳动纪律管理】 2017年，工行零陵支行以工作作风和劳动纪律为抓手，开展工作作风和劳动纪律大整顿。修改和完善《零陵支行工作作风和劳动纪律管理考核办法》印发到各部门，同时加大考核奖罚力度，员工工作作风及劳动纪律和精神面貌得到改观,客户的投诉率逐渐下降,满意度逐步提升。

【“两个责任制”落实】 2017年，工行零陵支行狠抓“两个责任制”的落实、内控制度执行力以及反腐倡廉工作，防范案件和事故的发生。本着“业务发展，内控先行”的经营理念，把健全和完善内控制度建设摆在一切工作的重中之重，探索内控管理新的思路和模式，在原有的基础上，修改和完善一系列内控管理制度，降低柜台差错以及风险暴露水平。着重抓支行班子成员、部门负责人两个责任制的履职执行情况和相关检查工作，按照“八项规定”“三严三实”以及“两学一做”具体要求抓好班子建设，带动员工队伍建设和管理。采取宣讲党课、开展专题党日活动，加强对党员领导干部及全体党员的党性修养。同时采取层层签订党风廉政建设责任制和安全防范工作责任状措施，量化责任考核，奖励处罚到位，并作为年度综合考核的依据。

【优质服务】 2017年，工行零陵支行按照上级行服务工作要求，抓好优质文明服务工作。贯彻落实总行、省、市分行服务工作有关要求及文件精神，牢记服务宗旨，探索新形势下服务工作新思路、新方法，构建“大服务”格局。做到服务工作逢会必谈。在服务的管理上，突出“严“字当头。在服务考核上，奖优罚劣，提升员工服务质量、服务水平和服务效率。

邮政储蓄银行永州市零陵支行

【概况】 2017年，邮储银行零陵区支行围绕省分行提出的“夯实基础，精细管理，转型升级，稳中求进”的十六字方针，贯彻落实市分行各项工作部署，严控资产质量，完善合规体系，优化团队管理，整合营销渠道，强化作风建设。以服务“三农”、服务小微企业己任，践行“普之城乡，惠之于民”的服务理念，支持地方经济发展。全年实现个人存款余额21.34亿元,公司存款余额2亿元,零售贷款余额9.32亿元。

【发展转型和业务创新】 2017年，邮政储蓄银行永州市零陵支行坚持“零售金融升级，公司金融拓展，金融市场创新”的发展战略，做好城市农村区域联动、批发零售板块联动、表内表外业务联动、线上线下渠道联动等“四维联动”，依靠创新与转型推动盈利可持续增长，加快培育更具特色的竞争优势。

【“三农”金融服务】 2017年，邮政储蓄银行永州零陵支行推进“三农”金融改革，与同业错位经营，重点对接新型城镇化、农业现代化；优先支持弱（逆）周期行业、民生产业、新兴产业；服务民生行业、新闪产业、科技产业链及新三板企业；重点培育具有高成长性的优质小微企业及高科技小微企业；对接“紧密型”政府合作平台和“小微企业风险补偿金”政策，提高合作成果转化效率。以消费信贷作为城市零售业务的增长基础，拓展线上线下渠道，抢占作为金融市场制高点的城市主战场。

【基础管理】 2017年，邮政储蓄银行永州零陵支行巩固和夯实风险合规工作在银行经营管理中的核心基础地位，发挥前中后台联动作用，建立健全风险管理、资金案防、内控管理、监督检查机制，实现风险合规向标准化、科学化、习惯化演进。

中国人寿财产保险

【概况】　中国人寿财产保险股份有限公司永州市零陵区支公司于2006年12月30日经国务院同意、中国保监会批准在北京成立。主要经营范围包括：机动车辆保险、财产损失保险、责任险、信用保证保险、意外险和短期健康险、农业保险等保监会批准的业务。注册资金为150亿元人民币，系中国人寿保险（集团）公司旗下核心成员。

【农业和农村经济服务】　2017年中国人寿财产保险股份有限公司永州市零陵区支公司加速推进农业标准化体系建设，深化农村综合改革，统筹协调农村经济发展与金融保险行业发展的相互关系，率先采用“政府搭桥、部门牵线、宣传引路、吃透政策、农户自愿”的办法，在全省首次实行区级特色农业保险，以商业保险为农村农业经济建设保驾护航，并将该项工作作为重点民生工程来抓好、抓实，利用保险保障功能来减少自然灾害对农业生产的影响，稳定农民收入。

【特色农业保险保单】　2017年，零陵区有15个乡、镇及街道办事处100余户蔬菜、油茶等种植户与中国人寿财产保险股份有限公司永州市零陵区支公司（以下称“国寿财险零陵支公司”）签订区级特色农业保险保单，投保面积2133.33公顷。年底，与国寿财险零陵支公司签订区级特色农业保险保单的农户数（含公益林、油茶林、蔬菜种植）上升到21,641户，保险总面积为33125.33公顷，覆盖零陵区各大乡镇，总保费收入387.81万元。

【自然灾害应急预案】　2017年7月1日，中共零陵区委、区人民政府召开紧急会议，启动防汛一级应急响应。国寿财险零陵支公司召开紧急会议，启动农业保险自然灾害应急预案，会议主要布置农业保险查勘定损相关工作以及全力协助农业委等有关部门做好抗洪抢险工作。并成立专项领导小组，全体干部职工分为三组：一组留守公司值班，做好受灾上门报案客户的接待、安抚工作，并协助、指导客户妥善处理好理赔相关事宜；二组集中力量深入受灾区域做好受损农作物的现场查勘取证以及损失核定等相关工作；三组主要处理被洪水浸泡受损车辆的定损、核赔等工作。发扬“成己为人、成人达己”的国寿精神。理赔工作做到精准、迅速、客观、公正；做到既不“惜赔”，也不“滥赔”，赔款及时，确保灾后重建工作的开展。

【农险理赔工作】　2017年7月5日，零陵区进入灾后重建工作。据统计：本次洪水灾害导致全区16个乡镇办事处受灾，受灾人口9.25万人，倒塌房屋595间；公路路基塌方8.3千米，3.3万立方米；混凝土路面冲毁3.8千米，17.1万平方米；挡墙坍塌56处，0.87万立方米；农作物受灾8453.33公顷，绝收420公顷；死亡牲畜600头，直接经济损失1.46亿元。7月17日，最后一笔农业保险理赔金成功到农户手中，国寿财险零陵支公司宣告本次大灾，农险理赔工作结束。国寿财险零陵支公司涉灾共计赔付金额110余万元。

【企业文化与价值体系】　2017年，国寿财险零陵支公司以“诚信为本”，达到实现稳健经营的目的；把“与客户同忧乐”作为企业的价值观，造福社会大众，责无旁贷的承担起推动中国保险业发展，振兴民族保险的神圣使命；用“与时俱进”的管理模式争创一流。

（邓越南）

文化·教育·旅游

文 化

【概况】 2017年，零陵区文广新局以坚持“文化兴区”发展战略，弘扬社会主义核心价值观，围绕社会事业发展和旅游升温两大战役主线开展工作，推动文化惠民，通过夯实软实力、壮大硬实力，逐步提升市民对文化需求的满意度，推动全区社会的和谐、稳定、繁荣和发展。

【“文化惠民”服务】 2017年，零陵区文广新局开展送电影、送戏下乡等活动。截至10月中旬，累计完成送电影下乡4080场、送戏剧下乡50场，提升老百姓精神文化获得感。推进农村综合文化服务中心建设，按照“七个一”标准进行建设，打通文化惠民最后“一公里”。由于农村综合服务平台建设滞后，器材设施安装没有场地，目前达标的村仅为85个。区图书馆组织人员对农家书屋的免费开放和日常管理进行督查，完成标准化书屋80家，提升科技文化知识普及率。全年完成294个村的安装部署工作，为基本实现县区有广播中心、乡镇有广播站、村有广播室，农村广播声音全覆盖奠定基础。完成“百姓月月乐”广场文艺演出10场，观看人数累计10余万人，“月月乐”成为全区的群众文化名片。举办2017年零陵春晚、“美丽乡村我的家”乡村春晚，丰富全区人民的文化生活，浓厚节日气息。完成“欢乐潇湘·开放文明富裕幸福新零陵”群众文艺会演零陵区初赛工作。举办首届零陵区乡村文化旅游节，并通过电视媒体宣传提高零陵区文化旅游知名度。协助举办永州市首届美食文化节，推广永州美食文化，扩大知名度。

【非物质文化遗产保护与利用】 2017年，零陵区文广新局围绕做好物质文化遗产保护与利用、传承和发展好以零陵渔鼓和零陵花鼓戏为代表的非物质文化遗产项目为主线。全年完成文武双庙保护规划修缮方案（方案即将出台、保规正在做）、“石棚”遗址的保护修缮方案、东门瓮城的保护方案和蒋家大院保护修缮方案的制作；完成第四批区级文物保护单位申报、桃江路墓葬的发掘工作和武庙的陈列布展、争取柳子庙文物展示工程设计方案通过国家文物局审批，截至年底，通过国家文物局审批、资金已经到位。

成立第八批国保工作领导小组，选定“永州八记”、蒋家大院等7处申报国保单位，完成影像等资料制作。周家大院子岩府修缮完成，四大家院、红门楼、黑门楼、老院子二期、新院子的修缮工作进入扫尾阶段，环境整治和安防工程正在继续推进当中。“非遗四进”活动累计完成非遗进景区展演18场，与工商职业中专、柳子街小学、神仙岭小学合作，开办3个”非遗“传习班，从娃娃抓起，培养传承人。

【文化遗产保护宣传】 2017年“5·18”国际博物馆日期间，柳宗元纪念馆与永州九中共同举办博物馆“进校园、进社区”活动。开展柳宗元文化研究现场教学并发放宣传资料1000余份；“6·10”全国首个“文化和自然遗产日”在东山景区开展“非遗”宣传展演，通过非遗演出、展板、大型喷绘等形式，介绍零陵文化遗产并组织文博志愿者在各文物保护单位悬挂横幅和发放宣传资料，提高市民保护意识。

【“全民健身”活动】2017年，零陵区文广新局以增强人民体质为目标，通过举办全民健身活动、培养体育后备人才、加快基础设施建设推动群众体育事业的快速发展。承办或协办全区元旦长跑比赛、庆“三·八”广场舞比赛、端午龙舟赛、全民健身日·气排球比赛、职工篮球赛等大型全民健身活动5次；指导协助各体育协会开展群众体育活动4次；以全区200多名社会体育指导员为引领，各乡镇街道累计开展活动近30次。备战省、市大型体育比赛，多次组织教练员到各乡镇中小学选拔人才，添置训练器材抓训练，区体校注册运动员达到30余人，为全区竞技体育成绩继续保持全市各县（区）的领先地位打下基础。

【文化体育基础设施建设】2017年，零陵区文体艺术中心立项，报发改委立项批复；体育馆维修开始招投标工作；向省级体育主管部门争取农民健身项目；配合农村综合文化服务中心建设，筹资采购体育健身器材65种，第二批正在采购当中。

【“民生实事办理】 零陵区文广新局打响全区“文化零陵”品牌，在体育馆门口和烟草公司门口建设完成免费书屋和对外开放。推广数字阅读，在政务中心和区政府安装2台电子阅读机，方便群众下载和阅读电子图书和报刊。在全区25个公交站点建设免费书报刊服务点，每天更新书报刊。建设完成2个24小时自助图书馆，图书馆24小时开放，不需要有人值守，市民随时都可自行借阅图书，从而在市民文化需求与图书馆服务之间搭建起便捷桥梁，推进智能化、数字化、移动化的“全民阅读”新模式。适应新时代市民对精神文化的需要，启动图书馆、文化馆的提质改造项目。艺术培训服务有成效，文化馆舞蹈、书法等各类艺术培训辅导超过2000人次，到单位和乡镇免费业务辅导数十次。夯实阅读文化底蕴，打造书香零陵，推广全民阅读。以“4·23”世界读书日、图书馆服务宣传周和“你读书、我买单”活动为契机，推广全民阅读，区图书馆播放公益教育影片40部，入馆读者184253人次，图书外借178251册，较2016年同期有所增加。

【艺赛事】 2017年，零陵区文广新局组织创作《送你一朵杜鹃花》《一米阳光》《不老的月亮》《我的心在春风里舞蹈》；创作排练渔鼓《后继有人唱潇湘》《二十四节气歌》；小品《家的味道》《“扶贫”队长》《健康奔小康》；快板《礼赞零陵》、女子群舞《茉莉花》《民主之歌》《美丽的蘋洲岛》。组织开展“三湘蒲公英”2017年少儿才艺大赛零陵区初赛，选送作品获2个市选拔赛金奖，1个省决赛金奖。节目《我的零陵我的根》、花鼓小戏《双盘花》参加广东佛山市招商引资重点项目推介会演出。完成小型舞台剧的采风，并进行剧本创作；开展“欢乐潇湘·品质活力新永州·开放文明富裕幸福新零陵”群众文艺汇演；参加永州市第八届少儿音乐舞蹈大赛，获1银6铜；编排广场舞《当家做主享幸福》，获永州市广场舞大赛铜奖；选送《我的心在春风里舞蹈》参加“新人新歌”大赛，在省、市获奖，歌手赵园园获永州市选拔赛银奖和省决赛铜奖，词作者唐生瑜获省决赛铜奖，《唱着山歌追太阳》获创作铜奖。

【“文化市场”环境】2017年，零陵区文广新局配合、助推零陵古城、柳子景区、东山景区、何仙姑文化旅游区、蘋岛生态园以及湖南永州异蛇文化旅游有限公司等大型文化项目建设；为周家大院、零陵文庙等文物维修工程做好技术指导。体育彩票销售一手抓管理，一手抓服务，全区55个销售点全年销售总额突破1341万元。严把现有的行政审批权，配合、督促市文化市场综合执法局零陵分局开展“扫黄打非”和网吧整治工作，通过“扫黄打非”进基层活动，使“扫黄打非”工作落到实处，为广大群众营造一个健康、规范、有序的文化市场环境。

【“文化零陵”品牌建设】 2017年，零陵区文广新局做好“文化零陵”方案，协助中共零陵区委、区人民政府整体打造文化零陵。注重宣传，把《中华人民共和国文物保护法》《关于实施中华优秀传统文化传承发展工程的意见》《中华人民共和国公共文化服务保障法》和《全民健身计划2016—2020》等法律法规的宣传纳入乡镇、村级文化宣传栏进行宣传。定期举办“柳文化研讨会”“怀素书艺节”等重大节庆活动，助力发展文化旅游业，加快建设品质活力零陵。

【文化设施建设】 2017年，零陵区文广新局以区为主导，以乡镇为依托，以村为重点，争取中央、省、市文体设施建设项目，进一步改善乡、村级文体基础设施和活动场所。年初，启动零陵区文体艺术中心建设，投入资金188万元，建筑面积11万平方米。完成图书馆、文化馆的提质改造，筹建零陵区数字服务平台，满足群众日益增长的文化需求。抓好文化艺术团剧场的装修工作，做到早投入早使用，使歌舞编排有场地。扶持建设100个标准的农家书屋、10个社区书屋。

【文化市场管理】 2017年，零陵区文广新局严把现有行政审批权，与市文化市场综合执法局零陵分局衔接，配合并督促开展“扫黄打非”和网吧整治工作；惩治城乡文物走私、损毁行为，规范古玩市场的管理，营造规范有序的文化、文物市场。

群众文化建设

【概况】 零陵区文化馆建于1982年，位于黄古山中路。馆舍面积1000余平方米。主要负责组织和开展群众性文艺作品的创作，组织、策划、举办各类群众文化活动，开展艺术培训和社会教育，辅导、指导社会文艺团体队伍活动，培养群众文化骨干和群众文化志愿者队伍，收集、整理、研究、开发、保护非物质文化遗产等工作。2017年，区文化馆设有办公室、党支部、艺术培训部、艺术创作部、艺术活动部、非遗保护调研办公室、工会7个部门。有在职工作人员12人，其中副高职称1人、中级职称3人、初级职称7人、技师1人；本科学历5人、大专学历6人、高中学历1人。

【群众文化作品创作】 2017年，零陵区文化馆制订《2017年“欢乐潇湘·开放文明富裕幸福新零陵”全区群众文艺汇演活动方案》，组织业务干部到乡镇街道办事处指导参赛节目。8月15日，组织开展零陵区“欢乐潇湘·开放文明富裕幸福新零陵”群众文艺汇演。并将“欢乐潇湘”活动与“百姓月月乐”广场文化活动、“文化遗产日”“非遗”展演活动进行有机结合。全年开展“欢乐潇湘”系列活动3场，报送“欢乐潇湘”活动信息6条。选送歌曲《我的心在春风里舞蹈》，在省、市获奖，歌手赵园园获永州市选拔赛银奖和省决赛铜奖，词作者唐生瑜获省决赛铜奖，由唐生瑜作词的另一件作品《唱着山歌追太阳》同获创作铜奖。

开展“三湘蒲公英”2017年少儿才艺大赛零陵区初赛，网络报送各类参赛作品20余件，其中14幅作品进入复赛；选送19幅作品参加少儿书法、美术、摄影展永州市选拔赛，其中2幅作品获市选拔赛金奖；6幅作品选送参加省决赛，其中1幅作品获省决赛金奖，4幅作品获省决赛优秀奖。

编排广场舞《当家做主享幸福》（唐生瑜作词，蒋平芳、杨琴辅导），参加8月29日举行的永州市广场舞大赛获铜奖，在参加湖南省文化厅举办的社会主义核心价值观湖南省原创广场舞网络大赛中获铜奖。

组织业务人员参加湖南省2017年湖南省文化（群艺）馆、站业务技能竞赛，选送群文理论《关于现代背景下公共文化服务文化馆品牌建设的思考》(唐浪撰写)获市金奖、省三等奖;书法作品《行书条幅》(祁志宏创作)获市银奖、省优秀奖,美术作品《暖春》(祁志宏创作)获省优秀奖;排鼓表演《男儿当自强》获市银奖、省优秀奖;美术作品《家乡·根》(祁志宏创作)获市金奖,群文辅导《合唱指挥》(黄珏娉参赛)获市金奖,群文辅导《舞蹈》(蒋平芳参赛)获市银奖,独唱《雁南飞》(魏芳圆参赛)获市铜奖,美术作品《无题》(唐浪创作)获市铜奖,群文活动策划(蒋志斌、杨琴参赛)获市铜奖。

组织和创作《送你一朵杜鹃红》《一米阳光》、《不老的月亮》等文艺作品。其中歌曲《我的心在春风里舞蹈》(唐生瑜词)入选《湖南公共文化》2017年第3期——精准扶贫群众文艺创作专刊;歌曲《湘源恋》(唐生瑜词)在《音乐教育与创作》2017年第10期发表;以零陵花鼓戏、祁剧、瑶歌为音乐素材创作的《家在潇湘》组曲(唐生瑜作词)参加“魅力金楠、唱响中国”森林音乐会。

【免费开放服务】 2017年,零陵区文化馆将免费开放和辅导培训相结合,利用现有场地和专业人才资源,组织业务人员深入各乡镇、社区、单位进行免费业务辅导。全年馆内免费开放服务接纳群众近3000余人次,派出业务人员为社会文艺团体、学校、单位等免费业务辅导40余次。暑期,举办少儿舞蹈、少儿书画、社会主义核心价值观原创广场舞三个免费培训班,吸收学员70余人。

【非物质文化遗产保护】 2017年,零陵渔鼓传习班,自编、自导、自演的节目,先后参加“2017零陵区春晚”“2017零陵区美丽乡村建设暨乡村文化旅游精品线路宣传乡村春晚”演出等大型活动,并应邀参加冷水滩区普里桥镇的民俗文化活动。创作和排练《后继有人唱潇湘》《二十四节气歌》等渔鼓节目,新收学徒3人。开展零陵渔鼓进校园活动,在神仙岭小学设立零陵渔鼓传习班,全年授课50余节课时,培训50余人。

6月10日,在东山景区组织开展全国首个“文化和自然遗产日”“非遗”宣传展演活动。活动以“保护非遗——在生活中弘扬,在实践中振兴”为主题,通过“非遗”项目演出、展板、大型喷绘等形式,生动介绍内容丰富、独具风格的零陵文化遗产项目。活动现场发放《零陵文化遗产》宣传资料1000余份,吸引上千名市民观看。

【文明志愿服务】 2017年,零陵区文化馆设立志愿服务岗,增添医药箱、便民充电器、针线包、便民雨伞等便民服务设施。全年发展群文志愿新成员15人,组织志愿者参与社区文化活动、广场文化活动、文化进敬老院等活动10余次。

(唐生瑜)

文物管理

【概况】 零陵区文物管理局位于区南津渡办事处东门巷李家塘2号,现国家重点文物保护单位文庙内。1982年,成立永州市(现零陵区)文物管理所。2017年6月,升格为零陵区文物管理局,为全额拨款参公管理事业单位,隶属零陵区文体新局管理,编制11人。内设综合办公室、文物股、法制保卫股。2017年,零陵区有文物保护单位105处,其中国家重点文物保护单位6处、湖南省重点文物保护单位4处、永州市重点文物保护单位47处、零陵区重点文物保护单位48处。

【文物管理】 2017年,零陵区文物管理局及时发现隐患并及时处理和上报;对建筑工程,安排专人进行排查,确保地下文物安全。

【重点文物单位申报】 2017年初,零陵区文物管理局针对第八批“国保”申报工作,与市、省业务部门领导汇报工作思路，拟定“永州八记”、蒋家大院、赵家湾古村落、大皮口杨家大院、杏木园古建筑群以及拙岩为申报对象，同时，初步将张浚故居、香零山观音阁、梅溪白云塔、梅溪老江桥老街、郑家桥老街，定为第十批“省保”名单。

【“第十二个文化遗产宣传日”活动】 2017年6月10日第12个“文化遗产日”期间。零陵区文物管理局围绕湖南文化遗产与“一带一路”活动主题，宣传、贯彻、落实《中华人民共和国文物保护法》，提高全社会的保护意识，加强文化遗产的保护工作，结合实际，组织开展一系列的“文化遗产日”宣传活动。在各文物保护单位悬挂宣传横幅十条、发放宣传资料1000余份。

【周家大院保护与修缮】 2017年，周家大院保护与修缮工程动工。零陵区文物管理局申报保护修缮经费，并派专业工作人员协助施工监管。4月，完成院墙、中、东、西路院古建筑的维修，以及炮楼的维修，整个四大家院维修完成90%的工程量。黑门楼、红门楼、老院子二期维修工程完成90%，扫尾工程于年底完工。

【“文武双庙”保护规划方案】 2017年，零陵区文物管理局配合东山景区建设，完成文庙、武庙修缮方案并与国家文物局信息中心签订制作合同，方案基本完成，正在评审中。文武双庙的保护规划已完成招投标工作，现场测绘已结束，基础工作正在进行。

【文庙小型游园建设】 2017年，零陵区文物管理局为推进创建国家园林城市的园林绿化建设，经中共零陵区委、区人民政府同意，在全国重点文物保护单位零陵文庙内建设“零陵文庙公园”，并完成全部工程。

【第四批区级文物保护单位确认】 2017年，经零陵区文物保护单位评审委员会评审通过，区人民政府研究同意，确认黄家湾村黄家湾古建筑群等13处文物单位为区级文物保护单位，并予以公布，区文物局按照有关规定做好文物保护工作。

【忠义祠碑保护】 2017年，零陵区忠义祠碑保护工程完工。忠义祠石碑是区级文物保护单位，是永州市发现最大的巨型石碑。经石碑文物保护专家现场勘测，石碑向前倾斜26度，由于年代久远，局部风化严重。

【确保文物安全】 2017年，零陵区文物管理局坚持贯彻落实上级安全会议精神，执行各项安全制度，加大安全措施力度，在“三个强化”上下功夫，确保全年无安全责任事故发生。结合实际情况，健全和完善各项安全制度，采取定期检查与不定期巡逻相结合的方式，对各文物保护单位进行安全隐患排查，及时采取措施进行排除。安全到点，责任到人，奖罚分明，确保制度落到实处。强化部门配合，与区消防部门和安监局积极协调，对有重大安全隐患的文物保护单位进行多次安全检查，将不安全因素消灭在萌芽状态。强化应急措施的完善，进一步细化有关规定，完善应急预案。

【干部队伍素质建设】 2017年，零陵区文物管理局加强管理，建立健全各项制度，强化考勤与考核，以工作纪律，保证工作质量，提高工作效率。制定并完善各项规章制度，进一步实施全年工作目标管理责任制，定岗、定员、责任到岗到人，实行奖惩挂勾。加强政治、业务学习力度，采取集中学习和自学相结合、学后写心得笔记的学习方式，提高干部职工的政治水平和业务能力。

（唐联军）

柳宗元纪念馆

【概况】 柳宗元纪念馆成立于1985年5月，1986年对外开放，建筑面积4000平方米，有工作人员9人，内设5个职能部门。2017年，柳宗元纪念馆依托古代建筑群柳子庙，以建设“社会主义精神文明阵地、爱国主义基地、柳学研究园地和展示永州古今文明窗口”为宗旨，坚持保护和利用相统一，坚持宣传和教育相结合，面向社会生动活泼地开展以陈列展览为中心，以爱国主义教育为主题，向社会传播科学文化知识，向人民群众进行历史唯物主义、爱国主义和革命传统教育。被评为湖南省“文明旅游先进单位”。

【清明祭柳大典】 2017年4月7日上午，柳宗元举办清明祭祀柳宗元活动，500余人参加祭祀仪式。祭祀仪式由柳宗元研究学会秘书长主持，市柳宗元研究学会原会长蔡自新主祭并宣读祭文，湖南科技学院马列学院学生和柳子中学学生分别朗读《小石城记》《雨晴至江渡》《零陵春望》等柳文，表达永州人民缅怀先贤的感情。

《祭柳文》全文如下：

维公元二〇一七年，岁次丁酉，四月清明吉日，中国柳宗元研究学会秘书长、永州市柳宗元研究学会名誉会长蔡自新，偕柳学会专家学者及社会各界人士，咸集柳宗元纪念馆内，伫立柳子神像前，燃香焚帛，肃拜恭祀，敬祭于故永州司马柳公宗元之灵：

柳庙屹屹，人神崇仰子厚；愚溪潺潺，德泽源远流长。

名高位重，智者革新除弊；义正辞严，诤臣遭贬南荒。

形影相吊，忧凄悲苦迭至；灾祸互接，儒法释墨犹傍。

遣意放怀，出入奇山异水；辗转眷顾，进退寺院官场。

夙兴夜寐，利安元元为务；勤力劳心，十载谋稼谋桑。

文以载道，高论世惊俗骇；歌而缘情，好诗禅蕴理彰。

永州有幸，昔日柳公祈福；旧貌新颜，今朝华夏呈祥。

春秋报事，连年风调雨顺；山水来归，遍地鸟语花香。

感恩敬致，富强文明家国；放眼未来，潇湘无限风光。

百姓万众，顶礼祭拜司马；幸甚至哉，竭诚伏惟尚飨。

【陈列展览改造升级项目建设】 2017年，柳宗元纪念馆对柳宗元陈列展览进行改造升级，与湖南省中诚设计装饰有限公司签订柳子庙文物展示工程设计方案项目，此设计方案报送国家文物局，并获通过，向国家文物局申报展示工程资金，并向国家文物局申报柳子庙消防、安防整改工程方案。

全民健身服务

【概况】 2017年，永州市零陵区全民健身服务中心，内设办公室、老年体育协会办公室、健身指导和场馆管理股、体育彩票发行股4个股室，在职干部职工5人。主要职责是宣传、推广全民健身政策法规和科普知识；组织开展全民健身活动，加强对全民健身活动的指导和服务；管理、维护、开发利用所管理的体育场馆和健身场地设施，负责院内公共区域的园林绿化管理、卫生保洁、安全保卫、确保体育场馆正常运行；组织开展健身运动项目的培训；承担区老年人体育协会的日常管理工作；负责体育彩票发行的日常事物性工作；承办区文体新闻出版局交办的其它事项。

【全民健身活动】 2017年，在湖南省第八届太极拳锦标赛暨湖南省直单位第四届太极拳比赛中，零陵区选派于黄荣获得32式太极剑男子D组第一名，胡艳辉获得32式太极剑女子C.D组第二名。零陵区全民健身服务中心协助承办“三八”工间操赛、“五一”乒乓球赛、端午节龙舟赛、“七一”羽毛球赛、“十一”篮球赛、老年人门球赛等全区性的大型全民健身活动，经常性参加锻炼人数为96560人次，全民健身活动排名全市前列。

【免费开放服务】 2017年，零陵区全民健身服务中心实行免费低收费，开放体育馆主场馆和部分副场馆，提升体育馆运营能力和公共服务水平，满足人民群众日益增长的体育健身需求。 (唐联军)

青少年儿童业余体育运动

【概况】 永州市零陵区青少年儿童业余体育运动学校组建于1992年年初，为永州市零陵区文体新闻出版局所属的正股级公益一类事业单位,现有在职工作人员15人。其主要职责是主管全区业余训练、青少年儿童体育竞赛和学校体育工作，对区业余体校各训练网点实施具体指导；负责制定业余体校竞赛计划和竞赛规程，指导、协调、监督有关部门办好省、市青少年各项体育竞赛，为省和市体校选拔培养、输送后备人才；指导学校重点抓好《国家体育锻炼标准》的实行，传统项目学校建设和“0714”工程的实施；研究制定全区竞技体育发展规划，负责运动项目设置和分类管理，负责制定全区综合性运动会和竞技体育项目的单位体育竞赛计划、竞赛规程，指导单位体育协会、俱乐部的业务工作，综合训练情况，督促、检查训练计划和训练质量。

【特色项目训练基地】 2017年，零陵区青少年儿童业余体育运动学校开设跆拳道、田径、游泳、举重等7个项目，重点抓好少年儿童早期训练，形成有自己特色的训练基地。坚持“体教结合、同步发展”的办学理念，把“为国家培养体育优秀后备人才”作为第一任务。将学校德育工作放在首位，以科学训练为核心，创新机制，拓宽发展培养渠道，涌现出李均荣、石明华、黄文娟、冯路、李宁志等一批优秀运动员。

教　育

【概况】 2017年，零陵区教育局内设23个职能股室，下设2个二级机构——招生考试中心和电教教研中心，机关在职职工103人，班子成员5人。2017年秋季，全区有公办学校73所（小学51所、初中15所、高中2所、职高1所、九年一贯制学校3所、教师进修学校1所），民办中小学12所（九年一贯制学校3所、小学9所），公办幼儿园39所，民办幼儿园136所，公民办中小学在校学生共78234人（小学生46895人、初中生19682人、普高生5536人、职高生6121人），公民办在园幼儿1.8万人,公办中小学、幼儿园在职教职工4348人。境内有湖南科技学院、永州职业技术学院、永州电大、永州幼师高专（在建）4所高校和永州一中、永州特殊学校。

【高考工作开展】 2017年，零陵区3852人参加高考（含永州一中零陵籍生源1020人），比2016年增加385人；一、二批本科上线1121人（一中604人、三中124人、七中3人、工商职业中专193人、零陵学校196人、招考中心1人），比2016年增加169人；零陵区被评为“湖南省教育考试综合考核先进单位”。

【政府议教落实】 2017年，中共零陵区委、区人民政府坚持教育优先发展战略，努力打造“学在零陵”教育品牌，办好人民满意教育。全年召开区委常委会10次，政府常务会15次，书记、区长办公会10余次，研究城区学位建设、城乡义务教育一体化发展、教师招聘、教师核编、农村留守儿童关爱保护、引进优质民办教育资源等教育工作。制订《零陵区教育综合改革实施方案（2017—2020年）》《永州市零陵区加强农村留守儿童关爱保护工作实施意见》等系列文件，为教育改革发展提供政策支持。

【职业教育发展】 2017年，永州工商职业中等专业学校对口高考二本上线195人，较2016年增加75人；组织学生参加永州市中职学生专业技能抽查和文化素质抽考；组织师生参加中职学校文明风采竞赛、技能竞赛、创业规划大赛、教师信息化教学大赛等四项竞赛，获得全国二等奖3个、全国优秀奖1个、省一等奖5个、省二等奖10个、省三等奖14个、市一等奖54个、市二等奖

39个、市三等奖21个;毕业生就业率100%,对口就业率89.3%;评为“国防教育特色学校”,并授牌为永州首个“全省未成年人法治教育基地”。

【学位项目建设】 2017年,零陵区为解决城区“就学难”和“大班额”等问题,持续扩大全区优质教育资源覆盖面,保障全区教育健康、全面、协调、持续发展,用近三年(2017年年初至2019年12月)时间,投、融、引资近18亿元,通过续建、改建、扩建、新建等方式推进七里店小学、五里堆小学、荷叶塘学校等20个学位项目建设,逐步增加小学、初中、高中学位2.8万余个,化解“大班额”问题,夯实“学在零陵”教育品牌基础。截至2017年年末,七里店小学一期工程、五里堆小学一期工程和荷叶塘学校教学楼维修项目均完工且投入使用,全年累计完成投资6.03亿元,新增建筑面积6万平方米,新增城区学位5100个(七里店中学新增24个教室、1200个学位,七里店小学新增60个教室、2400个学位,荷叶塘学校新增32个教室、学位1500个)。推进“全面改薄”项目建设,全年投入7322万余元,完成东湘桥完小、宝安小学、石岩头镇小等13个“全面改薄”项目建设。推进为民办实事项目建设,全年投入793万元,完成天宇地小学、凤岭小学、接履桥镇农村公办幼儿园、邮亭圩镇华石山幼儿园和石山脚乡悟山里幼儿园5个为民办实事项目建设。

【教育信息化建设】 2017年,零陵区投入650余万元,为32所学校配置教育惠民信息查询平台和阅读管理平台;为5所学校添置106套 “班班通”设备;为4所学校新建高标准的录播教室;为全区73所学校支付2年网络使用费。参加省、市举办的教育信息化管理专题培训班,学校领导和教师参培率100%。全区初中以上学生及部分五、六年级小学生均能在教师指导下,利用个人学习空间、QQ邮箱、微信等平台进行合作学习或通过百度、基础教育资源网等平台开展自主学习、探究学习。教育信息化实现五个“全覆盖”:全区所有学校信息网络全覆盖,教师现代教育技术能力培训全覆盖,教学信息化推广全覆盖,全区“班班通”设备全覆盖,优质教学资源全覆盖。零陵区被确定为“湖南省现代教育技术实验县(市、区)”。

【作风建设】2017年,区教育局遵守中央“八项规定”、省委“九项规定”、市委“十项规定”、区委“十个严禁”等作风建设有关规定。控制“三公”经费,执行接待标准。公务接待费在2016年降低24%的基础上又降低10%。印发《零陵区中小学违规征订教辅材料问题专项整治工作方案》和《关于开展有偿家教家养 有偿补课滥订教辅资料专项整治活动的实施方案》,配合区纪委,对家教家养和违规征订教辅资料进行专项督查4次,对家教家养及违规征订教辅资料行为进行立案查处,遏制家教家养和违规征订教辅资料行为。区纪委驻区教育局纪检组接信接访45件,立案审查并结案13件,问责处理31人(按干部管理权限给予降低岗位等级处分2人,给予记过处分2人,给予行政警告处分1人,党内警告处分3人,警告处分5人,诫勉谈话5人,提醒谈话9人,通报批评4人)。

【教师管理】 2017年,零陵区教育局配合区编办,根据新出台的城乡统一中小学教职工编制标准,重新核定全区教师编制。在核定的编制总额内及时补充教师384人,其中特岗教师67人,公开招聘教师226人,免费师范生78人,引进优秀教师13人。有计划、分层次、按系列、有序地开展校长、教师交流工作,交流校(组)长45人、教师218人。加强校长培训工作,举办校长暑期培训班,对全区中小学200余名正副校长进行培训,选派12名校长到上海4所名校跟班学习,选派6名校长参加国家级学习培训,组织45名学校行政人员到广州、济南、武汉等地名校跟班学习。加强师德师风建设，出台《关于建立零陵区中小学师德师风建设长效机制的通知》《零陵区师德师风建设考核方案》《2017年零陵区教育系统师德师风建设年活动实施方案》等文件；开展“千名教师访万家”活动和关于有偿家教、有偿补课和违规征订教辅资料问题专项整治活动；成立“零陵区教育局行风办”，专门负责辖区内教师师德监督工作；全年表彰教育功臣5人、优秀校长14人、师德标兵10人、先进教育工作者20人、优秀班主任70人、优秀教师119人。

【特色文化进校园】 2017年，零陵区教育局按照“一校一品”策略，加强校园文化建设，打造出一批艺术、德育、体育、廉洁等特色学校，提升“学在零陵”的品牌内涵。全区举办怀素书法班20个，涌现永州三中、永州五中、徐家井小学、中山路小学、郑家桥完小、水字桥完小等校园文化特色学校，徐家井小学被评为首届“全国文明校园”。举办“全国第二届城乡中小学美术教研论坛”暨第二届全国少儿美术教育学术发展优秀课例展和全国第二届城乡青少年美术作品展。举办全区第三届中小学幼儿园艺术节暨艺术展演活动和第33个教师节文艺汇演，展示书画艺术作品1200余幅，展演文娱节目63个，展示全区创建特色学校的成果。

【红色文化进校园】 2017年秋季开学以来，中共零陵区委办、区史志办等部门与区教育局在全区73所中小学探索常态化开展“弘扬红色文化，传承红色基因”党的知识教育。向1至6年级小学生发放4.9万册以“红色文化”“红色精神”“红色传统”为主要内容的《童心向党》“红色文化”简明读本。中山路小学、七里店小学、神仙岭小学和长岭小学“红色文化”进校园活动稳步开展，小学生每周上一节“红色文化”辅导课。制作党的知识教育课件，在学校电子显示屏、宣传栏、班级黑板报、学校围墙等公共场所进行宣传，布置党的知识宣传教育栏，打造全方位、立体式的永久红色学习阵地。在学校的微信公众号上进行网上党的知识宣传教育，学校广播站定期广播党的知识。开展“童心向党，红歌飞扬”合唱比赛、讲“红色故事”比赛以及党的知识竞赛等系列活动。零陵区“红色文化”进校园工作，得到中央党史研究室的肯定和推介。

【教改教研开展】 2017年，零陵区教育局全年参与国家级课题研究项目2项，省级课题7项。组织参加教学竞赛，获省级一、二等奖5人次，获市级特、一、二等奖35人次。组织参加2017年湖南省中小学教师信息技术与学科整合在线备课活动，获特、一、二等奖。组织参加“一师一优课”活动，获部优、省优和市优85节。组织“送课送教下乡”50余节，强化城乡教学互动，锻炼教师队伍。同时打造多个“名师工作室”，发挥名师的引领作用，以点带面，促进教师素质全面提高，促进教育均衡发展。

【“三名工程”实施】 2017年，零陵区教育局着力实施“三名工程”，加强教师培训，注重教师专业发展，组织教师参评市级骨干教师、学科带头人、名师。截至2017年年末，零陵区有市级骨干教师79人、学科带头人21人、名师3人。制订中小学名校建设工作方案，狠抓学校管理，在全区各中小学开展名校创建工作。永州九中、机关幼儿园被评为“永州名校”，零陵区有市级名校5所。培养名校长，建立校长后备人才库，选派年轻优秀校长参加各级培训、到名校挂职学习锻炼，组织参评市、区两级名校长。截至2017年年末，4人被评为“零陵区首届名校长”，3人被评为市级名校长。

（黄艳辉）

徐家井小学

【概况】 2017年，零陵区徐家进小学总占地面积41037平方米，其中校舍面积23176平方米，有教学楼4栋（80间教室），科技楼1栋，有250米的塑胶环行跑道运动场。有教学班101个，学生7674名，教职工346人，其中特级教师1人，市级骨干教师13人，市级学科带头人4人，中学高级教师3人，小学高级教师188人，学历合格率100%，平均年龄37.5岁。

【教师制度化管理】 2017年，零陵区徐家井小学制定和完善教师学习制度、考勤制度、办公制度、集会制度、教研制度、课程制度、集体备课制度、上课及作业批改制度、课外活动制度、家校联系制度、教师交流制度等各项管理制度。各项制度由学校各管理部门负责执行，实现学校管理制度化，管理工作常态化，教师将制度内化于心，外化于行，按制度规范自己的教育教学工作。注重人文关怀，对新招聘教师、体弱多病教师和临近退休的老教师，开展重点关怀，让每位教师在工作中都能感受家的温暖。

【课堂教学改革】 2017年，零陵区徐家井小学“创新课堂教学方式方法，提高课堂教学效益，减轻学生课业负担”，规范教学行为，落实教学常规检查，要求教师优化课堂教学，向课堂40分钟要质量。利用“课例研究”探讨新课程的教学新特点、新方法、新思路、新途径、新模式，努力做到“五个优化”：优化教学思想、优化课堂结构、优化教学方法、优化课堂的人际关系、优化师德的影响，从而提高课堂教学效益。分管领导蹲点到各年级，每周安排专人巡视课堂，开展“推门课、随堂课、同课异课”等听课活动，了解和掌握教师平时的授课情况。通过常态课，促使每一位教师重视课堂的有效性，改变“灌输式”“题海式”的教学方法，减轻学生的课业负担。要求教师根据学生的实际情况优化作业内容，实施分层教学，改革批改作业的形式和方法，做到作业内容精当有效，批改及时，类批、点批、面批相结合，及时总结、点评，以指导整个教学。要求教师树立“人人能成材”的观点，查明原因，建立档案，倾注爱心，培养其学习兴趣；加强家长与学校的双向反馈交流，实现家庭教育与学校教育的互动，促进学生健康发展。

【教师队伍建设】 2017年，零陵区徐家井小学新进公开招聘和交流教师，优化教师队伍结构。教师队伍的年龄结构、学历结构、学科结构日趋合理，教师队伍的整体素质有很大提高。加强师德建设，提高教师队伍服务意识，坚持用制度规范，用舆论约束；既宣传法律法规，又提倡奉献精神，是师德建设的成功经验。提高教师的业务能力是教师队伍建设的关键，制定集体学习制度、教师培训制度、教学常规研究制度、教育科研制度，要求教师一手抓学习，一手抓研究，提高教师的业务能力。

【学校安全管理】 2017年，零陵区徐家井小学加强工作责任制度，层层签订工作责任书，进一步明确和强化工作职责机制。建立学校安全、综治维稳、民调工作管理队伍，树立人人都是工作人员的观念，共同做好学校安全及综治维稳、民调工作。落实定期检查制度，严格按照“及时排查、各负其责、工作在前、预防为主”的十六字方针，把检查作为做好安全工作的一个重要方面。政教处每月对学校的各项设施设备进行全面的排查，并根据排查隐患情况，及时汇报到有关的部门和上级领导，并制订整改方案，及时进行整改。成立护校队，加强大门、楼道、围墙、校园周边环境、交通及课间和重大活动的安全管理。利用集会、国旗下讲话、学校放学时集合、班队会、家长会、家访、家校通等途径根据实际情况有针对性的对学生进行安全教育。内容涵盖交通安全、用电安全、防火、防溺水、预防食物中毒、各种传染病的预防、家庭生活、户外活动安全和地震等，提高师生的安全意识和应对突发事件的能力。定期开展防火灾、防地震、防踩踏等紧急疏散演练，提高学生紧急逃生和自救能力，全年没有发生重大安全事故。

【校园文化建设】 2017年，零陵区徐家井小学完善教室文化、办公室文化、花坛文化、廊道文化建设，发挥“墙壁说话，花草育人”的校园文化教育功能，推动校园文化建设发展。

【精神文明建设】 2017年11月，零陵区徐家井小学获第一届“全国文明校园”称号，是湖南省获此殊荣的24所学校之一，也是永州市唯一获此称号的学校。

中山路小学

【概况】 2017年，零陵区中山路小学改扩建标准化学校建设工程于7月完工投入使用，学校有教学楼3栋，综合楼1栋，体育附属用房1栋，校园面积约17223平方米，校园绿化面积30%。新增教学班15个，学校平均班额人员由78人降为61人。新增多媒体教室、创客空间教室、实验室、仪器室、电教室、音乐室、美术室、图书室、阅览室等功能室10个；新增运动场、篮球场、羽毛球场等各类体育活动场地。有在编教师95人，学生1890人，31个教学班。

是年获得“永州市文明交通示范学校”“永州市资源网应用先进单位”“永州市少先队工作先进单位”“零陵区关心下一代工作先进单位”“先进基层党组织”、市“安全文明校园”、区“红色文化示范校”、区“素质教育目标管理先进单位”、区“园林式校园”等称号。

【传统文化弘扬】 2017年9月，零陵区中山路小学举行一年级新生“开笔礼”仪式，开学典礼上，一年级学生身着汉服，在老师带领下进行入学仪式。仪式分为正衣冠、朱砂启智、击鼓明志、启蒙描红、敬茶亲师等环节，让学生领略中华民族的文化精神，迈出勤奋好学、尊师亲孝的第一步。在老师的指导下，学生和家长们一起手握毛笔，在宣纸上写上“人”字，寓意在人生的启蒙阶段，学会堂堂正正做人。通过庄重的仪式，入学新生感受到入学是人生中的一件大事，是开始学习，走向成才的起点，以此激励学生珍惜读书的机会，勤奋学习。

【红色宣传阵地建设】 2017年，零陵区中山路小学学校利用电子显示屏、宣传栏、班级黑板报、教学楼墙面等，布置党史知识宣传教育栏，打造全方位、立体式的永久红色学习阵地；党员教师撰写新闻通讯稿，先后在人民网、永州廉政网、永州新闻网和零陵新闻网等网站和公众号“清廉永州”“零陵清风”和“零陵组工”等新闻媒介发表通讯16篇；在湖南卫视、永州公共频道等媒体集中报道2次，宣传红色精神，弘扬正能量。

【“红色讲堂”教育】 2017年，零陵区中山路小学组织党员和骨干教师参与编写《童心向党》红色文化读本，内容包括党的基本知识、共青团知识、少先队知识、中共党史、省市区地方党史知识、中共十九大等重要精神。党员带头上好红色文化示范课，进一步拓展德育外延，践行社会主义核心价值观，为学生扣好人生第一粒扣子。学校组建红色宣讲队，面向全体师生和来访人员宣传、介绍校园的红色文化及活动。党支部带动少先队大队部在学生中定期开展红色故事演讲、党史知识抢答赛、“党在我心中”作文竞赛和手抄报比赛等，弘扬红色精神，增强爱国主义情怀，将红色基因、红色传统、红色文化厚植于小学生心灵之中，从小培养、增强学生热爱党的情感，坚定共产主义理想信仰，教育学生爱党、爱国、爱零陵。

【“红色艺术”活动】 2017年，零陵区中山路小学开展“红色艺术”活动，活动有红色书法、红色歌舞、红色运动会等。红色书法以“撇捺写人生”为主题，学校设置专门的书法教室，要求全校师生坚持每天练字，学定期在师生中开展书法大赛，手抄报创作比赛等，内容以“红色、爱国”为主。红色歌舞利用六·一儿童节、七·一建党节等时机，组织师生唱红色歌曲，跳革命舞蹈等文艺活动，让红色文化入脑入心，弘扬时代主旋律。11月，举办学校第一届红色运动会，运动会以“红色文化运动会，革命精神永相传”为主题，将“红色文化”融入到体育比赛中，比赛设有“艰难长征路”“红色通讯兵”“抢收南泥湾”“智送鸡毛信”“会师井冈山”等项目。

【“红色教育实践活动”】 2017年3月红领巾节期间，零陵区中山路小学全校学生在老师的带领下开展学雷锋、植树护绿等活动；4月书香节期间，全校师生阅读红色革命书籍等，写观后感；11月健身节期间，举办红色文化运动会，增强体魄，凝心聚力。

【教育专项课题研究】 2017年，零陵区中山路小学结题国家科研课题《现代信息技术在课堂教学中的应用研究》，获得国家级科研成果一等奖，一批有价值的校本教研成果正在组织人员进入攻关阶段。承担省级课题《智慧（数字）校园建设与应用研究》《绿色成长引领下大班额小学生合作学习研究》等学术性领域的研究。指导申报的红色实践活动课题《信息社会下小学少先队德育研究》于7月经评审委员会评审、公示并报全国少工委审定，批准为2017年度全国少先队研究课题立项课题。

【“红色志愿服务队”成立】 2017年，零陵区中山路小学成立“红色基金会”，全校师生每期为贫困老师和学生进行爱心捐款；党员干部组建红色志愿服务队，进行精准扶贫；义务为需要帮助的学生辅导讲习，定期开展家访活动，给贫困师生送去爱心捐款和物资。

(柏湘湘)

永州三中

【概况】 2017年，永州三中有校园面积14.6公顷，绿地面积55549平方米，校舍面积96225平方米。2017年下期，有教学班级72个，在校学生4576人，教职工297人，其中研究生学历26人，本科学历237人，高级教师84人，中级教师118人，特级教师1人；设有零陵区名师工作室2个，有市级学科带头人、骨干教师21人；区级学科教师带头人、骨干教师8人。学校加强基础设施建设、师资队伍建设、教育质量建设，高考本科上线数排市级示范性高中前列。先后获得“国家课题研究先进学校”“全国青少年校园足球特色学校”“湖南省艺术教育先进学校”“湖南省中小学综合实践活动常态实施先进单位”“湖南省学校心理健康教育先进单位”“湖南省五四红旗总支(团委)”等称号。

【办学行为规范】 2017年，永州三中学校落实素质教育，树立质量意识、创新意识、服务意识、竞争意识和品牌意识，端正教育思想，规范办学行为，被评为“零陵区党风廉政建设先进单位”“零陵区教育系统优秀基层党组织”“永州市办学水平督导评估先进单位”。

【办学条件】 2017年，永州三中艺术馆、体育馆、办公楼、食堂改造完工，新校门建设和文化广场建设如期推进。12月，被推荐申报为省级园林校园。学校综合食堂是全市首批100所“永州市标准化食堂”之一，11月，被推荐申报湖南省标准化食堂。全年改造理化实验室8间，仪器室12间，药品室2间，电脑教室3个，是湖南省首批数字校园。2017年度“永州市教育信息化创新应用工程示范学校”。

【安全文明校园创建】 2017年，永州三中成立安全工作领导小组，建立健全安全保卫工作制度，加强制度建设、队伍建设、设施建设和活动建设。学校及周边治安状况良好，学生犯罪率为0，被评为2017年“零陵区平安校园”“永州市安全文明校园”。

【师资队伍建设】 2017年，永州三中把建立高素质的教师队伍作为学校内涵发展、可持续发展的首要任务。以"永州三中师德建设年活动"为主线，开展签订师德协议书、评选"最受学生喜爱教师"、开展"主题党日"、推荐"身边的好人"等活动。培养业务尖子，实施"名师培养工程""师徒结对工程""继续教育工程"和"人才引进工程"。截至2017年年末，学校市级学科带头人、骨干教师数排全省市级示范性高中前列，市级示范性高中第一位。

【常规教学】 2017年，永州三中狠抓教学常规和教学质量，加强教师管理，通过绩效考核制约、日常管理监控、学生评教反馈，保证广大教师工作热情与工作质量。加强学生管理，通过思想文化熏陶、前途理想教育、纪律规范约束，引导学生成人成才。在高三复习备考过程中，采取"教师包干、学生互助、培优辅差"的模式，坚持"心理学习干预并重，文化特长教育齐飞"的策略，提升整体学习成绩。学考、高考成绩排市级示范性高中前列。

【校园文化体系建设】 2017年，永州三中挖掘厚重的文化传统。学校文化底蕴厚重，校内有零陵最早的书院"群玉书院"、永州八景之一的名胜古迹"恩院风荷"。宋朝名相范纯仁在此留下"报恩""廉洁"的文化种子。在校园提质改造中，学校通过兴建范仲淹、范纯仁父子雕像，重修报恩亭等形式，挖掘"报恩文化""清廉文化""群玉文化"等文化精髓。丰富教职工文化生活。2017年下期，由工会牵头，成立教职工俱乐部、社会团体等12个，开展各项活动600余次。分年级进行文化教育。培养高一习惯养成和"成长"教育、高二特长培训和"成人"教育、高三高考励志和"成才"教育，形成有机结合、和谐统一的育人体系。

【特色教育】 2017年，永州三中在体育特色教育、艺术特色教育和心理健康教育等方面，突出办学特色，凸显品牌效应。成功创建全国校园足球特色学校品牌，被教育部授予全国青少年校园足球特色学校。7月，三中女足获全市高中女子组冠军、全省女足邀请赛团体总分第二名。推进湖南省艺术教育特色校建设。与长沙市后湖教育投资管理有限公司签约，成立"永州三中特长教育中心""永州市零陵区青少年艺术活动中心"，6月15日，永州三中体艺班开班。学校和后湖教育集团协作，举行"全国城乡中小学美术教研论坛""全国少儿美术教育学术发展优秀课例展"和"全国第二届城乡青少年美术作品展"在省内外产生较好的影响。全年特长生培训来势良好，全校参加各种艺术培训学生700多人，成功创建湖南省体艺特色教育实验学校。省心理健康教育特色学校申报工作进展顺利。学校心理健康教育起步较早，师资力量较雄厚，教师参与度高，教育成果突出，在永州市内形成品牌效应。11月，完成2017年度湖南省心理健康教育特色学校申报工作；12月，永州市青少年心理发展指导中心揭牌仪式暨专家论坛活动举行。

【校园提质改造】 2017年10月25日，永州三中校园提质改造项目启动开工仪式。提质改造项目包括新建校门、文化广场，维修改造科教楼、教学楼，提质校园景观、道路和校园文化等，总投资5100万元，建筑总面积2万平方米。

【廖智慧名师工作室】 2017年8月24日，零陵区中小学心理健康廖智慧名师工作室启动仪式在零陵区教师进修学校举行。廖智慧名师工作室是2017年全区首批4个名师工作室之一，致力围绕零陵区名师工作室的总体目标，以线下课堂教学、评课议课、学术沙龙及教育科研等为主阵地，以网络空间课堂及微信公众号为辅助交流平台，融理论学习与技能培训于一体，进行中小学心理健康教育教学的研究与探索，促进本工作室成员的专业成长，形成有较大影响的、具有引领和辐射作用的零陵区中小学心理健康教育骨干教师群体。廖智慧心理健康名师工作室现有8位骨干成员，均为本科院校心理教育专业毕业或具有三级以上的《国家心理咨询师资格证》、在学校从事专职或兼职心理健康教育（或心理咨询）工作的教师。工作室以永州三中为研究基地，通过邀请心理健康教育专家作讲座，以论坛形式研讨心理健康教育前沿理论;通过撰写课题、论文、案例等等，提升各位成员心理学专业层次;通过心理健康教育课的观摩、研讨、优质课评比，心理咨询个案研讨、实战模拟、现场督导等提高每位心育教师的活动设计能力和具体操作技能。

永州三中重视学校心理健康教育与辅导工作，相继引入廖智慧、张晶晶两名专职心理教师，外邀湖南科技学院、永州职业技术学院心理辅导中心的专业教师担任兼职心理教师，并定期举办班主任及全体教师的心理健康教育能力培训，逐步形成在校长领导下，以班主任和专兼职心理教师为骨干教师的心理健康教育工作体制。

（邓武忠）

永州九中

【概况】 2017年永州市第九中学分为南北两个校区，校园面积8公顷，教学设备价值1200余万元。有教学班80个，在校学生5756名，教工职285人，其中高级教师48人，一级教师134人，省、市、区级骨干教师和学科带头人近50人,湖南省优质空间课堂1个，零陵区名师工作室1个，有1个省级课题《永州柳文化与中学生核心价值观整合研究》和3个市级课题。学校先后被评为永州市文明交通示范学校、永州市教育信息化创新应用工程示范学校、湖南省学校心理健康教育先进单位、永州市“一师一优课，一课一名师”优秀组织学校、湖南省雷锋式中（小）队、国家级国防教育特色学校。

【党建引领】 2017年，永州市第九中学推进党建工作，强化理论引领，推进学习教育；加强理论武装，抓好思想政治理论教育，学做合一；持续推进“两学一做”学习教育常态化、制度化；加强党的队伍建设，发挥先锋积极作用；加强领导班子建设，坚持党小组学习制度；坚持民主集中制原则，认真开好民主生活会，做好民主生活会整改工作。落实谈心谈话制度，杜绝形式主义，推进党支部建设；靠实总支主体责任，全面加强组织建设，进一步健全党内制度，提高党内生活质量；加强中层干部队伍建设，加强党员队伍的管理与教育，发挥党员的先锋模范作用；积极做好党费的收缴和管理工作，做好党员发展工作，严肃党内政治生活；加强思想作风建设，推动各项工作落实，抓好思想作风建设，开展主题实践活动，加强师德师风教育，搭建成长平台，鼓励教师专业化发展；抓好党风廉政建设，深化党风廉政建设，落实责任制，推进学校民主化管理进程，做好校务公开工作，营造校园清风正气；加强党对群团领导，促进学校稳定发展，发挥工会作用，提高教职工主体意识，做好离退休人员工作，激发共青团工作活力，发挥党的助手作用。

【领导班子建设】 2017年，永州市第九中学加强领导班子建设，明确每位行政人员的工作职责。通过校长办公会议、党政联席会议、行政扩大会议、行政会议和教职员工会议等各种形式，开展各项工作。通过办公室、教务处、政教处、总务处、电教中心、工会和团委等处室，于2017年下期推行年级部负责制，各项工作有条不紊，既发挥领导班子的民主管理作用，又调动班子成员的工作积极性和创造性。

【教师师德和从教管理】 2017年，永州市第九中学坚持制度管理和人文关怀相结合，加强教师职业道德建设。组织学习党报党刊和先进教师的育人事迹，学习身边优秀教师的先进事迹，着力提高教师的政治思想素养和职业道德水平，打造互相合作、共同提升的团队精神。健全制度管理，严肃劳动纪律，提高教师从教的自律性，用规章制度严格约束、引导、修正、规范教师的教育行为，最终变规章制度为教师的职业自觉性。全年教师的制度观和纪律自觉性得到增强，学校教育教学秩序正常。全年发表论文50余篇，获奖40余篇，在各级各类教学比武中获奖20余次，指导学生获奖100余人次。

【教学改革】 2017年，永州市第九中学推进高效课堂改革，改变传统的课堂教学模式，深化“四环节”高效自主学习模式，推行高效课堂教学。规范课堂模式各个环节，采取年级部内相互听课、推门听课制度；开展学生学情调查，召开学生座谈会；制订课堂质量评价体系；制订教师课改过关课制度；建立课改目标责任制，实行任课教师人人上过关课。规范导学案的编制，提高导学案的针对性和实效性，并抓好学生自主学习小组建设，引导他们掌握探究技巧和学习方法，带动全体成员共同学习，共同进步。获零陵区初中毕业学业水平考试十连冠；1413班学生汪诗清被中央美术学院附属中学录取，是永州市历史上首位在初中阶段应届考入中央美术学院附中的学生；1405班学生蒋行健在2017年度“招飞”考试中，被海军航空实验学校录取。

【常规教育和养成教育】 2017年，永州市第九中学加强德育队伍建设，打造专业化的班主任队伍。以班主任例会、优秀班主任评选等活动为抓手，共同探讨德育教育过程中的经验和困惑，鼓励促进班主任加强德育理论的学习，造就一支胸怀育人理想、掌握现代德育理论、富有德育实践经验的班主任队伍。从全方位入手，狠抓学生常规教育和养成教育：注重加强学校、家庭、社会的联系，为家庭教育提供指导和帮助；有序开展“美德少年”评选活动，给特长少年、品学兼优和进步较大的学生搭建展示自我的舞台；开展“规范周”、文明餐桌评比、评选文明之星、评选文明班级等活动，使规范落实到学生的实际行动中；加强德育阵地建设，开展“我们的节日”主题教育活动，感悟民族文化的博大精深、源远流长，引导学生树立鲜明的民族意识；开展以“珍爱生命”的主题教育活动，认识、感悟生命的意义和价值，培养尊重生命、爱惜生命的态度，学会欣赏和热爱自己的生命，进而学会对他人生命的尊重、关怀和欣赏，树立积极的人生观。

【安全教育落实】 2017年，永州市第九中学始终把安全工作放在首位，树立安全第一的思想，做到警钟长鸣，使安全工作深入人心。落实安全责任制，定期开展全校性安全检查、督促、整改，杜绝各种安全事故的发生，为全校师生创造安全的工作、学习、生活环境。制订安全应急预案，定期进行应急演练，提高全校师生应对危机的能力。每一项工作开展前先把安全工作做足做细，有计划，有具体措施，并及时修订完善各项安全应急预案，按要求开展安全演练，有方案、记实、总结。开展形式多样的安全教育活动。校园警务室警用器材齐备，制度完善。保安人员着装上岗，消防栓完好，灭火器数目充足，压力正常，监控设备完好并有效使用。全年未发生重大安全责任事故。

【综合治理落实】 2017年，永州市第九中学落实职责，将加强学校及周边治安综合治理工作列为重中之重。落实社会治安综合治理工作和有关政策措施，建立协同工作机制，制订工作方案，切实保障师生人身和财产安全；加强宣传力度，把安全教育工作落到实处，把普法教育、思想教育、班主任工作以及课堂教学等多种教育实践相结合，形成一种从课内到课外、从教师到领导、从专题教育到综合教育的多元化全方位宣传教育网络；强化值日执导制度，人人参与，设立校务日志和班务日志，发挥青年志愿者监督岗的作用，及时处理突发事件，共创和谐平安校园；聘请法制副校长和法制辅导员为学生上法制课，开展教育延伸宣传活动；定期召开家长会，整合学校、家庭、社会的力量，形成合力，落实责任。加强全校定期的全面检修，随时了解和掌握学生安全动态，提高防患思想，避免安全事故的发生；加强协作配合，完善长效机制，参与社会治安综合治理的各项活动，加强对学校周边环境的整治，把师生的安全、综治教育和防范工作做好、做细，营造文明、和谐、安全的校园。

【阳光体育项目建设】 2017年，永州市第九中学为全面推进校园建设，进一步改善体育教学条件，保证学生每天活动一小时阳光体育活动的正常开展，投资400余万元在操场铺设塑胶跑道。项目由中国建筑二局承建，10月动工。

工商职业中专

【概况】 2017年，永州市工商职业中专承办2017年全市职教宣传周启动仪式和2018年湖南省中等职业教育工作会议暨全省农村中等职业教育攻坚计划现场推进会；省、市、区领导到校视察、调研、现场办公60余次,近20家新闻媒体、网站报道学校发展实事、要事、大事80余次。获得“零陵区基层党建示范校”等区级荣誉4项，“永州市精神文明先进单位”等市级荣誉5项，“湖南省未成年人法治教育基地”等省级荣誉3项，“国防教育特色学校”国家级荣誉1项。

【基层党建】 2017年，永州市工商职业中专坚持全面从严治党，深入推进基层党建工作，创建“永州市基层党建工作示范校”。开展班子成员对接师生工程，为师生办实事，解难事32件。开展“谈心”活动，收集到事关学校发展意见、建议79条。各支部签订《2017年党建工作目标责任书》，坚持“三会一课”制度，开展“五个一”活动，（即“一上一”：一名党员上一堂示范课，在职党员教师晒课126节，收集到教学诊改意见62条，营造“以赛促研、以赛促教、以赛促改、以赛促学”的教学新氛围。“一联一”：一名党员联系一名群众。党员教师深入年级组、班级，教学一线，解决师生难题21件，提交议案8个，处理矛盾4起。建立“家长学校”，搭建家校联教大平台，成功创建为市级平安校园。“一帮一”：一名党员帮助一名受助学生。全年走访学困生、贫困生家庭349户，助力学困生、贫困生成长、成才121人。“一带一”：一名党员带动一个班级。党员教师配合班主任制订班训、班规、格言，对学生进行理想信念教育、诚信教育、民族传统美德教育，培养学生综合能力，建立学生成长记录袋。“一促一”：一名党员促进自身的一次教育提高。党员教师到桂林展翼军校进行军事拓展训练，45人次到合作企业跟班学习，38人次参加国家、省、市培训，收集“我的教学小故事”68篇，“职业生涯规划”68个。）党总支围绕教育教学工作，以党风促教风，以教风促学风，以学风促校风，坚持不懈地抓党建，提升广大师生的获得感、幸福感。构建“党旗在一线飘扬、书记在一线示范、方法在一线研究、措施在一线落实、问题在一线解决、干部在一线培养”的党建工作格局。

【教育教学】 2017年，永州工商职业中专以《永州市工商职业中专中长期发展规划(2016—2020)》为指引，创新开展教学工作。采取“师徒制”“模块式”“项目法”等教学模式实现技能教学高质量发展。推进省级“机械加工制造”专业群、市级“现代信息技术”“现代文化艺术”专业群建设，创建永州市首个“技能人才孵化园”；在抓好技能教学的同时狠抓对口高考教学，打造一支素质高、业务精湛的对口高考师资队伍；学校对接市场开设专业，对接岗位设置课程，新开旅游、社会文化艺术、文秘等专业，招生逐步由“数量型”向“质量型”过渡，学校成为面向全国各类企业输送职业技术人才和向高等院校输送优秀毕业生的重要教学基地。全年在省级以上各类竞赛中累计获奖170人次，其中教师获奖48人次，学生获奖122人次。在技能大赛上，学生获奖排全市第一位，被市教育局评为学生技能竞赛和技能抽查双项先进单位。对口高考本科上线195人，实际录取200余人，创历史新高。全年毕业1700人，其中升学687人，直接就业1013人，就业率100%，企业满意率95%，岗位稳定率在92%以上，毕业生初次就业平均月薪上升到3900元/月。

【校企合作】 2017年，永州工商职业中专与富士康、美的集团、鸿准模具、IDPBG集团、广汽菲亚特等50家知名企业实行联合办学。合作企业东风裕隆公司捐赠学校汽修专业3辆整套汽车，拟投资共建钣金、发动机实训车间；富士康集团投入校企合作资金12万元；所有合作企业设立500~200元不等的定向班奖学金；新增校外实训基地5个，构建“一专业、一基地、一实体”的产教融合新格局。继续引进本地企业名臣制衣和永邦电子电器有限公司开办校企联办工厂，形成“校中厂、园中校”的办学态势。将校外实训基地建在工业园区，开设定向班、企业冠名班52个。汽车专业、工业机器人专业，分别对接长丰集团开办“长丰班”；对接建华机械厂开办“建华班”。全年有300余名中职毕业生在永州经开区、零陵工业园就业，学校为本土企业培训员工2000余人次。引导“青蓝”工匠为企业解决各类技术问题30个，提质改造企业生产线5条。围绕现代制造、电子信息、现代农业等产业优化专业布局，重点扶持5个专业建设。学校专业设置涵盖旅游服务与管理、电子电工、机械制造等13个专业。围绕零陵打造全域旅游示范区、“湘粤桂省际区域旅游黄金驿站”发展定位，利用人文、地缘优势，开办旅游服务与酒店管理专业，建设旅游景区实训基地，打造现代旅游教育产业群。依托零陵高校优势，构建湖南科技学院、永州职业技术学院、零陵电大与中职教育衔接的中、高职一体化和集团化办学大平台，提升职业教育质量。

【管理提升三年行动计划启动】 2017年，永州工商职业中专启动管理质量提升三年行动计划，完善制度26项，出台方案11个，整改问题5起，收集意见建议45条。

【特色内涵建设工程】 2017年，永州工商职业中专推进校企联合、校校联合、校农联合，创建省级“特色专业”2个、省级“示范性特色专业”2个，省级“示范性特色专业群”1个，省级“生产性实习实训基地”2个，省级“精品课程”2门。

【“精细化”管理工程】 2017年，永州工商职业中专对教师实行上班打卡制度，派员实时查堂，加强教学常规检查，实施教学诊改。完善教师量化管理方案，开展教研、培训活动，提升业务能力。全年有82名教师下车间锻炼，108名教师参加校外军事拓展训练，1名教师攻博，3名教师读研，50人次参加国培、省培、市区级培训，800人次参加校本培训。4个省级课题立项，4个市级课题立项。

【“6S”管理体系建设】 2017年，永州工商职业中专以廉洁文化为引领，强化学生管理，创建德育品牌。学校被省人民检察院、省教育厅联合授牌为“全省未成年人法治教育基地”。开展体能训练和技能比武，提高学生综合素质；开展校园文化活动，创建“和”“乐”特色校园文化。

【职业教育学位攻坚计划】 2017年，中共零陵区委、区人民政府将“现代职业教育实训基地”纳入学位攻坚计划，投入资金1.2亿元，在永州工商职业中专建设高标准的实习实训中心，学校占地面积增至21.27公顷，校舍建筑面积增加

13.8 万平方米，学校图书 12 万册，计算机 3200 台，教学仪器设备值 1.1 亿元，拥有校内外实习基地 104 个，为实施 “五培工程”，配备教师 26 人，“双师型” 教师达 179 人。按照“统分结合”的原则，构建职业培训大平台。学校开展“创业培训”“城镇居民再就业培训”“阳光工程”等社会化培训，“服装专业”“电子专业”等学历培训。全年累计各类培训 56 次,惠及4200 人次，实现“职教一人，就业一人，脱贫一家”的总目标。

旅　　游

【首届乡村文化旅游节】 2017 年 8 月 26 日上午，“永州之野·古韵零陵”2017 湖南省永州市零陵区首届乡村文化旅游节开幕仪式在富家桥镇周家大院举行。中共永州市委副书记、市委政法委书记张严出席仪式并宣布开幕，湖南经济电视台党委书记薛雨东，永州市人大常委会副主任魏湘江，市人民政府副市长严兴德、李旦梅，市政协副主席张建亮等出席开幕式。区委书记唐烨致辞，区委副书记、区长吴恢才主持仪式。此次旅游节从 8 月 26 日持续到 8 月 28 日，活动包含开幕式+周家家宴直播大事件、仙姑故里+浪漫七夕、永州之野+蛇王争霸、永州之野+味道零陵、永州之野+美丽乡村五大板块，充分展现古城文化、乡村美食、民俗风情等文化旅游项目。零陵有 2000 多年的历史，自古雅称“潇湘”，是一座历史悠久的文化名城，也是一座山水洲城完美融合的旅游新城，有文物古迹 338 处、风景名胜 130 多处，有国家 AAAA 级旅游景区 1 个、AAA 级旅游景区 1 个，中国历史文化名村 1 个、中国传统村落 1 个，“永州八景”驰名中外，“永州八记”蜚声古今。

【“旅游升温”战役】 2017 年，零陵区成立“旅游升温”战役指挥部，负责对全区旅游工作的领导。定期召开“旅游升温”战役工作调度会，加速推进旅游重大项目建设进度，“旅游升温”战役取得实效。以《零陵区旅游产业发展总体规划修编》为指导，制定《大零陵古城综合保护与发展利用规划》《“永州之野”乡村旅游精品路线概念规划》《贤水河景观通道设计》《柳子街历史建筑修缮规划》《愚溪景观和潇水两岸滨江景观规划》，完善“零陵古城”项目系列规划。区内柳宗元文化旅游区项目、东山景区项目、周家大院项目、“永州之野”精品线路项目、双牌灌区百里花果生态观光带项目、异蛇科技文化园项目、“零陵古城”等项目有序推进。

【系列活动成果】 2017 年，零陵区联合湖南经济电视台举办零陵首届乡村文化旅游节旅游活动；参与第四届草书展、首届怀素书艺研讨会、首届永州旅游文化美食节；完成桂林“千车万人游永州”首发团相关工作、旅行社考察团接待推介；清明祭柳、古城大型灯展和“五一”期间“自在香零 放飞心情”等系列节庆活动。组织区特色旅游产品参加 2017 中国湖南（第八届）旅游产业博览会，并获金奖；永州首届旅游文化美食节零陵美食获“优秀组织奖”；创建 2 个国家 AAA 级旅游景区、1 个五星级乡村旅游点、2 个四星级乡村旅游点；配合拍摄零陵旅游宣传片；制作零陵区旅游地图和零陵古城、永州之野、自在香零、周家大院、东山景区宣传折页，提升零陵旅游知名度、美誉度。

【“千车万人游永州”】 2017 年 3 月 30 日上午，桂林市旅行社组织的 30 台旅游大巴，载着 1000 多名游客抵达永州市体育中心，“千车万人游永州”旅游交流活动拉开帷幕，标志着两市开启湘桂城市圈全域旅游合作新路径。活动以旅游为载体，采用“旅游+城市推广”的方式进行，对双方城市进行全方位、多角度的形象推广与营销。合作双方除常规旅游合作外，还根据各自城市的推广重点，组织“客商团”“看房团”“公益团”等定制团队互访，并开展手机摄影大赛、游记大赛等活动，从而实现“以旅游推销城市，以媒体树立品牌”的良好城市营销效应，推动城市经济发展与产业升级。

2017年9月19日，中国湖南（第八届）旅游产业博览会在吉首人民广场隆重开幕，零陵区组织异蛇科技实业有限公司、易购商务有限公司等企业参展，异蛇科技实业有限公司的旅游商品——蛇毒肽奢华珍贵套装在商品大赛中获金奖。

【清明祭柳大典】 2017年4月7日上午，清明祭柳大典在柳宗元文化旅游区举行。活动由永州柳学研究会主办，主祭人恭读祭文、焚烧帛书，社会各界人士向柳宗元雕塑敬献花篮。湖南科技学院和城区中小学师生吟诵柳诗、唱读柳文，缅怀唐宋八大家之一的柳宗元。群众自发地开展舞龙、耍狮、文艺表演等民俗、文艺活动。

【互动体验式蔬菜采摘活动】 2017年，零陵区在乡村旅游示范点香零山村举办蔬菜采摘活动，利用香零山村无公害蔬菜种植基地的优势，发展观光农业，休闲农业、体验农业，“五一”期间，开展互动体验式蔬菜采摘活动，让游客感受亲情，亲近田园，放松心情，提高香零山村旅游的参与度和零陵城郊旅游的热度，打响香零山蔬菜品牌。

【自行车踏青活动】 2017年，零陵区利用各乡村旅游示范点优美的田园风光、乡村美景及环型交通道路，开展自行车骑行踏青活动，让游客感受自然，放松身心。

【多样化文化艺术展示】 2017年“五一”期间，零陵区连续三天在香零山村举行文化艺术表演和乡村本土民俗风情表演，烘托旅游氛围，让游客感受到本土文化的特色。在香零山村重要节点，设计布置一系列稻草艺术，增加艺术氛围，提升旅游乐趣，吸引游客观光旅游。合理利用香零山村房屋外墙，进行艺术性涂鸦，让艺术绘画进入乡村，融入百姓，受到游客青睐。

【非物质文化遗产展演进景区】 2017年4月，零陵区在柳宗元文化旅游区、东山景区表演零陵渔鼓、零陵花鼓戏等代表作品，丰富景区内容，提升景区品质，让游客了解零陵独特的历史文化；在朝阳公园，利用公园场地和优美环境，举办灯展活动，灯展突出零陵古城主题，结合潇水风光，为游客带来视觉盛宴。8月26日上午，“永州之野·古韵零陵”

【特色原味名菜评选】 2017年，“2017永州首届旅游文化美食节暨金牌原味名菜”评选活动在国庆、中秋双节期间展开，按照自愿、公开、公平、公正的原则，经过“县区推、专家评、游客品、网络投、组委会审”5个环节，零陵红煨异蛇、零陵老埠头鱼嘴、零陵水晶巷酱板鸭三大美食分别获永州十大金牌原味名菜、十大创新菜品、十大特色小吃称号。

【旅游景区、乡村旅游点创建评定】 2017年12月12日，经县(区)旅游局初评与推荐，由永州市旅游景区质量评定委员会组织专家评定，零陵区东山景区、周家大院达到国家AAA级旅游景区标准要求，批准为国家AAA级旅游景区。12月28日，经市乡村旅游区（点）星级评定委员会检查评定，自在香零农庄、陈兰鱼菜共生山庄被授予“湖南省四星级乡村旅游区（点）”称号。潇湘源农庄通过评审，被授予“湖南省五星级乡村旅游区(点)”称号。　(蒋莲)

旅游建设投资开发

【概况】 永州市零陵旅游建设投资有限责任公司成立于2016年6月，是经零陵区委、区政府批准，零陵区国有资产监督管理办公室出资成立的国有独资企业，直属零陵区人民政府管理，公司注册资本5亿元。公司主要职能是进行重大旅游项目的投资开发建设和招商引资，对与旅游相关的重要设施进行投资、参股，从事旅游线路、景区、景点的开发和经营，从事旅游产品的开发、加工、储备、销售，从事水务输供、排污处理、城市防洪、水利水电、港口码头等公共设施的投资建设和开发经营，从事酒店等旅游配套服务产业的投资开发经营管理等业务。公司核定人员编制60人，内设五部一室即：投融资部、资产经营部、工程管理部、计划财务部、人力资源部和综合办公室，下设1个子公司和3个景区管理中心。2017年，作为零陵旅游项目建设的融资和投资主体，承担东山景区、“永州之野”乡村精品旅游线路、柳宗元文化旅游区、双牌灌区“百里花果”生态观光带及零陵古城基础配套等旅游项目建设的投资开发和运营管理工作。

截至2017年年末，公司总资产为212947.29万元，其中：所有者权益157835.42万元（注册资本金为33800万元，划转资产126747.94万元，利润—2712.52万元）；负债55111.87万元（银行贷款4.6亿元，应付和未付款9111.87万元），资产负债率25.88%。

【资金筹集】 2017年，永州市零陵旅游建设投资有限责任公司全年对接融资项目11个，申报融资42.3亿元；其中，有5个融资项目通过银行审批，审批13.7亿元；有4个融资项目放款，放款4.6亿元，另从财政拨入转贷资金、借款、开办启动资金等3213万元。2017年度征地拆迁、土地报批，按合同和进度拨付工程款，融资款还本付息等3.5745亿元。

【东山景区】 2017年，永州市零陵旅游建设投资有限公司推进东山景区项目建设。景区内法华寺修缮、武庙陈列布展、西游客中心、百步登山道、忠义祠碑亭修缮等工程完工；杨塘安置小区（国有）1#、2#房屋建设完成基础建设；零陵楼维修工程完成立面和亮化工程建设；府正街（人民路）立面改造完成亮化提质和四个标志牌楼建设工程；怀素主题公园完成规划方案设计，正由区园林局组织设计方案报批。

【“永州之野”乡村旅游精品线路】 2017年，零陵区贤水河景观通道提质改造工程完工；沿线立面改造工程富家桥镇便民服务中心、电管站、工商所、司法所、计生服务站全部完成。大庙头、秧丘埠、子岩府、高贤村四个立面改造工程基本完成，现正在进行工程扫尾；荷塘月色（高贤荷海）一期项目完成主入口停车场、门楼、游客服务中心、1000米游道及观景木栈道建设；周家大院西区停车场和游客中心建成并投入使用；仙姑大院农家乐项目能施工的7栋房屋修缮改造及停车场、道路等配套设施完工。

【张飞公园】 2017年，零陵区张飞公园项目完成约5万平方米的种植用地清表及临时施工通道建设，现正在进行种植土换填和苗木种植。

【双牌灌区百里花果生态观光带】 2017年，零陵区内双牌灌区白里花果生态观光带项目第一期10千米的紫薇花海带、紫薇景观造型及配套的观景平台、道路、停车场等工程竣工，计划进行沿线土地流转等工作。

【民生微实事】 2017年，永州市零陵旅游建设投资有限责任公司按要求完成东山景区、柳宗元文化旅游区、周家大院、区政府、政务中心、工人文化宫、体育馆、苏通国际小区、香零山村等人流密集公共区域的免费无线 Wi-Fi覆盖工程建设，及景区直饮水设备、24小时免费书屋等便民服务项目建设。

【景区常态化管理】 2017年，永州市零陵旅游建设投资有限责任公司按照国家AAAA级旅游景区的标准，完成东山景区、周家大院景区各种配套设施建设。11月中旬，东山景区、周家大院景区通过市旅游局组织的国家AAA级旅游景区达标验收。全年完善东山景区、柳宗元文化旅游区和周家大院景区的停车场、亮化、绿化和环卫等配套设施，增设监控系统、音响广播、无线 WiFi 网络覆盖、直饮水设备等便民服务设施，聘请安保人员实行 24 小时值班；培训配备景区讲解员，基本实现对景区的常态化管理。

【文化娱乐活动】 2017 年，永州市零陵旅游建设投资有限责任公司配合中共零陵区委宣传部、区文体新局、当地乡镇街道办事处等部门在春节、元宵节、劳动节、国庆节、中秋节等重大节假日在景区举办灯展、组织文艺演出和民间文体活动；8 月，区委、区人民政府携手湖南经视在周家大院举办“永州之野·古韵零陵”首届乡村文化旅游节。

【景区运营管理方案】 2017 年，中共零陵区委、区人民政府多次邀请专业策划团队到零陵出谋划策、问诊把脉，派队外出实地考察调研，经过认真学习总结，结合自身实际，拟定出景区运营管理方案。

【景区和国有资产划转】 2017 年，零陵区完成原东山景区管委会所管理景区资产的划转移交工作，接管东山景区原属城建投所管理的有关工作；水口山和大庙头两处 4900 公顷国有林场资产与原林权所有人签订资产移交确认书，两个林场的原权证完成移交和变更（大庙头林场因重点项目建设需要，林权证被收回并注销）；办理完成杨塘安置小区 3 公顷、2.4 公顷土地，原零陵制药厂土地，煤炭公司门面等土地资产的产权登记变更手续。

【土地报批和储备】 2017 年，永州市零陵旅游建设投资有限责任公司完成张飞公园 9.93 公顷和第一批次 35.67 公顷、45.6 公顷土地的报批工作；100 公顷土地储备征收工作正在有序推进，目前，完成征地 48.73 公顷。

【无形资产申报管理】 2017 年，永州市零陵旅游建设投资有限责任公司对“零陵古城”“潇湘古镇”“周家大院”“怀素”“何仙姑”“柳子街”“愚溪”等地标性文化品牌 75 类商标进行注册申请，并拿到国家工商总局商标注册受理通知书。

【旅游车船管理】 2017 年，永州市零陵旅游建设投资有限责任公司办理游船营运证，进一步规范游船的管理。新购置一台商务中巴车，满足重大旅游和商务接待活动开展需要，进一步增强旅游接待能力。

【子公司组建】 2017 年 5 月，经中共零陵区委、区人民政府批准，永州市零陵旅游建设投资有限责任公司注册成立全资子公司。永州市潇湘古郡置业有限责任公司。注册资本 2 亿元，主要从事基础设施、旅游地产、景区景点的开发建设，注入公司优质资产，该子公司主要负责杨塘安置小区和东山景区旅游商品商贸街项目建设。

（任洪友）

社会建设

民　政

【概况】　区民政局是区人民政府主管社会行政事务的组成部门，行政级别为正科级。机关内设办公室、救灾救济股（加挂区减灾委员会办公室）、优待抚恤股、退伍安置股、区划地名办、基层政权与社区建设股、社会福利与社会事务股、规划财务股、社会组织管理股、区老龄委员会办公室、政工人事股、纪检监察室、社会救助股、特困人员供养股14个股室。下辖区低收入家庭认定中心（副科级参公事业单位）、区烈士纪念园管理所（副科级事业单位）、区慈善总会办公室、区光荣院、区儿童福利院、区殡葬改革执法大队、区城市生活无着流浪乞讨人员救助管理站、区婚姻登记中心、区农村社会养老保险办公室、区扶优扶贫管理办公室、区革命老根据地办公室、区社会福利有奖募捐委员会办公室12个事业单位。2017年，有在职干部职工111人，退休人员27人。

2017年，围绕区委、区政府工作中心，以“五化”（人本化、法治化、标准化、信息化、社会化）民政建设为统揽，抓基层、强基础，抓管理、强服务，补短板、强弱项，各项工作取得新进步、新成效，被评为2017年度全市民政工作目标管理先进单位。

【社会救助】　2017年，零陵区农村低保标准、农村特困人员分散供养标准分别比2016年提高33元/月、696元/年；全年累计发放城乡低保金5973.5万元，农村特困人员供养金1670万元。开展农村低保和兜底脱贫对象认定清理整顿，保障率由整顿前的6.98%下降到1.3%；城市低保清理于2017年10月底结束，清理出不符合保障条件的对象1.2万余人，施保不准、不公的突出问题基本整改到位。医疗救助制度进一步完善，将患重特大疾病未脱贫的建档立卡贫困户纳入救助范围；将健康扶贫工作要求的四类九种大病以及宫颈癌、乳腺癌、人体器官移植等疾病纳入救助病种，全年发放医疗救助金48378人次，1297万元。临时救助力度进一步加大，累计救助困难群众12598人次，1622万元。

【防灾减灾救灾】　2017年7月特大洪涝灾害期间，零陵区紧急转移受灾群众21190人，发放救灾资金1100余万元，衣被3000余件，帮助127户受灾倒损房屋群众重建住房。新建富家桥镇何仙姑村避难点设在村活动中心，投资1万元，可安置500人；石山脚街道办事处华源村两个多灾易灾村级避难点设在原中心小学，投资1万元，可安置500人。七里店社区成功创建“湖南省综合减灾示范社区”。

【革命老区建设】　2017年，零陵区设立永州市零陵区革命老根据地办公室，核定全额拨款事业编制3名，每年可争取项目资金140余万元。零陵区革命老根据地工作办公室为正股级公益一类事业单位，主要职责是做好革命老根据地相关工作。

【养老服务与福利慈善事业】　2017年，零陵区民政局推进养老机构服务质量建设专项行动，为全区13个农村敬老院、4个民办养老院投保床位676张，保费8.45万元。新增养老床位112张，完成重点民生实事项目建设任务。落实各项优待政策，全年累计发放基本养老服务补贴2452人，78.8万元；发放90~99周岁老年人高龄补贴1181人，130.8万元；发放百岁老人长寿保健金42人，16.4万元。医养结合的养老服务取得新进展，辖区内4家民办养老机构、13所敬老院与乡镇、街道卫生院签订医养合作协议。探索农村敬老院运营体制改革，将珠山镇敬老院拓展为区域性养老服务中心，构建集供养、医疗、康健、护理于一体的服务体系。困难残疾人生活补贴和重度残疾人护理补贴发放到位，发放10081人，690.6万元。救助管理逐步规范，救助城市生活无着落的流浪乞讨人员1651人。加大慈善救助力度，全年募集慈善资金及物资折价近270万元，发放救助金及物资折价230余万元。全年发行视频彩票2126.9万元，福利机构安全生产工作进一步强化，全区民政系统无重大安全事故发生。

【优抚对象安置】 2017年，零陵区民政局解决优抚对象“三难”问题，全年发放抚恤补助金6007人，2600余万元。为145名自主就业退役士兵免费进行职业技能培训，61名符合政府安排工作条件的退役士兵全部安置到位。落实军休人员“两项待遇”，开展军休文化活动。做好涉军群体的稳定工作，对重点群体采取必要的防范和化解措施，确保全区社会大局稳定。

【烈士公祭】 2017年，零陵区投资180余万元高标准新建两面英烈墙。9月30日上午，中共永州市委、市人民政府在烈士纪念园举行公祭仪式。永州市委书记、市人大常委会主任李晖宣读祭文，市委副书记、市长易佳良主持仪式，所有在家的市级领导，零陵区、冷水滩区五大家班子主要领导及其他区委常委，永州经开区党委委员和复退军人、学校师生、机关单位干部职工、驻永部队官兵及社会各界群众代表500余人参加。10时40分，烈士公祭仪式正式开始，全场奏唱《中华人民共和国国歌》，少先队员唱《我们是共产主义接班人》，仪式结束，全体人员瞻仰烈士纪念碑和英烈墙。

【基层政权建设】 2017年，零陵区村（居）两委同步换届选举工作全部完成，“两委”班子成员进一步选优配强。区民政局推进社区网格化管理，提升社区服务群众水平。推进社区规范化、标准化建设，25个农村社区试点建设任务基本完成。加强村居议事协商制度建设和村（居）务监督委员会建设，村（居）民依法自治达标率达到100%。

【社会组织管理】 2017年，零陵区民政局完成第二批行业协会商会与行政机关脱钩改革工作。推动“三社联动”工作，引导“三社”（社会组织，社区，社工）力量参与精准扶贫。支持社会组织参与市民政局“关爱留守儿童”和“关爱三无人员”公益创投项目，提升社会组织参与社会公共服务的水平。

【社会专项事务管理】 2017年，零陵区民政局联合多部门开展农村留守儿童“合力监护·相伴成长”关爱保护专项行动；全面推进农村留守儿童控辍保学、户口登记、临时监护等工作；推进农村留守儿童之家建设，建成农村留守儿童之家214个，设立“四点半”学校两所，为留守儿童提供照料和托管服务。出台《关于推行节地生态安葬的实施意见》和《零陵区生态节地安葬奖补实施办法》，推进殡葬改革持续。

【区划地名工作】 2017年，零陵区乡镇区划调整和建制村合并后新的行政区划图正式出版，第二次全国地名普查通过民政部核查验收。开展平安边界创建，与东安县的边界线联检工作顺利完成。2017年，建制合村后，零陵区有建制村299个，社区35个。

【地名普查】 零陵区第二

次全国地名普查开始时间为2015年4月，设独立条目1.8万条，2017年通过市、省及国家级验收。

【自身建设】 2017年，零陵区民政局坚持党建引领，落实“三会一课”和集中学习制度，推动“两学一做”学习教育常态化制度化。进一步强化党建主体责任，抓好服务型党组织建设。组织党员干部到珠山镇大冲村等扶贫点开展扶贫帮困活动，发挥党员干部的表率作用。落实党风廉政建设责任制，在全区民政系统开展“纠‘四风’、治陋习”和“雁过拔毛”式腐败问题专项整治活动，加强对民生资金管理使用情况的监督。新闻宣传凝心聚力，在区、市、省部级主流媒体发布正面报道80余篇，展示“民政为民、民政爱民”良好形象，凝聚民政事业发展正能量。 （喻爱平）

人力资源和社会保障

【概况】 2017年，零陵区人社局在中共零陵区委、区人民政府的正确领导下，在区人大和区政协监督支持下，在市人社局的指导下，坚持“民生为本、人才优先”的工作主线，以就业和社会保障等民生工程为重点，推进人才工程建设，加强公务员及事业单位干部队伍建设，维护劳动者合法权益，年初目标和任务要求如期完成，实现人力资源和社会保障工作新突破。

【劳务协作与就业扶贫】 2017年，零陵区城镇新增就业6046人，失业人员再就业2633人（其中帮助就业困难人员再就业1047人）；新增农村劳动力转移就业5000人（其中新增贫困劳动力转移就业1002人）；新增发放创业担保贷款2850万元，完成年任务2800万元的104%。带动城乡就业5147人，其中，带动城镇就业2492人；全区零就业家庭动态援助率100%。加强劳务协作就业扶贫，出台《零陵区劳务协作脱贫暨“一户一就业”实施方案》，建立“零陵区企业用工服务中心微信群”，举办不同规模、不同主题的招聘会18场，全区建档立卡贫困劳动力1310人，发放就业困难人员社会保险补贴233.69万元。审批高校毕业生就业见习基地5家，为37名见习高校毕业生提供就业岗位。全区开展职业培训4102人，其中创业培训506人、贫困家庭“两后生”技能培训50人、计算机培训537人、育婴师培训61人、就业扶贫培训1952人、电算会计培训45人、其他培训855人，职业鉴定950人，取证800人。

【城乡居民养老保险】 2017年，零陵区城乡居民养老保险参保30.26万人，征缴基金2005.62万元，完成市政府任务的100.28%。待遇领取人员8.5万人，发放养老金7000.6万元，养老金社会化发放率100%。独生子女父母奖励费，原民办及代课教师、乡村医生和老放映员生活困难补助及时代发；被征地农民社会保障工作走在全市前列。

【企业养老保险】 2017年，零陵区新增企业养老保险扩面单位6家，新增参保1100人，征缴基金10927万元，完成市政府全年目标任务的121%；对离退休人员的生存状况采取实地验证、网络认证、异地社区协作验证、人脸建膜系统验证多元化的认证方式，查处冒领养老金事件16起，追回24.78万元；6月1日，“五险”统一征缴启动，选取20家企业作为实行对象。

【机关事业单位养老保险】 2017年，零陵区有参加机关事业养老保险单位240个，参保11400人，参保率100%，征缴基金18295万元、职业年金1256万元，完成全年任务；查处冒领养老金事件10起，追回冒领养老金46000元。

【城乡居民医疗保险和城镇职工医疗保险、生育保险】 2017年，零陵区城乡居民医疗保险参保548333人，参保率98.4%，超额完成省、市下达的目标任务（54万人）。城镇职工医疗保险参保27126人，征缴基金6760万元，完成全年任务的100%；生育保险征缴131万元，完成全年任务的100.1%。

【工伤和失业保险】 工伤保险全区参保单位599家，参保32380人，征缴基金1081万元，完成全年任务的148%；失业保险全区参保21400人，征缴基金341万元，完成全年任务。

【人才引进机制】 2017年，零陵区出台《零陵区委人才工作领导小组运行办法》《零陵区人才工作目标责任制考核办法（试行）》《零陵区优秀人才评选表彰办法》《零陵区人才引进实施办法》，建立零陵区高学历人才库。全年引进高学历人才和急需紧缺专业人才28名。

【公务员队伍建设】 2017年，零陵区面向社会公开招录乡镇公务员34人；以考核奖惩为导向，促进公务员勤政廉政。全区有10558人参加考核，嘉奖1285人，记三等功118人。

【事业单位管理】 2017年，零陵区按照《零陵区事业单位岗位设置管理实施办法》，全区300家事业单位完成岗位设置和人员聘用工作。解决事业单位“青黄不接”难题。全区事业单位公开招聘工作人员352人（其中教育系统264人，卫生系统28人，其他事业单位120人）。组织开展事业单位新聘人员入门培训2期，培训329人。

【职称评审】 2017年，零陵区申报2017年度高级职称200人，中级职称200人，完成初级职称评审认定150人；上报省级招商引智项目2个；春节期间走访慰问各类高级知识分子代表30人，帮助解决实际困难21个。

【军转安置】 2017年，零陵区春节、“八一”期间走访慰问企业军转干部72人。特别防护日期间，与各责任单位及时调度，实现企业军转干部“零进京、零赴省”目标。

【工资政策执行兑现】 2017年，办理机关事业单位工作人员日常工资业务审批13200人次；从2016年7月1日起，提高机关单位在职人员津贴补贴、事业单位工作人员绩效工资和离休人员生活补贴；从2014年9月1日起，提高退休人员生活补贴。同时，对符合退休、提前退休和死亡的干部职工及享受遗补人员办理相关手续。

【劳动监察执法】 2017年，开展日常巡查170次，下达行政处罚4家，审查用人单位规章制度410条，纠正用人单位违法条文190条，补签劳动合同140份，指导50家新成立的用人单位建立工资支付制度及工时制度，督促4家新成立单位办理劳动保障登记。全年接受日常投诉45件，立案45件，结案40件，法定期限内结案率100%，为劳动者追讨工资200万元，涉及劳动者1200人，清退押金36万元。

【法律宣传】 2017年，发放《农民工维权手册》《中华人民共和国劳动合同法》3000份，发放《企业用工指导手册》1000册，解答劳动者或用人单位问题400条。

【劳动仲裁】 2017年，零陵区成立零陵区劳动人事争议仲裁院，全年受理劳动争议案20件，立案20件，目前已结案件20件，法定期限内结案率100%；协调处理非工伤参保纠纷20起；开展建筑行业农民工工资保障金工作，目前共有82家建筑单位缴纳农民工工资保障金1869.78余万元。

【信访维稳工作】 2017年，对涉及政策、法规及办理情况的新老信访案件进行摸排，结合中国共产党的十九大召开，按照“主动协调、分工负责、包干到人”的办法，落实责任领导、责任单位和责任人。全年接待群众来访1800余人次，受理来信48件，领导批示8件，做到信访事项“件件有回复，事事有回应”。

【民生实事推进】 2017年，推进绩效考核，完成各项指标任务；重点民生实事工作全面落实，全区城镇新增就业6011人，完成年任务5800人的105%。 （唐娅）

残疾人事业管理与服务

【概况】 2017年，零陵区残联内设办公室、宣文股、党建室、办证室、康复股、信访维权股、就业服务中心7个股室，下设区残疾人劳动就业服务中心和区残疾人辅助器具服务中心2个股级事业单位，有在职干部职工35人，退休干部职工4人。

【精准康复服务】 2017年，零陵区残联对1496名残疾人进行精准康复服务，其中完成辅具适配680例，脑瘫儿童44例、0~7岁智力儿童17例、0~7岁孤独症25例，成人精神服药200例、支持性服务270例，白内障260例。按照往年0~7岁儿童抢救性康复都是由中央、省、市分配指标，指标数不能满足全区实际需求，其中部分儿童康复指标省定安排在湘雅博爱就诊，由于距离远、生活消费高等方面原因，部分家长放弃康复需求。全年精准康复配套项目经费拿出大部分招标0~7岁儿童抢救性康复，全区0~7岁儿童得到有效的康复服务。

建立服务小组，由区卫计委对村级医生开展精准康复服务业务培训；乡镇街道残联负责，社区（村）康复协调员与社区（村）医务人员共同组成残疾人精准康复服务小组。

【教育培训和资助】 2017年，零陵区残联支持永州市星旺儿童康复中心及永州市爱慧儿童康复中心两所民办儿童康复教育机构开展康复培训。加大残疾人教育资助力度，全年为23名新考入大专院校的贫困残疾学生及贫困残疾人子女分别给予4000元/人、3000元/人的助学补助，共补助80000元；帮助31名贫困高中残疾学生及贫困残疾人子女高中生上学，分别资助1400元/人、1000元/人，共资助35000元；筹资2万元支持34名特困残疾人子女的义务教育，确保全区义务教育阶段无一名残疾人或残疾人子女因贫困而辍学。全年培训残疾人213人，对农村残疾人及家庭成员进行农业实用技术培训160人，职业技能50人，盲人按摩培训3人。

【劳动就业扶持】 2017年，零陵区残联对全区129个行政事业单位、进行按比例安排残疾人就业年审工作。2月3日，组织珠山、黄田铺等乡镇48名残疾人参加“回乡就业，在家创业”专场招聘会，向招聘单位递交求职申请；文彩印务公司和名扬盲人按摩机构，组织两次专场招聘，为全区30名残疾人提供就业岗位，16名残疾人现场与两家用人单位签订劳动合同。就业中心按照推荐安置残疾人就业为主，收取残疾人就业保障金为辅原则，全年按比例安排残疾人112人，全年新增城乡残疾人就业125人。残疾人就业和职业培训状况实名制数据录入率100%。残疾人就业援助活动落到实处，初步形成社会关注和参与残疾人就业援助的氛围。对残疾人自主创业，区残联采取小额贷款贴息、创业资金扶持等方式给与支持。全年帮扶12户残疾人个体创业，投入扶持资金11万元；建立创业和实训基地7户，投入扶持资金17万元，通过基地辐射等方式带动残疾人家庭创业就业。

【扶贫助残】 2017年，零陵区残联组织开展“连千村帮万户”活动和精准扶贫工作。开展“连千村帮万户”活动，联系扶持对象的干部职工于4月7日到邮亭圩镇小木口村，举行“连千村帮万户扶贫工程”启动仪式。区残联为20户残疾人发放各项辅助器具15余件，价值4000元；走访51户贫困残疾人，发放慰问金10200元。区残联“精准扶贫”帮扶联系邮亭圩镇俄塘村，协助俄塘村集中精力，强化措施，抓好村支两委换届工作，为加快推进新一轮脱贫攻坚工作奠定组织保障。落实帮扶资金,搞好基础设施建设和公共服务设施建设。积极向上级争取和协调相关部门，落实扶贫资金；加大基础设施建设的投入，搞好基础设施建设和公共服务设施建设，帮助修建完成尹家坝，建成后，灌溉农田面积6.66公顷；帮助发展产业扶贫；帮助扶持以股份合作社的形式继续办好年出栏2000头生猪的生态养猪场；扶持发展种养大户，带动贫困户参与结对，共同脱贫致富。开展“三走访三签字”活动，开展互联网扶贫工作，完成贫困户和爱心人士的注册、信息对接工作，并开展网上爱心捐赠工作，做到贫困户注册100%，后盾单位爱心人士注册100%，对结物资86件，价值4400，取得成效。走访慰问困难残疾人，在春节前夕对全区16个乡镇、办事处300名困难残疾人进行走访慰问，发放慰问款9.1万元。5月19日，区残联在安康广场举行以“推进残疾预防、健康成就小康”为主题的第二十七次“全国助残日”“助残一日捐”公益活动，向社会发出倡议：请理解、尊重、关心、帮助残疾人，捐一份善款，献一片爱心。活动筹集爱心捐款37000元，营造扶残助残的社会氛围，让残疾人感受到社会大家庭的温暖。落实困难残疾人生活补贴、重度残疾人护理补贴政策。区残联负责审核困难残疾人生活补贴数7204人次，重度残疾人护理补贴数8333人次。实施阳光家园项目。全年为140名贫困残疾人实施居家托养，其中居家100人，寄宿2人，日托38人。落实残疾人摩托车燃油补贴政策。全年为806名残疾人发放燃油补贴20.06万元。开展残疾人无障碍设施改造、危房改造。在水口山镇开展贫困残疾人家庭无障碍改造筛查，经筛查摸底，确定并公示对象30名，年底全部完成。创新机制，把贫困残疾人家庭无障碍改造项目与贫困残疾人家庭扶贫项目易地搬迁和危房改造相结合。区残联在全区范围内，摸底筛查，联合各乡镇办事处、扶贫办等单位，对需求易地搬迁和危房改造的贫困残疾人家庭登记造册，评定打分。在改扩建、新建贫困残疾人住房的同时同步设计、同步施工，节约成本，以更高的标准实施无障碍改造，让有限的资金为更多的贫困残疾人解决无障碍需求，完成自筹资金改造5户。项目设计坚持以人为本、因人而异，根据不同残疾类别、不同残疾程度、不同居家条件为残疾人贴身打造，建造符合实际需要的无障碍设施，为残疾人居家康复、提高自理能力、融入社会生活创造更多更好的条件。

【文明社会环境建设】 2017年，零陵区市内公交车全部安装语音系统，靠站上客，语音系统不断提醒乘客给“老弱病残孕”让座，营造文明进步的社会环境，促进残疾人平等参与社会生活。增强残疾预防意识，在“助残日”“爱耳日”“聋人节”“盲人节”等残疾人的重大节日期间，根据节日活动主题开展残疾人预防宣传活动。组织永州爱尔眼科医院、永州惠耳听力等专业医疗机构进行义诊咨询，为400余名群众做免费检查，发放宣传资料3500余份。增强残疾人维权意识。区残联收到上级交办信访件16件，其中中残联交办件6件，省残联维权微博交办件1件，市残联交办件1件，区信访局交办件8件；网络信访件4件，全部按规定程序办理处置完成。全年残疾个人来访37人次，集体访5批次、57人次。残疾人法律援助结案3件，维护残疾人的合法权益。

（彭钢辉）

工商联

【概况】 2017年，零陵区工商联有在职工作人员4人。区工商联以开展“两学一做”学习教育常态化为契机，团结和引领全区非公经济人士为建设开放文明富裕幸福新零陵作出贡献。区工商联分别获全市计划生育综合治理先进单位、区精准扶贫先进后盾单位等称号。

【基层组织建设】 2017年，区工商联有会员811人，其中企业会员356人、团体会员29人、个人会员426人；有各类基层组织29家，其中乡镇(街道)分会16家、行业商会10家、异地商会4家。区工商联将习近平重要讲话和中国共产党十九大精神作为全区非公经济人士教育培训的重点内容，通过座谈、微信分享、走访调研、研讨交流等多种方式，在工商联机关、会员企业、乡镇及街道商会范围内进行多层次地学习研讨，撰写题为《促进“两个健康” 助推经济发展》的调研文章，为零陵区全面建成小康社会，打赢“六大战役”献计献策。

【“民企联村”助脱贫】 2017年，零陵区工商联落实中共零陵区委脱贫攻坚要求，把精准扶贫工作作为一项重要的政治任务来抓。通过争项目、跑资金，为梳子铺乡联塘村筹备扶贫资金10万元，修建通组公路1.5千米，实现组组通公路。通过拿资金、出主意、找门路等办法，一对一帮助11户贫困户和计划生育两女困难户摆脱贫困。通过社会扶贫网，实现爱心人士结对捐赠成功15户。通过内应外联办法，修建温氏养猪场，年出栏牲猪4500头。筹建60千伏的光伏发电场。

【“万企帮万村”工程】 2017年，零陵区工商联引进永州市沐林冷链有限公司与梳子铺乡鹿鸣塘村、联塘村签订“互联网+电商扶贫暨贫困村农产品包销”协议，将种、养殖的农产品根据上市时间的先后，参考市场价格统一收购，解决老百姓农产品销售渠道少、销售难等问题，消除老百姓种、养殖农产品的后顾之忧，确保村民农产品销售收入。引导天惠油茶开发有限公司投资2000万元，在石山脚乌鸦庙、大夫庙等村，建立1400公顷农业标准化油茶示范基地，新造油茶林120公顷，种植罗汉果53.33公顷，射干和白术等药材40公顷，常年聘请200余户贫困人员从事生产，为每户增加劳动收入18000元/年。同时，每年让利20%给相关村委会和村民，支持当地村民和村集体发展经济。

【就业扶贫】 2017年10月17日，零陵区工商联在安康广场举行2017年“全国扶贫日”劳务协作就业扶贫专场招聘会，组织蓝思科技、美源达玩具、德福隆电子、雅大科技、铭德房地产、松顺电子、东方美美容会所、永州良兴鞋业、鸿鹏人力资源等10余家用工企业现场招聘，提供就业岗位2000余个，其中当地企业400个，外地企业1600个，500余名群众到招聘会现场进行应聘，全年为1127名贫困群众提供就业岗位。

【旅游扶贫】 2017年，零陵区工商联引进湖南瑞康盛生态农业开发有限公司在富家桥镇高贤村流转土地150公顷；建设荷塘月色景区，种植荷花品种26个，特色造型12个，建成以荷花为主题，集荷花观赏、种植、科普教育、农家体验、养生度假为一体的现代休闲农业旅游景区。支持非公人士在珠山镇夏阳村、马迹岭村、坦夫村种植近三千亩太空莲荷花，通过举办荷花旅游节，开展钓龙虾、采莲子等相关活动，带动贫困乡村产业发展，增加贫困群众收入。

【“光彩事业”】 2017年7月8日，广东湖南零陵商会回乡赈灾捐助仪式在中共零陵区委六楼会议室举行。为帮助受灾的父老乡亲战胜洪灾，重建家园，商会紧急动员商会企业家、在粤零陵籍游子筹集善款，募集人民币141.65万元，捐赠物资价值20余万元。全区参与“光彩事业”的非公经济人士56人，为社会公益事业捐赠200余万元；8月28日，在东山广场举行“精准扶贫·金秋助学”活动，组织红星美凯龙国际广场等爱心企业、爱心人士代表，为零陵区建档立卡 “寒门学子”捐款102400元。零陵远达新材料有限公司、湖南时代阳光药业有限公司等10余家非公企业代表到水口山镇石凡村开展社会扶贫捐赠活动，筹集爱心捐赠款4.3万余元；永州联万家网络科技公司董事长徐磊带领公司员工，在梳子铺乡开展爱心捐赠活动，将油米等生活物资和慰问金6万余元发放到困难群众手中，助力脱贫攻坚。

【参政议政】 2017年，零陵区工商联依托参政议政的职能优势，加强调查研究，撰写具有参考价值的调研报告，提交的《关于企业参与农村产业扶贫的建议》《关于零陵区小区二次供水管路办法提案》《组建“文化智囊团”把好“零陵古城”文化关》《关于90 00 10后新一代年轻人的社会责任感》等7篇调研报告被列为区政协全会的重点发言，得到中共零陵区委、区人民政府的重视和肯定，提出的意见和建议基本被采纳。调动和发挥工商联会员中的人大代表、政协委员的积极性，以经济社会发展为视角，撰写高质量提案。发挥非公有制经济人士参政议政和社会事务中的主渠道作用，向人大、政协推荐非公企业优秀代表，提高工商联在地方的参与权和发言权。发挥工商联界代表和委员的作用，针对社会热点难点问题开展调研，掌握社情民意，参政议政，为地方经济发展和社会稳定建言献策。

【非公有制党建】 2017年5月，零陵区工商联成立中共永州市零陵区工商联直属会员单位综合委员会，并创建2个企业会员党建示范点，组织3名优秀非公经济党支部书记参加市、区组织的党建培训，培养入党积极分子6名。

【队伍建设】 2017年，零陵区工商联组织召开机关干部作风建设会议，学习《中国共产党纪律处分条例》《永州市零陵区机关及其工作人员作风建设行为规范手册》等文件；开展“三提升、三争当”和整治国家公职人员参与涉矿经营性等活动。

民族宗教

【概况】 2017年，零陵区民宗局坚持以中共十八大以来的会议精神为指针，学习贯彻落实中央、省、市民族宗教工作会议精神，开展民族宗教政策法律法规的宣传教育，提高各级干部民族宗政策水平，抓好民族宗教政策法律法规的贯彻落实，妥善处理宗教热点难点问题，抵御境外宗教渗透，推动民族宗教界为把零陵区建设成为文化名城，旅游靓城，经济强城作出贡献。

【宗教工作】 2017年8月23日，中共零陵区委召开常委会议，以区委、区人民政府的名义下发成立全区宗教工作领导小组文件；区、乡（镇、街道）、村（社区）三级宗教工作网络和乡（镇、街道）、村（社区）两级责任制文件。落实主体责任，突破制约基层宗教工作开展的体制机制障碍。

【民族宗教领域突出问题解决】 2017年，零陵区针对全区民族宗教工作情况，将全区民族宗教发展资金纳入财政预算；将困难教职人员社保补助经费纳入财政预算；解决全区4处存在安全隐患的宗教场所维修资金。

【宗教历史遗留问题解决】 2017年，零陵区做好东山景区高山寺改扩建工作各项矛盾调处，及寺庙内部布展工作。以东山景区建设为契机，以全面落实宗教政策为目标，以尊重历史、照顾现状为依据，通过“产权评估、等价置换”方式与区佛教协会签订拆迁协议；与高山寺主持释道源法师签订安置补偿协议；成功化解老地委久拖不决的历史遗留问题，贯彻和落实好宗教政策，为全区经济建设做出贡献，得到中共零陵区委、区人民政府、区佛教协会及宗教界人士的认可，加快东山景区及高山寺建设的推进，确保年底东山景区的开园工作。

【宗教慈善活动】 2017年上半年，零陵区遭受特大洪灾。区民宗局及时向全区宗教界发出倡议书，鼓励宗教人士投身灾后重建工作；向市、区慈善组织募集救灾资金5万元。8月中旬，为全区贫困寒门学子募捐助学金4.2万元，资助贫困学生21人。通过宗教界人士搭桥引线，邀请全国知名艺术家电影《刘三姐》的扮演者黄婉秋到东山景区现场考察。

【城市民族工作】 2017年，零陵区民宗局积极开展民族团结进步创建，在巩固永州市唯一的“全省民族团结进步社区示范点”的基础上，在外来人口较多的徐家井街道办事处开展民族团结进步宣传教育，力争在两年内再创一个市级示范点。6月13日，全省民族宗教政法业务培训暨“民族团结进步创建”工作现场经验交流会在柳子街社区（全省民族团结进步创建示范单位）举行。省民宗委以及来自全省14个市(州）民族工作部门负责人参加会议。9月1日，启动“民族团结进步宣传月暨共渡古尔邦节”活动。9月11日，邀请市、区新闻媒体开展民族团结进步行采访报道、宣传推介。经过民族团结进步宣传、教育创建，城市外来务工少数民族矛盾频发现象得到扼制，全年没有发生民族矛盾纠纷。

【合法权益维护】 2017年，零陵区民宗局掌握民族宗教界代表人士基本情况，加大教育培训，利用市、区人大代表、政协委员换届的有利时机，向中共零陵区委统战部、组织部门汇报推荐，做好代表人士的政治安排。为维护民族、宗教界合法权益，反映民族、宗教界合理诉求打下基础。

【民族考生高考加分资格审核】 2017年，零陵区民宗局协调教育、公安、纪检部门，为全区参加全国统一高考招生考试的42名少数民族考生办理资格审核工作，无一例差错。

【少数民族村扶持和推介】 2017年，零陵区民宗局向省、市民宗部门汇报，将富家桥镇何仙姑村、干岩头村列入全省特色寨名录库，有望申报省级民族特色村寨。

【宗教管理机制】 2017年，零陵区民宗局坚持宗教工作属地管理和“谁主管，谁负责”的原则。完善各项制度，从规章制度上明确各部门的职权和责任。通过健全的网络，形成上下左右联动、各级各部门齐抓共管的局面，解决基层宗教工作无人管、不愿管、不敢管和宗教部门孤军作战而其他有关部门遇事回避、推诿和不负责任的现象。对有令不行、有禁不止等违反宗教法律法规的现象，坚决做到有法可依、执法必严、违法必究。

【宣传教育】 2017年，零陵区民宗局树立“民族宗教无小事”的思想，采用多种形式开展学习宣传活动，进一步加大党的民族政策和宗教知识的宣传培训力度。运用各种有效载体，继续在各个层面开展民族宗教政策和法律法规的宣传教育活动，扩大民族宗教法律法规的知晓率，引导广大信教群众遵纪守法，规范信教行为，营造良好的宗教氛围。

【服务管理】 2017年，零陵区民宗局健全宗教活动场所的组织机构，重视宗教团体的运行，支持宗教组织积极发挥作用，理顺内部管理关系。帮助活动场所建章立制，支持和推动宗教团体制定完善的教务、财务、岗位责任、安全防范等制度，使宗教场所内部有法可依、有章可循。开展基督教私设聚会点专项治理工作，并建立长效管理机制。依法制止借宗教为名进行的非法活动，抵御境外利用宗教进行的渗透活动，维护全区社会安定和政治稳定。

卫　生

【概况】 零陵区卫生和计划生育委员会，内设20个股室，分别是政工股、政策法规股、综合监督股、财务股、医政医管股、基层卫生股、药物政策与科技教育股、妇幼健康服务股、流动人口计划生育管理股、计划生育基层指导股、计划生育家庭发展股、规划信息股、宣传股、会计中心、卫计委办公室、计生协会办公室、委纪检室、党建室、红十字会、健康教育所。2017年，为加强党建、健康促进和宣传工作，单列党建室、健康教育所和宣传股。

全区有医疗卫生机构22个，其中区级医疗机构有永州市第四人民医院、永州市第二中医院、专业公共卫生机构区疾控中心、区卫生计生综合监督执法局、区妇幼保健和计划生育服务中心、区爱国卫生运动委员会。有社区卫生服务中心6个、乡镇卫生院10个，在职卫生工作人员总数2038人。其中执业（助理）医师1498人，平均每千人拥有执业（助理）医师2.68人。实有病床总数4412张，平均每千人拥有病床7.9张。此外，有个体诊所109家，村卫生室389家。

【“健康零陵”品牌建设】 2017年，中共零陵区委、区人民政府提出打造“健康零陵”品牌战略，强化顶层设计，制订《关于健康零陵建设实施意见》《关于加快全区医疗卫生事业改革发展的实施意见》《零陵区床位建设（2017—2019）三年行动计划建设实施方案》等一系列扶持、发展健康零陵的政策措施。区妇幼保健中心、第四人民医院搬迁、区中医院、区康复医院及16个乡镇卫生院（社区卫生服务中心）标准化床位建设项目投入11.5亿元，中国二冶集团为中标施工方。其中区妇幼保健计划生育中心、邮亭圩、水口山、接里桥、梳子铺卫生院标准化建设项目于10月22日举行开工典礼。投资近4000万元的第四人民医院综合楼正式交付使用；总投资3500万元的区中医院扩建工程，在2017年完成投资1100万元。投入资金1500万元在6个乡镇卫生院建设312套乡镇卫生院公租房交付使用。完成61所高标准、高质量、标准化的村卫计服务室。零陵区成功创建省级慢性病综合防控示范区、全市无偿献血先进县区。区疾控中心成为永州市第一家成功通过全省能力达标（乙等）验收的县级疾控中心。

【党风廉政建设】 2017年，零陵区卫计委党组研究制订《零陵区卫计委2017年党风廉政建设和反腐败工作要点的通知》，与区属22个医疗卫生单位签订《党风廉政建设主体责任书》。4月12日，委党组召开卫生计生系统党风廉政建设和反腐败工作会议，安排部署2017年度卫计系统党风廉政建设和反腐败工作。9月30日，召开卫计系统党建述职述廉会议、卫计系统22个医疗卫生单位支部书记进行述职述廉。强化党内监督制度、落实“一岗双责”，加强巡察整改。针对区委第二巡察组反馈交办的5项问题，全部整改到位。贯彻落实党的干部路线，针对基层卫生院班子缺位情况，严格选拔任用程序，逐步进行调整充实22人。全年收到问题线索7个，全部核查了结，转立案4人。开展医药卫生领域商业贿赂专项整治工作，收缴回扣提成516005.5元，存入区廉政帐户。立案调查涉嫌违法生育国家公职人员28人。

【医药卫生体制改革】 2017年，零陵区卫计委制订出台《零陵区建立区域医疗联合体实施方案》。7月，永州市第四人民医院、永州市第二中医院、区妇保中心与全区16个基层卫生机构签订医疗联合体协议，实行基层首诊、分级医疗、急慢分治、双向转诊。转诊病人400余人次，开展基层业务指导、远程医疗60余次。制订出台《永州市零陵区关于印发全面推行家庭医生签约服务的实施意见》《零陵区医疗机构分级诊疗双向转诊工作实施方案》，分级诊疗、家庭医生签约服务工作有序推进。组建家庭医生团队121个，签约服务16.8万人，其中重点人群12.9万人，常住人口签约服务率31%，重点人群服务率65%。特殊家庭、贫困人口、五保户签约率达到100%。改革医保支付方式。全年，实现城乡居民医保24种重大疾病和分娩25种疾病的单病种付费。与湖南省确立的106种单病种付费，规定相差81种。完成城乡居民基本医保制度整合，做到“覆盖范围、筹资政策、保障待遇、医保目录、定点管理、基金管理”的六统一。公立医院改革配套资金列入区财政预算。5月，永州市第四人民医院上线运行公立医院互联互通信息系统，基本实现公共卫生和医疗服务关联。系统管理居民健康档案529382份，居民健康档案建档率95%，基本公共卫生服务和重大公共卫生服务内容实现信息化管理，公立医院互联互通有序推进。同月，永州市第四人民医院与全区所有中心卫生院签订远程医疗服务协议，建立远程信息会诊系统，实现区级医院和5个乡镇卫生院DR与心电图检查信息共享，检查结果互认，远程医疗正式启动。投入66万元建设“一站式”结算系统，加大健康扶贫脱贫信息支撑力度，优先为贫困人口建立动态管理的电子健康档案和居民健康卡，逐步实现基本医保、大病医保、医疗救助和社会慈善救助资金“一站式”结算。10月，全区所有医疗机构（含政府办的基层医疗卫生单位）药品采购全部实施“两票制”。

【爱国卫生】 2017年零陵区卫计委出台《2017年永州市零陵区爱国卫生工作要点》，4月，在全国第29个爱国卫生月中，在东山广场开展除“四害”药物和资料进社区、进小区、进家庭“三进”的爱国卫生月活动。出台《2017年永州市零陵区病媒生物防制方案》和《2017年永州市零陵区病媒生物防制技术方案》。5月26日，邀请省疾控中心博士黄谊在区委党校举办病媒生物防制专业技术培训，增长全区病媒生物防制知识和技能。对重点单位、地段的“三防设施”开展病媒生物防制集中消杀活动，更新毒饵站10000余个。出台《零陵区2017年基层卫生创建方案》，石岩头、梳子铺两乡镇成功创建市级卫生镇，全区6个单位（村）、22个单位（村）分别成功创建省级卫生单位（村）、市级卫生单位（村）。区政府出台《永州市零陵区农村改厕工作实施方案（2017—2019年）》，全区农村改厕工作有序推进，全年完成卫生厕所改造5036户，占全年任务的100.7%，其中无害化卫生厕所改造2006户，占全年任务的100.3%。零陵区被评为全市爱国卫生工作先进县区。

（丁建勋）

计划生育

【概况】 2017年，零陵区有总人口645818人，已婚育龄妇女118288人，总出生8414人，其中计划内出生7976人，死亡人数为4841人；符合政策生育率94.79%，人口出生率13.09‰，死亡率7.53‰，自然增长率5.56‰；施行节育手术7635例。被评为全省人口和计划生育工作良好单位，市人口和计划生育工作先进单位。

【基层业务指导】 2017年，零陵区组织开展计划生育业务培训、业务技能竞赛、远程协助等多样化的培训，制订2017年计划生育工作考核评估方案，对不同类型的单位合理编制不同的考核指标；完善对乡镇、街道的考核，尽量做到考核公平、公正、合理。夯实计生工作基础，严格村级目标管理考核。加强对客户端、PADIS平台、实时通、村直报等一系列软件应用监督，狠抓全员数据质量，保证16个乡镇办事处信息网络的通畅。数据项目完整率和逻辑准确率均100%。抓好妊娠信息、生养信息和避孕节育信息的及时采集和上报工作。9月，零陵区妊娠信息上报及时率95.47%、生养信息上报及时率98.13%、避孕节育信息上报及时率98.64%。

【流动人口管理】 2017年，零陵区有流动人口135589人，其中流出人口126610人，流入人口8979人，通过平时督查和流动人口卫生计生工作专项调查，全区流动人口信息采集到位率96.8%。流动人口电话采集到位率97.93%，省内流出人口信息匹配率96.87%，省内流入人口信息匹配率99.8%。全年接收省内信息1453条，及时处理1453条，及时处理率100%；接收padis实时协查和通报信息3130条，及时处理3130条，及时处理率100%；接收湘粤通报信息2585条，及时反馈2585条，及时处理率100%；接收广东流入登记协查信息2320条，及时处理2320条，及时处理率100%。通过padis平台发送协查信息3776条，按时保质完成湖南省下发零陵区跨省流动人口个案信息57059条，省内流动人口不匹配个案信息7967条，共计65026条个案信息的核查工作。

【特殊困难家庭扶助】2017年，零陵区农村部分计划生育奖励2516人，其中新增419人；计划生育特别扶助301人（独生子女死亡191人，伤亡110人），其中，新增独生子女死亡35人，独生子女伤残22人；手术并发症患者58人，其中新增7人。确认城镇独生子女父母奖励5337人（单位类2176人，计生类57人，社保类3104人），其中新增773人。确认14周岁独生子女1489人，农村独生子女和两女户女儿考取重点本科确认39人。查处“两非”典型案例5例。6月，出台《零陵区计划生育特殊困难家庭扶助关怀工作的通知》，对相关人群继续给予提标，共计122.962万元。其中，独生子女死亡家庭191人，每人每年提标780元，计14.898万元；独生子女伤残家庭110人，每人每年提标480元，计5.28万元；节育手术并发症患者58人，每人每年提标1200元，计6.96万元；独生子女保健费发放1487人，发放资金34.92万元；农村独生子女和两女结扎户考取重点本科39人，每人2000元，计7.8万元；对4户独生子女死亡家庭每户给予2000元的慰问金，计0.8万元。区民政局对当年新增节育手术并发症患者每人救助1000元，共7人，计0.7万元。2017年，区民政局对年满60周岁的39名失独人员优先纳入五保供养共计26.392万元；对13户特扶家庭、37人优先纳入低保资金7.32万元；4人生活自理能力较差的失独老人优先入住敬老院，解决资金2.36万元；42人特殊家庭不符合低保对象给予困难救助，每人每年600元，计2.52万元；区计生协会走访特殊家庭15人，计0.62万元。区扶贫办为计生特困家庭5户优先发放小额贷款收益分红资金，每户每年5000元，计2.5万元。区住建局为两户特困家庭进行危房改造，每户提标补助1.2万元，计2.4万元。区卫计委为全区301名特殊家庭建立联系户制度，规定村联系人每月走访特扶对象一次，乡镇、街道联系人每年走访特扶联系人2次，重要节日区联系人上门走访1次，及时了解特扶对象困难和需求，给予生活照料，人文关怀；建立健康档案301人，全部实行签约医生上门服务，为191名失独家庭免费接送每年一次免费健康体检。计生协会为独生子女户、两女结扎户免费办理保险8.2万元。“两扶”资金通过财政直通车打卡发放。全年收到“两非”线索17条，通过摸底排查确认有效线索5条，查处过程全部证据材料录入全国“两非”信息平台，案件办理质量、执法案卷、案件得分系数排全市第一。被评为省、市惩治“两非”工作先进单位。（丁建勋）

疾病预防

【概况】2017年7月，零陵区遭遇特大洪涝灾害，区疾病预防控制中心抽调30余人组成11个救灾防病应急队4批次、120人次及时赶赴灾区落实救灾防病工作，完成预防性消毒面积35万平方米，消毒压水井1119口、公用大口井142口、集中式供水单位6家，发放洪涝灾害卫生防病知识宣传单5万份，调拨下发“84”消毒液1200件、漂白粉6吨、漂白精片200件，合计金额20余万元。全区无甲类传染病报告，儿童单苗接种率均达到95%以上，入学儿童预防接种覆盖率100%。按程序进行处置和上报报告麻疹排除病例10例，AEFI报告病例共45例。全年完成食品安全风险监测样64份、水质监测样165份、霍乱内外环境监测样383份、HIV初筛血样1172例的检测任务。

【艾滋病、结核病防治】2017年，零陵区艾滋病、结核病的治疗工作移交给县级综合医院（市第四人民医院），疾病预防控制中心承担管理、督导作用。全年协助四医院建立、规范结核病门诊，群发短信“免费治疗结核病新政策”12万条，全区网络报告结核病人563人，有效网报538人，追踪到位405人，到位率75.3%；接诊可疑肺结核病人834人，免费查痰662人，免费治疗新涂阳病人72人，复治涂阳病人15人，涂阴病人302人，共免费治疗389人，筛查涂阳病人密切接触者609人。全年VCT门诊受检438人次，其中初筛阳性4例，确诊4例。全年新增治疗病人15人，全区管理治疗病人达到193人。

【生活饮用水监测】 2017年，零陵区疾控中心按要求开展生活饮用水监测，采集水样92个，合格水样42个，合格率为45.56%。城区两个集中式供水单位生产的4个出厂水和16个末梢水，水样所检项目全部合格。16个农村集中式供水单位生产的32个出厂水和32个末梢水，所检项目全部合格的水样16个，合格率为25%。8个学校水样，所检项目全部合格水样6个，合格率为75%。采集委托检测水样26个，集中学校水样4个，农村分散式水样22个，经检测，硒超标1个，锰超标1个，微生物超标22个。采集洪水期农村大口井水样8个，合格水样6个，合格率为75%。

【基层公共卫生管理】 2017年，零陵区基本公共卫生项目服务人口数55.41万人，基本公共卫生服务人均补助50元/人。2016年度全区的基本公共卫生服务综合考核结果在全市排第一，被评为全市基本公共卫生服务先进单位。2017年，举办基本公共卫生服务培训班3期，培训850人次。制订《零陵区2017年基本公共卫生服务项目宣传方案》，利用短信平台和政府网、文化墙体、固定宣传标语、宣传栏，印刷健康知识和服务项目资料、公益广告、宣传海报、讲座等对国家基本公共卫生服务项目内容进行宣传，在零陵北路建设长800米的卫生计生宣传和和健康知识宣传走廊。3月，零陵区被评为全省卫生计生户外宣传示范区；居民健康档案建档率95.3%，其中老年人健康管理率为85%，全区65岁以上老年人约5.4万人，规范管理率68%。5个基层卫生院推行“院企合作”模式，通过引进“国家基本公共卫生服务专用设备老年及数据自动生成上传系统”进村，现场开展免费体检，全年完成老年人免费体检人数为2.02万人，完成体检任务62%。4月，在全区各社区卫生服务中心和乡镇卫生院全面推行家庭医生签约服务，全区组建家庭医生签约团队121个，已签约服务16.8万人，其中重点人群12.9万人，常住人口签约服务率31%，重点人群服务率65%。被评为全市基本公共卫生服务项目工作先进单位。

【健康扶贫实施】 2017年，零陵区出台《零陵区卫生计生部门脱贫攻坚行动方案》《零陵区精准扶贫二级医疗卫生机构对口支援乡镇卫生院项目实施方案》《零陵区卫生计生部门脱贫攻坚突出问题集中整改方案》《零陵区健康扶贫工程“三个一批”行动计划实施方案》等一系列文件，安排部署健康扶贫工作。在全区范围内开展建档立卡贫困人口因病致贫因病返贫核实核准，共25616人次，核实核准率100%。年底，全区有建档立卡贫困户12583户，44428人，其中因病致贫返贫人数11429人，已核准因病致贫返贫人数11429人。

实施“三个一批”。大病救助一批，全区贫困人口有9种大病患者495人，其中建档立卡贫困人口163人，低保户326人，特困人口6人，已救治457人，累计救治人次852人次，救治率92%。针对九种大病均制订诊疗方案和单病种收费标准。全年对农民工尘肺病、肺结核病、艾滋病和重症精神病等4种大病纳入集中救治病种，救治农民工尘肺病3人；肺结核病人394人次；艾滋病人救治人次172人次，救治金额309600元；重症精神病29人次，救助金额44408元。慢病签约服务一批，覆盖贫困人数2165人，已签约人数2165人，签约率100%；建档立卡贫困人口 44428 人，参合人数 44428 人，参合率 100%；全年建档立卡贫困人口住院 5845 人次，医疗总费用 2702 万元，补偿费用 1552 万元，提高 10%部分补偿 196 万元；大病保险享受人次 340 人，支付金额 120 万元，其中降低 50%起付线大病支付 52 万元。一站式结算帮助一批，全区 19 个区属医疗机构投资 66 万余元建设农村贫困人口“先诊疗后付费”一站式结算服务窗口，11 月，实行先诊疗后付费政策，全区所有贫困人口凭身份证和相关贫困证明在 19 个区属医疗机构住院可不用交付住院押金，只需在出院时支付城乡居民医保、大病保险、扶贫特惠保、医疗救助、医院减免后的自付费用，2017 年年底，全区对贫困人口实行先诊疗后付费 372 人次。

【药政科教】 2017 年，零陵区制订下发《零陵区实施基本药物制度考核管理暂行办法》和《零陵区村卫生室实施了基本药物制度考核管理办法》两个文件，制定相关采购制度，强化药品采购的日常监管，对村卫生室药品采购行为，实行代购制度，并全面推行基本药物制度，实行零差率销售。完善直接挂网采购。全区各卫生医疗机构需要的各类医疗用药，都实行上网采购，实行零差率销售。2017 年 10 月 1 日起，公立医疗机构药品采购全面实施“两票制”，规范采购和使用基本药物的品规率和资金率。加强科教工作，全年安排 13 名基层医生参加全科医生培训。启动乡村医生本土化培养计划，选送 106 名人员进入高等院校进行乡村医生本土化培训，为乡镇卫生院培养免费医学本科 11 人。

【健康宣传教育】 2017 年，零陵区制订全区 2017 年健康教育工作要点，实施全民健康生活方式和健康素养促进行动项目，健康教育网络覆盖率为 100%。顺利通过国家卫生城市复审。开展以无烟生活、艾滋病、结核病防治、健康素养、慢性病防治等为主要内容的健康巡讲活动 10 次，覆盖 5000 余人次。开展重点疾病和重点领域健康教育活动 8 次，悬挂宣传条幅 20 余幅，设立宣传展板 20 块，发放各类宣传资料 17000 余份，粘贴宣传画 150 多张，发送手机短信常住 15 万条，接受群众咨询 6000 余为人次，受益人群达 3000 多人。全区印发重点疾病和重点领域健康教育宣传资料 30 万余份，张贴宣传标语 100 余条，设立宣传展板 60 余块，举办现场咨询 80 余场，零陵区被列为 2017 年国家健康素养监测和成人烟草流行监测、中医药健康文化素养 3 个项目的监测点。

（唐初林）

计划生育协会

【概况】 2017 年 2 月，零陵区计划生育协会（以下简称计生协会）增选常务副会长一名，5 月，中共零陵区委、区人民政府将区计生协会纳入一级财政预算单位，编制 4 人。全区有计生协会组织 471 个（其中机关企事业单位 137 个），流动协会 6 个，协会小组 4678 个。发展骨干会员 5624 人，骨干会员联系户 6408 户。表彰先进乡镇、街道、区直单位、村（居）个人 28 个。奖励计生协会先进乡镇、街道 6 个，先进单位 5 个，先进村（居）5 个，先进个人 12 个。2017 年，区计划生育协会被评为湖南省计生协会工作先进单位。

【协会活动开展】 2017 年，零陵区计生协会在广西桂林市象山区和秀峰区新建立流动人口协会 2 个，发展骨干会员 68 人。全区建有流动人口计生协会 6 个，开展各类活动 152 项，其中宣传学习 15 场次，帮助解决生产困难 25 户，解决生活困难 47 户，指导落实避孕节育措施 44 人，帮助维权 25 人次。区协会印发统一的流动人口健康需求调查表，开展流动人口健康服务年活动，抽取流入人口对象 300 人。组建卫计系统志愿服务者队伍 50 人，开展以“人口流动·健康同行、计划生育倡导文明”为主题的宣传服务活动。7 月 10 日，在永州商业城现场发放资料 5000 余份，药具 400 余盒，免费测血压、血糖 250 余人，走访 4

户流动人口计生困难户资金0.24万元，制作“流动人口·健康同行”宣传展板24块巡回宣传。开展对流动人口免费健康检查为主的关心关爱活动。7月7—14日，分别在七里店建材市场、零陵工业园对260余名流动人口（务工者）进行免费健康检查。发起诚邀流入人口参与“万步有约健康零陵”活动倡议书，得到流入人口的支持，参与人数200余人。开展“流动人口·健康家庭”评比活动试点，在永州商业城计生协会试点中首批推荐10个家庭参与竞评。开展计生基层群众自治“四级”联创工作，创建国家级示范点1个、省级示范点3个、市级示范点1个、区级示范点56个。

【“诚信计生”推进】 2017年，零陵区计生领导小组下发《关于全面推进“诚信计生”工作的实施意见》，组织骨干培训班，在全区344个村开展“诚信计生”协议书签订工作；举办全区“诚信计生”示范创建点工作专题培训班，签订二孩及以上育龄妇女计生协议书6.55万份，按协议书兑现小孩考取大学奖励201人，资金61.3万元。自觉采取避孕节育措施1700多人，奖励金7.5万元。其中石山脚街道井塘尾村主动签订“诚信计生”协议书，对签署协议对象的子女，考取大学一本每人奖励3000元，二本奖励2000元，兑现2人二本奖励4000元。对不遵守计生法规、违法生育、拒不缴纳社会抚养费者，且影响坏的计生家庭，纳入失信家庭，失信人员13人。全年筹集生育关怀资金24.5万元，组建起计生协志愿者服务队伍509人，分别与143户计生特殊困难家庭结对帮扶，定期上门走访952人次，单独慰问新增计生特殊家庭4户，资金8000元，优先纳入低保301人，改善住房条件42户，扶持发展产业129项，介绍就业75人，小额贷款12万元。爱心助孕4户，为56人提供就医绿绝通道，计生综合保险理赔6人，计1.76万元，理赔率40.7%。

【精准扶贫与创先争优】 2017年，零陵区计生协会帮助计生群众户在生产服务上制订帮扶措施7588条，提供信息12236条，帮助劳力19994个，介绍就业1568人，传授技术606项，借贷资金共计205.9万元。生活服务上，心理疏导183人次，危房改造609户，解决低保226户，日常照料52户。动员主动采取避孕节育措施1774人，优生优育指导1909人，生殖健康检查4071人。家庭医生签约服务计生特殊家庭183户，指导掌握健康知识938人，帮助就医134人。为183位失独人员开展免费健康检查。全年申报获批省级计生家庭创业贷款贴息项目8个，资金4.13万元。利用上级“三结合”项目资金，采取滚动发展模式，现有项目资金51万元，先后扶持近40个项目，使300余户计生户脱贫致富。开展“小善举，大爱心”募捐活动，有38个单位、1663个人捐款金额41111元，捐款及时上缴省人口基金会，救助全区卫计系统职工2人，计10000元。走访扶贫村计生对象64户，计2.06万元；助学10人，资金3万元。

零陵区中医医院

【概况】 零陵区中医医院（零陵区中医院）始建于1956年，位于零陵区中山南路102号，是一所集医疗、预防、保健、康复、教学于一体的由政府主办的非营利性二级甲等中医医院。医院占地面积15600平方米，医疗用房7000多平方米，编制病床220张，现有职工275人，其中高级职称14人，中级技术职称81人。内设办公室、门诊部、住院部、医技功能科等科室。

【针灸理疗康复】 2017年，零陵区中医医院针灸理疗康复项目为湖南省中医重点专科建设项目，设置有针灸门诊、推拿门诊、康复理疗门诊。同时开设二级专科门诊：腰突病、颈椎病、中风、面瘫、肩周炎、骨性关节炎、妇科病、小儿康复以及针灸减肥等特色专科门诊。运用针灸、推拿、电脑三维疗法等综合手段治疗“腰椎间盘突出症”具有明显特色优势，临床总有效率90%以上。设有病床68张，使用率100%，治疗室8间，治疗床40张，有23名专业技术人员，其中副高级专业技术人员3名，中级职称15名、5名初级专业技术人员。

【疼痛康复科筹建】 2017年，零陵区中医院以传统中医藏象经络学说结合现代医学理论为指导，筹建疼痛康复科，科室设置3个治疗组。针灸理疗治疗组：运用针灸、推拿、药物熏蒸导入、针刀及中医药治疗等传统中医技能结合现代冲击波治疗仪、远红外热成像仪、红外偏振光、磁振热治疗仪、骨质疏松治疗仪等一批国内领先的物理治疗设备针对各种劳损伤性、退行性及风湿类疾病如颈椎病、肩周炎、腰椎间盘突出症、风湿、类风湿性关节炎、骨质增生、强直性脊柱炎、中老年骨质疏松症、股骨头坏死、跟骨痛、网球肘、癌症痛等提供专业规范化治疗。脊柱微创治疗组：采用新引进的椎间孔镜、射频消融术、射频脉冲术，臭氧治疗术等微创诊疗技术，应用于相对严重的颈腰椎间盘突出症、腰椎管狭窄症及韧带增生骨化等疾病。推拿康复治疗组：引进仿生电刺激治疗仪、吞咽神经和肌肉电刺激仪、电动站立训练床等多个现代康复设备，配合采用中药熏蒸、针灸推拿、现代医学的肢体、言语、智力、吞咽功能等康复训练治疗，对中风偏瘫，截瘫，面瘫，外伤后肢体功能障碍、肌无力等瘫痪类疾病，提供专业规范化治疗。

【骨伤科诊疗】 2017年，零陵区中医医院中医骨伤科开设床位50余张，医务人员20余人，其中高级职称2人，中级职称12人。运用传统中医正骨手法（正骨八法）对四肢常见骨折（尤其是小儿尺桡骨骨折、肱骨髁间骨折、肱骨髁上骨折）进行手法复位小夹板固定，能早期功能锻炼，利于骨折快速愈合及肢体功能恢复。对小儿股骨干骨折通过悬吊牵引加小夹板固定治疗，即避免二次手术，保持患者皮肤的完整性，治疗效果显著。对常见的小儿桡骨小头脱位，成人下颌关节、肩关节、肘关节脱位能做到立即复位、立即解除痛苦，且不需要住院治疗，减轻患者的病痛及经济负担。通过传统中医的牵引、手法整复、夹板及石膏等无创固定和现代医学的闭合穿针(钉)、外固定支架等微创固定技术，配合应用中医药治疗骨伤科疾病，科学的处理骨折复位固定与功能锻炼的关系，达到骨折愈合与功能恢复并进的目的。

【内科外科】 2017年，零陵区中医医院内科、外科设有门诊、急救室、普通病房、中医综合治疗室、消渴病专科病房，编制床位46张。有医护人员26人，其中高级职称3名、主治及护师10人。本科为综合内科，对冠心病心病扩心病、心肌病、中风、风湿骨痹痛、慢性腰腿痛、眩晕等有较好的医疗措施，对各种急性病的抢救成功率达到98%以上。外科为区中医院重点科室，涵盖普外科、泌尿外科、脑外科、乳甲外科、烧伤、肛肠、血管及微创外科等。其中泌尿系统结石及肛肠痔瘘科是特色科室，在全市处于领先地位。开设床位41张，有医护人员20余人。有国际先进的诊疗设备，如：输尿管软硬镜、钬激光、气压弹道碎石机、前列腺等离子电切镜、腹腔镜等。其中输尿管软镜在手术中有极大的优点，具有无创痛、不痛苦、效果好、术后2~3天可出院的优点，更容易被患者接受。全年开展各类手术，如：肾结石、输尿管结石、膀胱结石、前列腺增生（以泌尿系微创为特色）、腹腔镜、肝胆管结石、阑尾炎、肛肠痔瘘、肛周脓肿、脑出血、甲状腺、乳腺、疝气、下肢静脉曲张、外伤及各种肿瘤等。

【医疗质量提高】 2017年，零陵区中医医院按照市卫计委核定的诊疗科目执业，各科室命名规范。以“二级中医医院评审及持续改进”等活动为契机，不断强化医院内部管理，推进信息化建设，优化服务模式，提高医疗质量、信息自动化和医疗服务水平。全年梳理、完善各级人员职责和各项主要规章制度，重新修订18项核心制度并制订成册，继续开展三基培训、考试工作。加强医疗质量监督管理体系建设及监督机制，形成院领导班子每日行政大交班、职能科室每月督查、科室每周自查的质量监管机制。科主任是科室医疗质量的第一责任人，每周总结，每月汇报，持续改进医疗质量，实行危重病人每日报告制度。

【综合治疗能力提高】 2017年，零陵区中医医院中医药参与治疗率97%，中药处方比例70%，中药饮片处方比例31.94%，非药物中医治疗率12%。新开设疼痛康复科，购进500万元的新设备，运用中医创痛治疗和引进新技术治疗和引进新技术治疗相结合取得较好的疗效。

【中医护理技术提高】 2017年，零陵区中医医院开展优质护理服务的病区数达到60%，护理部制定优质护理服务规划、目标及实施方案，同时提供推进开展优质护理服务的保障制度和措施及考评激励机制。全年组织10个疾病的中医护理方案实施，体现辨证施护。各科室开展中医护理技术，应用人次逐年上升。

【中医药文化建设】 2017年，零陵区中医医院强化新进人员的岗前培训，集中学习医院的规章制度、《员工手册》，以及中医药文化价值观，要求人人掌握、牢记于心。在门诊走廊、候诊区、住院部走廊宣传中医药知识，将所在科室的特色融入宣传内容，突出科室优势，打造科室品牌。

【业务用房建设】 2017年，零陵区中医医院在原址新建一栋住院大楼，该项目于2015年7月纳入中央财政预算中投资县级医院建设项目计划。新住院大楼建筑面积10000平方米，总投资3500万元。

【中医继续教育】 2017年，零陵区中医医院有执业医师63人，临床人员中中医类别人员40人，西医人员23人，中医人员占比为63.5%。药剂人员20人，中药药剂人员12人，占药剂人员比例为60%。全年加强医务人员的培训和考核工作，每月定期开展医师、护士业务学习，并进行考核；派出符合条件的医师参加中医类别的住院医师规范化培训，累计派出7名医师。开展中医药继续教育工作，全院医务人员继教活动达标率为100% 。

【综合治理】 2017年，零陵区中医医院成立社会管理综合治理领导小组、安全生产领导小组、平安医院创建领导小组，明确党政一把手为领导小组的组长，各职能科室负责人以及六大临床科室负责人为小组成员。形成自下而上的安全网络组织，确保医院各项安全措施的落实到位。定期在院长办公会、院周会、科室大交班等多种会议上布置综合治理工作任务，抓好层层落实，把综治工作贯穿于医疗服务的全过程。加强“三防四室”建设，落实人防、物防、技防的相关要求，并进行监管，逐步按标准加强警务室、监控室、调解室、投诉室的建设，以确保医护人员的人身安全。

【医疗卫生行风建设】 2017年，零陵区中医医院贯彻落实省、市、区卫生计生委“转作风、正行风、树新风”的要求，纠正医药购销领域和医疗服务中的不正之风，营造风清气正的诊疗环境，层层签订行风建设责任书，夯实责任，预防行业不正之风。加强医疗卫生行风建设，严肃行业纪律，促进依法执业、廉洁行医，根据国家卫计委《关于印发加强医疗卫生行风建设“九不准”的通知》、湖南省卫计委对药品购销的“五不准”，以及“三必须、三不准”规定要求，成立考核领导小组，每月至少四次不定期巡查各科室，对发现违反规定要求人员，根据医院医德医风奖惩措施要求，给予首次400元，再次800元，再犯1200元罚款处理。

【社会公益服务】 2017年，零陵区中医医院成立公益服务领导小组。全年对对口支援单位石岩头乡镇卫生院，从内科、外科、伤科、检验科四个科室分别选派1名业务骨干到镇卫生院开展对口支援工作；通过开展查房、会诊、病案讨论、知识讲座、晨交班小讲课等形式完成对口支援工作任务。上半年举行“中医药适宜技术培训”“精准扶贫对口支援”《中华人民共和国中医药法》等义诊宣传活动。

永州市第四人民医院

【概况】 2017年，永州市第四人民医院有在职干部职工647人，其中高级职称人员65人、中级职称人员175人。医院核定编制床位780张，实际开放床位500张，病床使用率96.25%。全年门急诊量19万余人次，年住院病人2.9万余人次。医院设有心血管内科、呼吸内科、肾内科、内分泌内科、消化内科、神经内科、普外科、泌尿外科、神经外科、骨关节外科、脊柱外科、甲状腺乳腺科、妇科、产科、儿科、新生儿科、眼科、口腔科、耳鼻喉科、皮肤科、麻醉科、急诊科等23个临床专科和5个医技科室，配置有1.5T核磁共振、64排螺旋CT、数字化减影血管造影（DSA）、DR、四维彩色多普勒超声诊断仪、电子胃肠内窥镜、全自动生化分析仪、全自动化学发光仪、细菌培养鉴定仪、等离子消毒仪、血液透析仪、高压氧舱以及腹腔镜、宫腔镜、鼻窦内窥镜、经皮肾镜、输尿管镜、膀胱镜、前列腺电切镜等设备。

医院坚持“一切以病人为中心”的服务宗旨，“科技强院，人才立院，服务兴院”的发展战略，参与医药卫生体制改革，把解决老百姓“看病难、看病贵”的问题作为自己的终极目标，坚持合理检查、合理用药。先后接受湖南省人民医院和南华大学附属南华医院对口支援，促进医疗技术的发展和提高。

【医德医风教育及医疗救助】 2017年，永州市第四人民医院加强制度建设，健全医德制度规范，落实医疗卫生行风建设“三必须、三不准”规定，整顿工作作风，树立医务人员良好形象，出台《“三必须三不准”考核规定》，对违反“三必须、三不准”的当事人进行严肃查处。始终以救死扶伤，保障人民群众的健康为宗旨,以扶贫助困，救治弱势群体为己任，充分发扬人道主义精神，为全区及周边地区的贫困弱势群进行大量的医疗救助工作，减免医疗费用近80万元。为五保户老人提供生活护理，与当地部门联系，安全接送回家。医院组织医疗队走社区、下基层到农村、街头闹市、敬老院，为广大妇女、儿童、残疾人及广大农民群众进行医疗服务咨询等义诊活动。组织医院职工参加无偿献血活动，献血量14600毫升。

【学科建设和人才建设】 2017年，永州市第四人民医院引进一批高学历、高技术、高职称、高素质的专业技术人员，引进全日制本科医学生15人以上，同时每一个专业科室与湖南省3家医院的相关专家签订协议，直接一对一指导。在南华大学、湘南学院等院校进行现场招聘，签订协议7人，意向40余人，公开招考10人。全年新增加消化内科、肾内科、泌尿外科、脊柱外科、脑外科、中医科6个科室，新生儿科于9月从儿科单独分设。全年重点发展呼吸内科、妇科、产科、儿科、新生儿科、泌尿外科、中医科。在呼吸内科开展支气管显微镜检，提高呼吸系统疑难病的诊断水平；在ICU成功开展床旁CRRT (连续肾脏替代治疗)，提高危重症抢救能力与水平；在脊柱外科开展椎间孔镜技术，是国内目前最先进、创伤最小、效果最好的椎间盘微创手术。心血管介入技术及血液滤过等新技术也在陆续开展。

医院为湖南省人民医院定点指导医院，南华附一脊柱专科联盟网点医院。湘雅医院眼科主任向前等多位教授与本院达成合作意向，三家医院采取

"博士团专家下基层义诊活动""专家教授来院讲学及教学查房""直接上台指导手术"等多种形式开展对口支援工作。6月6日，与省防盲办、省人民医院签订湖南省"复明10号"流动手术车项目合作协议，截至11月，开展免费白内障复明手术130例。根据中共零陵区委、区人民政府提出的实施"三名工程"，率先启动名科室、名医生、名护士为主的三名工程，全年评选出名医生、名专家、名护士各10名。

【医疗质量与医疗安全体系完善】 2017年，永州市第四人民医院完善《医院十六项医疗质量核心制度》和《医疗护理质量管理实施办法》，并制成手册印发，医务人员人手一份；同时制定院内、科内业务学习相关规定，以及医疗核心制度的各种实施办法，并专门组织医务人员认真学习。为使医疗核心制度得到落实，成立由副院长任组长，医务科、护理部、药剂科、医保科、感控科等部门组成的医疗质量督查小组，不定期参加各临床科室的早交班和每个月一次对所有临床科室的行政大查房，对临床科室病历的缺陷，未执行或违反医疗核心制度的各种行为进行督察。全年各督察组查处各科室医疗缺陷及违规问题883人次，对责任人实施处罚，并在医院《监察月报》上公示。保证医疗质量和医疗安全，医疗纠纷发生率持续下降。

【优质服务医院创建】 2017年，永州市第四人民医院转变新的服务理念，建立客户服务中心，为患者直接解决问题。做好患者的回访工作，听取病人及家属提出的意见和建议，对提出的意见及建议及时反馈。成立志愿者服务中心，每个月不定期服务于各个岗位。开展免费提供轮椅、充电器、微波炉、雨伞、针线盒、洗衣机等便民利民惠民措施，提升群众满意度。

【医院搬迁立项】 2017年，永州市第四人民医院为满足人民群众对医疗、预防、保健、康复等医疗条件的需求，决定实施异地搬迁新建。异地新建地址位于零陵区老埠头，项目规划总用地13.06公顷，总建筑面积10万平方米，项目估算总投资5亿元。

【党建工作开展】 2017年，永州市第四人民医院党总支紧紧围绕总体工作思路，全面贯彻中共十九大精神，学习习近平系列重要讲话，在全院党员中继续推进"两学一做"学习教育常态化、制度化。落实从严治党各项决策部署，发挥党总支的政治核心作用、党支部的战斗堡垒作用、党员的先锋模范作用，为医院跨越式发展提供强大的精神和组织支持。医院领导班子成员带头开展民主生活会，进行批评与自我批评，对班子及个人存在的问题逐一整改，逐项落实，班子风气明显改善，四风问题得到明显遏制。对群众投诉咨询的问题，做到事事有着落，件件有回音。

(潘子漪)

妇幼保健

【概况】 2017年，零陵区妇幼保健计划生育服务中心开设有妇产科住院部、妇产科门诊、计划生育科、儿童保健科、产后康复科等，也是政府定点的公共卫生服务中心、免费婚前检查中心、免费孕前检查中心、免费农村两癌筛查中心、驾驶员体检中心。有职工69人，专业技术人员44人，借调出12人；有高级职称8人，(4名副主任医师)，1名副主任医药师，3名副主任护师，中级职称医师10人，执业医师7人。新院地址位于阳明大道与荔枝东路交汇处，投资1.6亿，总面积40470平方米。其中业务使用面积25500平方米，公共卫生使用面积4970平方米。

【中心队伍管理】 2017年，零陵区妇幼保健计划生育服务中心以"思想建设、队伍建设"为根本，在业务转型中推动各项工作的发展。结合"三提升、三争当"活动进行剖析，查找自身不足，提高思想认识。通过发挥党员干部的先锋模范作用，提升管理水平和执行力。被中共零陵区委、区人民政府评为“三提升、三争当”先进单位、永州市妇女工作先进集体、综治民调工作先进单位。

【学科建设与人才梯队培养】 2017年，零陵区妇幼保健计划生育服务中心加强医疗队伍建设，提升医疗队伍专业化水平和名气。采取引进来送出去等办法，派出医务人员轮换到湖南省妇幼保健院进修，打造一支热爱本职事业，钻研本职业务，乐于奉献本职工作的保健医疗队伍。四维彩超、儿保科的儿童保健服务在全区排名先前。儿童保健服务在2017年被评为永州市先进单位。产科和产后康复科逐渐成熟，全年分娩241例，无医疗事故发生。基层保健科医疗技术服务水平全市领先。零陵区成功创建“湖南省儿童保健服务合格县（区）”。加强对外合作，取得省、市先进医疗单位的支持。与湖南省妇幼保健院、湖南省生殖医院签订医联体合作协议。儿保科与永州市第二中医院。妇产科与永州市第一人民医院正在合作当中。争取政府政策支持，新院建设取得阶段性的成果。

中心纳入省发改委2018年妇幼保健新建项目。

【两癌检查服务】 2017年，零陵区妇幼保健计划生育服务中心完成年初1.5万名农村35~64岁妇女免费“两癌”检查指标。

【妇幼保健基本公共卫生服务】 2017年，零陵区妇幼保健计划生育服务中心每月5日定期召开区妇女儿童保健员会议。加大对妇幼公共卫生的考核和追责，全年孕产妇死亡率为0。开展免费婚前医学检查、免费孕前检查、免费孕期中筛、让广大妇女真正受益，为优生优育保驾护航。

【办公新址建设】 永州市零陵区妇幼保健和计划生育服务中心整体搬迁建设项目用地位于零陵区阳明大道与荔枝东路交汇处东南角，项目建设总用地面积11616平方米，总建筑面积约45800平方米，其中医疗用房28330平方米，公共卫生业务用房4970平方米，地下停车场（二层）12500平方米。建设1栋18层（16+2）框架结构包括门诊、病房及附属配套工程的妇幼保健服务综合楼，设置床位300张。预计总投资约12440万元人民币，其中中央预算内投资1200万元，其他地方财政性建设资金11240万元。该项目由永州市零陵区社会事业发展有限公司投资建设，属于“湖南永州市零陵区床位建设与棚改安置小区EPC建设项目”，项目于2017年10月22日开工，中共零陵区委、区人民政府成立项目协调领导小组，安排专人专管，办理《用地规划许可证》《项目用地不动产登记证》和《建设工程规划许可证》，自来水及基建临时用电变压器安装到位，临县道005线旁的树木完成迁移，设计基坑护壁桩233条，基坑支护工程旋挖桩及止水帷幕、冠梁、破桩头施工完成。

（秦小红）

创建与管理

“三创一管”

【全国文明城市提名城市创建】 2017年，中共零陵区委、区人民政府按照中共永州市委、市人民政府的统一安排和部署，区委常委会专门研究创建全国文明城市相关工作，研究通过《零陵区创建全国文明城市实施方案》《零陵区创建未成年人思想道德建设工作先进城市实施方案》和《2017年创建全国文明城市工作考核办法》，列支工作经费及奖励经费422万元。7月25日，召开全区文明城市创建工作推进会，8月31日，召开全区迎省文明实地指数测评工作会议，对创建全国文明城市工作进行安排，明确全区各街道、社区、职能部门、专业组等相关部门的职责和任务，实行一把手负总责，确保创建工作有序推进。全年，在零陵新闻网、“零陵新闻”电视、零陵手机报、零陵发布、《零陵瞭望》5个区级媒体平台开设专栏、专题、专页宣传创全国文明城市的新闻信息，发布“创文”信息320篇。各社区制作张贴图说社会主义核心价值观、讲文明树新风、遵德守礼提示牌等公益宣传牌8000余块，举办道德讲堂550期，市民学校230期，科普教育360期，组织文明劝导62000多人次。区“创文办”在城区主要路段、高速公路等醒目位置的大型立柱和户外公益广告位，制作发布“社会主义核心价值观”“创全国文明城市，建幸福美好家园”“讲文明树新风”等户外广告10处。城区所有建筑围档按30%的要求张贴“创文”公益广告，城区200多处电子显示屏滚动播放创文宣传标语。广场、公园、景点对照“创文”标准增加公益广告牌的数量。

各街道、社区、职能部门全年完善城市基础设施，维修人行道板350平方米、护栏35米、路缘石540米；更换检查井盖24套，增设垃圾桶600个；安装道路交通标牌950块、中央隔离栏5900余米，施划交通标线3万余平方米，新增路口红绿灯6个；在沿江大道、南津渡大桥等地安装LED灯具145套，背街小巷安装路灯8盏，城区主次干道安装喜庆红灯笼800盏。开展大型集中整治，重点对城区14个农贸市场进行拉网式整治，共整治流动摊贩12000余起、取缔占道马路市场36处、整改夜宵市场26处；组织开展“五车”及摩托车整治、“百日大会战”行动，查处各类交通违法行为36253起，其中违停10674起、涉牌涉证2157起、闯红灯1649起、酒后驾驶492起，劝导查纠行人、非机动车不文明行为6740余次。

工商分局、文化执法分局等职能部门查处不正当竞争案件1起、不合格产品案件3起、商标侵权案件1起、无照经营案件43起、各类文化市场违法违规案件38起，吊销2家严重违规接纳未成年人网吧的《网络文化经营许可证》。

召开“七五”普法工作会议，对普法工作进行安排，推动法治宣传工作。区人民法院完成法律援助指派案件114件，为受援人挽回经济损失50余万元；区妇联接待来信来访25人次，调处婚姻家庭矛盾9起，转办“12338”热线6件，办结率96%；区公安局加大“两抢一盗”惩治力度，惩治多发性侵财犯罪和区域性突出犯罪，先后组织开展旅馆业和留宿洗浴场所专项整治、公共娱乐场所清理整顿、禁娼禁赌禁毒、惩治制假售假违法犯罪等专项行动。

加强校园及周边环境治安整治，推动社会治安面貌持续好转。深化“平安零陵”创建，落实“白天见警徽、晚上见警灯”制度，发展壮大群防群治及治安防控体系建设，提升打防控一体化水平。

在南津路全线、潇水中路公交站设立免费报刊阅读点25个，建设24小时自助图书馆2个，在体育馆门前等地建设免费图书吧，在政务中心等地建设安装电子阅读机，极大地丰富市民的阅读文化生活。

组织数千余名志愿者集中开展文明劝导、保护潇水母亲河、义务维修、清扫保洁、关爱空巢老人留守儿童等活动；在“3·12”植树节，集中组织千余名机关干部进行义务植树活动；5月19日“全国助残日”，区助残志愿者在工人文化宫开展“助残一日捐”活动启动仪式，区委办、区政府办等单位现场捐款37000元；7月，推广社会扶贫网，组织社会爱心人士在全区走访6000多贫困户，送去粮食、电风扇等急需生活物资；针对“7·2”特大洪水，组织各单位干部职工募捐，动员广东湖南零陵商会捐款160万元用于零陵区灾后重建。

举办“禁止燃放烟花爆竹”签名仪式、“廉洁文化进校园”等活动，利用学校电子屏幕、宣传橱窗、班组黑板报、学生手抄报、校园广播、多媒体等，开展形式校园创文宣传活动。利用中小学校开学第一课，开展社会主义核心价值观学习教育，通过发放家长信、《文明倡导书》，开展文明评比和“学校文明礼仪”“公共场所文明礼仪”专题讲座等活动，倡导“文明举止”“文明仪表”“文明行走”，不断完善“学校、社会、家庭”三位一体的文明教育网络。号召广大家长与孩子手牵手共做文明市民，形成“教师以文明引导学生，学生以文明影响家庭，家庭以文明影响社会”的互动效应。

【国家园林城市创建】 2017年，零陵区制订和完善《零陵区创建国家园林城市2017年工作要点》和《零陵区创国园工作2017年项目建设任务交办表》，并对落实情况进行跟踪督办，坚持督查、通报双管齐下，推进项目建设。各专业组牵头单位认真履职尽责，分别制订专业组工作方案和责任分解表，并定期召开专业组会议，及时协调工作进度。各项目单位一把手将创国园工作列入重要议事日程，实行目标管理，做到机构、人员、任务、经费“四落实”。通过层层压实责任，创国园工作形成“主要领导推动，分管区级领导协调，专业组牵头，责任单位实施，多部门联动”的联合创建机制。

加大宣传工作在考核总分中的比值，细化宣传工作的考核标准，要求各办事处、社区动员辖区内所有电子显示屏的临街商铺滚动播送创国园宣传标语，全年新增创国园宣传电子显示屏363块。通过电视、网络、手机短信、微信等渠道宣传创国园工作。在进出城主要路口设置大型户外广告宣传牌3块；在城市公共场所、机关院落、建筑围挡、文化墙等地设置创国园宣传栏176块；在办事处和道路隔离栏上设置宣传长廊2处，刷制宣传标语61条。

按照“城镇提质”战役部署，全年计划实施37个创国园绿化项目，完工10个，开工建设13个，其他项目正在开展设计、招投标等前期准备工作，确保在规定时间、节点开工建设。截至2017年年末，创国园绿化项目建设完成种植樟树、桂花、银海枣等大乔木13100株，中、小乔木4.2万株，种植草皮10.6万平方米，灌木地被15.7万平方米，更换城市重要节点花卉185万盆，新增绿地面积13.8万平方米。

是年，东山公园完成东山广场和武庙的维修扩建工作，西部公园部分区域在4月建成开放；法华寺维修主体工程全部完成，并对外开放；张飞公园开工建设，完成公园大门的土方工程和40%的绿化用地清表及整形工作；樟树脚公园完成清表和池塘清淤工作，正在实施园建工程；潇水湿地公园通过省级和国家评审，并成立管理机构；怀素公园提质改造正在进一步完善设计方案。黄溪岭、河西工业园、市乡镇企业局、七里店小学4个小游园均开工建设，完成清表工作和土方工程，正在进行园建施工。

潇湘大道、萍洲西路、日升路、绿影路、瑞翔大道、芝山北路北段、瑞翔大道延伸段、七里店路、法华路、五里堆路、桃和塘路、西爽亭路等道路绿化以及南津路、潇水东路绿化提质改造完工；工业大道延伸段、德榜东路、城区人行道补种等绿化工作完成招投标。

黄古山、市交通局生态停车场完工；区民政局生态停车场正在进行招投标工作；城区重要位置花卉摆放完成4次更换；安康广场、东山景区、南津渡小游园等重要区域绿化造景成型；东风大桥、南津渡大桥和萍州大桥立体绿化完成立项、设计，将实施招投标和开工建设；火车站广场绿化完成立项、设计，正在开展招投标等各项工作；市政广场完成房屋拆迁和招投标，正在调整规划阶段；国道322线、省道216线及铁路沿线等沿线防护绿带建设已完成苗木种植。

【国家交通管理模范城市创建】 截至2017年末，零陵区为创建国家交通管理模范城市，连续3年累计投入近100亿元建设城市交通基础设施，先后建成日升西路、绿影路、萍洲西路、潇湘大道、瑞翔大道、工业大道、古城路等7条城区道路；完成萍洲大桥建设及南津渡大桥、东风大桥的维修改造；完成南津路、潇水东路等10条主次干道提质改造；打通黄盖路、羊角山路、荔枝中路、萍阳北路等6条断头路；完成七里店路等50多条背街小巷和风荷路、光明新路等14条人行道改造；朝阳大道、河西工业园区路网、古城路网等30余条道路建设正在推进。全年城区主次干道全面提质，建设城区内市政道路205条，道路总长200.27千米，道路总面积636.95万平方米，路网密度9.1千米/平方千米，人均道路面积25.2平方米/人。

公交首末站建设全面启动，4处公交首末站建设铺开。日升西路公交首末站停车泊位完成标线施划，充电桩正在安装之中；零陵火车站公交首末站正在抓紧开挖土石方作业；烈士公园公交首末站完成征地拆迁工作；康济大道快速公交首末站正在施工建设之中。大型社会停车场建设全面开工，东山广场北侧停车场建设完工；区体育馆停车场改造完成，新增停车泊位150个；古城1号停车场（康济大道快速公交首末站配套建设）征地工作全部完成，相关矛盾纠纷调处到位；零陵火车站南侧大型社会停车场项目建设正在施工；日升西路大型社会停车场完成沥青摊铺和标线施划；东门巷路李家塘大型社会停车场基本完成施工建设；中山城大型生态社会停车场配套种植桂花树，停车泊位全面建成。

在城区配建一批小型生态社会停车场，区种子公司院内停车场、区商粮局停车场、金水湾停车场等均建成，新增停车泊位2000个；区民政局、徐家井办事处等单位院落规划的生态停车场正在启动。

城区主次干道全部建设步行道系统、非机动车道系统和无障碍通行系统，新建人行道22条、面积12万多平方米，完成城区人行道维修6万余平方米。增设独立非机动车专用道60千米，完成芝山路人行天桥建设。人行道整建工作稳步实施，黄古山中路、芝山北路、潇水中路3条道路完成施工改造；芝山路、前进北街、萍洲东路、黄古山东路、芝山北路、羊角山路6条道路改造施工图完成，即将组织实施。组织实施第一批自行车租赁系统建设，重点在南津路、潇水路、芝山北路等地段规划设计35个站点，安置自行车锁止器，配置约1000台自行车。

城区道路交通标志、标牌规范化设置基本完工。规范设置交通标志864块、规范设置率99.8%；规范设置交通标线10万平方米、规范施划率98.6%；规范设置行人过街设施240处、中央隔离设施58处；建成区规划设置交通信号灯20

套，路口交通信号控制系统已完成13套，配套完成交通违法行为监测系统；设定城区部分道路为“礼让斑马线”示范路段，统一斑马线设置标准，重点在17处无信号灯的斑马线前面漆划醒目的“礼让行人”提示标志。

实施交通勤务机制改革，区交警大队在城区实行“定点、定岗、定人、定责”的网格化管理，提升路面见警率和接处警速度。全年在城区设立道路交通事故快处快赔中心，道路交通事故按简易程序处理比例96.8%，实现现场恢复交通快、事故处理快、群众满意的目标。常态化开展交通秩序整治行动，查处各类交通违法行为70余万起。重点整治占道违法停车、酒驾、醉驾、非法改拼装、假牌、套牌、无牌等现象，累计强制报废机动车600余台。全年城区未发生较大以上道路交通事故，未发生长时间、大范围道路交通拥堵事件，涉酒交通事故发生率降低较大，城区高峰时段主干道平均车速提升至36.3千米/小时。

七里店、日升等10个社区按照《中心城区文明交通星级社区创建标准》，成立星级社区创建工作领导小组。建立基础信息台账，配合相关部门查处各类非法营运车辆、占道违停车辆，取缔占道修车店、占道洗车等不文明行为。

加强文明交通宣传。全年制作创交模宣传栏300余块、楼道宣传牌1200块、“门前三包”公示牌3600块，打造创交模宣传走廊35处，发放《礼让斑马线　文明伴我行》倡议书25000余份和《文明交通星级社区宣传资料》4000余册，实现机关事业单位、小区、散居居民区等创交模楼道宣传牌全覆盖。

文明交通劝导实现常态化。以萍洲中路建设文明交通服务流动岗为起点，实现城区主要路口全覆盖，建成文明交通服务流动岗43个，成为文明劝导员与市民互动、现场交流、普及交通安全常识的宣传窗口。城区17个社区全面达到三星级文明交通社区，其中10个社区达到四星级文明交通社区，3个社区达到五星级文明交通社区标准。

【国家卫生城市管理】
2017年，零陵区制订《零陵区国家卫生城市复审迎检工作方案》和《零陵区迎接国家卫生城市复审任务分解表》，明确各单位工作责任和整改期限，督促各责任单位制订专项整治行动方案并组织实施。

针对不同群体采取不同的宣传教育方式，宣传巩固国家卫生城市的重要意义、标准要求和目标任务，提升迎国家卫生城市复审宣传氛围。在泉南高速公路出口、虎啸花坛、市交通局、市中心医院南院、南津渡大桥等进城口以及湘口馆西路、零陵汽车站、永州一中、工农路等醒目位置设置11块大型国卫复审宣传牌。在工人文化宫、双牌水库管理局、永州第四人民医院大型电子显示屏以及公交车电子显示屏和临街门店500余个电子显示屏上播放国卫复审宣传内容。在城区围挡文化墙和公交候车亭张贴2000余张国卫复审宣传标语。在社区、城中村、城乡结合部村设置250余条较高标准的国卫复审宣传标语。在城区有院落的单位悬挂国卫复审宣传横幅。在零陵新闻网开辟专栏及时宣传报道国卫管理工作，每周及时宣传报道国卫正反典型，印制《迎国卫复审倡议书》10万份，免费发送到市民手中。按照《零陵区市容环境大整治“攻坚月”活动方案》的要求，在全区全面开展市容环境“攻坚月”活动。以社区为网格单位，由区级领导牵头抓总，每周带领帮扶后盾单位下基层调研督查，相关职能部门责任到人，与街道、社区形成合力，后盾单位安排足够的人员和资金进社区对口帮扶，帮助解决各社区在复审迎检中的重点、难点问题200余个，确保市容环境“攻坚月”活动有序推进。

按照全城动员、全民参与的要求，每周星期五上午，以社区为单位，组织各帮扶单位在社区开展“卫生大扫除”活动，集中治理“十乱”行为，全面清除垃圾死角，做到居民区、城中村、城乡结合部、背街小巷无成堆垃圾，河道水域无漂浮垃圾。每周星期五下午，城区各单位在本单位开展一次搬家式大扫除活动，清垃圾污水、除杂草杂物、治违规种养。各责任主管单位和社区督促辖区门店每周五开展一次搬家式大扫除活动，清除杂物、垃圾、蛛网、污水等，做到店内外干净、整洁、规范、有序。

【属地管理责任落实】 2017年，零陵区发挥街道、社区组织主体作用，协调相关职能部门联合治理，特别是对国道322线虎子岭段进行沥青摊铺，清除房前屋后的陈年垃圾和乱堆乱放，疏通公路沟渠，添置灭鼠设施，规范废品收购点管理，杜绝家禽散养和乱扯乱挂等现象，消灭城区所有旱厕。

全年拆除违规大型招牌26处，清除“牛皮癣”20000余处，取缔占道经营行为3000余处，整治噪音扰民和露天烧烤行为100余起。在整治农贸市场上，出动人员10000余人次、执法车辆1500余台次，保持农贸市场及周边环境的综合治理常态化，并坚持每天对农贸市场“场外场”和周边秩序进行疏导清理，制止马路摊担和市场周边店外经营、占道经营等违章行为30000余次。建筑工地、拆迁（储备）地块整治，对全区建筑工地逐一进行整治，全年对城区在建的43个项目进行4次集中整治检查，现场发出限期整改通知书123份，停工整改通知书11份。要求所有工地做到七个“到位”，即：工地管理责任到位、围挡高度达标到位、场地进出口道路硬化、车辆冲洗、垃圾污水处理、现场材料堆放管理到位、生活区、办公区卫生和建筑施工噪音控制到位、食堂规范管理到位、厕所达标、保洁到位、病媒生物防治到位。

【重点场所卫生和控烟整治】 2017年，零陵区对全区421家公共场所从业单位不定期进行拉网式集中整治，重点惩治未取得公共场所卫生许可证而擅自经营的“五小行业”单位。对从业人员无证上岗、消毒和保洁设施不合格、无禁烟标识、无人劝导等现象进行严肃查处。全年监督检查公共场所单位1200户次，责令改正80户次，查处无证经营行为18起，罚款金额达1.5万元，取缔无证经营户5家，有效规范公共场所单位经营行为。

【食品安全整治】 2017年，零陵区开展对全区1485家食品生产经营单位，特别是对市场、医院、车站、学校等重点部位的小餐饮店、小熟食店、小食品加工店等进行集中整治，对不符合要求的责令改正909家，取缔41家。

【病媒生物防制整治】 2017年，零陵区清理整顿“四害”孳生地和居民楼道垃圾，整治菜地内污水沟、污水塘和盛水容器，督促完善防护设施，设立必要的毒饵站，制定分类处理措施，控制四害密度，投放鼠药3吨、灭蟑诱饵15件，发放纯居民鼠药5吨，安装毒饵站5000余个、张贴警示标志20000余张。

【环境卫生整治】 2017年，零陵区加大城区主干道清扫清洗力度，提升公厕和垃圾中转站管理水平，打击城区渣土乱倒和撒漏行为，严格督查保洁公司履责行为。加强城区河岸坡的巡查力度，及时清理河道岸坡垃圾,保持岸坡整洁。全年完成1201万元的环卫设施建设，其中在城区主要街道安装700余个太阳能果皮箱；投入120万在永州一中等处建设四座移动公厕；投入100万元完成河西工业园站厕合一工程；投入80万完成南司街、商业城、工业园等30多座公厕的提质改造；投入27万元购买不锈钢保洁板车；投入15万购置垃圾桶600个；投入14万购置果皮箱200个。

【环境污染整治】 2017年，零陵区在城区饮用水水源保护区设立和完善饮用水水源保护区标志牌；加强城区砖厂、燃煤锅炉和机动车尾气污染整治，对尾气不达标、冒黑烟的机动车坚决不允许上路行驶；加强城区黑臭水体治理，制止工业废水和生活污水直排，确保河道水体水质达到国家标准。全年对城区 20 多家 10 蒸吨以下燃煤锅炉进行升级淘汰；完成对城区 487 家小餐饮店的油烟整治；对中心城区 100 平方千米内的 5 家建筑用砖厂进行关停。

【城区废品店整治】 2017 年，零陵区对城区所有废品店进行排查登记，建立问题台账，明确每个废品店的责任领导和责任人。取缔城区主次街道和居民区内的废品收购店，规范城中村和城乡结合部村废品店经营行为。全年出动执法人员 730 人次，执法车辆 40 台次，检查废品收购店 270 户次。清理无照经营、病媒生物防治及卫生不达标 14 户，下达《限期整改通知书》14 户，搬迁出城 6 户，取缔 2 户。

【城区交通秩序整治】 2017 年，零陵区各部门联合行动，集中整治车辆乱停乱放，黑的、摩的、农用车、拖拉机违法载人，行人横穿马路不走斑马线、翻越隔离护栏，出租车不打表，司乘人员车窗抛物等交通违法行为，对主次街道的“僵尸”车辆进行拖走查处。

环境卫生管理

【概况】 2017 年，零陵区环境卫生管理局内设办公室、财务股、政工纪检室、环卫监察执法大队、环卫规划建设办 5 个职能股室，下辖城西环卫站、城东环卫站、垃圾清运站、公厕清洗站等 4 个专业工作站，主要负责城区环境卫生执法管理，环卫设施规划建设的组织实施，城区公共区域的清扫清洗保洁，城区生活垃圾的收集、运输和处理，公厕的清洗保洁，环卫设施的维护和监管等。有职工 1511 人（含保洁公司），使用和管理环卫专用车辆 76 台、垃圾中转站 14 座、环卫专用停车场 1 座、公厕 112 座、果皮箱 1429 个。

【环卫基础设施建设】 2017 年，零陵区完成 1133 万元的环卫设施建设。其中社会投资 350 万元建设太阳能果皮箱 700 个，分别安装在南津南路、南津中路、南津北路、中山南路、中山北路、潇水中路、芝山路、日升路、黄古山中路等 9 条主要街道；投入 495 万元完成 3 台扫地车与 4 台洒水车、1 套垂直压缩设备的采购，并投入生产；投入 120 万元在永州一中等处建设四座移动公厕；投入 100 万元完成河西工业园站厕合一工程；投入 40 万元完成南司街等三座公厕的提质改造；投入 27 万元购买不锈钢保洁板车。

【责任落实与制度考核】 2017 年，零陵区环境卫生管理局在制订《零陵区环卫局劳动竞赛考核方案》《零陵区环卫局五个生产部门劳动竞赛评比表》与《零陵区环卫局七个非生产部门劳动竞赛评比表》，进一步细化和完善考核细则，加大惩处力度。全年处罚 3000 余人次，处罚金 13 万元。其中，对宏达、玉诚两个保洁公司处罚 2100 多人次，处罚金额 9 万余元；局渣土办处罚违规 60 余人次，处罚金额 2.5 万余元；对本单位职工处罚人次 800 多次，处罚金额 1.8 万余元。

【国卫复审工作】 2017 年，零陵区环境卫生管理局在国卫复审期间，将非生产部门组成 3 个督查组，对 7 个生产部门进行全天候、无缝隙督考核，每天下午下班前向局考核办递交当天考核结果，并在电子屏幕进行通报，当场奖罚兑现。约见宏达与玉诚两公司法人代表，要求高度重视国卫复审，履行合同，无条件、高质量完成国卫复审交办的任务，否则按合同从严从重处罚。提高网格化数字化平台数据处理的能力。考虑到复审时间不确定，对上传至数字化监控平台的环卫案件，必须当天整改到位，第一时间处置和反馈，工作效率比平时更高更快。在城区的太阳能果皮箱上宣传渣土执法管理法律法规，宣传生活垃圾分类收集处理。在城区 3000 多个垃圾桶上印刷生活垃圾分类标识，普及垃圾分类知识，提高市民分类意识。

【垃圾无害化处理】 2017

年，零陵区城区一天垃圾生产量约200吨，全年约7.2万吨，零陵区14座垃圾中转站按规程压缩中转，科学调运，全部做到日产日清，并做到无害化处理。加大对全区467万平方米的清扫保洁，特别是清洗保洁，对18台清洗车进行科学排班，做到车不休息人休息，实现从清扫到清洗的跨越，城区主要街道全部达到恢复道路本色的目标。对城区112座公厕进行流动式保洁，按照“六无六净”标准执行。加强渣土执法管理，全年杜绝大面积渣土污染，小面积污染均在20分钟内恢复本色。

中心城区“禁燃”

【概况】 2017年，为贯彻落实中共永州市委、市人民政府的“禁燃”工作文件精神，12月6日，中共零陵区委、区人民政府下发《零陵区中心城区全面禁止燃放烟花爆竹工作方案》。零陵区各级各部门统一思想、提高认识、各司其职、密切配合，推进“禁燃”工作。截至2017年年末，零陵区中心城区基本上杜绝违规燃放烟花爆竹行为，形成自觉“禁燃”的氛围。

【“禁燃”组织机构成立】 2017年，零陵区成立中心城区“禁燃”工作领导小组，中共零陵区委副书记盘志元任组长，区委常委、宣传部部长唐建明，区委常委、常务副区长龙军，区人大常委会副主任胡自力，区人民政府副区长汤安权，区人民政府副区长、区公安局局长王小会，区政协副主席杨时隽，副处级干部刘启清，区纪委副书记、区监察局局长胡振国任副组长，区政府办分管副主任，区委宣传部副部长（排第一），区教育局、区财政局、区民政局、区交通运输局、区环保局、区城管执法局、区安监局、区工商分局、区法制办、区房产局、区供销社、区消防大队、零陵工业园、菱角塘镇政府、七里店办事处、南津渡办事处、徐家井办事处、朝阳办事处主要负责人为成员。领导小组下设办公室，副处级干部刘启清兼任办公室主任，区城管执法局局长杨宏伟兼任办公室常务副主任，办公室设区人武部，与区“三创一管”办合署办公，具体负责禁燃工作的日常调度和督查考核。

【“禁燃”工作落实】 2017年，中共零陵区委、区人民政府组织召开“禁燃”工作动员大会，区委书记、区长亲自批示“禁燃”工作落实，区委副书记、区“禁燃”工作领导小组组长盘志元负责指导“禁燃”的具体工作，落实“禁燃”工作的人员抽调、工作经费、办公场地的安排等，并对“禁燃”工作的考核、督查提出意见。春节前，30多名处级干部全部到分管社区指导“禁燃”工作，区委书记唐烨到七里店社区、区长吴恢才到徐家井社区指导春节期间禁燃工作。区委副书记盘志元、副区长汤安权在农历十二月二十六带领职能部门负责人到办事处、社区、散户居民区、有物业管理的小区、省市驻区单位以及区直单位具体指导“禁燃”工作。春节期间，相关单位的党政负责人均放弃休息，到一线指挥“禁燃”攻坚战。3月27日，零陵区召开清明期间“禁燃”工作推进会，区委书记唐烨对“禁燃”工作作出指示，并指出“‘禁燃’工作是一场‘革命’，清明期间的‘禁燃’工作要抓严、抓细、抓实”。清明期间，区长吴恢才带队督查“禁燃”工作值班出勤、巡逻守卡等情况。8月30日，零陵区召开中元节“禁燃”工作会议，“禁燃”工作各职能部门主要负责人参加。会上进行“禁燃”工作再部署、再安排，并将禁烧冥纸冥币纳入“禁燃”管控。

【“禁燃”宣传】 2017年，零陵区印制“禁燃”通告、通知、倡议书、承诺书、宣传画册等30多万份，在主次街道、车站、广场、单位等显眼位置设立200余处宣传栏（牌）、悬挂横幅500余条、张贴宣传标语、“禁燃”标志800余处，租赁3块大型电子显示屏，督促、协调临街店面、单位电子显示屏在重要时间节点滚动播放“禁燃”内容。区城管执法局出动执法车、电动摩托车400多台次，流动播放“禁燃”。区教育局利用春、秋两季开学的时机，组织城区中小学开展班级“禁燃”主题宣传，并举办“小手牵大手，禁燃齐步走”活动。区房产局组织全区小区物业管理公司召开会议，将“禁燃”通知发放到每家每户，并与每户保障性住房的住户签订“禁燃”责任书。区民政局在婚姻登记中心启动宣教工作，引导新婚当事人在结婚庆典时不燃放烟花爆竹，同时签定“禁燃”承诺书。公交公司在市内公交车显眼位置张贴“禁燃”通告，利用流动平台进行宣传。逢重大节假日，针对大量返乡人群进行“补火”宣传，移动、联通、电信三大运营商全年发送“禁燃”短信20多万条，街道（社区）到车站、码头、广场等公共场所举办宣传活动，采取制作展板、散发宣传单、设置咨询台等形式，宣传“禁燃”规定。其他各单位结合各自职责进行“禁燃”宣传。

【燃放烟花爆竹动态信息把控】 2017年，零陵区街道（镇）、社区（村）以网格为单位，信息员与网格员在各自辖区排查走访，掌握燃放烟花爆竹的动态信息，做到事前上门宣传、事中跟踪监管、事后配合处理，形成“横向到边、纵向到底”的“禁燃”信息网络体系。逢重要时间节点，各单位动员辖区内的党员、干部、小组长、志愿者参与“禁燃”巡查、劝导工作。区城管执法局根据管辖片区成立6个“禁燃”应急分队，分别与辖区街道（社区）形成联动。平时，应急分队一边进行日常巡查，一边进行“禁燃”摸底，逢春节、清明节、中元节等重要节假日，每个队伍由一名局领导带队，与街道（社区）、公安等职能部门联合行动，做到快速出击、固定证据、依法严惩。区“禁燃办”组织安监、公安、城管、工商、街道等职能部门全年开展4次大规模烟花爆竹专项行动，取缔12家非法销售烟花爆竹网点，收缴烟花爆竹200余箱，总价值4万元。春节、立春、清明节、中元节等重要时间节点，区“禁燃办”调度城管、公安、街道（社区、村）、菱角塘镇政府等相关部门，累计出动5000多人次、车辆400多台次开展联合执法，营造“禁燃”高压态势。区“禁燃”办建立日常巡查和24小时值班制度，组织4个城区办事处、17个社区、区城管执法局、数字城管指挥中心成立400多人的巡查执法队伍，形成事前排查发现，事中快速处置的联防联治工作制度。广大群众可以通过拨打“12345”市民服务热线、“110”报警电话和“12319”城管服务热线，对违规燃放烟花爆竹的行为进行举报。举报经核查属实的，给予举报人每次200元奖励。

【“禁燃”工作实施】 2017年，零陵区“禁燃”领导小组通过“周检查、月评比、年总结”的方式进行考核。考核结果作为重要依据按照《考核细则》对各单位兑现奖罚。对违规燃放烟花爆竹的单位和个人，区“禁燃办”及时通报，同时，对相关责任单位、责任人员因推动“禁燃”工作不力、行动迟缓、玩忽职守，造成重大失误或严重后果的，提请纪检监察部门启动问责程序，依法依纪追责到位。全年区财政核拨281万元，用于“禁燃”工作、考核及奖励经费确保工作顺利开展。

【“禁燃”成效】 2017年，零陵区劝导制止燃放行为713起，其中劝导婚事燃放行为53起，劝导丧事燃放行为165起，劝导生日寿宴燃放行为36起，劝导门店开业燃放行为207起，劝导节日喜庆燃放行为252起，查处违规燃放烟花爆竹事件6起。零陵中心城区第一年“禁燃”工作取得较好成效，空气质量、噪音排放、市容市貌等相关数据指数同比均明显优于往年。

乡镇·街道

大庆坪乡

【概况】 大庆坪乡地处零陵区西南部，东与双牌县何家洞乡接壤，南与广西壮族自治区全州县东山瑶族自治乡相邻，西邻广西全州县白宝乡，北与水口山、石岩头两镇毗邻，距区政府驻地约70千米。

辖区东西最大距离19.6千米，南北最大距离10.7千米，总面积156.5平方千米，耕地面积2960公顷，农业人口人均占地0.1公顷（1.5亩）。

大庆坪素有“七山一水二分田”之说，辖区内林地面积达5000公顷，2017年，森林覆盖率85.4%，活立林蓄积量23.5万立方米。2007—2017年，新造松、杉林4266.67公顷。大庆坪属石灰石喀斯特地貌，地表只有三条常年有水的小溪，地表雨水都沿漏斗形地貌的石灰岩流入地下溶洞，地下水资源丰富。大庆坪乡现有大庆坪村的鱼田，土溪的黑石岩，排家洞的猫儿岩，广西全州县东山瑶族乡境内的野牛岩，兆家洞的五星，大湾的清水头6处水源丰富的地下暗河。其中猫儿岩水库是蓄水4240立方米的国家级中型水库，是在喀斯特地貌下修建成功的全国最大的地下溶洼水库。

2016年,并村后的大庆坪乡辖北冲口村、湾夫村、新田村、塘付村、夫江仔村、毛坪里村、华兆村、田尾村、楠木山村、白菜洞村、塘边村、楚粤亭村、老村里村、新路上村、石溪里村、芬香村、阳岩头村、中铺里村、湘桂村、芳田里村、光辉村、岸山口村、晓宝田村、大江背村、竹马山村、田家湾村、大庆坪社区，共26个行政村1个社区，328个村民小组，9601户，有自然村落185个。

2017年，全乡人口36609人，其中,男性19361人，占52.89%；女性17248人，占47.11%；14岁以下8037人，占21.95%；15~64岁24266人，占66.28%；65岁以上4306人，占比11.73%；百岁老人2人。2017年,出生男孩214人，女孩194人。计生奖励扶助对象26人，人口出生率10.6‰，死亡率6.52‰，人口自然增长率4.09‰。

【农业生产】 2017年，大庆坪有农业人口30142人，占总人口的95.4%，耕地面积2960公顷。农业总产值4.05亿元、增长10.2%。粮食作物以稻谷为主，种植红薯、玉米、高粱、穇子等旱粮作物。经济作物有小籽花生、油菜、百合、朝天椒、罗汉果等。

晓宝田村成功引进湖南绿色平方有限责任公司，建立红心蜜柚等水果基地，基地已初具规模，种植红心蜜柚43.3公顷；新建大江背温氏合作养殖基地初步建成；新建光辉村九江岭养殖公司西伯利亚鲟鱼项目试养成功；芬香村黑土猪养殖获得成功，全年可出栏土猪近300头。

【产业扶贫】 2017年，大庆坪乡四个省级贫困村利用地理优势，推动产业发展，光伏发电，土猪养殖、杉树种植、罗汉果加工基地等项目均已成功落地，同时使用“公司+农户”“合作社+贫困户”等合作方式，将贫困户参与进来，从根本上解决可持续发展问题，形成持续“造血”机制，确保贫困户脱贫不返贫。全乡脱贫172户、675人，芬香、夫江仔两个省级贫困村整村脱贫通过省级验收。全年发放教育扶贫资金7.5万元、发放扶产业贫资金38.7万元、资助贫困户城乡居民医疗保险30.5万元、资助贫困户购买特惠保2.1万元、资助贫困户危房改造225.3万元、实施易地扶贫搬迁42户。

【经济贸易】 2017年，大庆坪乡工业产值总额约2400万元，主要是石材加工。全乡有3个农村集贸市场，分别是大庆坪农村集贸市场、湾夫农村集贸市场、芳田里农村集贸市场，全年完成交易额3600万元。

【基础设施】 2017年，大庆坪投资283万元新修公路9.5千米，投资24万元连接断头路1处0.8千米，投资72万元实施公路窄改宽6千米，投资126万元新建公路护栏47千米，扩宽公路约24.3千米，改善农村出行条件，方便群众出行和提高安全系数。投入专项资金64万元，拆除简易棚屋22间，拆除危房及断墙残壁25处，硬化道路2500米，清理整修渠道2000米，新增绿化面积8700平方米，村容村貌明显改观。完善机关大院配套设施建设，单身宿舍楼改造后焕然一新，机关食堂修整后重新投入使用，新建干部周转房即将验收，院内地面硬化、绿化得到极大改善，有效地提高为群众服务的条件。

【教育事业】 2017年，大庆坪乡有区教育部门认定颁证幼儿园7所，在园幼儿576人。有中小学一贯制学校一所，全日制1—6年级完全寄宿制小学2所（不含一贯制学校），村小及多村联办的1—2年级小学2所。年末，有小学专业教师95人、中学专业教师35人，小学入学率100%，小学升初中的普及率100%。全乡有校车15辆，座位378个，申请接送学生1032人。

【医疗卫生】 2017年，大庆坪乡有卫生机构1个，其中乡卫生院1所，乡卫生分院（原小乡卫生院）2所，村卫生室32所，全乡有执业医师43人（含助理医师40人），护士11人（含聘请护士4人），乡卫生院有病床45张，每千人拥有医疗床位1.5张。每千人拥有卫生技术人员2人。完成诊疗1.9万人次，住院0.23万人次，出院0.23万人次。新农合参保率100%，全乡人均期望寿命74岁，孕妇死亡率0%，5岁以下儿童死亡率0‰，婴儿死亡率0.5‰，新生儿死亡率1.5‰，孕妇住院分娩率99.8%，儿童规划疫苗接种率99%，全员健康建卡完成94%，对所有贫困户家庭进行医生一对一签约、开设贫困户就诊绿色通道，实施分类救治，采取先诊疗后付费制度，是年，乡卫生院获“省级群众满意卫生院”称号。结合村级换届，配齐村计生队伍，转变服务职能，计生各项指标完成良好。落实计生奖扶政策26例、资金2.496万元，开展“两癌”筛查983例，优生优育检查243例。

【文化体育】 2017年，大庆坪乡各村建有农家书屋，有图书最少3000册，全乡农家书屋有图书14万册。全年送电影下乡放映70余场次。筹建村级20万元以上篮球场及农民健身广场两个，90%的村配备健身器材，群众自发健身热情高涨，身体素质、生活质量得到提升。

【乡村旅游】 2017年，大庆坪乡以芬香村成功创建国家传统古村落为契机，成功举办塘付、黄家湾、夫江仔、赵家湾4个村文化古村的民俗篝火晚会和排家洞禾花鱼节，获得部分省、市媒体关注。经区文物保护单位评审委员会评审通过，区人民政府研究同意，确认黄家湾古建筑群、毛坪里古建筑群、粉菜冲古建筑群、夫江仔古建筑群、排家洞古建筑群、塘付古建筑群、田尾古建筑群7处古建筑群为区级文物保护单位。确定以兵马山、猫儿岩水库、潜龙岩等地下溶洞群和黄花岭风电场自然风光带为旅游线路，乡村旅游氛围浓厚。

【古村民俗文化晚会】 2017年4月15—16日，大庆坪乡分别在黄家湾、塘付村举办以孝道文化和传统民俗文化为主的篝火晚会。晚会以展示古村传统文化，为申报2018年中国传统村落作准备。15日晚，在黄家湾村的孝道文艺演出中，在外企业家集体给村里80岁以上老人捐赠钱和物资达万元以上。活动倡议者唐君华代表年轻的一代表态：黄家湾历史悠久，孝文化在这里年复一年、日复一日地不断彰显，为推动孝文化的传承，年青的一辈人，要尊老爱幼，特别是在外务工的游子，要多给老人打电话，常回家看看，让温暖和老人们同在。

塘付村的传统民俗文艺晚会在16日晚上拉开序幕，晚会以各种形式展示独特的传统农耕文化和乡土文化。村民自发地以山歌、合唱、武术、舞龙、舞狮、打糍粑等12个节目精彩节目向来自山外的客人奉献出一道丰盛的文化大餐。晚会发起者唐定波感言：大庆坪风光旖旎、古建筑众多、民俗风情奇特、历史文化底蕴丰厚，衣食住行，堪称湘南经典，举办本次活动目的就是，以独特的旅游文化为视觉，引领大庆坪乡全域经济旅游。

6月，在省级贫困村夫江仔村成功举办农耕文化文艺晚会，晚会以山歌、农耕文化为主，独特的土法酿酒将晚会推上高潮。该村主任介绍，夫江仔村已经启动太平天国陈列馆、红军长征纪念馆、农耕文化博物馆三馆规划，同时，打造野生板栗林生态休闲场所、古盐道等乡村旅游线路，有力地配合大庆坪乡打造全域旅游。

【区级文物保护单位】 2017年，大庆坪乡境内有塘付（富）古建筑群、黄家湾古建筑群、毛坪里古建筑群、粉菜冲古建筑群、夫江仔古建筑群、排家洞古建筑群、田尾古建筑群7处区级文物保护单位。古建筑群均为清末民初修建，砖木结构，硬山顶小青瓦，三级风火马头墙组成。现存建筑大部分为民国时期修建。

【综合治理】 2017年，大庆坪乡乡以“平安创建”“机关工作人员夜巡”“扫黑除恶”等活动为载体，在全乡的各主要路口都实行电子监控，全面推进社会综合治理新局面，完善治安防控体系建设，预防各种群体性事件和突发事件发生，有效的遏制地痞村霸、聚众赌博和偷盗抢劫等现象的发生，全年未发生一起恶性刑事案件。

【党建工作】 2017年，大庆坪乡乡有40个基层党组织，1043名正式党员，年内发展预备党员112人，处理违纪村干部16人，党员16人,全年走访困难党员32人。

【民生保障】 2017年，大庆坪乡最低生活保障户127户320人。大病医疗救助67人次，救助金额16万元。民政部门资助参加合作医疗3611人次，支出35.523万元。国家抚恤、补助各类优抚对象124人，抚恤事业费支出64.55元，为408名重度残疾人发放两项补贴2.98万元。通过开展残疾人精准康复行动，为残疾人发放辅助器具（轮椅、拐杖）14件。推动弱势群众养老保险，解决全乡低保户、贫困户、五保户、重残人等对象资助参保。辖区内有乡级敬老院1家，床位18张，收养农村五保人员9人。村五保之家有阳安头、田家湾、塘边等12所，可收养五保户人员70人。全乡参保人数29305人，缴费金额527.49万元。

【财政金融】 2017年，大庆坪乡收入总计1659.83万元。其中：财政拨款收入1659.83万元，基本支出1525.83万元，项目支出134万元。全年财政拨款支出1659.83万元。其中：一般公共服务（类）支出1525.83万元，政府一般服务公共支出457.65万元，教育支出34.82万元，文化体育与传媒支出37.10万元，社会保障和就业支出154.16万元，医疗卫生与计划生育支出83.69万元，节能环保支出16.87万元，农林水支出694.27万元，交通运输支出17.27万元，其他支出30万元。

【建制合村】 2017年，大庆坪乡根据建制合村要求，将毛坪里村与周家山村合并，设立毛坪里村，新村村委会驻原毛坪里村委会驻地。塘夫村与西边村合并，设立塘夫村，新村村委会驻原西边村委会驻地。新田村、山背村与马山村合并，设立新田村，新村村委会驻原新田村委会驻地。中铺里村、岭面脚村与破塘村1—4组合并，设立中铺里村，新村村委会驻原中铺里村委会驻地。田尾村与破塘村5组合并，设立田尾村，新村村委会驻原田尾村委会驻地。白菜洞村与新尹村合并，设立白菜洞村，新村村委会驻原新尹村委会驻地。北冲口村与九家湾村合并，设立北冲口村，新村村委会驻原北冲口村委会驻地。华国堂村与兆江洞村合并，设立华兆村，新村村委会驻华兆村小。寨山脚村与白石山村合并，设立湘桂村，新村村委会驻原寨山脚村委会驻地。石溪岭村与文里村合并，设立石溪岭村，新村村委会驻原石溪岭村委会驻地。芬香村与排家洞村合并，设立芬香村，新村村委会驻原芬香村委会驻地。近洞里村与白竹坪村合并，设立楚粤亭村，新村村委会驻原近洞里村委会驻地。田家湾村与桐禾坪村合并，设立田家湾村，新村村委会驻原田家湾村委会驻地。大江背村与彭家村合并，设立大江背村，新村村委会驻原大江背村委会驻地。芳田里村、据江寺村与四板桥村合并，设立芳田里村，新村村委会驻原芳田里村委会驻地。枫木山村、大庆坪村与兵马山社区合并，设立大庆坪社区，社区居委会驻地不变。湾夫村、竹马山村、新路上村、老村里村、阳岩头村、楠木山 村、塘边村、夫江仔村、光辉村、晓宝田村、岸山口村11个建制村不做调整。

调整后，大庆坪乡辖毛坪里村、塘夫村、新田村、中铺里村、田尾村、白菜洞村、北冲口村、华兆村、湘桂村、石溪岭村、芬香村、楚粤亭村、田家湾村、大江背村、芳田里村、湾夫村、竹马山村、新路上村、老村里村、阳岩头村、楠木山村、塘边村、夫江仔村、光辉村、晓宝田村、岸山口村26个建制村和大庆坪1个社区。

【第六届人民代表大会第二次会议】 2017年12月29日，大庆坪乡第六届人民代表大会第二次会议在大庆坪乡政府会议室举行。会议审议通过零陵区大庆坪乡第六届人民代表大会第二次会议议案审查委员会名单；听取和审议乡人民政府工作报告，并做出相应的决议；听取和审议乡人大工作报告，并做出相应的决议；听取和审查乡2017财政预算执行情况和2018年财政预算（草案）的报告，并做出相应的决议。

（吴圆）

水口山镇

【概况】 水口山镇位于永州市零陵区西南端，地处都庞岭西麓，距零陵城区53千米，东临水口山国营林场与双牌相望，南接大庆坪乡通往广西全州，是两省、区三县交界之地。全镇面积151平方千米，辖29个行政村和1个社区，总人口51200人，耕地面积2704.7公顷。

境内物产丰富，盛产稻谷、油茶等，锰资源丰富，锰矿储量达15000余万吨，占全区四分之一以上。交通便利，距国道322、衡枣高速公路14千米，多条县级公路、村级畅通公路实现全覆盖。梅溪河自南向北贯穿全镇，流经12个村。特色产品有“水口山牛扣”“水口山橙柑”。

水口山镇是湖南省文明乡镇、湖南省安全生产示范乡镇，湖南生态示范乡镇。

【建制村合并】 2017年，水口山镇合并减少20个建制村。调整后，全镇辖29个建制村、1个社区。

杨梅岭村与马驴桥村、排头边村合并设立马驴桥村，村委会驻原马驴桥村委会驻地。村域面积9.3平方千米，辖23个村民小组、514户、2359人。中井山村与楚阳村合并，设立中楚村，村委会驻原楚阳村委会驻地。村域面积5.25平方千米，辖16个村民小组、486户、1968人。梁衙里村与和家村合并，设立和梁村，村委会驻原和家村村委会驻地。村域面积5.7平方千米，辖7个村民小组、245户、1008人。新桥村与坪夫桥村、跃家村合并，设立兴龙村，村委会驻原新桥村委会驻地。村域面积13.8平方千米，辖20个村民小组、544户、2586人。上哲元村与卉叶山合并，设立上哲元村，村委会驻原上哲元村委会驻地。村域面积4.2平方千米，辖14个村民小组、342户、1437人。老村里与大新甸村合并，设立李子桥村，村委会驻原老村里村委会驻地，村域面积7.8平方千米，辖11个村民小组、337户、1456人。西楼村与芮家村合并，设立西楼村，村委会驻原西楼村委会驻地。村域面积6.75平方千米，辖20个村民小组、503户、1933人。小柏塘村与大柏塘村合并，设立柏塘村，村委会驻原小柏塘村委会驻地。村域面积5.85平方千米，辖14个村民小组、378户、1788人。板田村与高田村合并，设立板田村，村委会驻原高田村委会驻地。村域面积5.55平方千米，辖11个村民小组、346户、1466人。三坛丰村与大塘村合并，设立三坛丰村，村委会驻原三坛丰村委会驻地，村域面积7.8平方千米，辖13个村民小组、415户、2024人。牛塘尾村与下井村合并，设立牛塘尾村，与下井村合并，村委会驻原牛塘尾村委会驻地。村域面积4.8平方千米，辖10个村民小组、337户、1387人。石凡与蒋家塘村合并，设立石凡村，村委会驻原石凡村委会驻地。村域面积6.9平方千米，辖12个村民小组、377户、1678人。夏大村与腊巫山合并，设立夏大村，村委会驻原夏大村委会驻地。村域面积6平方千米，辖16个村民小组、375户、1682人。楼子底与杨梅塘合并，设立杨家村，村委会驻原楼子底村委会驻地。村域面积5.25平方千米，辖12个村民小组、375户、1592人。山岩村与乐园山合并，设立山岩村，村委会驻原山岩村委会驻地。村域面积6平方千米，辖17个村民小组、519户、2342人。杰塘村与青龙塘合并，设立杰龙塘村，村委会驻原杰塘村委会驻地。村域面积5.85平方千米，辖15个村民小组、427户、1990人。水口山村与羊角石山、居委会合并，设立水口山社区，社区委会驻原居委会驻地。村域面积5.55平方千米，辖18个村民小组、507户、4406人。

其中，羊角井村、长塘村、蒋家村、毛溪桥村、渣沐村、赵家村、大皮口村、大树脚村、禾木山村、马子江村、庄家村、岩门前村、拱门村13个村没有调整合并。

【社会经济】 2017年，水口山镇公共财政收入845.3万元，公共财政支出721.4万元，工业总产值9684.3万元，社会消费品零售总额25423万元。全年粮食作物播种面积4148公顷，耕地流转面积316公顷，拥有种植大户37户，全年生产粮食3万吨。畜牧业以牲猪养殖为主，全年牲猪饲养量5万头，年末存栏2.5万头，全镇有年出栏200头牲猪以上的养殖大户38户。

【基础设施】 2017年，水口山镇基础设施建设力度进一步加强，在完成村村通水泥路的基础上，长塘村、山岩村、中楚村、李子桥村、上哲元村、大树脚村、庄家村、夏大村、岩门前村、石凡村、拱门村完成村级公路提质改造13.8千米，中楚村、毛溪桥村完成通组公路建设4.3千米。投资近100万元，在羊角井村、楚阳村、李子桥村、石凡村、毛溪桥村、杰龙塘村、蒋家村、渣沐村、庄家村、马子江村安装太阳能路灯350盏。水口山镇有29行政村，1个社区，有17村（社区）启动新建村级服务平台建设，3个村村级服务平台进行改扩建，岩门前村投入资金25万元，改扩建面积320平方米，禾木山村投资25万元，改扩建面积310平方米，渣沐村投入资金25万元，改扩建面积330平方米。全部按“七个一”标准设计施工，提升了村级服务平台的服务功能。

筹集资金100万元，完成玉泉街、麒麟街街道硬化2.7千米；筹集资金68万元完成玉泉街、麒麟街下水道工程建设，在水口山社区完成三格化卫生厕所改造37座。

【社会事业】 2017年，水口山镇有中学1所，中心小学3所，幼儿园、托儿所16个，在校学生3890人，九年制义务教育普及率100%。全镇有中心卫生院1所，在长塘设立分院，医疗卫生机构床位数51张，执业（助理）医师数68人，30个村（社区）设有卫生室。全镇新型农村医疗参保人数38646人，参保金额695.29万元，参保率95%，农保参保人数20351人，参保金额227.86万元，参保率99.8%。农村最低生活保障180户，400人，支出80余万元。农村五保集体供养52人，支出32万元。农村五保分散供养313人，支出123.2万元。农村医疗救助140人，支出36万元；农村临时救助152人，支出152万元。优抚对象261人，支出15万元。

【应急广播系统】 2017年8月—9月，水口山镇在配合应急广播系统（村村响）施工队，在镇综合文化站安装应急广播系统（村村响）管理平台，在中楚村、山岩村、长塘村、羊角井村、马驴桥村、杰龙塘村、蒋家村、和梁村、兴龙村、赵家村、毛溪桥村、渣沐村、上哲元村、李子桥村、杨家村、柏塘村、大皮口村、大树脚村、西楼村、禾木山村、夏大村、庄家村、岩门前村、马子江村、板田村、三坛丰村、牛塘尾村、拱门村、石凡村共29个村，分别装1台主机、4个喇叭，运行情况良好。

【精准扶贫】 2017年，水口山镇完成精准脱贫257户，脱贫人口1003人。完成危房改造101户，补助资金244.2万元；完成贫困户易地搬迁110户、384人，补助资金1200余万元。投资419.33万元在原水口山聚胜小学原址兴建集中安置房二期工程，集中安置35户、104人；投资700万元，分散安置75户、280人；发放支持贫困户发展产业的小额贷款357户，金额1610万元。12月30日前，羊角井村整体脱贫摘帽。羊角井村有建档贫困户111户，贫困人口470人。其中：2014年脱贫11户、64人；2015年脱贫18户、80人；2016年脱贫22户、89人；2017年脱贫53户、218人；未脱贫7户、19人。

【区级文物保护单位】 大皮口村古建筑群是明清时期建筑遗址，由清代仕郎杨榜怀建造。古建筑群由78座民居宅组成，占地面积13.3公顷，有祠堂、书堂。部分建筑因年久失修坍塌，或者就地建造现代建筑，大部分民宅保存完整。建筑结构上，是极具典型的湘南建造风格。马头山墙结构，穿斗式、抬梁式架构结合，天井、雕花格窗、隔扇式屏门、漏窗以及走廊与巷道，空间组合完美，致使庞大的砖木古屋造型质朴、结构牢固、工艺精美、空阔大气、通气明亮、来往自如。建筑装饰艺术，工艺精美、博大精深，体现“种类多、数量多、工艺精、形态美、寓意深”的特点。经区文物保护单位评审委员会评审通过，区人民政府研究同意，确认为区级文物保护单位。

【第六届人民代表大会第二次会议】 2017年9月29日，水口山镇第六届人民代表大会第二次会议召开，镇人大代表64人参加会议，镇长候选人蒋国荣做政府工作报告。报告回顾过去四年经济社会发展的成绩，以展望未来五年，乘势而上再创新辉煌为重点，突出规模化经营；以发展现代农业为切入点，重点抓好美丽乡村建设、小城镇建设和全面小康建设，及重点抓好“四个一批”打赢脱贫攻坚战、抓好五个民生工程、加强政府自身建设。会议同意卿方勇辞去水口山镇人民政府镇长职务，选举蒋国荣任水口山镇人民政府镇长。

（高荣军　郭小兵）

石岩头镇

【概况】 石岩头镇位于零陵区西南部，东与水口山镇相邻，南与大庆坪乡接壤，西与广西壮族自治区全州县黄沙河镇交界，北与珠山镇相连，镇人民政府驻石岩头村，距零陵城区51千米。总面积96平方千米,耕地面积2423.4公顷,其中水田2125.7公顷,旱地297.7公顷,森林面积2163公顷,人口密度458人/平方千米。辖石岩头村、鲁家村、财家村、毛屋里村、芳坪村、大屋村、樟树脚村、周家村、板上村、井仔头村、和平村、滩头村、石江江村、凤凰山村、岭尾村、煽铁坪村、新塘边村、邓家村、洞口庙村、落脚底村、蔡家村、杏木元村、大周塘村、罗家村、宅田村、西头村、塘家村、三房头村、仁桥村、黄溪洞村、上河村、大禾坪村、加禾田村、石坝仔村、阿凼里村35个村民委员会、296个村民小组,辖区内有区属国有石岩头林场。

【建制村合并】 2017年,石岩头镇财家村(财家村、鲁家村),新村村委会驻原财家村委会驻地;樟树脚村(樟树脚村与芳坪村),新村村委会驻原樟树脚村委会驻地;加禾田村(大禾坪村与加禾田村)新村村委会驻原加禾田村委会驻地;九江岭村(上河村、黄溪洞村),新村村委会驻原黄溪洞村委会驻地;石坝仔村(阿凼里村、三房头村与石坝仔村),新村村委会驻原石坝仔村;落脚底村(落脚底村、大周塘),新村村委会驻原落脚底村委会驻地;新坪村(新塘边村、煽铁坪村),新村村委会驻原新塘边村委会驻地;凤凰山村(凤凰山村、岭尾村),新村村委会驻原凤凰山村委会驻地;杏木元村(蔡家村、杏木元村),新村村委会驻原杏木元村委会驻地;石岩头社区(石岩头村、石江江村),社区居委会驻地不变;大屋村、周家、和平、井仔头、滩头、仁桥、塘家、邓家、宅田、罗家、板上、毛屋里、洞口庙、西头不变。调整后,全镇辖财家、樟树脚、加禾田、九江岭、石坝仔、落脚底、新坪、凤凰山、杏木元、大屋村、周家、和平、井仔头、滩头、仁桥、塘家、邓家、宅田、罗家、板上、毛屋里、洞口庙、西头23个建制村和石岩头1个社区。

【农业生产】 2017年,石岩头镇有农业人口42950人,占总人口的97.64%;耕地面积2204.77公顷,人均0.051公顷,农业总产值5690万元。粮食作物以水稻、红薯、玉米为主,经济作物有油菜、花生、莲藕、大棚蔬菜等。

【畜牧水产】 2017年,石岩头镇畜牧业以猪、牛、羊、鸡、鸭、鹅为主。全年饲养生猪9700只,羊600头,全镇有规模养猪场9家,养羊大户2户,养牛大户3户。

【林业资源】 2017年,石岩头镇有林地总面积4666.6公顷(含石岩头林场),实施退耕还林126.66公顷、天然林保护工程100公顷。年末,森林覆盖率56%,活立木蓄积量28万立方米。

【水利设施】 2017年,石岩头镇水利灌溉便利,农业比较发达。石期河有15.6千米,贯穿全镇;境内有大小型水库8座,总蓄水量2983.9万立方米。境内石坝仔水库,有正坝和副坝,库容3280万立方米,可灌溉耕地3973.33公顷,受益乡镇有石岩头镇、水口山镇和珠山镇。水库集灌溉、发电、生活用水、养鱼为一体。在农田灌溉方面,石坝仔灌区有三条干渠纵贯全镇;在生活用水方面,石坝仔自来水公司已全天候向石岩头镇、珠山镇沿线居民供水。全镇有山塘203口,机电排灌3处,河坝70处,灌溉便利。先后引进资金1000万元,修建水电站3个,均全部建成投产,经济效益良好。由于地理自然条件限制,骨干性水源少,农田灌溉和农村人畜饮水难的问题在一定区域较为突出。镇党委、政府致力加强农业基础设施建设和饮水工程建设,投入3000万元实施低产田改造工程,投入1000万元修建引水、排水渠道6500米,投入200万元在全镇修建蓄水池10个,安装饮水管14000米。

【村办企业】 全镇兴办企业有木材加工厂、大米加工厂、采石场、红砖厂、锰矿冶炼企业等12家。随着改革开放深入和产业结构调整,镇域资源优势逐步显现，镇、村企业呈现新亮点，个体私营、民营企业快速发展，种（养）殖业成为特色新兴产业。

【商贸财政金融】 2017年，石岩头镇有餐饮服务行业32户，从业人员156人，全镇财政总收入1450万元。年末，境内金融机构（农村信用社）各类存款额23000万元，比2016年增长17%；各项贷款余额8500万元，比2016增长15%。

【商业贸易】 2017年，石岩头镇规划集贸市场用地2.66公顷，有1个市场，占地3300平米， 2010年升级重建完工。新建2栋上规模的农副产品交易大楼，建筑面积4000平方米，加上其他附属设施，投资380万元。农贸市场逢农历一、四、七为赶圩日，湖（湖南）广（广西）两地商贾聚集，主要有农产品、特色工艺品、土特产、日用品等，圩日交易额每天约50万元~100万元，提供就业岗位150~300个。

【劳动力转移】 农村剩余劳动力为增加家庭经济收入，自发向广东、深圳、浙江、江苏、上海等沿海经济发达地区和劳动力短缺的地区转移就业，转移规模日渐扩大，全年转移输出人数为3700人，创收9800万元。

【邮电通信】 2017年，石岩头镇有邮政代办所2处，报纸、杂志累计发行81种、1460份。中国电信代办点1家，中国移动通信代办点3家，中国联通代办点2家，全镇固定电话用户78户，移动电话用户4600户，互联网用户360户，有线电视用户2450户，全年邮电业务收入430万元。

【教育教学条件提升】 2017年，石岩头镇有幼儿园5所，在园幼儿723人，专任教师23人；完全小学（中心小学）3所，在校学生1419人，专任教师97人；中学（初中部）1所，在校学生140人，专职教师30人，全镇适龄儿童入学率100%。

【文化体育】 2017年，石岩头镇有文化广播电视站1个，村级文化活动中心35个，各类文化专业户5户，各类图书室40个，藏书18万册，音乐、美术、书法、摄影及文学业余创作队伍达5人。有学校综合体育场11个，体育设施齐全，并经常开展群众文化体育活动，举行全民运动会。

【医疗卫生】 2017年，石岩头镇医疗卫生机构有镇卫生院1所，村卫生室33个，病床35张。专业卫生人员中有执业医师3人，执业助理医师26人。全镇医疗机构完成诊疗29562人次，新型农村合作医疗参合率99.98%。辖区总人口43988人。总人口中，其中，男性23486人，占53.39%；女性20502人，占46.61%；18岁以下人口11638人，占26.46%；18~35岁12086人，占27.48%；35~60岁人口14540人，占33.05%；60岁以上人口5724人，占13.01%。人口出生率11.8‰，死亡率8.6‰，人口自然增长率3.2‰。

【民政救助】 2017年，石岩头镇城镇最低生活保障户数3户、8人；农村最低生活保障户数818户、1287人，月均支出金额10.9625万元；农村五保集中供养21人，年支出额12.6万元；农村五保分散供养261人，年支出76.7万元。国家抚恤、补助各类优抚对象213人，有政府公办敬老院1家，床位30张，收养农村五保人员21人，全镇参加新型农村养老保险16711人，参保率98.9%。

【廉政文化广场】 2017年年初，廉政文化广场建设，立项、招标，总投资200万元，完成120万元，可容纳200余人开展活动。

（李银珍）

珠山镇

【概况】 珠山镇地处零陵区西面，东与梳子铺接邻，西与广西壮族自治区黄沙河镇相接，东南与水口山镇接壤，西北与东安县横塘镇相连，西南与石岩头毗邻，东北与黄田铺镇交界，镇政府驻地距城区39千米。辖区东西最大距离13.3千米，南北最大距离16.4千米，总面积199.6平方千米。陆地99.2%，水域0.8%；常用耕地面积4195.7公顷，其中，水田3738.6公顷，旱地439.1公顷；人口密度为每平方公里350人，35个行政村和2个社区、525个村民小组、18549户。总人口6.98万人，其中，城镇常居人口3.5万人，流动人口1万人。人口出生率6‰，死亡率3‰，人口自然增长率3‰。

【政府重点工作】 2017年，珠山镇发挥小额信贷杠杆作用，抓好产业园、念好山字经、唱好旅游戏、用好互联网、打好生态牌，因地制宜发展特色产业，着力抓好生猪、花卉苗木、中药材种植等基地建设、农产品流通，带动200户以上贫困户产业致富。全面完成易地搬迁扶贫。推进产业扶贫，整合项目、整合资金、整合力量，推进易地搬迁扶贫，全年完成全镇158户、568人易地扶贫搬迁任务，做好后续保障和安置服务，确保“搬得走、稳得住、能致富”。加大教育助学扶贫。实施“一户一产业工人”培养计划，完成贫困对象技能培训108人次，引导就近就地就业创业；开展教育助学102人次，确保无贫困学子因贫失学。全面落实兜底保障扶贫。全面落实贫困对象兜底保障政策，确保贫困户实现“两不愁、三保障”目标，确保小康珠山不落一人。

加快推进新型工业化。按照“盘活存量、引进增量、做大总量、提升质量”的思路，突出创新驱动、转型发展，壮大主导产业，提升园区实力，推动工业经济平稳运行以。加大产业扶持。锰产业要着力破解电力制约瓶颈，促进鑫城锰业、荣华集团、万事达等骨干企业复工复产。

推进美丽乡村建设。加大农业农村投入力度，加快补齐农业农村短板。加大“五小”水利设施投入力度，对珠山镇田心泵站进行改造。深入推进农村产权制度改革，全年流转耕地1333.3公顷、林地666.3公顷，培育农民专业合作社等农业新型经营主体8家。全面落实国家强家惠农政策，推进规模农业基地建设，实现粮食播种面积2000公顷以上，粮食总产8万吨以上。推进标准化养殖，完成温氏牲猪基地建设，新建标准化养殖小区8个，年出栏生猪16万头以上。完成人工造林133.3公顷，油茶新造低改66.66公顷，新建华卉苗木基地53.3公顷。深入推进农环治理，完成8个重点村的环境整治，实施农村饮水2500人；新建农村网络宽带35个村，改造农村电网5个村，完成农村公路窄改宽56千米、通道绿化150千米、亮化行政村30个。高标准建设市级美丽乡村示范点1个、区级美丽乡村示范点3个。

强化小城镇建设。彻底整治乱摆、乱卖、乱建行为，规范市场经营，确保镇容镇貌环境整治有序。争取区里支持小城镇建设的扶持政策，把珠山建成边贸口子镇建设，提升小城镇的品质活力。

加强重点财源建设。全年财政总收入2332.42万元，增长12.5%以上。支持远达鑫城等重点税源企业达产达效、扩能增效。全面推进“营改增”改革，对财税部门强化目标管理考核。坚持厉行节约，严格控制一般性支出，提高财政资金使用效益，把有限的财力更多向民生领域倾斜，确保民生支出占财政支出的比重逐年提高。深化支出制度改革，加强部门预算管理和绩效评估，加大消赤减债力度，有效防范债务风险。

落实全民参保政策，提高社会求助水平，实现低保应保尽保。加快镇区学位建设，立即启动新建一所中学。新建1所民办学校。完成2个村卫生室标准化建设，推进“七五”普法，推进依法信访，解决群众强烈的热点，难点问题。强化社会治安综合治理，严厉惩治各种违法犯罪活动，营造平安和谐，稳定的社会环境。

【建制村合并】 2017年，

珠山镇建制村合并根据实际情况，1500人以上的村实行不合并， 1500人以下的村适度合并，重点合并1000人以下的微小村，但不搞“一刀切”。要求成建制合并，个别特殊村根据山系、水系、交通条件、历史沿革、风俗习惯和群众意愿拆分合并：马家、汪家合并为马家村，合并后村活动室设马家村，总人口1744人；雨脚塘、白玉塘合并为雨脚塘村，合并后村活动室设雨脚塘村，总人口1525人；马迹岭、小图塘合并为马迹岭村，合并后村活动室设马迹岭村，总人口1648人；于家、东西坊合并为于家村，合并后村活动室设于家村，总人口2149人；枣木铺、聊美合并为枣木铺村，合并后村活动室设枣木铺村，总人口1464人；灶背、长吉头、英塘合并为长吉头村，合并后村活动室设灶背村，总人口2687人；翻身洞、塘村合并后为翻身洞村，合并后村活动室设翻身洞村，总人口2354人；米筛井、干山合并为米筛井村，合并后村活动室设干山村，总人口1514人；上田、敏塘合并为上田村，合并后村活动室设上田村，总人口2261人；徐家、刘家合并为欧家村，合并后村活动室设欧家村一组，总人口1973人；程家、龙家合并为龙家村，合并后村活动室设龙家村12组，总人口1866人；神岭、高夫殿合并为高夫殿村，合并后村活动室设高夫殿村，总人口1898人；渣塘、客路合并为渣塘村，合并后村活动室设在渣塘村，总人口2265人；枧头、东湘桥合并为东湘桥村，总人口2019人；山支尾、坝上合并为山支尾村，合并后村活动室设三支尾村，总人口2336人；寨子脚、龙禾田合并为寨子脚村，合并后村活动室设寨子脚村，总人口2058人；诸仙寺、大科甸合并为诸仙寺村，合并后村活动室设诸仙寺村，总人口2228人；田中心、汗塘合并为汗塘村，合并后村活动室设汗塘村，总人口2137人；田心、北门口合并为田心村，合并后村活动室设田心村20组，总人口2688人；人力湾、毛冲合并为大力湾村，合并后村活动室设大力湾村，总人口1801；珠山村改为王家仔社区，活动室设在王家仔社区，总人数910人；珠山社区总人口4807人，活动室设在珠山社区；康家村未成建制合并，总人口1513人，活动室设康家村；周塘村未成建制合并，总人口1242，活动室设周塘村；乐塘村未成建制合并，总人口1662人，活动室设乐塘村；夏阳村未成建制合并，总人口1181人，活动室设夏阳村；上玉村未成建制合并，总人口1671人，活动室设上玉村；坦夫村未成建制合并，总人口1812人，活动室设坦夫村；友谊村未成建制合并，总人口1306人，活动室设友谊村；水埠头村未成建制合并，总人口1378人，活动室设水埠头村；竹山脚村未成建制合并，总人口1560人，活动室设竹山脚村；罗川屋村未成建制合并，总人口1470人，活动室设罗川屋村；蒿草塘村未成建制合并，总人口1204人，活动室设蒿草塘村；大冲村未成建制合并，总人口1181人，活动室设大冲村；圳头村未成建制合并，总人口1123人，活动室设圳头村；林家村未成建制合并，总人口1740人，活动室设林家村；伐家村未成建制合并，总人口1790人，活动室设伐家村；全镇合计总人口68165人。

【农业生产】 2017年，珠山镇有耕地面积3680公顷，人均0.062公顷；林地面积10866.6公顷，农业总产值达到5.68亿元，比2016年增长17.1%；粮食作物以水稻为主，主要经济作物为大豆、红薯、花生、甘蔗、香芋等；畜牧业以生猪、肉牛、家禽养殖为主。

【林业面积】 2017年，珠山镇有林地总面积2000公顷，实施退耕还林106.66公顷、天然林保护工程80公顷。年末，森林覆盖率68%，活立木蓄积量1.8万立方米。

【水利基础设施】 2017年，珠山镇境内有石期河、梅溪河两条河流，水资源比较丰富，在石期河流域东湘桥村建有水电站一座。全镇有小Ⅰ型水库1座，小Ⅱ型水库14座。

为加强农业基础设施建设和安全饮水工程建设，投入2200多万元实施基本农田改造项目；投入2380万元修建引水、排水渠道5.6万米，实施农村安全饮水工程。全镇15个村安装自来水，安装饮水管8.7万米。

【畜牧水产】 2017年，珠山镇出栏生猪105368头，饲养黄牛7860头，鸡、鸭、鹅等主要家禽出栏150000羽；养殖草鱼、鲤鱼、鲫鱼、雄鱼等350万尾。

【工业企业】 2017年，珠山镇有工业园区1平方千米，位于上田村，距镇城区1千米。全镇工业企业主要有鑫城锰业、荣华锰业、万事达锰业、长城炉料、闽峰冶化、腾飞锰业、恒盛炉料等企业，其中锰矿开采企业24家，锰矿加工企业87家、投资过亿元3家，主要从事电解锰、硅锰合金生产，年产值10亿元。

地区生产总值20.67亿元，工业总产值17.92亿元，其中完成固定资产投资9.6亿元，规模工业14家；农业总产值7.1亿元；第三产业产值3.76亿元；社会消费品零售总额35261万元；镇本级财政收入2011万元，增长11.2%；农民人均纯收入8600元，人均可支配收入8692元。

【商贸财政金融】 2017年末，珠山镇有个体工商户3157户，其中营业面积2000平方米以上的大型超市5家，从业人员5200人；餐饮服务行业88户，从业人员900余人。辖区内中国人民保险公司、中国人寿保险公司各1家；有银行网点6家，其中农村信用社网点4家，中国农业银行网点1家，中国邮政储蓄银行网点1家。年末，境内金融机构各类存款余额87137万元，比2016年增长16%；各项贷款余额48689万元，比2016年增长15%。

【劳动力转移】 2017年，珠山镇转移输出人数2.3万人，创收1.6亿元，占全镇总收入的27%。

【供水系统提质改造】 2017年，珠山镇通过供水系统提质改造，从石坝仔水库引水，日供水能力8000立方米/天，其中，生活用水量4000立方米/天，工业用水量4000立方米/天，自来水普及率80%。

【农村电网提质改造】 2017年，珠山镇内有区电业局下属单位——珠山供电所，负责全镇的供电业务，在珠山镇上田村建有110千伏、220千伏变电站各一座。年末，全镇村村通电，37个行政村全部完成农村电网改造，供用电水平大幅提高。

【公路交通建设】 2017年，珠山镇境内有泉南高速、国道322线贯穿全境，并设有高速互通，是通往广西的交通要道。建有珠山至水口山、东湘桥至梳子铺、圳头至横塘、火湘桥至石岩头、于家至横塘5条县级公路。全镇村村通水泥路，公路总里程242.8千米。

【村镇建设】 2017年，珠山镇城镇规划面积10平方千米，建成面积6.2平方千米；有商业住宅小区6个，建筑面积20万平方米，有大小街道12条，安装路灯400盏，形成“五纵四横”的路网格局。新拉通的国道322珠山镇环城路已作出规划设计，将打造具有现代特色的民俗风情街；新规划的城区有学校、影院、广场、公园等公共设施，进一步提升珠山的城镇品位。

【邮电通信】 2017年年末，珠山镇有邮政分局1处，负责全镇报纸杂志的发行和国际、国内的邮递业务；申通快递、圆通快递等民营快递企业已进驻珠山；中国电信、中国联通、中国移动等电信企业在珠山设有营业网点26个，电信、联通有线网络均实现光纤入户。

【学位建设项目】 2017年，珠山镇有学校25所，其中，公办学校6所，私立学校19所，在校学生1万余人。规划投资1.5亿元在国道322改线旁的猴塘村地块新建一所高标准的农村九年一贯制学校，确保2019年建成投入使用。

【猴塘村新建学校】 该项目位于珠山镇国道322改线田心村与伐家村交界地段国道322改线旁的猴塘村，总占地面积11.2公顷，建筑面积约39988平方米，总投资1.5亿元。资金来源于零陵区城建投融资，主要拟建教学楼、科技楼及辅助用房、体育馆、运动场、食堂、学生公寓、围墙、配套工程。建成后办学规模为60个班，新增学位2852个，其中小学42个班、2016个学位；中学18个班、836个学位。将有效地缓解公办学校存在的大班额现象，补齐少年入学难这一教育民生短板。

【文化体育事业】 2017年年末，珠山镇有镇文化站1个，村级文化活动中心37个，各类文化专业户60户，建有农家书屋37个，藏书35万余册，音乐、美术、书法、摄影及文学业余创作队伍达300人，龙狮队9个。镇党委、政府把创建文化名镇、打造“生态、文化、旅游”乡镇作为镇域经济发展战略，通过定期举办的“全镇广场舞大赛”等活动载体，弘扬、传承优秀民族传统文化，加强内引外联，发挥资源优势，助推经济建设，文化事业日趋繁荣，经济持续快速发展。

【综合治理】 2017年，珠山镇在境内主要路口安装电子监控设备，全年破获犯罪团伙8个，治安拘留58人，刑事拘留36人，逮捕12人，起诉35人，获全区社会管理综合治理先进单位。

【医疗卫生事业】 2017年年末，珠山镇建有医院3家，其中，公立医院1家，民营医院2家，病床260张。全年医疗机构完成诊疗15万余人次，新型农村合作医疗参合人数69853人，参合率100%。

【社会生活保障】 2017年，珠山镇农民人均纯收入8600元，人均住房面积45平方米，彩电、空调、冰箱入户率分别为99.2%、70%、85%。城镇最低生活保障户数132户，人数346人，支出76.2万元，同比增长7.9%，月人均212元；农村最低生活保障户数1633户，人数2487人，支出311.6万元，同比增长8.8%，月人均113元。农村五保集中供养25人，支出18.8万元，同比增长6.2%；农村五保分散供养370人，支出103.3万元，同比增长6.8%；农村医疗救助229人次，民政部门资助参加合作医疗229人次，共支出46.3万元。国家抚恤、补助各类优抚对象572人，抚恤事业费支出201.2万元，同比增长6.9%。有敬老院1家，床位50张，收养农村五保人员25人。参加新型农村养老保险38151人，参保率86.1%。

【精准扶贫工作】 2017年，珠山镇做好精准扶贫工作，建立健全扶贫对象识别机制，确保扶贫对象得到有效识别，召开专题动员部署会议，就进一步搞好农村贫困人口识别和建档立卡、小额信用贷款、基础设施建设、产业发展、雨露计划、易地搬迁等进行具体的安排部署。全镇辖2个社区和34个行政村，总人口6.9万人，其中有贫困户1429户、5314人。有4个省定贫困村（大冲村、大力湾村、马家村、高夫殿村）。扶贫产业覆盖27个村，如夏阳、友谊村的66.67公顷亩香芋合作社；上田、周塘村60公顷大棚蔬菜种植合作社；东湘桥村韭菜种植基地；山支尾村肉牛养殖合作社等，全年脱贫人口843人。建立健全档案资料，贫困对象识别后，通过入户登记，实事求是地获取贫困对象的各项信息资料，在全镇范围内对不符合条件的“四类对象”142户、448人进行集中清理，并建立电子档案，做到户有表、村有册、镇有电子档案。

制订《珠山镇精准扶贫工作实施方案》，提出农村扶贫对象识别工作的指导思想、基本原则、目标任务、主要内容、方法步骤及保障措施，明确各成员单位及办公室工作职责及具体任务。召开动员会，全面安排部署全镇精准扶贫工作。

同时，各行政村（社区）按要求，进行宣传发动和召开会议，确保精准扶贫工作顺利进行。各驻村干部为指导员，配合区扶贫工作队指导所属村开展精准扶贫工作。

在大冲村全村安装太阳能路灯150盏；投资20万元修建水渠1200米；投资150万元水泥硬化道路3千米，新修铺组级道路1.3千米；投资6万元维修山塘2处；投资82万元的农村饮用水安全工程开工。大力湾村公路硬化3.2千米。马家村投资村小游园50余万元，投资村公共厕所5万余元，安装路灯80盏，改建饮水井两口，完成通组公路1.65千米。高夫殿村光伏产业签约并开始建设，安装太阳能路灯60盏，修建水泥硬化道路3.8千米。

全镇发放小额信用贷款570户、2850万元，对贫困户发展产业提供资金扶持。全年易地搬迁134户、474人，其中，8户分散安置28人，126户集中安置446人（121户、437人安置在珠山镇，2户、9人安置在石山脚）。

【首届荷花节】 2017年7月15日上午9点，珠山镇首届荷花节开幕，设夏阳村主会场和坦夫村、马迹岭村两个分会场。区委常委、区委办主任彭江辉，区人大常委会副主任胡自力，副区长彭定国、张恒，区领导、区财政局、区农业委、区文体新局、区旅游局、区旅建投等相关单位主要负责人出席活动。开幕式上，歌舞有《茉莉花》《美人》《盛世花开》《双盘花》等文娱节目；活动期间，举行摸禾花鱼、钓龙虾、采莲蓬、赏荷花、自行车骑行赛等趣味活动。

(陆雯)

梳子铺乡

【概况】 梳子铺乡位于零陵区西南部，乡政府驻地距城区42千米。东临富家桥乡，西通珠山镇，南与水口山乡接壤，北毗黄田铺镇，总面积98.18平方千米。2017年，全乡有秀毓塘、许家桥、里洞、红狮、金花、排龙山、官房、班竹塘、俄公坝、晓星塘、赶塘、凤凰、鹿鸣塘、车头源、梳子铺、联塘、石角甸、板栗坝、愚溪源、双井、芙蓉塘、荷叶塘、木塘，二房社区，23个村1个社区、315个村民小组,总人口31591人。

【建制村合并】 2017年，梳子铺乡根据合村建制相关文件精神，将金花村与成家冲村合并，设立金花村，新村村委会驻原金花村委会驻地。石角甸村与田洞村一组合并，设立石角甸村，新村村委会驻原石角甸村委会驻地。芙蓉塘村与田洞村2~7组合并，设立芙蓉塘村，新村村委会驻原芙蓉塘村委会驻地。龙角井村与三丘田村合并，设立荷叶塘村，新村村委会驻原龙角井村委会驻地。大古源村、喇叭山村与二禾田村合并，设立愚溪源村，新村村委会驻原喇叭山村委会驻地。红狮村与马家塘村合并，设立红狮村，新村村委会驻原红狮村委会驻地。大叶塘村与许家桥村合并，设立许家桥村，新村村委会驻原许家桥村委会驻地。排龙山村、井门前村、大路边村与沈家铺村合并，设立排龙山村，新村村委会驻原排龙山村委会驻地。晓星塘村与欧家坝村合并，设立晓星塘村，新村村委会驻原晓星塘村委会驻地。赶塘村、顾家村与坝上村合并，设立赶塘村，新村村委会驻原赶塘村委会驻地。鹿鸣塘村、坪田村、白竹塘村、世豪村合并，设立鹿鸣塘村，新村村委会驻原鹿鸣塘村委会驻地。二房村与樟木塘社区合并，设立二房社区，社区居委会驻地不变。斑竹塘村、凤凰村、车头源村、俄公坝村、官房村、联塘村、梳子铺村、双井村、板栗坝村、木塘村、里洞村、秀毓塘村12个建制村不作调整。

【农业生产】 梳子铺乡有耕地面积2693.33公顷，人均耕地面积 0.087公顷。总林地面积5200公顷，农业总产值41356万元。全乡流转土地2428公顷，33.33公顷以上的种粮大户4户，20公顷以上6户。粮食作物以水稻为主，粮食播种面积4200公顷，全年生产粮食2.6万吨，其中，水稻2.4万吨、玉米274吨、红薯（折粮）2042吨。油菜种植面积857.66公顷，产籽1183.6吨；蔬菜种植面积1146.67公顷，产量26213吨。畜牧业以生猪养殖为主，全年生猪饲养量2.8万头，年末存栏1.3万头，全乡有年出栏500头以上的养殖大户13户。饲养山羊2015头，牛582头。家禽以肉鸡为主，家禽饲养量36万羽。渔业以水库放养为主，养殖水面331.33公顷，年产鱼257吨，产值300万元。全年植树造林面积160.33公顷，其中，防护林6.666公顷、经济林140公顷、四旁绿化13.67公顷，林木覆盖率75%，活木蓄积量4.3万立方米，水果种植面积650.13公顷，产量9893吨。

【精准扶贫】 2017年，梳子铺乡建档立卡贫困户912户、3346人，包括斑竹塘村、鹿鸣塘村、联塘村3个省级贫困村，其中，斑竹塘村于2016年整体脱贫摘帽；鹿鸣塘村、联塘村于2017年整体脱贫摘帽。易地搬迁集中安置32户、124人，分散安置48户、162人，危房改造171户、549人。“雨露计划”春季资助38人、5.7万元；秋季资助68人、10.2万元；“泛海助学”资助6人、3万元，中小学生寄宿补贴政策全部落实到位。

鹿鸣塘村扶贫产业有罗汉果、沐淋冷链、牲猪特色种养殖和100千瓦地面光伏发电；联塘村发展鹅、青蛙、生猪、鱼、温氏养殖等特色养殖，水稻种植走“专业合作社+农户”的发展路子，连片种植优质水稻；斑竹塘村脱贫不脱政策，重要项目光伏发电项目全面施工。面上村的扶贫产业发展推进有序，同永州沐林冷链物流有限公司签署“互联网+电商扶贫”合同；红狮、里洞、许家桥、秀毓塘、排龙山5个村与永州市龙山油茶合作社有限公司签订帮扶协议，成立永州市龙山油茶合作社，扶持5个村、176户贫困户、624人，实现脱贫目标。全乡享受区“以奖代扶”政策的贫困户277户、72万元。

【工商业发展】 2017年，梳子铺乡实现工业企业总产值31565万元，较2016年有所提高。全乡有3个农村集贸市场，分别是梳子铺农村集贸市场、排龙山农村集贸市场、水字桥农村集贸市场，全年完成交易额3800万元。

【基础设施】 2017年，梳子铺乡新修公路13千米，公路加宽（1米）17.8千米，实现村组通水泥公路，总里程45.8千米；开通客运线路3条，营运总里程120千米，营运客车8辆，万人拥有3台次，年客运量4.5万人次。全年在二房社区、鹿鸣塘村、斑竹塘村、联塘村、梳子铺村新修路灯500余盏，建有垃圾焚烧站2个，拥有35千伏以上变电站1个，主变容量6300千伏安1台。高压输电线路5条，总长度125千米。

【教育教学】 2017年，梳子铺乡有中学1所，小学3所，公立幼儿园1所，完小附设幼儿园1所，私立幼儿园2所，在校中小学生1213人，在园幼儿336人，专任教师116人，九年义务教育覆盖率100%。教师具有中级职称73人，高级职称13人。

【医疗卫生】 2017年，梳子铺乡新型农村合作医疗参保人数为27877人，缴费金额4614370元。城乡居民养老保险13188人，居民平均期望寿命76岁。5岁以下儿童死亡率、婴儿死亡率为0.16%。全年乡卫生院完成诊疗15184人次，出院病报告传染病发病率为0.41%。固定资产总值810万元，专业卫生人员39人，其中，中级职称4人，专业技术人员31人，执业医师5人，职业助理医师5人，注册护士6人，平均每千人拥有卫生人员1.29人。全年享受国家奖励扶助政策134人，享独生子女保健费发放91人，有30名学生享受到中考加20分的计生优惠政策（其中，独生子女户21名，两女结扎户9名）。

【文化体育设施】 2017年，梳子铺乡有体育场地6处，小游园2处，4个村安装健身体育器材。有线电视入户率75%，村村通工程实现全覆盖，网络入村率42%，入户率43%。

【民生保障】 截至2017年年末，梳子铺乡有城镇最低生活保障7户、15人，支出5.7万元；农村最低生活保障131户288人，支出70.1万元；农村五保集体供养39人，支出27.3万元，农村五保户分散供养269人，支出105.8万元。农村医疗救助212人次，民政部门资助参加合作医疗776人次，农村临时性救助165人次，支出35万元；自然灾害受灾人数1613人；农作物受灾面积128.67公顷，倒塌房屋16间，直接经济损失152万元，救灾资金支出25万元。国家优抚补助各类对象294人，支出118万元。全年外出务工总人数11973人，其中，区内923人、省内3974人（包括区内923人）、省外7999人。

【财政金融】 2017年，梳子铺乡实现公共财政收入1781.78万元，比2016年增加21.87%；截至2017年年末，有永州农村商业银行网点1个，各类存款14679万元，人均存款4647元。（蒋大勇）

黄田铺镇

【概况】 黄田铺镇位于零陵区西部,东邻石山脚街道办事处，西抵珠山镇，南接梳子铺乡，北与东安县石期市镇交界，总面积116平方千米，距城区17千米。2017年，全镇辖19个村（鹧鸪岭、仪林寺、秦岩洞、南雄倒扎、名山岭、双牌铺、晓山河、官塘前、舜帝庙、鸟塘铺、邓家冲、永兴、涧山、丁塘、鲁扶、百美田、双桥、水口庙、鱼塘），1个社区（黄田铺），328个村民小组8249户，总人口33977万人。全镇大部属丘陵地形，地势为南部高，北部低，主要有名山岭、香山岭、庵子岭三大山脉，其中，海拔最高峰为庵子岭295.6米，属亚热带湿润气候。境内含锰矿、煤矿200万吨左右，地下水资源可利用量为1520万立方米。全镇总耕地面积3666.6公顷，总林地面积5773.33公顷，是零陵区的油茶之乡、西瓜之乡、脐橙之乡，先后被评为“全国重点镇”“省级生态乡镇”。

【基础设施】 2017年，黄田铺镇新修贫困村农村公路9千米，完成农村公路窄改宽17千米，维修山塘水库12座，实施危房改造195户，安装太阳能路灯350盏，加快贫困村通信网络建设；3个贫困村光纤4G网络全覆盖，全镇实现“户户通”“村村响”。通过水源地保护和环境整治，实施农村饮水安全工程，解决出行难、饮水难等问题。新建官塘前村级综合服务平台，改扩建鱼塘、舜帝庙村综合服务平台。

【书香教育小镇】 2017年，黄田铺镇整合自身区位、交通优势和教育特色，打造“黄田铺镇书香教育小镇”。规划设计面积约为5平方千米，总人口4万人左右，其中，学生约1.5万人，计划总投资40亿~50亿元，用3~5年时间打造成国家级书香教育特色镇。

黄田铺书香教育小镇以书香教育特色为发展引擎，以文旅康养产业为衍生动力，致力打造“义务教育课改基地”“民办高中示范基地”“职业教育培训基地”，配套发展“文化旅游,健康养生”等产业。通过加强政府引导，引入教育品牌，引进社会资本，争取政策扶持和出台，推动教育优质化、标准化、品牌化发展，将黄田铺镇打造为湖南省普通教育创新实验区、湘南地区重要的职业教育培训基地、永州市教育文化旅游目的地。

【脱贫攻坚】 2017年，黄田铺镇按照“五个一批”的要求，推进各项扶贫政策的精准落实，确保173户、647人脱贫，官塘前、舜帝庙2个村实现整体脱贫。贫困人口识别精准率较高。从2017年5月开始，进行为期两个月的清理整顿工作，对识别不准，脱贫把关不严，坚持严格回头看，清理四类对象计92户、355人，新纳入贫困户为41户、95人。

开展“三走遍三签字”活动，市、区、镇三级领导与贫困户面对面地解决实际问题。推进“中国社会扶贫网”上线工作，贫困户网上注册全覆盖，500多名爱心人士对接帮扶贫困户400余起，捐赠爱心物资达6余万元。推广“贫困户+龙头企业”产业扶贫模式，一批农业龙头企业与贫困户实现精准对接。发展农业特色产业，形成以油茶为主，黄花菜、沙糖橘等多元发展的特色产业优势。

【建制村合并】 2017年，黄田铺镇根据相关文件要求，将鲁塘村与扶塘村合并，设立鲁扶村，新村村委会驻原扶塘村佘木塘组。桐木桥村与岔江桥村合并，设立双桥村，新村村委会驻原岔江桥村连山寺。名山岭村与双江桥村合并，设立名山岭村，新村村委会驻原双江桥村贵塘组。大河坝村与晓山村合并，设立晓山河村，新村村委会驻原晓山村新村组。永兴村与艮塘村合并，设立永兴村，新村村委会驻原永兴村涂家组。南雄村与倒扎村合并，设立南雄倒扎村，新村村委会驻原南雄村上杨组。水口庙村与大竹山村新屋组、大竹山组合并，设立水口庙村，新村村委会驻原水口庙村雷明塘组。鸟塘铺村与大竹山村鸣中、鸣上组合并，设立鸟塘铺村，新村村委会驻原鸟塘铺村鸟下组。上塘夫村、官塘前村与社塘尾村合并，设立官塘前村，新村村委会驻原官塘前村小岭前组。老庙村、珠塘村、秦岩洞村与大竹山村大洞组、小洞组、田洞组合并，设立秦岩洞村，新村村委会驻原秦岩洞村中北组。双牌铺村与五里牌村合并，设立双牌铺村，新村村委会驻原双牌铺村明桥组。黄田铺村、球华村与白龙街社区合并，设立黄田铺社区，社区居委会驻地不变。百美田村、舜帝庙村、涧山村、邓家冲村、鹧鸪岭村、仪林寺村、鱼塘村、丁塘村8个建制村不做调整。调整后，黄田铺镇辖鲁扶村、双桥村、名山岭村、晓山河村、永兴村、南雄倒扎村、水口庙村、鸟塘铺村、官塘前村、秦岩洞村、双牌铺村、百美田村、舜帝庙村、涧山村、邓家冲村、鹧鸪岭村、仪林寺村、鱼塘村、丁塘村19个建制村和黄田铺社区1个社区。

【信访维稳工作】 2017年，黄田铺镇按要求营造和谐稳定的镇区环境，排查化解矛盾积案，中共十九大期间及其他特别防护期，无赴省进京上访事件发生。坚持定期排查、化解非稳定因素，将问题解决在基层、解决在萌芽状态；重视信访工作，开展三级书记大接访活动，每天安排班子成员开门接访，畅通群众诉求通道，缩短干群之间的距离。发挥广大党员、干部的先锋模范作用，组建农村矛盾纠纷排查调处中心及站点、农村留守自护队、巡逻队，化解农村民怨。成功化解刘军、胡际花、易勇等一大批信访积案，解决79届退伍军人群体多年反映的问题。

（谢烨）

富家桥镇

【概况】 富家桥镇位于永州市零陵区南端，是潇、贤两水的汇集地，东与凼底乡隔潇水相望，南毗双牌县何家洞乡，西接梳子铺乡、水口山镇，北连朝阳办事处。2017年，该镇行政总面积213平方千米，辖30个行政村，2个社区，有463个村（居）民小组、17407户，总人口52997人，人口密度236人/平方公里。

【农业发展】 2017年，富家桥镇农业生产以种养殖业为主，主产粮食，种植业以水果、苗木、蔬菜为主。盛产水晶梨，养殖业以异蛇、鱼类为主。经济作物生产主要以蔬菜、甘蔗、西瓜为主。全镇总耕地面积7612.13公顷，人均面积耕地0.049公顷。农作物播种面积3089.06公顷，年均粮食产量32000吨，年出栏生猪约11万头，年出笼家禽约20万羽，水产品年产量574吨，农业总产值91400万元。

【林业】 2017年，富家桥镇行政总面积213平方千米，有耕地面积2817.8公顷，山地1866.6公顷，其中，楠竹林6666.66公顷，杉木林5333.3公顷，森林覆盖率75%。全年植树造林面积219.1公顷，其中，人工造林142.73公顷，用材林148.4公顷。

【水利设施】 2017年，富家桥镇投资200多万元对山塘水库进行维修，主要是对天神观村、峦石山村、大庙头村、高贤村等病险山塘进行维修。

【基础设施】 2017年，富家桥镇改扩建农村公路约32千米，道路扩宽41千米，国道207线改扩建工程实现通车。何家坪易地扶贫安置点和何仙姑易地扶贫安置点新建完成，完成贫困户住房的分配安置工作；在国道207线沿线和人何公路沿线房屋完成刷白工程；大庙头村、高贤村、秧丘埠村、涧岩头村等房屋风貌改造顺利完成。

【文化教育卫生管理】 2017年，富家桥镇的文化站管理规范，书目齐全，运行良好，每个村建有农家书屋。全镇有中学2所，小学5所，幼儿园(所)14所，在校学生3833人，专任教师257人，九年制义务教育覆盖率100%。在职中小学教师中，具有中级职称118名，高级职称18人。全年医疗机构完成诊疗1万人次，出院病人1100人次，固定资产总值423万元。在职职工39人，中级职称15人，专业技术人员20人，执业医师5人，职业助理医师9人，注册护士13人。

【社会保障服务】 2017年，富家桥镇城乡居民医疗保险参保人数46451人，参保率93.8%；城乡居民养老保险参保人数20145人。累计补偿危房改造和无房户建房资金284余万元，解决305户危房户居住问题。

【全域旅游】 富家桥镇是永州市的生态旅游区之一，是“鱼米之乡”“楠竹之乡”和“水晶梨之乡”。境内珍贵野生动植物资源丰富，主产异蛇、甲鱼、石蛙、野生鱼类，盛产各类名优水果，以及竹笋、野菜和各类山珍等。潇、贤两水流域生态环境良好，水系、空气质量均达国家一级标准。国家级文物保护单位。永州八景之一的“淡岩秋月”虎形山下的大仙观相传是何仙姑故居，全国生态文明村涧岩头周家大院的明清古建筑群，何仙姑村千年古罗汉松，千亩紫薇花海，人民桥百里平湖，水上大世界，异蛇村，何仙观红玉洞等景观均位于该镇。2017年，零陵区首届乡村文化旅游节在富家桥镇举行，参观游客约10万人，

【建制村合并】 2017年，富家桥镇根据相关文件精神，将水平村、杨柳塘村与旺洞村合并，设立永安村，新村村委会驻原水平村委会驻地。永兴桥村与荷塘复村合并，设立永荷村，新村村委会驻原荷塘复村委会驻地。高山岭村与桃华洞村合并，设立桃岭村，新村村委会驻原桃华洞村委会驻地。古木头村、王何村、泗山头村与车田村合并，设立灵仙观村，新村村委会驻原古木头村委会驻地。峦石山村与神夫塘村合并，设立峦石山村，新村村委会驻原峦石山村委会驻地。仙神沟村与龙家园村合并，设立仙神沟村，新村村委会驻原仙神沟村委会驻地。眭家铺村与天神观村合并，设立天神观村，新村村委会驻原天神观村委会驻地。西山村与鲁塘村合并，设立金山村，新村村委会驻原西山村委会驻地。栗山里村与九里江村合并，设立栗山里村，新村村委会驻原栗山里村委会驻地。马鞍岌村、大仙观村、回龙山村与新屋湾村合并，设立何仙姑村，新村村委会驻原大仙观村委会驻地。黄沙岭村、茶叶湾村、观音冲村与小乙垒村3、4组合并，设立茶叶湾村，新村村委会驻原茶叶湾村委会驻地。涧岩头村、小江河村与小乙垒村1、2组合并，设立涧岩头村，新村村委会驻原涧岩头村委会驻地。荷叶塘村与板栗江村合并，设立荷叶塘村，新村村委会驻原荷叶塘村委会驻地。栗山铺村与人民桥社区合并，设立永富社区，社区居委会驻地不变。富家桥村、张阿复村、青山桥村、何家坪村、渔池头村、木山底村、晓

里塘村、石角塘村、高贤村、阳河村、将军滩村、船头村、秧丘埠村、民族村、高车头村、大庙头村、福兴观村17个建制村和淡岩社区1个社区不作调整。调整后，富家桥镇辖永安村、永荷村、桃岭村、灵仙观村、峦石山村、仙神沟村、天神观村、金山村、栗山里村、何仙姑村、茶叶湾村、涧岩头村、荷叶塘村、富家桥村、张阿复村、青山桥村、何家坪村、渔池头村、木山底村、晓里塘村、石角塘村、高贤村、阳河村、将军滩村、船头村、秧丘埠村、民族村、高车头村、大庙头村、福兴观村30个建制村和淡岩社区、永富社区2个社区。

凼底乡

【概况】 凼底乡位于零陵区东南部，西临潇水与国道207线隔河相望，东北与菱角塘镇接界，南与双牌县平福头乡、五里牌镇、茶林镇毗邻，北与朝阳办事处接壤。乡人民政府驻凼底社区，距零陵区人民政府驻地25千米。东西最大距离12千米，南北最大距离23千米，总面积83.5平方千米。陆地占90%，水域占10%；耕地1301.5公顷，其中，水田1165公顷，旱地136.5公顷。全乡辖12个行政村，1个居委会，187个村民小组，总人口23405人，其中，党员576人。2017年，凼底乡有贫困户632户、2192人；省级贫困村2个，分别是桴江村、江边村。境内有中学1所，小学2所，乡卫生院1所，小二型水库3座。居民收入以劳务输出为主，以优质稻和杂交水稻制种、蔬菜种植、畜禽养殖为辅。

【农业生产】 2017年，凼底乡有农业人口22162人，占总人口的94.6%；耕地面积1301.5公顷，人均0.06公顷。全年农业总产值1.91亿元。粮食作物以稻谷、玉米、红薯为主，粮食总产量2.82万吨，其中，稻谷1.91万吨、玉米53吨、薯类219吨,杂交水稻制种670公顷，产量0.18万吨，经济作物有油菜、黄豆、高粱、花生等，油菜产量210吨。

【林业生产】 2017年，凼底乡有林地总面积0.44万公顷，原乡林场经营森林面积为0.2万公顷。实施退耕还林0.01万公顷，生态公益林0.13万公顷。截至2017年年末，该乡森林覆盖率71%，活立木蓄积量22万立方米。

【畜牧业生产】 凼底乡畜牧业以猪、羊、牛养殖为主。全年生猪出栏9860头；黑山羊出栏3200只。

【医疗卫生】 2017年，凼底乡有各级医疗卫生机构14个，其中，乡卫生院1所，村卫生室13个，病床30张。专业卫生人员20名，其中，执业医师8人，执业助理医师6人。

【文化体育】 截至2017年年末，凼底乡有文化站1个，综合文化大楼1座，有乡文化广播电视站1个、村级广播室13个、农家书屋13个、各类图书室14个、藏书6万余册。有音乐、美术、书法、摄影及文学业余创作队伍和业余文艺爱好者150余人。有学校综合运动场2个，乡政府灯光球场1个，村级健身运动场所4个，体育设施齐全。

【基础设施】 投入资金50万元，对羊凼公路、麻凼公路进行维修改造；投入资金260万元，完成硬化公路13千米；投入资金129万元新建桴江村牛栏岭桥；投入资金9万元，升级改造中心小学至凼底大桥段下水道180米；2017年，凼底乡投入资金50余万元，对土坪村二组陈家山塘、赤石回引水渠、桴江河晓江至凼底段河堤、南干渠晓江段等水毁项目恢复重建；投入资金120万元，对伏塘、赤石回、凼底社区等村安装路灯约303盏。

【社会生活保障】 2017年，凼底乡有城市最低生活保障户数8户、14人；农村最低生活保障户数158户，人数338人；有敬老院1家，床位50张；农村特困供养人员173人，其中，集中供养40人，分散供养133人；落实医疗救助129人、优抚对象困难生活补贴155人、重度残疾人护理补贴313人、生活困难残疾人补贴281人，发放补贴资金12万元；城乡医保参保率95.7%，养老保险参保率98.2%；发放粮补、油菜、农机补贴、退耕还林、移民后期扶助等补贴资金400余万元。

【抗洪救灾】 2017年，凼底乡遭受特大洪涝灾害，直接经济损失450万元。中共零陵区委副书记、区人民政府区长吴恢才到乡指导全乡干部、职工、村组干部和灾区人民开展抗洪救灾工作；灾后，中共永州市委副书记张严、零陵区委书记唐烨到乡指导灾后重建工作。成功办好凼底社区市级灾后恢复生产示范点，补种133.33公顷农作物，修复水毁工程12处，重建住房12座，恢复修建公路1.2千米。

【精准扶贫】 2017年，凼底乡推进精准健康扶贫工作，多措并举做好扶贫政策宣传，不断提高群众对精准扶贫政策的知晓率，使精准扶贫政策落到实处，助推脱贫攻坚。召开动员会及推进会，提高乡、村两级干部对精准扶贫的知晓率；以入户宣传为核心，提升群众满意度。乡、村扶贫干部结合走访贫困户，入户面对面向群众宣传扶贫政策，发放宣传资料，对大病集中救治、慢病签约服务管理“三个一批”等重点扶贫工作进行宣传；进一步核实因病人员，提高准确率。组织乡扶贫办人员、家庭医生签约服务人员、村医，采取包干负责、面对面宣传、诊断的方式开展摸底核实工作。同时，制作扶贫政策入户宣传资料，发放到贫困户家中，方便查阅；做好社会宣传，营造良好氛围。

贯彻落实中共零陵区委、区人民政府年初提出的打好“脱贫攻坚战役”指示精神，根据凼底乡贫困村的地形特点，开办各种培训班，通过培训，让贫困户掌握一到两门实用脱贫技术，变“输血”为“造血”，树立脱贫信心，帮助贫困户脱贫致富。全乡有贫困户632户、2192人。2017年脱贫375人，桴江村完成整村脱贫退出。

【村级换届】 2017年3月，凼底乡13个村（社区）党支部全部完成换届；6月，全乡13个村（社区）完成第9届村民委员会换届，是2016年建制村合并后的第一次换届，区划调整全面完成。

【第六届人民代表大会第一次会议】 2017年10月27—28日，凼底乡第六届人民代表大会第一次会议召开。全乡56名乡人大代表，46名特邀列席人员参加会议。区人民政府副区长邓建国、区政协副主席杨时隽到会指导并作重要讲话。27日下午，乡人大代表参加严肃换届纪律培训会。与会代表观看教育警示片《镜鉴》，乡纪委印发严肃换届纪律的宣传手册，人大代表递交严肃换届纪律承诺书。10月28日上午，召开凼底乡第六届人民代表大会第一次会议，与会代表审议并通过政府工作报告、人大主席团工作报告和财政工作报告。报告回顾过去四年的工作成绩，对凼底乡未来五年的发展提出新的规划。大会选举眭国军为凼底乡人民政府乡长，罗冬青为凼底乡人大主席，周普为凼底乡人大副主席，周亮华、涂鹏为凼底乡人民政府副乡长。此次人大、政府换届选举从人大代表的选举产生到选举新一届乡人大、政府领导班子均按照选举法的相关程序进行。区纪委、区人大、乡纪委全程监督。

【全区“村务监督”月例会现场会】 2017年8月11日，零陵区首次“村务监督月例会”试点工作现场会在凼底乡召开，“月例会”制度将在全区逐步铺开。中共零陵区委常委、纪委书记周润润，区纪委领导、凼底乡党政负责人、区农村经营管理站负责人、16个乡镇（街道）纪委书记及凼底乡13个村党支部书记参加现场会。

（熊孝良）

菱角塘镇

【概况】 菱角塘镇地处零陵中东部，东临邮亭圩，南接凼底和双牌茶林镇，西与南津渡街道办事处毗邻，北与接履接街道办事处接壤，镇人民政府驻地距零陵城区6千米。全镇总面积157.8平方千米，其中，耕地面积2420公顷。2017年，全镇种植早稻面积1986.6公顷，晚稻2166.6公顷。农产品加工销售3200万元，农村居民人均可支配收入14285元。2017年，菱角塘镇辖金坪村、包田村、炭木桥村、花山岭村、永连村、古江村、喜塘村、晓桥新村、自强村、文峰雷公村、龙江寺村、天字地村、土塘村、横石村、克勤岭村、良湾村、青山观村、梁木桥村、毛竹园村、六合宫村20个建制村，金牛岭社区1个社区，307个村民小组，总人口为33218人。全年新建、改扩建14个行政村综合服务服务平台，改扩建工程全部完工，新建项目主体工程基本完工。

【脱贫攻坚】 2017年，菱角塘镇把脱贫攻坚作为第一政治任务和第一民生工程来抓，扶贫考核排全区第二位。扶贫工作做到“五精准”：帮扶责任人精准、人口精准、资料精准、程序精准、结果精准。全镇有贫困人口2895人、807户，其中，已脱贫492户、1899人，未脱贫315户、996人。文雷村11公顷大棚蔬菜基地、古江村33.33公顷制种基地、炭木桥村10公顷罗汉果种植基地相继建成；文雷、古江两村年出栏1500头温氏生猪养殖项目即将投产，炭木桥村蘑菇种植项目达成协议。全年对57户贫困户实施易地搬迁扶贫，分散安置的26户贫困户全部完成主体工程建设，并搬迁入住。

【基础设施】 2017年，菱角塘镇坚持以项目为抓手，以投入为保障，推进基础设施建设。投资500余万元完成毛竹园、永连等农村公路“窄改宽”工程20千米，对炭木桥、花山岭、金牛社区、金坪村等村开工新建农村公路15.7千米。“7·2”洪灾后，对花山岭右干渠、清溪江青山观段河堤等损毁沟渠、山塘、河堤共8处1.5千米进行清淤、护砌和维修；投入200多万元对镇内骨干山塘、水库、沟渠进行除险加固。

【“三农”工作】 2017年，菱角塘镇结合各村实际，以优化产业结构调整为重点，发展现代农业、特色产业和规模经营。通过发展杂交水稻制种、推行“农民合作社+农户”模式的无公害蔬菜种植、持续发展林果经济等，在全镇逐渐形成“一村一品一特色”的产业结构。推进天字地现代农业项目、炭木桥村蘑菇种植项目、横石村果蔬生态农业基地、文峰蔬菜基地、翟江洞草莓种植基地、古江村水稻制种基地、温氏养殖基地、良湾红麻种植基地等建设。农业规模种养模式逐步形成，全镇实现土地流转200公顷，相继出现一批农业规模种养大户合作社。如克勤村的黑山羊种养合作社、土塘水稻套养龙虾大户、良湾水稻种植育秧合作社、金坪村等规模农业种养大户。由直接经营向间接经营转变的金牛社区集体经济股份制改革成为全市试点，被多家媒体广泛报道，“金牛模式”受到认同。

【生态环境】 2017年，菱角塘镇践行“绿水青山就是金山银山”的发展理念，开展环保横幅、标语等宣传活动，提高老百姓生态环保意识。推进“厕所革命”和饮水工程，全镇财政安排专门保洁经费，开展垃圾集中处理，购买分类垃圾桶400个和密封收集桶100个分发到户，初步形成户清扫、村收集、镇清运、区处理的垃圾收集处理体系。全年投入资金15万元，治理养殖污染，推进河道清淤、清障、绿化和黑臭河道清理。加强日常巡查，完善督查考核机制，健全监测监督体系，推进河长制工作，打造全镇“河畅、水清、岸绿、景美”新风貌，农环整治工作位排全区前列。

【服务社会公益事业】 2017年，菱角塘镇保险缴费超过95%，在全区率先完成任务。组织贫困户进行劳动力就业技能培训120人次，其中，到道县、长沙等地进行培训20人次。推进城乡低保兜低对象清理整顿工作，清理整顿的幅度达到89%，各村对低保的评定做到公正公平公开。中国移动、联通、电信、有线网入村率100%，镇内建有107、喜塘、菱角塘3个农贸市场。有永州农商银行金融网点2个，邮政储蓄网点1个。菱角塘镇卫生院门诊量2万人次，住院量1750人次。

【行政效能】 贯彻全面从严治党要求，推进深入学习领会中共十九大精神，贯彻落实习近平系列重要讲话精神，常态推进“两学一做”学习教育，开展“解放思想，实干兴永”大讨论。接受人大的法律监督、工作监督和民主监督，切实加强法治建设，不断增强法治监督、审计监督和行政监督。加强党风廉政建设，不断加强对政府工作人员的监督。全年开展专项工作督查20余次，发作风通报22期，通报科级干部9人次，其他工作人员52人次。开展“雁过拔毛”式腐败问题、危房改造领域、“纠四风、树新风”等专项整治活动，处分村干部5名，预防党员干部违法违纪行为。

（侯翔宇）

邮亭圩镇

【概况】 邮亭圩镇位于零陵区东北部，全镇东西最大距离22.9千米，南北最大距离18.9千米，总面积323平方千米，镇政府所在地距零陵城区19千米。2017年该镇辖34个行政村，2个社区，561个村（居）民小组，15250户，总人口52619人。全镇地势南高北低,地形多为丘陵和山地，属中亚热带大陆性季风湿润气候区，年降雨量为1400毫米，年均气温18.5°C，无霜期287天。境内河道属湘江流域，主要河流为黄溪河，发源于阳阳山脚下，流经境内桐木冲、新光等14个村，至祁阳进入湘江，全长38.5千米。自然灾害主要是旱灾、涝灾。是零陵区重要产粮大镇，是永州市国家级现代农业科技示范园示范区。

【农业生产】 2017年，邮亭圩镇发展粮食作物播种面积9126.66公顷。其中，早稻4200公顷、中稻66.66公顷、晚稻4100公顷、旱粮作物760公顷，粮食总产量52100吨；推广优质高产稻2300公顷，种植油菜面积520公顷、绿肥353.33公顷，杂交水稻制种面积2318公顷，全镇病虫统防统治面积1569.73公顷；在李家桥村、前进村、新光村一带建立一个666.66公顷高产核心示范区，全镇培养种植大户175个；完成粮食食品安全检测取样化验564个，开展柑橘黄龙病普查2次800公顷；完成生猪免疫12万头、家禽免疫98万羽，完成育肥猪保险3.2万头、能繁肥猪保险0.46万头；发展特色养殖，培育娃娃鱼养殖基地一个、邮亭圩温氏种猪场开工建设；完成土地流转1133.3公顷，水果扩园33.33公顷。

【林业发展】 2017年，邮亭圩镇完善公益林管护制度，加强护林员巡山护林措施，严格请销假制度。加强森林防火宣传，严禁野外用火，加大处罚力度，全年没发生森林火灾。严禁滥砍滥伐，严格林木采伐审批制度，审批采伐指标200立方米。加强野生动植物保护工作，全年无滥捕乱卖现象。根据区林业局安排，对全镇主干道进行提质改造，种植香樟800余棵，对村级道路及秀美村庄进行补植补种用苗4000余株，镇所在地2千米可视范围内宜地荒山造林14.33公顷。对塘坪村马鞍岭200公顷楠竹蝗虫害，进行无人机药物喷洒和人工除害处理。

【水利工程】 2017年，与各村（社区）签订防汛责任状，落实各水库电站责任领导及责任人，做好巡库登记，仔细排查险情，严格险情上报制度。实施各项水利工程，落户小河江、马鞍岭等村的县级水利项目总投资约180余万元。其中，黄溪河引调水工程总投资480余万元，进入完工阶段。总投入约400万元的俄塘、毛坪等村安全饮水工程正在进行前期勘查、设计等工作。整合“五小水利”和“水毁”资金，维修和恢复水坝10处，山塘整修防渗12处。沟渠清淤8000米，河堤500米。

【商贸交易】 2017年，邮亭圩镇社会商品销售总额达到1.64亿元，比2016年增加9.2%。城镇集市贸易成交额3465万元，比2016年增加8.3%。

【基础设施】 2017年，邮亭圩镇加大基础设施建设力度，投资120万元对太平东西路进行道路“白加黑”改造；推进棚户区改造和传统古村落保护工作；新修公路23.2千米，公路窄加宽18.3千米，危桥改造7座；完成农村旱改厕240户，新建占地3.33公顷、日填埋垃圾12吨填埋场1处。

【精准扶贫】 2017年，邮亭圩镇有省级贫困村5个，建档立卡贫困人口1574户、5093人，其中，已脱贫772户、2652人，有贫困户802户、2441人，整体脱贫3个贫困村。贯彻落实上级扶贫工作精神，以建设新农村为主题，围绕“基础设施、产业扶贫、民生保障”三项重点，制定发展规划，积极争取项目，健科学扶贫。加大与温氏养猪合作。全年建成年出栏5000头生猪以上的养殖场2个，发展生猪养殖合作社5个，年出栏16万头仔猪的养殖基地签订用地合同，即将开工建设。发展光伏发电项目，新街村建成100千伏光伏发电站，1月20日并网发电，年收益约13万元。岿山村100千伏光伏发电站建设项目正在洽谈加快生态旅游发展。重点引进永州兴隆生态农业和永州自然景点有限公司，投入资金2000万元打造新光村乡村旅游和南天门旅游两个生态旅游项目。以特色乡镇建设为契机，准确定位生态旅游乡镇，对全镇进行统筹规划。整合大木源生态旅游资源，实现由景点向景区的逐步延伸。规划黄江源康体旅游项目，打造零陵古城后花园。发展规模化种养和特色产业，引进永州兴隆生态农业有限公司建成76.66公顷蔬菜基地；引进湖南黄江源生态农业有限公司建成年产茶叶5000千克的生产基地，年出栏1500头肉牛的养殖基地；发展成立大木源生态农业合作社，以原生态高山野生茶、山竹笋和灵芝为主要产品，年产野生山茶1000千克、山竹笋5000千克、灵芝2000株。推进易地扶贫搬迁和小额扶贫贷款的发放，全年落实易地扶贫搬迁141户、453人，其中，分散安置57户、181人，集中安置84户272人。集中安置小区建设项目位于镇区主干道黄太线西侧火烧岭，规划用地2.66公顷，总建筑面积18400平方米，设计安置180户易地扶贫搬迁户，分三期实施。一期工程建设用地6173.98平方米，总投资960万元，建筑面积4750平方米，建设安置房42套、3900平方米，配套扶贫产业用房850平方米，以及道路、水电、排水和绿化、亮化等配套建设，工程于6月交房入住，安置搬迁户42户、149人。二期工程于7月开工建设，计划投资1500万元，规划用地1.066公顷，建筑面积9730平方米，配套建设扶贫产业用房以及道路、水电和绿亮化等基础设施，安置68户、219人。全年发放小额扶贫贷款904户、4323.5万元。

【教育事业】 2017年，邮亭圩镇有中学1所，小学7所，在校学生1366人，专任教师221人，九年制义务教育覆盖率100%。是年，该镇贯彻落实中共零陵区委打造“学在零陵”的文件精神，推进郑家桥完小“孝文化”、梅溪完小的“香樟文化”、凤岭小学“茶文化”、邮亭圩小学的“阳光体育”建设，投入资金对郑家桥完小等4所小学进行硬件改造。

【医疗卫生】 2017年，邮亭圩镇新型农村合作医疗参保人数为48926人，参保率为96.65%。居民平均期望寿命75岁，其中，男性74.3岁，女性75.7岁。5岁以下儿童死亡率、婴儿死亡率均为0。2017年，医疗机构完成诊疗2.6万人次，出院病人1669人次。法定报告传染病发病率为0.4126/万。农村安全用水率87.6%；城镇安全用水率98.45%。农村卫生厕所率为85.36%。固定资产总值117.5万元，专业卫生人员40人，其中，中级职称10人，专业技术人员26人，执业医师11人，执业助理医师12人，注册护士4人，平均每千人拥有卫生人员1.18人。

【文化建设】 2017年，邮亭圩镇文化站管理规范，书目齐全，运行良好，完成区文体新局部署的“村村响”工程；全镇36个行政村（社区）全部完成农家书屋的建设并逐步开放，积极组织参加“欢乐潇湘·开放文明富裕幸福新零陵”文艺汇演；完成第四批区级文化保护单位的申报工作。经常参加体育活动人数占常住人口的62%。有线电视入户率为56%，网络入村率50%，入户率35%。

【人大工作】 2017年10月，邮亭圩镇召开人民代表大会，依照程序审议并通过《政府工作报告》《财政工作报告》。主席团成员及全镇区、镇两级代表在生态农业特色镇建设中，发挥人大代表的桥梁和纽带作用。在“四季青”、易地搬迁等重点项目中，矛盾问题较多，区、镇人大代表联系群众开展工作，及时化解矛盾，确保项目建设进度。在农村集体土地流转、环境卫生整治、山塘、水库、村组道路建设中，人大代表，为探索可行的解决办法提供参考依据。围绕创业富民，找准人大工作与经济工作的结合点，为人大代表施展才干搭建平台，推动全镇经济发展。以脱贫攻坚为抓手，按照“产业兴旺、生态宜居、乡风文明、治理有效，生活富裕”的要求，发挥人大代表联系广的优势，开展招商引资。引进明明畜牧、温氏养殖、肉牛、土鸡、野生茶，以及农家乐等经营主体，激活农村集体土地效益，对调整农业结构、发展农业产业、促进供给侧改，起到示范带动作用。聚焦主业主责，始终把监督工作摆在重要位置来抓，围绕全镇经济社会发展的重点和人民群众关心的热点问题，加大监督力度，力求监督实效。

【民生保障】 截至2017年年末，邮亭圩镇有城镇最低生活保障39户、62人，支出19.4万元；农村最低生活保障285户、627人，支出249.3万元，比2016年降低12.2%；农村五保集体供养67人，支出65万元，比2016年降低6%，农村五保户分散供养384人，支出151.1万元，比2016年增长30.1%。农村医疗救助432人次，民政部门资助参加合作医疗2195人次，支出348万元，比2016年降低9.9%，农村临时性救助752人次，支出29万元；自然灾害受灾人数8563人，紧急转移68人；农作物受灾面积1400公顷，倒塌房屋32间，直接经济损失396万元，救灾资金支出21万元，比2016年增长31.3%。国家优抚补助各类对象583人，支出253万元，比2016年增长22.8%。人均居住面积，城镇为21平方米，农村为26平方米，彩电、空调、冰箱入户率分别为95%、26%、98%。

【财政金融】 2017年，邮亭圩镇实现财政总收入3239万元，其中，地方财政收入50万元，税收34万元，分别比2016年增长10.3%。截至2017年年末，有永州市农村商业银行网点3个，永州市邮政储蓄网点2个，永州市零陵农业银行网点1个，各类存款3.11亿元，人均存款5919元，比2016年递增9.2%。

【建制村合并】 2017年，邮亭圩镇根据相关文件精神，将太平铺村、百冲村合并为太平铺村。小木口村、联仁村合并为小木口村。新街村、毛坪村合并为毛坪村。北拱村、杨家巷村合并为杨家巷村。李家桥村、白洋村合并为李家桥村。湾里村、三塘村合并为和平村。桐梓坪村、朱家村合并为桐梓坪村。楠木源村、马鞍岭村合并为马鞍岭村。原老江桥村、庙门口村合并为老江桥村。龙皮湾村、雷家亭村合并为福田村。细沙头村、黄石坪村、桐木冲村、大明江村合并为黄江源村。石家岭村、向家湾村合并为罗溪源村。俄塘村、梅江村合并为俄塘村。李家冲村、新光村合并为新光村。杉木桥村、林溪村合并为杉木桥村。阳东山村、花户桥村合并为花户桥村。井皮洞村、蔡家甸村合并为蔡家甸村。大木源村、刘家桥村合并为大木源村。

（谢浪）

七里店街道

【概况】 七里店街道办事处位于零陵城区北部，辖2个行政村、5个社区，31个村民小组、37个居民小组，城区网格81个，农村网格7个。区域总面积2636公顷，常住户数27880户，常住人口80640人，户籍户数14704户，户籍人口37117人，其中，农业户籍人口5251人。2017年，七里店社区卫生服务中心获全国优质服务社区卫生服务中心、全国百强社区卫生服务中心称号。七里店社区卫生服务中心主任尹建荣获全国卫计系统先进个人。

【农业生产】 截至2017年年末，七里店街道有耕地面积300.8公顷，其中，水田292.33公顷、旱地8.47公顷。农作物播种面积1302.73公顷，其中，粮食作物种植面积470.13公顷，总产量2779吨；蔬菜种植面积10231亩，总产量23634吨；油料作物种植面积44.66公顷，产量62吨。全年有果园面积105公顷，水果产量2562吨；出栏生猪2万头，产量1400吨；出笼家禽23万羽，产量322吨；禽蛋产量90吨。水产养殖面积62.53公顷，产量547吨，水产品捕捞产量39吨。

【工业产值】 2017年，七里店街道完成工业总产值11亿元，其中，规模工业总产值8.4亿元，工业企业实交税金2098万元。辖区有工业企业42家，规模工业10家。

【住宿餐饮】 截至2017年年末，七里店街道有住宿餐饮企业72家，个体住宿餐饮店659家，实现营业收入74500万元。

【社会消费】 2017年，七里店街道实现社会消费品零售总额59428万元，其中，限额以上社会消费品零售总额18975万元。辖区有限额以上社会消费品零售企业10家，集贸市场5个，家禽专业批发市场1个。境内有商业网点2106家，从业人员7956人。

【小区集中整治】 2017年，继续对小区进行集中整治，收缴税款15000万元，办理不动产权证5000本。

【管道燃气管理】 2017年，七里店街道辖区有彩虹（永州）燃气有限公司一家，全年日供气能力达到2.2万立方米，年底开户总数达到3.1万户，中压管道总里程达到60千米。

【教育】 2017年，七里店街道辖区小学适龄儿童入学率、初中适龄人口入学率、九年义务教育覆盖率全部达到100%。年末，辖区幼儿园达到35所，在园幼儿学生达到5200余人，幼儿园管理人员和专任教师达到620余人；零陵区七里店小学改扩建项目和示范性幼儿园建设项目占地7.906公顷，总投资8900万元，总建筑面积3.3万平方米。七里店小学教学楼自2015年启动以来，2017年秋季开学，可提供1—6年级学生60个班教学，学生食堂、礼堂、教师周转房正在建设中。示范性幼儿园项目场地完成平整，项目招标。幼儿园竣工后可提供12个幼儿班教学；位于永州市职院南侧的永州幼儿师范高等专科学校占地面积33.558公顷，规划建筑面积17.9万平方米，项目总投资5.21亿元，截至2017年末，完成投资3亿元，主体建筑工程完工，计划2018年秋季开学。

【医疗卫生】 2017年，七里店街道出生人口663人，其中，出生二孩424人，人口自然增长率7.5‰。辖区内拥有各级医疗卫生机构37所，有病床970张，专业卫生人员1350人，其中，高级职称医师353人，注册护士395人。全年，参加城乡基本医疗保险人数24598人，参保率92%；城乡居民规范化电子健康档案建档3.9万份，建档率88.9%，家庭医生签约服务1.58万份，常住人口覆盖率36%，老年人等重点人口覆盖率60%。

【民生保障】 2017年，七里店街道有248户、539人纳入城镇低保，人均301元/月；有49户、66人纳入农村低保，人均189元/月，城乡最低生活保障实现全覆盖。城乡医疗救助39人次，支出5.85万元。分散供养26人，支出6.8万元。临时救助76人次，支出16.24万元。国家抚恤补助各类优抚对象119人，抚恤事业费65万元。计划生育农村奖励扶助44人、42240元；特别扶助24人、87360元；发放独生子女户保健费156人、35400元。城镇新增就业1835人，失业人员再就业795人，帮助3户零就业家庭实现1人就业。2017年末，参加城乡居民基本养老保险4135人，城乡领取养老金人数1624人。

【精准扶贫】 2017年，七里店街道通过劳务输出脱贫、易地扶贫搬迁、低保兜底脱贫等措施，实现脱贫76户、226人。截至2017年年末，有未脱贫对象23户、48人。

【财政金融】 截至2017年末，七里店街道完成公共财政收入2281万元，公共财政支出2281万元。有银行网点和24小时自助银行服务网点达26家。

南津渡街道

【概况】 南津渡街道办事处位于羊角山路88号，总面积24.9平方千米。2017年，该街道辖南津渡、大西门、高山寺、福寿亭、茆江桥5个社区和香零山、牛皮滩、仙神桥3个建制村，下设120个村(居)民小组。辖区总人口61286人，流动人口6735人。

【农牧业】 2017年，种植水稻270公顷，总产量1870吨，其中，优质水稻38.33公顷，产量520吨。各种时鲜蔬菜种植面积326.66公顷，有蔬菜大棚1680个。香零山蔬菜基地，实现农业总产值1250万元，增长12% 。香零山生态土猪场饲养土猪800余头，年末出栏500余头。农民人均纯收入2.3万元，人均增收2000元，增长10% 。

【教育】 2017年年末，南津渡街道辖区有幼儿园20所，在读幼儿2956人，专职教师207人；小学4所，适龄儿童入学率100%，小升初升学率99.9% ；初中1所，在校生1070人，专职教师112人，初中适龄人口入学率100% ，九年义务教育覆盖率100% ；普通高中2所，在校生7200人，专职教师358人。

【医疗卫生服务】 截至2017年年末，南津渡街道有城区社区卫生服务中心1个，社区卫生服务站3个，有病床35张，专业卫生人员32人，医疗机构完成诊疗16万人次。参加新型农村合作医疗5660人，城乡居民规范化电子健康档案，建档率达85%；创建初级卫生社区2个、村2个。

【文化体育】 2017年，南津渡街道辖内有零陵花鼓戏剧团1个，业余文化艺术团3个,从业人员130人，其中，中职职称18人。有文化站1个，建筑面积500平方米；村级农村书屋5处，总建筑面积650平方米，藏书9万余册；足球场2个、篮球场12个、田径场2个、门球场3个、排球场2个、乒乓球室6个、游泳池2个。

【社会保障供给】 2017年上半年，南津渡街道境内有90岁以上老人70人，下半年为82人，每人每月补贴生活保障费用100元。廉租房补贴280户、618人，残疾人生活补贴343人，护理补贴481人。年初城市低保数为1493户、3540人,年末为869户、2026人,月保障金由年初的892448元降到年末的601222元；年初，农村低保数为217户、291人、32255元,年末为62户、128人、24938元。居民养老保险征缴工作基本确保每一个居民实现

“生病有保障”的目标。新增就业人员1875人,失业人员再就业760人,困难人员再就业331人;全年辖区城乡居民医保参保2300人,完成任务的80%;居民参加养老保险3200人,参保金额60余万元。辖区有社区服务设备5个，福利企业1个，安置残疾人就业108人。新增就业人数1592人，失业人员再就业958人，城镇登记失业率4%，全年帮助8户零就业家庭再就业。

【精准扶贫】 2017年，南津渡街道农业人口主要集居在南津渡、茆江桥2个社区和牛皮滩、香零山、仙神桥3个村，全办农村户数1211户，人口4812人。有建档立卡贫困人口124户、372人，无贫困村。按照省、市、区政府脱贫攻坚总体部署，落实各项工作措施，街道办事处成立以党工委书记为组长的扶贫领导小组，按照“一户一策，精准施策”的要求，制定精准扶贫方案，落实各项措施，部署安排2个社区和3个村的精准扶贫工作。办事处与各工作队队长，工作队队长与帮扶人员签定减贫责任状，层层压实责任。办事处书记、主任，村社区书记等带头开展好“三走访，三签字”活动，并走访各村、社区建档困难户，为下一步制定帮扶措施提供第一手资料。同时，成立以纪委牵头的督察组，对精准扶贫工作进行督查，对工作不实、措施不力、责任不强的人和事一律进行严肃追责，确保精准扶贫工作落到实处，全年对1个村、5人进行通报和经济处罚。

通过召开会议、悬挂横幅、书写标语、入户发放宣传资料和宣传手册、对贫困户面对面宣传等形式对扶贫政策进行宣传。全年悬挂横幅22幅，书写标语24条，发放资料500多份。“扶贫日”期间，在人口集中的村庄、车站、码头开展文艺会演、设立咨询台、面对面宣传捐助等活动，宣传精准扶贫政策，全年开展各种活动10余次。

根据中共零陵区委、区人民政府、区扶贫办列出扶贫工作存在的问题清单，明确目标、措施、时限和责任人逐项制定整改措施，对照标准和要求抓好整改落实。帮扶工作队和村主干重新入组入户，对建档立卡贫困户做精准识别，就对象的吃、住、收入等情况重新摸底排查，逐一进行核实。对因大病重病原因，家庭条符合贫困户标准，却没有纳入贫困户的农户，重新识别纳入52人，清退出贫困户26人。加强扶贫档案台账资料管理，对照省定标准，排查修正贫困户识别、退出、审批等各环节各项表格资料，全面核实修正系统错误数据，做到账实相符、规范完整、专柜保存、专人负责，加强档案规范管理工作，做好“一户一档”。加强信息共享，实时掌握贫困户和危房改造、兜底保障、教育扶贫、信贷支持等动态信息，确保各项数据口径一致、相互对称。严格退出标准和程序，开展精准退出专项整治，对没有实现吃穿不愁的、没有安全饮水的、没有义务教育保障的、没有基本医疗保障的、没有安全住房保障的，虽然享受扶贫政策，但当年扶贫成效不明显的，建档立卡“回头看”后，当年新纳入的贫困户等7种情况，一律不得退出；对已经脱贫的对象开展“回头看”“回头查”“回头帮”，对因病因灾返贫的对象继续纳入帮扶范围。制订贫困人口“收入卡’，实行监管机制，做到真实有效，有据可查，确保脱真贫、真脱贫。

认真开展好“雨露计划”助学活动，确保贫困学生无一人辍学。有高职学生12人，大专、本科以上5人，中、小学生43人，截至2017年年末，有贫困学生60人，均享受教育资助。推进贫困户危房改造工程，确保贫困群众的住房安全。全年改造10户，居住人口38人。

【旅游产业】 2017年，南津渡街道先后修建香零山村环村自行车道、旅游观赏大棚、百亩荷花池、村民广场旅游基础设施；新添锦鲤池、稻草人、猪栏咖啡屋等新景点、景观。举办“五一”大型文化会演、环村自行车赛、香零山村滨江广场民俗美食、百亩荷池休闲垂钓、乡村居民房屋美术涂鸦、温室大棚蔬菜观光、锦鲤池观赏留影等活动。

2017年12月底，东山广场完工并开园，同年，被评为国家AAA级旅游景区。化解南津渡街道和大西门社区古城项目存在的矛盾和纠纷，协助做好水、电、路三通前期工作，为古城建设推进创造条件。做好张飞公园土地征收和迁坟工作。做好中山路、潇水路工程前期摸底和群众思想宣传解释工作。

【建制村合并】 2017年，南津渡街道根据建制村合并文件精神，将牛皮滩村与大皮头村合并，设立牛皮滩村，新村村委会驻原牛皮滩村委会驻地。仙神桥村与长古岭村合并，设立仙神桥村，新村村委会驻原长古岭村委会驻地。其中，香零山村和福寿亭社区、茆江桥社区、高山寺社区、大西门社区、南津渡社区5个社区不作调整。调整后，南津渡街道辖牛皮滩村、仙神桥村、香零山村3个建制村和福寿亭社区、茆江桥社区、高山寺社区、大西门社区、南津渡社区5个社区。 (唐高翔)

朝阳街道

【概况】 朝阳街道办事处地处零陵区潇水西畔，属城郊结合部。区域面积50.2平方千米,辖7个行政村，5个社区。辖区常住人口41372人，其中，农业人口9268人，非农业人口32314人，耕地面积621.46公顷。街道是零陵城区河西片的重要组成部分。国道207线、322线，洛湛铁路穿境而过，潇水西路、萍阳路、站前大道、瑞祥大道和朝阳大道相互融会贯通。

【党支部建设】 2017年，朝阳街道率先在石烟塘村实行村务监督月例会制度，探索村务管理的新模式、新路径，逐渐形成一套规范的、操作性强的管理模式。村务监督月例会，发挥支部的战斗力作用，“微腐败”减少、涉纪信访案件下降、矛盾纠纷化解、群众满意度提高等方面发挥重要作用和成效。村务管理的“石烟塘模式”得到省、市、区领导和一些主流媒体的肯定和推介。柳子街社区成功创建为市级柳子文化党性教育基地，柳子街四网格党支部得到省委组织部认可。

4月底，朝阳街道办事处完成村支两委的换届选举，由原来的12个村合并为7个村，即鹿坪村、桃江村、古木塘村、双济桥村、大塘庙村、石烟塘村、诸葛庙村，其中，蒋家田村改为蒋家田社区，村支两委换届后基层结构呈现年轻化、知识化、专业化。柳子街社区获评市级先进基层党组织。

【纪检监察】 2017年，朝阳街道投入6万元完成街道纪工委标准化建设任务和改建执纪安全谈话室。承办全区“村务监督月例会”现场会。落实中央八项规定精神，持续巩固拓展纠“四风”成果，对作风散漫、扶贫工作不实的进行督查，全年发现29起，处理72人。处理信访件6件，群众举报8件，全部结案。处理违纪村党员干部9名，被评为全区纪检监察工作先进单位。

【统战民宗工作】 2017年，朝阳街道柳子街社区成功创建为全市第一个“省级同心社区”。全省城市民族团结工作现场经验推介会在朝阳街道办事处举行，芝山寺被评为全国和谐寺观寺院。

【农业生产】 2017年，朝阳街道新流转土地243046公顷。组建4个种养集群：异蛇科技百草药材种植，愚溪蔬菜种植、农友薯类种植，愚溪水产养殖等专业合作社集群；六坪水稻种植、草莓种植、农机等专业合作社集群；双济桥66.66公顷公司+农户油茶种植集群；桃江基地+农户草莓种植集群。利用招商资源，引资5200万元，建设颐和乡村户外旅游项目，项目于年底正式运行，“永州异蛇”成功申报国家农产品地理标志产品。

【工业经济】 2017年，朝

阳街道完成工业总产值23亿元，比2016年增长39%，其中，规模工业完成9.63亿元，比2016年增长34%，工业企业实缴税金1.6亿元，增长率为40%。全年有工业企业13家，其中，规模企业9家，三湘电化、异蛇科技等一批规模企业扩线扩园，走做大做强的生产道路，促进产业多元化的发展。

【基础设施】 2017年，完成工业园区路网德榜路、桐子坝路征地拆迁任务，征地5.47公顷，拆迁房屋13座；农业工业园区引进投资5200万元的颐和旅游公司正式运行；支持异蛇科技生态园扩园140公顷，创建为国家林业龙头企业。全年完成9条交通路网的征地拆迁任务，全市交通提速现场会在康济大道举行。古城路网桃江路、西山路、袁家滆路、旭日路、柳子街路、朝阳大道、萍阳北路延伸段均顺利建设，征地10.61公顷，拆迁房屋361座；国道322线改线全线完成；零双一级公路完成全线绿化、亮化建设；完成农村公路窄改宽7.5千米。

火车站、康济大道、烈士公园3个公交首末站建设完工，诸葛庙F地块停车场、古木塘2号停车场完成征地拆迁任务。火车站广场正顺利启动实施。完成康济大道提质改造快速推进，储备土地工作完成征地81.76公顷，拆迁房屋24座。

全年组织大型连片拆除活动15次，拆除违法建筑4500平方米，拆除历史存量建筑面积达5万平方米，全区排名第一。

【旅游升温战役】 2017年，朝阳街道协助完成零陵古城第一期主体工程，签约引进旅行社50余家、商铺600余家；举办异蛇科技“蛇王争霸赛”，吸引游客上万人次；承办端午龙舟赛、清明祭柳等活动，成为富有地方特色的民俗品牌引进；颐和旅游公司户外休闲体验项目，填补零陵区休闲体育领域空白。

【学位建设】 2017年，朝阳街道完成新七中征地拆迁，全市学位建设ETP项目在新七中施工地举行；桃江博雅学校扩区新建正式启动；朝阳中心小学改建启动工作全面开展。完成永州市工商职业学校扩建征地拆迁任务，推动该校创建卓越学校的申报工作；推进湖南科技学院东大门改造任务，是年，在“学在零陵”考核中排名第一。

【精准扶贫】 2017年，朝阳街道有建档立卡贫困户168户、584人。通过结对帮扶，因户施策，易地搬迁、危房改造、小额贷款、教育助学、雨露计划、保障兜低、医疗救助、生态补偿、产业发展、技术培训、转移就业等措施，全年脱贫46户、171人。开展“雨露计划”助学10人，扶贫创业致富带头人培训5人，产业发展技能培训1人，种养殖水产培训160人，以奖代扶67户。

【文化体育】 2017年，朝阳街道参与承办永州市首届“摄影文化节”，获“欢乐潇湘·开放文明富裕幸福新零陵”群众文艺汇演银奖；柳子百家宴民俗文化活动升级为区级民俗品牌；启动端午龙舟赛、清明祭柳“非遗”申报工作。

是年，建有文化站1个，社区、村级文化活动中心13个，各类图书室8个。学校综合体育场3个，足球场5个，篮球场56个，排球场16个，乒乓球室42个，门球场5个，残疾人健身室4个，户外健身场所12个。

【医疗卫生】 2017年，朝阳街道有各级医疗卫生机构18个，其中，三级甲等综合性医院1所（永州市中心医院南院），朝阳卫生院1所，社区卫生服务站2个，村卫生室5个，个体诊所11个。全年参加城乡基本医疗保险人数23352人，参保率97%，农村安全用水率100%。

【民生保障】 2017年，朝阳街道城乡居民最低生活保障实现全覆盖，核定481户、1127人享受城乡居民低保。全年脱贫46户，易地搬迁户20户、70人，修建安置房20余栋

(套)；危房改造24户、72人，小额信贷72户、360万元；全年实现有效脱贫171人，累计完成71.3%。“7·2”特大洪灾期间，转移安置灾民2361人次，抢险修复房屋636户，修复灾毁工程31处。

徐家井街道

【概况】 徐家井街道办事处位于零陵区菱角塘路28号，辖区总面积为7.3平方千米，为中共零陵区委、区人民政府驻地。辖徐家井、潇湘门、廻龙塔3个社区，37个网格，总户数12491户，总人口41299人，流动人口4452人。2017年，徐家井街道办事处全年先后获得国家园林城市先进单位、2017年禁燃先进单位、2017年小区整治先进单位、2017年“五四”红旗团委等称号。

【党建工作】 2017年，徐家井街道培养中共入党积极分子14名，发展党员5名。严格党内组织生活会，健全和落实“三会一课”、民主评议党员等制度。2月14日,召开班子专题民主生活会；6月17日,召开所有党员及爱党人士党组织生活会，对党员干部进行上党课培训,并开展“不忘初心，重走红军路”党员学习教育活动。全年建设网格示范点2个和网格标准点3个，建立“社区党委—网格党支部—楼宇党小组”组织架构。每月组织召开联席会议1次，协调解决网格内各类问题事件、矛盾纠纷。建立“两新”党组织支部4个，组织在职党员300余名进社区；在党员活动日，开展夜间巡逻、结对帮扶、清扫卫生死角、文明劝导等活动。

【综合治理】 2017年，徐家井街道化解越级上访案2起。组建一支20余人的专职巡逻队和一支30余人的应急分队，履行现场处突、治安巡逻、维护秩序的职责。配备反光背心、迷彩服、巡逻摩托车，参与处置突发事件16起，日常执勤290次，发现各类隐患（安全）问题46起(次)，办好事实事86件（次）。全年调处矛盾纠纷148起，成功调处142起，调处成功率96%。

【安全生产专项整治】 2017年，徐家井街道坚持“安全第一、预防为主”的工作方针，重点落实防范、排查和整改三个环节。开展50多次安全生产巡查工作，组织企业安全生产培训22场，参训员工1600人。开展校园及周边环境、烟花爆竹、危险化学品、建筑工地、食品安全等安全专项行动，整治重点隐患问题13个，下发停工整改通知书20份。对徐家井路、芝山路、菱角塘路段交通进行重点管理，开展摩托车专项整治、校车专项整治等活动。对存在地质灾害隐患的水建公司、陈家园路、永州监狱围墙、永胜大厦等积极进行维护和修复，及时消除隐患。

【教育】 2017年，辖区内有幼儿园12所，小学两所。示范小学徐家井小学有78个教学班，5340名学生，教职工190人，其中特级教师2人，中高级职称1人，小高职称136人，一级教师53人，学校总占地面积36379平方米，校舍总面积29144平方米，有教学楼4栋(80间教室)、科技楼1栋，250米环行塑胶跑道运动场。黄古山小学占地22600平方米，教职工141人，中高级职称1人，小高职称80余人，31个教学班，2249人。

【计划生育】 2017年，辖区内出生人口367人，其中，一孩117人、二孩230人、三孩20人。政策外生育出生7人，符合政策生育率98.11%。免费为育龄妇女发放避孕药具12箱，上环108人，结扎20例，全年开展妇科病普查2000多人次。综合节育率95%，人口与计划生育统计准确率98%,人口与计划生育知识普及率95%。长效措施落实率65%；药具应用率11.21%；已婚育龄妇女避孕节育知识知情选择面96%。对产后、术后的育龄妇女进行上门访视，对妊娠妇女100%随访。组织免费优生优育检查298对，免费早中筛检检查329名。享受独生子女父母奖励对象2076名，其中，新进入对象165名。特扶家庭24户，死亡13户，伤残11户。

【民生保障】 2017年，徐家井街道开展清理整顿低保，低保户数量从年初的973户、2524人，减少到560户、1359人。大病医疗救助对象105人，费用25万元。90岁以上老人高龄补贴34人，65岁以上低保老人基本养老服务补贴44人。办理残疾人两补36户，残疾人入户调查526户，残疾人精准康复81户。廉租房补贴申请165户。全年新增就业人数996人，其中，失业人员新增就业人数405人，困难人员再就业（原40、50人员）180人，消除4户零就业家庭。居民养老保险征缴人数达到736人，金额31万元。居民医疗保险征缴人数达到16570人。组建民生服务队，畅通"12345"民生热线，实施多项惠民实事。多方筹资，实施停车场建设、下水道疏通、安全防护栏、体育运动器械、社区建设等重点基建项目。

【"三创一管一禁"】 2017年，徐家井街道在辖区单位、居民区持续开展"三创一管一禁"工作，保证道路、小区干净整洁、摊贩入市、车辆停放有序。对垃圾、污水、牛皮癣、污物和白色污染进行整治。取缔沿街外经营加工、生产销售摊点，取缔主要干道两侧和居民小区内的临时摊点，加强市场管理，杜绝市场脏、乱、差，确保区域整洁和环境卫生。垃圾日产日清运率100%，主要街道环卫设施新投放有密闭垃圾堆放设施容器200余个。

加大景观型、休闲型的生态景观体系建设，有计划、有步骤地对各社区居民区开展绿化、美化、序化、亮化工程，提升绿化工作，党建主题公园樟树脚公园对外开放，全年累计投资近5000万元。完成新增绿化面积12万平方米，街道绿化覆盖率33%，河岸绿化率近90%，绿化覆盖率将近48%。以"文明交通、和谐交通、绿色交通"为主题，开展"礼让斑马线、文明伴我行"文明交通秩序大整治，倡导和谐的道路交通安全理念。在人口密集地、大街小巷、社区居民小区设置和制作创建全国文明城市宣传走廊60余个。开展社会志愿服务活动，在商业城、聚万金广场等人口密集处设立咨询点、发放宣传品，向公众集中开展志愿服务理念传播与知识普及活动。组织志愿者开展"学雷锋义务大扫除"活动，开展送温暖、献爱心活动，到空巢老人、残疾人、留守儿童、低收入家庭进行走访慰问。全年发放《禁燃通告》4万余份，"禁燃"宣传挂历1万余份、倡议书6万余份，悬挂宣传横幅60多条，排查劝导红白喜事200余件，辖区内实现"零燃放"。

【办公条件】 2017年6月28日，徐家井街道办事处办公楼调整至原城区财政所综合大楼办公。大楼一层设党政综合办公室、政务大厅、纪工委信访室。三层设卫计办、会议室、党建工作站、武装部、党政领导办。四层设纪工委、五层设创建办、安全生产办及图书资料室、兵役登记站、支部活动室，有办公室及活动室21间，面积711平方米。

石山脚街道

【概况】 石山脚街道办事处位于零陵城区西郊4千米处，总面积121平方千米，总耕地2852公顷，辖2个社区、18个村、324个组、7633户、30281人。辖区内共有小一、二型水库23座，骨干山塘860口。石山脚街道办事处交通区位优势十分优越，国道322线、207线，衡枣高速，洛湛铁路穿境而过。零陵工业园、零陵火车站坐落在石山脚境内。有石西公路、华乌公路、西大公路等乡级公路，境内村组全部实现水泥路面全硬化。

石山脚街道是全区的油茶、蔬菜、生猪、优质稻的主要产区，连续5年被评为零陵区经济社会发展综合考核红旗单位，获基层党建先进党委、招商引资先进单位、粮食生产先进单位、平安乡镇、农村环境污染治理先进单位等称号。

【"党建+"思维】 2017年，石山脚街道重点抓牢抓实党建基础工作，研究制订一套与村干部工作相关的《新一届村干部试题》进行就职测试，同时，安排换届后的村干部到各个组室跟班学习，实行各线各分管领导带班制，手把手进行"传、帮、带"。按照"选配帮带"法，划定红色底线，将退伍军人、返乡大中专青年、外出务工返乡青年、致富能手等相关人才分类管理，将素质高、本领硬、有专业专长的人员，有计划、有步骤地培养和储备为后备力量。对村级"储备"人才进行"双带双培"，将致富能人培养成党员、将党员培养成致富能人。截至2017年年末，石山脚街道培养村(居)后备干部124人。5月，制定村干部坐班制度，由街道纪工委牵头组成督查组不定时进行督查。主要督查村干部是否落实坐班制，是否热情接待群众办理业务并做好相关登记，办事处安排的工作是否落实到位等。每月将督查结果在全办事处范围内通报，各村形成"比、赶、争"的氛围。

【基础设施】 2017年，石山脚街道加大力度推进土地流转，和谐、南山、大夫庙和悟山里村流转土地533.33公顷，发展重粮大户13户、制种大户4户、种田专业合作社4家、家庭农场4家。突出以农田水利为重点的基础设施建设，主要是针对山塘、水渠、机耕道的改善；完成春、秋防注射工作，全年没有发生重大疫情；开展森林防火及植树造林工作，清明期间，未发生重大火灾，在大夫庙、光明村主干道种植1500余株樟树；防汛工作做到提前谋划、提前部署。7月，在全区特大的洪灾中，石山脚辖区内没有发生重大事故，灾后重建工作推进有序。村级服务平台建设工作有序推进，农村网格化工作走在全区前列，全年接待网格化参观20余次。

【项目建设】 石山脚街道围绕"依托园区、驱动发展；产业强农，宜居美城"的奋斗目标，利用石山脚的区位、交通、资源和生态优势，承接对接全区"工业西进"的发展战略，引进一批大项目、好项目。抓好河西工业园11条路网建设、国道322线改线和储备土地等重点项目的征地拆迁和矛盾纠纷调处工作。打通火车站货运通道，继续配合做好河西工业园建设服务保障工作，中石油储备库铁路运输专线、瑞翔大道及延伸段建设、国道322线改线及匹配土地的征地拆迁和矛盾纠纷调处工作，提前超量完成土地储备工作，保障全区重点工程开工建设。集镇农贸市场、石山脚风貌街、机关院内改造完成，井塘尾石龙商贸街、五里堆小学二期建设正在启动。

【招商引资】 2017年，石山脚街道引进石龙街大道项目，投资1000万元。投资360余万元的机关宿舍楼改造工程即将完工。

【控违拆违专项整治】 2017年，石山脚街道组织大拆除活动9次，拆除违章建筑14户，占地面积约4849平米，建筑面积约12000多平米；控制新违22处，建筑面积达3000余平方米。

【居民居住环境】 石山脚街道以环境治理为重点推进新农村建设，改善城乡居民生活环境，打造有效益、受欢迎、可持续的"生态经济强街道"。街道办事处从国道沿线村庄综合治理出发，将所有村列入农村环境整治，每家每户发放垃圾桶，市场等人口密集处放置垃圾收集车，定时派车将垃圾运出处理，每个村安排专门的卫生保洁员，定时清扫道路及两旁垃圾，完成农村环境综合治理项目建设：分散式生活污水处理系统151套，养殖污染治理沼气池210平方米，饮用水保护改造7口。开展禁止水库投肥养鱼工作，同时对辖区内所有的养殖业环境污染治理进行摸底排查，对存在问题进行倒排整改。

【社会保障】 石山脚街道新建设的五里堆中心小学自开学以来受到群众好评，二期工程正在建设；卫生院、村卫生室和计划生育服务所的硬件条件得到改善，完成集中节育活动各项任务指标，创新开展“计生服务进社区、进园区”“两癌筛查”“两非”等活动，配合国家卫计委对农村育龄妇女的生育状况调查摸底工作；抓好以新型农村社会养老保险为主的农村社会保障体系建设，逐步规范健全社会救助体系。

【精准扶贫】 2017年，石山脚街道实际脱贫542人，光明村、和谐村整村脱贫摘帽。全区最大易地扶贫搬迁安置点在石山脚街道小城镇开工，工程于年底完工，可安置搬迁对象188户、542人，其中，石山脚街道安置85户、290人，跨乡镇安置103户、252人；全年新修贫困村通村公路5.3千米、机耕道3.2千米，改造骨干山塘9口，投入450万元实施农田改造项目1个，投入80余万元进行农村点亮工程建设，农村基础设施进一步加强；产业扶贫来势喜人，重点推广“天惠助贫”模式（采取“公司+基地+合作社+农户”的经营模式，农民以土地入股的方式加入天惠公司，待油茶林进入收益期，公司提取纯利润的15%给土地入股的农户、纯利润的5%给和谐村委会）；与温氏集团合作新建养猪场8家，年出栏生猪3万余头；3个重点贫困村的光伏项目均获省里批复，和谐村开工建设，项目建成后每年可增加村级集体收入15万元；发展水果种植，在光明、和谐村种植砂糖柑23.33公顷、橘柚4公顷。

【农村网格化管理】 2017年，悟山里村继续开展农村网格化工作，成立以村党支部为核心的“一委两会两中心”（党支部委员会、村委会、村民监督委员会，综合信访维稳中心，便民服务中心）的组织机构，投入50万元建设警务室、卫计保健室和村民活动室。对接“智慧永州”信息平台，将村民办理各项事务的信息，实现“一网打尽”，并将民政、计生、劳动保障等55项公共事务管理和44项公共事务服务事项下放到村一级实行直接办理或代办，便民服务站真正做到群众办事不出村，服务群众到家门，实现小网格惠及大民生。全年通过实施网格管理为民代办服务事项200余件，为民解决实际困难120余起。

【建制村合并】 2017年，石山脚建制村合并情况为：玉禾田村与两水口村合并，设立玉禾田村。乌鸦庙村与塔仪村合并，设立和谐村。悟山里村与杨柳湾村合并，设立悟山里村。高林桥村与灯塘村合并，设立高林桥村。西塘村与令塘村合并，设立西塘观村。马朝村与燕塘村合并，设立燕朝村。竹园背村与九江村合并，设立九江村。石山脚村和竹塘村合并，设立石山脚村。桥坪村、老坝村、黄泥桥村与仁田里村合并，设立黄泥桥社区，社区居委会驻原黄泥桥村安置小区内。五里堆村、扶塘村、天河桥村与瑞祥社区合并，设立五里堆社区，社区居委会驻地不变。藕塘村、大夫庙村、马投江村、马回村、文屯村、南山村、莲花塘村、井塘尾村、华源村、光明村10个建制村不作调整。调整后，石山脚辖玉禾田村、和谐村、悟山里村、高林桥村、西塘观村、燕朝村、九江村、石山脚村、藕塘村、大夫庙村、马投江村、马回村、文屯村、南山村、莲花塘村、井塘尾村、华源村、光明村18个建制村和五里堆社区、黄泥桥2个社区。

【悟山里村获全国文明村】 2017年11月17日，中央精神文明建设指导委员会召开表彰大会，下发《关于表彰第五届全国文明城市、文明村镇、文明单位和第一届全国文明校园的决定》，零陵区石山脚街道办事处悟山里村获全国文明村镇称号。悟山里村流转土地73.33公顷，6.66公顷以上种植大户3户，是全区粮食杂交制种基地和区级油菜连片种植基地。2015年，被省人社厅评为“人社服务”示范村、永州市文明村、零陵区“创百岁健康”先进单位、永州市网格化管理示范村。2016年，被评为永州市全面小康示范村、湖南省文明

村。2017年，创建全国农村社区建设示范村。（李任芳）

接履桥街道

【概况】 接履桥街道位于零陵区北部，东邻邮亭圩镇，南接菱角塘镇和七里店街道办事处，西与冷水滩区岚角山镇毗邻，濒临湘江，与老埠头隔河相望，北连冷水滩区伊塘镇，是零陵区北大门。镇人民政府驻接履桥村，距城区9千米。全镇总面积110平方千米，耕地3000公顷，其中，水田2800万公顷，旱地200公顷；人口密度为每平方千米237人。2017年，街道辖18个行政村、2个社区、8477户，总人口2.73万人。辖区内以汉族为主，有25994人，占总人口的99.6%；有瑶族、侗族2个少数民族，156人，占总人口数的0.4%。

【工业】 2017年，接履桥街道实现工业总产值5.6亿余元，比2016年增加16%。辖区内有大众、五菱、福特、东风等16家汽车4S店和高铝耐火材料有限公司、德鑫沥青搅拌场等4家规模企业。

【农业生产】 2017年，接履桥街道总耕地面积3220公顷，人均稻田面积0.126公顷；总林地面积2000公顷，可利用草地面积186636公顷，农业总产值达5.6亿元。粮食作物以水稻为主，全年生产粮食33279吨，人均1.3吨，其中，水稻31106吨、红薯（折粮）741吨、玉米513吨，油菜种植面积58.4公顷，产籽881吨，蔬菜种植面积1900公顷，产量62364吨。畜牧业以生猪养殖为主，全年畜牧业总产值4911万元。生猪饲养量6.6万头，年末存栏3.8万头，年末出栏2万头。牛饲养量4100头，年末存栏3187头，年末出栏250头；羊饲养量1931只，年末存栏1572只，年末出栏146只，畜牧业总产值比上年增长4.7%。全年流转土地600公顷，新增266.6公顷，实现农业总产值61400万元，增长9.9%。

【林业】 2017年，接履桥街道有林地面积1885.3公顷，其中，人工造林810公顷，森林覆盖率为46%，林木种类主要以松树为主。种植国外松、桤木、活木、樟树等100.6公顷，增长6%。

【财政金融】 2017年，接履桥街道完成生产总值8.24亿元，增长7.63%。完成财政总收入950万元，增长9.46%。在岗职工年平均工资2650元，增加300元；农民人均纯收入12312元，人均增收247元。

截至2017年年末，有永州市农村商业银行网点1个；永州市零陵邮政储蓄网点，主营集邮、长话、国际挂号、国内外邮递、电汇、邮政储蓄、快件等业务，实现各类存款28030万元，人均存款1.2万元，比2016年递增13%；移动、联通、电信3家通信服务公司的网络信号覆盖全街道所有村。

【基础设施】 2017年，接履桥街道硬化乡村公路4.8千米，总里程182千米，实现村组通水泥公路，确保农用物资和农产品的正常运输。开通客运线路3条，营运总里程20千米，营运客车5辆，年客运量16万人次。街道道路总长度为4千米，人均拥有道路长度为0.2米；道路铺装面积6万平方米，人均拥有3平方米。境内有小二型水库7处，大小山塘4020口。投资420万元，重点整修长塘等小二型水库和85口骨干山塘、堤坝、渠道，增强农业抵御自然灾害的能力。全街道拥有10千伏及以上变电站1个，主变电器2台，高压输电线路3条，总长度102千米。

【文化教育】 2017年，接履桥街道有体育场地14处，小游园2处，14个村安装健身体育器材，经常参加体育活动的人占常住人口的30%。有线电视入户率为40%，村村通工程全覆盖，网络入村率100%，入户率20%。有中学1所、小学6所、幼儿园（所）6所，在校学生1282人，专任教师245人，九年制义务教育覆盖率100%。在职中小学教师中，具有中级职称126人、高级职称14人。全街道有各类科技人员283人，其中，专业技术人才31人、经营管理人才105名、技能人才35人、农村实用人才112人。

【新型农村合作医疗】 2017年，接履桥街道新型农村合作医疗参保人数为25235人，参保率为98.6 %。居民平均期望寿命85岁，其中，男性82岁、女性87岁。5岁以下儿童死亡率、婴儿死亡率均为0。农村安全用水率100%；城街道安全用水率100%。农村卫生厕所率为80%。固定资产总值1200万元，专业卫生人员49人，其中，中级职称4人、专业技术人员23人、执业医师3人、职业助理医师12人、注册护士9人，平均每千人拥有卫生人员1.88人。

【劳动力转移】 2017年，接履桥街道转移输出人数11589人，主要向广东、浙江、江苏、福建、上海等沿海城市转移就业。

【建制村合并】 2017年，接履桥街道根据建制村合并要求，将韶堂村与兴龙村合并，设立廻龙村，新村村委会驻原兴龙村委会驻地。李家巷村与枫塘岭村合并，设立李家巷村，新村村委会驻原李家巷村委会驻地。甸尾头村与枫木树村合并，设立甸尾头村，新村村委会驻原甸尾头村委会驻地。四达亭村与木斗岭村合并，设立四达亭村，新村村委会驻原四达亭村委会驻地。尚木井村与郑家村合并，设立尚木井村，新村村委会驻原尚木井村委会驻地。坦塘村与蒋家村合并，设立坦塘村，新村村委会驻原坦塘村委会驻地。集义村与小木塘村合并，设立集义村，新村村委会驻原集义村委会驻地。青塘村与何家村合并，设立青塘村，新村村委会驻原青塘村委会驻地。彭家村与塔山村合并，设立塔山村，新村村委会驻原彭家村委会驻地。接履桥村、枫塘村与接履桥社区合并，设立接履桥社区，社区居委会驻地不变。晓深塘村、柘塘村、祖山铺村、永连社区合并，设立潇湘社区，社区居委会驻地不变。画眉铺村、冶木塘村、新塘尾村、寿塘村、马坝村、长岭村、太古冲村、雷家村、炮响村9个建制村不作调整。

调整后，接履桥办事处辖廻龙村、李家巷村、甸尾头村、四达亭村、尚木井村、坦塘村、集义村、青塘村、塔山村、画眉铺村、冶木塘村、新塘尾村、寿塘村、马坝村、长岭村、太古冲村、雷家村、炮响村18个建制村和接履桥社区、潇湘社区2个社区

附录

一、人物

(一) 干部名录

说明

区委、区人大、区政府、区政协班子成员，区直局以上单位正副职及各乡镇(街道)党(工)委、人大、政府班子成员，以2017年12月31日任职为准。

中共零陵区委

书　记：唐　烨

副书记：吴恢才　盘志元

常　委：唐建明　龙　军　周润润
　　　　蒋映群　彭江辉　蒋　诚
　　　　唐清林　唐会国

区人大常委会

主　任：唐荣成

副主任：胡乃湘　徐海英　邓建国
　　　　胡自力　金长青

区人民政府

区　长：吴恢才

副区长：龙　军　王小会　汤安权
　　　　何　锋　彭定国
　　　　王文俊(挂职)　张国材

区政协委员会

主　席：李祥军

副主席：杨时隽　蒋晓娟(兼职)
　　　　周军松(兼职)　柏文生
　　　　欧阳永衡

区人民武装部

部　长：王建武

政　委：蒋　诚

区人民法院

院　长：何小春

副院长：杨继军　屈佐宁　刘德燕
　　　　涂永清

政治部主任：李海琼

纪检组长：杜宏魁(派驻)

区人民检察院

检察长：杨建国

副检察长：刘金科　顾孟军　唐　引
　　　　　杨中淑

纪检组长：马汉明(派驻)

区委党校

校　长：王小军

副校长：何文中　胡爱军

校务委员：唐明珠

工业园区

书　记：唐芙蓉

主　任：胡振国

副主任：黄国坤　蒋委蓉　朱阳辉

区纪律检查委员会

书　记：周润润

副书记：欧学钊　陈立勤　张小丽

纪委常委：李利庆　周建军　蒋华军
　　　　　陈家辉　蒋超博

区监察委员会（新成立）

主　任：周润润

副主任：欧学钊　陈立勤　张小丽

监委委员：蒋华军　陈家辉　蒋超博

区委办公室

主　任：彭江辉

副主任：胡旭辉　唐明光　蒋向东
　　　　何　伟

纪检组长：刘真亮（派驻）

区委组织部

部　长：唐清林

副部长：蒋春农　金小文　王爱民
　　　　蒋炳忠（兼职）
　　　　黄渊辉（兼职）

纪检组长：唐懂卓（派驻）

区委宣传部

部　长：唐建明

副部长：唐高旭　周立娟　张兴国

纪检组长：陈明华（派驻）

区委统战部

部　长：蒋映群

副部长：高红荣　肖江华　唐美娥

纪检组长：胡建辉（派驻）

区委台湾工作办公室

主　任：王梅芳

区委政法委

书　记：唐会国

副书记：赵　勇　周耀军　杨顺龙

纪检组长：唐纯洁（派驻）

区综治办

主　任：周耀军

副主任：周海华

区维稳办（协调机构）

副主任：蒋双耀　唐亮华　唐　旷

区编委办

主　任：全永红

副主任：王　海

区委老干部局

局　长：黄渊辉

副局长：邓绍明

区信访局

局　长：唐国华

副局长：蒋海英　林铁川

区委巡察机构（新成立）

巡察办主任：段永锋

巡察办副主任：秦献荣　刘拓凯

巡察组组长：周亚凡　唐甫华
　　　　　　雷红兵　唐青雕

第一巡察组副组长：邓宏林

第二巡察组副组长：陈柳青

第三巡察组副组长：杨顺华

第四巡察组副组长：杨建华

区史志办

主　任：黎忠广

区档案局

局　长：王增荣

副局长：何小可　杨　微

区直属机关工委

书　记：王先杰

副书记兼纪委书记：唐素芬

区委非公有制经济和社会组织党工委(新成立)

书　记：金小文

副书记：秦亚欧　蒋汉君（兼职）

龙华国（兼职）

高红荣（兼职）

区接待科

科　长：唐梁明

区人大常委会办公室

主　任：吕祝庆

副主任：张恒兰

法制工委

主　任：杨梦馨

副主任：彭亚文

联工委

主　任：盘汉星

副主任：蔡福君

内司工委

主　任：张造杞

副主任：贺满生

教科文卫委

主　任：李海军

副主任：尹玲玲

农业农村委

主　任：徐国太

副主任：张　臻

城环工委

主　任：唐铭辰

副主任：杨迪文

区政协委员会

秘书长：崔斯文

区政协委员会办公室

主　任：崔斯文

副主任：唐　宇

提案委

主　任：陈志君

副主任：黄　辉

经科委

主　任：祝卫华

副主任：彭亚男

文史委

主　任：文红艳

副主任：王先均

三胞联谊委

主　任：郭　莹

副主任：卢　静

区政府办公室（法制办、旅游局）

主　任：蒋军民

副主任：唐九智　蒋文革　彭定军
　　　　周　扬　吕仁保　郑　丽
　　　　邓新军　唐延成

纪检组长：袁　卉（派驻）

区发展和改革委员会（物价局）

主　任：曾新吉

副主任：成珍华

区科技和经济信息委员会

主　任：唐厚荣

副主任：谢亚娟

区教育局

局　长：唐天光

副局长：尹　艳　高小东　唐国柳

纪检组长：左建华（派驻）

区公安分局

局　长：王小会

政　委：罗干劲

副局长：唐少华　周　韬　许新德
　　　　唐　闯　谢林松　唐卫国
　　　　李凌湘　郭　狄（挂职）

党委委员：邓文华

纪检组长：邓付波（派驻）

区民政局

局　长：龙华国

副局长：左建华　郑智猛　李国富

区司法局

局　长：罗盼生

副局长：谭　霖　贺　明

区财政局

局　长：黄辉宏

副局长：毛晓平　唐云枫　杨铁勇

总会计师：邓志诚

区人力资源和社会保障局

局　长：蒋炳忠

副局长：蒋志宏　何瑶良　贺小荣
　　　　刘　佳　唐　娅

区国土分局

局　长：唐朝晖

副局长：唐　成　唐立群　李超群

党组成员：唐　丽

总工程师：龙建国

区住建局

局　长：蒋祖华

副局长：汤晓红　彭龙书

纪检组长：黄新陵（派驻）

区交通运输局

局　长：成钦炳

副局长：蒋松顺　蒋光明

总工程师：谢　珊

区水利局

局　长：吕松燊

副局长：刘建秋　李谊增

总工程师：房署安

区农业委员会（区委农村工作办公室）

书　记：张九清
主　任：邓世福
纪检组长：周鸿清（派驻）

区林业局

局　长：李均明
副局长：唐善金　邓蔚飞　杨丽君
党组成员：唐俭华

区商务和粮食局

局　长：杜中运

区文体新闻出版局

书　记：李立新
局　长：周可云

区卫生和计划生育委员会

主　任：张子亮
副主任：唐生华　唐佐荣　邹清晖
　　　　何湘萍
纪检组长：汪振中（派驻）

区审计局

局　长：黄　宾
副局长：伍中文　蒋文君　蒋志华

区环保局

局　长：杨祥林
副局长：杨顺义　何　江

区安全生产监督管理局

书　记：唐高峰
局　长：李海波
副局长：刘国斌　刘　恒

区统计局

局　长：魏　斌
副局长：赵卓成　杨钦佳
总统计师：刘晓刚

区食品药品监督管理局

局　长：黄　河
副局长：唐端云　贺柄岚　唐　敏

区城管执法局

局　长：杨宏伟
副局长：欧阳志斌

区交警大队

大队长：潘高军
政　委：唐合民
副大队长：胡卫东　陈　文　眭明进
副政委：陈瑞波
党组成员：黄建清

区电子政务办

主　任：樊瑞明
副主任：唐锦旭　蒋志华

区城建投融资管理办

主　任：蒋汉华
副主任：杨自柏
纪检组长：李智敏

区政务服务中心

主　任：谭云波
副主任：钱亚军　周艳梅

区供销社
理事会主任：盛国华
监事会主任：杨朝晖

区畜牧水产局
局　长：唐友冰
副局长：蒋智博　郭海明
纪检组长：成　雄

区房产局
局　长：罗　博
副局长：唐　寅　何茂录　唐清彪
　　　　鲁志坚　王博文
纪检组长：黄冬艳

区工业企业改制办
主　任：周军松

区商业企业改制办
主　任：杨文成

区市场服务中心
主　任：金国庆
副主任：唐　晶　蒋品宽
纪检组长：唐海阔

区公路局
局　长：彭善国
副局长：董培武　彭四龙　吕振科
纪检组长、副局长：李章权

区城市园林局
局　长：赵　飞
副局长：唐勋家　蔡义军　张华仁
　　　　熊智勇
纪检组长：唐树云
总工程师：陈春云

区机关事务服务局
局　长：尹　红
副局长：陈　青
纪检组长：郭　琛

区移民局（机构更名升格）
局　长：汪东燕

区历史文化名城管理处
主　任：杨凌河
副主任：聂志群　唐军成

区环境卫生管理局
局　长：万永平
副局长：谭　辉　欧小平　张建国

区公共资源交易中心（收归市管）
副主任：徐建明　邓　岐

区网格化管理办公室
主　任：唐涌波
副主任：郑建明　蒋志斌

区扶贫办（新成立）
主　任：贺志毅
副主任：蒋先锋　王亚明

区国有土地上房屋征收与补偿办公室（新成立）
主　任：李超群
副主任：王应国

零陵潇水国家湿地公园管理局（新成立）
局　长：欧光明
副局长：樊　明

区总工会
主　席：唐清林
书记、副主席：唐文平
副主席：郑勇林　王小金

团区委
书　记：（暂缺）
副书记：毛岭峰　杨定忠（挂职）

区妇联
主　席：周艳玉
副主席：邹　晶　蒋顺妮

区残联
理事长：高进展
副理事长：李　剑

区工商联
主　席：蒋晓娟
书　记：高红荣
副主席：张宁旭

区侨联
主　席：杨祝群
副主席：蒋志敏

区科协
主　席：黄艳华
副主席：吕凌云

区文联
主　席：杨清波
副主席：刘宝国

区矿整办
主　任：蒋炎冬
副主任：唐宇杰　张勇军

区锰资源综合开发公司
经　理：张春华
副经理：唐贵平　杨志新　许新生

区统征办
主　任：卿旭平

大庆坪乡
书　记：罗丘晖
乡　长：唐宏铁
人大主席：蒋海军
政协主任：杨博文
纪委书记：蒋劲松
组织委员：唐掌彬
武装部长、副乡长：蒋江雷
党政办主任：李仲平
人大副主席：唐湘林
副乡长：王朝峰

水口山镇
书　记：卿方勇
镇　长：蒋国荣
副书记：刘小亚
人大主席：唐有亮
政协主任：杨云震
纪委书记：全柏松
组织委员：唐吉松

武装部长、副镇长：吕建军
人大副主席：杨景仙
副镇长：唐文荣

石岩头镇

书　记：黄国梁
镇　长：王晓鹏
副书记：罗海明
人大主席：杨荣军
政协主任：蒋天汉
纪委书记：徐联国
组织委员：唐爱民
党政办主任：陈海明
武装部长、副镇长：马　斌
人大副主席：徐克正

珠山镇

书　记：夏水波
镇　长：唐丁荣
副书记：段　昆
人大主席：秦伟军
政协主任：祝敬东
纪委书记：易祝卓
组织委员：屈晓剑
武装部长、副镇长：杨常青
党政办主任：周华荣
人大副主席：唐杰辉
副镇长：詹志英　陆　雯（挂职）

梳子铺乡

书　记：卿铁军
乡　长：任佳勇
副书记：蒋大勇
人大主席：何礼仁
政协主任：孙　斌
纪委书记：李雄志
组织委员：罗　辉
武装部长、副乡长：杨满庭
党政办主任：蒋树杰
人大副主席：蒋财灵
副乡长：杨迪元

黄田铺镇

书　记：秦明明
镇　长：吕定波
人大主席：王　斌
政协主任：陈华荣
纪委书记：张尚艳
组织委员：刘智超
武装部长、副镇长：黄汉文
党政办主任：吕瑞华
人大副主席：吕　红
副镇长：成飞武
副镇长：谢　烨（挂职）

富家桥镇

书　记：唐海军
镇　长：张仁和
副书记：蒋中青
副书记：黄加勤（挂职）
人大主席：魏爱军
纪委书记：李文海
组织委员：汪国云
武装部长、副镇长：李　维
党政办主任：何秋成
人大副主席：张晓虹
副镇长：胡黎明

凼底乡

书　记：谢良辉

乡　长：眭国军
副书记：马小军
人大主席：罗冬青
政协主任：谷民荣
纪委书记：邓　毅
组织委员：廖杨鑫
武装部长、副乡长：周亮华
党政办主任：熊孝良
人大副主席：周　普
副乡长：涂　鹏

菱角塘镇

书　记：陈丰收
镇　长：赵　鑫
副书记：李　源
人大主席：秦向奎
政协主任：成赐平
纪委书记：秦志恒
组织委员：唐　赞
武装部长、副镇长：王焕云
党政办主任：郭　静

邮亭圩镇

书　记：张国材
镇　长：欧阳小婷
副书记：罗　义
人大主席：吕小兵
政协主任：皮松云
纪委书记：罗中华
组织委员：胡路军
武装部长、副镇长：张绍鸿
党政办主任：熊　超
副镇长：周　慧（挂职）
人大副主席：唐　林
副镇长：夏科华

七里店街道

书　记：蒋文军
主　任：余红兵
副书记：何春雄
人大组长：刘　伟
政协主任：杨　华
纪委书记：蒋跃进
组织委员：蒋时娥
武装部长：张林兵
党政办主任：眭立生
副主任：顾　莉

南津渡街道

书　记：唐国政
主　任：罗　鹏
副书记：张显众
人大组长、党政办主任、武装部长：杨迎富
政协主任：王燕军
纪委书记：杨春涛
组织委员：周礼江
副主任：杨怀国　唐剑中

徐家井街道

书　记：张青松
主　任：胡文祥
副书记：黄　新
人大组长：姜乃光
政协主任：刘兰群
组织委员：朱鹏辉
武装部长：唐国亮
纪委书记：李姗姗
副主任：唐晓斌

朝阳街道

书　记：唐红鹰

主　任：邓忠明
副书记：唐军华
人大组长：陈亚强
政协主任：陈明川
组织委员：蒋晖
纪委书记：李湘莲
党政办主任：胡扬军
副主任：黄光明

石山脚街道

书　记：陈贵林
主　任：贺为智
副书记：何海涛
政协主任：刘春生
纪委书记：胡华卡
组织委员：唐水兰
武装部长：眭　深
副主任：李任芳

接履桥街道

书　记：宋建春
主　任：艾　辉
副书记：张君军
政协主任：顾水生
纪委书记：秦友生
组织委员：李小明
党政办主任：郑才黎
武装部长：唐松林

新任副科以上实职领导干部名录

区人民政府

副区长：张国材

区人民法院

邮亭圩法庭庭长：陈　芳
水口山法庭庭长：黄朝晖

工业园区

主　任：胡振国

区纪律检查委员会

办公室主任：谢铁军
案件监督管理室主任：杨跃华

区委组织部

区委基层办主任：赵海龙

区综治办

副主任：周海华

区信访局

副局长：林铁川

区委巡察机构（新成立）

巡察办副主任：刘拓凯
巡察组组长：周亚凡　雷红兵　唐青雕

区档案局

副局长：杨　微

区委非公有制经济和社会组织党工委（新成立）

副书记：秦亚欧

区人大常委会

法制工委主任：杨梦馨
法制工委副主任：彭亚文
办公室副主任：张恒兰

区政协委员会
三胞联谊委副主任：卢　静

区统计局
总统计师：刘晓刚

区城建投融资管理办
主　任：蒋汉华

区供销社
监事会主任：杨朝晖

区机关事务服务局
纪检组长：郭　琛

区国有土地上房屋征收与补偿办公室(新成立)
主　任：李超群
副主任：王应国

零陵潇水国家湿地公园管理局（新成立)
局　长：欧光明
副局长：樊　明

区文联
主　席：杨清波

水口山镇
镇　长：蒋国荣

黄田铺镇
人大主席：王　斌

七里店街道
副书记：何春雄

区新闻中心
主　任：汤汉达

区烈士纪念管理所
所　长：谭　刚

区非税收入征收管理局
局　长：杨迪勇

区城乡居民养老保险局
局　长：李志勇

区城乡规划办
主　任：席　玮

区投资促进事务局
局　长：罗晓东

(二)先进人物

中国好人榜

蒋冬林

蒋冬林,1954年11月出生,2014年11月退休后被单位返聘,“全国模范检察官”。29年如一日,用自己的行动书写对法律的忠诚,展示人民检察官的崇高形象,赢得广大人民群众的普遍赞誉。从检30年来,蒋冬林共接待来访群众1078人次,查出水污染原案28件,向相关行政检察机关发送《检察建议》28份,主办控告、申诉、民事行政和贪污贿赂等案件150余件,为国家挽回经济损失3600余万元。

2017年获“全国先进工作者”“全国模范检察官”“湖南省道德模范”敬业奉献“湖南好人”敬业奉献“中国好人”等荣誉。

零陵区人民检察院“蒋冬林工作室”的成立,在零陵区乃至永州市政法系统尚属首创,工作室将作为政法系统的一张新名片,进一步弘扬全国先进工作者、全国模范检察官蒋冬林同志“忠诚、敬业、为民、清廉”的精神,发挥其“全国先进工作者”“全国模范检察官”“湖南道德模范”“湖南好人”等荣誉示范作用,汇聚会各届有识之士、社志愿者、广大人民群众之智慧,积极参与到依法治区、依法行政、依法办案、社会公益事业中来。工作室旨在重点监督生态环境和资源保护、食品药品安全等侵害人民群众切身利益的案件,重点加强对人民群众反映强烈的空气、水、土壤等领域的监督工作。通过宣传,让广大人民群众了解蒋冬林工作室,让广大人民群众切实感受到工作室在行动,愿意配合、支持工作室的工作。让那些正在侵害国家利益、公众利益及人民利益的单位和个人有所畏惧并及时收敛自己的行为,确保国家利益、公众利益、人民利益得到落实。

李拓宇

李拓宇,零陵区信访局主任科员,在偏远贫穷的大庆坪乡工作12年。2006年,调入区信访局工作,任区信访局副局长。他对工作满怀激情,对群众充满感情,守得住清贫、耐得住寂寞、抵得住诱感、受得住委屈,在平凡的岗位上做出不平凡的业绩。从事信访工作12以来,共接待群众10多万人次,化解各类信访矛盾2000多起,参与化解信访疑难积案150多件,妥善处置群体性事件230多起,被广大群众亲切称为“最美信访娘家人”。

2017年3月,零陵区委专门发出通报,号召全区各级党组织、广大党员干部向李拓宇学习。同时,被列为永州市第五届“道德模范”候选人,并于2017年10月荣登“湖南好人”榜。《永州日报》《新湘评论》《湖南日报》《人民信访》等新闻媒体对李拓宇的事迹进行报道。中央文明办2017年12月“中国好人”榜揭榜,李拓宇登上中国好人榜。

湖南好人榜

黄宏才

“没有共产党就没有新中国!”零陵区水利局94岁老党员黄宏才时常念叨着。在中国共产党的十九大即将召开之际,黄宏才决定将省吃俭用积攒下的2万元作为“特殊党费”交给党组织,报答党的恩情,向党的十九大献礼。

10月12日上午,零陵区委组织部为这位年过九旬的老党员举行交纳“特殊党费”仪式。黄宏才出生于一个普通贫农家里,解放前种过田,做过小生意,1950年以后,当过土改队员、治安队员,历任公社副社长、副书记、水库管理所长、水利局办公室副主任等职务,1976年入党,1987年在区水利局退休。他工作期间,踏实肯干、任劳任怨，多次被评为积极分子、标兵和先进工作者。他退休后发挥“余热”，积极支持局里各项工作，引领小区文明创建，弘扬正能量。

黄宏才有两个儿子一个女儿，家庭并不富裕，住的还是上世纪七十年代单位分的巴掌大的住房，几个人走进去都十分拥挤。去年，老伴因病去世，现在黄老需要在保姆的照顾下生活。

见义勇为人物

胡湘陵，男，1978年9月出生，零陵区环卫局普通职工；黄祖跃，男，1962年7月出生，零陵区环卫局普通职工。2016年12月9日晚上10点，胡湘陵、黄祖跃在一起执行洒水工作任务时，看见一辆因遭受严重车祸的车辆，车主王先军身受重伤无法动弹，胡湘陵、黄祖跃冒着车辆随时爆炸的危险，将王先军从车子中解救出来后，送往附近的卫校附属医院，并通知伤者家属，等家属到达医院才默默地离开。

周茂云，男，1971年3月出生，中共党员，黄田铺镇邓家冲村人。2017年7月1日下午5时30分左右，周茂云正在冒雨巡查村内小一型水库——邓家冲水库时，突然听到“有人落水了”的呼喊。周茂云闻声望去，发现水渠中有一个人在起伏的洪水中上下浮动，下方正是一个方圆1米、长5米的涵洞，周茂云毫不犹豫地跳下水渠，将62岁的落水者蒋秋芳老人救上岸。

高满贤，男，1968年11月出生，富家桥镇高车头村四组人。2017年5月17日下午5时左右，高满贤在本村的牛鼻滩盘山公路边干农活时，紧跟一辆盗窃鸡、鸭、狗、羊的车辆，伺机将将两名小偷控制，并立即拨打报警电话，将小偷移交给富家桥派出所民警。

治安积极份子

陈代良，男，汉族，1972年11月27日出生，零陵区徐家井社区人。2017年2月8日晚上，陈代良路过永州监狱旁边，发现两名疑似吸毒人员抢劫一名老年人。陈代良一边盯着目标，一边报警，后与民警一起将一名抢劫、吸毒人员抓获。

黄月安，男，汉族，1964年7月24日出生，零陵区徐家井社区人。2016年10月6日，黄月安在徐家井超市内购物时，听见有一名妇女大声喊叫：“有人偷钱包”。黄月安听到喊叫声后，便立即跑向超市的出口处控制可疑男子，当众从其身上搜出一把作案的夹子和一个女式钱包，包内装有1000多元和一些证件。

黄永亮，男，汉族，1968年8月21日出生，零陵区石山脚乡人。2017年5月30日，正是端午节，零陵城区人员非常多，黄永亮在7路公交车上发现一男一女两名小偷联手将一老年人的钱包偷走，他和车上热心群众一起成功将2名小偷成功控制，并从小偷身上搜出老人的钱包和老年人证件。

二、统计资料

（一）永州市零陵区2017年国民经济和社会发展统计公报

2017年，在零陵区委、区政府的正确领导下，全区认真贯彻落实党中央、国务院各项决策部署，坚持稳中求进工作总基调，在努力扩大总需求的同时，着力加强结构性改革，大力推进“六大战役、三大品牌”，加强经济运行分析调度，夯实基础，挖掘存量，培育增量，向好因素不断累积，全区经济社会实现平稳较快发展。

一、综合

初步核算，全区实现生产总值231.1亿元，同比增长8.4%。其中第一产业增加值41.6亿元，增长4.3%；第二产业增加值99.8亿元，增长7.1%；第三产业增加值89.6亿元，增长12.1%。三次产业比为18.0%、43.2%、38.8%。二、三产业占比相比2016年上升1.2个百分点。三次产业对经济贡献率分别为9.2%、37.8%和53.0%。

2017年，全区财政总收入完成16.24亿元，同比增加2.14亿元，增长15.2%。其中，税收收入11.45亿元，占财政总收入的70.5%。地方财政收入11.28亿元，地方税收收入6.49亿元，占地方财政收入的57.6%。全年一般公共预算支出完成37.4亿元，同比增加5.67亿元，增长17.87 %。其中，民生支出29.07亿元，同比增加4.58亿元，增长18.7%。八项支出25.26亿元，同比增加3.42亿元，增长15.7%。全区财政总收入占GDP的比重为7.03%，比上年提高0.26个百分点。

2017年，全年居民消费价格指数比上年上涨1.8%。

二、农业

2017年，全区完成农业总产值75.0亿元，增长4.4%，实现农业牧渔业增加值41.6亿元，增长4.3%。

2017年，全区粮食作物总播种面积63.25千公顷，比上年增加0.29千公顷，粮食总产量37.36万吨，增长0.51%；蔬菜种植面积26.52千公顷，比上年减少0.26千公顷；水果总产量20.23万吨，同比增长4.0%；牧业生产有较快发展，猪、牛、羊出栏分别为92.15万头、1.43万头和3.24万头，分别增长3.0%、8.3%和6.9%；家禽出栏1595万羽，增长4.0%；水产品总产量2.04万吨，同比增长3.6%。

2017年获“全省粮食生产优秀县区”“湖南省超级杂交稻‘种三产四’丰产工程先进示范基地”荣誉称号。全区农业园区和基地亮点纷呈，以香零山蔬菜为核心的田园综合体初现雏形，以特种养殖为主的异蛇产业正在整合资源升级改造，以时鲜水果为主的接履桥镇金鸿四季水果产业园、雨田生态农业科技园和百里花果带初具规模。零陵区潇湘源休闲农业特色产业和零陵区北大荒现代种业特色种业产业园被认定为湖南省现代农业特色产业园省级示范园。全区现有规模以上农产品加工企业32家，总产值达73.4亿元；有市级以上农业产业化龙头企业30家，联动基地27.2万亩。

全区299个行政村100%完成美丽乡村规划编制，制定下发《零陵区美丽乡村建设办点示范的实施意见》，重点推进21个省、市、区级美丽乡村建设和“永州之野”精品旅游线路、百里花果生态风光带建设。在高贤村连片种植荷花1000余亩，养殖小龙虾500亩。何仙姑村种植紫微花、向日葵1000余亩。百里花果生态风光带一期全面完工，投资3000余万元。2017年8月，成功举办全区首届乡村文化旅游节、珠山镇夏阳荷花节，美丽零陵开始进入湖南、全国人民视野。

农村土地确权颁证工作有条不紊开展，全区299个建制村、17个涉农社区勘误修正工作已经结束。农村集体产权股份制改革试点工作积极开展，土地流转规范有序，全区共流转土地面积46.2万亩，其中耕地流转27万亩，林地流转19.2万亩，2017年新增流转面积4.9万亩。

全年全区规划造林2.0万亩，完成2.03万亩，其中，长江防护林0.1万亩，油茶新造0.4万亩，面上造林1.53万亩,，完成育苗面积160亩，产苗451.3万株。

全年补发林权证50本、200宗、400亩，纠正错发林权证18本、85宗、350亩。大力支持林下经济发展，现有林下养殖业和种植业207家、森林旅游业15家，涉及农户3.01万户，创建林下经济示范基地4个。2017年，林下经济总产值达17.6亿元，同比增长15%。

全年争取中央和省级水利资金投入4000多万元，区本级投入3000余万元。2017年，“河长制”工作全面铺开。

三、工业和建筑业

2017年，全区实现规模以上工业增加值47.3亿元，增长8.3%。规模工业总产值113.6亿元，增长14.7%。其中，区属规模以上工业总产值74.9亿元，同比增长18.2%。烟厂完成产值37.0亿元，同比增长8.1%。规模以上工业中，国有企业产值38.0亿元，增长7.3%，股份制企业产值72.6亿元，增长19.4%。外商及港澳台商投资企业产值3.0亿元，增长5.4%。

2017年，规模以上工业中，烟草制品业总产值37.0亿元，增长8.1%。黑色金属冶炼业总产值6.0亿元，下降22.3%。有色金属冶炼业总产值1.8亿元，增长82.1%。医药制造业总产值4.3亿元，下降40.9%。农副食品加工业总产值8.5亿元，增长28.5%。计算机、通信和其他电子设备制造业总产值5.6亿元，增长18.9%。酒、饮料制造业总产值4.9亿元，增长9.3%。电气机械和器材制造业总产值3.9亿元，下降12.2%。非金属矿物制品业总产值10.4亿元，增长138.2%。其他制造业总产值3.3亿元，下降21.1%。家具制造业总产值3.3亿元，比上年增长12.7%。

2017年，完成建筑业总产值29.8亿元，增长25.6%，实现增加值12.1亿元，增长4.8%。

四、固定资产投资

2017年，完成固定资产投资225.7亿元，比上年增长13.2%。其中，5000万元以上项目投资完成100.3亿元，增长14.3%。5000万元以下项目投资完成112.1亿元，增长11.7%。房地产开发投资13.3亿元，增长17.8%。在项目投资中，其中，工业投资95.4亿元，增长22.1%。技改投资52.6亿元，增长44.9%。全年固定资产投资施工项目507个，增长25.2%。其中，新开工项目441个，增长14.0%。商品房销售面积82.9万平方米，增长11.5%。

2017年，全区共实施重点项目143个。其中，前期项目35个，建设项目108个，计划投资137.83亿元，全年完成投资138.0亿元。纳入市级重点项目考核的52个，年度计划投资83.2亿元，全部开工在建，完成投资101.96亿元。

“脱贫攻坚”战役项目8个，年度计划投资12.6亿，全年完成投资14.81亿元。“环境治理”项目4个，年度计划投资1.6亿，全年完成投资1.81亿元。“城镇提质”项目22个，年度计划投资37.6亿，全年完成投资49.19亿元。“交通提速”项目6个，年度计划投资6.9亿，全年完成投资7.22亿元。“旅游升温”项目5个，年度计划投资12.9亿，全年完成投资15.61亿元。“园区升级”项目7个，年度计划投资11.6亿，全年完成投资13.32亿元。

五、国内贸易

2017年，全区社会消费品零售总额97.4亿元，同比增长10.7%，其中，城镇零售总额75.2亿元，同比增长10.7%。乡村零售总额22.2亿元，同比增长11.2%。按消费形态分，餐饮收入14.3亿元，增长12.1%。商品零售83.1亿元，增长10.6%。

2017年，零陵汽贸城规模以上4S店营业收入18.6亿元，同比增长22.0%。全区燃油销售3.9亿元，增长12.4%。

2017年，全区实现电子商务销售额20亿元以上，同比增长97.5%，网络销售额达6.2亿元，同比增长105.6%。截至2017年年底，全区有“触电”企业400家，“触电”个体工商户780个，创建电商集聚区2个（零陵区电子商务中心、零陵电子商务产业园），引进阿里巴巴农村淘宝、今日农产2365、京东、广东思埠集团、永州零陵易购等知名电商企业30多家，电商从业人员已达7000余人。投资400万元建成农村淘宝区级服务中心（含2000平方米区级电商中心和甲骨文防伪溯源农产品展示厅）、电子商务中心、电子商务产业园（2万平方米的电子商务创新创业产业园），引进落户阿里巴巴农村淘宝、京东、广东思埠集团、今日农产等电子商务平台企业。建设阿里巴巴农村淘宝服务站69个，截至2017年11月30日，全区村淘订单数34.0万笔，累积成交金额8359.1万元。京东零陵服务中心招募乡村推广员110名、乡镇合作点12家，零陵区电商企业完成10家省电子商务企业认定。

六、对外经济

2017年，实际利用外资11000万美元，同比增长13.4%。全年完成到位内资25.2亿元，同比增长20%。全年完成外贸进出口额3.59亿元，同比增长22.2%。

2017年，全区企业瞄准国际市场，新增对外贸易进出口备案企业7家，分别是永州市永靛中药饮片有限公司、永州市永定中药材贸易发展有限公司、永州市零陵晨光树脂有限责任公司、湖南德福隆商贸有限公司、零陵区佳欣源贸易有限公司、永州市零陵易购商务有限公司、湖南鳅祥生物科技实业有限公司。2017年9月，零陵远达新材料有限公司与俄罗斯ICT集团深切合作，签订每年进口12000吨独居石矿，总价值达到3000万美金（约人民币2亿元）的合作协议。

七、交通、邮电和旅游

2017年，全区交通运输、仓储和邮政业总产值28.6亿元，增加值12.0亿元，比上年增长5.7%。

2017年，全区道路窄改宽已完成221公里、贫困村通组公路162公里、危桥改造16座、安保工程173公里，完成投资15030万元。人民桥至何仙姑公路，已完成全部前期工作，正在按计划开展征地拆迁前期准备工作。五条农村通乡干道的前期工可设计已全部完成，并上报至省交通运输厅和市交通运输局，争取全部纳入湖南省“十三五”干线公路中期规划。全长12.07公里的G207零双一级公路，全线道路部分、永富大道市政化建设、全线绿化、亮化工程全部完成。朝阳大道项目全线5.1公里路基全部拉通，已摊铺二层水稳，石湾河中桥及全线其他桥涵、地下通道全部完工，具备临时通车条件。

积极推进文化旅游融合发展，加快景区景点建设，全面打响“旅游升温”战役，全年接待游客量和旅游综合收入分别增长24%、26%。全区重点旅游项目共完成投资23亿元。零陵古城项目建设全面推进，2017年完成投资12亿元。A地块开工建设仿古建筑41500平方米，游客接待展示中心正式对外开放。柳子街历史建筑修缮工程、愚溪景观和潇水两岸滨江景观等规划设计出台。袁家渴路、旭日路、桃江路、西山路、柳子街路等古城景区配套路网和停车场建设全面铺开，进展顺利。柳宗元文化旅游区项目按国家AAAA级旅游景区标准进行提质改造，完善景区各项配套设施，安装监控、Wi-Fi等配套设施。东山景区完成投资1.4亿元，成功创建为国家AAA级旅游景区。“永州之野”精品线路完成投资1.58亿元，贤水河景观通道项目建设完成。高贤村荷塘月色景区千亩荷花景观完成种植，修建1100米栈道、游客中心、停车场、道路等配套设施。“仙姑花海”流转土地1000余亩用于紫微花、向日葵种植。周家大院完成投资6800余万元，成功创建为国家AAA级旅游景区。双牌灌区百里花果生态观光带完成投资5000余万元，项目一期工程已全部竣工。完成核心区域的四季花海观光带、紫薇造型景观带、花海漂流及道路、停车场、观景台、栈道、牌楼、拱门等配套设施建设。异蛇科技文化园项目完成异蛇科普馆、旅游厕所等配套旅游设施，积极打造“异蛇世界”特色景区。

2017年，多渠道、全方位加强旅游宣传推介工作。联合湖南经视成功举办零陵首届乡村文化旅游节旅游活动。积极参与第四届草书展、首届怀素书艺研讨会、首届永州美食节。完成桂林“千车万人游永州”首发团、旅行社考察团接待推介。特色旅游产品参加2017中国湖南（第八届）旅游产业博览会，并获金奖。在广东惠州、福建厦门开展零陵旅游推介会，拍摄零陵旅游宣传片，制作零陵区旅游地图，零陵古城、永州之野、自在香零、周家大院、东山景区宣传折页，零陵旅游知名度、美誉度得到较大提升。

八、教育、科学技术、文化和体育

2017年，全区共有高等教育学校2所，教职工2220人，在校生31902人。

全区有中等职业学校4所，其中，国家级重点中职校1所，国家示范性中职校1所，专业实习场（所）14个。有教职工350人，其中，专任教师296人，中职在校生共11051人。全年招生3605人，比上年增长51.4%，毕业生1785人。

全区有基础教育校（园）265所，其中，幼儿园177所，小学62所，初中24所，高中2所（不含永州市一中）。有教职工6424人，其中，专任教师5275人，基础教育在校生共92238人，比上年增长3.5%，全年招生23992人，毕业生20685人。学前教育幼儿在园20221人，增长3.1%，入园7364人，离园6802人。小学在校生46798人，增长0.7%，招生7297人，毕业生7068人。初中在校生19643人，增长13.3%，招生7508人，毕业生5237人。高中在校生5576人，减少1.4%，招生1823人，毕业生1578人。

全年申报省、市科技计划项目12项，其中，省级项目立项4项，全年授予专利权345件。

努力打造特色文化品牌。全年开展百姓月月乐广场文艺演出10场。成功举办2017年零陵春晚、“美丽乡村我的家”乡村春晚。举办首届零陵区乡村文化旅游节。

倾力推动群众体育发展。举办全区元旦长跑比赛、庆三八广场舞比赛、端午龙舟赛、全民健身日气排球比赛、职工篮球赛等大型全民健身活动5次。

着力打响“文化零陵”品牌。建设完成两座免费书屋，推广数字阅读，在政务中心和区政府安装2台电子阅读机。在全区25个公交站点建设免费书报刊服务点。建设完成2座24小时自助图书馆。

奋力提升文化服务品质。开展“三湘蒲公英”2017年少儿才艺大赛零陵区初赛，选送作品，获市选拔赛金奖2个，省决赛金奖1个。选送节目参加“新人新歌”大赛，《我的心在春风里舞蹈》在省、市皆获奖，歌手赵园园获永州市选拔赛银奖和省决赛铜奖、词作者唐生瑜获省决赛铜奖，《唱着山歌追太阳》获创作铜奖。

九、卫生和社会服务

2017年末，全区有医疗卫生机构626个，其中，医院16个，乡镇卫生院10个，社区卫生服务中心（站）18个，诊所（卫生所、医务室）130个，村卫生室432个，专业公共卫生机构20个。有卫生技术人员3921人，医疗卫生机构床位4412张。全年总诊疗242.54万人次，比上年增长4.5%，全年入院13.07万人次，比上年增长

5.7%，出院12.98万人次，死亡率0.07%，比上年降低0.02个百分点。门诊病人次均诊疗费用160.3元，住院病人次均住院费用4996.8元。

2017年，全年救助城市低保对象7.08万户、18.5万人次（按月累计），发放城市低保金4902.44万元。农村低保对象9.61万户、22.1万人（按月累计），发放农村低保金3002.3万元。特困供养对象27210人，发放供养资金2528万元。救助城乡患病困难对象48378人次，发放医疗救助金1297万元。

十、人口、人民生活和社会保障

2017年末，全区户籍人口61.6万人。全区常住人口56.14万人，其中，城镇人口为32.14万人，农村人口24.00万人，城镇化率达到57.3%，比上年提高2个百分点。全年出生人口8414人，比2016年多出生1171人，出生率为13.09‰，自然增长率为5.56‰，出生人口性别比为114.15（女性为100）。全年城乡居民人平可支配收入22502元，同比增长9.6%。城镇居民人平可支配收入27033元，同比增长10.0%。农村居民人平可支配收入17497元，同比增长8.9%。

2017年，全区城镇新增就业6046人，失业人员再就业2633人（其中帮助就业困难人员再就业1047人），新增农村劳动力转移就业5000人（其中新增贫困劳动力转移就业1002人），新增发放创业担保贷款2850万元。带动城乡就业5147人，其中，带动城镇就业2492人，全区零就业家庭动态援助率100%。建立“零陵区企业用工服务中心微信群”，举办不同规模、不同主题的招聘会18场，全区建档立卡贫困劳动力1310人，发放就业困难人员社会保险补贴233.69万元。

2017年，全区共开展职业培训4102人，其中，创业培训506人、贫困家庭“两后生”技能培训50人、计算机培训537人、育婴师培训61人、就业扶贫培训1952人、电算会计培训45人、其他培训855人，职业鉴定950人，取证800人。

2017年，全区城乡居民养老保险参保30.26万人，征缴基金2005.62万元，待遇领取人员8.5万人，发放养老金7000.6万元，养老金社会化发放率100%。企业养老保险新增扩面单位6家，新增参保1100人，征缴基金10927万元。机关事业单位养老保险参保单位240个，参保11400人，参保率100%，征缴基金18295万元、职业年金1256万元。城乡居民医疗保险参保548333人，参保率98.4%。城镇职工医疗保险参保27126人，征缴基金6760万元，生育保险征缴131万元。伤保险工作参保单位599家，参保32380人，征缴基金1081万元。失业保险参保21400人，征缴基金341万元。

2017年，引进高学历人才和急需紧缺专业人才28名。

十一、资源、环境和安全生产

2017年，全年降水量1615.7毫米。年末，共有水库140座，其中，中型2座，小一型18座，小二型120座，水库蓄水总量2534万立方米，比上年末减少1767万立方米。全年总用水量3.13亿立方米。其中，生活用水0.25亿立方米，工业用水0.42亿立方米，农业用水2.37亿立方米，生态补水0.017亿立方米。万元国内生产总值用水量3.13立方米/万元，万元规模工业增加值用水量0.42立方米/万元。人均用水量3.13立方米。

2017年，全区林地面积176万亩，占全区土地总面积的59.8%，森林蓄积量达250.3万立方米，同比增长4.7%。湿地总面积4531.7公顷，湿地保护率达到74.44%。

2017年，全区完成绿化建设面积8526公顷，全区森林覆盖率达55.8%。城区绿化覆盖率达41.7%，分别增长5.4%、4.9%。成功创建国家卫生城市、国家森林城市、国家历史文化名城、省级文明城区、省级园林城市，城乡面貌焕然一新，公众对环境质量满意率达到96.5%。生态保护红线区面积559.63平方千米，占国土面积比例28.5%。

环境质量稳中有升，潇湘

流域断面水质保持在Ⅱ类标准，石期河流域断面水质保持在Ⅲ类标准，城区集中式饮用水取水口水质保持在Ⅰ类标准，河流出境水质Ⅲ类标准达标率100%。城区空气质量优良率为84.9%，其中，6—8月空气优良率连续三个月100%。全区能源消耗总量107.92万吨标准煤，单位GDP能耗0.537吨标准煤/万元，同比下降6.4%。单位GDP建设用地消耗量下降10.2%，化学需氧量削减3%、氨氮削减2.98%、二氧化硫削减5%、氮氧化物保持不增不减，全面完成减排任务。

全年交通事故死亡人数6人，生产安全事故死亡5人，全年无火灾死亡人数。

注释：

[1] 本公报中数据均为初步统计数。部分数据因四舍五入的原因，存在着与分项合计不等的情况。

[2] 国内生产总值、各产业增加值绝对数按现价计算，增长速度按不变价格计算。

资料来源：本公报中财政数据来自区财政局；农业数据来自区农业委；林业数据来自区林业局；引进内外资、货物进出口数据来自区商粮局；旅游数据来自区政府办；教育数据来自区教育局；专利、科技立项数据来自区科经委；体育数据来自区文体新局；卫生数据来自区卫计委；社会服务、低保和五保救济数据来自区民政局；城镇新增就业、社会保障数据来自区人力资源和社会保障局；水库、水库蓄水量、水资源数据来自区水利局；环境监测数据来自区环保局；安全生产数据来自区安监局；其他数据均来自区统计局。

（二）2017年零陵区经济运行简析

初步核算，2017年全区实现地方生产总值231.1亿元，同比增长8.4%。其中，一、二、三次产业分别实现增加值41.6亿元、99.8亿元、89.6亿元，同比分别增长3.6%、2.8%和11.9%。三次产业的比重为18.0、43.2、38.8，与2016年比，第一产业下降1.2个百点，第三产业上升1.5个百分点。三次产业对经济增长的贡献率分别为9.2%、37.8%和53.0%。

一、农业生产保持稳定

2017年，全区完成农林牧渔业总产值75.0亿元，较上年同期增长4.4%。新建高标准农田1.5万亩，新增新型农业经营主体75家，新流转土地5万亩，大润农牧、雨田实业、丰盛农业等一大批田园综合体项目取得实质性进展。

二、规模工业形势趋好

2017年，全区实现规模工业增加值47.3亿元，同比增长8.3%。规模工业完成产值113.6亿元，增长14.7%（一季度为下降17.1%）。区属规模工业完成总产值74.9亿元，同比增长18.2%。烟厂完成产值37.0亿元，同比增长8.1%。分行业看，计算机、通信设备制造业完成产值5.5亿元，增长21.8%。农副食品加工业完成产值8.2亿元，增长31.0%。印刷业完成产值3.3亿元，增长54.8%。化学制品业完成产值2.8亿元，增长69.1%。木材加工业完成产值4.2亿，增长75.9%。

三、第三产业发展加快

2017年，全区社会消费品零售总额97.4亿元，同比增长10.8%，其中，城镇75.2亿元，增长10.7%，乡村22.2亿元，增长11.2%。潇湘汽贸城迅速发展，奔驰、宝马、奥迪、大众等一系列高端相继入驻，全年完成汽车销售18.5亿元，同比增长21.6%。通过举办首届乡村文化旅游节、清明祭柳、夏阳荷花节等一系列旅游活动，助推“零陵古城”走出湖南、走向全国。

四、固定资产投资平稳增长

2017年，完成固定资产投资225.7亿元，比上年增长13.2%。其中，5000万元以上项目投资完成100.3亿元，增长14.3%。5000万元以下项目投资完成112.1亿元，增长11.7%。房地产开发投资13.3亿元，增长17.8%。在项目投资中，其中工业投资95.4亿元，增长22.1%。技改投资52.6亿元，增长44.9%。全年固定资产投资施工项目507个，增长25.2%。其中，新开工项目441个，增长14.0%。

五、财税收入稳定增长

2017年，完成财政总收入16.2亿元，同比增长15.2%。其中，税收收入11.5亿元，同比增长32.8%，占比70.5%，比上年上升9.3个百分点。地方财政收入完成11.2亿元，同比增长4.2%。其中，非税收入4.8亿元，占比比上年下降8.1个百分点。完成一般预算支出37.7亿元，同比增长12.1%。

六、居民收入稳步提高

2017年，全区全体居民收入22502元，增长9.6%。其中城镇居民收入27033元，增长10.0%；农村居民收入17497元，增长8.9%。

（三）全区主要经济指标

全区主要经济指标

指　标	计量单位	1–12月	
		绝对额	同比增长（%）
地区生产总值	万元	2310811	8.4
第一产业	万元	416296	4.3
第二产业	万元	998185	7.1
第三产业	万元	896330	12.1
规模工业总产值	万元	1136108	14.7
规模工业增加值	万元	472940	8.3
固定资产投资	万元	2256917	13.2
社会消费品零售总额	万元	974240	10.8
财政总收入	万元	162400	15.2
一般预算收入	万元	112825	4.2
实际到位内资	亿元	24.8	14.0
实际到位外资	万美元	11630	10.7
进出口总额	万元	42900	15.3
金融机构存款余额（比年初增长）	亿元	248.8	20.2
金融机构贷款余额（比年初增长）	亿元	137.4	27.1
金融机构存贷比（比年初增长）	%	55.2	3.0
全体居民收入	元	22502	9.6
城镇居民收入	元	27033	10.0
农村居民收入	元	17497	8.9
居民消费价格指数（上年同期为100）	%	101.8	1.8

三、文件选编

中共永州市零陵区委办公室
关于区纪委派驻监督改革有关机构编制事项的
通　　知

零办发〔2017〕43号

各乡镇、街道党（工）委，区直各单位党组织：

为贯彻落实中央和省、市委关于纪检监察派驻机构体制改革的精神，进一步加强党内监督，充分发挥派驻机构职能作用，根据《关于零陵区纪委派驻监督改革有关机构编制事项的批复》（永编办发〔2017〕82号）精神，经区编委会研究并报区委同意，现就我区纪委派驻机构设置有关事项通知如下：

一、机构设置

共设立区纪委派驻纪检组13个，名称统一为“中共永州市零陵区纪律检查委员会派驻×××纪检组”。其中综合派驻纪检组10个：区纪委派驻区委办公室纪检组、区纪委派驻区人民政府办公室纪检组、区纪委派驻区委组织部纪检组、区纪委派驻区委宣传部纪检组、区纪委派驻区委统战部纪检组，区纪委派驻区委政法委纪检组、区纪委派驻区住房和城乡建设局纪检组、区纪委派驻区农业委员会纪检组、区纪委派驻区教育局纪检组、区纪委派驻区卫生和计划生育委员会纪检组；单独派驻纪检组3个：区纪委派驻永州市公安局零陵分局纪检组、区纪委派驻区人民检察院纪检组、区纪委派驻区人民法院纪检组。纳入区纪委派驻监督全覆盖的57家单位，原设置的纪检监督机构和领导职数相应予以核销（详见附件）。

二、主要职责

区纪委派驻机构由区纪委直接领导、统一管理，向区纪委负责请示报告工作。

（一）工作职责

依据党章规定，围绕监督执纪问责，履行党的纪律检查职能，监督重点对象是驻在部门（含归口和授权监督单位，下同）领导班子和区管干部及以下干部。主要工作职责是：

1.督促驻在部门领导班子落实党风廉政建设主体责任，履行对驻在部门党风廉政建设的监督责任。

2.检查驻在部门领导班子及其成员遵守党章和其他党内法规，贯彻执行党的路线方针政策和决议，遵守政治纪律和政治规矩，贯彻执行民主集中制，选拔任用干部，加强作风建设，依法行使职权和廉洁从政等情况，发现重要问题及时向区纪委报告。

3.经区纪委批准，初步核实反映驻在部门领导班子及区管干部的问题线索；参与调查驻在部门领导班子及区管干部违反党纪的案件。负责调查驻在部门内设机构、直属单位负责人和区管干部违反党纪的案件，必要时直接调查科员及以下干部违反党纪的案件。

4.受理对驻在部门党组织和党员的检举、控告，受理驻在部门党组织和党员不服处分的申诉。

5.对驻在部门领导班子因履行党风廉政建设主体责任不力、造成严重后果，提出问责建议。

6.承办区纪委交办的其他事项，负责本派驻机构干部日常管理和监督，协助驻在部门做好巡察工作。

（二）监督权限

1.派驻机构负责人参加或者列席驻在部门领导班子会议以及研究“三重一大”等事项的其他会议。

2.派驻机构根据工作需要，经批准可以查阅或者复制驻在部门的有关文件、资料、财务账目等材料。

3.派驻机构按照干部管理权限，经批准可以对驻在部门有关领导干部报告个人有关事项的材料进行查阅和调查核实。

4.派驻机构应当就驻在部门管理的领导干部和后备干部考察人选的党风廉政情况，提出书面意见。

5.派驻机构负责人可以约谈驻在部门管理的干部。需要函询、诫勉谈话的，按照有关规定办理。

6.派驻机构调查驻在部门管理的干部违纪案件，立案前应当征求驻在部门主要负责人意见，经纪委批准，也可以立案后予以通报。

7.派驻机构可以针对驻在部门党风廉政建设方面存在的问题，向驻在部门提出书面意见和建议，驻在部门无正当理由的应当采纳。

8.派驻机构有权采用党内法规规定的履行纪律检查职能的其他措施。

三、人员编制

区纪委派驻机构各组核定行政编制4名，设组长1名（为副科级领导职数），副组长1名。所需行政编制由区机构编制委员会根据“编随事走”等原则，从区直有关单位调剂分配。

四、其他事项

（一）派驻机构与区纪委的关系。派驻机构由区纪委直接领导，协助、配合区纪委职能部门履行相关职责。区纪委职能部门按照业务分工，对派驻机构进行管理、指导、服务和监督。

（二）派驻机构与驻在部门的关系。派驻机构与驻在部门是监督与被监督的关系。驻在部门相关机构承担本部门教育、制度、监督等党风廉政建设日常工作，机关党委（党总支、党支部）、机关纪委（纪律检查委员）主要负责查处本部门科员及以下干部违纪案件；派驻机构对驻在部门机关党委（党总支、党支部）、机关纪委（纪律检查委员）和直属单位的纪检工作进行业务指导和监督检查。

（三）派驻机构与区直属机关纪工委的关系。派驻机构与区直属机关纪工委都是区纪委派出的机构，工作上相互沟通、协调和配合。区直属机关纪工委领导区直机关各部门机关纪委的工作。派驻机构根据职责查办驻在部门有关案件，提出党纪处分建议，涉及科级干部时，指导驻在部门机关党委（党总支、党支部）、机关纪委（纪律检查委员）做好向区直属机关纪工委报审工作。

中共永州市零陵区委办公室

2017年9月20日

零陵区“旅游升温”战役实施方案

为贯彻落实市委经济工作会议和区委区政府打好“旅游升温”战役的精神，打赢零陵“旅游升温”战役，特制定如下实施方案。

一、指导思想

按照市委“着力打好六大战役”的要求，大力实施区委“旅游旺区”战略，突出把加快文化旅游产业，作为零陵转型发展的主攻点，全面“发声、发动、发酵、发展”，把零陵建设成全国旅游休闲示范城市、全国全域旅游示范区、湘粤桂区域知名旅游目的地及黄金驿站、湖南旅游和文化的新标杆、永州的会客厅、永州高端旅游产品的第一品牌，全方位打好旅游升温战。

二、工作目标

通过3年的努力，为零陵古城创建AAAAA级景区打下坚实基础，AAAA级景区达到3个，AAA级景区达到4个；接待国内外游客人数达到800万人次以上，全区旅游综合收入达到80亿以上，旅游业成为全区国民经济发展的支柱产业。

三、工作举措

（一）旅游规划升温。按照“政府主导、规划引导、策划先行”的思路，以发展全域旅游为核心，把全区作为一个大景区来统筹规划。完善好“大零陵古城”旅游规划、“零陵古城”文化旅游项目修建性详规、潇水及愚溪河两岸景观带的规划与设计、潇水国家湿地公园保护与开发规划、“永州之野”精品路线相关规划以及“潇湘文化产业园”项目规划等，强化专项规划与全域规划的对接、融合，把全景、全时、全业、全民贯穿规划建设始终，实现从景区旅游向全域旅游的提升。

（二）景区建设升温。全面推进“一个核心、三条精品线、三大板块”建设，打造零陵全域旅游。建好零陵古城城区这个“核心”。按照“城区即景区”思路，加快城市景区建设，零陵古城项目一期建设完工并成功开街，完成仿古建筑、配套园林景观及道路建设；东山景区要完成法华寺、怀素公园、张飞公园、古城楼、怀素草书艺术交流中心等重点工程建设；完成潇水国家湿地公园和萍岛二期建设，加强古城核心区风貌改造，营造“一街一景、处处皆景”的城市景观。连好“三条精品线”。按照“规划到位，分步实施，分批开发”原则，逐步完成各节点的建设规划、产业发展规划和精品线路设计。重点打造“永州之野”乡村旅游线路、双牌灌区百里花果生态观光线及邮亭圩黄江源精品线，完成异蛇山庄养殖体验区建设，推进周家大院景区创3A级景点，加快推进双牌水库灌区百里花果生态观光项目、“水上大世界项目”、仙姑花海、高贤荷海等项目建设力度。规划建设好 “三大板块”。以打造“进城” “下乡” “入水”三种体验为目标，将全区旅游规划整合为零陵古城、乡村旅游、沿河风光带三大板块，合理布置吃、住、行、游、购、娱等基础配套。规划新建大零陵古城旅游停车场、游客接待中心、东山旅游商品商贸街、自驾车营地，注重核心景区的周边建设；亮化“入水”景观，实施游客码头建设，做好贤水风光带规划设计，完成潇水、愚溪两岸绿化、亮化、美化改造提质。

（三）市场开发升温。按照“细分市场为基础、以定向促销为重点、以区域合作为依托”的工作思路，加大旅游市场开发力度，扩大零陵古城在国内外市场的影响力。加强项目开发。依托零陵古城人文山水古城特色，用好国家历史文化名城这块牌子，整合文化、文学、文物资源，加大对“永州八景”、“永州八记”等旅游资源的挖掘和开发，开发历史文化展示、研学访古、民俗体验等旅游产品。重点精心包装“永州之野”精品旅游线路上的“水上大世界项目”、黄溪大峡谷生态旅游区、观音山宗教文化旅游区、潇湘文化产业园及自驾游营地等5—8个精品项目。借力平台推广。充分利用国家、省、市旅游推介平台，举办专门的旅游推介活动，组织发动旅游企业积极参加各种形式的促销活动，充分发挥旅游企业的主动性和创造性，鼓励和指导旅游企业开展个体宣传。加大招商力度。鼓励战略投资者采取兼并收购、产股权转让、增资扩股、互相持股、独资经营、合资合作等多种投融资方式，就重大旅游开发项目进行合作。争取引进1—2家有实力、善经营、讲诚信的品牌战略投资者，对优质资源进行整体开发、运营，引进1—2家五星级酒店、2—3家四星级酒店或度假村,3—6家全国假日连锁酒店。

（四）宣传营销升温。以“潇湘之源、诗画零陵”为主打品牌，通过遗产保护开发、文旅融合发展、特色节会打造、文创产品研发、营销活动推广等方式，不断扩大零陵文化旅游的文化底蕴和知名度。强化遗产保护开发。认真落实国家历史文化名城保护规定，全面加强“八记”“八愚”“八景”遗址等文物古迹的抢救性保护、保护性修缮，加强零陵渔鼓、零陵花鼓戏等非物质文化的保护与传承，彰显零陵古城“仰首是历史、俯首是文化”的文化底蕴。突出文旅融合发展。按照“以文促旅、文旅结合”的思路，让厚重的历史文化资源“活”起来，用文化提升旅游品质，努力将文化资源优势转化为旅游发展优势。打造特色文化节会。全力塑造零陵“潇湘文化艺术节”品牌，并持之以恒地做下去，创新办好全国第四届草书展、怀素草书艺术节、周氏宗族理学研讨会、“放飞青春、追梦零陵”全国中小学生文化艺术节、清明祭柳、柳子家宴、龙舟赛等节庆活动，将节庆打造成品牌，把零陵文化旅游发展为“锦绣潇湘”的重要基地。推进“月月乐”活动进景区景点，鼓励指导每个景区创办自有特色节庆活动。支持鼓励文创产品。强化政府引导，坚持创新驱动，推动优秀文化资源与创意设计、旅游等跨界融合，大力吸收永州八景、零陵渔鼓等景点及非物质文化遗产元素，积极开发文创产品，注重规模生产、优质生产、特色生产。扩大宣传渠道。推进智慧旅游建设，充分利用新媒体平台，加强与知名网站合作，完善旅游地图、名片、彩铃等系统，完善零陵旅游精品线路的编制；加大本地旅行社的培育壮大及其与外地旅行社的对接合作力度，打造零陵旅游品牌。

（五）管理服务升温。从严规范旅游市场。制定和完善零陵区旅游管理的规章制度，规范旅游市场各主体的行为，切实保障游客、景区、旅行社三方的合法权益。加强旅游诚信体系建设，大力倡导诚信经营和优质服务，重点整治非法经营旅游业务、“零负团费”运作旅游团队和无证导游、欺客宰客等违法违规行为，营造良好的旅游消费环境。加强旅游从业人员队伍建设。积极探索旅游人才选、用、育、留新思路，着重培养和使用项目策划型、产品开发型、市场营销型、服务技能型人才，为产业发展提供更专业的智力支持和更丰富的人力资源。加强市民素质培养。引导市民树立“人人都是旅游形象”的意识，不断提升市民“人人成为旅游使者”的责任感，塑造出热情好客、友善诚信的零陵旅游形象。

四、保障措施

（一）加强组织领导。成立区“旅游升温”战役指挥部，统一指挥、调度、协调、督查、考核，区委书记唐烨任指挥长，区委副书记盘志元任常务副指挥长，副区长张恒任执行副指挥长，区委常委、统战部长蒋映群，区委常委、人武部政委蒋诚，区人大常委会副主任金长青，区政协副主席欧阳永衡为副指挥长，下设办公室，从全区抽调8-10名懂旅游、执行力强的人员为工作成员。建立健全旅游发展体制机制，完善旅游联席会议制度，配齐配强区旅游局班子，增加人员，提高旅游行政机关的管控能力、统筹能力与发展能力。各景区明确管理经营主体，以进一步提高景区的管理和服务水平，提升景区效益。

（二）加强政策支持。以区委区政府名义制定下发《零陵区关于鼓励发展旅游业的若干实施意见》，明确政策支持和奖惩办法，强力推进政府引导和市场化运作；鼓励扶持旅行社做大做强，并加强与国内外知名旅行社的合资合作；在土地供应、财政税收、信贷融资、招商引资、人才引进、项目建设、工作保障等方面出台支持旅游升温战的保障措施；大力支持旅建投做大做强，设立旅游产业发展资金，为旅游项目建设提供资金保障，确保预期目标顺利推进。

（三）加强督查考核。制定出台年度旅游工作考核办法，将旅游工作纳入全区绩效评估考核体系，明确任务，细化责任，加大对各部门、项目协调小组、乡镇的旅游工作考核力度。建立工作调度和定期通报制度，加强监督检查和考核。建立科学严格的奖惩机制，对项目建设、资金投入、项目引进、市场开发、服务水平等情况进行严格考评，对成绩突出的给予表彰奖励，对存在问题、工作不力的要追究责任。

零陵区全面推行河长制实施方案

为贯彻落实《中共湖南省委办公厅湖南省人民政府办公厅印发<关于全面推行河长制的实施意见>》（湘办〔2017〕13号）和《中共永州市委办公室永州市人民政府办公室印发（永州市全面推行河长制实施方案）》（永办〔2017〕11号）文件精神，创新河库保护管理体制机制，推进生态文明，建设开放、文明、富裕、幸福新零陵，决定在全区全面推行河长制，结合工作实际，现制定以下实施方案。

一、总体要求

（一）指导思想

全面贯彻党的十八大和十八届三中、四中、五中、六中全会精神，深入学习贯彻习近平总书记系列重要讲话精神，牢固树立五大发展理念，坚持节水优先、空间均衡、系统治理、两手发力。全面落实市委第五次党代会、区委第八次党代会精神，紧紧围绕“五位一体”总体布局、“四个全面”战略布局，建设开放、文明、富裕、幸福新零陵战略部署，以保护水资源、防治水污染、改善水环境、修复水生态为主要任务，在全区河库全面实行河长制，构建责任明确、协调有序、监管严格、保护有力的河库管理机制，维护河库健康生命，实现河库功能永续利用。

（二）基本原则

1.坚持生态优先、绿色发展。遵循人与自然和谐发展理念，强化规划约束，科学开发、合理利用、有效保护河库资源，促进河库休养生息、维护河库生态功能。

2.坚持党政领导、部门联动。建立以党政领导负责制为核心的责任体系，明确各级河长及相关部门职责，整合各方力量，协调推动河库管理保护工作。

3.坚持属地管理、分级负责。各乡镇街道对辖区内所有河库管理保护负主体责任，区政府负责跨乡镇河流、中型水库监督协调工作，并做好河长制监督、检查、考核工作。

4.坚持问题导向、因地制宜。立足不同河库实际，统筹城市与农村发展需求，上下游、左右岸协调推进，水域与岸地共同治理，充分发挥河库综合功能。

5.坚持强化监督、严格考核。健全河库管理保护的监督考核和责任追究制度，科学规划，严格执法，切实发挥河长制责任落实、协调保护、监管督查作用。

（三）工作目标

1.总体目标。全区5公里以上河流（5公里以下重要河流）、小Ⅱ型以上水库和库容5万立方米以上10万立方米以下的骨干山塘，实现河长制全覆盖。根据我区河流水系水库及管理体系，建立河库级别和河库所在地相结合的三级河长制；推动各级党委、政府全面履行河库保护管理责任，创新河库管理保护机制；实施山水林田库系统治理，有效修复和恢复河库生态功能；加快实现“河流畅通、水质良好、生物多样、岸线优美”的目标。

2.具体目标。通过“十三五”时期的努力，实现以下主要目标：

用水总量严格控制。全区用水总量控制在3.31亿立方米以内，万元工业增加值用水量降低到58立方米以下，农田灌溉水有效利用系数提高到0.54以上。

水体水质持续好转。全区重要河库水功能区水质达标率达到95%以上，城区饮用水源水质保持在Ⅱ类以上。

水域岸线有效保护。全区河库水域面积保有

率不低于5.42%，湘江、潇水河流自然岸线保有率不低于90%，城区达到国家规定的防洪治涝标准。

生态环境明显改善。城区黑臭水体控制在10%以内，全区森林覆盖率稳定在56%以上，湿地保护率稳定在72%以上，水生生物重要栖息地、洄游通道保护率70%，河道管理范围内“乱占乱建、乱围乱堵、乱采乱挖、乱倒乱排”现象有效遏制。

管理制度逐步完善。建立涵盖基础信息、实时水量水质数据等在内的河库管理信息平台、河库管埋与保护联合执法机制逐步形成。

根据我区河流水系及管理体系，实施按河流级别和河流所在地相结合的三级“河长制”，覆盖全区范围内的5公里以上的河流。推动区、乡镇街道以及村级组织全面履行河流保护管理责任，创新河流保护管理体制，建立水陆共治、部门联治、全民群治的河流保护管理长效机制，加强水管理，保护水资源，防治水污染，维护水生态，保障河流健康。

二、工作任务

（一）加强水资源保护

1.控制用水总量。健全流域取用水总量控制指标体系，加强国民经济和社会发展总体规划、城市总体规划和重大建设项目布局的水资源论证工作，严格建设项目水资源论证，对取用水总量接近控制指标的乡镇街道，限制审批建设项目新增取水许可；已达到或超过控制指标的乡镇街道，暂停审批建设项目新增取水许可。严格控制开采深层承压水，地热水、矿泉水开发应严格实行取水许可和采矿许可。2020年，全区用水总量控制在3.31亿立方米。（区水利局牵头，区发改委、市城区水文水资源局、区国土局、区科经委、区住建局、区城管执法局等参与，乡镇街道负责落实。）

2.提高用水效率。严格采用用水定额核定取用水量，强化行业和产品用水强度控制。重点对高耗水工业行业节水技术改造，开展工业企业节水诊断、水平衡测试和用水效率评估。对使用超过50年和材质落后的城市供水管网进行更新改造。到2020年，全区公共供水管网漏损率控制在10%以内。加强农田水利建设和现代高效节水工程设施建设，到2020年，基本完成大型灌区、重点中型灌区续建配套和节水灌溉建设任务，新增农田有效灌溉面积0.6万亩，发展高效节水灌溉面积2.1万亩。（区水利局牵头，区发改委、区科经委、区财政局、区农业委、区国土局、区城管执法局等参与，乡镇街道负责落实。）

3.加强水源保护。加强入河排污口监管，对违法排污行为开展专项整治，关闭设置不合理的排污口；对排污量超出水功能区限制排污总量的地区，限制审批新增入河排污口。开展饮用水水源地安全保障达标建设，依法拆除或关闭饮用水水源一级、二级保护区内排污口和与供水设施无关的建设项目。推进农村集中式饮用水水源保护区划定和调整，加快推进农村饮水安全巩固提升工程建设，重要饮用水水源地按季度向社会公开城市饮水安全状况信息。（区水利局、区环保局牵头，市城区水文水资源局、区住建局、区城管执法局、区卫生计生委等参与，乡镇街道负责落实。）

4.提高供水保障。加强重点水源工程建设，在全面强化节水、增效、治污、控需的前提下，充分挖掘现有水库工程供水潜力。结合城乡供水及农田灌溉，提高区域水资源水环境承载能力。加快城市应急备用水源建设，2020年底前，加快何仙观水库作为中心城区应急备用水源建设，增强城乡用水保障和应急能力。（区水利局牵头，区发改委、区环保局、区住建局、区城管执法局等参与，乡镇街道负责落实。）

（二）加强河库管理保护

5.加强河库综合整治。加快全区防洪排涝体系建设和综合整治，大力开展河道疏浚、清障和护岸工程建设，提高防洪通航能力，城区防洪标准提高到50年（含）一遇以上，农村重要保护区域防洪标准提高到10年（含）一遇以上。结合城市总体规划，城区沿江两岸逐步建设沿河生态景观带，增强水体流动性，提高水环境承载能力，构建良好的水生态系统。（区水利局、区交通运输局牵头，区发改委、区国土局、市城区水文水资源局、区城管执法局、区农业委、区财政局、区住建局等参与，乡镇街道负责落实。）

6.加强河库岸线管理。建立河库自然资源资产产权制度，开展水域、滩涂、岸线等自然生态空间确权登记，2017年底前完成湘江、潇水干流及大中型水利工程管理与保护范围划定调查工作，2020底前基本完成湘江、潇水主要支流的保护范围划界调查工作，按照轻重缓急、先易后难的原则有序推进划界确权工作。根据河库功能定位，充分考虑地区水资源条件、环境承载能力、防洪安全和生态要求，科学确定岸线保护区、保留区、控制利用区和开发利用区。到2020年，湘江、潇水支流自然岸线保有率不低于90%。建立健全河库规划治导线制度，保障防洪安全。（区水利局、区国土局牵头，市城区水文水资源局、区发改委、区交通运输局、区农业委、区林业局、区住建局、区城管执法局等参与，乡镇街道负责落实。）

7.加强河库水域管理。按照保护生态、管控结合、等效替代的原则，建立完善建设项目占用水域补偿制度。严格禁止建设项目非法占用水域，防止减少现有河库水域面积，到2020年，全区河库水域面积保有率不低于5.42%。加强涉河建设项目管理，严格履行报批程序和行政许可，建立涉河建设项目行政许可信息通报和公告制度。（区水利局牵头，区发改委、区国土局、区住建局、区交通运输局、区农业委等参与，乡镇街道负责落实。）

8.规范河道采砂管理。严格执行河道采砂规划，按照“去产能、控产量、严监管”的原则，健全“政府主导，水利主管，部门配合”的监管体系，严厉打击各类涉砂违法行为。大力开展河道清障，2020年，完成城区、重要交通干线沿线等重点河段采砂尾堆清理。（区水利局牵头，区财政局、区国土资源局、区交通运输局等参与，乡镇街道负责落实。）

（三）加强水污染防治

9.加强工业污染防治。对造纸、氮肥、有色金属、印染、农副食品加工、原料药制造、制革、农药等重点行业进行专项治理，全面禁止新设不符合国家产业政策的小型造纸、制革、印染、染料、农药等严重污染水环境的工业企业。2017年底前，工业集聚区要按规定建成污水集中处理设施，并安装自动在线监控装置，经预处理达标后方可进入污水集中处理设施，逾期未完成的，一律暂停审批和核准新增水污染物排放的建设项目，并依照有关规定撤销其园区资格。（零陵工业园、住建局牵头，区发改委、区环保局、区科经委等参与，纳污管道指挥部及乡镇街道负责落实。）

10.加强城镇生活污染防治。持续推进城镇污水处理设施建设与改造，2017年底前，城区污水处理率达到95%以上。加强现有城区生活污水处理厂运营维护与管理，保障污水处理厂持续运行和稳定达标，加快建设再生水利用设施。全面加强污水处理配套管网建设，加快实施雨污分流改造，难以改造的，应采取截流、调蓄和治理等措施，新建污水处理设施的配套管网要同步设计、同步建设、同步投运，全区和重点镇具备污水全收集、全处理能力。推进污水处理设施产生污泥的稳定化、无害化和资源化处理处置，全面完成污泥处理设施的达标改造，2020年底前城区污泥无害化处理处置率达到100%。实行城乡环卫一体化，建设覆盖城乡的垃圾收转运体系和垃圾分类收集系统，到2020年，生活垃圾资源化利用率达到30%以上，60%以上的乡镇街道建成覆盖城乡的垃圾收转运体系。大力推进垃圾焚烧发电，稳妥推进其他处理方式，实现生活垃圾的减量化、资源化。（区环卫局牵头，区住建局、区发改委、区环保局、区农业委等参与，乡镇街道负责落实。）

11.加强农业农村污染防治。制定实施农业面源污染综合防治方案，开展农作物病虫害绿色防控和统防统治，实行测土配方施肥，完善高标准农田建设标准规范，到2020年，主要农作物测土配方施肥技术推广覆盖率达到90%以上，农作物病虫害统防统治覆盖率达到40%以上。科学划定禽畜养殖禁养区、限养区、适养区。依法关闭或搬迁禁养区内的畜禽养殖场（小区），适养区新建、改建、扩建规模化畜禽养殖场实施雨污分流和标准化改造，2020年底前，基本完成适养区内存栏生猪500头以上规模养殖场的标准化改造，基本实现养殖粪便污水和病死禽畜等有机废弃物的资源化利用。制定重点河库和水域水产养殖规划，对不符合养殖规划的网箱养殖开展专项整治和清退。全区推进农村饮用水水源地保护、生活污水处理、垃圾处置、畜禽养殖污染整治和农村面源污染防治，提高农村生态文明建设水平。（区农业委牵头，区发改委、区环保局、区城管执法局、区国土局、区水利局、市城区水文水资源局、区林业局等参与，乡镇街道负责落实。）

12.加强交通运输污染防治。编制实施全区港口、码头、装卸站污染防治方案，加快港口码头垃圾接收、转运及处理处置设施建设，位于内河的港口、码头、装卸站及船舶修造厂于2020年底前达到建设要求。严格执行船舶污染物排放标准，依法强制报废超过使用年限的船舶，限期淘汰不能达到污染物排放标准的船舶，严禁新建不达标船舶进入运输市场。自2017年7月1日起，禁止生活污水排放达不到要求的内河运输船舶以及单壳化学品船、600载重吨以上的单壳油船进入湘江、潇水水域航行，停止此类船舶的检验和营运手续。（区交通运输局牵头，区科经委、区环保局、区城管执法局等参与，乡镇街道负责落实。）

（四）加强水环境治理

13.加强不达标水体污染整治。根据《永州水功能区划》，对水功能区水环境质量监测长期不达标的区域开展综合治理。到2018年底前，基本完成湘江、潇水等污染较重流域河段污染整治。（区环保局牵头，区发改委、区城管局、区水利局、市城区水文水资源局、区农业委等参与，乡镇街道负责落实。）

14.加强城区黑臭水体整治。城区要根据水体排查结果，及时公布黑臭水体名称、责任人及达标期限。采取控源截污、垃圾清理、清淤疏浚、河库连通、生态修复等措施，加大黑臭水体治理力度，每半年向社会公布治理情况。到2020年底前，完成黑臭水体治理目标。（区住建局、区城建投牵头，区环保局、区水利局、区农业委等参与）

15.加强河道保洁。加快建立“政府主导、部门协作、公众参与”的河道保洁工作机制，按照“控源头、清河道、重监管”的要求，全面清除河道内堆积的废弃物，逐步清理河道管理范围内的违章建筑，落实河库清障、绿化和保洁等日常管护工作。实现城区段河面垃圾有专人清理，实现水面无大面积漂浮物，河岸无垃圾的目标。（区水利局牵头，区环卫局、区交通运输局等参与，乡镇街道负责落实。）

（五）加强水生态修复

16.加强流域源头保护。健全河库源头保护机制，建立生态红线分区域分级分类管理制度，在湘江、潇水干支流源头区，加强水土流失预防监督和综合治理，因地制宜推进小流域综合治理等生态保护工程，完善对重点生态功能区保护的政策措施，确保湘江、潇水水质不下降。通过实施生态保护、生态修复、污染防治等项目，实现湘江、潇水水质达到Ⅲ类水质以上。（区环保局、区水利局牵头，区发改委、市城区水文水资源局、区林业局、区财政局、区国土局、区农业委等参与，乡镇街道负责落实。）

17.加强水量调度管理。优化流域和区域水资源调度方案、应急调度预案，制定湘江、潇水干流和主要支流控制断面的最小流量，采取闸坝联合调度、生态补水等措施，合理安排闸坝下泄水量和泄流时段，维持河库基本生态用水需求，重点保障枯水期生态基流。加大水利工程建设力度，发挥好控制性水利工程在改善水质中的作用。（区水利局牵头，市城区水文水资源局、区环保局、区农业委等参与，乡镇街道负责落实。）

18.加强河库水系连通。以湘江、潇水为重点，着力解决水系复杂、河库萎缩、蓄滞洪水能力降低等问题，逐步构建流域布局合理、生态良好、引排得当、蓄泄兼顾、丰枯调剂、多源互补、调控自如的河库水系连通体系。加强水生物重要栖息地、洄游通道保护，水生生物重要栖息地、洄游通道保护率达70%。（区水利局牵头，区发改委、市城区水文水资源局、区住建局、区农业委等参与，乡镇街道负责落实。）

19.加强森林湿地保护。以国家级、省级重点生态功能区为重点，大力开展植树造林，实施退耕还林、封山育林、水土保持、矿山植被修复等生态工程，不断扩大森林面积，提高水源涵养能力。加强潇水国家湿地公园建设，开展湿地保护与修复，编制实施《零陵贯彻落实<湿地保护修复制度>实施意见》、《生态红线湿地资源管理实施方案》，加强湿地保护修复，禁止湿地无序开发，确保全区67975.5亩湿地面积不减少。到2020年，全区森林覆盖率稳定在56%经上，湿地保护率狠定在72%以上。（区林业局牵头，区发改委、区环保局、区财政局、区国土局、区住建局、区水利局、区农业委等参与，乡镇街道负责落实。）

（六）加强执法监管

20.完善河库管理制度体系。建立领导干部自然资源资产经济责任审计制度，把河库保护管理工作作为对领导干部自然资源资产经济责任审计的主要内容之一。落实《党政领导干部生态环境损害责任追究办法（试行）》，强化党政领导干部河库生态环境保护职责。探索建立与生态文明建设相适应的河库健康评价体系，开展河库健康评估，条件成熟后发布河库健康公报。建立网格化、全方位河库水域岸线巡查检查制度和违法行为报告制度，强化日常监督和考核问责。完善河库及堤防管理养护制度，明确河库管理责任和管理主体，积极推行管养分离和政府购买服务方式，实现河库养护专业化、社会化。落实河道管理、河道采砂、库泊保护等法规规章。（区水利局牵头，区环保局、区发改委、区财政局、区国土局、区住建局、区农业委、区审计局、区网格办等参与，乡镇街道负责落实。）

21.加强日常行政监管执法。强化行政监管与执法，建立水行政部门牵头、相关部门共同负责的河库保护管理联合执法机制。积极探索综合执法试点，统筹水利、环保、农业、林业、国土资源、交通运输、城管等部门涉及河库保护管理行政执法职能，成立综合执法队伍。开展河库“乱占乱建、乱围乱塘、乱采乱挖、乱倒乱排”突出问题专项整治，健全行政执法与刑事司法衔接配合机制，严厉打击非法侵占水城岸线、擅自取水排污、非法采砂、非法采矿洗矿、倾倒废弃物以及电、毒、炸鱼等破坏河库生态环境的违法犯罪行为。落实河库管理执法监管责任主体、人员、经费和设备，完善监督考核机制，加强河库水域巡查保洁及堤防工程建设和监管。（区水利局牵头，区公安分局、区国土局、区环保局、区城管执法局、区交通运输局、区农业委、区林业局等参与，乡镇街道负责落实。）

22.提升动态监测监管水平。建设全区河库管理地理信息系统平台，加强河库水域环境动态监管，湘江、潇水干流及主要支流要逐步建立监控系统，实现基础数据、涉河工程、水域岸线管理及水位、水量、水质监测等信息化、系统化。加强河库水域环境动态监管，及时制止河道管理范围内的违法行为。建立实时、公开、高效的河长即时通信平台，将日常巡查、问题督办、情况通报、责任落实等纳入信息化、一体化管理，提高工作效能，接受社会监督。（区水利局牵头，市城区水文水资源局、区国土局、区环保局、区城管执法局、区网格办、区交通运输局、区农业委、区卫生计生委等参与，乡镇街道负责落实。）

三、责任分工

（一）组织领导

成立零陵区河长制工作委员会（简称“委员会”），委员会由河长、副河长、委员组成，在区委、区人民政府领导下开展工作。由区委书记任第一河长；区委副书记、区人民政府区长任河长；区委副书记，区人大常委会主任，区政协主席，常务副区长及区人民政府分管水利副区长任副河长。

常务副区长任湘江（零陵段）河长，区政府分管水利副区长任潇水（零陵段）河长。湘江、潇水及一级支流与黄溪河等15条河流、2座中型水库分别由17名区级领导任河长。

委员会成员由区纪委、区委组织部、区委宣传部、区编办、区发改委、区科经委、区财政局、区水利局、市城区水文水资源局、区教育局、区公安分局、区人社局、区国土局、区环保局、区住建局、区城管局、区交通运输局、区农业委、区林业局、区卫计委、区审计局、零陵工业园、区城建投、区环卫局、区法制办、区网格办、区工商分局等部门主要负责人和各乡镇街道主要负责人组成，各成员单位明确一名科级干部为联络员。委员会在区水利局设立河长制办公室（简称“河长办”），办公室主任由区水利局主要负责人担任。

各乡镇街道设置相应河长制工作委员会和河长制办公室。各乡镇街道党政主要领导担任该辖区内第一河长、河长，同级负责同志担任相应河流河段“河长”。

（二）工作职责

1.委员会职责：研究制定相关制度和办法，批准年度工作计划，组织协调相关综合规划和专业规划的制定与实施，协调处理部门之间、区域之间的重大争议，组织开展综合考核工作，统筹协调其他重大事项。

2.河长职责：

第一河长、河长、副河长负责领导本行政区域内河长制工作，分别承担总督导、总调度和直接领导河长制办公室职责。各级河长是所辖河库保护管理的直接责任人。

区管河段河长负责组织领导相应河库的管理和保护工作，包括水资源保护、水域岸线管理、水污染防治、水环境治理等；牵头组织对侵占河道、超标排污、非法采砂等突出问题进行清理整治，协调解决重大问题；对相关部门和下一级河长履职情况进行督导，对目标任务完成情况进行考核。

乡镇街道第一河长、河长负责牵头推进河库突出整治、水污染综合防治、河库巡查保洁、渔政管理、河库生态修复、河道采砂整治和河库保护管理，协调解决实际问题，检查督导下级河长和相关部门履行职责。

乡镇河段河长负责本乡镇街道范围内河库管理工作，制定落实辖区内河库管理策略和方案，组织开展河库整治工作，按照属地管理原则配合执法部门打击涉水违法行为，处理结果及时反馈至区河长制办公室。

3.河长办职责。承担河长制组织实施具体工作，起草相关工作规则和制度，落实委员会和河长确定的事项，主要职责为组织协调、调度督导、检查考核。

4.委员会成员单位职责。

区纪委：负责河长制工作实施过程中，对不作为、慢作为、乱作为进行问责。

区委组织部：负责指导河长制办公室对乡镇街道河长制成员及成员单位责任人的考核并对考核进行结果运用。

区委宣传部：负责组织河库保护管理的宣传教育、典型推介和舆论引导工作。

区编办：负责河长制有关机构设置和职能调整工作。

区发改委：研究制定河库保护产业布局和重大政策，统筹河库管理规划，协调推进河库保护有关重点项目等。

区科经委：负责推进工业企业污染控制，协调新型工业化和河库保护管理有关问题；负责组织开展节约用水、水资源保护、河库环境治理、水生态修复等技术示范和技术推广。

区财政局：负责落实区级河长制专项经费，协调、整合河库保护管理所需资金，监督资金使用。

区水利局：负责开展水资源开发利用、节约、保护，水量调度，水量、水质监测工作，推进节水型社会和水生态文明建设。组织水域岸线保护和管理、河库划界确权、河道采砂管理、水土流失治理等工作，依法查处水事违法违规行为。负责河长制办公室的日常工作。

市城区水文水资源局：负责收集河流基本特征信息，雨量、水量、水质监测，生态流量确定、洪水预警预报，警戒水位确定和水生态监测站网构建及生态监测等工作。

区政府办（法制办）：负责组织河库保护管理的规范性文件进行合法性审查。

区网格办：负责组织推进乡镇街道河道网格化管理并建立河长制电子信息平台。

区教育局：负责指导和组织开展中小学生河库保护管理教育活动。

区公安分局：负责依法打击破坏河库环境、影响社会公共安全的违法犯罪行为。

区人力资源和社会保障局：负责将河长制实施工作的考核纳入政府工作绩效中，并落实奖惩措施。

区国土局：负责矿产资源开发整治过程中环境保护工作，负责协调河库治理项目用地保障、河库及水利工程管理范围和保护范围确权登记。加强流域内地质灾害的防治。

区环保局：负责水污染防治的统一监督指导，实施更严格的河库排污标准，开展入河污染源的调查执法和达标排放监管。开展水环境质量评估，落实行政区域交界断面交接责任和补偿机制。

区住建局：负责城乡建成区范围内由建设系统管理的水域环境治理工作，推进城镇污水管网建设。

区城管局：负责城区范围内垃圾处理相关基础设施的监管，负责沿江大道乱设摊点的整治。

区环卫局：负责推动城镇垃圾处理设施的建设与监管，负责整治城区乱倒建筑垃圾和渣土工作。

区工业园：负责组织工业集聚区按规定建设污水集中处理设施。

区城建投：负责组织城区黑臭水体整治工程项目的实施。

区交通运输局：负责组织航道整治及疏浚、水上运输及港口码头污染防治，实施航道治理，改善通航条件，加强水上交通安全监管。

区农业委：负责监管农业面源防治，推进农业废弃物综合利用，发展节水农业；畜牧水产局负责畜禽养殖污染防治技术指导和水产养殖污染防治工作，依法依规查处破坏渔业资源的行为。

区林业局：负责推进生态公益林和水源涵养林建设，协调推进河库沿岸绿化和湿地修复工作。

区审计局：负责水域、岸线、滩涂等自然资源资产经济责任审计。

区卫计委：负责集中式供水单位卫生监督检查，集中式供水和二次供水的饮用水卫生监督监测，饮水安全的卫生疾病预防控制工作。

区工商分局：负责监督、查处、取缔无证无照经营行为，协同有关部门严把建设项目审批关，对国家规定关停、取缔的企业和项目依法吊销营业执照或办理变更登记。

区直各成员单位要按照职责分工，协同推进各项工作。各乡镇街道要根据实际情况，进一步明确细化有关部门的工作职责，结合市区《方案》在2017年5月底前，制定出台本辖区落实河长制的实施方案并认真抓好落实。

四、工作措施

（一）强化领导，建立机制。各级党委和政府要把实施河长制作为推动生态文明建设的重要举措，切实加强组织领导，成立相应的管理机构，建立区乡村三级河长制，结合实际，制定辖区实施河长制工作方案。要建立河长制会议制度，河长要定期和不定期牵头召集成员单位，研究实施河长制有关工作方案、推进措施和需要协调解决的重点难点问题。建立河长制工作督办制度，开展日常督办、专项督办和重点督办，确保工作落实。区河长办制定《零陵区河长制工作规则》，各乡镇街道2017年5月底前出台河长制实施方案。(区河长办牵头、相关成员单位参与)

（二）严格考核，问责兑现。建立河长制工作考核奖罚制度，以水质水量监测、水域岸线管理、河库生态环境保护等为主要考核指标，考核结果纳入区委、区政府综合考核及对乡镇街道党（工）委政府年度绩效考核，作为地方党政领导干部综合考核评价、领导干部自然资源经济责任审计和生态环境损害责任追究的重要依据。考核结果靠前的，区委、区政府通报表扬并给予适当经济奖励，对在河库管理和保护中取得显著成绩的部门和个人，按照有关规定给予表彰奖励。区河长办制定出台《零陵区河长制考核办法》，并负责牵头组织实施。（区河长办牵头，区纪委、区委组织部、区人社局、区发改委、区财政局、区环保局、区水利局等参与）

（三）加大投入，落实资金。各级人民政府要把水环境治理作为公共财政支出的重点，统筹安排相关专项资金，加大城乡水环境整治、水污染治理、生态保护修复等项目资金投入，区本级财政每年列支400万元作为全面推行河长制实施的专项经费，主要用于水质水量监测、河库巡查监管执法、办公室的日常运转、规划编制、信息平台建设、河库确权划界、突出问题整治、技术服务、对区直各部门和乡镇街道的考核奖补等。全区河道保洁和水污染防治所需经费由区农环办利用PPP、PSL等模式解决落实。（区财政局牵头，区国土资源局、区环保局、区住建局、区水利局等参与）

（四）加强宣传，营造氛围。各单位、各部门要加强河库保护宣传，在河库显要位置设置警示标志，设立河长公示牌，公布河段范围、姓名职务、职责和联系方式，接受群众监督和举报。区委党校应将河库生态保护纳入领导干部学习课程体系，有效发挥媒体舆论的引导和监督作用，宣传部门每年应定期或不定期围绕河库生态环境保护开展集中宣传活动，进一步增强社会各界河库管理和保护责任意识，积极营造社会各界和人民群众共同关心、支持、参与和监督河库保护管理的良好氛围。（区委宣传部牵头，区水利局、区教育局、区新闻中心等参与）

零陵区“脱贫攻坚”战役实施方案

为深入贯彻落实中央、省、市关于脱贫攻坚的战略部署，深刻领会和落实好全市经济工作会议暨“六大战役”动员大会精神，结合零陵区实际情况，确保我区打好脱贫攻坚战役，制定如下实施方案。

一、指导思想

全面贯彻落实党的十八大和十八届三中、四中、五中、六中全会精神，以习近平总书记扶贫开发重要战略思想为指导，认真落实全国扶贫开发工作会议和省委经济工作会议精神，聚焦贫困人口脱贫、贫困村退出。突出“五个更加注重”，更加注重脱贫质量，更加注重稳定脱贫，更加注重综合分类施策，更加注重精准落实落地，更加注重激发内生动力，全面推动我区精准扶贫工作再上新台阶。

二、目标任务

全面实施市委打好“六大战役”的战略部署，深入推进贫困地区基础设施建设，强化工作责任，凝聚各方力量，采取力度更大、针对性更强、作用更直接、效果更持续的措施，坚决打好我区脱贫攻坚战役。做好“四个确保”：

确保贫困村全部退出。确保2017年现有30个贫困村达到脱贫标准，并于2019年分批全部退出。贫困村贫困发生率控制在2%以内，村集体经济收入达到4万元以上，基础设施和基本公共服务主要领域突出问题得到有效解决。确保贫困人口全面脱贫。2017年全面完成省、市下达的8504个贫困人口脱贫任务，并自我加压，确保全区现有7508户、24184名贫困人口全面达到脱贫标准。2018年减贫8900人，2019年全面脱贫。确保易地扶贫搬迁任务全部完成。2017年完成1250户4351人易地扶贫搬迁任务，2018年全面完成易地扶贫搬迁任务。确保已脱贫对象不返贫。要加强对已脱贫人口的“回头看”工作，全面落实脱贫不脱政策，不断巩固提升脱贫质量，实现稳定脱贫。

三、工作举措

（一）“造好血”推进产业扶贫和基础设施建设。

1.着力发展特色产业增收脱贫。坚持“四跟四走”产业扶贫模式，重点鼓励扶持发展温氏养殖、光伏发电、油茶、蔬菜、罗汉果、竹木、药材、畜禽等优势特色产业，大力发展农产品加工和林产品加工业。加快农村土地流转，鼓励扶持农业企业、农民专业合作社、家庭农场、专业大户与贫困户建立紧密的利益联结机制。以区为主，加快“一区一业”产业对接和“一村一品”产业培育，推进农业标准化示范项目向有条件的贫困村倾斜。（责任单位：区农业委、区扶贫办、区林业局、区财政局、区金融办、区畜牧水产局）

2.着力推进乡村旅游扶贫工程。抓住湖南省实施乡村旅游扶贫“百村行动计划”的机遇，重点突出富家桥镇何仙姑村、邮亭圩镇大木源村、新光村等旅游项目建设，其他具有旅游发展前景的贫困村也相应地开展旅游扶贫工作。引导贫困村发展水果采摘、民俗体验、休闲观光等旅游项目，创新旅游扶贫工作思路，集中力量解决贫困村乡村旅游发展面临的突出困难，带动贫困群众加快脱贫致富步伐。（责任单位：区旅游局、区农业委、区国土资源局、区住建局）

3.着力推进农村“互联网+”扶贫工程。抢抓国家实施“互联网+”的战略机遇，积极在贫困地区实施电子商务示范工程创建活动，建立村级电商服务体系，加快对接阿里巴巴集团“千县万村”实施计划，2017、2018年两年完成41个贫困村阿里巴巴农村淘宝村级服务站和京东乡村合作点建设并正式挂牌运营。到2019年，全区基本普及电子商务应用，实现“两有一能”，即区有电子商务服务中心，村有电子商务服务点，贫困户能通过电子商务销售自产产品、购买生产生活资料。(责任单位：区商务和粮食局)

4.引导劳务输出脱贫。加大劳务输出培训力度，到2019年计划完成3000人次劳务输出培训。提高“雨露计划”信息化水平和技能培训补贴标准，对接受中、高等职业教育的农村建档立卡贫困家庭子女，按每人每学年不低于2000元的标准给予资助；开展贫困家庭劳动力实用技术培训，对参加职业技能培训获得初、中级职业资格证书的给予补助。开展贫困村创业致富带头人创业培训，到2019年计划培训200人。实施转移就业精准帮扶工程，优先安排贫困地区基层劳动就业和社会保障服务平台建设，健全贫困地区就业服务体系；实现贫困家庭劳动力输出就业4000人。积极搭建劳务对接平台，建立和完善输出地与输入地劳务对接机制。(责任单位：区人社局、区扶贫办)

5.着力推进交通扶贫工程。实施《解决贫困村基础设施和公共服务突出问题三年行动计划》，实施农村路网改造工程，在实现通达的基础上，把贫困村通畅公路建设作为“十三五”农村公路建设的重点，实现贫困村通村道路全覆盖，在有条件的行政村提升畅通深度，逐步实现“乡有等级站、村有停靠点”的农村客运目标。到2019年，全区扩宽、硬化村级道路873公里。(责任单位：区交通局)

6.着力推进水利扶贫工程。按照水质、水量、方便程度等衡量指标，规划和实施贫困村饮水安全工程，提高水质达标率和自来水入户率。到2019年底贫困村自来水普及率达到80%，水质达标率每年提高5个百分点。计划估算总投资2250万元，分3年解决全区剩余32个贫困村饮水问题。2017年计划解决9个贫困村0.89万人；2018年计划解决9个贫困村0.77万人；2019年计划解决14个贫困村0.865万人。把水利扶贫建设项目落实到贫困村、贫困户。建立“十三五”水利扶贫项目库，大力实施“五小水利”建设，优先实施贫困村病险水库除险加固、山洪灾害防治等防洪薄弱环节建设，积极推进中小型水库灌区配套、骨干山塘、引水提水等水源工程建设，到2019年农田灌溉水利用系数达到0.53；小型农田水利工程基本解决农田灌溉“最后一公里”问题。新建灌溉渠道30千米、清淤、扩宽、加固水库、山塘280万立方米、新建小提灌泵站160座。完善贫困村用水管水机制，着力改善贫困村水利条件。(责任单位：区水利局)

7.着力推进电力扶贫和光伏扶贫工程。实施农村电网改造升级工程，对建档立卡贫困户未用上电的贫困户生活照明用电免费包入户。到2018年，完成全区41个贫困村农网改造升级。新建贫困户生活生产用电、自然村生产用电线路185千米。到2018年，完成所有贫困村适合发展光伏项目建设，切实解决贫困村集体经济收入问题。(责任单位：区科经委、区发改委、区供电局、区扶贫办、区扶贫公司)

8.着力推进通信扶贫工程。加快贫困乡村通信网络建设步伐，到2017年实现每个贫困村通电话、有网络。实施广播电视台高山台站基础设施建设工程和中央、省、市广播电视节目无线数字化覆盖工程，到2019年，新建乡镇到自然村光缆线路465千米、移动基站15个。不断提高贫困村广播电视“村村通”，“户户通”服务保障水平，提升收视效果。到2018年，41个贫困村全部通广播电视。(责任单位：区科经委、区文体新局、各电信运营商)

9.着力推进生态保护脱贫。坚持扶贫开发与生态建设相结合，支持贫困林农发展林下经济和特色优质林果产业，既不能让青山绿水掩盖贫困，也绝不以牺牲生态环境为代价换取一时的脱贫致富。2017-2019年计划对全区41个贫困村实施楠竹低改1000亩，油茶低改4000亩，油茶培育3340亩，油茶新造680亩，新造林5700亩，中幼林抚育5900亩。营造林项目总面积20620亩，总补贴资金505.6万元，预期效益达3845万元。尽量安排贫困人口担任农村护林员，增加贫困人口收入。到2017年，41个贫困村林农林业纯收入人平达到1200元以上，贫困地区森林覆盖率达到57%以上；到2019年，贫困群众林业纯收入人平达到2000元以上，贫困地区森林覆盖率达到58%以上，生态安全屏障基本建立。（责任单位：区林业局、区农业委）

10.着力推进文化、科技扶贫工程。加大贫困村文化设施建设力度，支持贫困地区发展民族文化艺术。将文化扶贫与科技致富有机结合起来，整合区乡科技力量，组建科技扶贫队伍，开展科技人员挂点工作，创建科技扶贫示范点，建立科技扶贫巡回队伍。到2018年，确保每个贫困村有一个科技人员挂点，为贫困村提供便捷有效科技服务。到2019年底，完成41个贫困村的综合性文化服务中心建设任务,实现扶贫与扶智齐头并进的目标。（责任单位：区文体新局、区科经委）

（二）“搬好家”，加快易地扶贫搬迁和危房改造。

1.全面实施易地搬迁脱贫。坚持农民自愿、统一规划、先易后难、政策激励、突出重点的原则，结合小城镇建设和美丽乡村建设，整合扶贫、通畅通达、易地搬迁、农网改造、危房改造、公租房、地质灾害避险等项目资金，通过易地搬迁、整村推进、整体搬迁、插花安置、就近搬迁、改善条件等方式，2017年完成1250户4351人易地扶贫搬迁任务，2018年全面完成易地扶贫搬迁任务，并着力解决好就业、教育、医疗、社会保障和社会融入等问题，确保“搬得出、稳得住、能就业、过得好”。（责任单位：区发改委、区扶贫办、区扶贫公司、区国土资源局、区住建局）

2.推进农村危房改造工程。完善贫困村住房建设规划，实施“百村示范、千村联动、万户安居”工程，从区农村危房改造年度指标中，每年安排总量的50%以上，用于贫困户的危房改造。对建档立卡中识别出来的无房户和D级危房户，按照危房改造政策给予最高标准资助。2017年基本解决建档立卡贫困户住房困难问题。（责任单位：区住建局、区扶贫办、区国土资源局）

（三）“用好钱”，推进金融扶贫和社会事业发展

1.继续推进小额扶贫信贷。到2019年，全区完成小额扶贫信贷5亿元，贫困户借款覆盖率累计达80%以上。对小额信贷“自贷自还”的借款人实施人身保险；对建档立卡贫困户和精准扶贫的新型农业经营组织发展的特色种养殖产业实施优势特色农业保险，着力解决因意外事故、因病、因灾致贫返贫等问题。（责任单位：区财政局、人民银行永州市中心支行、区农商行、人保财险零陵支公司、区扶贫办）

2.着力加强教育脱贫。完善从学前教育到高等教育的资助体系，保障各教育阶段建档立卡贫困学生从入学到毕业的全程资助。大力发展农村公办幼儿园，计划投入4500万元新建农村乡镇中心幼儿园9所，实现一乡镇一中心幼儿园目标，对贫困家庭子女免收学前教育保教费。加大义务教育薄弱学校改造力度，建立薄弱学校改造项目库，计划用三年时间投入5000万元对全区薄弱学校进行改造，达到基本办学条件。加强贫困乡村师资力量配备，提高贫困乡村教师津贴标准，达到与国家片区县补助标准一致。建立贫困学生资助平台，对各阶段教育的贫困学生建档立卡，全程跟踪，通过网络媒体向社会公示，在政府给予就学补助的同时，动员社会力量进行援助，不让一名贫困家庭子女因贫失学，特别是对当年考取普通高等学校（含独立学院和民办高校）的贫困家庭学生，提供生源地信用贷款，给予短期补贴和实施雨露计划助学。（责任单位：区教育局、区财政局、区扶贫办）

3.着力加强卫生脱贫。加大贫困村卫生室建设力度，分期分批完成未达标贫困村卫生室建设任务，优先安排41个贫困村卫生室标准化建设项目，纳入村级综合服务平台建设，2017年实现贫困村卫生室标准化建设全覆盖。同时利用上级专项资金优先为贫困村卫生室配置必备的医疗设备以及中医适宜技术基本设施。2019年实现12个

乡镇标准化卫生院全覆盖。到2019年，实现41个贫困村每村配备1名具备《乡村医生执业证》及以上资质的乡村医生，实现“一村一室一医”。从2017年起，各乡镇农村贫困人口100%参加新农合，其中五保户由区民政医疗救助资金全额资助参合，低保户由区民政医疗救助资金部分资助。对建档立卡农村贫困人口在全市新农合定点医疗机构的住院费用报销比例提高10个百分点，大病保险报销起付线降低50%。2017年起实施零陵区“扶贫特惠保”，对贫困家庭进行人身综合保险，为大病保险提供补充保障。（责任单位：区卫计委、区人社局、区民政局、区财政局、区发改委、区扶贫办）

4.实行保障兜底脱贫。推进农村低保、五保与精准扶贫有效衔接，将符合低保、五保条件的贫困人口全部纳入低保、五保范围，做到应保尽保。2017年，实现农村低保标准与扶贫标准“两线合一”的目标任务，确保兜底保障贫困对象实现政策性脱贫。到2019年实现全区社会兜底保障人口2065人全面脱贫。全面建立困难残疾人生活补贴和重度残疾人护理补贴制度。加强对轻度残疾人的就业援助、培训扶助和创业扶持。完善大病救助制度，使贫困人口最大限度地享受农村医疗制度改革的成果。（责任单位：区民政局、区残联、区扶贫办）

5.加强项目资金监管。建立由监察、审计牵头、群众参与的扶贫专项资金监管机制，对项目资金的使用进行指导，对项目资金的绩效进行督查、审计。建立项目资金公示制度，每笔项目资金都要在乡、村进行公示，接受群众监督。成立贫困村项目资金监督委员会，村委会对项目资金的使用情况向村监督委员会进行通报。健全扶贫资金、扶贫项目及实施效果动态监督管理机制和扶贫资金违规使用责任追究制度。（责任单位：区监察局、区审计局、区财政局、区扶贫办）

（四）“鼓好劲”，激发内生动力

1.充分激发贫困群众的内生动力。贫困群众既是脱贫攻坚的对象，更是脱贫致富的主体。要注重扶贫同扶志、扶智相结合，把贫困群众积极性和主动性充分调动起来，引导贫困群众树立主体意识，破除贫困群众“等、靠、要”思想，发扬自力更生精神，激发改变贫困面貌的干劲和决心，靠自己的努力改变命运。鼓励贫困村自主发展，贫困户自主创业。对主动脱贫摘帽的贫困村和贫困户给予奖励。（责任单位：各乡镇街道、驻村工作队、区扶贫办）

2.切实增强扶贫工作主动性。结对帮扶责任人要切实转变对扶贫工作的认知，变“要我扶贫”为“我要扶贫”，变“被动”为“主动”，带着感情与贫困户结对，像帮扶自己的亲人一样去帮扶贫困户。积极引导贫困户自主发展产业，不能停留在“见见面、送送慰问金”的层面上，要因户因人施策，落实帮扶措施，让贫困户得到实效。在年度考核办法中增加考核内容，对职能部门和后盾单位主动推动扶贫工作、完成任务好、扶贫措施有创新、成效明显的单位及其主要领导予以表彰。鼓励企业及社会力量参与扶贫工作。对积极带动贫困户增收脱贫取得显著成绩或做出突出贡献的企业和社会团体予以表彰。（责任单位：区委办、区政府办、区扶贫办、区工商联）

3.积极营造脱贫攻坚浓厚氛围。大力加强宣传力度，深入宣传习近平总书记扶贫开发战略思想，宣传中央、省、市、区脱贫攻坚决策部署，宣传各乡镇、各部门的生动实践，宣传各类先进典型和经验做法。突出脱贫攻坚氛围的营造，在城区各主要路口、乡镇人口密集地段建设好宣传牌和标语。开展脱贫攻坚评选表彰。组织开展“脱贫攻坚示范村”、“最美扶贫人物”及扶贫系统先进模范评选表彰活动。（责任单位：区扶贫办、区委宣传部）

四、组织保障

（一）加强组织领导。成立以区委书记唐烨为指挥长，区委副书记盘志元为执行副指挥长，区委常委、常务副区长龙军，区委常委、区委办主任彭江辉，区委常委、人武部政委蒋诚，区人民政府副区长彭定国，区人大常委会副主任邓建国，区政协副主席周军松为副指挥长的区“脱贫攻坚”

战役指挥部，指挥部下设4个专项组，其中设综合调度指导组、产业发展组、易地搬迁组、督查巡查考核组，由指挥部副指挥长兼任组长。

（二）全面加强农村基层组织建设。结合乡镇领导班子和村“两委”换届，选优配强乡镇和贫困村领导班子尤其是一把手。完善村级组织运转经费保障机制，加强贫困村综合性服务平台建设，扶持贫困村壮大集体经济实力，增强解决贫困户特殊困难的实力。健全落实以村党组织为领导核心，村民委员会、村民议事会、村务监督委员会各负其责的村级治理模式，全面建立村务监督委员会并切实发挥好作用，严格落实“四议两公开”、村务财务公开、村账乡代管等制度。把党建引领推动扶贫开发工作成效作为乡镇党委书记履行基层党建工作责任述职评议考核工作的重要内容。（责任单位：区委组织部、区民政局、区财政局、区网格办）

（三）建立健全工作机制。完善扶贫开发统计监测机制，建立科学有效的贫困监测体系。建立扶贫对象退出激励机制。实行贫困村和贫困人口脱贫不脱策的政策。对主动脱贫摘帽的贫困村和贫困户给予奖励。健全驻村帮扶机制，建立健全驻村帮扶工作队和帮扶责任人精准扶贫到户到人责任制，切实做到不脱贫不脱钩。建立扶贫投入区级整合机制，以扶贫规划为引领，以重点扶贫项目为平台，把专项扶贫资金、相关涉农资金、社会帮扶资金捆绑集中使用，提高资金使用效率。建立扶贫项目公告公示制度，完善扶贫资金使用管理办法。（责任单位：区扶贫办、区财政局）

（四）严格落实脱贫攻坚领导责任制。认真落实区负总责、乡镇抓落实的工作机制，做到分工明确、责任清晰、任务到人、考核到位，既各司其职、各尽其责，又协调运转、协同发力。区委、区政府对全区脱贫攻坚工作负总责，抓好目标确定、任务下达、资金投放、组织动员、监督考核等工作；区乡要逐级递交脱贫工作责任状，层层传导压力，级级压实责任。建立区领导联系贫困村工作制度。各级各部门要动员党员干部职工结对帮扶所联系贫困村、非贫困村的贫困户，确保对贫困人口包干帮扶全覆盖。各行业部门要将精准扶贫、精准脱贫作为“十三五”规划的重要内容，实现行业部门规划与脱贫规划的有效衔接，确保项目落实落地。充分发挥好行业部门资源的作用，做到扶贫项目优先安排、扶贫资金优先保障、扶贫工作优先对接、扶贫措施优先落实。（责任单位：区委组织部、区委办、区政府办、区扶贫办）

（五）严格实行脱贫攻坚工作督查问责。各级党委、政府督查部门和扶贫主管部门要将脱贫攻坚工作纳入年度重点督查工作内容，建立年度扶贫开发逐级督查制度，牵头会同有关部门科学制定督查方案，对照扶贫工作责任清单，综合运用联合督查、调度督查、回访复查等方式，定期组织督查督办，确保中央、省、市、区关于脱贫攻坚的决策部署得到全面贯彻落实。纪检监察机关要及时对巡视发现的党员干部涉嫌违纪问题线索开展调查核实，快查快办。加大扶贫审计力度，预防、整治和查处扶贫领域的职务犯罪，从严惩处扶贫领域虚报冒领、套取骗取、截留私分、贪污挪用、挤占浪费等违法违纪问题，发挥好查办案件的震慑作用。建立重大涉贫事件的处置、反馈机制，在处置典型事件中举一反三，不断提高扶贫工作水平。（责任单位：区委办、区监察局、区审计局、区扶贫办）

四、新闻信息

(一) 2017 年零陵区在中央、省级主要媒体上稿条目表

序号	类别	稿件标题	刊发媒体	刊发日期	作者	版面/栏目
1月份						
序号	类别	稿件标题	刊发媒体	刊发日期	作者	版面/栏目
1	中央媒体	《湘桂三乡“四联”30年力保边界平安》	中国新闻网	2017-1-20	杨万里	湖南新闻
2	省级媒体	《零陵古城游客量创新高》	《湖南日报》	2017-1-2	唐善理 杨万里 吕娟娟	时事聚焦，要闻
2月份						
序号	类别	稿件标题	刊发媒体	刊发日期	作者	版面/栏目
1	省级媒体	《湖南永州零陵发现明清时期古建筑群》	中国新闻网	2017-2-6	杨万里	首页图片
2		《零陵投15亿元新改扩建学校20所》	《湖南日报》	2017-2-10	杨万里	文教
3		《零陵2000干部下村植树造林》	《湖南日报》	2017-2-15	杨万里	市州新闻
3月份						
序号	类别	稿件标题	刊发媒体	刊发日期	作者	版面/栏目
1	省级媒体	《零陵发现明清时期古建筑群》	《湖南日报》	2017-3-2	杨万里	市州新闻
2		《零陵惊现宋代罕见青石墓》	《湖南日报》	2017-3-7	杨万里	市州新闻
3		《重拳整治干部“微腐败”》	《湖南日报》	2017-3-10	杨万里	要闻观察
4		《零陵区干部带头文明祭扫》	《湖南日报》	2017-3-31	邹仪 杨万里 金小文	市州新闻
5		《零陵区“雁过拔毛”式腐败》	《湖南日报》	2017-3-31	邹仪 袁忠民	市州新闻
4月份						
序号	类别	稿件标题	刊发媒体	刊发日期	作者	版面/栏目
1	省级媒体	《46个孩子叫她“曾妈妈”》	《湖南日报》	2017-4-14	唐善理	观点要闻
2		《零陵区发现明清古建筑群，有40多座石砌小院》	《湖南日报》	2017-4-17	唐善理 杨万里 唐国柳	市州新闻
3		《零陵区完成村级财务清理》	《湖南日报》	2017-4-13	邹仪 袁忠民 兰萍	政治
4		《零陵区：170亿推动全域旅游》	《湖南日报》	2017-4-7	杨万里	市州新闻
5		《永州各界公祭柳宗元》	《湖南日报》	2017-4-8	唐善理 熊玲芝 杨万里	市州新闻
6		《湖南科技学院着力立德树人》	《湖南日报》	2017-4-25	唐善理 杨涛 熊玲芝	市州新闻
5月份						
序号	类别	稿件标题	刊发媒体	刊发日期	作者	版面/栏目
1	省级媒体	《零陵区对非法采洗矿点“两断三清一恢复”》	《湖南日报》	2017-5-1	杨万里 陈斌	市州新闻
2		《非法处置医疗废弃物被判刑》	《湖南日报》	2017-5-3	于振宇 周友红 黄跃华	政治
3		《零陵拟建千吨级码头连接“一带一路”》	《湖南日报》	2017-5-13	杨万里 谢兴军	市州新闻
4		《致富多亏帮扶人》	《湖南日报》	2017-5-16	杨万里 贺志毅	要闻
5		《千人捐建古驿站 屹立至今两百年》	《湖南日报》	2017-5-18	邹仪 杨万里 郭星	市州新闻
6		《150余公斤鸭肉一锅烩》	《湖南日报》	2017-5-30	杨万里 眭振华 杨情陆	要闻
7		《消防“门缝”救人》	《湖南日报》	2017/5/23	邓微	市州新闻

6月份

序号	类别	稿件标题	刊发媒体	刊发日期	作者	版面/栏目
1	省级媒体	《零陵干部争先干事创业》	《湖南日报》	2017/6/1	唐建明 罗先忠	头版
2		《零陵区：唱响共产党好》	《湖南日报》	2017/6/30	袁忠民 邹仪	要闻
3		《处处栽新绿，踱步赏园林》	《湖南日报》	2017/6/15	杨万里 蒋素琴	市州新闻
4		《永州建设百里花果生态风光带》	《湖南日报》	2017/6/23	杨万里	市州新闻

7月份

序号	类别	稿件标题	刊发媒体	刊发日期	作者	版面/栏目
1	省级媒体	《洪水消退 湖南永州零陵全力投入灾后重建》	中国新闻网	2017-7-7	卢文伟	图片
2		《湖南永州零陵发现明清时期古院落》	中国新闻网	2017-7-28	杨万里	文化新闻
3		《安全转移》	《湖南日报》	2017-7-3	陶旭日	第三版
4		《零陵10万干群开展生产自救》	《湖南日报》	2017-7-7	邹仪 杨万里	市州新闻
5		《他和镇村干部救出23名群众》	《湖南日报》	2017-7-6	邹仪 袁忠民	市州新闻
6		《夫妻俩火速返乡慷慨捐资救灾》	《湖南日报》	2017-7-8	邹仪 杨万里 金小文	市州新闻
7		《村支书跳进洪水勇救落水群众》	《湖南日报》	2017-7-8	邹仪 王亮	市州新闻
8		《风雨中，他们筑就一道坚不可摧的钢铁长城》	《湖南日报》	2017-7-7	邹仪 唐建明 袁忠民	
9		《零陵广大党员积极捐款救灾》	《湖南日报》	2017-7-10	邹仪 杨万里 金小文	市州新闻
10		《零陵区早稻收购不打白条》	《湖南日报》	2017-7-20	袁忠民 李善生 唐正荣	市州新闻
11		《零陵惊现明清时期罕见古院落》	《湖南日报》	2017-7-30	邹仪 杨万里 郭星	市州新闻
12		《洪水消退 湖南永州零陵全力投入灾后重建》	中国新闻网	2017-7-7	卢文伟	图片

8月份

序号	类别	稿件标题	刊发媒体	刊发日期	作者	版面/栏目
1	省级媒体	《党建引领脱贫路—— 永州市零陵区脱贫攻坚工作扫描》	《湖南日报》	2017-8-7	唐建明 袁忠民 王亚明	第三版
2		《零陵：6个扶贫搬迁安置点开工》	《湖南日报》	2017-8-9	邹仪 杨万里	市州新闻
3		《零陵：启用直升机“扫蝗”》	《湖南日报》	2017-8-10	邹仪 蒋先昭	市州新闻
4		《夫妻都是扶贫工作队队长》	《湖南日报》	2017-8-10	唐善理 柏劲松	要闻
5		《唐代石拱桥 遗世独存洞》	《湖南日报》	2017-8-2	罗丘辉 杨万里	市州新闻
6		《李拓宇：心中有爱 正道直行》	《湖南日报》	2017-8-3	夏昕 袁忠民 唐纯洁	政治
7		《“零陵古城”现雏形》	《湖南日报》	2017-8-16	杨万里 眭振华	社会经济
8		《零陵区14个农贸市场华丽转身》	《湖南日报》	2017-8-16	邹仪 杨万里	市州新闻
9		《带着大家一起富》	《湖南日报》	2017-8-22	卿铁军 杨万里	要闻
10		《攒下小菜钱 重金救古树》	《湖南日报》	2017-8-22	邹仪 杨万里	市州新闻
11		《“永州之野”开门迎客》	《湖南日报》	2017-8-24	邹仪 袁忠民	市州新闻
12		《十里花谷紫薇灿，千亩荷花蕊吐香》	《湖南日报》	2017-8-27	邹仪 袁忠民	头版

9月份

序号	类别	稿件标题	刊发媒体	刊发日期	作者	版面/栏目
1	省级媒体	《零陵区组建民生微服务联动队》	《湖南日报》	2017-9-20	杨情陆	市州新闻
2		《零陵“统战书屋”引领全民阅读》	《湖南日报》	2017-9-25	蒋映群 唐美娥 唐玉燕	要闻
3		《永州发现西汉早中期墓葬群》	《湖南日报》	2017-9-23	唐善理 杨万里	市州新闻
4		《开辟“绿色通道” 培养使用好党外干部》	《湖南日报》	2017-9-28	唐烨	理论学习

10月份

序号	类别	稿件标题	刊发媒体	刊发日期	作者	版面/栏目
1		《零陵区办好民生“微实事”》	《湖南日报》	2017-10-9	唐建明 袁忠民	市州新闻
2		《锦绣潇湘 诗画零陵 ——永州市零陵区发展全域旅游纪实》	《湖南日报》	2017-10-19	唐建明 袁忠民	奋进这5年
3		《93岁老党员交2万元“特殊党费”》	《湖南日报》	2017-10-23	杨万里	市州新闻
4		《零陵区40个民生项目集中开工》	《湖南日报》	2017-10-27	唐斌	经济
5		《零陵区“五进五入”宣讲十九大精神》	《湖南日报》	2017-10-31	袁忠民	要闻

11 月份						
序号	类别	稿件标题	刊发媒体	刊发日期	作者	版面/栏目
1	省级媒体	《零陵区 500 余名宣讲员活跃城乡》	《湖南日报》	2017-11-4	袁忠民、吕笛	要闻
2		《零陵发现明初石拱桥》	《湖南日报》	2017-11-16	杨万里	时事文教
3		《永州多方营救高速被困人员》	《湖南日报》	2017-11-18	邓微	市州新闻
4		《零陵区香零山村——小山村的转型“三级跳”》	《湖南日报》	2017-11-29	唐建明 张兴国	要闻
5		《鹌鹑蛋 金灿灿》	《湖南日报》	2017-11-29	杨万里 陈斌	市州新闻

12 月份						
序号	类别	稿件标题	刊发媒体	刊发日期	作者	版面/栏目
1		《永州零陵瞄准“四位”解忧难》	《人民日报》	2017-12-20	杜若原 王云娜	社会
2		《卞国民：“泥鳅哥”的大买卖》	《湖南日报》	2017-12-5	胡纯亮	经济、政治
3		《零陵区“红色文化”进校园》	《湖南日报》	2017-12-13	彭江辉 张兴国	文教
4		《众志成城拔穷根》	《湖南日报》	2017-12-14	唐建明 袁忠民	要闻
5		《山茶油 香千里》	《湖南日报》	2017-12-18	刘跃兵	要闻
6	省级媒体	《零陵古街换新貌》	《湖南日报》	2017-12-19		市州新闻
7		《大养山羊 他要做脱贫“领头羊”》	《湖南日报》	2017-12-19	单建华	要闻
8		《“就业直通车”带贫困户快速脱贫》	《湖南日报》	2017-12-29	胡纯亮	时事、体育
9		《发展实体经济推进项目建设》	《湖南日报》	2017-12-29	袁忠民 汤汉达	时事、体育
10		《零陵区再添国家 3A 级旅游景区》	《湖南日报》	2017-12-29	单建华	时事、体育
11		《织牢社会治安防控网 ——永州市零陵区千名“义警”护卫古城平安》	《湖南日报》	2017-12-29	张兴国 唐艳明 杨万里	时事

(二) 2017 年零陵新闻中心中央电视台上稿条目

日期	栏目	稿件标题	记者
7 月 5 日	朝闻天下	《湖南永州：生产自救 干群合力补救水稻》	陈瑶
7 月 6 日	朝闻天下	《永州零陵：军民合力从“孤岛”转移居民》	周珊珊
11 月 2 日	新闻直播间	《湖南幼儿园督导检查排查隐患及时追责》	郑炜 林思尧

注:本表统计范围：

1.以《人民日报》、新华社、中央电视台、《光明日报》《经济日报》《中国日报》、中央人民广播电台、中国新闻社 8 家中央主要媒体刊播宣传报道零陵经济社会发展成效、经验和先进典型（突发事件除外）等稿件。

2.《工人日报》《中国青年报》《农民日报》《中国妇女报》《法制日报》《科技日报》《新闻出版报》《中国教育报》《中国改革报》《中国经济时报》10 家央媒在重要版面刊发的正面宣传稿件。

3.《湖南日报》、湖南卫视在重要版面（栏目）刊播的正面新闻稿件。

4.网络媒体稿件不在统计之列。

五、文明创建先进集体

(一) 2017 年首届全国文明校园

零陵区徐家井小学

(二) 2017 年全国文明村

零陵区石山脚街道悟山里村

(三) 2017 年区级文明村

朝阳街道：东岳宫社区、石烟塘村

徐家井街道：徐家井社区

七里店街道神：仙岭社区、日升社区

南津渡街道：茆江桥社区、南津渡社区

接履桥街道：冶木塘村、潇湘社区

珠山镇：王家仔社区、大力湾村

黄田铺镇：邓家冲村、名山岭村

石岩头镇：罗家村、加禾田村

石山脚街道：玉禾田村、南山村

梳子铺乡：荷叶塘村、里洞村、

水口山镇：羊角井村、赵家村

邮亭圩镇：黄江源村、新江村

凼底乡：长田村

富家桥镇：秧丘埠村、富家桥村

菱角塘镇：文雷村、古江村

大庆坪乡：中铺里村、湾夫村